1 MONTH OF
FREE
READING

at

www.ForgottenBooks.com

---◇---

By purchasing this book you are eligible for one month membership to ForgottenBooks.com, giving you unlimited access to our entire collection of over 700,000 titles via our web site and mobile apps.

To claim your free month visit:
www.forgottenbooks.com/free1207690

ISBN 978-0-331-73709-7
PIBN 11207690

RECUEIL

DES

CHRONIQUEURS DU PUY-EN-VELAY

LE LIVRE DE PODIO

OU

CHRONIQUES D'ÉTIENNE MÉDICIS

BOURGEOIS DU PUY

TOME PREMIER

Ex libris

OU

CHRONIQUES
'ÉTIENNE MÉDICI

BOURGEOIS DU PUY

PUBLIÉES

AU NOM DE LA SOCIÉTÉ ACADÉMIQUE DU PUY

PAR

AUGUSTIN CHASSAING

Juge au tribunal civil & Secrétaire de la Société académique du Puy,
Archiviste-paléographe.

TOME I

LE PUY-EN-VELAY

DE L'IMPRIMERIE DE M.-P. MARCHESSOU

Boulevard Saint-Laurent, 23

LE PUY. — TYPOGRAPHIE ET LITHOGRAPHIE MARCHESSOU.

LE LIVRE DE PODIO

ou

CHRONIQUES

DE

ESTIENNE MÉDICIS

BOURGEOIS DU PUY

AVIS AU RELIEUR

Placer au commencement du tome Ier :

1° Le nouveau titre pareil à celui du tome II;

2° La notice sur Étienne Médicis et le rapport de M. Desdevises du Dezert (pages I-LVI).

3° Le titre de départ : *Le livre de Podio* ou *Chroniques d'Étienne Médicis;*

Et 4° remplacer les pages 49-50, 55-56, et 57-64 du tome Ier par les nouveaux cartons correspondants joints au tome II.

Placer le plan du Puy en 1544 en regard de la page 601.

CHRONIQUES

DE

STIENNE MÉDICI

BOURGEOIS DU PUY

PUBLIÉES

AU NOM DE LA SOCIÉTÉ ACADÉMIQUE DU PUY

PAR

AUG. CHASSAING

Archiviſte-paléographe, Juge au tribunal civil du Puy
Secrétaire de la Société académique

TOME I

LE PUY

DE L'IMPRIMERIE DE M.-P. MARCHESSOU

Boulevard Saint-Laurent, 23

M DCCC LXIX

LE PUY, TYPOGRAPHIE ET LITHOGRAPHIE MARCHESSOU

ÉTIENNE MÉDICIS

———

'HISTOIRE du Velay n'est pas faite. La surface seule en a été effleurée; nos devanciers se sont surtout attachés aux faits principaux pour en tirer des généralités et des systèmes. Mais si , désertant les sentiers battus, on s'aventure dans nos archives et si l'on interroge leurs trésors, quelle surprise n'éprouve-t-on pas en se trouvant en face d'un monde ignoré, au milieu de faits et de personnages qui ont été le pays même et dont nos historiens ne disent pas un mot !

Jusqu'ici, l'histoire du Velay a manqué de base fondamentale , car elle n'avait pas de *preuves*. C'est pour ce motif qu'elle n'a pu être entreprise suivant une méthode scientifique et dans des conditions de vérité vraie et de durable solidité.

Pour ce motif aussi, le but de tous les efforts doit être la mise en lumière des textes originaux : ils sont les sources vives de l'histoire. Ces publications composeront et grossiront petit à petit le riche dépôt où , à son heure, un historien puisera d'une main sûre et puissante, pour édifier, sur un sol déblayé et affermi, le monument définitif de notre histoire locale.

Parmi ces publications et au premier rang, se présentaient naturellement les œuvres manuscrites et inédites de nos chroniqueurs, Étienne Médicis, les Burel et Antoine Jacmon. Il était donc essentiel, tout d'abord, de faire cette trouée de lumière dans les obscurités de notre passé historique. Avec le temps, d'autres exhumations, d'autres publications de documents originaux viendront, ici et là, éclairer à leur tour bien des recoins encore ignorés, jusqu'à ce que, grâce à ces restitutions partielles et successives, le monument soit complet et debout.

L'élan et l'exemple sont donnés. Travaillons patiemment, avec méthode, sans défaillance, à poursuivre ce but commun de notre légitime curiosité et de notre plus chère ambition ; et nous aurons tous bien mérité de l'Histoire et du Velay.

NOM ET FAMILLE D'ÉTIENNE MÉDICIS

Étienne Médicis naquit au Puy vers 1475 ; c'est au Puy qu'il mourut vers la fin de 1565, à l'âge d'environ quatre-vingt-dix ans.

Le véritable nom de sa famille était Mège en français, Medge, Metge en langue vulgaire ou patois, et Medici en latin (de *medicus,* médecin). Étienne fut le premier qui adopta le nom de Médicis, avec ou sans particule.

Comment fut-il amené à cette transformation de nom ? Sur ce point, rien de positif ; nous émettrons, toutefois, une conjecture. En 1494, au début de ces guerres d'Italie qui devaient illustrer les règnes de Charles VIII, de Louis XII et de François Ier, le jeune habitant du Puy touchait à sa vingtième année. Son imagination s'éprit-elle du renom de ces Médicis de Florence, qui, de marchands comme l'avaient été ses propres ancêtres, devinrent, par une étrange fortune, les ducs de leur république ? Sous l'empire d'une naïve vanité, que son âge excuse s'il ne l'explique, accepta-t-il avec empressement l'illustre ressemblance qu'une traduction italienne de son nom lui permettait ? Cette supposition n'a rien que de très-vraisemblable, et est corroborée par les armoiries qu'il se composa et qu'il a blasonnées en tête du premier volume de ses manuscrits [1]. Dans ces armes on retrouve justement la pièce héraldique du blason des Médicis de Florence [2], c'est-à-dire la figure qui, en or, se dit *besant*, et en émail *tourteau*. Le choix de cette figure — prêtant à l'équivoque — n'était évidemment pas fortuit ; il était, au contraire, très-intentionnel, et, pour ceux qui savaient lire, l'allusion n'était pas douteuse.

Du reste, de tous ses parents, deux seulement, son fils Claude, et un notaire royal, Antoine [3], peut-être son neveu, imitèrent son exemple en s'intitulant, eux aussi, de Médicis ; les autres, son père, son frère, ses neveux conservèrent le nom de Mège, qui, après sa mort, continua seul à prévaloir. Ses contemporains ne se prêtèrent pas, en général, aux imaginations princières du marchand érudit, et les notaires, dans les actes latins ou français qui le concernent, ne le dénomment presque toujours que Medici ou Mège.

Sa parenté, d'ailleurs, avec les Médicis florentins était bel et bien

[1] Ces armoiries sont : *d'azur, à la croix d'or et d'argent, contrepartie de l'un à l'autre, cantonnée à chaque quartier d'un besant d'or, à la bordure ajourée d'argent et de gueules de quatorze pièces.*

[2] *D'or, à cinq tourteaux de gueules en orle.* Depuis le XVIe siècle, il y fut ajouté en chef *un tourteau d'azur, chargé de trois fleurs de lis d'or.*

[3] Ce notaire, qui signait A. de Médicis, rédigea, en 1533, le terrier des cens que Bernard de Lobeyrac, marchand du Puy, fils et héritier d'Armand de Lobeyrac, possédait à Séneujol après son partage avec Guillaume de Lobeyrac, son oncle. Je dois la communication de ce terrier en parchemin à l'obligeance de M. Eyraud-Reynier, ancien maire du Puy.

imaginaire. On trouve, avant lui, les Mège du Puy établis dans cette ville depuis plus d'un siècle, et il est extrêmement probable que des hasards plus heureux les feront découvrir à une date plus ancienne.

Le premier de cette famille que nous ayons rencontré dans nos recherches, est Pierre Mège, marchand. Il possédait, en 1408, dans la rue Saint-Jacques, une maison dépendant de l'île Jean Brun; trois tables ou boutiques volantes, à la place de la Bidoire; une vigne près de Brive, sur la rive droite de la Loire; deux champs, l'un à l'arbre de Tirebœuf, et l'autre au terroir de Coloing; un pré aux Gravières, sur les bords du Dolezon, et un jardin à la Condamine [1]. Cette assiette foncière, pour l'époque et dans cette classe de la société, n'était pas de celles qui s'improvisent en un jour et présuppose cet accroissement lent de patrimoine héréditaire que l'économie et le travail persévérant constituaient dans les anciennes familles de négoce.

Après Pierre Mège, c'est André Mège que nous rencontrons. Peut-être Pierre Mège fut-il le père d'André.

A partir d'André Mège, la filiation devient certaine; André Mège est l'aïeul de notre chroniqueur. Il était marchand et parvint trois fois aux honneurs consulaires : en 1446 comme sixième consul [2], en 1456 comme quatrième consul [3], et en 1467 comme deuxième consul [4]. — Or, dans le bourg de Polignac habitait alors un gentilhomme nommé Jean Limosin, qui, de son mariage avec Jeanne de Pressac, eut un fils, Henri Limosin.

[1] Archives de l'Hôtel-de-Ville du Puy, *Compois* (en langue romane) *de 1408*, Ile Chabran, f° xiiii^xx iii ou 283.

[2] Arch. de l'Hôtel-de-Ville, *Sentence du sénéchal de Beaucaire qui relève les consuls des accusations portées contre eux par le procureur du roi au bailliage de Velay* (22 octobre 1446), parchemin, latin.

[3] *Chroniques*, t. I, p. 251.

[4] Arch. de l'Hôtel-de-Ville, *Sentence arbitrale entre les consuls et Jean Gondon* (8 mars 1467, n. st.), parchemin, latin et français.

Ce hobereau mourut en 1469, fort endetté chez les marchands du Puy.
Il devait, entr'autres, à André Mège cent setiers de froment ; de seigle
ou d'avoine. A bout de patience, ses créanciers firent, après son décès,
saisir à Marminhac [1], parmi les biens dépendant de sa succession, trois
prés, sur lesquels, comme symbole de la main-mise royale, furent
plantés des panonceaux aux armes de France. La procédure de la
criée, des enchères et de la subastation, se déroula devant la cour
ordinaire de la vicomté de Polignac. Cette justice seigneuriale, dite de
l'Authe, siégeait habituellement au Puy; mais la peste régnant alors dans
la ville, le juge vicomtal venait, par prudence, tenir audience au Collet
ou à Polignac sur la place publique. A la troisième enchère, André
Mège resta dernier enchérisseur à 80 livres, et un arrêt d'adjudication
de décret, rendu par le parlement de Toulouse, l'envoya, le 31 août
1470, en possession des trois héritages saisis [2]. Telle est l'origine des
propriétés que la famille Mège posséda, durant deux siècles et demi,
au village de Marminhac, et qui, accrues par les acquisitions de
Claude Mège et de ses fils Jacques et Étienne, arrivèrent, en 1720, par
le testament du dernier de leurs descendants, à l'Hôpital général du Puy.

André Mège avait été représenté, dans cette procédure, par Claude,
son fils. Comme son père, Claude était marchand. En 1482, il acquit
d'Henri Limosin un autre pré à Marminhac. Le vendeur avait été,
pour cause de prodigalité, pourvu d'un curateur, et la vente dût être
autorisée par la cour du bailliage royal de Velay. Dans une sommaire
apprise, deux prud'hommes, dont l'un était Claude de Lobeyrac,
marchand, attestèrent l'extrême cherté du blé et l'urgente nécessité de

[1] Marminhac est un village de la commune de Polignac.
[2] Archives de l'Hôtel-Dieu, Procès contenu dans un rouleau en parchemin d'une longueur de
deux mètres; latin.

l'aliénation pour subvenir aux besoins du vendeur et de sa famille. En conséquence, le lieutenant du bailli, Pierre de la Vèse, docteur ès-droits, autorisa la vente, et Jacques de Lobeyrac, notaire, en dressa l'acte [1]. Ce fonds relevait en fief franc et noble de la vicomté de Polignac. Trois semaines après, sur l'offre de payer les lods et ventes, Claude Mège fut *investi*, dans la cour d'Henri Limosin, à Polignac, par le procureur du vicomte, Louis de Veyrines, bailli de la baronnie de Chalancon ; le mode d'investiture consista en la tradition symbolique d'une pierre que le bailli plaça entre les mains du nouveau propriétaire [2].

Claude Mège fut cinquième consul en 1486 [3]. Il mourut en 1520. Il avait épousé Isabelle Lobeyrac [4], qui vivait encore en 1528, et en eut deux fils, Jacques Mège et Étienne Médicis.

1 Mêmes arch., Expédition en parch., lat. (13 avril 1482).

2 Mêmes arch., Expédition en parch., lat. (7 mai 1482).

3 *Chroniques,* t. II, p. 86.

4 « Done Ysabel Lobeyrac, relicte (veuve) à feu Glaude Mège : ung pré aux prats de Bonasses (Bonassoux, entre Vals et Taulhac), contenant ung journal, etc. » Arch. départ., *Compois de Vals de 1528,* f° 208. — Je conjecture qu'Isabelle Lobeyrac était sœur de ce Claude Lobeyrac, marchand, dont Étienne Médicis parle dans ses *Chroniques,* t. I, p. 264.

Nous avons rangé la famille Lobeyrac parmi ces *huit maisons de bourgeois de bonne ancienneté* qu'Etienne Médicis ne nomme pas, mais dont il constate l'existence au Puy en 1544 [1]. Depuis le XIVᵉ siècle, on la trouve activement mêlée aux affaires publiques, et le nom de bien peu de familles est aussi étroitement lié à l'histoire du consulat du Puy. Barthé-lemy de Lobeyrac fut, en 1362, l'un des consuls qui réclamèrent devant la cour commune l'observation, par le fermier de la leyde, du tarif qu'Hugues de la Guilhaumie, baile du Puy, avait établi, en 1340, sur les marchandises à leur entrée en ville [2]. Il figura, en 1374, parmi les quatre-vingt-trois citoyens composant la communauté et université de la ville du Puy ; réunis dans la grand'salle de la maison consulaire, ils donnèrent à Jean Laurent, Guillaume des Issar-teaux, André de Conches et Mathieu Barthélemy, bourgeois, pouvoir de ratifier l'accord conclu entre Henri de la Tour, archidiacre de Paris, procureur de Bertrand de la Tour, évêque du Puy, son frère, et Mathieu Barthélemy, procureur et syndic des bourgeois et consuls, sur le serment des consuls, leur droit de surveillance et de police, concurremment

1 *Chroniques,* t. II, p. 258.

2 Archives de l'Hôtel-de-Ville, parchemin, latin (23 septembre 1362).

Jacques Mège était marchand comme ses pères. En 1506, il acheta à Marminhac une prairie, grevée de cens en faveur de l'abbé et du cou-

avec la cour commune, des métiers et du commerce, la saisie des marchandises non marchandes et des denrées avariées, et leur dépôt au consulat, les poids et mesures et leur échantillon, l'attribution à l'évêque du cinquième des revenus du poids public et le don gratuit que lui faisait la ville de deux mille francs d'or 1. — En 1435, Guigon de Lobeyrac, quatrième consul, donnait, avec ses compagnons, procuration à dix procureurs en parlement pour plaider, au nom du consulat, devant le parlement alors transféré à Poitiers 2. En 1450, comme second consul, il prit part au règlement arrêté entre les consuls et les boulangers sur la police de la boulangerie 3. En 1458, il était encore deuxième consul, quand, avec Pierre Abeuf, Guinot Colin et Guillaume Ayraud, ses compagnons, il vint au logis d'Aubeny signifier au lieutenant du sénéchal de Beaucaire l'appel qu'ils interjetaient, au nom de la ville, de l'ordonnance du sénéchal qui avait prescrit aux sergents royaux de Velay de n'exécuter aucuns actes, même les lettres royales émanées de la grande chancellerie et les arrêts du parlement, s'ils n'étaient au préalable insinués à Nîmes et munis des lettres d'attache du sénéchal 4. C'est ce même Guigon de Lobeyrac qui, en 1461, au nom des consuls, se rendit à Carlat auprès du duc de Nemours pour prendre *vestison* de la rente nouvellement acquise par la ville dans le mandement de la baronnie de Bouzols 5. En 1463, il était premier consul 6.— André de Lobeyrac était quatrième consul en 1478, lors de l'accord intervenu entre le chapitre Notre-Dame et le consulat sur le droit qu'avaient les consuls de porter le pavillon sur le Corps de Dieu, à la procession de la Fête-Dieu, toutes les fois qu'il ne se rencontrait pas dans la ville d'envoyés du roi de France (c'était sous Louis XI), chargés d'accomplir ses vœux à Notre-Dame du Puy, ou bien des grands du royaume, des barons et autres personnages plus qualifiés que les consuls 7. Jean Lobeyrac, dit Vernis, était cinquième consul en 1499 8. Bernard de Lobeyrac, dit Coderc, drapier, fut consul en 1515 9. Dès la fin du XVe siècle, la famille Lobeyrac formait deux branches : les Coderc, seigneurs d'une des deux paréries de la baronnie de Glavenas, et puis de Villeneuve-lès-Corsac, (ils occupèrent, longtemps la charge de baile pour le roi à la cour commune), et les Vernier ou Vernis; c'est à cette dernière branche qu'appartenait, si je ne me trompe, la mère de notre chroniqueur.

1 Mêmes arch., parch., lat. (27 janvier 1374, n. st.).
2 Mêmes arch., parch., lat. (3 juin 1435).
3 Mêmes arch., cahier en papier (2 février 1450, n. st.).
4 Mêmes arch., parch., lat. (6 mars 1458, n. st.).
5 *Chroniques*, t. II, p. 41.
6 Arch. de l'Hôtel-de-Ville, *Arbitrage* du 8 mars 1467, n. st.
7 Mêmes arch., parch., lat. (21 mai 1478).
8 Mêmes arch., *Accord entre les États de Velay et les consuls du Puy sur le rabais de 400 livres, le pied rond*, etc., parch., franç. (25 et 28 novembre 1499).
9 *Chroniques*, t. II, p. 284.

vent de la Chaise-Dieu [1]. En 1513, il acquit, par voie d'échange, de Mathieu et Jacques Parand frères, une maison de la rue des Tables, qui relevait en directe seigneurie de l'évêché du Puy et dont il fit reconnaissance au rentier de la temporalité, Gautier Farnier, bourgeois de Valence [2]. Auparavant, il tenait en emphytéose perpétuelle l'une de ces tables ou auvents dont le roi ordonna, en 1511, la démolition, par mesure d'hygiène et de viabilité [3]. Jacques Mège épousa Guillaumette Maurin [4], proche parente de Barthélemy Maurin, bailli de Velay, dont la femme, Miracle Dolezon, était fille de Guillaume Dolezon, juge royal de Velay [5].

[1] Archives départementales, *Notes de Jacques Boyer*, f° 87.

[2] Mêmes arch., *Même protocole*, f° 235.

[3] Mêmes arch., *Même protocole*, f° 173. — *Chroniques*, t. I, p. 280 et s.

[4] Arch. de l'Hôtel-Dieu, *Transaction du 4 avril 1520*, (n. st.).

[5] La famille des Maurin était une très-ancienne famille d'orfèvres, qui s'éleva par degrés du négoce à la bourgeoisie et de la bourgeoisie à la noblesse. Elle avait fourni nombre de consuls. En 1350, Jean Maurin prenait part comme consul à l'accord conclu entre l'évêque du Puy, Jean Chandorat, et les consuls, accord par lequel l'évêque se désista du procès par lui poursuivi devant le parlement de Paris au sujet de la restauration du consulat et de la création du poids public, qu'il querellait comme attentatoires aux droits de l'église du Puy; les parties convinrent de s'en tenir à la décision gracieuse du roi [1]. Son fils Jean était consul en 1364, lors de l'acquisition par la ville de la maison du consulat située rue Villeneuve [2]. Cette année-là, il se rendit à Nîmes pour assister, en qualité d'envoyé de la ville du Puy et des communes du bailliage de Velay, aux États convoqués par le comte de Beaufort afin d'aviser à la défense de la sénéchaussée de Beaucaire contre les Anglais et les grandes compagnies [3]. Simon Maurin fut consul en 1428 [4] et aussi en 1439 : cette année-là, le sénéchal de Beaucaire ayant, à la requête de l'évêque, du chapitre et de l'université de Saint-Mayol, fait saisir les revenus du consulat, et spécialement le gros poids et l'entrée du vin, une garnison de deux sergents, l'un royal et l'autre de la cour commune, fut établie dans son logis et ceux de ses compagnons [5]. En 1464,

[1] Archives départementales, Fonds de l'Évêché, *Accord du 15 novembre 1350*, parchemin, latin.

[2] *Chroniques*, t. I, p. 227.

[3] Dom Vaissète, *Histoire générale de Languedoc*, t. IV, preuves, p. 287.

[4] Arch. de l'Hôtel-de-Ville, *Reconnaissances au profit du Consulat*, registre en parchemin, ff. 22 et 23, verso.

[5] Mêmes arch., *Relation d'exécution par Etienne Fessorier, sergent à cheval au Châtelet de Paris*, mars 1439 (n. st.), parchemin, français.

Étienne Médicis fut marié deux fois. En premières noces il épousa une fille d'Antoine Boniol, marchand [1]. Il a rappelé, dans ses Chroniques, l'origine de cette famille [2].

Aucun acte ne nous apprend le prénom de cette première femme d'Étienne Médicis; mais c'est de ce mariage qu'il eût un fils unique, Claude, dont nous parlerons bientôt.

Jean Maurin 1 et, en 1495, Barthélemy Maurin 2 furent premiers consuls. Ce dernier devint en 1506 bailli de Velay, et dut à la prérogative de sa charge l'insigne honneur, lors du voyage de François Ier, d'être, dans sa maison de la rue de la Frenarie, l'hôte du roi-chevalier et des Enfants de France.

1 19 novembre 1512, vente par Jacques Soulier de Marminhac, à sages hommes, Antoine Boniol et Étienne Médici, son gendre *(ejus genero)*, marchands du Puy, d'un champ sis à Marminhac et appelé le Champ-Grand (Arch. de l'Hôtel-Dieu, parch., lat.).

2 Pierre Boniol, qui fit souche au Puy, était natif de la paroisse de Jaleyrac, aux environs de Mauriac, dans la Haute-Auvergne. Tout jeune, il se fixa au Puy comme tailleur d'habits et joignit à cette profession le commerce de la draperie et des étoffes, ou, comme l'on disait alors en langue vulgaire, « de la pelherie. » Il eut longtemps pour associés Bonnet Voute et Marguerite de Pouzols, sa femme. Ses affaires prospérèrent; il se vit bientôt à la tête d'une des grosses fortunes du Puy. En 1428 et 1434, il fut cinquième et quatrième consul. Veuve, sa mère était venue le rejoindre au Puy; elle y mourut et fut enterrée dans l'église Saint-Hilaire. Par piété filiale non moins que par dévotion, Pierre Boniol fit voûter cette église et, de plus, y fit construire une chapelle dédiée à saint Jacques et sainte Barbe, chapelle où il fonda une vicairie. Son frère, Jean Boniol, marchand, s'était établi dans le Bas-Languedoc, à Pézenas, d'où, sans doute, il lui expédiait au Puy les draps du Midi. Sans enfants de sa femme, Marguerite Montel, native de Lesperon près Pradelles, Pierre Boniol retira auprès de lui un de ses neveux, Jean Boniol, et le maria avec Marguerite Muret, fille d'un marchand du Puy, Robert Muret le vieux. Par son testament, il laissa à sa femme un droit d'habitation dans sa maison rue Panessac, l'usufruit de la moitié de ses biens, sa vaisselle d'étain, tous les joyaux qu'elle possédait, *tels que rondels ou couronnes, passets ou colliers de perles, ceintures de cuir garnies d'argent, anneaux d'or et d'argent enrichis de perles et de pierres précieuses, et enfin la tasse d'argent, pesant un marc, et la coquille de pèlerin qu'il avait rapportées de Saint-Jacques de Compostelle.* Il institua pour son héritier, *en tous les biens qu'il devait à la bonté de Dieu,* Jean Boniol, son neveu, en lui enjoignant ainsi qu'à ses descendants de se faire toujours enterrer dans l'église Saint-Hilaire, au tombeau de sa mère, et de porter, sans les

[1] Archives de l'Hôtel-de-Ville, *Arbitrage du 8 mars 1467.*
[2] Mêmes arch., *Accord entre le chapitre Notre-Dame et les consuls, 3 février 1495,* n. st.

Devenu veuf, Étienne Médicis convola en secondes noces avec Antoinette Frontalier, veuve elle-même de Jean Boyer, vraisemblablement marchand. Le contrat de mariage porte la date du 20 décembre 1513. La future se constitua la dot qu'elle avait reçue de Louis Frontalier, son père, lors de son premier mariage, — le douaire qu'elle tenait de Jean Boyer, — et le legs que ce dernier lui avait laissé, depuis, par testament. Étienne Médicis, avec le consentement de Claude Mège [1], son père, donna à sa future un douaire de cent livres tournois, payable, après la restitution de la dot, par acomptes annuels de dix livres. Cet acte fut passé dans la maison d'Antoine Montaignac, juge de la cour commune, en présence de ce magistrat, d'Armand de la Farge, baile de ladite cour, de Jean Luquet, de François Descours, bachelier en droit, de Nicolas Boniol, de Charles de Bonnefont, marchands, de maître Vidal Spert, notaire royal, et autres [2].

changer jamais, son nom et ses armoiries, et, ajoutait-il avec une naïve fierté, *de facto et merito portent*. Pour ses exécuteurs testamentaires, il nomma quatre marchands, ses voisins et amis, Robert Muret le vieux, Barthélemy de Lobeyrac, Gabriel Ayraud et Guigon Voute. Son testament fut reçu en 1439 par Jacques Rouffiat, curé de Saint-Hilaire du Puy, notaire apostolique et probablement son compatriote. La famille Boniol se continua au Puy durant deux siècles, occupant dans le commerce, le notariat et les charges judiciaires un rang distingué. Julien Boniol remplit longtemps, à la fin du XVIe siècle, les fonctions d'avocat du roi au sénéchal du Puy. (Arch. de l'Hôtel-Dieu, *Testament du 16 septembre 1439*, parch., lat.).

1 Claude Mège mourut en 1520 *ab intestat*. Il est présumable qu'il s'était, quelques années avant sa mort, démis de tous ses biens en faveur de ses fils, à la charge par eux de lui payer une pension. Étienne Médicis se trouvant lésé dans ses droits, était sur le point d'intenter un procès contre Jacques son frère. Des amis communs s'interposèrent, et le 4 avril 1520 (n. st.), la médiation de Barthélemy Maurin, bailli de Velay, de Jean Luquet, avocat et autres, amena une transaction entre les deux frères. Jacques Mège délaissa à Étienne un pré dit le Pradal, sis à Marminhac ; de son côté, Étienne abandonnait à Jacques tous ses droits dans la succession paternelle. Cet acte, reçu par Jacques Boyer, notaire apostolique et royal, assermenté de l'officialité du Puy, fut passé chez Jacques Mège, en présence du bailli de Velay, de Jean Luquet, de Thomas Martin, maître-mage des écoles du Puy, de Nicolas Boniol, marchand, et de Raphaël Boniol, chorier de l'église Notre-Dame. (Arch. de l'Hôtel-Dieu, parch., lat.).

2 Les Frontalier n'étaient pas anciens au Puy ; nous les avons vainement cherchés dans le

'Rien, dans les documents compulsés par nous, ne nous autorise à croire que de son mariage avec Antoinette Frontalier, Étienne Médicis ait eu des enfants.

De son premier mariage, avons-nous dit déjà, lui était né un fils, Claude. Ce que nous en savons se réduit à peu de choses. Il était marchand et signait C. de Médicys. En 1551, conjointement avec son père, il vendit à Jacques de la Farge, notaire, trois livres de rente, assise selon l'assiette du pays de Velay et portant lods et ventes, taillabilité et autres

Compois de 1408. C'est en 1469 qu'ils apparaissent pour la première fois en la personne de Jacques, Jean et Louis Frontalier 1 ; les épithètes de vénérable et de sage homme, données aux deux premiers, indiquent que l'un était prêtre et l'autre marchand. En 1495, Gabriel Frontalier était chanoine de Notre-Dame du Puy 2. Louis Frontalier, beau-père d'Etienne Médicis, était orfèvre, et comme presque tous les argentiers et orfèvres, établi aux abords de la cathédrale, dans l'une de ces rues des Tables, de la Traverse ou de Séguret, aujourd'hui silencieuses et désertes, mais que le passage des pèlerins rendait jadis si vivantes et les plus commerçantes de la ville ; il y possédait, en effet, une de ces tables démolies en 1512, dont les tenanciers payaient à l'évêque un cens annuel en poivre, cens qui s'appelait « la chappe. 1 » Aussi se joignit-il à Barthélemy Maurin, bailli de Velay, Jean de Montpeyroux, Jacques Mège, Nicolas Boniol, Mathieu Parand, Jacques Reynard, Jean Alard dit Vendôme, Guillaume Pradier et autres orfèvres et marchands, tous censitaires ayant un intérêt commun, pour se présenter ensemble, en 1512, au For, devant l'évêché. Là, par l'organe de Barthélemy Maurin, ils déclarèrent, en l'absence de l'évêque Geoffroy de Pompadour, à son vicaire général, Louis de Beaudéduit, seigneur de Saint-Léonard, à l'official, Artaud de Bonnefont, chanoine, et au rentier de la temporalité, Guillaume Rogier, marchand, que, puisque les tables à eux *accensées* allaient, de par la volonté du roi, leur souverain seigneur, être démolies, ils n'auraient désormais plus à payer les redevances dont ils avaient été tenus, mais qu'ils offraient, en cas de rétablissement de ces tables, de les reprendre aux conditions et en la forme anciennes 4.

1 Archives départementales, *Notes de Jean Pratlavi*, registre en papier, f° 72.

2 Arch. de l'Hôtel de-Ville, *Accord du 3 février 1495*, n. st.

3 De son côté, l'évêque du Puy était tenu, lors de la prise de possession de son siége, d'acquitter au chapitre un droit de *chappe* et un droit de chapelle, c'est-à-dire un calice, une paire de burettes, une paix, un crucifix, un plat, une paire de chandeliers, le tout en argent, non compris une garniture d'autel. En 1644, le droit de *chappe* que dut payer Monseigneur de Maupas du Tour, s'éleva à 4,000 livres (A. Jacmon, *Mémoires anecdotiques*, f° 409 du manuscrit). — Ce droit de *chappe*, comme l'indique sa dénomination, servait à l'entretien et à l'accroissement des ornements sacerdotaux conservés dans le trésor de la cathédrale.

4 Arch. départ., *Notes de Jacques Boyer*, registre en papier, f° 173 et s.

droits de directe et de seigneurie, qu'ils levaient sur les hommes du village de Colampdes, mandement de Solignac, et qu'ils tenaient en fief franc et noble du baron de Solignac; cette vente, stipulée avec faculté de rachat ou de réméré dans le terme de quatre ans, fut consentie au prix de cent seize livres [1]. En 1559, Claude Médicis était mort [2].

Il avait été marié avec Marguerite Boyer, fille peut-être ou tout au moins parente de Jean Boyer, premier mari d'Antoinette Frontalier. Cette union fut stérile. Le testament de Marguerite Boyer s'est conservé. Lors du mariage de Michelle Dibbert, sa nièce, avec Jean Mège, marchand, elle était intervenue au contrat reçu par Me Guillaume Raffier, et avait donné à la future la moitié de ses biens; le 25 mars 1568, elle compléta cette libéralité par la donation de l'autre moitié, mais sous réserve de l'usufruit durant sa vie. Le même acte contenait aussi ses volontés suprêmes. Elle désira être enterrée en l'église Saint-Hilaire, dans la tombe de feu son mari, et voulut que la somme de cent livres tournois, à elle laissée par Étienne Médicis, son beau-père, dans son dernier testament, fut employée à ses obsèques. Après avoir légué, pour le jour de sa sépulture, cinq robes rouges, de petit drap, à cinq pauvres fils, en l'honneur des cinq plaies de N. S. J.-C., sept robes de drap pers, de petite valeur, à sept filles en l'honneur des sept douleurs de Notre-Dame, cinq robes et bonnets de drap noir à cinq pauvres fils, et quatre robes blanches à quatre filles pour qu'ils priassent tous pour son âme et les trépassés, elle régla les prières de ses funérailles. Alors, comme aujourd'hui, le *long port*, c'est-à-dire cette triste et solennelle promenade du convoi funèbre dans les quartiers de la ville, était en usage. La testatrice ordonna

---

[1] Arch. départ., *Notes de Raphaël Maurin*, f°° 2 à 4. — On peut juger, par cet exemple, de la valeur comparative de la propriété foncière sous le régime féodal.

[2] Arch. de l'Hôtel-Dieu, Acte du 28 septembre 1559, reçu Me de la Font, notaire; papier.

que, lorsque son corps sortirait de sa maison [1], à la croix de Bidoire, cinq prêtres chantassent une antienne en l'honneur de Dieu, de la vierge Marie et de tous les saints et saintes du paradis, et après, l'antienne *Inviolata ;* qu'au pied des Tables, devant la porte de Cathala, sept prêtres chantassent, en l'honneur de Notre-Dame et des saints et saintes du paradis, l'antienne qu'il leur plairait, et de plus, le *Salve* ou l'*Inviolata ;* et qu'enfin, à la porte de la rue Panessac, neuf prêtres chantassent une autre antienne en l'honneur de Dieu, de la sainte Vierge et de toute la Cour céleste. Chacun de ces prêtres devaient recevoir six deniers, en sus de la distribution de sépulture. Elle voulut aussi que les prêtres, donats et habitués de l'hôpital Notre-Dame assistassent à ses obsèques et fussent *livrés* comme les autres prêtres assistants. Enfin, après divers legs particuliers aux personnes de son intimité, elle nomma pour ses exécuteurs testamentaires : Jacques Mège, chanoine de la collégiale Saint-Agrève, et Mathieu Falcon, notaire [2].

Étienne Médicis était mort vers la fin de 1565. Les dernières pages qu'il ait écrites sont consacrées à la chronique de cette année-là, et le dernier récit sorti de sa plume a trait à la procession de la Dédicace, qui se fit le 11 juillet. Sa main, on le voit bien à l'écriture, est tremblante, mal assurée ; sa mémoire s'affaiblit : il confond Antoine de Chabannes, évêque mort depuis longtemps, avec Antoine de Sénecterre [3].

Par une fatalité que je ne puis trop déplorer, ses testaments se sont dérobés à nos longues et persévérantes investigations. On comprend le vif intérêt qu'auraient eu pour notre curiosité ces documents, toujours si riches en particularités intimes, et la pénétrante lumière dont ils auraient

---

1 C'était le logis à l'enseigne de *la Colombe*, rue Panessac, qu'elle avait continué à habiter après la mort d'Étienne Médicis, son beau-père.

2 Arch. de l'Hôtel-Dieu, Expédition sur parchemin, français.

3 *Chroniques*, t. I, p. 556.

éclairé la figure de notre chroniqueur. Il avait testé au moins deux fois :
la première, sans doute, avant la mort de son fils ; et la seconde, après
cet évènement qui nécessitait de nouvelles dispositions. Par ce dernier testament [1], reçu Me Mathieu Falcon ou Falconis, il institua pour son
héritier universel Jean Mège, son neveu, marié, comme on l'a vu plus
haut, à Michelle Dibbert, et qui fut sixième consul du Puy en 1584 [2].

C'est par les enfants de Jacques Mège que se continua la descendance.
Jacques Mège fut père de Guillaume, mort avant 1569 ; de Jean, dont
il vient d'être parlé ; de Jacques, chanoine de Saint-Agrève. Du mariage
de Guillaume Mège, avec Laurence Robert, naquirent Mathieu, François,
Étienne Mège, et Isabelle, mariée, par contrat du 20 janvier 1569, à
Claude Regoilh, couturier [3].

Il serait difficile de pousser plus loin ces recherches généalogiques. Il
suffira de savoir que, durant le XVIIe siècle, la famille Mège était
divisée en plusieurs rameaux et qu'elle tenait au Puy, dans le commerce,
un rang honorable. Un Guillaume Mège, marchand drapier, était cinquième consul en 1629-1630, lors de la grande peste [4]. Un Claude
Mège était, en 1651, chanoine de l'église Notre-Dame [5]. L'évolution
des races obéit à des lois mystérieuses ; des lois analogues régissent le
progrès et le déclin des familles. A la fin du XVIIe siècle, toutes ces
branches de la famille Mège s'éteignirent.

Le dernier survivant, Étienne Mège, était un marchand qui, après

1 29 juin 1574. Claudine Véron, veuve de Vidal Talobre, boulanger au Puy, donne
quittance à Jean Mège, héritier universel de feu Étienne Mège, de 28 cartons froment, et
de 7 cartons fèves, en déduction de la pension qu'Étienne Mège lui avait léguée par son *dernier*
testament reçu par Mathieu Falconis. (Arch. de l'Hôtel-Dieu, papier.)

2 *Chroniques*, t. II, p. 235.

3 Arch. de l'Hôtel-Dieu, Expédition en parchemin.

4 Arnaud, *Histoire du Velay*, t. II, p. 414.

5 Arch. départ.

s'être retiré du négoce, obtint, le 11 février 1699, du sénéchal du Puy des lettres de bourgeoisie [1]. Par son testament du 1er juillet 1720, il élut sa sépulture dans l'église Saint-Hilaire, au tombeau de ses ancêtres, et, après avoir fait des legs particuliers, soit à Marcelin Espanhon, son frère utérin, issu du second mariage de feue Marguerite Legal avec feu Alexandre Espanhon, soit à ses cousins maternels, soit encore aux communautés religieuses de la ville, il institua pour ses héritiers les pauvres de l'Hôpital général du Puy, en imposant toutefois aux directeurs l'obligation de conserver à perpétuité sa vigne de Fay-la-Triouleyre et sa métairie de Marminhac [2]. Ce testament, en faveur de l'Hôpital général, explique comment les titres et papiers de la famille Mège furent recueillis dans les archives de cet établissement, où nous en avons fait l'heureuse découverte.

II

ÉTIENNE MÉDICIS MARCHAND ET CONSUL

Étienne Médicis était marchand drapier [3].

En 1544, il possédait deux maisons : l'une dans la rue Panessac, à l'enseigne de *la Colombe* (elle correspondait aux nos 6-8 actuels; c'était sa demeure); et l'autre dans la ruelle, toute voisine, du Chamarlenc. De plus, il était propriétaire d'un jardin au faubourg Saint-Gilles, et d'un

---

1 Je dois la communication de ce document à l'obligeance de M. Édouard Lobeyrac, ancien Magistrat, et de son frère, M. Albert Lobeyrac.

2 Ce testament a été retrouvé par M. Gerbier, économe des Hospices, qui a eu l'amabilité de m'en faire part.

3 *Chroniques*, t. I, p. 1 et 387, t. II, p. 284.

pré le long du Dolezon, aux *passes* de Solignac [1]. Mais c'est principalement au village de Marminhac que se trouvait le gros de sa petite fortune immobilière. Aux parcelles acquises par son père, il en ajouta d'autres, et, avec les années, composa un domaine d'une certaine importance. Les actes d'acquisition que nous avons retrouvés, témoignent de sa persévérance vers ce but, et révèlent l'emploi favori de ses laborieuses épargnes [2].

Ses inclinations personnelles, autant que ses traditions de famille, devaient le porter à prendre part aux affaires de la ville; et cette part, il la prit aussi large et multiple que le comportaient sa position sociale et ses aptitudes. Le consulat était l'orgueil des bourgeois du Puy; une privation de soixante-six années leur en avait rendu plus chère encore la restitution par Philippe de Valois. Bien que sujets à la fois de l'évêque et du roi, ils n'en formaient pas moins, pour la gestion de leurs affaires communes, une petite république qui avait ses lois, ses magistrats, sa milice et ses privilèges. L'administration de la cité était confiée chaque année à six consuls, choisis dans des catégories de citoyens rigoureusement circonscrites, par les vingt-deux chefs de métiers; ceux-ci composaient le conseil général de la ville et assistaient les consuls dans l'exercice de leurs fonctions. Les comptes des consuls, à leur sortie de charge, étaient vérifiés par des auditeurs élus par le conseil dé

[1] Arch. de l'Hôtel-de-ville; *Compois de 1544*, 1ʳᵉ partie, nᵒˢ 600 et 628; 2ᵉ partie, nᵒ 2:8. — Arch. départ., *Compois de Vals de 1528*, fᵒ 204.

[2] En 1512, il achète de Jacques Soulier un champ dit le Champ-Grand; en 1514, de Claude du Crozet et d'Antoinette Limósin, sa femme, le champ de la Serve; en 1539, de Jean Molhade et de Catherine Soulier, un chazal, — le tout à Marminhac; en 1542, de Jean Guyot, un pré situé dans les dépendances du village de Marnhac, au terroir appelé le Sucheyron; en 1547, d'André Boyer, dit Guyon, un autre chazal avoisinant son étable, à Marminhac; en 1549, de Claude Robert, deux parcelles d'un pré sis au terroir de Pradal, dépendances de Marminhac. — Tous ces contrats d'acquisition sont aux Archives de l'Hôtel-Dieu.

la ville. L'esprit avisé, sage et débonnaire des consuls, les réels bienfaits de leur administration malgré des abus et de trop constantes tendances à l'oligarchie, les prérogatives et honneurs attachés à ces fonctions — par exemple, le solennel costume (manteau, robe et chaperon d'écarlate) dont le roi Charles VI les gratifia, — firent la fortune de cette institution, en l'entourant d'une auréole de considération et de prestige. Aussi la maison consulaire inspira-t-elle toujours un vif attrait aux *gens de bien*, désireux, comme l'était Étienne Médicis, *de ne pas vivre du tout inutilement pour la chose publique et de suivre les vestiges et honorables termes de leurs prédécesseurs, pères et parents.*

En 1516, Étienne Médicis fut l'un des quatre auditeurs élus pour vérifier les comptes de l'administration consulaire de Bernard de Lobeyrac et de ses *compagnons* [1]. Deux fois il revêtit la toge rouge de consul : la première fois en 1530 comme quatrième consul [2], et la seconde en 1536 comme deuxième consul [3]. Les fonctions de premier consul étaient exclusivement dévolues par les statuts consulaires aux bourgeois et aux docteurs ; c'est pourquoi le marchand drapier ne pouvait prétendre à s'élever plus haut dans la hiérarchie des honneurs municipaux.

En 1530, premier baile de la confrérie des marchands drapiers, il défila, comme tel, en tête de sa corporation dans les fêtes patriotiques organisées au Puy à l'occasion du mariage de François Iᵉʳ avec la sœur de Charles-Quint et de la délivrance des jeunes princes prisonniers en Espagne [4]. En 1537, baile de la confrérie du Saint-Esprit, il prit soin de conserver, dans un piquant mémoire, le menu du festin dont furent

---

1 *Chroniques*, t. II, p. 284.
2 *Id.*, t. I, p. 333.
3 *Id.*, t. I, p. 372.
4 *Id.*, t. I, p. 316.

régalés les membres de cette confrérie, c'est-à-dire les pauvres et les
donats de l'hôpital Notre-Dame [1].

Les affaires de son négoce, dans lesquelles il devait vraisemblablement être secondé par sa femme et son fils, ne l'absorbaient pas tellement, toutefois, qu'il ne trouvât par intervalles le loisir d'accomplir,
comme praticien, des travaux de très-longue haleine.

C'est ainsi qu'en 1527 et 1528, il dressa l'estime ou compois des
mandements de Taulhac [2] et de Vals [3], et qu'en 1544 il fut, avec deux
autres commissaires, chargé par le conseil de ville du même travail
pour la ville du Puy [4]. Ces volumineux registres où se trouvaient décrits
tous les biens-fonds avec leurs confins, contenance et valeur, ont de
l'analogie avec notre cadastre actuel et servaient à l'assiette des tailles.
Le simple examen de ces trois compois démontre qu'il en fut bien
réellement le principal rédacteur.

[1] *Chroniques*, t. II, p. 150 et s.

[2] Le compois de Taulhac, terminé le 5 décembre 1528, n'existe plus en original ; la copie
des Archives départementales est du XVIIᵉ siècle.

[3] Le compois de Vals est un volume à couverture de parchemin, de 234 feuillets papier,
entièrement écrit de la main d'Étienne Médcis. Il se termine ainsi : « La présante extimation des domaines et possessoires du mandement de Val, ainsin que dessus est touché, a esté
faicte par authorité de justice ez ans mil cinq cens vingt-sept et vingt-huit, commis à icelle
faire saiges hommes Pierre Audibert, laboureur du Puy, Vidal Séghaleyras, habitant d'Espaly,
André Boneto, habitant de Polignac, Jean Vidilh, habitant de Mons, et Estienne de Médicis,
marchant, habitant du Puy, avec eux commis tant pour extimer que pour icelle escripre et
rédiger en bonne forme ; laquelle, estre ainsin parfaicte, fust pourtée et produicte par les
susdicts commys, judiciellement, en la court royalle de Vellay, ainsin qu'il appert par les
actes de ladicte court, et fust par Messeigneurs les présidens d'icelle approuvée, authorisée
et decretée et scellée du sceau de ladicte court ; au moyen de laquelle doresnavant, audict
mandement de Val, seront levés et cuellis les deniers du roy nostre sire ; pour toutes lesquelles choses que dessus, je Estienne de Médecys, tant pour moy que pour les susdits commis,
mes consors, ay mys sydessoubz mon seing manuel en force et tesmoignage des choses
prémises. — DE MÉDICYS. »

Ce compois fait également partie des Archives départementales.

[4] *Chroniques*, t. II, p. 601 et suiv.

Ses recherches sur l'histoire du Puy ne pouvaient manquer de lui donner compétence et autorité en matières — fréquentes jadis — de privilèges, franchises et libertés, établis la plupart du temps sur l'usage ou la coutume et dont la preuve se faisait en justice par voie d'enquête. Ce qui eut lieu en 1549 pour la vérification des priviléges des habitants de la Saunerie [1], se renouvela sans doute dans maintes semblables occasions.

1 A l'avènement d'Henri II, les habitants de la rue de la Saunerie, ou, comme on les appelait en langue vulgaire, les *Saleiroux*, obtinrent du nouveau roi la confirmation de leurs privilèges par lettres patentes données à Vauluisant, au mois de mai 1548. Dans la procédure de vérification de ces lettres, faite en mai 1549, devant la cour du bailliage de Velay, ces habitants furent admis à prouver, par voie d'enquête, les privilèges, libertés, franchises et usages dont ils avaient joui de toute ancienneté. Dans leurs articles ou *intendit*, ils disaient et mettaient en fait : 1° que, par tel et si long temps qu'il n'était mémoire du contraire, ils avaient accoutumé de vendre et acheter le sel dans la rue de la Saunerie haute, basse et vieille, et, en outre, d'y vendre le blé ou de l'échanger avec le sel ; 2° que les cotaux, muletiers et tous autres porteurs ou conducteurs de sel étaient tenus de venir, dans cette rue, décharger leurs bêtes ou voitures et d'y vendre leur sel, sans pouvoir le colporter ailleurs dans la ville ni à l'entour, à trois lieues à la ronde ; 3° que le sel devait être mesuré en gros avec cartals rases et, au détail, avec coupes, demi-coupes et cartals, toutes mesures non signées, c'est-à-dire non estampillées, qu'ils tenaient du vicomte de Polignac ; 4° qu'ils avaient accoutumé de choisir et créer les mesureurs du sel, au nombre de trois au plus, qu'on appelait « les correctiers de la sel ; » 5° de faire chaque année, un des habitants de la Saunerie, leur chef de métier, à l'effet de participer, en la maison consulaire, à l'élection des consuls et aux autres actes attribués aux chefs de métiers ; 6° de créer chaque année un baile, habitant de ladite rue, pour la confrérie de la Saunerie, lequel baile avait le droit d'exiger des cotaux et muletiers, pour chaque charge, un quart de sel (c'était la quatrième partie d'une coupe) afin d'aider à la célébration de la fête annuelle de la confrérie à l'hôpital Notre-Dame, en l'honneur de la très-sainte Trinité, de *livrer* de deux journées les pauvres couchés de l'hôpital, et de donner à l'hôpital vingt-cinq rases de sel, au seigneur évêque quatorze rases, et aux religieuses de Vals cinq livres tournois pour les messes chantées que les *Saleiroux* faisaient célébrer chaque dimanche dans l'église du couvent ; 7° que la connaissance de tous procès civils ou criminels sur le fait du sel, appartenait au visiteur général des gabelles du Languedoc ou à son lieutenant, et non à autre, et ce dans la ville même du Puy et non ailleurs. — Parmi les témoins dont la production fut offerte par les habitants et ordonnée par le lieutenant, figuraient Bernard Lobeyrac, marchand et consul, Antoine Astruc, médecin, François Dulac et Étienne Médicis, marchands, ainsi qu'une dizaine d'autres. L'as-

Enfin, et c'est à nos yeux son principal titre de gloire et le plus durable, il resta pendant plus de trente ans l'historiographe de la maison consulaire. En 1456, les consuls avaient fait ouvrir le livre *Officier* ou l'*Official* du consulat [1]. La tenue de ce registre était, à l'origine, confiée au secrétaire du consulat, qui y inscrivait simplement, chaque année, les noms des consuls en exercice. Au XVIe siècle, le cadre de ces fastes consulaires s'agrandit. Les fêtes et les solennités publiques dont on sentait la nécessité de conserver, à titre de précédents utiles à consulter, les relations circonstanciées, avaient donné naissance à une sorte de littérature officielle. Une rédaction simple et dénuée d'ornements n'était plus de mode ; l'esprit de la Renaissance avait franchi nos montagnes et soufflé sur la ville du Puy, comme partout, la recherche et la prétention littéraires. Ces compositions, dont la vulgarité et la monotonie étaient le grand écueil, exigeaient un style coloré et le choix habile des détails, qualités qu'Étienne Médicis possédait à un degré remarquable. Aussi, à partir de l'année 1524 jusqu'à 1558, il n'est point d'événements publics, de solennités officielles dans la bonne ville du Puy, qu'Étienne Médicis ne soit chargé d'en écrire, pour le livre *Officier* du consulat, ces descriptions étincelantes de vie et de grâce dont il a rempli les pages de ses manuscrits. Ces relations historiques lui étaient payées par la ville, ce qui ne l'empêchait point, d'ailleurs, d'être le moins renté des historiographes. En effet, pour la description du service funèbre célébré à la Cathédrale en 1547, après la mort de François Ier, il ne toucha à la caisse municipale de l'époque que deux

---

signation d'Étienne Médicis fut remise, en son absence, à sa belle-fille ; mais, pour un motif qui n'est pas indiqué, il ne se présenta pas au cours de l'enquête. (Arch. de l'Hôtel-Dieu, cahier en papier intitulé : *Procès sur la confirmation des privilèges du sel des habitants du Puy*).

1 *Chroniques*, t. I, p. 251.

livres cinq sols [1]. En ces temps où l'austérité de la vie de famille et une forte éducation morale entretenaient la simplicité des mœurs et la religion du devoir, le bon chroniqueur ne s'avisait point de trouver trop modeste et indigne de son talent la petite rétribution consulaire, car il avait fait, avant tout, acte de patriotisme.

III

ÉTIENNE MÉDICIS CHRONIQUEUR

Les indications précises nous manquent sur l'école où Étienne Médicis reçut les premiers éléments littéraires. Ce fut très-vraisemblablement à la grande école du Puy, dont le régent était choisi par le doyen de la cathédrale et s'appelait le maître-mage [2]. Cette école ecclésiastique, la seule qui existât dans cette ville, se trouvait, à la fin du XVe siècle, considérablement déchue de l'ancienne splendeur dont elle avait brillé au moyen-âge.

A cette époque florissait au Puy un personnage d'une rare distinction. C'était Pierre Odin, chanoine de Notre-Dame et abbé de Saint-Vosi, que le patronage de l'évêque Jean de Bourbon, dont il fut l'official, avait fixé dans cette ville. Les heureuses dispositions d'Étienne Médicis, sa précoce maturité de raison, son infatigable curiosité, attirèrent-elles sur le jeune humaniste l'attention bienveillante et les sympathiques encouragements du vénérable vieillard? C'est ce qu'à travers

---

[1] *Chroniques*, t. I, p. 410.
[2] *Chroniques*, t. II, p. 269.

l'impersonnalité regrettable de ses chroniques me font soupçonner les éloges qu'Étienne Médicis, dans l'article [1] qu'il a consacré à Pierre Odin, prodigue à *ce tant singulier et scientificq homme, dont la louenge sera inmortelle.* Dans cet hommage, rendu en apparence à l'ex-envoyé diplomatique de Louis XI, au père des pauvres, au savant qui enrichit la librairie de la cathédrale *de beaucop de livres qui n'y estoient poinct* [2] et en fit décorer les murs de ces magnifiques fresques si heureusement retrouvées de nos jours, on sent percer, si je ne me trompe, l'accent ému d'une gratitude ancienne et toujours vivante pour d'affectueux conseils et de libérales communications.

Étienne Médicis était surtout un curieux. On est surpris de rencontrer dans ce marchand de la rue Panessac une érudition aussi variée. Pour juger de l'étendue vraiment remarquable de ses lectures, il suffit de parcourir la liste des ouvrages qu'il cite [3]. Tous ces livres qui parvenaient

---

[1] *Chroniques*, t. I, p. 134.

[2] Dans ses curieuses *Recherches sur l'ancienne bibliothèque de la cathédrale du Puy*, M. Léopold Delisle, membre de l'Institut, signale, parmi les manuscrits offerts en 1681 à Colbert par le chapitre, plusieurs volumes du XVᵉ siècle (notamment un *Tite-Live*, copié à Modène en 1405), qui paraissent venir d'un personnage qui portait d'or, *à la fasce de gueules, au chef d'azur, chargé de trois étoiles d'argent*, et le savant conservateur des manuscrits de la Bibliothèque nationale, avec sa pénétrante sagacité, se demande si ces armes ne seraient pas celles de Pierre Odin *(Annales de la Société académique du Puy*, t. XXVIII, p. 456). Cette conjecture est extrêmement vraisemblable : Pierre Odin avait été, comme l'apprend Étienne Médicis, chargé par le roi Louis XI de plusieurs missions en Italie auprès du Saint-Siége. — Je remarque, en passant, que l'écusson décrit par M. Léopold Delisle se trouve peint aussi au bas d'un tableau sur bois du XVᵉ siècle, représentant une Descente de croix et qui se voit, à la cathédrale, au-dessus de la belle peinture murale des Arts libéraux : seulement le chef d'azur, comme il arrive souvent dans les peintures du moyen-âge, a poussé au noir, et les étoiles ont disparu. Ce tableau est l'une des œuvres d'art qui, au Puy, sont le plus dignes de l'admiration des connaisseurs.

[3] Voici le relevé des auteurs ou des ouvrages qu'il cite dans ses Chroniques ou dont il a copié quelques maximes sur les marges de ses manuscrits : — D'abord, la Bible; — Aristote, Socrate et Platon (traductions latines), Caton, Hortensius, Cicéron, Ovide, les deux Sénèque,

au Puy, grâce surtout au voisinage de la grande imprimerie lyonnaise, composaient sans doute sa bibliothèque. Mais, de plus, il possédait des manuscrits, comme le prouvent les débris d'un volume donné au Musée du Puy par feu M. de Becdelièvre. Ce volume est la version française de la *Vie de saint Louis* par Guillaume de Nangis. Au verso du feuillet de garde on lit cet *ex-libris :* « Ce livre apartient à moy Estienne Metge, merchant du Puy, et prie qui le trouvera, le moy rende, en poyant au-deven le vin faict [1]. Ce premier jour d'octobre mil vᶜ xv. E. METGE [2]. »

Faustus, saint Ambroise, saint Jérôme, saint Augustin, saint Grégoire, Eusèbe de Césarée, saint Sidoine Apollinaire, Boèce, Paul Orose, Isidore de Séville, Béda le Vénérable, les *Commentaires sur Isaïe* de Joachim, abbé de Flora en Calabre, le *Grand Miroir* de Vincent de Beauvais, la *Mer des histoires et chroniques de France* de Jean des Courtils, les *Additions au grand Valère* (Valère Maxime) de Simon de Hesdin, les *Saintes pérégrinations de Jérusalem* de Nicole Le Huen, le traité *De altis et precipuis liliorum ac serenissime corone juribus* de Jean Férault, l'*Aurea practica* de Pierre Jacobi d'Aurillac, le *Gesta Tholosanorum* de Nicolas Bertrandi, les *Grandes chroniques de France* de Robert Gaguin, le *Viatorium juris* de Jean Barbier d'Yssingeaux, la *Division du monde* de Jacques Signot, le *Catalogus gloriæ mundi* de Barthélemy de Chassenée, l'*Oratio de laudibus divi Ludovici et Francorum* de Christophe de Longueil, la *Calculation, description et géographie vérifiée du royaume de France* de Louis Le Boulanger, les *Diverses leçons* de Pierre Messie de Séville, le *Supplément aux chroniques* de Jacques Philippe de Bergame.

1 *Vin fait*, par opposition à *vin nouveau* ou *vin mou*. Des vendanges à la Saint-Martin le vin était qualifié de *vin nouveau, vin mou*, et de la Saint-Martin aux vendanges suivantes, de *vin fait (Chroniques*, t. II, p. 314).

2 Pour être fixé sur la détermination de ce manuscrit, je priai notre ami M. Aymard, qui se rendait à Paris en avril dernier pour la réunion des Sociétés savantes à la Sorbonne, d'avoir la complaisance de soumettre ce volume à l'examen de M. Léopold Delisle. Nous ne pouvions nous adresser à une autorité plus sûre que le savant auteur du *Mémoire sur les ouvrages de Guillaume de Nangis*, publié dans le tome XXVII des *Mémoires de l'Académie des Inscriptions et Belles-Lettres*. M. Léopold Delisle, avec son obligeance si connue des érudits, a bien voulu rédiger, à notre intention, la note décisive qui suit :

« Version française de la vie de saint Louis par Guillaume de Nangis. Texte incomplet, ne commençant qu'aux mots : « ... querelles qui estoient entre eulz et le visconte. » Ces mots se trouvent dans l'édition du *Recueil des historiens de France*, au tome XX, p. 369, ligne 10 en remontant.

« Ce texte est tout-à-fait semblable à celui que nous offre le manuscrit français 23277 de la

Nous soupçonnons E. Mège d'avoir possédé d'autres manuscrits, un notamment dont le titre et le nom de l'auteur sont inconnus, mais qu traitait des croniques de France sous Charles VI, et dans lequel il prend le récit circonstancié de cette guerre des Bourguignons dont le Velay et le Gévaudan furent, en 14.9 et 14.0, le théâtre [1].

C'est à l'âge de vingt-cinq ans, c'est-à-dire vers 1501, qu'Étienne Médicis commença à rédiger les gestes et faits qui concernent la cité et ville de Notre-Dame du Puy d'Anis, *entreprenant en mon lourd patoys*, dit-il, *traicter les histoires, croniques et aultres telles choses concernant ledit lieu, lesquelles ay cueillies dedans plusieurs beaulx et exquis livres, papiers, cayers, tant en latin que en françoys* [2], et cet ouvrage, qu'il devait continuer jusqu'à ce que la mort vint glacer sur les pages sa main défaillante, il l'intitula le livre DE PODIO.

Le trait distinctif d'Étienne Médicis est son amour filial pour la ville du Puy, sa patrie. Ce sentiment inspire, stimule, passionne l'érudit et l'écrivain dans sa longue carrière toute entière consacrée à la recherche des titres et à la glorification de sa ville natale.

En dédiant son livre aux magistrats, consuls et citoyens de la ville du Puy, il indique le but élevé, moral, patriotique qu'il se propose. Dans

Bibliothèque nationale (jadis 282 de Gaignières,. Si l'on donnait une nouvelle édition de la *Vie de saint Louis*, le manuscrit du Puy devrait être consulté pour combler quelques lacunes du manuscrit 23277.

« Volume jadis composé de 72 feuillets de parchemin, mais auquel manquent les feuillets qui portaient les cotes I-XXV, XXVII, XXIX, XXXII, XXXV, XXXVIII, XLI-XLVII, LXV, LXXI. — 310 millimètres sur 235. — Écriture du XIVe siècle.

« Sur le feuillet préliminaire, notes tracées par les propriétaires du livre au XVIe siècle : TOVT PAR AMOVR, E. M. (Estienne Mège). *Louenge* EST TIENNE, MAIS JE *la donne à Dieu.* — J. Bruni. — *De Lanthenas j. c. Ascriptus bibliothecæ kal. mai.* 1589.

« Donné au Musée du Puy, en 1849, par M. de Becdelièvre. »

[1] *Chroniques*, t. I, p. 234 et suiv.

[2] *Chroniques*, t. I, p. 1.

ses récits des *prudents faicts des bons citoyens du Puy, ses prédéces-*
seurs, miroir par lequel on peut spéculer clèrement les choses passées
comme présentes, ce qu'il prétend, c'est donner des leçons, populariser
des exemples, glorifier des vertus. On aime à voir se réfléter dans les gé-
néreuses intentions du bon chroniqueur les sentiments et les tendances
de la bourgeoisie de son temps, intelligente, hardie déjà, préoccupée
des intérêts, de l'honneur de ses concitoyens, et de l'avenir de la
cité, — et qui · croit de son devoir d'en prendre le grave souci.

Aussi, ajoute-t-il avec une naïve humilité, *le labeur que j'ay prins*
à recueillir lesdictes gestes, je l'ay prins de bon cueur, pour vous
en faire à tous ung débonnaire présent, car à moy n'est aultre plus
grand don vous povoir impartir. Et en ce, vous plaïrra imiter
nostre benoict Saulveur Jesu-Crist, qui les deux petites mailles que
de bon cueur la povre femme veufve fit oblation au temple, qui plus
rien n'avoit, comme tesmoigne l'Evangile, fut du doulx Jésus son
offrande louée et acceptée, ainsi qu'espère, ferez de ce mien petit
labeur [1].

Patiemment, sans défaillance, il poursuit sa vaillante et noble tâche
jusqu'en l'année 1558, où, à l'âge de quatre-vingt-trois ans, il écrit :
J'ay serré botique et fermé les ruysseaux de ceste mienne œuvre : ce
que je cognois à moy estre comode, considéré les maulx familiers à
vieilesse, comme de ma main que est venue pesante, et mes yeulx cali-
gineux et obnubilés [2].

Le vieux chroniqueur compte maintenant avec la mort qu'il sent
proche ; il a dit adieu aux hommes que, depuis si longtemps, il enseigne et instruit dans sa longue chronique. Mais en lui survit le bour-

1 *Chroniques,* t. I, p. 2 et 3,
2 *Id.,* t. I, p. 4 et 5.

geois religieusement attaché à la mémoire et à la foi de ses ancêtres. Et plus tard, malgré les pusillanimités et les glaces de l'âge, il se réveille aux angoisses de son pays envahi et saccagé par les bandes protestantes. L'indignation — une douloureuse curiosité — ressuscitent l'écrivain presque nonagénaire. Aussi, après le siége du Puy par un lieutenant de Des Adrets, le capitaine Blacons, reprend-il tristement une dernière fois sa plume, et le pathétique récit de ces graves événements termine ses chroniques. C'est le dernier battement de cœur du chroniqueur, du catholique et du citoyen.

Le livre DE PODIO est une grande mosaïque historique sur la ville du Puy. Les matériaux extrêmement variés qui la composent, sont de trois sortes et appartiennent à trois classes distinctes :

1° Documents manuscrits ou imprimés ;

2° Dissertations historiques ;

3° Chronique.

Dans la première classe, utile compilation qui nous a conservé nombre de documents dont les manuscrits originaux sont depuis longtemps perdus, rentrent les traditions de l'église du Puy écrites dans les *Légendaires* [1] qui se lisaient aux offices du diocèse. A cette source litur-

---

[1] Étienne Médicis n'indique pas toujours les sources auxquelles il puise, et parfois il est difficile de les démêler avec précision et certitude. Relativement aux légendes dont il s'agit, la lumière vient d'être faite par une découverte récente. Je veux parler du procès qui s'agita, en 1428, devant Guillaume de Chalancon, évêque du Puy, entre les deux chapitres de Saint-Georges du Puy et de Saint-Paulien, au sujet de la possession des reliques du premier apôtre du Velay que l'un et l'autre revendiquaient exclusivement. Ce procès remplit un immense rouleau de parchemin, conservé aux Archives départementales *(Tabl. hist. du Velay,* t. IV, p. 220 et s., 403 et s.). A l'appui de leurs prétentions les chanoines de Saint-Georges du Puy produisirent, entr'autres documents, un *Légendaire* appartenant à l'école de l'église Notre-Dame et contenant la relation de la translation de Saint-Georges. Cette narration, transcrite tout au long dans l'instrument du procès, est précisément celle qu'Étienne Médicis a copiée dans son manuscrit *(Chroniques,* t. I, p. 56 et s.). Toutefois, dans le texte de notre chroniqueur, la

gique, Étienne Médicis a puisé les légendes de l'évangélisation du Velay par saint Georges, de la fondation de l'église Notre-Dame par saint Vosi et saint Scutaire, celles de saint Marcel, de saint Marcelin, de saint Agrève et de saint Chaffre, et le récit — plus historique — de la translation des reliques de saint Georges de la ville de Saint-Paulien, *la vieille cité*, en la cité du Puy. Quelle que soit, au point de vue d'une saine critique, la valeur de ces documents hagiographiques, ils ne sauraient être absolument négligés. Pour les premiers siècles, on le sait, le Velay n'a presque pas d'autres annales que les légendes et les traditions de son Église. Abordant bientôt un terrain plus ferme, Médicis recueille la notice de l'évêque Guy d'Anjou, fondateur du couvent de Saint-Pierre-le-Monastier; les priviléges et immunités obtenus par l'église du Puy de la munificence des rois capétiens et des papes Alexandre III et Clément IV; la charte du pariage qui consacra l'association du roi Philippe-le-Bel et de l'évêque dans la seigneurie de la ville du Puy; l'inventaire, si précieux pour l'histoire des arts, du trésor de la cathédrale; le tableau de la division du diocèse en trois archiprêtrés (Monistrol, Solignac et Saint-Paulien), contenu dans le rôle des redevances dues par les curés et prieurs à l'hostier de Saint-Pierre-le-Monastier, etc.

En ce qui concerne l'histoire . civile, outre des lettres patentes de Philippe de Valois, Charles VII, Louis XI et Charles VIII, octroyant divers priviléges à la ville du Puy, il collige et transcrit le tarif de la leyde perçue au profit du roi et de l'évêque, celui du péage du Collet

---

division par leçons : *Lectio prima, lectio secunda, etc.*, a été supprimée. Ces *leçons* se lisaient à l'office, le jour de la commémoration du saint. Pour les autres légendes, Médicis semble avoir aussi supprimé cette division. — Dans le bréviaire du Puy, imprimé en lettres gothiques, je retrouve identiquement toutes les légendes de saints du Velay que Médicis a recueillies; seulement, le texte a subi des coupures, comme le comportait la nature plus concise du bréviaire.

établi en faveur du vicomte de Polignac; le système des mesures agraires, des grains et du vin usitées au Puy, la coutume de Velay pour l'assiette des rentes, des instructions sur les droits de mutations des francs-fiefs et des nouveaux-acquêts possédés par les roturiers, l'ordre tenu par les chefs de métiers aux élections des consuls, le règlement de la boulangerie, le budget de la ville en 1515, l'inventaire de son arsenal, le budget des états particuliers du Velay inséré dans une assiette des impositions (qui retrace l'ancienne division du Velay, aux XIVe et XVe siècles, en *terre taillable* et en *terre subsidiable*), de curieux mémoires, en langue vulgaire, rédigés à l'occasion du projet d'établissement au Puy, en 1418, d'un atelier royal des monnaies ou en vue des mesures de police nécessitées par le grand pardon de 1429, une sentence de la cour commune servant à prouver que les contraventions de dépaissance dans la prairie du Breuil n'étaient punissables que d'une amende, des arrêts du parlement de Toulouse ou des grands-jours de Nîmes et du Puy faisant jurisprudence en des matières d'intérêt général pour la province de Languedoc dont dépendait le Velay, la grande charte de Languedoc, donnée par le roi François Ier, etc.

Et s'il ne put davantage enrichir et compléter son recueil, qu'on se garde bien d'accuser sa diligence et sa sagacité : il n'eût l'accès, ne l'oublions pas, d'aucunes des archives de son temps, toutes jalousement fermées aux curiosités studieuses. *Mais, dit-il, n'a esté permis de veoir les antiquités et faicts vertueux dignes d'estre veus, qui sont enclos et en seure custode registrés dans les archiz, chambres et armaires tant du seigneur Evesque du Puy, seigneurs du vénérable Chappitre Nostre-Dame, Sainct-Mayol, l'Hospital, des trois Collièges, des abbayes Sainct-Vosi et Sainct-Pierre-la-Tour, Sainct-Jehan de Hiérusalem, Sainct-Bartholomy, des Mendians, Sainct-Pierre-le-Monastier, du Consulat, et aussi semblablement les enseignemens et escriptures... que sont gardés au trésor du seigneur Vicomte de Polignac et de plusieurs autres seigneurs circumjacens le Puy* [1].

Entre-temps, il relève les notes historiques tracées sur les feuilles de garde des livres d'église, les inscriptions qui se lisaient sur les murs ou sur les cloches de la cathédrale, la nomenclature des foires et marchés du Velay, des villes closes, des bourgs et paroisses compris dans les *ressorts* d'Auvergne, de Forez ou de Velay, ou encore des biens de l'hôpital Notre-Dame et des revenus de l'évêché du Puy.

L'histoire civile et religieuse du Velay restera la reconnaissante obligée de ce zélé chercheur, car il a donné asile dans ses manuscrits à plus d'un souvenir, à plus d'un titre, à plus d'une charte qui sont ainsi parvenus jusqu'à nous.

L'infatigable compilateur n'a pas même reculé devant l'interminable Mystère de Notre-Dame du Puy, en trois journées, dont l'auteur, Claude Dolezon, son compatriote et allié de la famille Mège, était, croyons-nous, religieux dominicain au couvent Saint-Laurent. Ces trois journées ont pour sujet : la première, la prédication de l'Évangile dans le Velay par saint Georges ; la deuxième, l'édification de l'église Notre-Dame par saint Vosi et saint Scutaire ; et la troisième, l'apport au Puy de la *Vierge noire* par un roi de France, à son retour de la Terre-Sainte. C'est, on le voit, la mise en scène de nos légendes religieuses du Puy. Joué en 1518, ce Mystère est la première et, par son sujet local non moins que par son étendue, la plus importante des compositions dramatiques qu'ait inspirées au Puy le mouvement de la Renaissance. L'hospitalité qu'Étienne Médicis lui a accordée dans son manuscrit, l'a préservé de la destruction et nous a conservé un spécimen de ce qu'était le théâtre alors qu'il ne s'était point encore dégagé des

---

[1] *Chroniques*, t. I, p. 4.

langes hiératiques et des traditions étroites que lui imposaient son origine et son but tout religieux.

Les sources imprimées, à leur tour, lui ont fourni leur contingent; c'est, à tous égards, la partie la moins utile pour nous de ses travaux. Je me bornerai à rappeler l'histoire des Chaperons blancs d'après Vincent de Beauvais, Jean des Courtils et Simon de Hesdin, l'éloge du Velay, intercalé par Jean Barbier d'Yssingeaux dans son *Viatorium juris*.

La seconde classe des matériaux comprend les dissertations historiques qu'Étienne Médicis composa à l'aide des documents qu'il avait recueillis; ici, le compilateur fait place à l'écrivain érudit incessamment préoccupé d'éclaircir des points obscurs de l'histoire de son pays. Ces travaux personnels de notre auteur, quoique témoignant d'un savoir peu ordinaire pour son temps et son milieu social, ne sauraient être acceptés avec une aveugle confiance; il est souvent prudent de les soumettre au contrôle de la critique. Dans cette classe se rangent ses *calculations* sur la fondation du Puy, ses *singularités* sur les reliques de Notre-Dame, la prétendue concession des armoiries de la ville par Lothaire, les pages gracieuses et colorées où il raconte l'histoire de la belle bouchère et la sédition des bouchers suivie de la suppression du consulat, les historiques du péage du Collet, de l'entrée du vin (épisode habilement personnifié en Pierre de Louvain, cet enfant du Puy, qui fut l'un des bons capitaines de Charles VII), et de la rente possédée par la ville à Bouzols, etc. C'est aussi à cette catégorie que se rattachent ses descriptions minutieuses, pittoresques, vivantes des grands pardons et des merveilleuses processions de l'image Notre-Dame, sa monographie du clos Saint-Sébastien, et son instructive statistique du Puy en 1544, composée avec les matériaux que sa collaboration à l'estime de la ville lui avait permis d'assembler.

La partie la plus originale, la plus riche, la plus précieuse de son œuvre, est sa chronique ou récits des événements de son temps, chronique composée de ses relations officielles et de son journal.

Ses relations officielles sont, à vrai dire, sa maîtresse œuvre. Le grand pardon de 1524, les fêtes données en l'honneur du second mariage de François Ier et de la mise en liberté des Enfants de France prisonniers en Espagne, l'entrée solennelle de ce prince au Puy, le 17 juillet 1533, les honneurs funèbres que la ville lui rendit à sa mort, la tenue des grands-jours en 1548, les funérailles de la vicomtesse de Polignac, Anne de Beaufort-Canillac, le feu de joie qui célébra la paix de Câteau-Cambrésis, — pour ne citer que les principaux de ces événements, — devinrent le thème de ces chroniques, *géographies* et descriptions où son imagination se donne ample carrière, et dans des tableaux animés, fait revivre tous les acteurs de ces solennités. Gens d'église précédés de leurs croix; corporations de métiers sous leurs bannières, avec leurs fifres et leurs tambourins; graves chanoines de Notre-Dame ; consuls drapés de rouge ; baillis d'épée ; juges de robe courte et juges de robe longue; gentilshommes et nobles damoiselles ; bourgeois et bourgeoises appointés de satin ou de taffetas ; menu populaire, joyeux et ébahi, défilent avec cette intensité de vie et de passions que leur conservait la plume vigoureuse et toujours vraie du fidèle témoin oculaire ; l'illusion est complète.

Le journal de son temps n'a pas une moins grande saveur historique. Inondations, incendies, longs hivers, grandes et *merveilleuses* sécheresses, comètes, famines, pestes, séditions populaires, constructions de ponts, d'oratoires ou de chapelles, érections de croix, réparations aux murailles et aux tours de la ville, introduction de nouveaux usages, anecdotes piquantes, simples faits divers, il observe et consigne tout, au grand profit de l'historien, du moraliste et de l'archéologue. C'est l'existence de nos pères au jour le jour, prise sur le vif, et qui nous fait encore participer de leurs terreurs, de leurs souffrances, de leur piété, de leur prévoyance, de leur esprit, de leur malice, de leurs préoccupations, — en un mot, de ce qui constitue la vie intime et réelle d'une cité [1].

Ce journal est surtout le guide le plus sûr pour suivre les progrès du protestantisme dans le Velay. Ce n'était pas, assurément, dans une ville de grand pèlerinage comme le Puy, qui devait sa vieille renommée, l'essor de son commerce et de sa richesse à l'église Notre-Dame et à sa célèbre *Vierge noire*, que pouvaient trouver faveur et prendre racine des doctrines de réforme religieuse s'attaquant au culte des saints et à la vénération des images. Sa foi et son intérêt se trouvaient trop étroitement solidaires pour qu'elle ne fermât pas avec énergie et indignation son cœur comme ses portes aux tentatives luthériennes. Mais, ici comme ailleurs, les doctrines nouvelles n'essayèrent pas moins de

---

[1] En dehors de ses deux Prologues et de sa Dédicace, Étienne Médicis évite soigneusement de se mettre en scène, et lorsque son journal prend un caractère personnel et domestique, c'est d'une façon toujours très-voilée.

S'il rappelle qu'en 1493 la rue Panessac commence à « illuminer de nuit le dévot et saint image de la vierge Marie qui est sur la porte dudit Panessac, » c'est sans doute parceque Claude de Lobeyrac, qui prend cette initiative, est son oncle maternel [1]. S'il note la *dépopulation* d'arbres, perpétrée, heure nocturne, dans la gravière d'Eustache Achard, par la basse vengeance d'un consul et d'un notaire, c'est que cette gravière touche au pré de son père, Claude Mège [2]. S'il remarque que les portefaix choisissent, pour célébrer leur confrérie, la chapelle fondée à Saint-Hilaire par Pierre Boniol, c'est qu'il est le collateur de cette vicairie du chef de sa première femme [3]. Veut-il marquer le cérémonial des obsèques d'un consul, il décrit l'enterrement de son cousin, Armand de Lobeyrac [4]. L'un de ses plus charmants récits est consacré à l'effondrement de sa propre maison, le logis de la *Colombe*, et ce vulgaire accident se grossit aussitôt sous sa plume et devient le *grand esclandre* de la rue Panessac [5].

[1] *Chroniques*, t. I, pr 264.
[2] *Id.*, t. I, p. 287.
[3] *Id.*, t. I, p. 366.
[4] *Id.*, t. I, p. 334.
[5] *Id.*, t. I, p. 369.

pénétrer dans les esprits en profitant de la lassitude et de la contrainte de quelques vocations religieuses, de certaines rivalités ou dissensions intestines des grandes maisons et à la faveur des mécontentements et des ambitions audacieuses de cette bourgeoisie qui, inspirée par le jeune sentiment de sa force, commençait à raisonner avec le passé et cherchait à se ménager l'avenir. Ces tentatives se trahissent de loin en loin par des arrestations de colporteurs de livres envoyés aux galères ou au bûcher, par des supplices d'hérétiques au Martouret, par de furtifs outrages ou des actes de vandalisme de plus en plus nombreux contre les croix ou les statues de saints. Ces symptômes, nous les ignorerions sans notre chroniqueur qui a pris soin de les noter, car sa curiosité naturelle paraît être étrangement excitée par ce nouvel élément social, gros de passions, de troubles et d'évènements.

Étienne Médicis fut lui-même mêlé comme témoin à un procès d'hérésie.

En effet, à la fin de 1538, arriva au Puy un prêtre picard, Antoine d'Archis; logé chez Guillaume Mège, neveu de notre chroniqueur, il prêcha l'Avent et le Carême. Outre ses sermons, il lisait dans des réunions privées, *à qui vouloit les ouïr,* les épîtres de saint Paul, qu'il accompagnait de commentaires entremêlés de propositions luthériennes. Le clergé s'en émut. Le prêcheur fut dénoncé à l'official qui le cita à son tribunal et le condamna; mais Antoine d'Archis en appela au parlement de Toulouse. C'est là que le procès s'instruisit à nouveau. Ses auditeurs les plus assidus, gens d'église et laïcs, furent naturellement assignés à comparaître en parlement. C'étaient Antoine Orvy, seigneur d'Agrain; Gabriel Davignon, seigneur du Monteil; Louis Raffier, baile du chapitre; Hugues Guitard, François Dulac, Jacques Boyer, Étienne Médicis, marchands; deux notaires; Guillaume Mège, cordonnier et autres. Ils furent tous reconnus *n'estre en rien coulpables touchant l'affaire de ce*

prime-abord dangereuses ; il s'en défie instinctivement et ne se rend qu'aux expériences longues et décisives. En politique comme en religion, ses tendances intimes, ses mûres réflexions le ramènent invinciblement au respect, à l'amour du passé et des traditions consacrées par le temps. C'est en arrière, dans les sages exemples de ses pères, et non pas en avant, dans les témérités et les rêveries des novateurs, qu'il place son idéal ; le progrès, pour lui, semble se résumer dans la continuation et le développement lent, mais sûr, de l'œuvre héréditaire et traditionnelle des ancêtres.

Par le style, il se montre le disciple des anciens grecs et latins et appartient bien à son époque. Son vocabulaire est un perpétuel néologisme. Aux formes surannées du vieux langage, il préfère des mots nouveaux qu'il crée sur le type et d'après le génie latins ; il réussit ainsi à se composer une langue imparfaite sans doute, mais singulièrement expressive et puissante. Le mécanisme de ses phrases est trop souvent incorrect ; elles se traînent diffuses, embarrassées dans leurs développements *cicéroniens ;* mais, soudain, un trait gracieux et naïf tombe naturellement de sa plume, ou quelque mot énergique et inattendu en jaillit comme une étincelle, illuminant les obscurités de sa pensée.

Dans la fréquentation quotidienne des auteurs de l'antiquité qu'il relit, qu'il médite, dont il inscrit les maximes sur les marges de ses pages, il contracte l'habitude de s'élever aux considérations générales et de tirer de l'analyse des faits la synthèse des idées. Cette préoccupation semble même rentrer dans ses procédés de composition : il se complaît dans ces hauteurs philosophiques où l'historien ressaisit la liberté de sa réflexion et l'individualité de sa conscience, et c'est là que Médicis rencontre ses images les plus expressives, ses mouvements les plus heureux ; c'est là, en un mot, qu'il déploie le plus de spontanéité et d'originalité. Souvent son génie étonne dans ses allures hardies, simples, primesauctères, et suivant une remarque aussi juste qu'autorisée. « parmi les auteurs de chroniques et de journaux de la langue d'oil. il y a peu d'hommes supérieurs à cet homme du Midi ». »

La ville du Puy saluera d'une éternelle gratitude le nom d'Étienne Médicis. car le premier il recherchera les origines de la petite cité, rassembla les éléments épars de son histoire et écrivit le journal de son temps. Le service que notre chroniqueur a rendu à sa ville natale ne s'est pas borné seulement à l'œuvre même qu'il composa ; son exemple exerça une influence heureuse et inespérée. Bien que demeurés inédits, ses manuscrits piquèrent la curiosité de ses concitoyens. La famille Mège qui les conservait pieusement. les prêta à de rares amis : on en fit des copies. des extraits. des analyses. Ces communications. quoique restreintes à un cercle d'intimes. eurent pour résultat d'éveiller quelques esprits observateurs. de décider quelques petites vocations historiques qui s'ignoraient. Après sa mort. Étienne Médicis resta le chef et le modèle d'une école de chroniqueurs qui fleurit au Puy durant un siècle. C'est l'intérêt et le charme pénétrant de ses chroniques. la chaleur communicative de son vif patriotisme. le désir d'instruire et d'enseigner, à son exemple, les générations à venir, qui inspirèrent aux Burel et à Antoine Jacmon la pensée de rédiger, eux aussi, leurs Mémoires. Ils nous conservèrent ainsi le tableau des troubles et des dramatiques évènements de la Ligue; ils nous initièrent à la vie provinciale telle que la firent la pacification accomplie par Henri IV et l'action centralisatrice du gouvernement royal sous ce monarque, sous Louis XIII et durant les premières années du règne de Louis XIV.

1 M. Desdevises du Dezert, ancien professeur d'histoire à la Faculté des lettres de Clermont, aujourd'hui professeur de géographie à la Faculté des lettres de Caen.

IV

MANUSCRITS D'ÉTIENNE MÉDICIS

Les manuscrits originaux d'Étienne Médicis forment trois volumes in-4°, en papier (275 millimètres sur 195); les deux premiers volumes constituent le livre DE PODIO, et le troisième en est la table.

I. — Premier volume composé de 309 feuillets ou 618 pages. Sur le feuillet préliminaire, l'auteur a peint deux écussons superposés, représentant, le premier les armoiries de la ville du Puy *(de France ancien, à l'aigle d'argent au vol élevé, allumée, becquée, membrée et armée de gueules)*, et le second ses propres armoiries [1]. A gauche, il a inscrit cette maxime : PHILOSOPHUS. *Amare patriam naturâ compellimur*; et à droite, cette autre : ETHICORUM 1°. *Unicuique delectabile est illud quod amat.* Au dessous, on lit ces deux cotes (d'une écriture de la fin du XVIII° siècle) : *N° II, RAZOND*, et : *N° 2, DACHE.*

Sur le premier feuillet est le titre DE PODIO, en lettres capitales monogrammatisées. En marge, ces deux citations : PLATO. *Nihil est sub sole perfectum, cujus ortum legitima causa non precedat.* — 1° PHISICORUM. *Unum quidque scire arbitramur, cùm ejus causas et principium cognoscimus.* Au bas, commence la préface ou prologue : *Je, Estienne Médicis, marchant du Puy, cuyde estre raysonnable*, etc. [2]; puis le texte se poursuit jusqu'à la fin du volume, d'une écriture qui varie suivant l'âge de l'auteur : régulière, ferme, élégante dans sa jeunesse et l'âge mûr,

1 Voyez plus haut, p. iij, note 1.
2 *Chroniques*, t. I, p. 1.

grosse et relâchée dans sa ·vieillesse, puis fine, tremblante et *dentellée* dans les dernières années de sa vie.

Au verso du dernier feuillet, on lit cette citation : ·

MICHAELIS VERINI.

Injusticia ruina urbium.

Nil injusticia misere est infestius urbi :
Funditùs hec muros vertit, et ipsa domos.

Discordia res omnes evertit.

Nil adeo est firmum, quod non discordia vellat.
Funditùs hec muros vertit, et ipsa domos.

Juvenum furore urbes everse, salvate concilio senum.

Precipites juvenum demencia subruit urbes :
Curia concilio constabilita senum est.

Au-dessous, est la note, raturée et barbouillée :

J'ay par prest le segond libvre intitulé DE PODYO, covert de bazane noyre, que je promectz randre. Le vnᵉ juin 1589. — J. BUREL.

Enfin, deux signatures de la fin du XVIIᵉ ou du commencement du XVIIIᵉ siècle : MARETIN. — GABRIEL ·ROCHÈTE.

II. — Deuxième volume composé de 338 feuillets ou 676 pages ; le feuillet 332 manque et parait avoir été arraché à une époque ancienne [1]. Tout le volume est également de l'écriture de notre chroniqueur, sauf les deux derniers feuillets, contenant la chronique des années 1566 et 1567, que Jean Mège, neveu et héritier d'Étienne Médicis, rédigea,

---

[1] *Chroniques*, t. I, p. 547.

en suyvant, dit-il, *le train et le stille de feu monsieur mon oncle, sire Estienne Médicis, que Dieu abseulhe* [1].

Sur le feuillet préliminaire est le titre DE PODIO, en lettres capitales monogrammatisées, et au-dessous, en capitales romaines, LIBER SECVNDVS. En tête, on lit, de la main d'Étienne Médicis, une de ces citations qui lui sont familières :

..... In duobus consistit securitas et prosperitas civium et civitatis, scilicet : in fortitudine murorum et turrium ; secundo, in abundancia civium et victualium.

On lit, éparses, la cote *No VI*^c *L*^{xxj}*,* en écriture du XVIIe siècle, et les deux cotes que nous avons déjà relevées sur le premier volume : *No II, RAZOND. — No 3 (sic), DACHE.*

Le feuillet 1 est occupé par son monogramme E. M. (Estienne Mège), surmonté d'une croix et terminé en bas par une étoile ; au-dessus, ces deux vers, écrits sur une seule ligne :

Donne-moy, doulx Jésus,
Ton amour et rien plus.

Au-dessous du monogramme, en demi-cercle, sa devise favorite, équivoque à son nom : *Louenge* EST TIENNE, MAIS JE *la donne à Dieu*. Puis, il a transcrit ces vers d'Ovide :

NASO AD RUFFINUM.

Est sua cuique patria charissima atque gratissima *(sic)*.
Est et amor patrie racione valentior omni.

Nescio qua natale solum dulcedine cunctos
Ducit, et inmemores non sinit esse sui.

1 *Chroniques*, t. I, p. 557.

IDEM.

Dulcis amor patrie, quo non prestantius ullum *(sic)*.

Le feuillet 2 est rempli par cet éloge du Puy, en distiques de sa composition :

Musæ si menti faverent, et doctus Apollo :
 Tota poetarum turba diserta, simul.
Non possem celebres laudes describere Podi :
 Nec partes minimas, diceret Ovidius.
Hic sunt relliquie permultæ Virginis alme :
 Ex queis huc omni fœmina parte fluit.
Huc pedibus nudis currit castissima virgo :
 Et juvenes, pueri, maxima turba virûm.
Fulget miraculis multis, sanctissima Mater :
 Quæ Deus augmentet, deprecor, ille pius.
Presbiteri caste ducentes tempora vite,
 Laudes hi Domino tempus in omne canunt.
Permonstrant populo, ad paradisum tendere summa.
 Exemplo justo, credito, quæque cano.
Nobiles hic fortes sunt corpore, mente benigni :
 Obediunt regi tempus in omne suo.
Consules in cunctis querentes commoda Podi,
 Postergunt proprias, ut faveantque suis.
Cesarei docti, et medici, sunt atque diserti :
 Læditur haud quisquam, fæmina, virque, puer.
Ast alios taceo, quos servat patria felix :
 Qui, per sudores, tempora prætereunt.

AD LECTOREM DISTICHON.

Hos legito versus placide, charissime lector :
 Inculti quamvis, tu mihi carus eris.

Puis vient sa dédicace aux magistrats, consuls et citoyens de la ville du Puy, commençant par ces mots : *Cicéro dict au premier de son livre des Offices : Non solum nobis nati sumus*, etc., et qu'il accompagne de cette sentence : PROSPER, IN LIBRO EPIGRAMATUM : *Parum est nolle nocere, nisi studeas multis prodesse* [1]. Ensuite vient *la table ou rubriche des choses contenues au premier volume du livrèt appellé de Podio,* en dix feuillets.

Le reste du volume est rempli par les matières qui n'avaient pu trouver place dans le premier.

Ces deux volumes sont reliés en basane noire pleine. Cette reliure est récente.

III. — Table composée de 58 feuillets ou 116 pages. Demi-reliure moderne, en basane noire.

Sur le feuillet préliminaire est le titre ordinaire DE PODIO, entouré de citations éparses :

Honora medicum propter necessitatem : [etenim illum] creavit Altissimus.
Quod medicorum est medici ; tractent fabrilia fabri. HIERONYMUS.

Nil de pauperibus et de mendicis
Dicatur sinistrum, nec de Medicis.

SENECA, de Beneficiis, AD EBUCHIUM :
Nihil sine ratione faciendum est.

Toutes ces citations sont de la main de notre auteur.
Postérieurement, a été tracé l'*ex-libris* suivant :

Ce présent livre m'a esté donné par mon cousin sire Jehan Médicis. 24 aoust 1566.— M. MÈGE.

Ce Mathieu Mège fut commis par les Etats du Velay, à tenir le compte

---

[1] *Chroniques,* t. I, p. 2 et 3.

de la poudre à canon dans la campagne organisée, en 1574, par M. de
Saint-Vidal contre les protestants et que signala la reprise des villes et
châteaux d'Espaly, de Chapteuil, de Mons-lez-Saint-Pal, de Tence,
d'Adiac, de Saint-Quentin, de Mercœur, de Bessamorel, de Belle-
combe et de Montgiraud [1].

Le feuillet 1 commence par ce titre : *Répertoire ou rubriche des choses
contenues au livret par moy intitulé* DE PODIO. En marge, cette
maxime : ENNIUS PHILOSOPHUS. *Cùm nobis denegetur diù vivere,
aliquid relinquamus quod* (sic) *nos vixisse testemur.* Au-dessous, le prologue ainsi conçu : *L'an après la naissance du Filz de la Vierge immaculée Marie mil cinq cens, moy Estienne Médicis, bourgeois du
Puy,* etc. [2].

C'est en suivant l'ordre rationnel adopté dans cette table par l'auteur
lui-même, que nous avons publié, sous les titres 1° d'Antiquités et chroniques de l'église Notre-Dame et de l'évêché du Puy, 2° d'Antiquités
et chroniques de la ville du Puy, 3° de Privilèges et réglements de la
ville du Puy, 4° de l'Hôpital, des couvents et du clos Saint-Sébastien,
5° de Mélanges sur le Puy, le Velay et le Languedoc, et 6° enfin, de
Mystère de Notre-Dame du Puy, tous les matériaux qui composent le
recueil DE PODIO. Cette table est très-détaillée, et quelquefois les
sommaires y sont plus développés que les articles même du corps de
l'ouvrage. Dans ce cas, nous les avons reproduits en note, surtout quand
ils ajoutaient quelques particularités nouvelles.

Les annotations inscrites sur ces volumes démontrent qu'au début, ils
continuèrent à rester en la possession de la famille Mège. En 1589,
Jean Burel les reçut en prêt. Dans le XVIIe siècle, on perd la trace de

1 Archives départementales, *Assiette du 5 juin 1574.*
2 *Chroniques,* t. I, p. 4 et 5.

leurs propriétaires. Le jésuite Odo de Gissey, qui publia en 1620 ses *Discours historiques de la très-ancienne dévotion de Notre-Dame du Puy,* eût à sa disposition le DE PODIO, et, maintes fois, il le cite sous le nom de *Manuscrit de Mège* ou de *Mémoires du Puy* [1]. Gaspard Chabron, qui écrivait entre 1620 et 1630, l'*Histoire généalogique de la maison de Polignac,* lui emprunte la description des obsèques de la vicomtesse Anne de Beaufort-Canillac, description qu'il dit avoir trouvée *tout au long dans le vieux manuscrit de l'historien du Puy* [2]. Théodore Bochard de Sarron, qui fit paraître en 1693 son *Histoire de l'église angélique de Notre-Dame du Puy,* en eut également connaissance, et il le vise sous les titres de *Traité de Mège,* de *Vieille histoire du Puy,* de *Vieille histoire,* de *Ms. vieil,* ou encore *Les Mss.* [3].

Odo de Gissey et Théodore Bochard de Sarron écrivirent sous le patronage semi-officiel du chapitre Notre-Dame qui leur ouvrit ses trésors littéraires. Cette circonstance, — rapprochée de la cote $VI^e LXXj$ (en caractères du XVIIe siècle), qui suppose une nombreuse bibliothèque, — me fait conjecturer que ces manuscrits étaient déjà entrés dans la bibliothèque capitulaire. En 1651, ne l'oublions pas, Claude Mège était chanoine de Notre-Dame.

Ce qui est, d'ailleurs, extrêmement probable, c'est qu'en 1790 s'ils n'appartenaient pas au chapitre de la cathédrale, ils appartenaient, tout au moins, à l'un des couvents du Puy, dont la Révolution avait amené la suppression.

Razond et Dache semblent avoir été les commissaires délégués par l'administration municipale du Puy pour procéder à l'inventaire et au recollement des livres provenant des établissements religieux supprimés.

---

1 Liv. I, chap. 23; Liv. II, chap. 2 ; Liv. III, chap. 13, 16, 20, 22, 28, 29, 30, 32, 33, 34, 37, 39, 40.

2 Liv. XI, chap. 4, p. 318 de la deuxième partie.

3 Liv. I, chap. 10; Liv. II, chap. 1, 2, 4, 5, 6, 9, 10, 11, 12; Liv. III, chap. 15 et 18.

On sait que ces livres et autres objets confisqués par la nation furent centralisés au couvent des Capucins du Puy et que ce couvent fut dévoré par un incendie déplorable, dans lequel l'opinion publique vit un crime inspiré par le besoin de dissimuler de nombreuses malversations. Plus heureux que bien d'autres manuscrits, non moins précieux à tant de titres, les volumes d'Étienne Médicis furent, par un singulier bonheur, si mes conjectures sont vraies, divertis après leur recollement, mais avant l'incendie du couvent.

Après avoir disparu pendant un demi-siècle, ces manuscrits reparurent en 1837 ou 1838. A cette époque, Monseigneur de Bonald, évêque du Puy, les acheta dans un voyage à Lyon, de M. Rusand, imprimeur-libraire de cette ville [1], et les rapporta au Puy. La Société d'agriculture, sciences, arts et commerce du Puy commençait à réunir au Musée les éléments d'une bibliothèque historique. C'était évidemment là que se trouvait marquée la véritable place du DE PODIO. Monseigneur de Bonald, qui honorait de sa sympathie éclairée notre jeune Société, accueillit les ouvertures qu'elle lui fit en ce sens. M. le vicomte de Bec-delièvre, directeur du Musée, — dont il avait été le créateur et, pendant les premières années, le seul maître, — avait avec l'éminent prélat des

---

[1] Il y a quelques années, M. Albert de Brive, alors président de la Société académique, ayant eu, à notre prière, la courtoise obligeance de demander à Monseigneur le cardinal de Bonald, archevêque de Lyon, des renseignements aussi circonstanciés que possible sur l'origine de ces manuscrits, Son Éminence s'empressa de lui écrire la lettre suivante :

Lyon, le 2 mars 1868.

Je ne puis, Monsieur, vous dire qu'une seule chose : c'est que ces Manuscrits étaient dans les mains de M. Rusand, imprimeur-libraire, et que je les achetai. Je ne demandai pas d'où ils provenaient.

Agréez, Monsieur, l'assurance de mon sincère dévouement.

† I.-J.-M. Card. de Bonald, arch. de Lyon.

relations d'intimité qui contribuèrent puissamment au succès de la négo-
ciation. Le Musée possédait deux cierges *miraculeux*, évoquant le légendaire
souvenir de la consécration de l'autel Notre-Dame par les anges [1]. Ces
cierges avaient été conservés jusqu'à la Révolution dans le trésor de la
cathédrale. Monseigneur de Bonald voulut bien les accepter comme la
représentation des manuscrits d'Étienne Médicis qui, dès lors, firent partie
bibliothèque du Musée [2]. C'est là qu'ils sont demeurés à la disposition
des membres de la Société d'agriculture, jusqu'à ce que des circonstances favorables ont permis à la Compagnie d'en entreprendre la
publication.

Outre ces manuscrits originaux, la Société possède deux copies in-
complètes. L'une, écrite en partie au XVIᵉ siècle, et en partie au XVIIᵉ,
forme un volume in-4° d'environ 450 pages; il était la propriété de la
famille Lobeyrac. C'est le manuscrit dont le docteur Arnaud s'est servi
pour son *Histoire du Velay*, parue en 1816. Ce manuscrit a été gé-

---

1 « Deux cierges qui, pour lors, quant l'église fut miraculeusement consacrée, se trouvarent
tous ardens. » *(Chroniques d'Étienne Médicis*, t. I, p. 369, et aussi t. II, p. 534.) « Altare cognovit Angelorum manibus consecratum, et totius ecclesie corpus per eum de more consecran-
dum. Cum bis senis contemplatur candelas Evodius tricentum accensas per murum, visitationis
angelice probabile argumentum. Vir humilis Evodius, carus Deo et proximus, veste pontificali
indutus, ecclesie dedicat corpus. » (Breviarium secundùm usum Aniciensis Ecclesie, gothique,
feuillet 375 1). — Monseigneur de Bonald a fait déposer ces deux cierges dans le trésor de la
Cathédrale, où on les voit aujourd'hui.

2 Le don des manuscrits d'Étienne Médicis, par Monseigneur de Bonald, se trouve rappelé
dans le compte-rendu que M. Bertrand de Doue, président de la Société, présenta à la Compagnie dans sa séance publique du 22 août 1838 *(Annales de la Société d'agriculture pour 1837-
1838*, p. 12).

---

1 L'exemplaire de ce bréviaire que je possède, paraît être, jusqu'ici, unique. C'est un volume (150 millimètres sur 101), imprimé en lettres gothiques, rouges et noires, et orné de bois gravés. Il est incomplet du
premier feuillet contenant le titre, ainsi que de ce qui suivait le feuillet 375. Je conjecture qu'il a été imprimé
à Lyon, vers 1520. L'âge de ce bréviaire le rend fort précieux pour l'hagiographie du Velay; les légendes
des saints y ont encore conservé leur vieille forme naïve, remaniée quelquefois avec peu de bonheur dans
les bréviaires plus modernes.

néreusement déposé au Musée du Puy, en 1836, par feu M. Claude Lobeyrac, ancien président du tribunal civil du Puy [1].

L'autre copie forme un volume in-4° de 159 feuillets et comprend un choix d'extraits des manuscrits d'Étienne Médicis, à la suite desquels est une copie partielle du premier volume des Mémoires de Jean Burel. Cette copie ne date que de la seconde moitié du XVIIIᵉ siècle. Le Musée du Puy en doit, depuis 1834, la possession à la libéralité de l'un des fondateurs de la Société d'agriculture, feu M. d'Authier de Saint-Sauveur, ancien sous-préfet d'Yssingeaux [2].

Et maintenant — l'heure est venue de me séparer du patriarche de notre histoire locale. Avec lui, j'ai passé quelques années de mon existence les plus studieuses — les plus douces, et je ne puis me défendre d'une émotion mélancolique pleine de charme. J'ai trop vécu de la vie intime de ce bourgeois du XVIᵉ siècle, et il m'a conduit trop longtemps par la main à travers ce légendaire et cet historique passé, pour n'avoir point contracté une double affection : — envers Étienne Médicis, et envers ce merveilleux pays de Velay.

Je ne suis point *le naturel originaire de la noble, félice et bénévole cité et ville du Puy d'Anis,* — afin d'emprunter une dernière fois encore le langage du bon chroniqueur, — c'est vrai. Mais, je suis devenu lentement et étroitement le fils d'adoption de cette terre dont la foi naïve

1 *Annales de la Société pour 1835-1836,* p. 26 et 217. — C'est aussi à M. le président Lobeyrac que la Société doit les manuscrits *originaux* des Burel et d'Antoine Jacmon.
2 *Annales de la Société pour 1834,* p. 281, et *pour 1835-1836,* p. 28.

et vivace, dont les dramatiques et glorieux souvenirs, dont les mystérieuses ruines féodales et monastiques si pittoresques, dont les pins tordus par le vent de neige et les sombres montagnes découpées dans la lave, m'ont conquis tout entier — par les yeux, par l'intelligence, par le cœur.

Je devais donc, en retour, au Velay, à ces nombreuses et cordiales sympathies qui m'en ont ouvert l'hospitalité et l'histoire, un témoignage de reconnaissance, et j'ai commencé à acquitter ma dette qu'il me sera doux d'avouer encore et longtemps.

Qu'on me pardonne ces lignes émues, — et, en refermant le manuscrit d'Étienne Médicis pour ouvrir le manuscrit des Burel — que la petite patrie accepte l'hommage de ce sentiment de gratitude, de pieuse tendresse et de filial dévouement.

AUGUSTIN CHASSAING.

Le Puy-en-Velay, août 1874.

CONCOURS

POUR LE PRIX D'HISTOIRE

INSTITUÉ PAR DÉCRET DU 30 MARS 1869

EXTRAIT DU RAPPORT, LU AU NOM DU JURY

Par M. DESDEVISES DU DEZERT, professeur d'histoire a la Faculté des lettres

DANS LA SÉANCE SOLENNELLE DE LA RENTRÉE DES FACULTÉS

(18 NOVEMBRE 1869)

Monsieur le Recteur,

Messieurs,

Un ministre ami des lettres, qui laissera dans l'Université un long et sympa-thique souvenir, a, dans son rapport à l'Empereur du 15 novembre 1868, proposé la fondation, dans chaque Académie, d'un prix de 1,000 francs, qui serait décerné au mémoire ou à l'ouvrage jugé le meilleur sur quelque point d'archéologie, d'histoire politique ou littéraire, ou de science, intéressant les provinces comprises dans le ressort académique. Les Commissions appelées à décerner les prix devaient être formées, en majorité, par les présidents ou les membres des Sociétés savantes de l'Académie. L'auteur de la *Vie de César,* qui a voulu vérifier par lui-même dans cette vaillante province plus d'une page de ses patientes études, ne pouvait manquer d'accueillir des vues aussi libérales; un décret impérial du 3o mars 1869 a réalisé le projet ministériel, et convié aux luttes pacifiques de la science les érudits des quatre-vingt-neuf départements.

En conséquence, une Commission a été instituée au chef-lieu de l'Académie de Clermont, sous la présidence de M. le Recteur, correspondant de l'Institut. Elle comprenait, outre M. le Recteur, président :

1° Huit membres nommés par les Sociétés savantes du ressort ;

Au nom de l'Académie des sciences, belles-lettres et arts Je Clermont :

M. Rouffy, président du tribunal civil de Clermont, président de l'Académie ;

M. Grellet-Dumazeau, président de chambre à la Cour impériale de Riom ;

Au nom de la Société d'émulation du département de l'Allier :

M. Esmonnot, président de la Société ;

M. le marquis de Montlaur, vice-président du Conseil général de l'Allier.

Au nom de la Société d'agriculture, sciences, arts et commerce du Puy :

M. Vinay, maire de la ville du Puy ;

M. Aimé Giron, vice-secrétaire de la Société.

Au nom de la Société des sciences naturelles et archéologiques de la Creuse :

M. de Cessac, président de la Société ;

M. le docteur Chaussat, membre du Conseil d'administration de la Société;

2° Cinq membres nommés par Son Excellence M. le Ministre de l'Instruction publique :

MM. Baret, doyen de la Faculté des lettres de Clermont ;

Desdevises du Dezert, professeur d'histoire à ladite Faculté;

Millet, professeur de philosophie au Lycée de Clermont, docteur ès-lettres ;

Lacombe, archiviste du département, à Tulle ;

Crosson, inspecteur d'Académie en résidence à Clermont, faisant fonctions de secrétaire du jury.

Les intentions de M. le Ministre ont été exactement remplies, et de tous les points du ressort académique on a répondu à l'appel de Son Excellence avec un empressement qui est le meilleur éloge de l'institution. Dix personnes ont concouru, dont trois pour plusieurs ouvrages. Après plusieurs séances consacrées à l'examen approfondi des travaux, la Commission m'a fait l'honneui de me choisir pour son rapporteur, et c'est en cette qualité, Messieurs, que je vais vous faire connaître les résultats de cette brillante épreuve historique et littéraire.

Étienne Mège, bourgeois du Puy, selon la coutume des hommes de la Renaissance, a traduit son nom en celui de *Médicis,* qui a en latin la même signification que Mège en patois. Sa *Chronique,* publiée par la Société académique du Puy, figure en tête des ouvrages soumis à notre examen. Tout d'abord elle nous entretient de l'église du Puy et de ses évêques, de sa vénérable antiquité, de la vaste étendue de sa juridiction, de son trésor, rempli des reliques les plus riches et les plus curieuses. L'art du moyen âge est largement représenté dans cet inventaire, auquel l'éditeur a ajouté d'utiles compléments, et qui, malgré sa longueur, est demeuré probablement fort au-dessous de la vérité. *Les Pardons,* fêtes religieuses du pays, attiraient au Puy une foule de pèlerins; l'église en profitait pour étaler ses merveilles et cueillir d'abondantes aumônes. Les marchands y affluaient de Paris, de Lyon et de Limoges, et y avaient des boutiques à grand loyer et de bonnes denrées; leur commerce était protégé efficacement par une police active et par une justice souvent sommaire dans ses répressions.

L'aspect du Puy est des plus curieux; c'est une des villes de France qui ont le mieux conservé leur caractère original. Nous y trouvons *le Rocher Corneille,* où résidait un ermite avec la permission du Chapitre; l'*Aiguille St-Michel;* le *Saut de la Pucelle,* où une vierge périt victime de sa présomption; la *Place du Martoret,* théâtre de nombreuses exécutions; le *Monastère des dévotes Columbètes de Ste-Claire;* beaucoup de places et d'anciennes rues qui ont gardé leurs noms et la phyisonomie du passé. Quoique la ville n'ait jamais été, on le croit du moins, plus considérable que de nos jours, son organisation municipale est très-forte; ses consuls sont des personnages qui ne plaisantent pas sur leur dignité. Ils ont leur maison de ville, leurs archives, leur livre officiel, où sont inscrits les noms et surnoms des gens de bien qui ont servi à la chose publique; leur justice, leurs officiers, leurs troupes municipales, leur artillerie, leurs arquebuses, achetées à St-Étienne, leur droit de se taxer, leurs branches de revenus, leur receveur, leurs comptes de dépense, leur garde municipale, établie par îlots ou quartiers. Ils luttent les armes à la main contre leurs oppresseurs, clercs ou laïques, et ne sont pas moins fermes contre les clercs que contre les routiers des grandes Compagnies. Ils ne s'épargnent pas quand il s'agit du service du Roi ; ils réparent leurs murailles à leurs frais, les couvrent de canons, et, quoiqu'ils soient accablés d'énormes subsides, qui dépassent quelquefois douze tailles dans les douze mois, qu'ils soient assujettis à de lourdes corvées, et qu'ils soient obligés pour l'entretien des armées ou la protection des côtes de conduire leurs charrois jusqu'aux portes de Narbonne ou d'Aigues-Mortes, ils trouvent encore le moyen d'emprunter pour le Roi, et ils donnent en nantissement leurs propres biens.

Extrêmement prudents, ils estiment que c'est une belle chose de garder la liberté du peuple, et ils préfèrent laisser subsister quelques abus que de se laisser imposer par l'évêque ou par le Roi des charges de dommageuse conséquence. Lorsque le droit succède à la force, ils soutiennent à grand coûtage de deniers des procès à Paris devant le Conseil du Roi, à Beaucaire devant le Sénéchal, à Toulouse devant le Parlement, partout où les appelle leur honneur ou leur intérêt. Ils ont à la Cour des délégués qu'ils entretiennent ; ils se rendent à Toulouse comme parties ou comme témoins ; ils ont leurs fêtes municipales, leurs assemblées, leurs délibérations, leurs décrets ; ils comprennent avec un instinct merveilleux toutes les grandes questions de bonne administration, de voirie, d'approvisionnement, d'économie, de police et d'ordre public, et tous vivent paisiblement, chacun dans sa chacunière, sous la garde vigilante des magistrats qu'ils ont élus.

C'est surtout dans les circonstances importantes, dans les jours de joie ou de deuil national, que les habitants font éclater leur magnificence et leur grand cœur. Seuls au milieu de la province, sans autre richesse que leur industrie ou un modique héritage paternel, les héroïques bourgeois de cette petite ville suffisent à toutes les épreuves, et ce sont eux vraiment qui représentent la patrie. Dans les descriptions si minutieuses et si utiles où il fait revivre le passé, Étienne Médicis nous fait assister à la réception des Rois et des princes, à leurs funérailles, et passe longuement en revue les corporations et les hommes de tous métiers, défilant sur les places publiques, ayant à leur tête la bannière de leur saint, leur fifre et leur tambourin ; dans les grandes circonstances, l'Auvergne prête au Puy ses clairons. On demeure confondu devant l'activité de cette vie municipale, devant cette organisation compacte, régulière, plus capable peut-être de résistance au jour de l'épreuve que notre vie industrielle d'aujourd'hui, si personnelle et si affairée; on se croirait à Bruges ou à Louvain.

Le commerce est lucratif, mais il engendre le luxe qui corrompt rapidement les mœurs. Les hommes ont des chausses difformes, bouffies, hydropiques, farcies d'étoupes; les femmes des bourgeois portent un vertugadin seigneurial qui dépasse leur état, prodiguent la soie et la fourrure comme les femmes de qualité, et, selon Étienne Médicis, ce débordement, qui entache la cité, n'est pas preuve de sens rassis. Hélas! que dirait-il donc, s'il vivait aujourd'hui?

Dans les dernières années, Étienne Médicis s'élève avec force contre le progrès du protestantisme; il confond Luther avec Calvin qu'il ne nomme pas, l'alchimie avec l'hérésie. Il fait cet aveu remarquable que dans le peuple les trois quarts sont attachés aux opinions nouvelles, et parmi eux des chanoines et des clercs. Depuis 1525 jusqu'à 1560, la place du Martoret vit périr par le feu plus d'un hérétique. Mais il ne faut pas oublier qu'il y a, dans la huguenoterie des habitants plus d'avidité que de conviction; sous le manteau de la religion s'abritent alors les plus mauvaises passions, comme plus tard elles se pareront du nom de la liberté, et les huguenots du Puy disent avec une brutale franchise à leurs frères du Velay : « Venez hardiment, car ici ne sont gens pour vous faire résistance, et vous pouvez vous faire tous riches. » La ville doit à sa fermeté et au bon état de ses remparts d'échapper au pillage. Étienne Médicis s'élève avec raison contre les hommes lâches ou perfides qui font subir à leur ville natale cette épreuve dangereuse; il cite leurs noms, et les voue au mépris de leurs concitoyens. Ainsi se poursuit à travers les siècles l'éternelle tragédie humaine, le duel de ceux qui possèdent contre ceux qui n'ont rien, duel redoutable qui exclut les abstentions, les désertions, les absences calculées, qui répudie la lâcheté sous tous ses déguisements, et qui commande aux gens honnêtes d'être toujours vigilants, toujours debout, comme les bourgeois du Puy.

La langue d'Étienne Médicis est imagée, énergique, libre dans ses allures; elle donne fidèlement la couleur de son temps. Étienne, à proprement parler, n'est pas un écrivain ; chez lui on ne trouve presque pas de morceaux de longue haleine, propres à servir de modèle, et qu'on puisse citer dans leur entier. L'occasion l'inspire; il exprime vivement sa pensée, et c'est plutôt par une série de traits frappants qu'il se révèle que par un style suivi. Cependant, même à ce point de vue, son ouvrage est une mine des plus riches, et parmi les auteurs de chroniques et journaux de la langue d'oïl, il y a peu d'hommes supérieurs à cet homme du Midi. Sa patience ne se dément pas un seul moment pendant plus de quarante ans ; son talent grandit avec l'âge, et il a dans les dernières pages de son œuvre plus de spontanéité, une personnalité plus tranchée. Il partage toutes les passions de sa ville natale ; il en épouse toutes les querelles, et meurt sur le champ de bataille, la plume à la main.

Le savant éditeur d'Étienne Médicis, M. Augustin Chassaing, juge au tribunal du Puy, a été aussi sobre d'intervention personnelle que le lui permettaient les besoins de la science, et il faut l'en louer, car le rôle d'un éditeur n'est pas de se substituer à son auteur, mais de l'élucider et d'en relever le mérite. Cependant il ne s'est pas tellement dérobé à nos regards que nous ne puissions mettre en lumière tout ce qu'il y a d'érudition, de sagacité et de bon sens sous cette enveloppe de modestie. Outre les connaissances générales étendues que suppose une aussi vaste publication, l'éditeur possède à fond la topographie et la géographie ancienne et féodale du pays, comparées avec l'état actuel ; il a mis à contribution la paléographie, la philologie, la numismatique féodale, le blason, les chartes et titres dans la province et à Paris même, les archives départementales et municipales, les monuments de l'histoire locale, le patois du Velay, soumettant toutes choses sur sa route aux règles de la critique la plus sévère. Il a reproduit utilement dans son beau volume les armoiries de la ville du Puy, plusieurs tombeaux des premiers siècles, des sceaux, des jetons, des inscriptions, des enseignes, l'image de la célèbre Vierge noire, et il a été aidé dans ses reproductions par les hommes les plus compétents et les plus estimés du pays, qui ont mis leurs collections ou leur influence à sa disposition.

Rien n'a été négligé par lui pour que la publication fût digne de la Société qui la patronnait : manuscrits, archives, trésors des villes et des églises, histoires locales et provinciales, chroniques du moyen âge, collections de titres, glossaires, il a tout compulsé, dans le but éminemment louable d'éclairer son texte et de le rendre accessible à tous les lecteurs. Il a interrogé quatre-vingts auteurs de tout ordre, dont beaucoup sont rares, quelques-uns presque introuvables, d'autres difficiles, d'autres très-volumineux. Enfin ses notes, si claires, si précieuses, principalement pour les chartes locales, la géographie féodale, l'histoire de l'art au moyen âge et la géologie, si elles étaient réunies, ne formeraient pas, avec les documents très-importants qui y sont joints, moins de trente-cinq à quarante pages in-quarto, c'est-à dire un bon et solide mémoire, des plus amples et des plus curieux : il a fait revivre Étienne Médicis.

Ainsi la part de M. Chassaing est largement suffisante ; plus considérable, elle eût été excessive. Elle ne dépasse pas les devoirs d'un bon éditeur, mais elle les remplit exactement ; et la Commission, frappée à bon droit de son mérite, lui a décerné le premier rang à l'unanimité.

. . . .

MONSIEUR LE RECTEUR,

MESSIEURS,

Vous avez sous les yeux toutes les pièces du concours ; vous pouvez apprécier l'excellence du résultat, la fécondité de la pensée qui l'a créé, le redoublement d'activité intellectuelle que nous lui devons. Dans le Velay, l'Auvergne et le Bourbonnais, qui constituent les deux tiers du ressort académique, sans s'être concertés à l'avance, peut-être même sans se connaître, les concurrents se sont comme partagé le pays. M. Chassaing nous initie à l'histoire de la ville du Puy et à une grande partie de celle du Velay ; M. l'abbé Chaix nous transporte avec Sidoine Apollinaire à Clermont et sur les bords du lac d'Aydat ; M. Francisque Mège nous fait assister à l'Assemblée provinciale de la basse Auvergne, aux assemblées d'élection de Riom, d'Issoire et de Saint-Flour, et nous montre dans la noblesse, dans le clergé, et jusque dans le peuple l'élan imprimé aux esprits par la Révolution française. Vic-le-Comte et Vichy ont leurs historiens, beaucoup moins sérieux, il est vrai, mais encore intéressants. Avec M. Chazaud, nous suivons la vallée de l'Allier ; le fleuve descend, et la science monte ; nous voyons le Bourbonnais se couvrir de villes franches ; les lettres y fleurissent, Moulins a ses poëtes et ses orateurs. Notre course s'achève ainsi de la manière la plus heureuse : du premier coup le territoire presque tout entier est parcouru, interrogé, souvent avec le plus grand succès

Que les concurrents dans cette fête académique, tous les concurrents, reçoivent nos remerciments sincères, et que leur exemple inspire dans tous les rangs une émulation généreuse! Remercions aussi M. le Recteur de l'Académie de Clermont de son accueil gracieux et de son zèle à propager toutes les idées vraiment fécondes; remercions MM. les Membres de la Commission, qui ont apporté tout le soin désirable à un travail souvent épineux, toujours délicat; et surtout, Messieurs, disons au nouveau chef que l'Empereur nous a donné : Voilà ce que nous avons fait; voilà les fruits d'un premier concours! L'œuvre est utile, sérieuse, populaire; elle est accueillie avec empressement par tous les savants; le pays compte sur vous pour la continuer. »

Après la lecture de ce rapport, écouté avec une faveur marquée, M. le Recteur appelle au bureau M. Augustin Chassaing et lui remet, aux applaudissements de l'Assemblée, le prix de 1,000 francs qu'il a conquis à l'unanimité des suffrages de la Commission. M. le Président termine l'allocution flatteuse qu'il adresse au lauréat par la mention de ce fait que M. Chassaing a été un des brillants élèves du Lycée de Clermont.

Rentrée solennelle des Facultés des sciences et des lettres, sous la présidence de M J. Girardin, recteur de l'Académie de Clermont, membre correspondant de l'Institut (Académie des sciences), Clermont-Ferrand, imprimerie Mont-Louis, libraire, *in-8°*, p. 49-57 et 69-70.

LE LIVRE DE PODIO

ou

CHRONIQUES D'ÉTIENNE MÉDICIS

bilitas generis, non feneftus parentum, non certiffima & unica tam locupletis hereditatis fpes, non denique dehortantium carorum multitudo que aderat, revocare aut retardare potuerunt, quo minus Chriftum invitantem, duce & previo Eudone, fubfequeretur. Quem intenta cordis aure audiens quoque invitantem atque dicentem : *Venite ad me omnes qui laboratis & onerati eftis, & ego vos reficiam,* negleftis omnibus que in feculo haberi vel fperari vel concupifci poterant, fallacis ac perituri mundi onera atque labores devitans, ejufque profpera contempnens, adverfa conculcans, vitiorum laqueos, velut cautiffima avis, declinans, cum enim Apoftolus dicat : *Bonum eft homini mulierem non tangere,* intelligens puer, Deo plenus, ab omnibus carnalibus illecebris abftinere bonum effe, non folum a mulierum contaftu, verum etiam ab omnibus illecebris in quantum fieri potuit alienis, non de mundo ad Deum, fed mundum quodam modo pretergreffus, de Deo ad Deum convolavit. Securius enim ac facilius effe didifcerat non amare quam amata odire, non poffidere quam poffeffa relinquere.

Age, jam Deo dilefte puer, comitare atque imitare tantum ac talem doftorem ab ipfo tibi delegatum, nec fufficiat tibi magiftrum equiparaffe, fed fupergredere non invidentem, atque etiam jugum Domini ab adolefcentia tua portando fuper te ipfum extollere, ut folitarius fedeas quandoque, de virginitate candidatus, de confeffione declaratus, de martirii corona purpurea coronatus. Sufcipe de ore reverendi patris divini Verbi femina, que aliquando non folum tricefimo vel fexagefimo, fed etiam centefimo fruftu multiplicata, ad Dominica horrea, velut fertiliffima terra, reportare valeas.

Ex eo jam tempore, Deo devotus puer fanftiffimi patris veftigiis adhefit, atque Calmiliacenfe cenobium cum eo gratanter ingreffus, diu defideratum facre religionis habitum, humilima devotione, ab eo fufcepit. Qui ab ipfo converfionis fue tempore, quam fanfte converfationis in monafterio fuerit, quamque fe fenibus ipfis qui, ante ejus adventum, in monaftica religione admodum promoti videbantur, imitatione dignum prebuerit, narratu difficile eft. In oratione quippe affiduus, in leftione frequens, in vigiliis pernox, in meditatione invifibilium fublimis, omnibus fe admirabilem magifque imitabilem exhibebat. In divinis denique peritus, in fecularibus eruditus, in partem follicitudinis, a patre fanftiffimo atque difcretiffimo, affumi judicatus eft dignus. Exteriorum itaque rerum monafterii curam a patre fanftiffimo Theofredus fufcepit, non quia in interioribus & regularibus difciplinis vir religiofiffimus ineruditus putaretur, fed quia venerabilis pater declinantis etatis pondere jam gravabatur. Hic vero valide juventutis robore vigere videbatur.

Ecce de uno Helyas atque Helifcus in terris apparere videntur. Quadam enim proportione fpiritus Helye in Helifco duplicatus eft, & monafterii cura Theo-

7

fredo in partem commiffa eft. Sic Moyfes in deferto, tam numerofi populi regimen folus portare non valens, nimietate ponderis aggravatus, hujufmodi curam in feptuaginta fapientiffimos viros partitus eft.

Sufcepta igitur Theofredus exteriore cura monafterii, que ad active vite fpeciem pertinere videbatur, quam ftudiofus circa nunc opera fuerit, ex factis ipfius liquido cognofci poteft. Pafcere quippe efurientes, veftire nudos, confolari meftos, providere improvidis, & cetera que hujus generis funt exercere, ingens illi cura erat.

Hujus ergo officii follicitudinem gerens, Arvernorum patriam peragrans, ad locum qui cognominatur Vallis Vaneris * forte pervenit, ubi, cum folis ardore fimul & edendi neceffitate urgeretur, caufa reficiendi ac récreandi corpus, a publico itinere paulifper declinavit, & fub umbrofa arbore refectionem fibi parari precepit. Eftus quippe erat. Ubi cum difcumberet, fubito tres ignoti viri confpectibus ejus fe offerunt, quorum unus Meneleus, reliqui vero duo, alter Savinianus, alter Conftantinus vocabantur. A quibus cum genus eorum & patriam, necnon & caufas exilii perdifciffet (religionis enim caufa exulabantur), monitoria atque confolatoria verba eis faciens, ad fanctiffimum patrem Eudonem & corporaliter alendos & fpiritualiter inftruendos fecum adduxit.

O bone Jhefu! quam, ineffabili providentie tue confilio, factis tuis fervi tui facta refpondent! Tu, fatigatus ex itinere, fic fedebas fuper puteum, & difcipulis ad emendos cibos tranfmiffis, Samaritanam mulierem interim ad fidem lucratus, hunc cibum te magis defiderare. & illos ignorare proteftatus es!

Hic vero fervus tuus, eftu fimul & itineris labore coactus, corporali cibo ac momentanea quiete membra reficere parabatur, cum effet longe defiderabilior refectio, dono tue gratie ei oblata eft, ut videlicet famulum tuum Meneleum fociofque ejus, confolatione atque hortatione fua, in ecclefie tue interiora laudabili aviditate trajiceret.

Qualiter autem idem Meneleus Calmiliaci per feptennium educatus vel edoctus fuerit, vel quo modo locus edificandi oratorii divina revelatione ei innotuerit, vel quemadmodum grata licentia a beato Eudone ad locum a Deo defignatum dimiffus fuerit, vel quomodo, fanctiffimi Theofredi interventu, ab Arvernorum prefule

---

* *Vallis Vaneris* ou *Vaveris,* nom ancien de la vallée de la Sioule où est situé le bourg de Menat, arrondissement de Riom (Puy-de-Dôme). On lit dans la vie de saint Théofrède, écrite par un anonyme avant le XI⁰ siècle et publiée par Mabillon et les Bollandistes : *Cùmque pervenisset (Theofredus) ad Vallem Vaveris, quæ mox Minarum mutuavit nomen pro regalibus minis, invenit virum Dei Meneleum ibidem orationis ædificantem domum.* Le monastère fondé à Menat par saint Ménelé a subsisté jusqu'au siècle dernier *(Gallia Christ.,* t. II, Eccl. Clarom., col. 366.) — L'explication étymologique donnée par l'hagiographe est d'une exactitude plus que douteuse, car le bassin de Menat n'offre pas de gisements métalliques.

popofcit. Mifericors namque Dominus, qui mifericordiam miferis preftare non definit, de oleo ipfius linito corpore fupradicti viri, argentum quod carni adhefum fuerat, facerdotum manibus abftrahi permifit. Ipfe vero rediens ad exercitum unde difcefferat, licet cicatricum fignum appareret, corpore tamen fe fanum fore gaudebat.

Interea, fi quis parentelam predicti martiris inquirere voluerit, patrem ejus fciat effe Theofredum, matrem vero Leuthildim, Heudonem quoque germanum patris fui qui, fub tempore domini paftoris Roricii, abbas extitit fanctus & religiofus, in cujus tranfitu, per virtutem Dei, infirmi fanitatem & ceci multi lumen receperunt.

Igitur, nec mens tanta figna comprehendere valet, nec loquela humana dicere, quanta fervis fuis Dominus invocantibus ejus nomen preftare dignatus eft.

Cum annua quippe feftivitas ipfius fancti martiris, more folito, celebraretur, unus e populo, more frenetico, arreptus a diabolo, evaginato gladio, currebat poft populum. Quidam autem facerdos, dum miffarum ibi follempnia celebraret, verens ne, ingreffus ecclefiam, homicidium perpetraret, calicem de altari apprehendit, eique obviam ftetit. Mira res & multum obftupefcenda! cum enim presbiterum gladio interficere voluiffet, proftratus in terram ruit, diuque ftetit immobilis, ita quod quafi pene mortuus haberetur a multis. Preterea, cum prius demonia de obfeffo corpore ejeciffet, ipfum fanum reddidit, & populum de periculo mortis liberavit.

Multi namque negociatores de tempeftate maris per ejus interceffionem fe dicebant fuiffe liberatos, & ob hanc caufam, accepta baptifmi gratia, paganos falvatos fuiffe. Nam cum ad feftivitatem fancti martiris, quodam tempore, ex multis regionibus plurima caterva hominum conveniffet, teftabantur aliqui ex negociatoribus fe in Mare Mortuum periffe, nifi, per invocationem nominis Theofredi, eos Dominus liberaffet. Ita namque illorum pandebat aborta relatio : « Cumque per pelagum fluctuofum remigaremus, mutata pelagi undarum fluctuatione & ruente procella ventoque flante, ita tumultuabat mare, ut pene omnes mergeremur. Et cum nos invicem confpiceremus & de vite liberatione incogniti effemus, de mortis vero periculo tremeremus, jamque inter fpem metumque pofiti formidaremus, unus e nobis, nominis Theofredi recordans, clamavit, dicens : *Sancte Theofrede de Calmiliis, libera nos.* Ad cujus vocem omnes unanimiter clamantes, dicebamus : *Sancte Theofrede, libera nos.* Statimque ut hec cum lachrimis precari cepimus, ita ab undarum impulfione placidum fuit mare, ut omnis timor a nobis expelleretur. Nos autem, qui antea mori timueramus, cum gaudio ad littus pervenimus, & munera ad fepulchrum fancti Theofredi letanter detulimus, agentes omnipotenti Deo gratias, eo quod, per fervum fuum, de mortis periculo liberati effemus. »

Talia, ut diximus, figna & multa alia hiis fimilia per beatum Theofredum martirem fuum operatus eft Dominus. Ergo glorificemus & fuperexaltemus Do-

minum noftrum Jhefum Chriftum, qui hec figna fecit, & laudemus jam dictum
Triumphatorem propter quem facta funt.

Feftivitas autem ipfius decimo quarto kalendas decembris celebratur ¹. ·

Sufflagitemus ergo Redemptorem nóftrum, ut, interceffione ejus & precibus,
in hac vita muniamur, & illi adjungi in celefti regno mereamur, qui cum Patre
& Spiritu Sancto vivit & glorificatur Deus per infinita fecula feculorum. Amen.

Lothaire, roy de France, tiers empereur des Gauloys, fils de Loys furnommé le Piteux, régna puis l'an D.CCC.XLI. jufques en l'an D.CCC.LVI.,
que font XV. ans, & en ce temps fut martirifé le devot & glorieux martir
monfeigneur fainct Chafroy.

Incipit prologus de Tranflacione ² beatiffimi Georgii, primi Vallavenfium
apoftoli ³ & prefulis.

Lectio prima. — Preclaras actiones Sanctorum & Juftorum quorumlibet opera
gloriofa ita mandare litteris confuevit Ecclefia, ut eadem quoque lectione follempni
cenfeat frequentanda, & in altero quidem pofterorum memorie confuluiffe videtur,
ut illud quod fcriptum fuerit de fanctis viris ab aliis tranfmittatur ad alios, et nulla
unquam debeat diuturnitate deleri; in altero fane fidelibus intra finum Ecclefie
conftitutis generalis Providentie pietas exhibetur, ut ex affidua lectione virtutum
mentes eorum qui legerint vel audierint, informentur, & gratiam fancte edificationis adquirant; cujus perfectionis cumulus eft, ut ex geftis Sanctorum valeat com-

---

1 Dans le couvent du Monaftier et le diocèse du Puy, la fête de saint Théofrède se célébrait le
18 novembre *(XIV° calendas decembris);* mais, dans le Martyrologe romain, elle est fixée au
19 octobre *(XIV° calendas novembris)*, et c'est à cette date que les Bollandistes ont donné la vie
de ce Saint.

2 Une récente découverte vient de révéler la source d'où cette *translation* a été tirée. En
1428, un procès s'agita devant l'évêque Guillaume de Chalancon entre les chapitres de Saint-
Georges du Puy et de Saint-Paulien, au sujet de la possession des reliques de l'apôtre du Velay;
ce procès est relaté en un immense rouleau en parchemin trouvé par M. l'abbé Payrard aux
Archives départementales *(Tabl. hist. du Velay*, 4° année, 1874). A l'appui de leurs prétentions, les chanoines de Saint-Georges du Puy invoquèrent un *Légendaire* de l'école de l'église
Notre-Dame, où se trouvait cette même relation qu'Étienne Médicis devait plus tard, lui aussi,
recueillir dans son manuscrit, et ils en firent transcrire tout au long le texte dans l'instrument
du procès. Les deux textes de l'instrument et de Médicis appartiennent à une même rédaction.
Toutefois le premier a conservé la division en *leçons* qui se trouve supprimée dans Médicis; de
plus, il offre quelques variantes préférables aux lectures de notre chroniqueur. L'importance
de ce document me détermine à en donner une édition critique d'après les deux textes combinés.

3 Episcopi. *Médicis.*

prehendi, non illa folum opera que fecere viventes in corpore, fed ipforum quoque magnalia gefta poft mortem, fcriptis publicis, exarare gaudemus. Ubique fiquidem edificatur ¹ Ecclefia, quia in operibus converfationis eorum ac vite invenit viam jufticie quam fequatur, & in illorum ² triumphis celebratis poft tranfitum, difcat quanta fit fervis Dei reverentia ferviendum. Unde & nos fequentes Ecclefie voluntatem, poft beati Georgii vitam eo ³ quo potuimus ftilo defcriptam, feriem quoque Tranflationis ipfius enarrandam fufcepimus, ut gloria fanΩti viri que claruit in vita ejus, in rebus quoque poft obitum ejus geftis mirabiliter innotefcat.

Lectio secunda. — *Incipit tranflacio ejusdem* : Gloriofus Domini confeffor Georgius, Jhefu Chrifti Salvatoris auditor & difcipulus, per manum beati Petri apoftoli primus ⁴ Vallavenfium confecratus antiftes, poft mortis ⁵ guftum Frontonis ftudio revocatus ad vitam, Vetulam Civitatem advenit, in qua per annos plurimos digne Deo facerdotium adminiftrans, poftquam imbuit facramentis fidei regionem, poftquam exhibuit in commiffos pietatis opera vel virtutis, plenus dierum & vite, in fanΩte confeffionis titulo migravit ad Dominum. Qui, videlicet, apud eam quam diximus urbem, ficut decebant ⁶ Domini confefforem & prefulem civitatis, folempnes exequias & honefte debitum tumulationis accepit. Sepulto, cum honore & gloria, viro Dei in ecclefia quam ad honorem beate Virginis ipfemet dedicaverat, fidelium devotio que per eum fufceperat chriftiane fidei rudimenta, tumulum facrofanΩti corporis devotiffime frequentabat, & paftori fuo honorem debitum exhibebat. Satis digno compenfationis effectu credimus contigiffe, ut eorum minifterio in prefata ecclefia corpus viri fanΩtiffimi digne veneraretur, in quorum peΩtoribus idem vir adhuc vivens ⁷ templum Deo fpiritualiter exftruxiffet. Fiebat concurfus populi ad noviter ereΩtam ecclefiam; frequentabatur ab incolis tumulus fanΩti viri, nec patrocinio prefulis fruftrabantur, qui fublimis patroni virtutem votis fupplicibus flagitaffent.

Tertia. — Beatiffimo patre Georgio paradifum glorie feliciter, ut credimus, jam ingreffo, multi in epifcopatu ejus viri fanΩtiffimi fuccefferunt, qui apud Vetulam Civitatem facerdotium fideliter adminiftrantes, ficut Ecclefia confitetur, celefte premium funt adepti. Ex eorum numero fuiffe legitur Evodius, confularis, qui unanimitate populi Vallavenfis in antiftitem defignatus, fecularis militie faftum epifcopatus humilitate mutavit. Qui, divina revelatione commonitus, pontificalem fedem que apud Vetulam Civitatem duraverat per multos annos, in illum montem qui Anicium dicitur, generali favore & gaudio populi tranfponendo mutavit. Quod ipfum, in diebus beati Georgii, vifione fimul & miraculo fuiffe de-

---

1 Efficaciter. *Instrument.* 2 Nullorum. *Méd.* 3 Et. *Méd.* 4 Post. *Méd.* 5 Mortem. *Instr?* 6 Decebat. *Méd.* 7 Immanens. *Méd.*

nunciatum ut fieret, liber, qui de vita ejusdem confcriptus eft, apertiffime manifeftat. In quo videlicet Anicienfi monte prenominatus Evodius conftruxit ecclefiam,
honeftam [1] fatis opere vel ftructura, quam in honore beate Virginis Matris Dei,
ficut hactenus ad nos ufque fama decurrens afferuit, non benedixit hominis dextera, fed manus celica confecravit. Quem locum beata Dei Genitrix in tantam
altitudinem extulit, in tantam fublimitatem erexit, ut illuc ad ejus limina veneranda, non folum Gallia Cifalpina, verumetiam remote & finitime regiones accurrant, & quafi prefentiffimam illic inveniant, orandi gratia, inceffanter excolunt & frequentant. Ita, a tempore fancti Evodii, Anicienfis ecclefia & meritis
beatiffime Dei Genitricis Marie prorfus effloruit, & fedem cathedre paftoralis titulo
diuturniore poffedit. Succefferunt interea beato Evodio quamplurimi facerdotes :
vita precipui, fpectabiles honeftate, virtutum infignibus fufceptum facerdotium
honorantes, privilegiis meritorum regna celeftia perceperunt.

QUARTA. — Plurimum temporis fluxerat, annorum multa fuerant evoluta curricula, cum, epifcopis Anicienfibus fibi fuccedentibus alternatim, Guido venerabilis preful factus, Vallavenfem ecclefiam gubernandam accepit. Regebat more ecclefiaftico commiffam plebem, & in cuftodiam gregis fui pervigil paftor fedulus
excubabat. Eo tempore, confuetudo talis occupaverat Gallicanam Ecclefiam, ut
cujuflibet civitatis epifcopo moriente, nifi permiffu regio, in epifcopatum alius
fubrogari non poffet. Ad nutum regie majeftatis fucceffuri pontificis fiebat electio,
& ille tantum intronizabatur ad fedem, quem Rex Francorum, aut juffiffet [2] imperio, aut conceffiva dignatione fignaffet. Contigit Guidonem venerabilem Anicienfem epifcopum Romam, ad vifitanda Summorum Apoftolorum limina, proficifci,
vel pro incumbentibus fibi negotiis, vel, quod magis credendum eft, orationis gratia [3] peculiariter invitante [4]. Difpofitione divina que, prout vult, cuncta moderatur &
ordinat, predictus epifcopus Roma regrediens, morbo graviore correptus, condicio-
nale tributum publice mortalitatis exfolvit. Tranfitus pontificis latuit Regem Francorum ; fed ceffantibus nuntiis hominum, revelatio divina non defuit, que illum
& de prefulis obitu certum fecit, et de fubftituendo epifcopo plenius informavit.

QUINTA. — A laboribus hujus mundi expedito Guidone pontifice, cum necdum
perlata fuiffet ad curiam mors illius, nocte quadam, Rex Francorum lecto decumbens, folutus eft in foporem. Vifa fibi per fomnum eft aftitiffe perfona, fpectabilis
fatis & elegans, que regiam quietem his vocibus interrumpere videbatur : « Tene
certum, ne dubites Guidonem Anicienfem epifcopum migraffe de feculo, eumque
fine debito mortalitatis tenebras exuiffe. Sed quoniam ecclefiam deftitutam paftore
oportet celerius confolari, tu, de lecto, die luceffente, confurgens, eum quem pri-

1 Onestam. *Méd. Instr.* 2 Vississet. *Méd.* 3 Gloria. *Instr.* 4 Invitantem. *Instr.*

mo tibi occurfu reperieris obviantem, deftinabis Anicium, & in prefulem facies
confecrari. „ Hic dictis, evigilat Rex a fomno, reducit ad memoriam vifionem,
& intelligens effe divinum quod viderat, diem exfpectat proxime affuturam. Inclaruerat aurora lucefcens, rex erumpit de lectulo [1], & compulfus reverentia vifionis,
illum qui fibi primus [2] occurrit, quifnam effet interrogat. Inquifitus ad interrogata
refpondit, & Norbertum proprio nomine fe vocari humilima refponfione profeffus
eft. Erat autem Norbertus ifte, Pictavienfis comitis & ducis Aquitanie germanus
frater, liberalis pariter & honeftus, atque illius dignitatis & gratie quam in eo
Deus ipfe, qui eumdem ad epifcopatum vocaverat, prefciebat. Rex benignus homini vale dicens, intellexit eum effe quem fibi fubftituendum in pontificem divina dignatio prefignaffet. Ufus confuetudine prudentis viri, celare voluit fecretum
celi, ut hominum quoque judicio probaretur, qui celefti examine fuerat comprobatus. Omnia voluit facere cum confilio, ut, juxta viri fapientis vocem, poft factum minime peniteret.

SEXTA. — Altior dies increverat, & curie regalis amplitudinem numerofa militie multitudo complebat. Affiftebant lateri regio facerdotes Gallie vel primates;
proceres vel comites palatini regalem honorificentiam ambiebant [3]. In auribus totius curie Rex evolvit emiffam fuperius vifionem, & quid fibi fit opus facto prompta
inveftigatione difquirit [4]. Accepto divine vifionis oraculo, cuncti qui aderant in eodem confentiunt, ut Domini voluntas fiat, & quod celeftis revelatio jufferat [5], impleatur. Advocat Rex Norbertum, iter injungit ad Podium, litteras fecretas tradit,
& ut eas Anicienfi capitulo reprefentet, jubet Rex [6] regalis auctoritate precepti. Norbertus infcius totius negotii, & ignorans omnino quid ferret, aggreditur injunctum
iter, & emenfo labore vie, Podienfi civitati exhibet fe prefentem. Erant in eo
tempore ftudia partium in Ecclefia Anicienfi, & altera quidem portio clericorum
fratrem vicecomitis Podomniacenfis in epifcopum fibi elegerat; altera pars, alium
fibi affumens, in contrarietatem alterius, totis viribus nitebatur. Ipfe populus
Anicienfis fentiebat diverfa cum clericis, & facta inter fe divifione patenti, & alii
alios in electionis fententia fequebantur. Tumultus fuerat grandis in urbe; nec
erat aliquis mediator, qui clericalis difcordie ftrepitum fedare poffet. Norbertus,
litteras regias habens fecum, ingreditur canonicale capitulum, falutat clericos ex
parte Regis, & bullam proferens quam tenebat, eos ut legere debeant, adhortatur.
Canonici, figillo fracto, oblatas litteras perlegentes, defcriptam inveniunt feriem
vifionis, & ab eo proprietate fui nominis inquifita, reperiunt eum effe quem regalis
auctoritas jubeat in epifcopum eligendum. Clerici prorumpunt in gaudium, &,
concione populi advocata, uno animo parique fenfu Norbertum epifcopum intro-

---

[1] Lecto. *Méd.* [2] Poft. *Méd.* [3] Audiebant. *Inftr.* [4] Difcurrit. *Méd.* [5] Inferrat. *Inftr.* [6] Ex. *Méd.*

nizant. Ita ceteris refutatis, unus affumptus eft qui dignus erat ut & populi feditio fedaretur & vifionem predictam debitus confequeretur effectus.

Septima.— Ex premiffis poteft fatis aperte colligi vel averti quanta cura Podienfem
foveat Dominus locum, cujus [1] deftitutionem non patiens, futurum proviforem [2]
ipfius per revelationem voluit defignare. Pium eft opinari & credere celefti indicio
factum effe ut innocenter & pure deberet ad facerdotium promoveri, qui innocentis Georgii pia membra fuerat tranflaturus. Credimus fanctam tranflationem beati
pontificis ufque ad hec tempora divina difpofitione fervatam, ut Norbertus, qui
facerdotio dignus erat, facris reliquiis transferendis idoneus & aptus effet. Sublimato cathedra pontificali Norberto, malignus fpiritus infurrexit violentius adverfus illum, & in ejus jacturam vel dampnum fuorum corda diabolus inftigavit.
Excitavit adverfus eum quemdam abbatem Sancti Vitalis, monachum fpecie non
affectu, quem fupra diximus Podompniacenfis vicecomitis fratrem effe. Hiis vehementiffime dolens paffum fe fuiffe repulfum ab epifcopatu, diaboli furiis agitatus,
cepit in prefulem alienigenam debacchari, ubicumque poterat, ea diripiens que
fuerant de jure pontificis, tam per fe quam per fuos [3]; contumeliis afficiebat perfonam, poffeffiones depredationibus infeftabat. Sanctus vir perverfitatem hominis
ultra non fuftinens, nec habens manum que illius potentiam fufficiat expugnare,
nocturnum in Gallias iter aggreditur, fuam confpectui regio prefentiam illaturus.
Gaudet Rex adveniffe pontificem, itineris caufas inquirit, & eisdem acceptis, prefulem hortatur ut redeat, fe promittens in proximo fecuturum, & fumpturum de
inimicis ejus, fi Deus vitam dederit, ultionem.

Octava. — Tempore conftituto, Rex Francorum, coacto exercitu, venit ad Podium, verbis fuis & fponfionibus facturus fidem. Ea juftitia que conveniens erat
Regi, pietatis inimicum abbatem infequitur, diripit villas, ejus poffeffiones exterminat, vaftatis exterioribus, extremum confugium perverfitatis ipfius, abbatiam
invadit, evertit muros & munitiones dejicit [4] in ruinam. Depopulatis omnibus,
ipfum etiam manu capit perfecutorem Ecclefie, qua debuit ultione mulctavit. Ita
compofitis omnibus & pace Ecclefie reformata, Rex, dimiffo exercitu quam pararat, ad propria remeavit. Poft digreffum Regis, iterato diabolus inftaurat prelium
adverfus fanctum, qui femper inquietare Sanctos, ficut fibi eft proprium, non admittit. Non defuere Norberto certamina vel labores, quia tota generatio vicecomitis Podompniacenfis erexit fe unanimiter [5] adverfus eum. Una omnium erat intentio Norbertum auferre de medio, qui ita dehoneftari fecerat affinem fuum, ut
ipfius afflictione vel morte notam infamie quam generi fuo intulerant, expiarent.

---

[1] Ejus. *Instr.* [2] Futuro provisore. *Instr.* [3] Pro se quam pro suis. *Instr.* [4] Dejecit. *Méd.* [5] Erupit se imaniter. *Méd.*

Sed, operante Deo qui fibi fervientibus tutor affiftit, viri prudentes hanc viam
confilii reperierunt ut, pro reformatione pacis, Vetulam Civitatem, que modo dicitur Sanctus Paulianus, vicecomiti largiretur. Dictum placuit utrique parti, ea
tamen conditione vel pacto ut primitus fanctorum corpora Georgii & Marcellini
de Civitate Vetula efferentur, & ita locus ille in ditionem vicecomitis commigraret. Prefixa eft certa dies in qua fanctorum corpora tollerentur, atque ita confti-
tutum eft ut beatus Georgius, qui primus fuit pontifex & apoftolus Vallavorum,
fedi proprie redderetur. Corpus vero fanctiffimi Marcellini qui & ipfe beato Georgio in pontificio fucceffor fuit, apud caftellum quod dicitur Monaftrolium deferretur, ibique honorifice folempni tumulo conderetur. Ita [1] fufpenfus Anicienfis populus preftolabatur cum gaudio diem illum in quo tranflata fanctorum corpora
confefforum preordinatos fibi titulos obtinerent.

NONA. — Advenerat optata dies in qua civitas Podienfis votis & precibus ambiebat ut fibi beati Georgii defiderata patrocinia redderentur. Venerabilis Norbertus
epifcopus, affumptis fecum clericis & honeftis perfonis, ad Vetulam Civitatem ubi
pignora beati viri fuerant tumulata, pretendit [2]: Accedit reverenter ad tumulum,
effert humilime [3] facrofancta Georgii membra de loculo, & humeris eorum qui delaturi fuerant fupponens, cum exultatione & tripudio ad Anicienfem revertitur civitatem. Univerfus populus egreditur in occurfum. Clerici cunctaque nobilitas,
plebs urbana vel ruftica, cum gaudio procedentes, paftori fuo gloriam quam debuerant, exhibebant. Communi omnium caritate intra muros urbis reliquie beati
pontificis inducuntur. Generali totius populi favore fufcepto, quefitum eft diligentius in quo loco deberent membra facrofancta reponi. Diverfi fentiebant diverfa, & alii quidem ad repofitionem eorum novam hortabantur ecclefiam fundari
debere. Alii vero aliter loquebantur. Sententie finis fuit & in hoc unum pariter
confenferunt ut in parva quadam ecclefia que in honore Stephani prothomartiris
facrata erat, pignora fancti prefulis ponerentur. Ita Norbertus pontifex, cum pro-
ceffione folempni, deportans ad predictam ecclefiam reliquias beati viri, eas ibidem
in loculo ligneo digne repofuit, & fic in vafe lapideo, cum hympnis & laudibus,
honorifice collocavit. Superpofuit autem & epitaphium beati viri marmoreo lapidi
fic impreffum : *Hic requiefcunt membra beati Georgii primi Vallavenfis epifcopi.* Tandem fidelium devotione inftructa nova bafilica fuper tumulum fancti viri,
corpus ejusdem, de inferiori crypta [4] ad altare fuperius, viri religiofiffimi levantes,
& cum Anicienfi epifcopo & clero ad majorem ecclefiam folempniter deferentes,
eadem die in hac ecclefia cum honore debito infra tumulum lapideum condiderunt. Proceffu temporis, venerabilis vir Vallavenfis epifcopus beati Georgii tecam

[1] Itaque. *Méd.* [2] Pertendit. *Méd.* [3] Humiliter. *Méd.* [4] Scripta. *Méd. Inftr.*

aperuit, & fingula membra recenfens, oftendit epitaphium cunctis qui aderant, porrigens ad legendum. Ex quo manifeftum eft & probatum beati Georgii corpus in hac ecclefia prefentialiter contineri, in qua tot evidentiis declaratum eft & oftenfum *. Celebratur autem folempnitas Tranflationis beati Georgii, primi Vallavorum pontificis atque apoftoli, undecimo kalendas januarii, ad laudem & gloriam Domini noftri Jhefu Chrifti, cui eft honor & gloria in fecula feculorum. Amen.

Singulier miracle de fainct Mayol abbé.

En la derniere leçon de l'office fainct Mayol, que fut natif d'Auvergne & abbé de Clugni, eft traicté le miracle que s'enfuit, faict environ l'an du Chrift D.CCC.L. au Puy.

In loco fublimi monafterii Cluniacenfis celeberrime collocatur, a fratribus officiofiffime falutatur, & ab omnibus ut dominus & abbas honoratur & colitur. Inter omnes titulum fanctitatis preferentes, beatus Majolus precipuus apparuit. Fuit enim ad omnia utilis & per cuncta laudabilis, dicens cum Paulo : « Scio & humiliari, fcio & abundare, & fatiari, & efurire, & penuriam pati. » Ab imperatoribus & regibus & mundi principibus fenior appellabatur & dominus. Honorabatur a pontificibus apoftolice fedis, & vere erat, ipfo tempore, princeps religionis monaftice. Illum divus Cefar & maximus Otho diligebat cum pectore toto, Hugo rex Francorum cum magno honore tractabat.

Talibus igitur ornatus munimentis, pater Majolus, orationis gratia, Vallavorum adiit civitatem, que alio nomine dicitur Podium Sancte Marie : quo in loco ipfa beata Dei Genitrix magno oratur convenientium populorum privilegio. Excipitur & ei obviatur quanta debebatur reverentia. Circumftant pauperes, elemofynam implorantes. Ecce occurrit cecus precibus fanitatem poftulans. Vir autem Domini mifericorditer illum repellebat, quoniam inanem gloriam metuebat ; nec ideo quiefcebat pauperis improbitas. Interim pauper cecus ille difceffurum audit abbatem. In itinere vero eo revertente, in loco qui dicitur Mons Gaudii **, unde poffunt viatores ecclefiam beate Marie fpeculari, ibi latenter cecus quievit.

* V. pour les détails de cette ouverture, qui eut lieu en 1162, la curieuse charte de l'évêque Pierre IV (Gall. Christ., tom. II, Eccl. Anic., col. 687).

** Au moyen-âge, on donnait le nom de Montjoie, Mons Gaudii, à des monceaux de pierres entassées par les pèlerins, sur le bord de la route, au point extrême d'où ils découvraient et saluaient le but de leur pèlerinage. Dans les environs du Puy, il existe encore des vestiges de ces anciens Montjoie, notamment, l'un au village de Montferrat, commune de Saint-Etienne-de-Lardeyrol, sur la voie de Lyon et Vienne, et l'autre à Montjauzi sur les hauteurs de Sainte-Anne, près de la voie de Clermont.

Obviat obvianti, rapit ocius habenas equitantis. « Eia! ferve Dei, » inquit, « nunquam a te dimovebor, nunquam laxabo frenum, donec impetravero quod poftulo. Adjuro te, per charitatem Dei, ne repellas meam petitionem. » Mira res! cecati oculos lavat, fanitas preoccupavit orationem, & cecus ftatim faêtus eft videns. Stupent qui aderant perterriti. Indicit etiam illi illuminato, ne poft hec diceret, fed Deo & fanête Dei Genitrici gratias referret.

De l'eglife de Sainêt-Pierre le Moneftier du Puy *.

UIT vir quidam ex nobili Francorum progenie ortus Guido nomine, qui, providentia Dei difponente, traditus a parentibus litterarum ftudiis, reliêtis fecularibus pompis, faêtus monachus in cenobio quod vocatur Cormarinum **, viriliter militavit ibi fub regula fanêti Benediêti. Patre vero illius monafterii migrante ex hac luce, fratrum concordante confenfu, abbas ibidem eligitur, atque juxta morem canonicum benedicitur.

Sublimatus autem ita bonis fulfit moribus, ut etiam fama bonitatis ejus perveniret ad aures Regis Francie, cujus Rex idem innixus confilio, difponebat quod bene placitum erat Deo & utile populo. Quo in tempore Anicienfi ecclefia viduata fuo antiftite, a clero & populo ipfius civitatis unanimiter legati mittuntur ad Regem, ut daret eis utiliffimum paftorem, prefatum fcilicet abbatem, cui erat frater germanus nobiliffimus comes Gaufridus, cognominatus Martellus. Unde Rex nimium gavifus, convocans eleêtum virum, multa prece monuit eum ut, pergens ad Podium, fieret ibi animarum paftor, fibi & populo fidiffimus procurator. Hoc ille audiens, nec citius confentiens, Rege cogente, velit, nollit, fratribus vale dicens, fumptis inde fociis ad eum miffis, Anicienfe iter aggreditur. Hoc faêtum audientes Pontius & Bertrandus ejus nepotes, Aquitanie clariffimi confules, cum matre eorum Adalaide forore ipfius, venerunt ei obviam, fe & fua ei dantes; cum quibus Podium ingreffus, ei fit magna proceffio clericorum, fit grandis exultatio laicorum, quod Deus talem eis patronum dediffet.

Pontificali igitur cathedra fublimatus, cogitans affidue de tenenda pace & de rebus ecclefie quas vi abftulerant raptores hujus terre, juffit ut omnes milites ac

---

* Cette *notice* a été publiée par P. Labbe *(Nov. Bibl. mss. lib.*, t. II, p. 749 et sq.), Denys de Sainte-Marthe *(Gall. Christ.*, Inst. Eccl. Anic., col. 223), et M. F. Mandet *(Hist. du Velay*, t. III, p. 103 et sq.).

** Cormery, abbaye de l'ordre de saint Benoît, aujourd'hui canton de Montbazon, arrondissement de Tours (Indre-et-Loire).

ruftici de epifcopatu fuo convenirent in unum, auditurus ab eis quale fibi de
regenda pace darent confilium. Ipfe vero apud Brivatenfem * vicum nepotibus
fuis mandans congregare exercitum, omnibus de pontificatu fuo coadunatis in
unum in prata Sancti Germani ** que funt prope Podium, quefivit ab eis ut pacem
firmarent, res pauperum & ecclefiarum non opprimerent, ablata redderent, ut fic,
ficut decet fideles Chriftianos, ita fe haberent. Quod illi dedignantes; juffit exercitum fuum a Brivate tota nocte venire mane, volens eos conftringere ut pacem
jurarent, & pro ipfa tenenda obfides darent, rura & caftella beate Marie, & res
ecclefiarum quas rapuerant, dimitterent : quod factum fuit, Deo auxiliante.

Poftquam vero Deus omnipotens, cuncta fibi fubjiciens, dedit ei tranquillam &
ferenam pacem, convocavit majores ecclefie, dicens eis voluntatem fuam efle ut
clerici ibidem Deo ferventes, haberent communiter victum & veftitum fufficienter.
Hac de caufa, bipartita oblatione altaris beate Marie, dedit unam partem canonicis Deo & ejus Genitrici fervientibus, alteram vero refervavit fuis ufibus.

Preterea cum Truanno decano, optimo viro, maximo ingenio fecit incidi rupem
quam vocant Aculeam ***, in cujus cacumine edifficavit ecclefiam in honore beati
Michaelis archangeli dedicatam, quam fimiliter cum magnis appendentiis dedit
predictis canonicis.

Hiis ita compofitis, divina infpirante clementia, dum idem dominus Guido,
fancte Vallavenfis ecclefie fuperno nutu epifcopus, follicita inveftigatione mentis
arcano fecum difcuteret, qualiter paftorali officio a Deo fibi commiffo ad utilitatem
fuarum ecclefiarum feu cenobiorum atque anime fue profectum, & ceteris que
prefulari cure congruere videntur, die nocteque invigilare deberet, femetipfum
erga id officium pontificatus in multis Deum offendiffe referens in terra, judicis
Chrifti examinatione perculfus, Domini benignum cepit implorare auxilium, ne
univerfe carnis iter perficeret, priufquam quicquid deliquerit, pro poffe fatisface-
ret. Unde, Dei gratia fuccurrente, cum ftudiofe fecum tacita cogitatione revolveret qualiter facinorum fafciculos, Deo propitio, deponere potuiflet, fibi memoria
accidit quod ut ecclefiarum decus augeretur, per multas civitates, monafteria con-
ftructa haberentur; ipfa vero Anicienfis cui preeflet, tali religione viduata manebat. Quocirca decus Vallavenfis ecclefie augmentare contendens, ut peccaminum
molem fibi internus judex remitteret, in Anicienfi fuburbano cenobium conftruere, Deo largiente, difpofuit. Suam igitur difpofitionem fue forori Adalaide
comitiffe, fuifque filiis, videlicet Pontio & Bertrando, ejus nepotibus, cuncto-

* Brive-Charensac, près le Puy.
** Saint-Germain-Laprade, près le Puy.
*** Aiguilhe, près le Puy.

PROLOGVE.

E, Eſtienne de Medicis, marchant du Puy, cuyde eſtre rayſonnable de m'eſſaier ſe, au plaiſir de ceulx qui ayment voir lectres, je pourroye faire œuvre par laquelle, ſe n'ay eſté vertueulx, au moins que puiſſe dire que n'ay pas veſcu du tout inutilement. Et soubs ceſte confidence, pour ce que voy nully le temps paſſé ne s'eſt forcé rediger par eſcript les geſtes & faits que concernent la cité & ville Noſtre Dame du Puy d'Anis, que tant pour le lieu ſingulier & miraculeux, que pour les gens ſaiges qui y ont reſidé le temps paſſé, que auſſy pour les choſes qui y ont eſté faictes dignes de commemoration, j'ay entreprins, en mon lourt patoys, traicter les hiſtoires, croniques & aultres telles choſes concernans ledit lieu, leſquelles ay cueilhies dedans pluſieurs beaulx & exquis livres, papiers, cayers, tant en latin que en françoys, où j'ay trouvé choſes edificatives & faiſans au propos de mon pretendu vouloir. Combien qu'il ne ſera pas au gré des liſans, car il n'y a ordre, ne aourné langaige qui l'œuvre embeliſſe ne agence tout au fort, je l'ay traſſé tellement quellement, & m'atends que pluſieurs à l'aventure y emploieront quelque petite demy heure à voir quelque porcion de l'ouvraige. Combien qu'ils relateront que n'ay pas procedé diſertement, toutesfois, je les intercede humblement que gracieuſement veuillent les deffaultes amender, & ne s'arreſtent à mon arrogante preſumpcion, ne aux inepcions qui ſe trouveront, (car congnois mon rude engin eſtre incapable pour cultiver en ſi facond territoyre, ne l'aſſembler en tel & ſi congru ſtille que bien seroit decent), mais regardent, en ce faiſant, ce que ma capacité porte, car auſſi de ce n'atends nulle temporelle retribucion ne los, mais le faictz pour donner quelque petite recreacion à ceulx à qui plaira y paſſer le temps. Et en ceſt eſpoir, invoquée l'aide de Dieu & de la Vierge inviolée, ſinguliere patrone & maiſtreſſe dudit Puy d'Anis & de ſes habitans, commancerons à ediffier noſtre livret que nous apellerons DE PODIO.

ICERO dict au premier de son livre des Offices : *Non solum nobis nati sumus,* c'est à dire, *Nous ne sommes pas nets en ce monde tant seulement pour le faict de nous mesmes,* mais nets tant pour servir à aultruy comme à nous, en faisant ouvraiges fructueux & principalement servans au bien publicque. Le noble philosophe Ennius disoit : *Cum nobis denegetur diu vivere, aliquid relinquamus quo nos vixisse testemur,* comme s'il vouloyt dire : *Quel rapport pourra estre faict de nous après nostre briefve vie, se nous ne laissons ouvraige que tesmoigne que nous ayons vescu ?* Nous voyons, par histoires & par assez claires experiences, les probes gens du temps passé, lesquels, non seulement pour eulx, mais pour toute leur posterité, par submission de longues années, & pour leur labeur & curieuse diligence, ont faict grands & admiratifs affaires. Les ungs ont faict assembler ès villes le peuple, y edifiant murs & fortalices pour y estre plus à seurté là dedans, par bonnes ordonnances y gardant tranquilité publicque. Aultres ont edifié sumptueuses & magnificques eglises & hospitaulx & iceulx charitablement dotés & fundés, & aultres ont pourchassé faire ponts & passaiges de grande utilité. Aultres ont faict & composé livres & histoires & maintes choses que nous voyons par notre aspect que possible nous seroit à dechifrer & trop retarderoit nostre sermon, & brief la diversité de leurs resplendissans faicts nous demonstre assez leurs vigilance & prestabilité.

A ceste cause, moy, Estienne Medicis, de tous les habitans du Puy le plus inferieur, à celle fin que je ne despendisse du tout infructueusement mon temps comme j'ay dict au prologue du premier livre, ay voulu metre cy, en ce fecond livre DE PODIO, plufieurs aultres chofes que concernent le faict de la ville du Puy, oùt font traictées diverfes matieres & faicts des bons citoyens du Puy, nos predeceffeurs, defquels la memoire fera perpetuele, quant on recolera leurs prudents faicts, que je extime eftre à nous ung miroir, par lequel on peult fpeculer clerement les chofes paffées comme prefentes.

S'il eft ainfi doncques, Seigneurs de la ville du Puy, Confuls, Citoiens & commun populaire, que nous cognoiffons que les cités, principalement, ont flory, le temps jadis, par le confeil & bon gouvernement des faiges, lefquels font dignes & meritent d'eftre eflevés par triumphes & egregieufes louenges, m'a donné la caufe fusdicte que j'ay prins affection d'efcrire & ordonner à perpetuele memoire moult de leurs faicts & geftes que demoureroient enfepvelies & incogneues, lefquelles j'ay quiz en hiftoires affez familieres & en aultres divers livres, papiers & efcriptures antiques & modernes.

Et pour ce que ne fçay rendre à la ville du Puy & fuppoz d'icelle, ne à mes parens, benefice ou retribution, fynon que leur notifie que fuis fils originaire d'icelle ville, defirant fon falut, & le labeur que j'ay prins à recueillir lesdictes geftes, je l'ay faict de bon cueur, pour vous en faire à tous ung debonnaire prefent, que vous plairra benevolement accepter, car à moy n'eft aultre plus grand don vous povoir impartir. Et, en ce, vous plairra imiter noftre benoict faulveur Jefu Chrift, qui les deux petites mailles que de bon cueur la poure femme veufve fit oblation au temple, qui plus rien n'avoit, comme tefmoigne l'Evangile, fut du doulx Jefus fon offrande louée & acceptée, ainfi qu'efpere, ferez de ce mien petit labeur. Et combien, AMY LECTEUR, que le ftile foit groffier, ayant plufieurs ineptitudes, vous plairra confiderer que mon fçavoir eft petit, & m'atends que ne vous arrefterez à ma rude capacité; toutesfois, pourra eftre, y trouverez quelque recreation.

AVLTRE PROLOGVE.

'AN après la naiſſance du Fils de la vierge immaculée Marie mil cinq cens, moy, Eſtienne Medicis, bourgeois du Puy, alors eſtant conſtitué en l'aage d'environ vingt cinq ans, me mys en deliberation & fut proclive ma fantaſie de chercher, rediger & accumuler enſemble, & pour perpetuelle memoire traiɕter par maniere de chronicque pluſieurs actes, geſtes & faiɕts que concernent la noble, felice & benevole cité & ville du Puy d'Anis, dont & de laquelle ſuis citadin & naturel originaire, ayant commemoration des faiɕts vertueux de ces progeniteurs dignes de celebre louenge, cognoiſſant & conſiderant que par l'eſcripture & hiſtoires l'eternité des memoires eſt gardée. Mais n'a eſté à moy permis de veoir les antiquités & faiɕts vertueux dignes d'eſtre veus, que ſont enclos & en ſeure cuſtode regiſtrés dans les archiz, chambres ou armaires tant du ſeigneur Eveſque du Puy, ſeigneurs du venerable Chappitre Noſtre Dame, Sainɕt Mayol *, l'Hoſpital, des trois Collieges **, des abbayes Sainɕt Voſi & Sainɕt Pierre la Tour, Sainɕt Jehan de Hieruſalem, Sainɕt Bartholomy, des Mendians ***, Sainɕt Pierre le Monaſtier, du Conſulat, ne auſſi ſemblablement les enſeignemens & eſcriptures que auſſi concernent les faiɕts de ladiɕte cité & ville du Puy que ſont gardés au treſor du ſeigneur Vicomte de Polignac & de pluſieurs aultres ſeigneurs circunjacens le Puy, d'entre toutes leſquelles maiſons & ſeigneurs ſuſdiɕts que ſont de honnorable reputation & louable memoire,

---

* L'Université de Saint-Mayol, ou association des *Clercs*, qui concouraient, sous les noms de choriers, clériastres et clergeons, au service de l'église Notre-Dame. Distincte du Chapitre et placée sous son autorité, elle avait ses bâtiments, ses statuts, ses priviléges et ses officiers propres.

** Les églises collégiales de Saint-Vosi, Saint-George et Saint-Agrève.

*** Les couvents des Carmes, des Frères Mineurs (Cordeliers ou Franciscains), et des Frères Prêcheurs (Dominicains ou Jacobins).

j'eſtime qu'ils ont pluſieurs anciennes eſcriptures & faiɗs dignes de recreation. Car poſſible n'eſt que les choſes que nous voyons eſtre aujourd'uy en
tranſquilité, eſtabilité & repos, avant que eſtre parvenues en tel eſſence,
qu'il n'y puiſſe beaucop avoir eu de querelles, debats, cavillations & con-
troverſes, procès civils ou peult eſtre criminels, pour demander de prerog-
gatives, occupations de diſtroiɗs & terroirs, par dons, impetrations, con-
ceptions, et par privilieges peult eſtre concedés par pluſieurs princes, roys,
ducs ou aultres ſeigneurs, & par aultres tiltres ſoit pour le faiɗ tant
ſpirituel que temporel; pour leſquelles choſes ainſi ſuccedens, à preſumer
eſt, ſont ſuceſſivement deſcendus appointemens, tranſactions & compoſitions
que tiennent aujourd'huy leſdiɗs ſeigneurs & leurs ſubjeɗs en ſincere paix
et reppos dont j'ay moult deſiré d'en ſçavoir les moyens.

Toutesfois, je m'atends que quelcun, après moy, qui ſera de ſinguliere
prudence, aura, pourra eſtre, meilleur entrée & credit envers leſdiɗs ſeigneurs de veoir iceulx eſcripts que moy, & que, après ce, prendra peine
les reddiger en meilleure ordonnance. Mais il eſt ainſi que ſi je ne ſuis peu
parvenir à la viſion d'iceulx en tout, ce non obſtant, me ſuis-je occuppé &
mys à mon debvoir, ſelon la meſure, d'en eſcrire mon petit ſçavoir, & metre
dans mon livret DE PODIO, duquel depend ceſte rubriche, les faiɗs, au
mains, que ſont parvenus à ma cognoiſſance & notice, que j'ay tirés de la
fontaine de pluſieurs auɗeurs & dignes hiſtoriens tant en latin que en françois, en volumes, livres & papiers, & labouré auſſi à y metre & incorporer
aultres faiɗs de mon temps, advenus juſques à la fin de l'an mil cinq cens
cinquante huiɗ, que j'ay ſerré botique & fermé les ruyſſeaux de ceſte
mienne œuvre : ce que cognois à moy eſtre comode, conſideré les maulx familiers à vieilleſſe, comme de ma main que eſt venue peſante & mes yeulx
caligineux & obnubilés. Pourquoy, le preſent ſummaire & legier reper-
toire clourra le pas, pour le preſent, de mon eſcripture, lequel ſera inde-
gatif des choſes & faiɗs eſtans regiſtrés dans le livret DE PODIO contenu en
deux petiɀ livrets. Priant Dieu ſur ce, TRÈS HUMAIN LECTEUR, que te doint
proſperité & bonne valitude.

LES

ANTIQUITÉS ET CHRONIQUES

DE L'EGLISE NOSTRE DAME ET DE L'EVESCHÉ

DU PUY.

––––––––––

*Sancti Georgii, primi epiſcopi Vallavenſis, qui & Podienſis dicitur, cujus
feſtivitas celebratur quarto ydus novembris, ex geſtis ejus.*

BEATUS Frontonius & beatus Georgius hii fuerunt lingua fa-
cundi moribusque honeſti. Predicante domino noſtro Jheſu Chriſto
evangelium regni Dei per Judeam & Galileam & Syriam, venerunt ad ipſum, poſtulantes unda ſacri baptiſmatis innovari. Quos
beatus Petrus apoſtolus, domino jubente Jheſu Chriſto, baptiſa-
vit, ſecumque manere voluit. Deinde, dominus Jheſus Chriſtus,
poſt Apoſtolos duodecim, deſignavit & alios ſeptuaginta duos Diſcipulos, mittens
eos in omnem civitatem & locum quo erat ipſe venturus; inter quos beatus Frontonius & beatus Georgius duo extiterunt, & ſancte predicationis miniſterium
ſuſceperunt. Hii quoque cum ceteris diſcipulis poteſtatem acceperunt a Domino
infirmos curandi, leproſos mundandi, mortuos ſuſcitandi, cecos illuminandi, de-
mones ejiciendi, & virtutes alias & ſigna & prodigia in Chriſti nomine faciendi.
Interfuerunt autem cum apoſtolis illi Cene dominice, in qua panem in corpus

fuum & vinum in fanguinem Chriftus dominus fua poteftate convertit, fuifque difcipulis contradidit, eorumque pedes magifter & dominus lavavit. Deinde, poft paffionem Domini, cum aliis difcipulis viderunt gloriam refurrectionis in multis argumentis in Chrifti carne & potentiam afcendentis in cœlum, & in die fancto Pentecoftes Spiritum Sanctum in linguis igneis acceperunt cum ceteris. Converfati funt etiam cum apoftolis, divinis preceptis dediti, eorum in omnibus formam fe-quentes.

Anno vero dominice incarnationis tricefimo quinto, apoftoli Domini ad predi-candum evangelium per diverfas provincias funt digreffi. Beatus autem Petrus, princeps apoftolorum, poftquam annos quatuor facerdotalem cathedram in par-tibus Orientis tènuiffet, Antiochiam recepit; quem beatus Frontonius & beatus Georgius cum multis aliis concomitati funt. Recedentes autem a Cefarea Stracio-nis, tranfierunt per Ptolemaidam & Tyrum & Sidonem, & pervenerunt Tripolim ubi yemaverunt, predicantes ubique regnum Dei, Domino cooperante & fermo-nem fignis & virtutibus confirmante. Tribus menfibus vero jam expletis, Antio-chiam pervenerunt, anno vigefimo fecundo Tiberii Cefaris, poft paffionem vero Domini anno quinto. Erant autem in comitatu beati Petri apoftoli fanctus Fronto & fanctus Georgius difcipulis cum multis aliis.

Peracto itaque Antiochie feptennio in predicationis officio, ordinatifque epif-copis & presbiteris ac diaconibus, fanctus Petrus, fubftituto pro fe ipfo Evodio in fede Antiochena, profectus eft inde Romam cum fanctis Frontone & Georgio & aliis difcipulis fuis multis contra Simonem magum, Claudii Cefaris anno fecun-do, ibique beatus Petrus predicans viginti quinque annis ejufdem urbis epifcopus perfeveravit.

Commorante autem beato Petro Rome, anno imperii Claudii fecundo, revelavit eidem Petro dominus Jhefus Chriftus, ut mitteret in partibus Galliarum, qui ver-bum falutis paganis gentibus, errori & ydolatrie deditis, predicarent. Qua revela-tione & voluntate Dei patefacta difcipulis commorantibus cum beato Petro, ad obediendum fe parant in omnibus voluntati & beati Petri apoftoli juffioni. Bea-tus autem Petrus apoftolus plures ex difcipulis quos Salvator elegerat & ex illis etiam quos ipfe fibi affumpferat, in regiones Gallicanas direxit, fingulas fingulis diftribuens regiones : Eucharium fiquidem & Valerium atque Maternum Treve-renfibus, Clementem Metenfibus, Sixtum Remenfibus, Savinianum Senonis, Altinium Aurelianis, Potentianum Trecas, Julianum Cenomanis, Georgium Vallavenfibus, Memnium Catalaunis, Saturninum Tholofanis, Martialem Lemo-vicis, delegavit. Frontonem Petragoris ad fecundam Aquitaniam fpecialiter defti-navit. Exhortatus eft autem eofdem ut ea miracula, que ipfi viderant oculis operari dominum Jhefum Chriftum, populis nuntiarent. « Memores eftote, » inquit,

« dulciffimi fratres, verborum domini Jhefu, *quia meffis quidem multa, operarii autem pauci.* Surgite igitur, pergite ad partes vobis deftinatas, & predicate ibi verbum falutis & myfterium Sancte Trinitatis. Ne autem formidetis in has regiones ire : congregabitis enim triticum in horreum Domini, & zizaniam extirpabitis. » Sancti vero refponderunt : « Parati fumus : que preceperis nobis & precepta Domini in omnibus volumus adimplere. » Et poft multa beatus Petrus, data oratione, ponens manus fuper caput eorum ac deofculans, benedixit eos, qui, vale dicentes fratribus, quifque fuum iter arripuit.

Beatus itaque Fronto & beatus Georgius pontifices fimul pergentes, cum jam iter trium dierum perfeciffent, ad locum Volfini venientes, acceperunt in ejus confinio manfionem. In eodem autem loco aliquantulum commorati, orationi & predicationi inftabant, & verbum vite & Chrifti nomen & gloriam concurrentibus ad fe turbis infidelium nuntiabant.

In illis autem diebus & locis ipfis permanentibus & predicantibus, venerabilis Georgius qui, per manum beati Petri apoftoli, Vallavenfium Ecclefie fuerat deftinatus antiftes, Deo fic difponente, diem claudens, migravit a feculo.

Dolor autem nimius beatum Frontonem invafit de morte fubitanea fratris ac focii itineris fui. Dolebat fiquidem vie folatium amififfe, tanquam gravi vulnere fauciatus, & communicato cum fanctis viris confilio, quid facto opus fit diligenter inquirit, fuitque commune confilium ut beatus Fronto recurreret ad fanctum Petrum, expofiturus in ejus auribus deceffum fratris, ut auctoritate apoftolica, vel defunctus revocetur ad vitam, vel ex more chriftiano debeat fepeliri. Acquiefcit itaque beatus Fronto confilio fanctorum, jubetque fervari corpus defuncti in fepulcro donec ipfe redeat. Accelerans autem iter fuum, beati Petri confpectui fe prefentat, reverfionifque fue caufam humiliter alloquitur, & coepifcopum fuum Georgium nuntiat migraffe de hac vita, &, ut eum fufcitare dignetur a morte, fufpirans, tam lacrymis quam verbis, deprecatur : afferit corpus defuncti humatum tumulo refervari, & orare fanctos focios in communi ut a mortis vinculis abfolutum reftituat vite. Commotus autem apoftolus Petrus follicitudine deprecantis, poft confolationis verba & ofcula fancta, tradidit baculum fuum Frontoni, jubens ut redeat & fupponat ipfum exanimato fratri, &, invocato Chrifti nomine, noverit ipfum ad tactum baculi fufcitandum.

Beatus itaque Fronto, accepto apoftoli Petri baculo, cum ejus benedictione, regreffus eft ad locum illum, poft triduum, in quo fanctus Georgius jacebat exanimis. Convenerant autem ad fpectaculum iftud magna multitudo paganorum utriufque fexus, exfpectans quid fuper exanimato Georgio apoftolica Petri pietas imperaffet. Beatus vero Fronto, in confpectu eorum qui aderant, accedens ad tumulum, apoftoli baculum fupponit, & Chrifti nomine invocato, defuncto pre-

cipit ut refurgat. Georgius vero, qui per fex dies mortuus fuerat, ad tactum apof-
tolici baculi, & invocatione nominis Jefu Chrifti, vivus & incolumis de tumulo
refurrexit. Tunc populi clamor attollitur in laudes Chrifti, & infidelitas paganorum transfertur ad fidem, & fanctorum triftitia in laudis jubilum commutatur.
Tunc pagani, tali vifo miraculo, ad Dominum convertuntur, baptifmi lavacrum
poftulantes; quos beati Fronto & Georgius fonte baptifmatis lavacro abluentes,
regeneraverunt in Chrifto, quosdamque illorum clericalis ordinis honore & gratia
infigniverunt.

Elegerunt autem ex ipfis feptuaginta duo, cum quibus & cum aliis fanctis fociis
iter injunctum in Gallias arripientes, matura feftinatione peregerunt, transfeuntes-
que Alpes fancti viri incolumes pervenerunt in planitiem Cifalpinam. Demum
fegregantur ab invicem digreffuri in fuas finguli regiones, & vale dicto in pacis
ofculo, eas in quibus affignati fuerant expetunt regiones.

Veniens autem beatus Fronto cum beato Georgio per civitates & villas predica-
bant verbum falutis, & convertebant populos, dedicantes ecclefias, & epifcopos
presbiterofque ac diaconos confociabant. Igitur, beatus Fronto & beatus Georgius,
focietate qua ceperant explectentes, ad urbem Vallavenfium, que ob antiquitatis
privilegia, tunc temporis, Vetula dicebatur, pariter pervenerunt. Cumque civitatem fuiffent ingreffi, ceperunt nomen Domini publice predicare per totam terram
illam, annunciantes & evangelizantes populis neminem poffe falvari, nifi qui re-
natus fuerit ex aqua & Spiritu Sancto. Quod audiens, multitudo gentilium fidem
domini noftri Jefu Chrifti cum devotione fufceperunt, confractifque ydolis, &
emundatis fanis ab omni forde & cultu fuperftitiofo, beatus Fronto cum Georgio
ecclefias dedicarunt ibidem. Convertebantur enim ad fidem Chrifti populi ac etiam
nobiles plurimi, deponentes cingulum militare, colla jugo Chrifti humiliter fubji-
cientes, fanctifque Chrifti difcipulis ceperunt adherere, gaudentes eorum informari
exemplis.

Remanente ibi autem fancto Georgio qui eidem civitati antiftes fuerat deftinatus, fanctus Fronto, poft fancta, vale dicens eidem, cum Aniano, Frontafio,
Silano ac Severino, aliifque fuis difcipulis, Petragoricam civitatem, cui fuerat
affignatus, adire cepit 1).

1) Il eft à croire & noter icy que fainct Front & fainct George, à ce fainct defpartement,
partirent le fainct bafton paftoral que le prince des Apoftres monfeigneur fainct Pierre avait baillé
audict fainct Front pour la refurrection de fainct George, fon compaignon, tous deux ambaffadeurs & legats de noftre faincte foy catholique; defquels on tient que la moitié eft en l'eglife
collegiale de Sainct Paulien, lequel j'ai veu; & l'autre moitié eft en l'eglife cathedrale de Pierre-
gort, où fainct Front fut premier prelat. — *Médicis.*

Tunc temporis erat quedam matrona nobilis provecteque etatis, que domicilium fibi fecerat in quodam vico, fex fere milliariis a Civitate Vetula fepofito, &,
quoniam hec jam crediderat in Chriftum, edocta fermonibus & inftitutis fancti
Georgii, omnique exuta fuerat ritu gentili, audacter acceffit ad pontificem Georgium, dicens fe habuiffe quamdam vifionem. « Videlicet, pater, » inquit, « gravabar ego magno ardore febrium, & nocte quadam videbatur michi quidam follicitus de fanitate mea & falute, & nocte in cubiculo michi foporate aftitit,
dicens: « Surge & afcende cacumen iftius montis quem modo vocabulo dicimus
Podium, & videbis mirabile, & fanaberis, fi fideliter & devote credideris & accefferis. » Unde expergefacta furrexi mane, cum aliquibufque de mea familia afcendi montis cacumen cum magno labore, & lapfa, tum ex infirmitate, tum ex
itinere, reperi lapidem in modum altaris fculptum, & ibi obdormivi ftatim.
Tunc, in fompnis, circa lapidem illum, vidi maximam frequentiam Angelorum,
defuper vero quamdam pulcherrimam & ornatam Reginam; cumque interrogaffem que effet talis Regina tam excellens, refpondit « ipfam effe dominam mundi,
Dei genitricem, & vult fibi fpecialiter prefignare hunc locum, & hoc tibi ex hoc
erit fignum, quia fanitati priftine reftituta es. » Et, evigilans, fana furrexi, & nunquam amplius febres habui : unde, leta, reddidi gratias Deo & beate Virgini, &
plura miranda, ibidem rediens, fepiffime vidi. »

Beatus Georgius, hoc audiens, revolvit diu in animo, & prenuntiat maximam
Dei & Matris ejus vifitationem futuram effe in predicto Podio, fepe hoc mirandum
in fermone ad populum recitans; jubet tamen locum circumdari fpinis, ne immundi homines vel pecora, fi improvide accefferint, morte dampnentur horribili.

Poft per aliquod tempus, beatus Georgius & beatus Fronto fupra memorati,
& multi alii fancti, caufa confolationis & gratia vifitationis, convenerunt fimul
ad vifitandum beatam Martham apud Tarafconem, & per aliquot dies in divinis
laudibus cum ipfa demorati funt. Non per multos hos dies, beatus Georgius cum
beato Frontone, ad urbem Tholofanam pervenientes, fanctum Saturninum invenerunt, martirii gloria coronatum. Peregrinantes autem per multas civitates,
quifquis in fuam reverfus eft.

Plantata igitur vinea Domini in pago Petragoricenfi, tempus affuit ut beatus
Fronto coronam fibi a Domino promiffam reciperet, & letus & gaudens in
Chrifto, celo reddidit fpiritum, octavo kalendas novembris, anno quadragefimo
fecundo poft refurrectionem domini Jhefu Chrifti, Vefpafiani autem imperii anno
fecundo.

Beatus vero Georgius, Vallavenfis epifcopus, cum miffarum follempnia celebraret, tranfitus dicti patris Frontonis & diem tali ordine cognovit. Aperti funt
enim ei intellectuales oculi, & effe vidit beatum Frontonem, inenarrabilibus

ornamentis indutum, coronam habentem in capite, cum tribus diaconibus rubeis dalmaticis indutis & duobus clericis cereos portantibus, Angelorum comitante caterva. Tunc fanctus Georgius ait circumftantibus : « Videtis gloriam quam ego video? » Qui nichil vidiffe teftati funt, & fanctus Georgius dixit : « Numquid non hic videtis patrem noftrum Frontonem effe cum tribus diaconibus & duobus pueris cereos portantibus & Angelorum multitudine comitante? Letiffimo vultu nofque benedicens, receffit. Unde pro certo fcio quod migravit. Surgamus ergo, & ad exequias pii patris, quanto citius poffumus, properemus.' » Hoc eo dicente, omnes admirati funt, pariterque furgentes, ad exequias fancti patris accedunt.

Evoluto poft aliquo tempore, dum dictus beatus Georgius in Podio Anicienfi templum ad honorem Dei genitricis Virginis Marie erigere premeditaretur, fub-tractus ab hominibus, in celefti regno feliciter fublimatur.

Hicque fanctus Georgius, preful Vallavenfis, que nunc Anicienfis appellatur, fedem fuam habuit in Civitate que prius Vetula vocabatur; in eadem quoque civitate, poft multa virtutum opera, migravit ad Chriftum quarto ydus novembris, ibique corpus ejus fepultum fuit in ecclefia, quam ipfe prius in honorem beate Marie Virginis dedicavit *.

Predicta autem Civitas Vetula hodie nuncupatur villa Sancti Pauliani a nomine dicti fancti, qui fuit epifcopus ibidem, ubi etiam corpus ejus, in ecclefia fuo in-titulata nomine, requiefcit. Diftat autem Sancti Pauliani villa a Podio Anicienfi fere duabus leucis ac quafi fex milliariis.

Poftmodum vero, per proceffum temporis, dicitur fuiffe tranflatum corpus fancti Georgii a predicto loco Sancti Pauliani apud Anicii civitatem per epifco-pum Anicienfem, Nobertum nomine, qui fuit frater comitis Pictavienfis, Aqui-tanie ducis; et in quadam ecclefia, ipfius fancti Georgii nomine intitulata, offa

---

* Odo de Gissey, *Difc. Hift. de la très-anc. dévot. de N. D. du Puy*, Tolofe, 1626, p. 12, mentionne *une Médaille où eft la figure de ce fainct Prelat, avec ces mots tout autour* Sancivs Georgivs Vallaviæ Prothopresvl. Bonaventure de Saint-Amable, *Hift. & défenfe de l'Apoft. de faint Martial*, Clermont, 1676, p. 444, dit, en parlant de faint George : *Qu'il ait été premier Evêque du Velay*, on le voit encore par *de vieilles médailles où, d'un côté, eft l'Image de faint George revétu en Evêque, &, de l'autre, la figure du bafton dont il fut reffufcité.* Enfin, on lit dans la *Gallia Chrift.*, 1720, t. II, *Eccl. Anic.*, col. 687 : *Antiqua fuperfunt numifmata cum hac infcriptione* : S. Georgivs Vallaviæ protoprœsvl.

Cette *médaille antique* est un méreau, ou jeton de présence à l'usage des Chanoines des églises collégiales de St-George du Puy ou de St-Paulien, que son style ne permet pas de reporter plus haut que le XVIe siècle. En voici la description, d'après un exemplaire du cabinet de M. Aymard :

Aÿ. Saint George assis, en habits épiscopaux, mitré et nimbé, de la main gauche tenant la crosse, et bénissant de la droite. Sanctvs Georgivs.

R̃. Bâton Apoftolique. prothopresvl Vallaviæ. — Cuivre jaune.

ejus in quodam vafe lapideo retro altare effe dicunt canonici ejusdem ecclefie, & fcripturam ibidem legunt & oftendunt, tranflationem hujufmodi feriem et ordinem continentem ; ejusdemque tranflationis memoria undecimo kalendas januarii ibidem agitur celebris & feftiva. Verumtamen canonici Sancti Pauliani, clerufque & populus loci ejusdem, corpus fancti Georgii memorati adhuc fe habere contendunt in proprio tumulo & in ecclefia ubi fuit prius tumulatum, ibique fepulcrum ejus juxta altare preeminens oftenditur & devotione congrua veneratur, fiuntque ibi ejus meritis crebra miracula fanitatum ; feftumque ejus recolitur quarto ydus novembris.

De Tranflatione fedis ac Dedicatione ecclefie & altaris beate Marie de Podio Anicienfi.

Poft obitum itaque fancti Georgii memorati, plures in epifcopatu religiofi & fancti viri fuccefferunt, qui, quamvis effent moniti eadem vifione, tamen quia Georgius beatus, primus pontifex Vallavenfis, ab ipfo Apoftolorum principe Petro miffus, ecclefiam fundaverat atque dedicaverat, relinquere noluerunt, ideoque nec cathedram epifcopalem alibi transferri permiferunt.

Evoluto autem plurimo tempore, prefuit Vallavenfi Ecclefie Evodius, vir devotus ac religiofus, prepotens in feculo, omnique pietate precellens & fapientia & virtutum difcretione & humilitate, Dei providentia difponente. Suadet ergo univerfus populus predicto pontifici, ut in defignato loco transferat fedem, multiplici figno atque diverfis vifionibus perterritus & commotus, ne patriam illam devaftet Dei judicium atque irremediabilis morbus contagii. Etiam quedam alia fanctimonialis femina, illuftris genere, & proba & Deo devota, accedens ad eum, in confpectu circumftantis ecclefie dixit : « Beate preful, paralytica eram ; & in febris tertiane ardore, folam fpem reparande falutis ponens in beata Virgine, omnem medicantium curam a me removi, foli beate Virgini me recommittens in Domino. Non immemor mei, gloriofa Virgo, affiftens michi dormienti, ait : « Surge, & afcende Anicii montem, & fanitatem promereberis. » Evigilans, devote afcendi ad fummitatem montis ; ante illum lapidem ad inftar altaris proeminentem, accenfis multis luminaribus, diu proftrata jacui. Cum omnis familia mea fopori effet dedita, circa medium autem noctis, adhuc ego vigilanter orans, vidi beatam Virginem affiftentem lapidi, circa quam & multitudo Angelorum & Virginum chori aderant, &, jubens me ftupentem vicinius adeffe, dixit : « Ecce frequens oratio tue devotionis liberavit te ab omni vinculo infirmitatis. Ne cefles gratias agere Deo, totius falutis auctori, Jhefu Chrifto ; pro beneficio impetrato, michi hanc retributionis vicem impende. Alloquere pontificem Evodium, et intima ei ut jubeat incunctanter hic michi fieri templum. Sciatque populus multum

promeritorium hic & maximum salutis confilium & fuorum veniam peccaminum. »
Et hiis dictis, ego nolo effe rea noti & mandati; tibi fideliter refero quod celeftis
juffit Regina. Pro teftimonio, fanam & incolumem me potes intueri. » Quo au-
dito, non immerito gaudet vir fanctus Evodius, indictoque triduano jejunio in
populo, hiis etiam per ordinem ipfe edocetur ab Angelo; unde pollicetur & pro-
ponit fe cuncta facturum que audierat, & transferre fedem epifcopalem, ficut
univerfa devotio fidelium poftulaverat.

Salubri ergo ufus confilio, mox adiit Romanum pontificem, referens ei omnia
per ordinem, & fupplicans eum fieri actorem & teftem tanti negotii. Qui, dum
fuper hoc tractaret & follicitus effet, divina difponente clementia, celitus eft mo-
nitus, ut, ob reverentiam Virginis matris Dei, per omnia faveat petitionibus
Evodii epifcopi. Tunc Romanus pontifex papa Cornelius convocat Evodium, &
cumulat eum donis magnis & muneribus Sanctorum, etiam que ab eo quefiverat
concedit, & ne in tali ecclefia edifficanda auctoritas apoftolica deeffet, affociat
epifcopo Vallavenfi quemdam familiarem, nomine Scrutarium, Romani ordinis
fenatorem, & arte & fcientia & fermone inftructum, cui precipit & cum fumma
caritate obfecrat ut, pro reverentia tante Virginis injunctum laborem fubftineat,
& vice fua atque apoftolica auctoritate Evodio faveat, quatinus in perficiendo
tanto opere & in transferenda epifcopali fede a nullo moleftiam fentiat.

Sic ergo ad patriam Vallavenfem epifcopus cum gaudio revertitur, Scrutario
apoftolico comitante. Tandem ad montem Anicii perveniunt, tentoriaque, ut ibi
hofpitari poffent, erigunt, dicentes fe non debere alibi divertere, donec hec res effectum haberet. Eadem autem nocte plurima nix fupra montem illum cecidit, nec
erat in fuo tempore, fed divina difpenfatio prefignavit per eam quo loco, quo am-
bitu, quo protenfu, ecclefia talis deberet fieri. Facto mane, fimul afcendunt montem, nivemque tali tempore cecidiffe admirati funt; fed curiofius hec revolventes
ac conformandi templi figna nivea intuentes, pleniter gratulati funt.

Tunc, cum fumma auctoritate, Scrutarius, apoftolice legationis actor egregius,
precepit ut, in nomine Dei ac precelfe virginis Marie, matris ejus, ecclefie fundamenta illic jacerent, quo figna divinitus impreffa prelucerent. Quo peracto tandem,
jactis cum diligentia fundamentis, parietes erigunt, ecclefiamque miram atque elegantem, annuente beatiffima Virgine, cum omni profperitate perficiunt; eamque ex-
hortantem, dum ecclefia fabricaretur, fepe Evodius & Scrutarius merentur intueri.

Ad ultimum vero perfecta totius ecclefie fabrica, confilium inierunt ut Romam peterent & aliquorum Sanctorum reliquias inde defferrent. Proficifcentes
ergo, & ab Anicienfi monte quafi milliario uno eminus pofiti, invenerunt quof-
dam feniores albis indutos ftolis, omnique venuftate vernentes. Quos cum rogaf-
fent qui effent, & unde, vel quo tenderent, dixerunt fe legatos effe Romani

pontificis, miſſos Evodio preſuli atque Scrutario, cum magnis reliquiis omni veneratione colendis. Quibus Evodius ait : « Ego, licet indignus, illius eccleſie quam
petitis, dicor epiſcopus. Ecce adeſt etiam cariſſimus patronus meus & frater noſter
Scrutarius, qui quondam ab ipſo Romano pontifice miſſus eſt : qui quantum erga
cuſtodiam noſtri beneficii preſtiterit, vel quanta ſedulitate per omnia nobis obſe-
cutus fuerit, preſens dies narrationi non ſufficit. Unde ſi quid veneratione dignum
defertur nobis, concedite; & nobiſcum in montem, in quo ſita eſt eccleſia, con-
ſcendite. » Reſponderunt ſeniores : « Non ita decrevimus fieri, ſed pontifex accipiat
hec duo ſcrinia cum reliquiis, & quante reverentie vel cultus ſint diſcat, hiis litteris
perleſtis. Nec oportet vos quidquam ſubito agere, ſed modeſte, & cum omni tran-
quillitate, hec diſponere, & cum magna devotione, humiliter & nudatis pedibus,
tantarum reliquiarum ſanctiſſima pignora ad propriam eccleſiam deferre. Nos quoque, non lento gradu, ad ipſam eccleſiam vos preire volumus, & regreſſum veſtrum
ac tante viſitationis donum obviam nobis venientibus fideliter recitabimus. »

Seniorum monitis atque juſſibus non diſtulit parere Evodius, ſed letiſſime &
glorianter ſuſceptis reliquiis, preparat ſe humiliter, pedibus denudatis, & cum
omni grege ſuo, & perfuſus lacrymis gaudioque plenus, reverenter pontificalibus
induitur veſtimentis, ſicque dignas laudes Deo & beate Virgini matri ejus decan-
tantes, remeat ad dictam conſtructam eccleſiam. Properantes vero ad limina templi, januam obfirmatam inveniunt, que mox ei referatur atque pateſcit, ut in
laudem Dei profilirent. Intro quippe euntes & ad propiciatorium uſque progre-
dientes, altare illud venerandum ſacri olei liquore perfuſum atque benedictione
angelica conſecratum conſpiciunt; nam ſignum angelice manus ſuper crepidinem
altaris in eadem olei perfuſione erat inſignitum. In circuitu quoque, litterarum
apices erant eodem liquore exarati, demonſtrantes ac pleniter edocentes ordinem
atque effectum tanti miraculi. Cognoverunt ergo Evodius atque Scrutarius, dum
hec perlegerent, quod ipſi totius eccleſie corpus, ſicuti moris eſt, in ceteris conſecrare deberent, cum lapidem venerandi altaris ac ſuperpoſitam aram angelica benedictione & ſancte Marie Virginis auctoritate conſecratam ſine dubio credidiſſent.
Quin etiam, ut nulla de tanto miraculo remaneret dubietas, mirantes, per parietes
templi, viderunt accenſas ter centum & bis ſenas candelas. Unde & ipſi mox eccleſiam, abſque dilatione, ſicut ſcriptum noverant, conſecrarunt, ac reliquias quas
a ſenioribus acceperant, repoſuerunt, & inſuper celebratis miſſis, dedicationis
feſtum ſollempniter agi quinto idus julii decreverunt.

Tunc ſub noto firmat ille apoſtolice legationis vir Scrutarius, dicens quod nulla
dignitate nullaque tranſitoria ambitione ab hiis partibus diſcederet, in quibus ipſe
totiens gratiam viſitationis beate Marie Virginis fuiſſet expertus. Fuit ergo cum
preſule Evodio.

Poft vero deceffum fancti Evodii, in Anicienfi fede Scrutarius * epifcopus eligitur, & ab univerfis pater patrie proclamatur.

Facta eft autem predicte fedis tranflatio & ecclefie Anicienfis dedicatio, favente & annuente, ficut premittitur, Cornelio papa, qui cepit anno Domini ducentefimo quinquagefimo fecundo, feditque annis duobus.

* Le véritable nom de cet Evêque était SCVTARIVS, comme le prouvent 1° l'inscription acclamatoire, gravée de son vivant (elle est du V° siècle), et qui se voit sur la face extérieure du linteau en forme de fronton, qui surmonte la porte Papale de la Cathédrale, sous le porche du For :

Et 2° l'inscription, qui se lit sur un des côtés de son tombeau, placé autrefois dans l'église Saint-Vosi, où il servait de maître-autel :

Ces deux monuments, du plus haut intérêt pour l'histoire des origines antiques de la ville du Puy, ont eu successivement une destination païenne et chrétienne.

Le tombeau, par le style de ses sculptures et l'absence de tout emblème chrétien, paraît dater du commencement du III° siècle, et avoir été affecté à une sépulture païenne, avant de recevoir, plus tard, les restes et l'épitaphe de l'évêque Scutaire; de même qu'à Bourg-Saint-Andéol, chez les *Helvii*, le corps de l'apôtre et martyr Andéol fut déposé dans le sarcophage

La fondation de la *faincte eglife* & *fingulier oratoire de Noftre Dame du Puy*, & comment le devot ymage fut trouvé par Jeremie le prophete*.

Comment *faint* Pierre commença de prefchier à *Romme*.

O N lift pour vray ès hyftoires & croniques anciennes des bieneurés Saints, que, tantoft après la paffion & refurrection de noftre Saulveur, l'an xlv, faint Pierre, apoftre & vicaire de Jhefu Crift, partit des parties d'Orient & s'en vint à Romme, après que par l'efpace de quatre ans il ot demouré & qu'il ot prefchié en Antioche ; & par l'efpace de fept ans, illec tint le faint fiege appoftolique, où premierement il prefcha & efcript le nom de Dieu & de la foy creftienne, & en icelle conferma le peuple Romain, & fit efcripre l'evangile de monfeigneur

de *Tiberius Julius Valerianus* (l'abbé Rouchier, *Hist. du Vivarais*, Paris, 1862, t. 1, p. 512 et suiv.).

Le linteau avait, primitivement, fait partie d'un monument du Iᵉʳ siècle, dédié par Sextus Talonius Musicus au Génie topique *Adido* et à Auguste, car, sur sa face retournée, on lit cette inscription

Les gravures de ces monuments, comme toutes celles que nous placerons sous les yeux du lecteur, sont l'œuvre consciencieuse d'un artiste du Puy, M. Camille Robert. C'est à M. Francisque Mandet que nous devons le plaisir de reproduire ici les deux premières, qu'il a publiées dans son *Histoire du Velay* (le Puy, 1860, t. ii, p. 117 et suiv.). La troisième nous a été communiquée par M. Aymard, qui l'a publiée dans son *Rapport sur les Antiquités gallo-romaines découvertes au Puy, place du For* (le Puy, 1860, p. 41).

* Cette légende, dont Médicis n'a transcrit que la partie finale, est tirée du Ms. 8002 de la Bibliothèque Impériale, *Mss. Français*, Anc. Fonds. Ce Ms., sur la première page duquel sont peintes les armes mi-parties de France et de Savoie, est un présent adressé du Puy à Charlotte de Savoie, reine de France, en 1470, après qu'elle eût donné le jour au Dauphin, depuis Charles VIII, mais avant *fa bonne & joyeufe venue dont le bruit murmure de par deça*, par un anonyme qui avait *pieça tranflaté ce petit livret de latin en langue de France*. Ce *tranflateur* anonyme n'es très-probablement pas autre que Pierre Odin, alors official du Puy, mort en 1502, abbé de Saint-

saint Marc. Et par l'efpace de vingt cinq ans prefcha moult victorieufement, confiderant la parole du Prophete difant : *In omnem terram exivit fonus eorum, & in fines orbis terre verba eorum.* « Le fon & le bruit des Appoftres eft yffu en toute terre, & leurs parolles jufques ès fins de tout le monde terrien. »

Comment faint Pierre envoya faint George & faint Front ès parties de France.

* Et par aucun temps, en tenant illec le faint fiege apoftolique, ordonna publier & prefchier la parole de Dieu, & eftabli plufeurs preftres, diacres & foubsdiacres. Et comme il fe recorda que Dieu lui dit & à fes autres difciples : « Je vous envoieray, deux à deux, par tout le monde, prefchier mon evangile à toute creature, » envoya ès parties de Gaules, qui eft maintenant appellée France, faint George & faint Front, qui furent des difciples de Jhefu Crift, prefens en fa benoitte Cene quant il prefcha & inftitua le faint Sacrement de fon glorieux Corps & de fon precieux Sang.

Comment faint George moruft ou chemin.

* Incontinent prinfe cefte legation par lesdits deux faints Difciples, après qu'ils orent cheminé par l'efpace de trois ou quatre jours, icelluy faint George rendift l'efperit à Dieu, & fu par fon compaignon fur le chemin honnorablement enfepvely. Et ce fu comme par la volenté & permiffion divine, afin que par fa mort, fut leur delegation demonftrée plus merveilleufement & mieulx certiffiée, & la puyffance du nom de Noftre Seigneur plus loée & cogneue.

Comment faint Front retourna à Romme, & comme faint George refufcita miraculeufement.

* Après le decès de faint George, tantoft faint Front qui feul eftoit demouré en la legation, à grant deul & regret, s'en retourna à Romme, & annuncia à faint

Vosi et chanoine de Notre-Dame, *ancien & plain de jours.* Odin était natif de Dijon : aussi, le dialecte dans lequel il a écrit est-il exempt des idiotismes méridionaux de la langue parlée au Puy. Dans sa dédicace à la Reine, il rappelle qu'un grand nombre *de copies avoient efté levées de fon livret.* C'est vraisemblablement l'une d'elles qu'il avait offerte, en 1469, à Charles de France, duc de Guienne, lorsque *ce bon feigneur, qui eftoit clerc,* durant son pèlerinage à Notre-Dame du Puy, *vifita foigneufement fa librarie.* — Peu après, ce *livret* fut imprimé sous ce titre : *Sensuyt la Fondation de la fainête Eglife & fingulier oratoire de Noftre Dame du Puy, tranflate de latin en françoys; & comment le devot ymage fut trouve par Hieremie le prophete.* — On les vend a Paris, en la rue Neufve Noftre Dame, a l'enfeigne de l'Efcu de France. — Sans date, in-8° de 20 feuillets. — (Réserve. Caractères gothiques.) — *Cat. des Imp. de la Bibl. Imp.* (Hist. de France.) 1863., t. VIII, n. 3831.

Les paragraphes précédés d'un * sont extraits du Ms. 8002, dont le texte nous a été obligeamment communiqué par M. Vinay, Maire de la ville du Puy; les autres se trouvent à la fois dans ce Ms. et celui de Médicis.

Pierre ce que avenu leur eſtoit ou chemin, de la mort de George, ſon compaignon. Ce voyant, le ſaint vicaire de Dieu ſe dreſſa, & comme inſpiré du vouloir de Dieu, bailla audit ſaint Front ſon baſton epiſcopal, en luy diſant : « Retourne au lieu où eſt George, & quant tu l'auras defenſevely, dy-lui en ceſte maniere : « Liève-toy ou nom de Noſtre Seigneur Jheſu Criſt, & va ès parties de Gaules, ainſi que Pierre, vicaire de Dieu, le t'a ordonné. » Et tant exploitta ſaint Front que celluy, qui fu touchié du baſton de ſaint Pierre, refuſcita incontinent. Lequel baſton eſt gardé & monſtré bien miraculeuſement aujourd'uy en l'egliſe collegielle de Saint George en la ville de Saint Paulian ; & oncques puis l'eveſque de Romme ne porta baſton epiſcopal.

Comment ſaint George converti le peuple de Velay à la foy creſtienne.

* Demourant illec le benoit ſaint George, diſciple de Jheſu Criſt, prelat & eveſque du pays, ainſi envoyé, comme dit eſt, par monſeigneur ſaint Pierre, prince des apoſtres, ſelon le Pſalmiſte diſant : *Redemptionem miſit Dominus populo ſuo; mandavit in eternum teſtamentum ſuum.* « Noſtre Seigneur a envoyé la redemp-tion & le ſalu à ſon peuple, & a ordonné ſon teſtament tenir & garder pardura-blement. » Et, par la vertu divine & de ſa ſainſte predication, converti le peuple d'icellui pais, & fiſt ediffier en ladiſte Vielle Cité l'egliſe diocefane & le lieu ca-thedral, abaty les ydoles auſquels ſacrifioit le peuple, & principalement l'ydole d'Apollo, lequel eſtoit maiſtre & ſeigneur des autres ydoles & ſimulacres du pais, ſervy & aouré ou chaſteau de Polloingnac, & en faiſant grans ſignes, miracles & vertus ou nom de Noſtre Seigneur Jheſu Criſt & de ſa benoitte Mere, reduit icellui peuple à la ſainſte foy catholique, & furent faiz les premiers Creſtiens de ce royaulme de France, baptifés ou nom du Pere & du Fils & du Saint Eſperit.

Comment le peuple venoit devers ſaint George.

* Ce voyans les habitans du pais d'environ, vindrent en grant habondance gens de toutes pars ouir ſa ſainte predication, à la bonne aide & confirmation du Sei-gneur tout puiſſant, approuvant ſes parolles, qui regne ſans fin.

Comment une ſainte matrone revela à ſaint George le lieu pour edifier l'egliſe du Puy.

* Croiſſant la bonne predication en laquelle le ſaint eveſque looit ſouveraine-ment la vierge Marie mere de Jheſu Criſt, entre les autres devotes creatures, aloit & venoit par devers lui, une venerable matrone d'icellui pais, laquelle avoit ſingulere devotion envers icelle Vierge, & lui anonça en ſes ſecrez & en vraye confeſſion comme elle avoit continuellement en dormant pluſeurs viſions & de-nonciations, èſquelles icelle benoite vierge Marie ſy mandoit qu'il feiſt ediffier, à l'onneur d'elle, une egliſe en la montaigne d'Anis, laquelle eſt en Velay, entre

deux rivieres de Borne & de Dolezon, où il y a deux monts affemblés, & au plus hault eftoit figuré ung autel de facrifice, lequel fe nommoit le Puy d'Anis : *Mons in quo bene placitum eft Deo habitare in finem,* felon les paroles du Prophete. « C'eft la montaigne en laquelle le bon plaifir de Dieu eft venu finablement habiter & demorer. »

Comment faint George vint au lieu qu'il trouva plain de nege
ou cuer d'efté.

* Le faint & trèffage pafteur enclinant benignement fes oreilles à la voix & continuelle revelation de la trèsdevote matrone, acompaingnié du clergié & du peuple, ainfi que à prelat appartient, le xrᵉ jour du moys de juillet, regnant le foleil foubs le figne du lyon en la force de fa fervent chaleur, fe tranfporta en icelle montaigne, & là il trouva le lieu environné & couvert de nege, & la fourme d'ung autel come en une pierre nayve, &, tout entour, les fuytes d'ung cerf demonftrant la pourprinfe que Dieu & fa benoitte Mere avoient efleue de l'ediffice du temple & du faint oratoire, lefquelles luy donnerent foy d'icelle revelation, dont il regratia Noftre Seigneur, difant avec le Pfalmifte : *Benedictus Deus in donis fuis & fanctus in omnibus operibus fuis. Et narrantes laudes Domini & virtutes ejus & mirabilia que oftendit eis.* « Benoit foit Dieu en fes dons, & fanctifié foit-il en toutes fes euvres. Et ils racompteront les grandes loenges de Noftre Seigneur & fes belles vertus, & les merveilles qu'il leur demonftre vifiblement devant leurs yeulx. »

Comment faint George fift fermer le lieu de boyffons.

* Ce lieu eftoit merveilleufement hault & difficile à monter, plain de roches, boyffons, arbres, hayes & efpines, bien efpeffement, comme ung defert, jufques au plus hault de la montaigne appellée Cornille, au pié de laquelle avoit une petite plaine, & la roche en fourme d'autel. Et comme icelluy faint evefque vy la petite plaine couverte de nege ou cuer d'efté contre l'ordre de nature, merchée & compaffée des pas d'ung cerf, confiderant eftre vrayes les fecretes revelations de la bonne dame, difpofa en fon courage illec ediffier ung temple à l'onneur de la très bieneurée vierge Marie, & que fon fiege epifcopal, qu'il tenoit en la ville de Saint Paulian, feroit illec transferé & tranflaté. Et fift fermer tout environ ce lieu ainfi efleu, tant que la nege en comprenoit & que le cerf en avoit mefuré, d'arbres & de forts boiffons, fi que befte n'y peuft entrer, ordonnant & dediant dès adonques icellui lieu terrible à eftre maifon de Dieu & porte du Ciel, felon l'Efcripture difant · *Terribilis eft locus ifte.* Et auffi foy conformant au Prophete qui dit : *Teftimonia tua credibilia facta funt nimis; domum tuam decet fanctitudo in longitudinem dierum.* « O Sire, tes temoignages font moult à croire; il appartient bien à ta maifon toute fainteté & netteté à toujourfmais.

Comment ſaint Georges treſpaſſa.

* Après petit de temps, le benoit ſaint George, occuppé de vieilleſſe, paya autre fois le devoir de nature, & à ceſte occaſion demoura la choſe en cellui eſtat ſans ſortir autre effeɛ̃t par ſi long temps, que ſix ou ſept eveſques, bien ſaints hommes & religieux, ſuccederent à l'egliſe de ladite ville & cité, laquelle eſt aujourd'uy appelée Saint Paulian. Et combien qu'ils feuſſent aſſez informés des ſainɛtes euvres de ſaint George, leur predeceſſeur, neantmoins ils n'oſerent preſumer d'entreprendre icellui edifice, ne tranſlater le ſiege que, par ſi ſaint homme & de grant vertu, envoyé par monſeigneur ſaint Pierre, premier vicaire de Jheſu Criſt, comme dit eſt, avoit en ladiɛte ville & cité eſté fait & fondé.

Coment ſaint Vouʒi fu eveſque du Puy, & la religieuſe lui revela l'ediffice
de l'egliſe.

* L'eſpace d'ung grant temps paſſé, ſucceda audit ſiege epiſcopal ung trèſreligieux & ſaint homme, aorné de divine & humaine ſapience, appellé Vouzy. Et combien que par pluſeurs fois, dès l'entrée de ſa profeſſion epiſcopal, par divine & evidente revelation, feuſt ammoneſté dudit ediffice & de la tranſlation du ſiege, neantmoins en fut-il aucunement tardif & negligent. Mais advint que, ou bourg de Ceyſſac, demouroit une moult notable & devote religieuſe, laquelle eſtoit de noble extraɛtion de Polloingnac, acouchée ou lit malade, & grandement occuppée de paraliſie & de fievre continue. Icelle bonne dame avoit trèſgrande devotion & toute eſperance d'obtenir gariſon de ſon enfermeté à la glorieuſe vierge Marie. Si eut viſion en ſon dormant que une dame l'ammoneſtoit qu'elle ſe feiſt mener, à ſa famille, au Puy d'Anis, & ſommeillaſt illec ſur la pierre qui eſt loing deſſoubs l'aire ou autel que ſaint George avoit ſoubſſigné, laquelle pierre eſt aujourd'uy ou my des clers, ſelon ce que dit le Prophete : *Si dormiatis inter medios cleros, penne columbe deargentate & poſteriora dorſi ejus in pallore auri.* « Se vous dormez ou my de deux clers, vous trouverez les plumes de la colombe blanche & nette comme argent, & le derriere de ſon dos en paleur d'or. » Et ainſi, en ce faiſant, la bonne dame religieuſe recouvreroit ſanté d'ame & de corps, laquelle choſe elle fit, eſperant avoir alegement de ſa maladie, ſi comme elle ot depuis.

Comment la religieuſe, du commandement de l'Ange, ala en la
montaigne d'Anis.

* Incontinent que la devote religieuſe bien laſſée & travaillée, avecques ſa meſnée, fut arrivée ſur la montaigne, elle s'endormy, & environ la mynuit, ainſy que toutes choſes tiennent ſilence ſur la terre, lorſqu'elle fu levée de dormir, elle ſe dreſſa & ouy grant leeſſe & joye demener en plaiſant armonie de chanſons & en grande clarté merveilleuſe. Et comme par les Anges elle fu menée & conduiɛte devant l'autel, vy la glorieufe vierge Marie féant fur icellui lieu, environnée de grande compaingnie d'Anges & de pucelles loans Dieu & laditte vierge Marie, laquelle parla à icelle religieufe, difant : « Va & nonce à Vouzi l'evefque ce que tu as veu, & lui dy qu'en remede & falut des languiffans & des pecheurs, face icy ediffier en mon nom une maifon en laquelle le fiege epifcopal foit tranflaté, ainfy que la bonne dame vefve l'avoit dit à George, fon predeceffeur. »

Comment la religieufe revela à faint Vouzi ce qu'elle avoit trouvé fur la montaigne d'Anis.

* Et pour ce, fans aucun delay, icelle faincte religieufe ala devers ledit evefque, & lui noncia tout ce qu'elle avoit ouy de la vierge Marie, difant : « J'ay longuement languy en paralifie & fievre continue, & par la fainte interceffion d'icelle Vierge en qui j'avoye eu toute efperance de fanté, je fuis toute faine & hettie. Et environ heure de mynuit que ma mefnée fut endormie, & que j'eftoye en oroifon lès une pierre faicte en femblance d'un autel au Puy d'Anis, m'apparut icelle dame difant : « Va & dy à Vouzy qu'en ce Puy & en cefte pierre fourmée à maniere d'autel, me face ediffier une eglife en laquelle foit tranflaté le fiege epifcopal. Et fe croire ne le veult, ta garifon lui fera tefmoingnage de verité. Et que tous ceulx qui dorenavant vendront en ce lieu, en mon nom, recevront femblable fanté d'ame & de corps. »

Comment faint Vouzi evefque monta fur la montaigne.

* Saint Vouzi eftant en oroifon, oyant la miraculeufe revelation de la très faincte religieufe, après qu'il ot plouré & fait penitence par l'efpace de trois jours, infpiré du Saint Efperit & adjouftant plaine foy aux parolles d'icelle religieufe, affembla grande compaignie de clergié & de peuple, &, en montant fur la fainte montaingne, dit : *Terribilis eft locus ifte.* « Sire Dieu, ce lieu eft terrible. Yci fera la maifon de Dieu & la porte du Ciel, & icy habitera Dieux jufques à la fin, & exaulcera les prieres des pecheurs qui y vendront & leur fera mifericorde. » Et ce fait, il pria Dieu devotement, en difant : *Emitte lucem tuam & veritatem tuam; ipfa me deduxerunt in montem fanctum tuum & in tabernacula tua.* « Envoye nous ta lumiere, car ce font ceulx qui m'ont efmeu & amené en ta montaingne fainte & en tes tabernacles. »

Comment faint Vouzi ala devers le pape à Romme pour l'edification de l'eglife.

* En cellui mefmes temps, Calixte eftoit pape de Romme. Saint Vouzi fe tira par devers lui, & lui compta toutes les chofes qui faictes avoient efté, tant du premier evefque faint George comme depuis, & lui demanda confeil dudit edifice faire ou nom de la vierge Marie. Le pape y adjoufta foy, difant : *Domum tuam decet fanctitudo in longitudinem dierum.* « Sire, il appartient à ta maifon toute fancti-

tude & netteté tant qu'il y aura jours ou monde. » Et après, commanda que ce
qui avoit efté commencié feuft achevé ou tiltre de la benoitte vierge Marie du Puy,
& lui bailla et delega en compaignon ung homme de grande prudence & doctrine,
nommé Scrutaire. Et ces deux compaingnons, venans vers la montaigne du Puy,
refcriprent fur le chemin au clergié & au peuple de Velay comme Vouzi avoit
exploictié tant de la conftruction du temple que de la tranflation du fiege epifcopal,
en les ammoneftant en cefte maniere : *Magnificate Dominum mecum, & exulte-
mus nomen ejus in idipfum.* « Magniffiez Noftre Seigneur avecques moy, & exaul-
fez fon nom en foy-mefmes. »

Comment faints Vouzy & Scrutaire vindrent de Romme.

* Les faints prodommes Vouzy & Scrutaire, venus au mont d'Anis, mirent à
effect l'ediffice deliberé & ordonné de faire à la loange de Dieu & à l'onneur de
la glorieufe vierge Marie, fa mere, en telle maniere que, à grande & prompte
diligence d'ouvriers, l'eglife fu ediffiée felon la mefure miraculeufement demonftrée, l'an de l'incarnation Noftre Seigneur deux cens & douze, ès jours de faint
Calixte, lors pape de Romme.

*Comment faints Vouzy & Scrutaire volurent retourner à Romme & receurent
miraculeufement les reliques au perron de Courfac.*

* Après que, o le bon aide de Dieu, l'euvre de ladicte eglife fut achevé & ediffié
foubs le tiltre de la glorieufe vierge Marie, lesdiz faints Vouzy & Scrutaire, confiderans la unction & confecration de ladite eglife eftre neceffaire, propoferent
d'aler derechief à Romme, & lorfqu'ils orent erré, environ ung mille du mont
d'Anys, lès la riviere de Loire, en ung lieu appellé de Courfac, virent venir audevant d'eulx deux Viellars veftus en aubes blanches qui les interroguerent où ils
aloyent. Aufquels ils refpondirent que à Romme querir licence & auctorité du
Saint Pere de la confecration & dedication de l'eglife nouvellement ediffiée au Puy
d'Anis. Lors, lesdiz deux Viellars refpondirent qu'il n'eftoit point de neceffité y aler
& qu'ils s'en retournaffent, en leur difant en cefte maniere : « Le Saint Pere de
Romme vous envoye ces deux coffrets plains de precieufes reliques, pour honneur
d'icelle faincte eglife, à la loenge de Noftre Seigneur JhefuCrift & de la benoitte
Marie fa mere ; & à voftre retour, trouverez les portes de ladicte eglife clofes & fermées, ainffi que les avez leffées, lefquelles incontinent, à voftre venue, fe ouvre-
ront de par elles, & les cloches fonneront fans aucun aide, & verrez icelle eglife
toute embrafée de lumiere, & l'autel confacré & enoint d'uyle celeftiel & miraculeux par les Anges de Dieu, & pourrez dire avec le Pfalmifte : *Et narraverunt
laudes Domini & virtutes ejus ac mirabilia que fecit in loco fancto ejus.* « Ils
racompteront les loenges de Noftre Seigneur & fes vertus & les merveilles qu'il
a faictes en fon faint lieu. »

Comment ils trouvèrent l'eglife dediée & facrée par lefdiȝ Anges.

* Prins & receu lesdiz deux coffrets baillés par iceulx deux faints Viellars, en donnant foy à leurs parolles, s'efvanouirent de leurs yeulx & furent ravis d'une nue qui les emporta jufques au ciel. Et incontinent, faints Vouzy & Scrutaire envoyerent au lieu, & manderent querir le clergié & le peuple, en leur mandant que Dieux avoit fait graçe & mifericorde à cefte fainɔte eglife fur tous les tabernacles de Creftienté. Et tantoft alerent audevant, oyant les grandes merveilles de Dieu ; & en devote proceffion, chantans ympnes & loenges, vindrent à l'eglife de Dieu. Lors oyffiez cloches fonner d'elles mefmes, les portes de l'eglife ouvrir de leur gré, & trois cens cierges que les Anges avoyent alumés à l'environ qui ambrafoyent & enluminoyent toute l'eglife, & le faint autel (auquel aujourd'uy continuellement eft confacré & facrifié le precieux corps de Jhefu Crift, & la benoitte Dame fervie) enoint de faint huile & merquié par l'operation des Anges, ainfi que les deux faints prodommes l'avoyent dit par avant. Et en rendant loenges à Dieu, commencerent à chanter : *Te Deum laudemus, te Dominum confitemur. Laudate Dominum omnes gentes, laudate eum omnes populi, ut fciant quia manus tua hec eft, & tu, Domine, fecifti eam. Et edifficavit fanɔtificium fuum & in terra quam fundavit in fecula.* « Toy Dieu loons-nous, toy Seigneur confeffons-nous. Toutes gens, loez Noftre Seigneur, tous peuples, loez-le, afin qu'ils fachent que ce font euvres de ta main, & que tu as fait ces merveilles & y as ediffié ton fanɔtifice en la terre qu'il a fondé & efleue durant les fiecles. » Il a rempli le tabernacle de la Vielle Cité & a efleu cefte montaingne laquelle il a amée, & en laquelle ont efté ouys notoirement les Anges chantans & loans la fainte Vierge en pfeaulmes & noɔturnes.

Comment les Anges chanterent & comme la circumcifion de Noftre
Seigneur fu portée à l'eglife.

* Finablement, icelle fainɔte eglife ainfi eflevée, ediffiée & merveilleufement ordonnée, fu bien deu & convenable la decorer & aorner de belles vertus, ainfi que miraculeufement fu par deux anges predoée & munie, pour ce que ce fut & eft l'eglife par deçà les monts & la mer, premierement, avant toutes les autres, dediée au nom de la benoitte vierge Marie, de laquelle fe peut dire la parole du Prophete : *Fundamenta ejus in montibus fanɔtis. Gloriofa diɔta funt de te, civitas Dei.* « Les fondements d'icelle eglife font ès montaingnes fainɔtes. O cité de Dieu, tant de glorieufes merveilles font diɔtes de toy. » En toy refplendift la precieufe circuncifion du benoift Jhefu Crift, et d'icelle fainɔte circuncifion eft folennifée la fefte & folennité de ladiɔte eglife en chans & ympnes angeliques. Et n'eft mie trouvé en efcript que telle loenge foit chantée en terre à l'onneur de Dieu & de fa trèffainɔte mère la vierge Marie ailleurs qu'en ladiɔte eglife.

Les reliques & precieux corps faints qui font en l'eglife.

ᵗ En celle devote eglife & faint oratoire donques repofe ladiⱡe fainⱡe circuncifion de Noftre Saulveur Jhefu Crift, de laquelle, en la renovation de l'An & au
jour de l'Afcenfion, eft faiⱡe folennelle remembrance. Et ausdiz jours en grant honneur & devotion eft porté en proceffion icellui coffret. En oultre, font en ladiⱡe
eglife & repofent une piece de la ceinture de la vierge Marie, deux de fes foliers,
de fon lait & de fes cheveux, & partie de la nape fur laquelle Dieux fift la fainte
Cene, & une coupe en laquelle il beuvoit en fon enfance, le couvre-chief plain de
taches de fang duquel les humains fecrez du precieux corps de Jhefu Crift pendant en la croix furent couvers, une partie de fa dure couronne & de fon benoit
fuaire, du fuft de la vraye croix en grande quantité, une piece des reliques du
pain dont Noftre Seigneur Jhefu Crift en ce monde avecques les poiffons raffaifia
V mille hommes, de la manne glorieufe que Dieux envoya du ciel au peuple d'Ifrael eftant ou defert avecques Aaron, le fenglon ou coroye o laquelle Aaron facrif-
fioit à Dieu en l'ancien Teftament, en laquelle coroye, fe bien eft advifé, fu pour-
trait l'ymaige de la Vierge qui devoit enfanter; plus y eft ung des potz éfquels
Jhefu Crift eftant ès nopces mua l'eaue en vin & en fift boire à Archedeclin, le
doy de faint Jehan Baptifte, le chief de faint Andrieu, les bras de faint Laurent
& de faint Euftace, partie du doy de faint Jaques le Mineur. Ung des Saints Innocens, Tullie & Teturlin, Galle, Florent, Conforce & Domnin y gifent en leurs
propres corps; & deux des cierges qui par les Anges furent alumés en la fainte
dedication de ladiⱡe eglife.

Comment ces choses ont efté manifeftées.

Et pour ce que nous avons commandement de nos peres notifier, manifefter &
racompter ces chofes aux enfans qui naiftront, afin qu'ils enfuyent les commandements de Noftre Seigneur que nous leur aurons enfeignés, ces chofes confidérées,
ce que devant a efté dit & fe dira cy après & que de divers cayers & volumes a efté
tiffu & extrait, eft & fera à la loenge de Dieu & de fa benoite Mere, car trop longuement ont ceulx de Velay teu & diffimulé par nonchalence oublieufe, & tenu à
ingratitude les grans benefices que Dieux leur a donnés, & les merveilles qu'il
leur a demonftrées, quant il a ce faint lieu & devot oratoire efleu pour fa finguliere habitation & demorance, ouquel il a voulu conftruire & ediffier le tabernacle
de fa trèffainte Mere, difant par le Prophete : *Tu archa fanⱡificationis mee, &
hoc tabernaculum fanⱡificavit Altiffimus.* « Tu es l'arche & l'efcrin de ma fanⱡif-
fication, & icellui tabernacle a Dieux grandement & merveilleufement fanⱡifié &
privilegié de precieux dons. »

Comment le devot ymage de la vierge Marie fu fait avant l'advenement
de Jhesu Crist par Jeremie le prophete.

Doncques, se peut dire que celle arche est & represente le devot ymage de la benoicte vierge Marie, lequel ymage est presenté & posé en l'autel miraculeux de son eglise; & lequel ymage, devant la transmigration de Babilone & la destruction qui par Nabuchodonosor fu faicte en la cité de Jherusalem, le saint prophete Jeremie, divinement inspiré, à qui fu revelé que le temple seroit destruit, fist faire, & osta l'arche du Testament dudit temple, laquelle bien soubzsignée & scellée du seing de Dieu, en une pierre reclost, & mussa entre deux montaingnes, avec tout ce qui dedans estoit, ou lieu où Moyses & Aaron furent ensevelis & enterrés, ainsi qu'il est escript ès *Histoires scolastiques*. Et lequel saint Jeremie, prophetisant, bailla que une Pucelle enfanteroit le Fils de Dieu qui prendroit char humaine en elle par la vertu du Saint Esperit, et que à celle heure cherroyent les ydoles des Egyptiens, ainsi que depuis advint après sa glorieuse nativité, lorsque Marie, avecques son enfant, & Joseph entrerent en Egipte pour la crainte de Herode.

De quel boys fu fait icellui ymage.

Et voulant icellui saint prophete Jeremie subroguier & logier ou lieu de l'arche du Testament icellui devot ymage representant l'Arche de sanctification, en laquelle se concevroit le beneuré fruit qui romproit la confederation faicte par Adam entre l'omme & l'ennemi, ainsi qu'il le prophetiza, pour celle signifiance fist faire & entaillier, à l'onneur de Dieu & en remembrance de ce qu'il avoit prophetizé, ycellui ymage d'une Pucelle tenant son Enfant en son gyron, de boys de setin qui est semblable à ung aubespin, excepté qu'il n'a point d'espines, & est de telle nature qu'il ne peut poulrir, ne par feu ne peut estre brulé, comme le cedre duquel l'arche fu faicte. Et ces choses narre saint Jeroime, en son prologue, ou Traitié *de l'Arche & du Tabernacle de Dieu,* qui dit que de cest arbre ne se trueve en nul autre lieu, fors entre Arabie et le mont de Sinay.

Comment ledit ymage fu fainctement gardé en l'ancien Testament.

Or, fu icellui devot ymage, ainsi fait par l'ordonnance du prophete Jeremie, baillié en Egypte aux Prestres de la loy de Moyse pour estre honnouré & gardé, lesquels le tenoyent & aouroyent en ung lieu secret du temple. Et après que icellui saint prophete fu par les Juifs lapidé pour ce qu'il les reprenoit & blamoit de ydolatrie, les Egyptiens en furent moult dolens, & le plaingnirent & regreterent grandement, pour ce qu'il leur avoit donné pluseurs bons conseils & revelé maintes prophecies, &, pour ce, l'ensevelirent bien honnourablement. Et comme, par aucun trait de temps, ces choses feussent venues à la cognoissance de pluseurs & mesmement de Ptholomée, lors roy d'Egipte, & que les Prestres de la Loy faisoient

obfecrations audit ymage, leur demanda dont ce venoit, en difant qu'ils commet-
toyent ydolatrie. Lefquels refpondirent que ce qu'ils en faifoyent eftoit des traditions
& des enfeignemens de leurs peres, & qu'ils le tenoyent du faint prophete Jeremie,
ayans ferme creance que les chofes avendroyent ainfi comme il les avoit diftes.

Comment l'ymage fu mis ou trefor de Babylone.

Ladifte obfecration ainfi longuement tollerée, laquelle les Egyptiens en leur loy
reputoyent à ydolatrie, pour les grans merveilles qu'ils oyrent dire chefcun jour &
les miracles que Dieu demonftroit en icellui ymage, le roy Ptholomée la print &
ofta ausdiz Maiftres de la loy, & la tint en fes temples & eglifes. Et ainfi que aucunes anciennes croniques recitent, en la deftruftion qui fu faite des Egyptiens
après celle de Jherufalem, Nabuchodonofor fift mettre cellui ymage ou trezor de
Babylone, & illecques fu tranfportée & gardée. De toutes ces chofes parle grandement le Maiftre des Hiftoires * en fa *Scolaftique*, en la rubrique *du relief & des
demourans des Juifs après leur deftruftion.*

Comment ung Roy de France ala en la Terre Sainte & paffa au Puy d'Anis.

Et demoura ce en nonchaloir jufques au temps de Noftre Seigneur Jhefu Crift. Et
finablement après fa fainte paffion & refurreftion, lors que le peuple payen & gentil
de Velay, moyennant la vertueufe predication de faint George, premier evefque
& prelat, fu converty à la foy catholique, comme deffus eft dit, advint & fucceda
le temps de faint Vouzy, femblablement evefque d'icelluy pays, lequel tranflata le
fiege epyfcopal de la Vieille Cité à l'eglife du Puy d'Anis. De laquelle pour les precieufes reliques, vertus & miracles que Dieux demonftroit en icelle ou nom &
honneur de la vierge Marie, fa mere, courut fame & fu grant renommée en la
Maifon de France jà convertie à ladifte foy creftienne peu après l'edification de
ladifte eglife, ainfi qu'on trouve efcript ès anciennes croniques des Roys de France.
Et après le temps de Cloys, premier roy creftien en France, ung trèfcreftien &
devot Roy fucceda à la couronne, lequel fut meu d'une trèfgrande devotion d'aler
vifiter la Sainfte Terre d'oultre mer, où Noftre Saulveur Jhefu Crift fouffri mort &
paffion. Mais, premierement, fe penfa qu'il yroit au Puy d'Anis vifiter l'eglife &
faint oratoire ediffié par ung Roy de France à l'onneur de la vierge Marie, & ainfi
le fift. Et puis s'en ala pelerin en la Sainfte Terre en Jherufalem où il demoura faifant grans pelerinages & devotions par l'efpace de trois ans & demy.

---

* Pierre Comestor ou le *Mangeur* (ainsi surnommé, parce qu'il avait lu, et comme dévoré
beaucoup de livres), auteur du livre fameux, intitulé *Scolaftica Hiftoria*, qui fut traduit en
français sous les titres de *Bible hiftoriée*, les *Livres 'yftoriaulx de la Bible*, les *Hyftoires
efcolaftres* ou *scolaftiques.*

Comment le Soldam de Babylone donna l'ymage à ung Roy de France.

Sa devotion bien acomplie, ayant toute fon entention à la vierge Marie, pour l'honneur de laquelle il avoit furtout en finguliere & fouveraine affection fon faint oratoire du Puy, defiroit y porter aucunes reliques. Et pour ce que retourner s'en vouloit en fon royaulme, demanda congié au grant Soldan, en lui difant : « Combien que, indigne, j'ay vifité les lieux faints èfquels Noftre Seigneur Jhefu Crift a fait merveilleufes chofes, & pour ce, s'il te plaift, je defire retourner au pais de ma nativité. Je te remercie les plaifirs que tu m'as fais. Advife s'il eft aucune chofe, faulve la foy catholique, que tu veuilles que je face pour toy, & à mon pouvoir, je l'acompliray. » Et, fur ce, le grant Soldan refpondy : « Avant ton departement, je te veul monftrer mes privés fecrez & mes grans trefors. Et fe tu y treuves chofes qui foyent à ta plaifance, je les te donne & veul que tu les ayes & faces emporter. »

Du lieu où eftoit l'ymage.

Et le Roy qui fut fage & bien enfeigné, infpiré de Noftre Seigneur, demanda à une femme qui plus prouchaine & agreable eftoit audit Soldan & plus favoit de fes privés fecrez, lequel eftoit cellui joyel en fon trefor qui plus valoit & auquel il prenoit plus de plaifance. Laquelle refpondy & introduit le Roy, difant que c'eftoit l'ymage d'une Pucelle qui tenoit fon Enfant en fon giron, que avoit faicte Jeremie le prophete pour reprefenter ce que par lui avoit efté prophetifé que une Vierge enfanteroit, « car le jour, dit-elle, qu'il ne veoit ou aouroit ledit ymage, il ne povoit eftre plaifant ne joyeux. »

Comment le precieux ymage fut apporté par celluy Roy de France en l'eglife du Puy, où fe font miracles innumerables.

Et comme il entra oudit trezor où il vy joyaulx infinis moult precieux, les regarda & vifita en grant diligence, & tous lui eftoyent defplaifans, jufques à ce qu'il ot veu le faint & joyeux ymage. Et incontinent, meu de grant affection, dift audit Soldan en cefte maniere : « Je ne demande tes richeffes, ne defire tes trezors, & ne veul autre chofe feulement, fors qu'il te plaife moy donner ceft ymage fait en remembrance de la benoitte vierge Marie. Et je te promets de la porter & colloquier à tousjourfmais en aucune eglife pour eftre gardée & honnourée continuellement. » Mais jaçoit que ledit Soldan euft mieulx amé lui donner le plus riche & precieux joyel de fon trezor, neantmoins, à grand regret, & tant envis que voulentiers, la lui donna. Dont il lui rendi grandes graces & mercis. Et avec ledit ymage, icelluy Roy de France s'en retourna en fa terre. Et quant il ot fait fon paffage de mer, la premiere cité où il entra en fon royaulme fu celle du Puy. Et en grande folennité, hympnes & loenges, pour l'acompliffement & fatisfaction de fon pelerinage, le donna & prefenta à l'eglife & faint oratoire de laditte vierge Marie, où elle eft & repofe aujourd'uy, & en laquelle Dieu, pour l'honneur de fa Mere, demonftre chacun jour grans miracles & vertus, & y viennent à remede gens de toutes parties & nations tant par terre comme par mer*. Et ainfi, en effect, fe treuvent toutes ces chofes efcriptes ès anciennes croniques & hiftoires.

* D'après la légende et une tradition constante, la célèbre Statue de Notre Dame fut apportée au Puy par un roi de France, à son retour de la Terre-Sainte. Quel était ce roi? On s'est accordé à y reconnaître saint Louis, et avec raison, car, des trois rois de France qui sont allés en Palestine, il est le seul qui, en revenant d'outremer, soit venu au Puy, et aussi, parce que c'est seulement à partir de son règne, que le type de cette Statue, la Vierge tenant son Enfant *en son giron*, apparaît sur les monuments sigillographiques. — Antérieurement, le sceau du Chapitre, la médaille de la Confrérie des Chaperons Blancs et une enseigne de pèlerinage, représentaient la Vierge tenant son Enfant *à son bras*, imitée d'une plus ancienne Statue qui, suivant Odo de Gissey (*Disc. hist. de la très-anc. dév. de N. D. du Puy*, Tolose, 1626, p. 219), *a été longuement conservée derrière le maître-autel.* — Depuis saint Louis, au contraire, le type adopté est celui de la Statue nouvelle; il se trouve notamment sur le sceau de la Confrérie de N. D. et des pauvres de l'Hôpital (v. la Notice

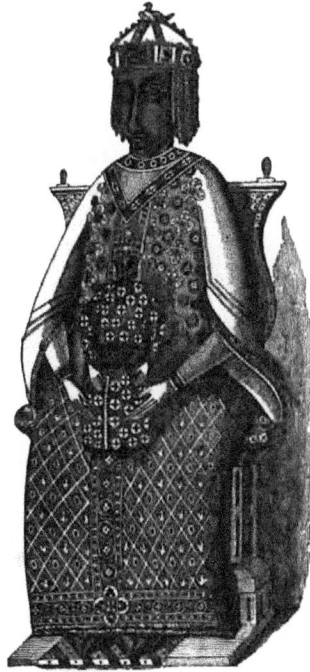

CAMILLE POINCE

de M. Aymard, *Congrès scientifique de France*, XXIIᵉ session tenue au Puy en 1855, tome II, p. 615). — La nouvelle *Ymage*, connue sous le nom de *Vierge noire*, et consacrée depuis le XIIIᵉ siècle par la vénération des fidèles, fut brûlée le 8 juin 1794, sur la place du Martouret.—En 1777, Faujas de Saint-Fond étudia ce curieux monument, et en publia la description et le dessin dans ses *Recherches sur les Volcans éteints du Vivarais et du Velay* (Paris et Grenoble, 1778, p. 417 et suiv.). M. Fr. Mandet a donné le *facsimile* de ce dessin dans son *Histoire du Velay* (t. II, p. 204), et il nous a permis, avec une bienveillance dont nous le remercions, d'en reproduire la gravure.

Du trèsdevot & recommandé Ymage de la Vierge Marie veneré en la très sacrée eglise du Puy d'Anis, duquel sainct Ymage, en la cronique de ladite saincte eglise, je en ay cueilli ce que s'ensuyt :

Glorieuse & prudente
Auprès de Dieu Presidente
En sa souveraine court,
Où en gloire est evidente
La Trinité residente !
Borne à qui chacun acourt !
En ta bonté n'a riens court.
Chacun vers toy fuit & court,
Et doibt bien avoir attente.
Ung seul à toy ne recourt,
Que ta pitié ne secourt.
Chacun de toy se contente.

Qui te veult, sans rencherir,
Bien honnorer & cherir,
Vierge Dame trèshaulteine !
Jamais ne pourroit perir ;
Ainçoys se voit remerir
De ta largesse certaine.
O des Cieulx bon Cappiteine !
O precieuse Fontaine,
Où Dieu vint le baing querir
Pour laver nature humayne !
Ton trèssainct acueil me maine
Vers toy pour grace acquerir.

A toy m'en viens affuyant,
De ton aide confiant,
Pour achever mon emprise,
Trèshumblement suppliant
Qu'en tes vertus ampliant,
Je ay ceste œuvre comprise.
Dieu, que chacun croit & prise,
Bastit en toy l'entreprinse,
Nous envers soy raliant,
D'aler rescourre la prinse

Que l'Ennemy avoit prise
En Eve contrariant.

Tant monstra de sa puissance
La divine Congnoissance
Pour toy, par toy & en toy,
Que, de sa bonne plaisance,
Pardonna la desplaisance
D'Adam & de son desroy.
Tu fis alloyer la loy
De la trèschrestienne loy
Par ton humble obeissance.
Comment ce fut, ne pourquoy,
Nature en sçeut assez poy ;
Mais foy fut sa souffisance.

La Saincte unie Trinité
Fist en toy infinité
Par affinité infinie.
Ça-bas vint la Divinité
Pour finir nostre finité
Par fin mortelle indiffinie.
Lors fut achevée & finie
La grant sentence diffinie
Par toute la Trinité.
Il n'est qui contre diffinie,
Ne qui de son dit la fin nie,
Puisqu'il estoit diffinité.

En toy, Marie, s'affina
A nous Celluy qui jà fin n'a,
Pour nostre misere finer.
Son sang la finance fina,
Lorsqu'en la Croix vie fina
Et voult pour nous à Dieu finer.
Cher luy costa nous affiner
A bien purger et affiner

De la fin qu'Adam confina.
Toute humilité definer
Le fift, fans autre confiner,
Qui de mort nous defaffina.

Dieu fuft noftre frere & affin
Pour toy, Vierge benoifte, affin
Qu'euffions part en fon Paradis
Et en fa gloire qui n'a fin.
Il nous ayma bien de cueur fin,
Dès qu'il nafquit de toy jadis.
Et des Prophetes plus de dix
Te prefcharent d'œuvre & de dits,
Parmy la terre en maint confin;
Et, en fa naiffance, je dis
Qu'à chanter furent esbaudis
Anghes, Cherubin & Seraphin.

O Dieu! que grant fut ce miftere
Qui nous gecta du cimentiere
Des grans Abifmes infernaulx,
Et nous mift fus en la frontiere
De la faincte gloire, rentiere
De tes richeffes eternaulx.
Là conquiz-tu droicts maternaulx
Pour nous, qui nos biens paternaulx
Raquitas, Vierge trèfentiere.
Fortfaicts furent par nos deffaulx.
Mais toy, qui ne faillis ne faulx,
En fus la leale heritiere.

Dès que Dieu tout ce demonftra
Qu'en toy toute nature oultra
Et t'efleva de terre ès cieulx,
A toy fervir nous remonftra
Pour les biens qu'en toy acoultra
Plus qu'en toutes & beaucop mieulx.
On doibt cherir toy & tes lieux
Et honnorer, jeunes & vieulx,
Veu l'amour qu'il te monftra.
Tu fus le joyel precieulx

Pour qui Dieu fut fi gracieux
Que paffé à la mort oultre a.

On ne fçauroit dire combien
Tu vaulx, car ce nous favons bien.
Tu es caufe de noftre vie.
Tu traictas à Dieu le moien
De le mectre en noftre lien.
Telle grace as-tu deffervie :
Doncques, doibs-tu eftre fervie,
Qui noftre franchife affervie
Recouvras, chacun le fçait bien.
Se tu ne nous euffes plevie
Des biens dont tu es affouvie,
De noftre falut ne fut rien.

Les grans vertus que en toy font,
A celer mye ne fe font.
Mal faict feroit de les couvrir.
A tous ceulx qui viennent & vont
Et la congnoiffance n'en ont,
Se doibvent dire & defcouvrir.
Dieu fift fon grand trefor ouvrir,
Sans fa Deité apouvrir
Où tu puifas du plus parfont.
Si, as de quoi tous fecourir,
Et ceulx qui veulent acourir
Envers toy, par toy fe refont.

Pourtant, affin que meritoire
Me foit, en ton fainct oratoire
Du Puy, aucun fervice fayre,
Ay-je faict ung preparatoire
De mectre fi toute l'iftoire
Du lieu & de ton fainct affayre,
Si que les gens en puiffent traire
Chofe qui puift leurs cueurs attrayre
D'avoir de toy fouvent memoire,
Ainfi que je l'ay fceu extraire
Et veu en ung livret retraire,
Si que chacun ce doibve croyre.

Comment ces chofes ont efté manifeftées.

Explicit ce que j'ay trouvé
Par les hiftoires approuvé
De ton eglife, fainéte Dame,
Sans que j'aye rien controuvé,
Du lieu comme il fut exprouvé
Et facré fans aide d'ame,
Comme eft l'Ymage qu'on reclame
De boys, qui ne craint feu ne flame,
En ton oratoire eflevé,
Qu'il n'eft Chreftien, homme ne femme,
Qui n'y efpoire eftre faulvé.

Qui peult louer, pour abreger,
Affez ce fainét lieu, de legier?
Nature s'en defmefura,
Quant Dieu y fift l'efté neigier.
Ung cerfs, pour l'eglife affieger,
L'entour de fes pas mefura.
Sainét George qui mort endura,
Reffufcité, tant procura
Qu'il fift le pais alleger
Des ydoles qu'il conjura,
Et en fainéte foy les vira
Pour ès cieulx leurs âmes loger.

A oublier ne fe faiét mye
Ton Ymage, que Jheremye
Fift faire en la Loy ancienne,
O trèffainéte de Dieu amye
Et à l'Ennemy ennemye,
Née fus la Loy Moïfienne!
La fentence prophecienne,

Prinfe en la court celeftienne,
Fuft bien par toy defandormie
Pour fonder la Loy Chreftienne,
Qui eft vraye phificienne
De l'infernale impedimie.

Puifque veons que ceulx de loing
Te viennent, à leur grant befoing,
En ceft ton fainét lieu reclamer,
Ce nom doibt eftre affez tefmoing,
Nous qui fommes près, d'avoir foing
Te voir fouvent & aymer,
Devant ton Ymage clamer
Merci de noftre mal amer,
En chandelles noftre plain poing,
Tant que te puiffons enflamer
A nous geéter hors de la mer
Et mettre en gloire en quelque coing.

Je te prie finablement
En ton oratoire humblement
Devant ton trèsdevot Ymage,
Que me gardes feablement
Comme tien, qui totalement
Te faiéts, de corps & d'ame, hommaige.
De deshonneur & de dommaige
Me deffends, car en toy, Dame, ay-je
Mon efperance entierement.
Secours-moy en ce mondain ramage,
Si que devant le Juge Mage
Je vive pardurablement.

Amen.

Aucune calculacion sus l'ediffieacion de la ville du Puy.

E treuve que la conftruction & edifficacion de la trèſſacrée eglife & fingulier temple Noftre Dame du Puy d'Anis, enfemble la cité & ville du Puy, commença l'an de la creacion du monde cinq mil quatre cens quarante neuf ans, l'an de Noftre Seigneur Jhefus Chrift deux cens cinquante ans, eftant en fon pontificat Cornelius pape, trèſſainct, devot & vertueux homme, emperant à Rome Decius vingt huitiefme imperateur des Romains, cruel & tyran plain de toute pravité, qui ledit Cornelius pape fit ignominieufement decoller & martirifer.

Aucuns difent que Julles Cefar y befoigna premierement.

Quel prince dominoit en France lors appellée Gaule, n'ay merité trouver : car ce fut avant Ymbert, qui fut duc de Luteffe qu'on dit maintenant Paris, & eftoit ladite Gaule fubgecte à l'Empire Romain, à celluy de grans deniers tributaire, nonobftant qu'il y eut bien de grans feigneurs parmy ladicte Gaule, defquels les noms oncques n'ay peu ne fceu trouver en croniques, ne autres hiftorieux livres, qui fiffent au propos.

Prefuloit à Sainct Paulien, la Vielle Cité, Voſi, trèsdevot homme & de fainte vie, foubs lequel le fiege epifcopal fut tranfporté dudit Sainct Paulien au Puy d'Anis. Or, avoit demouré ledit fiege à Sainct Paulien, la Cité Vieille, par avant, durant le temps de fept evefques qui y refidarent l'efpace de deux cens trois ans, defpuis fainct George, premier evefque dudit lieu, qui y fut efleu l'an de Noftre Seigneur quarante neuf ans, jufques à Voſi, duquel nous parlons, qui ledit fiege tranflata. Ladite ville de Sainct Paulien fut atiltrée de Sainct Paulien pour ung devot evefque qui y prefula, d'entre les fept deffufdits, qui s'appelloit Paulianus, qui fut fainct en Paradis & par l'Eglife canonifé, & fit audit lieu de beaulx & excellens miracles, qui fut la caufe efficiente de abditer le primitif nom de ladicte ville que, ainfi que j'ay fceu par curieufe inveftigacion, fe nommoyt premierement Chaftel Fornel, & perdit ce nom & fut nommée Sainct Paulien pour icelluy devot evefque Paulianus, & après que le fiege epifcopal fut transferé au Puy d'Anis, on l'appella acoftuméement Sainct Paulien, & les aucuns autres l'appellarent la Cité Vieille, pour ce que precedente fut du Puy d'Anis.

Tant demonftra Dieu de fa grace en ce Puy d'Anis, que de toutes parts y

5

habundoit les pelerins à venir vifiter le fainct lieu. Pourquoy, plufieurs furent curieux à promptement y marteler maifons & loges, rues & ruetes, lefquelles ils atiltrarent & appellarent par les noms que ycelles rues de ladite cité Sainct Paulian fe nommoient & nomment encore, & dont pour icelles prindrent premierement leurs noms; & tant foigneufement y travaillarent qu'ils en ont faict une des recommandées cités de toute la Langue Occitane. Laquelle Dieu & fa trèffaincte Mere venerée en ladite ville gardent de toute incommodité à tout jamais !

Des fainctes Reliques de l'eglife Noftre Dame du Puy.

ES reliques qui font & repofent en diverfes parties au dedans de ladite venerable eglife du Puy d'Anis, lefquelles aucunes y ont efté apportées miraculeufement par les faincts Anges & autres Saincts de Paradis, autres apportées de diverfes parties par les roys, princes & feigneurs par la grande recommandacion dudict fainct lieu, autres acquifes par l'induftrie & honnefte converfacion des devots evefques, chanoines & autres habitués en ladite faincte eglife qui ont tousjours cultivé à illuftrer ce fainct temple, lequel, je ofe dire, obtient le primat, par fingularité de miracles, des Eglifes Gauloifes.

Premierement, la trèsdigne chair ou prepuce qui fut à Dieu oftée en fa trèfglorieufe & facrée circoncifion; de la fçainture de la vierge Marie; du precieux laict de la vierge Marie; des cheveux d'icelle noble dame la vierge Marie; le folier auffi de la benoifte vierge Marie 1).

---

1) De ce folier, maiftre Jehan Chappuis, au tiers chappitre de la feptiefme partie de fon livre intitulé : *Baculus paftoralis*, où il parle *de nominibus & intitulationibus feptuaginta duorum difcipulorum Chrifti*, dit ainfi : « De beato Martiale invenitur in hiftoriis fide dignis * quod beato Petro idem Martialis femper adhefit, protomartyris Stephani confanguineus. Qui olim, cum effet quindecim annorum, cum parentibus fuis venit ad Jefum in tribu Benjamin predicantem; qui, jubente Domino, baptifati funt a fancto Petro apoftolo. Parentibus autem ad propria remeantibus, Martialis remanfit femper cum Domino & femper ei adherens, factus eft unus de feptuaginta duobus Chrifti difcipulis. Qui fertur fuiffe puer ille quem Dominus in medio difcipulorum ftatuit,

* Bernard Guidonis, *Speculum Sanctorale*, au chap. intit. : *Nomina & gefta Lemovicenfium epifc. a protoprefule & primate Aquitanie B. Martiale ufque ad an.* 1273. — P. Labbe. *Nov. Bibl. Mff. lib.* Paris, 1657, t. II, p. 265.

Encore y a en ladicte faincte eglife partie de la nappe où Dieu fift la faincte
Cene à fes Apoftres & Difciples 1); la coppe où Jefus bevoit en fon enfance,
& ung petit boton que portoyt au col; le trèsdigne couvre-chiefs ou fainct
voil duquel furent tappits les humains fecrets de Jefus par les mains de la
vierge Marie, eftant eftandu nu & coché fus la croix de fa paffion; partie de
la dure coronne d'efpines dont Jefus fut coronné 2).

Encore y a, en ladite faincte eglife, partie du fuaire dont Jefus fuft enfepveli;
du precieulx fuft de la trèsdigne & vraye croix; de la manne glorieufe que
Dieu envoya au peuple d'Ifrael au defert de Sin, qui eft entre Helin & le mont
Synay; une des pieces des cinq pains que Dieu multiplia & en reffazia cinq

& illi in Cena fpecialiter miniftravit. Et fuit delegatus ad urbem Lemovicam, in qua Deo innu-
merabilem populum acquifivit. Beatus ergo Martialis de quo fupra, Aquitaniam intrans, de
pretiofo fanguine protomartyris Stephani, cum multis aliis pretiofis reliquiis, fecum tulit, ha-
buitque in comitatu fuo virum Dei Amatorem & uxorem ejus, nomine Veronicam, que valde
familiaris & precordialis amica fuerat beate virginis Marie matris Dei. Predicti vero conjuges,
Amator & Veronica, fecum tulerunt de lacte beate Marie & de capillis ejus & duos ejusdem
beate Marie fotulares. Sanctus igitur Martialis, in rupe Anicii que nunc Podium Domine Noftre
dicitur, & prius Civitas Vetula, propter antiquitatis privilegium, quondam vocabatur, fed divinis
revelationibus, ficut in geftis ejusdem ecclefie legitur, fuit mutata, altare in honore ipfius beate
Noftre Domine dedicans, fotularem ipfius ibi pofuit, & alterum pofuit in Rutheno. De capillis
vero ejusdem pofuit partem in civitate Alvernica que nunc Clarus Mons dicitur, & alteram in
Mimate. His quatuor fedibus ab ipfo in honore ejusdem beate virginis Marie dedicatis, Lemovicis
& Biturigis, Caturcii, Agenni ac Tholofe reliquias Stephani protomartyris pofuit, ecclefias ibi
dedicans in honorem ipfius. » — *Médicis.*

1) Aucuns tiennent que c'eft celle où Dieu dina chez Simon le lepreux. — *Médicis.*

2) En ladite faincte eglife a une efpine de la dite coronne, laquelle le devot roy fainct Loys de
France y envoya, par un don fingulier, noblement ploiée dans une lectre de recommandacion*,
efcripte de fa propre main. — *Médicis.*

* *Ludovicus Dei gratia Francorum rex, dilectis fuis decano & capitulo Anicienfibus
falutem & dilectionem. Prefentium tenore vobis fignificamus quod, die qua fufcepimus facro-
fanctam Coronam fpineam que reverendo capiti Jefu Chrifti Domini Noftri fuit impofita tempore Paffionis, de Conftantinopoli nobis allatam, nos dilecto & fideli noftro B.* epifcopo veftro
de eadem fancta Corona conceffimus fpinam unam, ob reverentiam beate Virginis & honorem
veftre Ecclefie conferendum. Actum Senonis anno Domini M. CC. XXXIX, menfe augufto.*
— *Odo de Giffey,* Difc. de la très-ancienne dévotion de N. D. du Puy, *Tolofe,* 1626, p. 453.
— *Le Fr. Théodore (Bochard de Sarron de Champigny),* Hift. de l'Eglife Angélique de
N. D. du Puy, *le Puy,* 1693, p. 60. — *Gallia Chrift,* 1720, *t. II,* Eccl. Anic., *col.* 714.
— *Fr. Mandet,* Hift. du Velay, *le Puy,* 1860, t. IV, p. 93.

* Bernard de Montaigu.

mil hommes; le fenglon, fçainture & riche colier d'or que Aaron, le grant
Evefque de la Loy, portoit, quant il facrifioit à Dieu, & fut portraiĉt en
icelluy l'image de la vierge Marie; l'ung des pots ou ydrie où Dieu mua
l'eau en vin aux nopces qu'on dit de Architreclin, en la Chane de Galilée;
le doy de monfeigneur fainĉt Jehan Baptifte tout entier, duquel yl monftra
Jefu Chrift aux Juifs, difant : *Ecce Agnus Dei;* des reliques de fainĉt André
apoftre; le bras de fainĉt Laurens; le bras de fainĉt Heuftace; partie d'ung
doy de fainĉt Jacques le Mineur; deux des fainĉts Innocens, Tullia & Teturlin; le corps de fainĉte Galle; le corps de fainĉt Dompnin 1); le corps de
fainĉte Conforce; le corps de fainĉt Florent 2); deux cierges qui, pour lors,
quant l'eglife fut miraculeufement confacrée, fe trouvarent tous ardens; les
deux foliers de fainĉt Marcial; l'ung des bras de fainĉt Blaife; le corps de
fainĉte Eugine.

Item, il y a encores, en ladite fainĉte eglife, des reliques de plufieurs Sainĉts
& Sainĉtes de Paradis, defquelles les tiltres enfuyvent : de la fainĉte Terre fus
laquelle Jefus fouffrit amere paffion; des reliques de fainĉte Anaftafie, de
fainĉt Criftofle, de fainĉt Cornelin, de fainĉt Prothopin, de fainĉt Cancimian,
de fainĉte Fufce, de fainĉt Cyprian, de fainĉte Segolene, de fainĉt Viĉtour,
de fainĉte Heleyne, de fainĉt Canciamille, de fainĉt Grifogon, de fainĉte Cecille, de fainĉt Bartholomy l'apoftre, de fainĉt Anthoyne, de fainĉt Mathieu
l'apoftre, de fainĉt Sulpic, de fainĉt Ferreol, de fainĉt Jehan Chrifoftome,
de fainĉt Theodore, de fainĉt Cofme; l'une des pierres dont fainĉt Etienne fut
lapidé; de fainĉt Germain, de fainĉt Quentin; des veftemens de fainĉt Jehan
l'Evangelifte; de fainĉte Tecle, de fainĉte Dorothée, du fepulchre Jhefu
Chrift, de fainĉt Cancin, de fainĉte Craffine, de fainĉt Nicolas, de fainĉte

---

1) Maiftre Jacques Philippe de Bergame, en fon *Supplement des Croniques,* en fon VIIIᵉ livre où
il traiĉte de la perfecution des Chreftiens faiĉte par Diocletian & Maximian, empereurs de Rome,
environ l'an trois cens & cinq, entre aultres par eulx cruellement martirifés, de fainĉt Domnin diĉt
en cefte maniere :

« Domninus quidam, vir fanĉtiffimus, his temporibus, cum perfecutionis rabiem declinare
vellet, a fatellitibus Maximiani protinus comprehenditur, & judici prefentatur; qui ftatim extra
urbem in via Claudia eum perducens, feptimo ydus octobris, gladio ipfum percuti fecit, & cum
gloria martyrii ad Chriftum deftinavit. » — *Médicis.*

2) Treuve, en la *Mer des Hiftoires,* que fainĉt Florent, du temps de l'empire du severe Diocletian, vint en France par revelacion de l'Ange, & rendit l'efprit en Jhefu Chrift le XXIᵉ de
feptembre, environ l'an CCC. — *Médicis.*

Helifmunde, de faincte Eufemye, de fainct Agapit, de fainct Pierre l'apoftre, de faincte Anne 1), de faincte Marie Magdeleyne, des veftemens de Jhefu Chrift, du chief de fainct Thomas apoftre, de fainct Ambroife docteur de l'Eglife, de fainct Jheroifme docteur de l'Eglife, de fainct Felix, de fainct Eufege, de fainct Eloy, de fainct Sigifmond qui fut roy, de fainct Panthaleon, de fainct Machaire, de fainct Liberal, de fainct Eludayre, de faincte Barbe, de fainct Meucie, du fepulcre de la vierge Marie, de fainct Fortunat, ung os des doigs de fainct George martir & chevalier, de fainct Eleuthere, de fainct Gregoire pape & docteur de l'Eglife, de faincte Marie l'Egipciagne, de fainct Pol premier hermite.

Plufieurs autres nobles & fainctes reliques y a, defquelles n'ay oncques peu fçavoir les noms.

Des plus antiques Reliques de l'eglife Noftre Dame du Puy.

Ils font plufieurs cités & villes fameufes qui ne fe peuvent extimer, eulx, avoir, en leurs lieux, joyaulx exquis que euffent efté de longue main avant l'avenement de Jefu Chrift en ce monde, comme peult faire la petite, toutesfois infigne ville du Puy d'Anis, là oùt font departies telles graces que d'avoir en ycelle, dont j'en ignore les moyens.

Premierement, après eftre yffus de la terre d'Egipte, les enfans d'Ifrael fe trouvarent eftre entrés au defert appellé Syn, qui eft entre Elyn & le mont Synay. Et, là, ce peuple murmura, leur faillant vivres. Et Dieu, en ce lieu, leur envoya la manna, de laquelle, ainfi qu'il eft efcript en Exode (chap. 16), furent repeus environ quarante ans qu'ils errarent par le defert, que leur commença le XV° jour du fecond mois après leur yffue d'Egipte. Cefte manna tumba en façon de pruyne ou verglas, chacun matin la terre couverte. Ce fut l'an du monde 2453. Et de cefte precieufe manna, ainfi divinement tranfmife à ce peuple pour le nourrir en ce defert, on a, en la faincte eglife du Puy d'Anis, une portion en une boyte : qu'eft chofe celebre & d'ancienneté. C'eftoit avant l'advenement de Jefu Chrift l'an 2746.

Semblablement, ce peuple d'Ifrael ainfi yffus de la terre d'Egipte, conduicts par leur duc le fainct patriarche & prophete Moyfe & par fon frere le

---

1) C'eft à fçavoir : l'un de fes doigs. — *Médicis.*

bon Aaron, qu'il avoit inftitué evefque & fouverain pontife fur tout ce peuple, le fecond an après leur diéte yffue d'Egipte, eftans errans au defert, oùt
là, ainfi que Dieu, pour luy fervir, leur commanda, firent ordonner un fomp-
tueux & riche tabernacle, bien compofé de toutes chofes y appartenantes &
neceffaires; duquel on en a, en l'eglife du fufdiét Puy, le collier, peétoral &
riche fanglon, tout faiét de fin or, que le bon evefque & fainét homme Aaron
portoit, faifant à Dieu les facrifices & oraifons, comme il eft efcript en Exode
(chapp. 39 & 40). Par une fingularité, en la fufdiéte eglife du Puy, les
femmes ençaintes ou que ne peuvent avoir enfans, on les fçaint de ce fanglon.
Ce fut avant l'avenement de Jefu Chrift 2750 ans.

Aultre chofe de bonne ancienneté eft trouvée en la fainéte eglife du Puy
d'Anis, c'eft le trèsdigne, fainét & facré ymage de la vierge Marie, faiét
jadis regnans roys en Judée, c'eft à fçavoir Jofias, Sedechias & Heliachim,
foubs la principaulté defquels eftoit tenu en grande reputacion le bon, fainét,
facré & bieneureux prophete Hieremye, qui prophetifoit & declairoit chofes
futures; d'entre lefquelles fes vaticinations & divines propheties, difoit qu'il
debvoit une Vierge venir au monde, que concepvroit & enfanteroit ung Fils
qui feroit roy, le Meffias & Saulveur du monde. Et, pour donner au peuple
figne de ce pour l'advenir, feift entailler ung ymage d'une Vierge tenant fon
Enfant en fon giron. Dont après confideré la aulteur de continuables & veritables fes propheties, les princes de ce temps, comme fut Nabuchodonofor,
roy de Babilonne, & aultres plufieurs princes, fuceffivement, gardarent
cherement en leurs trefors ce prophetique & devot ymage, que, après longue fubmiffion de temps, parvint à ladiéte fainéte eglife du Puy, oùt Dieu
demonftre grands miracles. Ce fainét ymage de la vierge Marie venerée au
Puy, tient le primat des aultres ymages de la bonne Dame de toute Chreftienté. Ces chofes furent en l'an du monde 4577, & avant l'advenement de
Jefu Chrift 620 ans.

Aucunes fingularités fus la fainéte eglife Noftre Dame du Puy.

J'ay recoligé, dedans ladiéte fainéte eglife, en ung tablier qui eft audevant
de la porte par où monfeigneur l'evefque du Puy entre en ladite fainéte eglife,
ce diétie :

Audite mirabilia,	Podienfis egregia,
Quibus fulget Ecclefia	Per multos vifitata.

Monialis jam languida
Membris fuit valida;
Quod fecit Virgo florida,
Domo non inchoata.

Tantum Ara mirifica
Eftabat, qua Virgo celica,
Cincta manu angelica,
Sedebat coronata.

Que dixit in fubfidium
Reorum atque languentium :
Michi fiat hic atrium,
Quo fedes fit tranflata.

Sanata, dic Evodio:
Mira fiunt Anicio
Que dixerat Georgio
Mulier viduata.

Qui certis mirabilibus
Aram claufit cum fentibus,
Tractans de parietibus;
Huic eft vita fublata.

Legata juffa retulit;
Evodio cor fervuit,
Fidem narratis tribuit,
Videns quod eft fanata.

Triduo flens abftinuit,
Cui Virgo poft apparuit:
Ara prefata monuit
Ut faciat mandata.

Gaudens ad Papam graditur;
Quod vult Virgo, concepitur;
Scrutarius huic jungitur;
Hiis facra multa data.

Per hos, ardenti jullio,
Dicto loco non alio,
Domus eft, figno previo,
Mirifice fundata.

Quanta fit, ubi fiftitur,
Ubi figura jungitur;

Jullius ftupet; nofcitur
Quod fit fic fabricata.

Sedem quam urbe Vetere
Regebat, vult transducere
Locum in hunc quem colere
Vult Virgo decorata.

Prudenter ut hec compleat
Et hanc facrare valeat,
Adiit Papam, quod faciat
Que fibi funt hortata.

Prope locum Anicii,
Duo funt celi Nuntii,
Sacra dantes hiis obvii:
Pandunt quod eft facrata.

Qui erubefcunt attoniti;
Sunt Patres ab iis moniti
Regredi facris predicti,
Sede fanctificata.

Cum Angelis a Virgine
Celi chrifmatis myftice
Nunquam deeft, nec deeffe
Liquet Ara fignata.

Sabbatis, in hac, omnibus,
Matutinas cum Laudibus
Cantat Virgo, cum pluribus
Angelis fociata.

Succentor credit parvulo
Matutinis oraculo,
Fuiffet pro miraculo
Dum cantat quando nata.

Quam audivit ab agmine
Celi, prefente Virgine,
Cantare cum dulcedine,
Quo fuit revelata.

Bernardus claufus incipit,
Matutinas fic precipit
Virgo, qua Doctor ibi fit
Hac miffa celebrata. ·

Miſſe veſtes hic ſunt
Ab Angelis, noſte pluit,
Merſos Virgo reſtituit,
Hec ab hoc inſignita.

Cantatur per clericulum
Gabrielem archangelum;
Judeus necat parvulum,
Suſcitat hunc Beata.

Digna fuit expulſio
Judeorum a Podio;
Non intrent, quia captio
Clericulis eſt data.

Quieſcit in qua proprium
Jheſu Chriſti prepucium,
Quo fit feſtum pereximium
Aula Dei prefata 1).

Unum par ſotularium
Marie, parſque crinium,
Fruſtum zoneque nimium,
Sunt ibi demonſtrata.

Velumque Matris Virginis,
Quo plagas Veri Luminis
Terſit, hoc gutta ſanguinis
Eſt multiplex ſtillata.

Cum ſpina pars ſudarii,
Multumque ligni proprii
Crucis jam Dei filii,
Sunt in hiis exaltata.

Datur cibus hominibus
Quinque mille de panibus,
Quinque unuſque piſcibus,
Pars panis ſit ſervata.

Manna de celo mittitur,
In quodam vaſe clauditur,
Sed interdum oſtenditur
Hac ede dedicata.

Stat hic Aaron correus,
Cum hoc ſuperhumereus,
Hiiſque cum gemmis aureus;
Hiis feſta ſunt ornata.

Johannis ſanſti digitus
Qui Agnum Dei penitus
Oſtendit, eſt hic redditus,
Carne non devaſtata.

Bartholomei capitis
Pars, Jacobi de digitis
Juniorum antiſtitis,
Divis hic hec portata.

Caput Andree, brachium
Heuſtachii, reſidium
Cereorum celeſtium
Diſtorum, hic letata.

Plures digne Reliquie
Coruſcant in hac alie.
Sanatur hic quotidie
Plebs egra deſolata.

Cum hora Nona dicitur,
Sotular alter ducitur;
Salve Regina canitur,
Cur Hora prelibata.

Campane cunſte ſonitum
Tunc dant ultro gratuitum;
Quod Alme ſit, eſt cognitum
Per cymbala pulſata.

---

1) Ce devot & ſainſt reliquiaire fut ouvert il a longue ſaiſon, dans lequel fut trouvé ung petit
brevet où ſont eſcripts ces deux carmes:

Circumſciſa caro Chriſti, ſandalia clara,
Ac umbiculi viget hic precioſa chara.

— Médicis.

Sunt hic Innocens, Tullia,
Teturlinus, Galla pia,
Florentius, Confortia,
Dompninus, mancipata.

Domne ter mille martiria
Paffe funt cum victoria;
Ceteris patientia
Non fuit feparata.

Fulget multis miraculis
Pre ceteris oraculis;
Que fiunt ibi populis
Que effent fero narrata.

Civitas nunquam vincitur,
Nec vincetur, fic legitur:
Per Mariam protegitur
Hac privilegiata.

Domus in qua reficitur
Collegium, non patitur
Venenofa: quod igitur
Sumit immaculata.

Cloaca nunquam fetida
Manent ibi, nec fordida;
Sunt ifta tua liquida
Miris mundi relata.

Lapides, ut in India,
Preciofi Vallavia
Fluunt in abundantia,
Virtus quorum probata.

Adefto, dicti prepucii
Carmina profolarii,
De celo data Podii,
Sunt hic mire cantata.

Qui predicta cantaverint
Confeffi vel audierint
Annuatim, dum vixerint,
Abhorrebunt peccata.

Poft vite curfus fpatium,
Capient magnum bravium,

Perhempne celi gaudium,
Cum Virgine laudata.

Nota fanctum Georgium,
Prefulem noftrum primum,
Sufcitatum per focium,
Forma fic recitata.

Porro Papa condoluit
Frontoni, cui prebuit
Suam croffam, qua fuit
College vita data.

Poft Papam, nullum decuit
Uti croffa, fic vetuit.
Sed Preful quifque potuit
Fungi prenominata.

Evodius, Scrutarius,
Benignus, Hermentarius,
Suacrius & Aurelius,
Per hos urbs gubernata.

Quam fuceffive Prefules
Fuerunt ab hiis exfules
Qui funt Ydolorum Confules;
At Ydola fugata.

Sex iftis floret fanctitas,
Conjunctofque focietas,
Quorum fit celebritas
Ede primo vocata.

Cum hiis dormit Perpetua
Martir, fanctaque ftrenua
Tenens Innocens, congrua
Stat aula devotata.

Agrippanus Anicio
Quiefcit templo proprio
Preful, migrans martirio,
Kalenda februaria.

Podii preful Pallio
Gaudet, ceterofque nefcio:
Sed hunc per quem facratio
Pape fit honorata.

Gaude, gaude, tu, Podium,
Nuncuparis Anicium,
Dans egenis remedium,
Urbs tantis decorata.
   Chrifto demus preconia
Qui nobis tot infignia
Contulit hic falubria;
Sit Virgo falutata.
   Que Virgo, plena gratie,
Triclinium munditie,

Regem concepit glorie,
Manens Inviolata.
   Regina femper humilis,
Eft nulla tibi fimilis.
Tuo Nato fis utilis
Pro nobis advocata.
   Tu, placa tuum Filium;
Fac nobis hunc propitium;
Intremus ejus atrium
Quo venias coronata.

Hic incipiunt Indulgentie Anicienfis Ecclefie.

Feftis ejus follempnibus,
Ac in Rogacionibus,
Afcenfio, fequentibus,
Primo fit memorata.
   Dompninum cum Conforcia,
Sic Innocentes focia:
Feftis hiis, indulgencia
Confeffis eft donata.
   R. cardinalis presbiter,
Legatus, dedit dulciter
Quinquaginta, falubriter
Dum tendit ad legata.
   Poft, papa Innocencius,
Innocencius alius,
Quadraginta quifque pius:
Hec funt abreviata.

   Alexander appofuit
Octoginta, fic placuit:
Clemens annum jam tribuit,
Dies decem quadruplata.
   Nicolaus letiffime,
Prout Clemens largiffime,
Fecit gloriofiffime:
Sunt hic bullis probata.
   Nullis horum Afcenfio,
Sed Clementis prefidio,
Cui car. M. Rogacio;
Cunctis eft Virgo grata.
   Clemens cum M. primo facias;
Octabas tu recipias:
Similes indulgentias
Sumunt fefta fignata.

Summa Indulgentiarum predictarum.

Trium annorum fexcies
Minus uno reperies
Venie fummam C. dies.
Hec annue prefta.

Des Dictons & Carmes heroïques escripts en divers partiz
de l'eglife Noftre Dame.

Ces deux vers font efcripts derriere l'autel Noftre Dame du Puy, là où eft
la cifterne en laquelle on prend l'eaue pour faire l'eau benifte en ladite fainte
eglife :

> *Fons, ope divina, languentibus eft medicina,*
> *Subveniens gratis, ubi deficit ars Ypocratis.*

Ces deux vers font efcripts ès degreds de la grant porte de ladite fainte
eglife, de la partie devers l'Hofpital :

> *Ni caveas crimen, caveas contingere limen,*
> *Nam Regina poli vult fine labe coli.*

Ces deux vers font efcripts en la porte de ladite fainte eglife, de la part
devers le Fort :

> *Lubrica fi vita fuerit, tu limina vita,*
> *Sanctaque ne violes, dum mala mentis oles.*

Ces deux vers font efcripts en la fainte pierre ou roche,* qui eft entre les
deux chœurs de ladite fainte eglife du Puy, où fe font jornellement les miracles des febricitans :

> *Plebs, hac rupe fita, fit fana fopore potita;*
> *Si queras quare : virtus afcribitur are.*

Ces deux vers font efcripts au deffus de l'ymage Noftre Dame qui tient fon
Enfant, laquelle eft au chœur Sainte Croix, en ladite fainte eglife :

> *Nate Dei ventrifque mei, tu, farcina grata,*
> *Te moneo, fub honore meo concede rogata.*

---

* Cette pierre, de nature phonolithique, paraît avoir été, originairement, la table supérieure
d'un dolmen : en maintes localités, la croyance populaire attribue, comme on sait, à ces monuments, une vertu curative. Placée d'abord au pied de l'autel N.-D., *ou my des clers* (v. plus
haut, p. 21), elle fut dans la suite transportée au-delà du chœur, *du cofté & proche de la porte
qui entre dans l'Evesché,* afin que l'accès en fût plus aisé aux malades (Odo de Gissey, *loc.
cit.,* p. 99; Théodore, *loc. cit.,* p. 88). Dans le remaniement que l'église subit au dernier siècle,
sous Mgr de Galard, elle changea encore de place et fut encastrée dans le pavé du palier qui est
au sommet du grand escalier, en deçà de la porte Dorée, où on la voit aujourd'hui. Lors des
réparations exécutées sous Mgr Darcimoles, elle a été taillée sur ses bords et a reçu une forme
rectangulaire. Au moyen-âge, elle fut brisée par la foudre en quatre pièces, dont il ne reste plus
que la principale.

Au deſſoubs, y a, en eſcript, mys par feu meſſire Pierre Odin :

Continet in gremio celum terramque Regentem
Virgo, Dei genitrix ; proceres comitantur herilem.

Ces vers ſont eſcripts ſoubs le grant clochier de ladite ſainɛte egliſe :

Ferrari argvtv   Qvi ante qvam hic   Nonne ferocem *

De ſanɛto ᴇMarcellino epiſcopo ᴅallavenſi cronica.

Poſt Romulee urbis Marcellinum presbiterum, Petri exorciſte ſocium, poſt alium Marcellinum Ebredunenſem epiſcopum tercium, nichil ſanɛtius habuit Vallavenſis Eccleſia pontifice beatiſſimo Marcellino, qui nunc apud Monaſtrolium ** requieſcit. Qui, dum in hoc ſeculo vixit, die ac noɛte in lege Domini meditatus, tertius Vallavenſem rexit Eccleſiam, & mandata Dei non negligens, commiſſum ſibi populum diligenter viam Dei edocens, eumdem attentius cuſtodivit. Inconſequantaneum quidem non erat ut paranymphum Eccleſie ſequeretur, operando que per ſidem imitabatur credendo.

Mira quidem ſunt hujus beati viri faɛta & valde ſtupenda, audientibus tamen incunɛtanter credenda, credentibus in exemplum dicenda, & dicentibus ad edificationem Eccleſie recenſenda. Quis crederet talem virum in noſtris temporibus

---

* Ce passage du Ms. de Médicis n'avait éveillé l'attention de personne et était resté sans intérêt, lorsque M. Aymard découvrit, en 1856, sur la paroi extérieure du mur oriental de l'abside de la Cathédrale, *sous le grand clocher*, avec divers bas-reliefs antiques, une portion considérable d'inscription tumulaire de l'époque gallo-romaine, le tout caché sous un épais crépi. Voici les trois lignes qu'on lit sur trois blocs de pierre juxtaposés :

. . . .

FERRARIAR*(um)* GVTVATER, PRAEFECTVS COLON *(iæ)*,
QVI, ANTEQVAM HIC QVIESCO, LIBEROS MEOS
VTROSQ *(ue)* VIDI : NONN *(ium)* FEROCEM, FLAM *(inem)*, IIVIRVM *(duumvirum)* BIS

. . . .

** Monistrol-sur-Loire, arrondissement d'Yssingeaux.

fignis effulfiffe & tot ac tantis virtutibus preditum fuiffe? Adfunt fuperftites, veri affertores, nugarumque contemptores, qui miraculorum fuere confpectores. Ab eisdem miraculum aftruitur ibidem effectum. Quia cuidam qui, per tres annos, loquendi defectum ob infirmitatem paffus fuerat, articulate vocis conceffum eft organum rectum, & furdo auditus velamen eft detectum. Chriftus, quidem, qui oculos ceci nati linivit luto, per beatum Marcellinum operatus eft in muto. O quam pia populi Dominum benedicentis confeffio, cum exhibita eft mirifici operis oftenfio quam fieri confefforis impetravit interceffio, ut diri hofpitis fugaretur obfeffio. — Igitur, a Chrifto per beatum Marcellinum ab impugnatione demonis homine liberato, aliud de ifto gloriofo confeffore miraculum audiamus. — Quidam etiam vir fuit, cujusdam operatoris filius, qui in ecclefia licet precio operatus eft diutius, pro nimio dolore capitis effectus cecus, ante fepulcrum beatiffimi ponti- ficis eft adductus, ibique veniens, totam noctem infomnem ducens, flexis digitis mirúm in modum pectus tondens, laborabat in oratione, &, ut lux perdita fibi reftituatur, petiit. Cumque fpargeret jubar crocei matutinum coloris, quamvis multiplici cruciatur labore, adhuc plenius fremebunda anxietate doloris, recepit lumen, ingentefque gratias beatiffimo reddidit confeffori. Ex eo, igitur, qui videt fanari exterius, difcat fanari interius. — Aliud ergo huic fimile genus miraculi pre- claruit, cum ad locum fepulcri beatiffimi viri adolefcens quidam fuiffet adductus, omni ex parte pene premortuus, ita ut ei ufus lingue, aurium, manuum ac pe- dum per omnia fuiffet ablatus. Septem diebus a cuftode oleo fancto perunctus, octava die omnia memoratorum membrorum officia ufui funt priftino reftituta. — Multa alia miracula interceffione ipfius facta funt, preftante Domino Jhefu Chrifto, qui cum Patre & Spiritu Sancto vivit & regnat. Amen.

Comment, pour une adulteration, le fouldre cheut fur la pierre appellée des fiebvres.

Maiftre Vincent de Beauvais *, en la tierce partie morale de fon *Miroir Hiftorial*, au chappitre *de facrilegio locali*, en la diftinction vingt et uniefme, entre autres chofes, dit ainfi :

Archiepifcopus Lugdunenfis aliquando quefivit a quodam Fratre predicatore ** unde erat, quod loca facra plerumque fulminibus ferirentur & frequentius quam

* Auteur du *Speculum Majus* ou *Grand Miroir*, divisé en *Miroir naturel*, *Miroir moral*, *Miroir doctrinal* (scientifique) et *Miroir hiftorial* (historique).
** L'Ordre des Frères Prêcheurs fut fondé par saint Dominique en 1215.

loca prophana. Et cum Frater refponderet ei quod fibi occurrebat, refpondit Epifcopus quod expertus erat, quod ideo loca facra Deus puniebat, vel concremando,
vel alio modo, propter inhoneftates que ibi male fiunt, et adjunxit quod, de novo,
vifitaverat ecclefiam beate Marie Podienfis: qui locus eft valde venerabilis & multis divinis miraculis & beneficiis illuftris, & a multis frequentatus, in quo dicitur
effe & oftenditur calciamentum beate Virginis & digitus quo Johannes Baptifta
Dominum demonftravit. Ibi etiam, ut dicitur, Sarraceni occidentales mittunt
munera, ut beata Virgo eos liberet a fulgoribus & tempeftatibus & agros fuos. Ibi,
parum antequam veniffet dictus Archiepifcopus, fulgur cediderat, & etiam ipfos
lapides pavimenti combufferat : quod multis fiebat in ftuporem. Cum autem non
rediret ad ipfam ecclefiam dictus Archiepifcopus, fed iniffet cum Podienfe Epifcopo ad quemdam locum qui Silva * vocatur monialium, ad vifitandam quamdam
fanctimonialem ** quam beata Virgo curaverat, que fuerat guta, fiftula & aliis
morbis ita corrofa & perforata, ut interiora apparerent, vifitata a beata Virgine,
eft curata fubito. Hoc datum fuit ei, ut fingulis fabbatis in extafin rapta, multas
ibi revelationes accipiebat. Cum autem dictus Prelatus quefiviffet ab ea que effet
caufa dicte fulminationis, ait quod due perfone, adulter & adultera, cum non
haberent alium locum ubi fine fufpicione convenire poffent, locum illum peccato
fuo contaminaverant. Ideo, Dominus igne illo locum predictum voluit purgare.
Et dixit dictus Archiepifcopus quod Epifcopus Podienfis ei poftea dixerat, quod in-
venerat per utriufque perfone confeffionem qui peccatum commiferant, ita verum
effe, ut eis dicta fanctimonialis dixerat.

Cecy advint environ l'an de Noftre Seigneur fix cens ***.

De fancto Agrippano epifcopo & martire ****.

Sanctus Agrippanus ex ftrenuis parentibus oriundus fuit & ex Hyfpania regione.
Qui, dum litteris daretur ad imbuendum, in modico tempore taliter proficiebat
quod in fcientiis omnes focios ejus fuperabat, cumque magifter ejus, pro refec-
tione cibi, prandii hunc quereret hora, in ecclefia Dei flexis genibus reperiebat.

---

* La Séauve Bénite, couvent de femmes de l'ordre de Cîteaux, situé dans le diocèse du Puy,
sur les confins du Velay et du Forez, et fondé avant 1228.

** La bienheureuse Marguerite de la Séauve.

*** Médicis n'aurait-il pas dû plutôt dire : vers l'an 1200?

**** Saint Agrève paraît avoir vécu vers le milieu du VII° siècle (Odo de Gissey, loc. cit.,
p. 166; Gallia Christ., t. II, Eccl. Anic., col. 691). Bollandus a publié (Acta Sanctorum
Februarii, t. I, p. 204) deux versions de ses actes peu différentes de celle qui a été copiée par
Médicis.

Cum autem annos pubertatis attingeret, parentes ejus, cum unigenitus effet, uti matrimonio compellebant, infcii fue voluntatis. Quod cum ad ejus notitiam pervenifiet, Romam perrexit, amori Pape aliorumque Sedis Apoftolice infcriptus. Poft Evodium tempore multo, Pater Beatiffimus in prefulis dignitatem antiftitem Vallavenfem cum gaudio fublimavit. Accepto dignitatis officio licentiaque Romani Pontificis, pravitatem hereticam extirpare fatagebat. Predicationis eloquio gentiles ac fideles ad fidei veritatem inducendo, Trinitatem in unitate in divino fuppofito oftendebat. Crebris monitionibus credere perfuadebat colore retorico nec contra ejus fcientiam refiftere valebant. Emerferat enim error quod Jofeph, vir Marie, poft Chrifti nativitatem, multos filios ex Virgine Maria genuerat. Qui extirpare fatagens, hereticos argumentis confundebat. Vitam apoftolicam tenebat. Non aurum, non argentum, nec pecuniam in zonis poffidebat, nifi tamen veftimenta pontificalis dignitatis. Omni tempore predicationis onus propriis humeris gerebat, nec erat ei perfonarum acceptio. Jejuniis continuis macerans corpus, carnibus non fovebatur, nec vino utebatur. Totus populus ad ejus confluebat predicationem, nec ejus detractores & emuli hunc audire ceffabant, non ut addifcerent, fed ut reprehenderent. Quodam enim tempore, dum detractores & emuli, a via veritatis exorbitantes, difputationis pugna vincere non poffent, Deum pre oculis non habentes, cum barbitonfore barbam ejus rafuro, multo numifmatis pretio, convenerunt, ut eum radendo jugularet fecrete, ne tumultus fieret in populo. Scientes hunc gratiam populi habere, palam eum occidere formidabant. Sed Ille qui Danielem in lacu leonum protexit, verbum propheticum ori ejus contulit. Inquit enim ad barbitonforem : « Propofitum tuum non potes perficere. Habeo enim longius ambulare. » Quod ille audiens, capite demiffo vultuque verecundo, fuaviffime barbam ejus rafit. Quam fibi retinens, ecclefie Gratianopolitane contulit, in qua curantur morbi circa faciem enafcentes. Contigit autem, continuo nomen Dei predicando, in villa que, tunc temporis, Gignacum * dicebatur. Quedam mulier nobilis fimulachra deorum totum populum fibi fubjectum adorare permittebat. Quam preful gloriofus increpavit, magnis enigmatibus & argumentis inducens. Dum autem hec fe videret fuperatam, juffit confeftim turpiter in carcere intrudi, poft triduum fuadens decollari. Die vero tertia, e carceribus ejicientes, cum a verbo veritatis nec prece nec pretio avertere poffent, impius tortor crudeliffime jugulavit; & fic martir Dei, a mundi carcere dejectus, nafcens in celo martirium confummavit, cujus corpus Chrifti fideles fepulture honorifice primis kalendis februarii tradiderunt, quod poftmodum, ad villam Anicienfem eft tranflatum.

---

* Gignacum ou Chiniacum, aujourd'hui Saint-Agrève, arrondissement de Tournon (Ardèche).

Vita fanĉti Theofredi martiris*.

Beatus Theofredus, licet nobilium natalium profapia ortus, patriam parentefque fuos, fapientia & morum honeftate, nobilitavit. Principis vero filius fuit Aurafice urbis, quam nam ex nobiliffimis Provincie civitatibus fuiffe, ceffantibus
aliis indiciis, edificiorum culmina ipfa evidenter declarant. Quem cum parentes
ejus divitiarum & dignitatis fue heredem fore defiderarent, in puerilibus annis,
ad litterales difciplinas erudiendum applicuerunt. Qui, primeva in etate conftitutus, cepit adhuc puer, proveĉte etatis viros, & morum gravitate & ingenii alacritate, anteire, ut, fecundum Apoftolum, malitia parvuli perfeĉte etatis virum
fenfibus adimpleret. Erat quippe converfatione gratus, fermone jucundus, ad
audiendum promptus, ad interrogandum fubtilis, ad refpondendum maturus, ac
per omnia Dei & hominum dileĉtione dignum fe exhibere ftudiofus. Inerat ei
tanta indoles, ut jam tunc indubitanter concipi poffet eum non fibi foli profuturum, fed etiam multis aliis, ficut reipfa de eo poftea compertum eft, faluberrima
confilia provifurum.

Quodam itaque tempore, cum beatus Eudo, cujus fucceffor in Calmiliacenfis**
cenobii regimine fanĉtus Theofredus extitiffe cognofcitur, vir Deo dignus ac per
omnia laudabilis, caufa revifendi Lirinenfe monafterium, unde in abbatem affumptus fuerat, per Provinciam iter faceret, contigit ut Tricaftrinam pervenıret ad
urbem, ubi, aliquantifper commoratus, obvium habuit fratrem fuum nomine
Leofredum, gratia vifendi patruum comitante puero Theofredo. Videns vero puer
infignem reverendi fenis prefentiam, cepit animadvertere vultus ejus feveritatem,
fermonum gravitatem, habitus religionem, ac complendi defiderii dudum concepti fibi demum oblatam opportunitatem nfente revolvere. Quid plura? Reliĉto
carnali patre ac negleĉtis fecularibus ftudiis, de patruo patrem fecit, ac fpiritualibus ejus difciplinis fe per omnia obtemperaturum mancipavit. Non hunc no-

---

* Saint Théofrède, dont le nom a été transformé par l'euphonie locale en saint Chaffre, fut
martyrisé par les Sarrazins en 732 (Reinaud, *Invasions des Sarraxins en France*, etc.,
Paris, 1836, p. 26 et suiv.). Mabillon a publié *(Acta Sanct. ord. S. Bened. sec.* III, pars I,
p. 476), une vie de saint Théofrède, écrite par un anonyme avant le XI° siècle; elle a été reproduite par les Bollandistes *(Acta Sanctorum Octobris*, t. VIII, p. 527 et suiv.). P. Labbe (*Nov.
Bibl. Mss. lib.*, t. II, p. 684 et suiv.) a donné deux autres vies de ce Saint, dont la première
n'est qu'un fragment de celle qu'a transcrite Médicis.

** Le Monastier s'appelait primitivement *Amnoric*. Calminius ou Calmilius, duc d'Auvergne, y
ayant, au VI° siècle, transféré le monastère qu'il avait d'abord établi au Villard, le nom d'*Amnoric* fut délaissé et remplacé par ceux de *Calminium*, *Calminiacum*, *Calmeliacum* et *Calmeliacense monasterium*, et dans le langage vulgaire, successivement, par Carmery, le Monastier
Saint-Chaffre, et enfin le Monastier (*Gallia Christ.*, t. II, Eccl. Anic., col. 761).

bilitas generis, non feneftus parentum, non certiffima & unica tam locupletis hereditatis fpes, non denique dehortantium carorum multitudo que aderat, revocare aut retardare potuerunt, quo minus Chriftum invitantem, duce & previo Eudone, fubfequeretur. Quem intenta cordis aure audiens quoque invitantem atque dicentem: *Venite ad me omnes qui laboratis & onerati eftis, & ego vos reficiam,* negleftis omnibus que in feculo haberi vel fperari vel concupifci poterant, fallacis ac perituri mundi onera atque labores devitans, ejufque profpera contempnens, adverfa conculcans, vitiorum laqueos, velut cautiffima avis', declinans, cum enim Apoftolus dicat: *Bonum eft homini mulierem non tangere,* intelligens puer, Deo plenus, ab omnibus carnalibus illecebris abftinere bonum effe, non folum a mulierum contaftu, verum etiam ab omnibus illecebris in quantum fieri potuit alienis, non de mundo ad Deum, fed mundum quodam modo pretergreffus, de Deo ad Deum convolavit. Securius enim ac facilius effe didifcerat non amare quam amata odire, non poffidere quam poffeffa relinquere.

Age, jam Deo dilefte puer, comitare atque imitare tantum ac talem doftorem ab ipfo tibi delegatum, nec fufficiat tibi magiftrum equiparaffe, fed fupergredere non invidentem, atque etiam jugum Domini ab adolefcentia tua portando fuper te ipfum extollere, ut folitarius fedeas quandoque, de virginitate candidatus, de confeffione declaratus, de martirii corona purpurea coronatus. Sufcipe de ore reverendi patris divini Verbi femina, que aliquando non folum tricefimo vel fexagefimo, fed etiam centefimo fruftu multiplicata, ad Dominica horrea, velut fertiliffima terra, reportare valeas.

Ex eo jam tempore, Deo devotus puer fanftiffimi patris veftigiis adhefit, atque · Calmiliacenfe cénobium cum eo gratanter ingreffus, diu defideratum facre religionis habitum, humilima devotione, ab eo fufcepit. Qui ab ipfo converfionis fue tempore, quam fanfte converfationis in monafterio fuerit, quamque fe fenibus ipfis qui, ante ejus adventum, in monaftica religione admodum promoti videbantur, imitatione dignum prebuerit, narratu difficile eft. In oratione quippe affiduus, in leftione frequens, in vigiliis pernox, in meditatione invifibilium fublimis, omnibus fe admirabilem magifque imitabilem exhibebat. In divinis denique peritus, in fecularibus eruditus, in partem follicitudinis, a patre fanftiffimo atque difcretiffimo, affumi judicatus eft dignus. Exteriorum itaque rerum monafterii curam a patre fanftiffimo Theofredus fufcepit, non quia in interioribus & regularibus difciplinis vir religiofiffimus ineruditus putaretur, fed quia venerabilis pater declinantis etatis pondere jam gravabatur. Hic vero valide juventutis robore vigere videbatur.

Ecce de uno Helyas atque Helifcus in terris apparere videntur. Quadam enim proportione fpiritus Helye in Helifco duplicatus eft, & monafterii cura Theofredo in partem commiffa eft. Sic Moyfes in deferto, tam numerofi populi regimen folus portare non valens, nimietate ponderis aggravatus, hujufmodi curam in feptuaginta fapientiffimos viros partitus eft.

Sufcepta igitur Theofredus exteriore cura monafterii, que ad active vite fpeciem pertinere videbatur, quam ftudiofus circa nunc opera fuerit, ex factis ipfius liquido cognofci poteft. Pafcere quippe efurientes, veftire nudos, confolari meftos, providere improvidis, & cetera que hujus generis funt exercere, ingens illi cura erat.

Hujus ergo officii follicitudinem gerens, Arvernorum patriam peragrans, ad locum qui cognominatur Vallis Vaneris* forte pervenit, ubi, cum folis ardore fimul & edendi neceffitate urgeretur, caufa reficiendi ac recreandi corpus, a publico itinere paulifper declinavit, & fub umbrofa arbore refectionem fibi parari precepit. Eftus quippe erat. Ubi cum difcumberet, fubito tres ignoti viri confpectibus ejus fe offerunt, quorum unus Meneleus, reliqui vero duo, alter Savinianus, alter Conftantinus vocabantur. A quibus cum genus eorum & patriam; necnon & caufas exilii perdifciffet (religionis enim caufa exulabantur), monitoria atque confolatoria verba eis faciens, ad fanctiffimum patrem Eudonem & corporaliter alendos & fpiritualiter inftruendos fecum adduxit.

O bone Jhefu! quam, ineffabili providentie tue confilio, factis tuis fervi tui facta refpondent! Tu, fatigatus ex itinere, fic fedebas fuper puteum, & difcipulis ad emendos cibos tranfmiffis, Samaritanam mulierem interim ad fidem lucratus, hunc cibum te magis defiderare, & illos ignorare proteftatus es!

Hic vero fervus tuus, eftu fimul & itineris labore coactus, corporali cibo ac momentanea quiete membra reficere parabatur, cum effet longe defiderabilior refectio, dono tue gratie ei oblata eft, ut videlicet famulum tuum Meneleum fociofque ejus, confolatione atque hortatione fua, in ecclefie tue interiora laudabili aviditate trajiceret.

Qualiter autem idem Meneleus Calmiliaci per feptennium educatus vel edoctus fuerit, vel quo modo locus edificandi oratorii divina revelatione ei innotuerit, vel quemadmodum grata licentia a beato Eudone ad locum a Deo defignatum dimiffus fuerit, vel quomodo, fanctiffimi Theofredi interventu, ab Arvernorum prefule

---

* *Vallis Vaneris* ou *Vaveris*, nom ancien de la vallée de la Sioule où est situé le bourg de Menat, arrondissement de Riom (Puy-de-Dôme). On lit dans la vie de saint Théofrède, écrite par un anonyme avant le XI° siècle et publiée par Mabillon et les Bollandistes : *Cùmque pervenisset (Theofredus) ad Vallem Vaveris, quæ mox Minarum mutuavit nomen pro regalibus minis, invenit virum Dei Meneleum ibidem orationis ædificantem domum.* Le monastère fondé à Menat par saint Ménelé a subsisté jusqu'au siècle dernier (*Gallia Christ.*, t. II, Eccl. Clarom., col. 366.) — L'explication étymologique donnée par l'hagiographe est d'une exactitude plus que douteuse, car le bassin de Menat n'offre pas de gisements métalliques.

tonfuratus fuerit, vel quibus virtutibus exinde claruerit, in hujus operis brevitate enarrare fuperfedendum duximus, prefertim cum virtutes ejus ac facta peculiariter ac plenarie a fuis fcriptoribus digefta referantur.

Evoluto interim longo tempore, venerabilis pater fanctiffimus Eudo, plenus dierum ac virtutibus confummatus, terrena relinquens, ad celeftia, Domino vocante, commigravit. Qui, circa obitum fuum, convocatis undique fratribus quamplurimis, falutaria monita eis edifferens, Theofredum, jam per omnia probatum, in abbatem eligendum atque inftituendum, confuluit. Qui una omnium fententia, pari voto atque una voce, ab omnibus poftulatur, ab omnibus acclamatur, omnium denique fuffragio omnium pater efficitur.

Ex illo igitur tempore, quantus & qualis vir Dei, Theofredus, in fufcepto fratrum regimine emicuerit, quantoque fapientie & fanctitatis fue odore non folum vicinas, fed etiam exteras regiones impleverit, narrare lingua non fufficit.

Afcenfiones quippe virtutum jam pridem in corde fuo difpofuerat, per quas de hac valle lacrimarum ad montem veri gaudii & eterne exultationis ipfe quandoque pertingeret, & gregem fibi creditum, recto tramite, eodem perduceret. Erudiebat itaque affidue bonus paftor filios fuos falutaribus difciplinis, dubia corda fide firmans, deficentia fpe certificans, tepentia ardore caritatis inflammans; mulierum confortia, velut peftem mortiferam, repellebat, prediorum five pecuniarum peculiares poffeffiones omnino prohibebat, obedientie jugum humiliter fubeundum ac perpetuo portandum fuadebat, negligentes increpans, pigros concitans, effrenos quofque ac immoderatos intra modeftie metas coarctans, exemplo precedens, admonitione fubfequens, ut, neque dextera neque finiftra deviare permittens, intra Dominici ovilis fepta, recta via gradientes, tandem reconderet. Ad hec altius intimanda, antiquorum patrum adhibebat exempla. Quorum quosdam firmitate fidei, quosdam vero certitudine fpei, quosdam autem caritatis ardore, alios divitiarum contemptu, alios feveritate continentie, atque alios perfeverantia obedientie, in vita fua gloriofos effectos, frequenti narratione recenfebat. Hiis aliis talibus virtutum operibus infignitus, atque, ut ita dixerim, quantum ad perfectionem confeffionis attinet, celitus fublimatus, tandem triumpho martirii a Deo meruit confummari. Nos quoque, pro capacitate noftra, divina opera verbis profequentes, quia, poft hujus vite curfum, celefti remuneratione gloriofores aliqua, prout potuimus, de vita & moribus hujus fancti vidiffe videmur, jam nunc ad agonem martirii ejus enarrandum, fi Deus donaverit, attingamus. *

Regnante in perpetuum Domino noftro Jhefu Chrifto ejufque mifericordia fuccurrente, corda fidelium magis ac magis creverunt, & adhuc de die in diem cref-

---

* Paſſage altéré.

cunt ad confitendum nomen fanctum ejus. Quam rem manifefte poffumus eluci-
dare, beatum Theofredum martirem, cujus hodie natale celebramus, trahentes in
exemplum.

Qui, juxta illud quod Dominus, in Evangelio fuo, dicit : *Qui odit animam*
fuam propter me in hoc mundo, in vitam eternam cuftodit eam, odio habuit,
propter Deum, animam fuam in hoc mundo, in vitam eternam jam cuftodiens
eam, cujus fanctiffime paffionis manifeftationem enarrare conabimur, prout poterimus, fi Deus tempus concefferit.

(Igitur *, beatus Theofredus, habens parentes adhuc gentilitatis errorem credentes, audiens chriftianos Dominum Chriftum fateri, fefeque de paganorum infi-
diis fuperftitiofis defiderans liberare, evangelicum fequens preceptum, ubi dicit :
Omnis qui reliquerit patrem aut matrem aut filios aut forores aut agros
propter me, centuplum accipiet & vitam eternam poffidebit, patria parentibufque
relictis, res proprias fuas pauperibus tradidit, Chriftum Dominum fequi jugiter
concupifcens. Itaque, ab urbe Provincie Tregreffin videlicet civitatis digreffus,
via cepta ad comitatum Vallavenfem, ufque pervenit in vicum qui vocatur Sol-
lemniacus **, ibique Laurentium presbiterum repperit, virum doctum & religiofum,
cui amicitia fe jungens & quafi familiaritatis obfequium prebens, aliquandiu apud
illum tranquillam duxit vitam.

Erat autem, eo tempore, quidam e vicino locus intra Vallavenfem comitatum
quem vulgus lingua ruftica Calmilium vocat. Erat autem juxta ipfum locum
rivulus quidam, qui dicitur Colentia ***, longius vero fluvius qui vocatur Ligeris.
In quo loco fimulachrum quoddam habebatur, quod multitudo rufticorum, ritu
prophano, confecrarat.

Audiens hec, beatus Theofredus, Laurentium presbiterum, ut ad locum acce-
derent, fanumque deftruerent, & populum de perfidia gentilitatis eriperent, vel
ab impulfu demonum liberarent, orabat.

Cujus verbis Laurentius adquiefcens, mox iter arripuit. Cum autem ad locum
quo tendebant perveniffent, plurimam catervam populi ibi facrificare Diis rep-
perere. Qui dum Chriftum precarentur ut erroris ignaviam ab ipfis repelleret,
plebs Arvernenfis in circum fifa, auribus comminans, dentibufque ftridens, infa-
nire cepit, ita ut lapidibus & fuftibus eorum corpora percutere non ceffarent.

* La partie de ce texte comprise entre deux parenthèses a été publiée par P. Labbe, comme
nous l'avons dit plus haut (p. 48).
** Solignac-sur-Loire, près le Puy.
*** La Colanse, rivière qui coule au-dessous du Monastier et se jette dans la Loire près de
Chadron.

Sanctus vero Theofredus beati Stephani prothomartiris fequens exemplum, expanfis ad celum manibus orabat, ut non reputaret Dominus illis hoc peccatum, fed magis per fuum martirium eos juberet convertere animafque eorum fuo exemplo falvaret.

Tunc, quidam e circumftantibus, iniquo repletus fpiritu, accepto lapide, acriter percuffit eum in capite; de cujus effufione fanguinis locum illum Dominus confecravit. Quem Savinianus abbas exanimatum colligens, fimul cum presbitero Laurentio, etiam quod de ipfius infufione cruoris oblatum fuerat, diligentiffime fepelierunt. Ex quo tempore, multas Dominus virtutes per fervum fuum Theofredum manifeftiffime facere dignatus eft. Plurimi autem ex ipfis, qui ejus neci confenferunt, remedia frequentius poftulabant, & priftina fanitate recepta, ad baptifmi gratiam convolabant.

Hec quoque fub Lothario rege gefta funt *.

Tunc autem temporis erat quidam Roricius nomine, natione Vellaycus, inclitus princeps ipfius patrie. Eo ipfo tempore preerat ipfi civitati quidam epifcopus Bafilius nomine, vir religiofus, divinis facrifque litteris eruditus. Qui audiens quod Dominus tanta & tam affidua miracula per fervum fuum Theofredum in ipfo loco dignaretur oftendere, bafilicam parvam & elegantem in honore fancti Petri apoftoli, cum devotione fabricavit, in qua homines ceci illuminati funt, claudi erecti & furdi auditum receperunt, loquelam etiam adepti funt muti; & dum per devotionem populi vota folverentur, multitudo demonum torquebatur, & corpora ab ipfis obfeffa, invocato nomine beati Theofredi martiris, recipiebant fanitatem. Multi quoque variis infirmitatibus fatigati, cum priftina redibant fofpitate. Dum talia Dominus per fervum fuum Theofredum juberet oftendere, longe lateque opinio cepit percurrere).

Interea Valentinianus, tunc temporis, Romanis imperabat gentibus**. Qui hujus fupradicti martiris fufflagitans auxilium pro fe fuifque falvandis in prelio, in ejus amore fieri juffit calicem argenteum, hiis verbis fuo nomine titulatum : *Valentinianus Auguftus fancto & beatiffimo Theofredo martiri pro fe fuifque omnibus votum vovit et reddit.*

Poft hec vero, dum per longum tempus perquireret qualiter devotum calicem fancto martiri tranfmitteret, accidit clericum ex Arvernenfi ecclefia beatum Petrum apoftolum Romane ecclefie vifitare. Prefatus autem Rex, clericum ipfum

* Le texte donné par Labbe porte : *Sub Chlothario rege.*

** Il est inutile de chercher, dans un écrit où maints détails sont évidemment apocryphes, quelque respect de la chronologie. Composé à une basse époque, ce panégyrique n'est qu'un remaniement déclamatoire et sans intelligence de plus anciennes légendes.

intuens, ex qua effet provincia, vel fi nomen martiris audiffet, diligenter inquirit. Clericus itaque cuncta fe noffe refpondit, & omnia Regi expofuit, fcilicet & nomen martiris & gentem. Qui, recepto a Valentiniano devoto calice, ad patriam fuam regreffus eft, beato Theofredo ipfum delaturus. Nefcio autem fi ipfe clericus aut amentia deceptus aut cupiditate fui pontificis fuerit, calicem fupradictum in facrario Arvernenfis ecclefie accidit repofitum effe.

Quod perventum eft occulte ad aures Roricii, qui, tunc temporis, Bafilio, Vallavenfi pontifici, in epifcopatum fucceferat. Ipfe autem Roricius preful, caufa orationis, Arvernenfem civitatem, proximo in tempore, aggreffus eft. Qui benigne a fancto & apoftolico viro ipfius civitatis epifcopo fufceptus, die dominica, ut miffam populo caneret, detentus eft a jam dicto pontifice. At, ubi calices, more folito, miniftri detulerunt altari, contigit ut calicem, quem rex Valentinianus Theofredo martiri tranfmiferat, inter reliquos, miniftrarent. Roricius vero antiftes, dum vafa altaris perquireret, calicem beati martiris cernit. Quo vifo, titulum legit, in quo expreffum nomen Theofredi reperit. Poft acta vero miffarum folempnia, calicem apprehendit, & titulum pontifici legit, nomenque Regis invenit, ac fecum ufque ad locum ubi corpus fancti Theofredi fepultum eft, afportavit.

Contigit autem, ut Burgundiorum exercitum, pro refiftenda Ebufiorum * gente, Rex Francorum fuperiores partes juberet adire. Factum eft autem ut prefatus exercitus, ufque ad monafterium in quo beati martiris Theofredi corpus fepultum eft, adveniffet. Unus vero ex fupradicta caterva, non metuens Dei potentiam, nec ipfius martiris fanctitatem, oftia facrarii quantocius penetrans, patenam argenteam prefati calicis reperit, eamque, intra veftimentum proximum carni, latenter abfcondit, & viam fuam init ufque ad villam Cobone **, que eft fuper fluvium Ligeris tribus fere millibus ab ipfa diocefi diftans, una cum patena quam abfconderat; pervenienfque ad fupramemoratum exercitum, maligno invafus fpiritu, cepit febrefcere, fudare, pallefcere & cunctis adftantibus clamare : « Miferere & parce, fancte Theofrede, quia furtum peffimum feci. » Patena enim argentea ita carni adheferat, ut nullatenus a circumftantibus abftrahi poffet. Ipfe vero qui facrilegium fecerat, retrogreffus eft ufque ad locum in quo beati viri corpus eft humatum, proftratufque ante tumulum ipfius, pro fcelere veniam fibi preftari

---

* Peuple inconnu. Le ms. original portait peut-être : *Helviorum*. Toutefois, remarquons que le nom *Ebusii* se rapproche assez de celui des Esubii ou Esuvii, peuplade gauloise mentionnée par César (*de Bell. Gall.*, II, 34. III, 7. V, 24.), mais comme cette peuplade occupait le territoire du département de l'Orne, il est évident que ce n'est pas d'elle qu'il s'agit ici.

** Coubon, près le Puy.

popofcit. Mifericors namque Dominus, qui mifericordiam miferis preftare non definit, de oleo ipfius linito corpore fupradicti viri, argentum quod carni adhefum fuerat, facerdotum manibus abftrahi permifit. Ipfe vero rediens ad exercitum unde difcefferat, licet cicatricum fignum appareret, corpore tamen fe fanum fore gaudebat.

Interea, fi quis parentelam predicti martiris inquirere voluerit, patrem ejus fciat effe Theofredum, matrem vero Leuthildim, Heudonem quoque germanum patris fui qui, fub tempore domini paftoris Roricii, abbas extitit fanctus & religiofus, in cujus tranfitu, per virtutem Dei, infirmi fanitatem & ceci multi lumen receperunt.

Igitur, nec mens tanta figna comprehendere valet, nec loquela humana dicere, quanta fervis fuis Dominus invocantibus ejus nomen preftare dignatus eft.

Cum annua quippe feftivitas ipfius fancti martiris, more folito, celebraretur, unus e populo, more frenetico, arreptus a diabolo, evaginato gladio, currebat poft populum. Quidam autem facerdos, dum miffarum ibi follempnia celebraret, verens ne, ingreffus ecclefiam, homicidium perpetraret, calicem de altari apprehendit, eique obviam ftetit. Mira res & multum obftupefcenda! cum enim presbiterum gladio interficere voluiffet, proftratus in terram ruit, diuque ftetit immobilis, ita quod quafi pene mortuus haberetur a multis. Preterea, cum prius demonia de obfeffo corpore ejeciffet, ipfum fanum reddidit, & populum de periculo mortis liberavit.

Multi namque negociatores de tempeftate maris per ejus interceffionem fe dicebant fuiffe liberatos, & ob hanc caufam, accepta baptifmi gratia, paganos falvatos fuiffe. Nam cum ad feftivitatem fancti martiris, quodam tempore, ex multis regionibus plurima caterva hominum conveniffet, teftabantur aliqui ex negociatoribus fe in Mare Mortuum periffe, nifi, per invocationem nominis Theofredi, eos Dominus liberaffet. Ita namque illorum pandebat aborta relatio : « Cumque per pelagum fluctuofum remigaremus, mutata pelagi undarum fluctuatione & ruente procella ventoque flante, ita tumultuabat mare, ut pene omnes mergeremur. Et cum nos invicem confpiceremus et de vite liberatione incogniti effemus, de mortis vero periculo tremeremus, jamque inter fpem metumque pofiti formidaremus, unus e nobis, nominis Theofredi recordans, clamavit, dicens : *Sancte Theofrede de Calmiliis, libera nos.* Ad cujus vocem omnes unanimiter clamantes, dicebamus : *Sancte Theofrede, libera nos.* Statimque ut hec cum lachrimis precari cepimus, ita ab undarum impulfione placidum fuit mare, ut omnis timor a nobis expelleretur. Nos autem, qui antea mori timueramus, cum gaudio ad littus pervenimus, & munera ad fepulchrum fancti Theofredi letanter detulimus, agentes omnipotenti Deo gratias, eo quod, per fervum fuum, de mortis periculo liberati effemus. »

Talia, ut diximus, figna & multa alia hiis fimilia per beatum Theofredum martirem fuum operatus eft Dominus. Ergo glorificemus & fuperexaltemus Dominum noftrum Jhefum Chriftum, qui hec figna fecit, & laudemus jam dictum Triumphatorem propter quem facta funt.

Feftivitas autem ipfius decimo quarto kalendas decembris celebratur. *

Sufflagitemus ergo Redemptorem noftrum, ut, interceffione ejus & precibus, in hac vita muniamur, & illi adjungi in celefti regno mereamur, qui cum Patre & Spiritu Sancto vivit et glorificatur Deus per infinita fecula feculorum. Amen.

Lothaire, roy de France, tiers empereur des Gauloys, fils de Loys furnommé le Piteux, regna puis l'an D.CCC.XLI. jufques en l'an D.CCC.LVI., que font XV. ans, & en ce temps fut martirifé le devot & glorieux martir monfeigneur fainct Chafroy.

De Tranflatione beatiffimi Georgii, primi Vallavenfium epifcopi & prefulis.

Preclaras actiones Sanctorum & Juftorum quorumlibet opera gloriofa ita mandare litteris confuevit Ecclefia, ut eadem quoque lectione follempni cenfeat frequentanda, & in altero quidem pofterorum memorie confuluiffe videtur, ut illud quod fcriptum fuerit de fanctis viris ab aliis tranfmittatur ad alios, & nulla unquam debeat diuturnitate deleri; in altero fane fidelibus intra finum Ecclefie conftitutis generalis Providentie pietas exhibetur, ut ex affidua lectione virtutum mentes eorum qui legerint vel audierint, informentur, & gratiam fancte edificationis acquirant, cujus perfectionis cumulus eft, ut ex geftis Sanctorum valeat comprehendi, non illa folum opera que fecere viventes in corpore, fed ipforum quoque magnalia gefta poft mortem fcriptis publicis exarare. Ubique fiquidem edificatur Ecclefia, quia & in operibus converfationis eorum ac vite invenit viam juftitie quam fequatur, & nonnullorum triumphis celebratis poft tranfitum, difcat quànta fit fervis Dei reverentia ferviendum. Unde & nos fequentes Ecclefie volun-

---

* Dans le couvent du Monastier et le diocèse du Puy, la fête de saint Théofrède se célébrait le 18 novembre *(XIVᵉ calendas decembris)*; mais, dans le Martyrologe romain, elle est fixée au 19 octobre *(XIVᵉ calendas novembris)*, et c'est à cette date que les Bollandistes ont donné la vie de ce Saint.

tatem, poſt beati Georgii vitam & quo potuimus ſtilo deſcriptam,* ſeriem quoque Tranſlationis ipſius enarrandam ſuſcepimus, ut gloria ſanɗi viri que claruit in vita ejus, in rebus quoque poſt obitum ejus geſtis mirabiliter innoteſcat.

Glorioſus Domini confeſſor Georgius, Jheſu Chriſti Salvatoris auditor & diſcipulus, per manum beati Petri apoſtoli poſt Vallavenſium conſecratus antiſtes, poſt mortis guſtum Frontonis ſtudio revocatus ad vitam, Vetulam Civitatem advenit, in qua per annos plurimos digne Deo ſacerdotium adminiſtrans, poſtquam imbuit ſacramentis fidei regionem, poſtquam exhibuit in commiſſos pietatis opera vel virtutis, plenus dierum & vite, in ſanɗe confeſſionis titulo migravit ad Dominum. Qui, videlicet, apud eam quam diximus urbem, ſicut decebat Domini confeſſorem & preſulem civitatis, ſollempnes exequias & honeſte debitum tumulationis accepit. Sepulto, cum honore & gloria, viro Dei in eccleſia quam ad honorem beate Virginis ipſemet dedīcaverat, fidelium devotio que per eum ſuſceperat chriſtiane fidei rudimenta, tumulum ſacroſanɗi corporis devotiſſime frequentabat, & paſtori ſuo honorem debitum exhibebat. Satis digno compenſationis effectu credimus contigiſſe, ut eorum miniſterio in prefata eccleſia corpus viri ſanɗiſſimi digne veneraretur, in quorum peɗoribus idem vir adhuc immanens templum Deo ſpiritualiter exſtruxiſſet. Fiebat concurſus populi ad noviter ereɗam eccleſiam; frequentabatur ab incolis tumulus ſanɗi viri, nec patrocinio preſulis fruſtrabantur, qui ſublimis patroni virtutem votis ſupplicibus flagitaſſent.

Beatiſſimo patre Georgio paradiſum glorie feliciter, ut credimus, jam ingreſſo, multi in epiſcopatu ejus ſanɗiſſimi ſucceſſerunt, qui apud Vetulam Civitatem ſacerdotium fideliter adminiſtrantes, ſicut Eccleſia confitetur, celeſte premium ſunt adepti. Ex eorum numero fuiſſe legitur Evodius, conſularis, qui unanimitate populi Vallavenſis in antiſtitem deſignatus, ſecularis militie faſtum pro epiſcopatus humilitate mutavit. Qui, divina revelatione commonitus, pontificalem ſedem que apud Vetulam Civitatem duraverat per multos annos, in illum montem qui Anicium dicitur, generali favore & gaudio populi tranſponendo mutavit. Quod ipſum, in diebus beati Georgii, viſione ſimul & miraculo fuiſſe denun-

---

* Ce passage prouve que ce récit et la légende latine de saint Georges (à laquelle il faut joindre celle de saint Vosi qui en est le complément) (v. plus haut, p. 7 et 13), sont dus à un seul et même auteur, resté anonyme. — Nous le voyons rappeler plus bas (p. 61) l'ouverture de la châsse de saint Georges par un Evêque du Puy, qu'il ne nomme pas. La châsse de saint Georges a été ouverte, au moyen-âge, par deux Evêques du Puy; en 1162, par Pierre IV, et en 1428, par Guillaume de Chalencon. C'est à la première de ces visites qu'il est ici fait allusion. Le nom de l'Evêque n'est pas indiqué, sans doute parce qu'il était tombé en oubli. Cette circonstance nous induit à penser que la rédaction de nos documents ne remonte pas au-delà de la fin du XIIIᵉ siècle, ou même des premières années du XIVᵉ.

ciatum ut fieret, liber, qui de vita ejusdem confcriptus eft, apertiffime manifeftat. In quo videlicet Anicienfi monte prenominatus Evodius conftruxit ecclefiam, honeftam fatis opere vel ftruçtura, quam in honore beate Virginis Matris Dei, ficut haçtenus ad nos ufque fama decurrens afferuit, non benedixit hominis dextera, fed manus celica confecravit. Quem locum beata Dei Genitrix in tantam altitudinem extulit, in tantam fublimitatem erexit, ut illuc ad ejus limina veneranda, non folum Gallia Cifalpina, verumetiam remote & finitime regiones accurrant, & quafi prefentiffimam illic inveniant, orandi gratia, inceffanter excolunt & frequentant. Ita, a tempore fançti Evodii, Anicienfis ecclefia & meritis beatiffime Dei Genitricis Marie prorfus effloruit, ut fedem cathedre paftoralis titulo diuturniore poffedit. Succefferunt interea beato Evodio quamplurimi facerdotes : vita precipui, fpeçtabiles honeftate, virtutum infignibus fufceptum facerdotium honorantes, privilegiis meritorum regna celeftia perceperunt.

Plurimum temporis fluxerat, annorum multa fuerant evoluta curricula, cum, epifcopis Anicienfibus fibi fuccedentibus alternatim, Guido venerabilis preful factus, Vallavenfem ecclefiam gubernandam accepit. Regebat more ecclefiaftico commiffam plebem, & in cuftodiam gregis fui pervigil paftor et fedulus excubabat. Eo tempore, confuetudo talis occupaverat Gallicanam Ecclefiam, ut cujuflibet civitatis epifcopo moriente, nifi permiffu regio, in epifcopatum alius fubrogari poffet. Ad nutum regie majeftatis fucceffuri pontificis fiebat electio, & ille tantum intronizabatur ad fedem, quem Rex Francorum, aut vififfet imperio, aut conceffiva dignatione fignaffet. Contigit Guidonem venerabilem Anicienfem epifcopum Romam, ad vifitandum Summorum Apoftolorum limina, proficifci, vel pro incumbentibus fibi negotiis, vel, quod magis credendum eft, orationis gratia peculiariter invitante. Difpofitione divina que, prout vult, cuncta moderatur & ordinat, prediçtus epifcopus Roma regrediens, morbo graviore correptus, conditionale tributum publice mortalitatis exfolvit. Tranfitus pontificis latuit Regem Francorum ; fed ceffantibus nuntiis hominum, revelatio divina non defuit, que illum & de prefulis obitu certum fecit, & de fubftituendo epifcopo plenius informavit. A laboribus hujus mundi expedito Guidone pontifice, cum necdum perlata fuiffet ad curiam mors illius, noçte quadam, Rex Francorum, leçto decumbens, folutus eft in foporem. Vifa fibi per fomnum eft aftitiffe perfona, fpeçtabilis fatis & elegans, que regiam quietem his vocibus interrumpere videbatur : « Tene certum, ne dubites Guidonem Anicienfem epifcopum migraffe de feculo, eumque fine debito mortalitatis tenebras exuiffe. Sed quoniam ecclefiam deftitutam paftore oportet celerius confolari, tu, de leçto, die luceffente, confurgens, eum quem primo tibi occurfu repereris obviantem, deftinabis Anicium, & in prefulem facies confecrari. » His diçtis, evigilatur Rex a fomno, reducit ad memoriam vifionem,

& intelligens effe divinum quod viderat, diem exfpeĉtat proxime affuturum.

Inclaruerat aurora lucefcens, rex erumpit de leĉto, & compulfus reverentia vifionis, illum qui fibi poft occurrit, quifnam effet interrogat. Inquifitus ad interrogata refpondit, & Norbertum proprio nomine fe vocari humilima refponfione profeffus eft. Erat autem Norbertus ifte, Piĉtavienfis comitis & ducis Aquitanie germanus frater, liberalis pariter & honeftus, atque illius dignitatis & gratie quam in eo Deus ipfe, qui eumdem ad epifcopatum vocaverat, prefciebat. Rex benignus hòmini valedicens, intellexit eum effe quem fibi fubftituendum in pontificem divina dignatio prefignaffet. Ufus confuetudine prudentis viri, celare voluit fecretum celi, ut hominum quoque judicio probaretur, qui celefti examine fuerat comprobatus. Omnia voluit facere cum confilio, ut, juxta viri fapientis vocem, poft faĉtum minimo peniteret.

Altior dies increverat, & curie regalis amplitudinem numerofa militie multitudo complebat. Affiftebant lateri regio facerdotes Gallie vel primates; proceres vel comites palatini regalem honòrificentiam ambiebant. In auribus totius curie Rex evolvit emiffam fuperius vifionem, & quod fibi fit opus faĉto prompta inveftigatione difcurrit. Accepto divine vifionis oraculo, cunĉti qui aderant in eodem confentiunt, ut Domini voluntas fiat, & quod celeftis revelatio jufferat, impleatur. Advocat Rex Norbertum, iter injungit ad Podium, litteras fecretas tradit, & ut eas Anicienfi capitulo reprefentet, jubet ex regali auĉtoritate preceptum. Norbertus infcius totius negoti, & ignorans omnino quid ferret, aggreditur injunĉtum iter, & emenfo labore vie, Podienfi civitati exhibet fe prefentem.

Erant in eo tempore ftudia partium in Ecclefia Anicienfi, & altera quidem portio clericorum fratrem vicecomitis Podomniacenfis in epifcopum fibi eligerat; altera pars, alium fibi affumens, in contrarietatem alterius, totis viribus nitebatur. Ipfe populus Anicienfis fentiebat diverfa cum clericis, & faĉta inter fe divifione patenti, alii alios in eleĉtionis fententia fequebantur. Tumultus fuerat grandis in urbe; nec erat aliquis mediator, qui clericalis difcordie ftrepitum fedare poffet. Norbertus, litteras regias habens fecum, ingreditur canonicale capitulum, falutat clericos ex parte Regis, & bullam proferens quam tenebat, eos ut legere debeant, adhortatur. Canonici, figillo fraĉto, oblatas litteras perlegentes, defcriptam inveniunt feriem vifionis, & ab eo proprietate fui nominis inquifita, reperiunt eum effe quem regalis auĉtoritas jubeat in epifcopum eligendum. Clerici prorumpunt in gaudium, &, concione populi advocata, uno animo parique fenfu Norbertum epifcopum intronizant. Ita ceteris refutatis, unus affumptus eft qui dignus erat ut & populi feditio fedaretur & vifio prediĉta debitos confequeretur effeĉtus.

Ex premiffis poteft fatis aperte colligi vel averti quanta cura Podienfem faveat

Dominus locum, cujus deſtitutionem non patiens, futurum proviſorem ipſius per revelationem voluit deſignare. Pium eſt opinari & credere celeſti judicio factum eſſe ut innocenter & pure deberet ad ſacerdotium promoveri, qui innocentis Georgii pia membra fuerat tranſlaturus. Credimus ſanctam tranſlationem beati pontificis uſque ad hec tempora divina diſpoſitione ſervatam, ut Norbertus, qui ſacerdotio dignus erat, ſacris reliquiis transferendis idoneus & aptus eſſet.

Sublimato cathedra pontificali Norberto, malignus ſpiritus inſurrexit violentius adverſus illum, & in ejus jacturam vel dampnum ſuorum corda diabolus inſtigavit. Excitavit adverſus eum quemdam abbatem Sancti Vitalis *, monachum ſpecie non affectu, quem ſupra diximus Podomniacenſis vicecomitis fratrem eſſe. Hic vehementiſſime dolens paſſum ſe fuiſſe repulſum ab epiſcopatu, diaboli furiis agitatus, cepit in preſulem alienigenam debacchari ubicumque poterat, ea diripiens que fuerant de jure pontificis, tam per ſe quam per ſuos; contumeliis afficiebat perſonam, poſſeſſiones depredationibus infeſtabat. Sanctus vir perverſitatem hominis ultra non ſuſtinens, nec habens manum que illius potentiam ſufficiat expugnare, nocturnum in Gallias iter aggreditur, ſuam conſpectui regio preſentiam illaturus. Gaudet Rex adveniſſe pontificem, itineris cauſas inquirit, & eisdem acceptis, preſulem hortatur ut redeat, ſe promittens in proximo ſecuturum, & ſumpturum de inimicis ejus, ſi Deus vitam dederit, ultionem.

Tempore conſtituto, Rex Francorum, coacto exercitu, venit ad Podium, verbis ſuis & ſponſionibus facturus fidem. Ea juſtitia que conveniens erat Regi, pietatis inimicum abbatem inſequitur, diripit villas, ejus poſſeſſiones exterminat, vaſtatis exterioribus, extremum refugium perverſitatis ipſius, abbatiam invadit, evertit muros, munitiones dejecit in ruynam. Depopulatis omnibus, etiam ipſum manu cepit perſecutorem Eccleſie & qua debuit ultione mulctavit. Ita compoſitis omnibus & pace Eccleſie reformata, Rex dimiſſo exercitu quam paraverat, ad propria remeavit. Poſt digreſſum Regis, iterato diabolus inſtaurat prelium adverſus ſanctum, qui ſemper inquietare Sanctos, ſicut ſibi eſt proprium, non obmittit. Non defuere Norberto certamina vel labores, quia tota generatio vicecomitis Podomniacenſis erupit ſe immaniter adverſus eum. Una omnium erat intentio Norbertum auferre de medio, qui ita dehoneſtari fecerat affinem ſuum, ut ipſius afflictione vel morte notam infamie quam generi ſuo intulerat, expiaret. Sed, operante Deo qui ſibi ſervientibus tutor aſſiſtit, viri prudentes hanc viam conſilii repererunt ut, pro

---

* L'antagoniste de l'évêque Norbert était Vital, frère du vicomte de Polignac et abbé de Saint-Pierre la Tour *(Gallia Christ.,* t. II, Eccl. Anic. col. 693 et 753). Ce passage est donc fautif et doit se lire ainsi : *abbatem Sancti Petri, Vitalem.* Il n'y a jamais eu, d'ailleurs, au Puy, d'abbaye du nom de Saint-Vidal.

reformatione pacis, Vetulam Civitatem, que modo dicitur Sanctus Paulhanus, vicecomiti largiretur. Dictum placuit utrique parti, ea tamen conditione vel pacto ut primitus sanctorum corpora Georgii & Marcellini de Civitate Vetula efferentur, & ita locus ille in ditionem vicecomitis commigraret.

Prefixa est certa dies in qua sanctorum corpora tollerentur, atque ita constitutum est ut beatus Georgius, qui primus fuit pontifex & apostolus Vellavorum, sedi proprie redderetur, corpus vero sanctissimi Marcellini qui & ipse beato Georgio in pontifice successor fuit, apud castellum quod dicitur Monistrolium deferretur, ibique honorifice sollempni tumulo conderetur. Itaque suspensus Aniciensis populus prestolatur cum gaudio diem illum in quo translata sanctorum corpora confessorum preordinatos sibi titulos obtinerent.

Advenerat optata dies in qua civitas Podiensis votis & precibus ambiebat ut sibi beati Georgii desiderata patrocinia redderentur. Venerabilis Norbertus episcopus, assumptis secum clericis & honestis personis, ad Vetulam Civitatem ubi pignora beati viri fuerant tumulata, pertendit. Accedit reverenter ad tumulum, aufert humiliter sacrosancti Georgii membra de loculo, & humeris eorum qui delaturi fuerant superponens, cum exultatione & tripudio ad Aniciensem revertitur civitatem. Universus populus egreditur in occursum. Clerici cunctaque nobilitas, plebs urbana vel rustica, cum gaudio procedentes, pastori suo gloriam quam debuerant, exhibebant. Communi omnium caritate intra muros urbis reliquie beati pontificis inducuntur. Generali totius populi favore suscepto, quesitum est diligentius in quo loco deberent membra sacrosancta reponi. Diversi sentiebant diversa, & alii quidem ad repositionem eorum novam hortabantur ecclesiam fundari debere. Alii vero aliter loquebantur. Sententie finis fuit & in hoc in unum pariter consenserunt ut in parva quadam ecclesia que in honore Stephani prothomartiris sacrata erat, pignora sancti presulis ponerentur. Ita Norbertus pontifex, cum processione solempni, deportans ad predictam ecclesiam reliquias beati viri, eas ibidem in loculo ligneo digne reposuit, et sic in vase lapideo, cum hympnis & laudibus, honorifice collocavit. Superposuit autem & epitaphium beati viri marmoreo lapidi sic impressum : *Hic requiescunt membra beati Georgii primi Vallavensis episcopi.* Tandem fidelium devotione est instructa nova basilica super tumulum sancti viri. Corpus ejusdem, de inferiori crypta ad altare superius, viri religiosissimi levantes, & cum Aniciensi episcopo & clero ad majorem ecclesiam sollempniter deferentes, eadem die in hac ecclesia cum honore debito infra tumulum lapideum condiderunt.

Processu temporis, venerabilis vir Vallavensis episcopus beati Georgii tecam aperuit, & singula membra recensens, ostendit epitaphium cunctis qui aderant, porrigens ad legendum. Ex quo manifestum est & probatum beati Georgii corpus

in hac ecclefia prefentialiter contineri, in qua tot evidentiis declaratum eſt &
oſtenſum *.

Celebratur autem folempnitas Tranſlationis beati Georgii primi Vallavorum
pontificis atque apoſtoli undecimo kalendas januarii, ad laudem & gloriam Domini noſtri Jheſu Chriſti cui eſt honor & gloria in ſecula feculorum. Amen.

Singulier miracle de fainſt Mayol abbé.

En la derniere leçon de l'office fainſt Mayol, que fut natif d'Auvergne &
abbé de Clugni, eſt traiſté le miracle que s'enſuit, faiſt environ l'an du Chriſt
D.CCCC.L. au Puy.

In loco fublimi monaſterii Cluniacenſis celeberrime collocatur, a fratribus offi-
cioſiſſime falutatur, & ab omnibus ut dominus & abbas honoratur & colitur.
Inter omnes titulum fanſtitatis preferentes, beatus Majolus precipuus apparuit.
Fuit enim ad omnia utilis & per cunſta laudabilis, dicens cum Paulo : « Scio
& humiliari, fcio & abundare, & fatiari, & efurire, & penuriam pati. » Ab imperatoribus & regibus & mundi principibus fenior appellabatur & dominus. Honorabatur a pontificibus apoſtolice fedis, & vere erat, ipſo tempore, princeps
religionis monaſtice. Illum divus Cefar & maximus Otho diligebat cum peſtore
toto, Hugo rex Francorum cum magno honore traſtabat.

Talibus igitur ornatus munimentis, pater Majolus, orationis gratia, Vallavorum adiit civitatem, que alio nomine dicitur Podium Sanſte Marie : quo in
loco ipſa beata Dei Genitrix magno oratur convenientium populorum privilegio.
Excipitur & ei obviatur quanta debebatur reverentia. Circumſtant pauperes, ele-
moſinam implorantes. Ecce occurrit cecus precibus fanitatem poſtulans. Vir autem Domini mifericorditer illum repellebat, quoniam inanem gloriam metuebat ;
nec ideo quiefcebat pauperis improbitas. Interim pauper cecus ille difceſſurum
audit abbatem. In itinere vero eo revertente, in loco qui dicitur Mons Gaudii**,
unde poſſunt viatores ecclefiam beate Marie ſpeculari, ibi latenter cecus quievit.

---

* V. pour les détails de cette ouverture, qui eut lieu en 1162, la curieuse charte de l'évêque
Pierre IV (*Gall. Chriſt.*, t. II, Eccl. Anic., col. 687).

** Au moyen-âge, on donnait le nom de Montjoie, *Mons Gaudii*, à des monceaux de pierres
entassées par les pèlerins, sur le bord de la route, au point extrême d'où ils découvraient et
saluaient le but de leur pèlerinage. Dans les environs du Puy, il existe encore des vestiges de
ces anciens Montjoie, notamment, l'un au village de Montferrat, commune de Saint-Etienne-
Lardeyrol, sur la voie de Lyon et Vienne, et l'autre sur les hauteurs de Sainte-Anne, près
de la voie de Clermont.

Obviat obvianti, rapit ocius habenas equitantis. «" Eia ! ferve Dei, » inquit,
« nunquam a te dimovebor, nunquam laxabo frenum, donec impetravero quod
poftulo. Adjuro te, per charitatem Dei, ne repellas meam petitionem. » Mira res!
cecati oculos lavat, fanitas preoccupavit orationem, & cecus ftatim factus eft videns. Stupent qui aderant perterriti. Indicit etiam illi illuminato, ne poft hec diceret, fed Deo & fancte Dei Genitrici gratias referret.

De l'eglife de Sainct Pierre le Moneftier du Puy*.

UIT vir quidam ex nobili Francorum progenie ortus Guido
nomine, qui, providentia Dei difponente, traditus a parentibus
litterarum ftudiis, relictis fecularibus pompis, factus monachus
in cenobio quod vocatur Cormarinum**, viriliter militavit ibi
fub regula fancti Benedicti. Patre vero illius monafterii migrante ex hac luce, fratrum concordante confenfu, abbas ibidem eligitur, atque juxta morem canonicum benedicitur.

Sublimatus autem ita bonis fulfit moribus, ut etiam fama bonitatis ejus perveniret ad aures Regis Francie, cujus Rex idem innixus confilio, difponebat quod
bene placitum erat Deo & utile populo. Quo in tempore Anicienfi ecclefia viduata
fuo antiftite, a clero & populo ipfius civitatis unanimiter legati mittuntur ad Regem, ut daret eis utiliffimum paftorem, prefatum fcilicet abbatem, cui erat frater
germanus nobiliffimus comes Gaufridus, cognominatus Martellus. Unde Rex
nimium gavifus, convocans electum virum, multa prece monuit eum ut, pergens ad Podium, fieret ibi animarum paftor, fibi & populo fidiffimus procurator.
Hoc ille audiens, nec citius confentiens, Rege cogente, velit, nollit, fratribus
valedicens, fumptis inde fociis ad eum miffis, Anicienfe iter aggreditur. Hoc factum audientes Pontius & Bertrandus ejus nepotes, Aquitanie clariffimi confules,
cum matre eorum Adalaide forore ipfius, venerunt ei obviam, fe & fua ei dantes;
cum quibus Podium ingreffus, ei fit magna proceffio clericorum, fit grandis exultatio laicorum, quod Deus talem eis patronum dediffet.

Pontificali igitur cathedra fublimatus, cogitans affidue de tenenda pace & de
rebus ecclefie quas vi abftulerant raptores hujus terre, juffit ut omnes milites ac

---

* Cette *notice* a été publiée par P. Labbe *(Nov. Bibl. mss. lib.*, t. II, p. 749 et sq.), Denys
de Sainte-Marthe *(Gall. Christ.*, Inst. Eccl. Anic., col. 223), et M. F. Mandet *(Hist. du Velay*,
t. III, p. 103 et sq.).

** Cormery, abbaye de l'ordre de saint Benoît, aujourd'hui canton de Montbazon, arrondissement de Tours (Indre-et-Loire).

ruſtici de epiſcopatu ſuo convenirent in unum, auditurus ab eis quale ſibi de regenda pace darent conſilium. Ipſe vero apud Brivatenſem * vicum nepotibus ſuis mandans congregare exercitum, omnibus de pontificatu ſuo coadunatis in unum in prata Sanſti Germani ** que ſunt prope Podium, queſivit ab eis ut pacem firmarent, res pauperum & eccleſiarum non opprimerent, ablata redderent, ut ſic, ſicut decet fideles Chriſtianos, ita ſe haberent. Quod illi dedignantes, juſſit exercitum ſuum a Brivate tota noſte venire mane, volens eos conſtringere ut pacem jurarent, & pro ipſa tenenda obſides darent, rura & caſtella beate Marie, & res eccleſiarum quas rapuerant, dimitterent : quod faſtum fuit, Deo auxiliante.

Poſtquam vero Deus omnipotens, cunſta ſibi ſubjiciens, dedit ei tranquillam & ſerenam pacem, convocavit majores eccleſie, dicens eis voluntatem ſuam eſſe ut clerici ibidem Deo ſervientes, haberent communiter viſtum & veſtitum ſufficienter. Hac de cauſa, bipartita oblatione altaris beate Marie, dedit unam partem canonicis Deo & ejus Genitrici ſervientibus, alteram vero reſervavit ſuis uſibus.

Preterea cum Truanno decano, optimo viro, maximo ingenio fecit incidi rupem quam vocant Aculeam***, in cujus cacumine ediſficavit eccleſiam in honore beati Michaelis Archangeli dedicatam, quam ſimiliter cum magnis appendentiis dedit prediſtis canonicis.

Hiis ita compoſitis, divina inſpirante clementia, dum idem dominus Guido, ſanſte Vallavenſis eccleſie ſuperno nutu epiſcopus, ſollicita inveſtigatione mentis arcano ſecum diſcuteret, qualiter paſtorali officio a Deo ſibi commiſſo ad utilitatem ſuarum eccleſiarum ſeu cenobiorum atque anime ſue profeſtum, & ceteris que preſulari cure congruere videntur, die noſteque invigilare deberet, ſemetipſum erga id officium pontificatus in multis Deum offendiſſe referens in terra, judicis Chriſti examinatione perculſus, Domini benignum cepit implorare auxilium, ne univerſe carnis iter perficeret, priuſquam quicquid deliquerit, pro poſſe ſatisfaceret. Unde, Dei gratia ſuccurrente, cum ſtudioſe ſecum tacita cogitatione revolveret qualiter facinorum faſciculos, Deo propitio, deponere potuiſſet, ſibi memoria accidit quod ut eccleſiarum decus augeretur, per multas civitates, monaſteria conſtruſta haberentur; ipſa vero Anicienſis cui preeſſet, tali religione viduata manebat. Quocirca decus Vallavenſis eccleſie augmentare contendens, ut peccaminum molem ſibi internus judex remitteret, in Anicienſi ſuburbano cenobium conſtruere, Deo largiente, diſpoſuit. Suam igitur diſpoſitionem ſue ſorori Adalaide comitiſſe, ſuiſque filiis, videlicet Pontio & Bertrando, ejus nepotibus, cunſto-

---

* Brives-Charensac, près le Puy.
** Saint-Germain-Laprade, près le Puy.
*** Aiguilhe, près le Puy.

rumque canonicorum collegio manifeftans, cunctis hoc laudantibus, in predicto fuburbano pro anime fue, omniumque epifcoporum qui ante fe in eadem urbe paftoralem curam rexerunt, & fuorum fuccefforum, necnon Stephani fui cognati, Adalaide fororis, eorumque filiorum Pontii & Bertrandi, & omnium Anicienfis ecclefie canonicorum, animarum redemptione, fuorumque peccatorum remiffione, quamdam ecclefiam fub nomine Monafterii edificavit, quam in beati Benedicti honore in Chrifti nomine dedicavit. Poftea vero, quadam die, ipfo domino jam predicto Guidone epifcopo, cum Guidone prepofito Valentine fedis epifcopo, & Truanno decano, Petroque abbate Vivarienfis ecclefie epifcopo, Guitardo archidiacono, & abbate Roberto, ceterorumque canonicorum collegio in capitulo refidente, per ferulam fui prefulatus indagatricem tradidit predicte ecclefie, de Sancte Marie terra, cunctis canonicis confentientibus, in territorio Vivarienfi quamdam villam que dicitur Ifla* cum omnibus appendentiis fuis que ad epifcopi partem pertinere videntur, excepta dumtaxat capella que in ipfa villa eft edificata, atque in honore beati Cypriani martiris confecrata, vivente Truanno decano. Poft cujus obitum fimiliter dedit ipfam capellam cum toto dominio fuo, five cum univerfa hereditate que ad ipfam refpicere videtur, que eft in ipfa villa Faftifuna de vinea, & in villa de Tauliaco** manfus unus; rurfus de proprio predio in Vivarienfi territorio in villa nomine Gimellis manfos duos, quos acquifivit de Guidone, Defiderii nepote. In alio autem loco in villa de Nido Aquilino vineam unam quam decem folidos emerat de Ebrardo. In alio autem loco in territorio Vellayco in villa que vulgo nominatur Cuciacus***, totum quod modo ipfe dominus Guido epifcopus in dominium tenere videtur, videlicet prata, vineas, campos, filvas & appendarias duas. Et in eodem Vellaico, que Lanciacus**** dicitur, manfum unum quem Roffredus canonicus in beneficio tenebat; in villa quoque Sancti Germani***** unam appendariam ad gallinas nutriendas, & in eodem Vellaico in pago quem Fines****** vocant, unam ecclefiam in honore fancti Juliani dedicatam, fuo epifcopio Anicienfi fubjectam, a fuis nepotibus Pontio & Bertrando in emendationem accepit, eo quod Guigonem jam prefatum prepofitum, captum violenter, a beate Marie Anicienfis ecclefia Mimate duxerunt. In ipfa autem civitate, cui preeffe videtur, unum molendinum, quem nonaginta folidis Petrus fibi vendidit,

---

* L'Isle, en Vivarais. — Les autres localités du même pays sont Gimel et Nieigles. — Fastisuna, lieu inconnu.

** Taulhac, près le Puy.

*** Cussac, canton de Solignac-sur-Loire.

**** Nom altéré et qui paraît désigner Lantriac, canton de Saint-Julien-Chapteuil.

***** Saint-Germain-Laprade, près le Puy.

****** Fix, canton d'Allègre.

& unum furnum quem ab Ugone, Arcardi abbatis nepote, ob canonicam pro
precio fexaginta folidorum accepit, & in ipfa civitate de terra illa quam vulgus
proprie terram Sanéte Marie nominat, quam epifcopus ipfius loci in propriis
ufibus tenere femper folitus eft, totam fepulturam, & in Brolio dominico ad
jumentorum pafcua tantum de prato, quantum homo unus in die cum falce
valuerit fecare. In Arvernico quoque territorio claufum unum quem de Umberto
presbitero centum folidos comparavit. Infuper pro cunétorùm utilitate laborare
contendens, ut fui fucceffores indeficientem a totius bonitatis largitore mercedem
pro temporali difpendio accipiant, ex omnibus que, in ecclefia ceterarum Vallavenfium matre, que cunétis fibi fubjicientibus pontificali cathedra excellentius emi-
net, Chrifto Dei & hominum mediatori, pro requie defunétorum, falute vivorum
oblata fuerint, decimam partem jam predicto cenobio tribuit; ut ita cenobite
fub beati patris Benediéti regula in eadem monafterio Chrifto famulantes, decimam partem fub futuris epifcopis ex eorum femper medietate accipiant. Super
hec omnia unam integram canonicam ex quadraginta dedit, ut omnes canonici
tam prefentes quam preteriti nec non & futuri, fic ipfi in hac focietate perhenne,
Deo concedente, bonum valeant adipifci. Hec autem omnia que fupra defcripta
funt, fic ut legitur pro remedio animarum cunétorum predicétorum, eo tenore ipfe
dominus Guido predicto cenobio tradidit, ut, fecundum abbatis qui eidem loco
prefuerit juffionem, cenobite ibi degentes, Chrifto Domino pro falute vivorum &
requie defunétorum fervientes, proprietario jure ita habeant, teneant, firmiterque
poffideant, ad fuorum ipfiufque cenobii utilitatem difpenfent, quatenus melio-
rando in ipfa femper ecclefia permaneant, & nunquam nifi ad Ecclefie & eorum
utilitatem ab ipfa recedant. Canonicorum vero congregatio, ut partem fempi-
terne remunerationis a Deo accipiant, pro ejus rogatu promiferunt, fe talem focie-
tatem pro ftabilitate hujus predicti monafterii poft mortem Guidonis epifcopi a
futuris epifcopis ipfius loci petere, & hoc pro confuetudine ac lege teneri lauda-
verunt, qualem pro fua parte altaris & communia. Sic enim futuri epifcopi ipfius loci omnia que canonici ex eadem Anicienfi ecclefia in fua parte habere
videntur, jurejurando confervare promiferunt, ita res hujus monafterii fupra-
dicétas, vel que Deo propitio ibi donate fuerunt, nullo modo a femetipfis epifcopis
minorari jurejurando promittant. Denique pro certiori fecuritate & ftabilitate, ut
certius credatur, & firmius teneatur, a fe & a fuis fucceforibus, hanc cartulam
in prefentia canonicorum prefatus dominus Guido epifcopus fcribere rogavit,
quam manu propria inferius litterarum apicibus roborans, cunétis fancte Anicienfis ecclefie diverforum ordinum canonicis, quorum nomina inferius defcripta habentur, propriis manibus firmare precepit; nimis enim inhoneftum &
indecens atque omnibus bonis operibus contrarium videtur, ut quod ordinatum

eft ad ecclefiafticam utilitatem, alter querat perperam fundere, & quod fuo debet ftudio adcrefcere, perniciofe temptet prevertere. Quapropter fi inftigante diabolo aliquis inquietare temptaverit hujufce modi ordinacionem, non ad dexteram Domini Patris omnipotentis collocari mereatur, fed cum Dathan & Abiron accipiat partem hereditatis mortifere, & cum Juda peffimo mercatore, ac veniant fuper eum univerfe maledictiones que fcripte continentur tam in novo quam in veteri Teftamento.

Actum eft autem hoc in Anicienfi civitate ydus aprilis, luna XVII, anno Dominice Incarnationis D. CCCC. XCIII. indictione VI, epacta XXV, concurrentes VI. Feliciter. Hanc cartulam firmaverunt Guigo prepofitus Valentinenfis ecclefie epifcopus, Truanus decanus canonicus, Petrus abbas Vivarienfis epifcopus canonicus, Adhemarus abbas canonicus, Guitardus abbas canonicus, Robertus abbas canonicus, Theotardus abbas canonicus, Roffredus canonicus, Arnaldus canonicus, Robertus cuftos ecclefie canonicus, Eldenus canonicus, Girbernus canonicus, Jarento canonicus, Odo canonicus, Grimaldus canonicus, Defiderius canonicus, Sirus canonicus, Odalricus canonicus, Agarinus canonicus, Adraldus canonicus, Ifinbardus canonicus, Afterius canonicus, alter Arnaldus canonicus, Truberctus canonicus, Anferius canonicus, Hanno canonicus, Stephanus canonicus, Petrus canonicus, Bertrandus canonicus, alter Bertrandus canonicus, Ugo canonicus, Icterius canonicus, Arricus canonicus, Beraldus canonicus, Giffludefus canonicus, Agiton canonicus, Gaucelmus canonicus, Fleotardus canonicus. S. Adaleide. S. Poncii. S. Bertrandi. S. Agni vicecomitis. S. Aldegerii. S. Guilhermi. S. Bertrandi. S. Stephani. S. Redentis. S. Ramerii. S. Ugonis.

De Aymar, evefque du Puy.

TRESDESIREUX tousjours de trouver quelque chofe pour fatisfayre à mon defir, c'eft afçavoir de voir par efcript aucunes antiquités du Puy d'Anis, me trouvay en la librairie de l'eglife dudit Puy jadis par feu & de recente memoire meffire Pierre Odin, abbé de Sainct Vofi & chanoine de Noftre Dame, trèsilluftrée & eftouffée de moult beaulx & exquiz livres, entre lefquels en trouvay ung dont le fuperefcrit eft tel : *Hiftoria Raymundi canonici Podienfis*; je ouvry ledict livre où trouvay tel commancement : *Incipit*

---

* Le récit de la première Croisade, par Raymond d'Agiles (que l'on croit avec raison avoir

liber editus tam a Fulcherio Carnotenfi canonico quam a Raymundo d'Aguilers canonico Podienfi super expeditione Jherofolymitana, duquel livre, à la louenge de ce devot evefque du Puy Aymar fufmencionné, en ay prins le plus fuccintement qu'ay peu l'iftoire que enfuit :

L'an du Chrift M. XCV., eftant en fon pontificat Urbain II⁰ qui, avant fa papaulté, fut nommé Odon & fut moyne de Clugny, ung concille general de trois cens vingt tant archevefques, evefques que abbés, fut celebré à Clermont en Auvergne, imperant Henry le quart, empereur de Rome, & regnant Philippe premier de ce nom, roy de France. Lequel Urbain, noblement & par une melliflue arengue, en ce fainct concille, propofa comment le patriarche de Jherufalem luy avoit efcript certaines nouvelles de la poureté, perdicion & calamité de la faincte cité de Jherufalem & Terre Saincte. Pour lequel fainct concille, à la requefte & poftulacion dudit pape Urbain, ayans compaffion de ladite Terre Saincte, plufieurs princes & barons de divers lieux fe croifarent, & fut chief de cefte entreprinfe le trèfpieux & chevaleureux homme Godeffroy de Billon, & vicaire general pour le pape en icefte faincte expedicion trèfreverend pere en Dieu meffire Aymar, evefque du Puy, homme de moult noble faculté, lefquels conduyrent leur oft par diverfes bendes & partirent enfemble l'an après, M. XCVI. Conduifoient une partie de ladite armée ledit meffire Aymar & le comte de Sainct Gile, dont eulx eftre arrivés en Efclavonye, furent prins des Pincenes, & fut ledit meffire Aymar bleffé au chief. Mais après, par l'aide de Dieu, ainfi que plus à plain eft contenu en l'iftoyre, il fut gueri, & pourfuyvit ledit fainct voiage. Et quant l'armée & tout l'oft des Chrifticoles fut enfemble, mirent le fiege devant la cité d'Anthioche, & le y tindrent fi longuement qu'ils en furent tous defolés tant pour la famine qui eftoit en l'oft pour la carence des victuailles que pour l'occifion qui eftoit faicte journellement des Chreftiens. Dont Aymar l'evefque du Puy leur remonftra plufieurs chofes & conclud que toutes ces chofes leur venoient pour les pechés qui fe faifoient en l'oft; pourquoy, confeilloit que bon feroit, pour impetrer la mifericorde de Dieu qui donne les victoires à ceux qui fes commandemens acompliffent, de fayre le

tiré son nom du village d'Aiguilhe, près le Puy), a été publié sous ce titre : *Historia Francorum qui ceperunt Hierusalem,* par J. Bongars, *Gesta Dei per Francos,* Hanoviæ, 1611, t. I, p. 139, et Guizot, *Coll. des Mém. pour servir à l'Hist. de France,* Paris, 1823-1835, t. XXI.

jeufne trois jours & de corriger les delinquens, c'eſt aſçavoyr adulteres, for-
nicateurs, joueurs de dés, blaſphemateurs & autres tels enormes pechés;
dont tous les barons & nobles chreſtiens ſi aſſentirent, & finablement s'en
recongneurent fort amendés, car leur chief Godeffroy de Billon qui fort eſtoit
malade, incontinent fut gueri, & dirent tous finablement que, par le conſeil
de ce bon eveſque Aymar, leur faict, aidant Dieu, ſe porteroit bien. Ce que
fut : car la cité d'Antioche fut prinſe & y entrarent les Chreſtiens. Mais ſi
grant ſecours ſurvint aux Sarraſins que les Chreſtiens, que n'eſtoient guieres
dans Antioche, eurent de grans meſaiſes. Ceſte choſe eſtre congneue par ledit
noble duc Godeffroy, manda l'eveſque du Puy Aymar & tous les barons
& ſeigneurs de l'oſt, les priant à mains joinctes que ils ne volciſſent laiſſer
le peuple chreſtien illec en ceſt eſtat, car pluſieurs, voyant & ſentant la
grant famine qu'ils avoient dans la cité d'Anthioche, s'en vouloient aller.
Dont pour les bonnes admonicions que illec Aymar l'eveſque du Puy leur
fiſt & notables demonſtrances, les barons changharent leurs propos & attendirent la miſericorde de Dieu. — En ces tribulacions, vint ung clerc des parties
de Provence qui en l'oſt eſtoit à Aymar l'eveſque du Puy & au comte de
Tholoſe, auſquels il dit que, par trois fois en une nuyt, s'eſtoit apparu ſainct
André à luy, qu'il veniſt à eulx & leur dit que, en ung lieu, dedans l'egliſe
Sainct Pierre d'Antioche, bien parfont en terre, eſtoit enfouye la lance dont
Jeſu Chriſt euſt le coſté percé. Ceſte choſe revela ledit Aymar eveſque du
Puy au noble duc Godeffroy & autres princes qui, tous, en grande devocion, après la jeuſne faicte, allarent audit lieu où le clerc avoit dit. Auquel
lieu il fouyrent tant & de ſi bon couraige, les ungs en pourpoint, autres en
chemiſe, & fouyrent ſi parfont que ils eſtoient hors d'eſperance de la trouver,
& penſoient que c'eſtoit pour neant. Mais, peu après, virent paroiſtre le
fer de la lance, dont moult ſe reconfortarent, & tant fouyrent qu'ils l'eurent
toute entiere; dont ils en furent ſi resjouys que des maulx paſſés ne leur
ſouvenoit. — Mais, toutesfois, la famine croiſſoit de jour en jour, & miraculeuſement crierent tous les Chreſtiens : *Bataille! bataille!* Et alors, au matin, fut, après pluſieurs entreparlers, la bataille decretée, laquelle chacun fort
deſiroit. Et habillarent les Chreſtiens tout leur cas & ſe confeſſarent & ſe mirent en bon eſtat, oùt par les prelats & eveſques leur fut 'donnée la benediction avec abſolucion. Et, le lendemain, ordonna ledit noble duc Godeffroy
douze batailles, dont la quatrieſme conduiſoit Aymar l'eveſque du Puy,

qui pourtoit la lance de Noftre Seigneur. Et ledit jour, après grant labeur & occifion faiĉte de grande quantité de Sarrafins & payens, moiennant l'aide de Dieu, fut gaignée la journée, & de fi grans biens furent cueilliz par les Chreftiens fus l'oft de ces mauldits chiens qu'ils en furent treftous riches & reffectionnés. Le lendemain, par le confeil dudit Aymar evefque du Puy & du duc Godeffroy, fut commandé de neĉtier les eglifes, afin de rendre louenge à Celluy qui ainfi, par fa grace, les avoit fecourus. Et là demourarent aucuns jours, oùt parlamentarent d'aler parfaire leur voiage de Jherufalem. Mais fut conclud d'envoyer querre plus grant fecours & force à l'Empereur de Coftantinoble. Et, durant ce temps, fortit fi grant mortalité en Antioche qu'ils y morurent plus de cinquante mil perfonnes, entre lefquels morut Aymar, le bon evefque du Puy, qui moult fut plouré & plaint, & fut enterré honorablement au lieu mefme où la lance fut trouvée en l'eglife Sainĉt Pierre. — Et après, par procès de temps, ledit noble duc paffa oultre & vint devant Jherufalem, là oùt il fit donner de terribles & merveilleux affaulx, et finablement, à trèfgrant travail & peine, par luy ladiĉte fainĉte cité fut prinfe d'affault. — Mais une chofe n'eft de taire, car plufieurs notables & fainĉtes perfonnes tefmoignarent avoir veu Aymar evefque du Puy qui mort eftoit en Antioche, tout le premier deffus les murs de la cité de Jherufalem, incitant les Chreftiens de monter amont; & auffi y furent veus autres plufieurs qui, en ce voiage, trefpaffés eftoient.

En ung autre livre traiĉtant de matiere de croniques, ay trouvé qu'en la fusdite & fainĉte expedicion, on fe trouva, par un temps, eftre de vivres fi fouffifamment porveu & avitaillé, que on avoit ung mouton pour ung denier, & par le contraire, par ung autre, avoir telle carence de avivres, que les poures Chreftiens furent contrainĉts manger des corps & cadavres des Sarrafins tous infeĉts & puans : qu'eft chofe eftrange à confiderer.

Je pourroie icy avoir mys plufieurs autres chofes qui font diffufement efcriptes en l'iftoyre & fainĉte cronique, mais pour ce que mon entente n'eft que de parler de ceft trèfvertueux evefque du Puy Aymar, je m'en tais à tant.

Item à la fin dudit livre & hiftoire, ay trouvé en efcript ce que s'enfuit :

Anno Domini M. CCCC. XIIII., in menfe julii, nobilis Johannes Bartholomei, de Anicio, fecit fcribere prefentem librum ftratum a quodam magno & antiquo libro reperto in archiviis feu libraria venerabilis monafterii prioratus Sanĉte Enimie, Mimatenfis diocefis.

Auffi, la prefente hiftoire fufnarrée recite trèshoneftement frere Nicole Le Huen *, religieux de Noftre Dame du Carmel, du couvent de Ponteau de Mer en Normandie, au *Grant viatique* qu'il a faiĉt *de Jherufalem*.

La prinfe & affault fusdit donné en Antioche trouverez traffé en la tapifferie vieille, qui eft au reffeĉtouer ou fale de chappitre de l'eglife Noftre Dame du Puy.

Des Privileiges & Libertés de l'Eglife du Puy.

'ENSUIVENT aucuns privileiges & libertés données & concedées par les feuz Loys & Philippe, roys de France, à l'Evefque, chappitre & chanoines de l'eglife cathedrale Noftre Dame du Puy, & confirmation desdits privileiges confirmés par Alexandre & Clement, papes de Rome.

*Univerfis prefentes litteras infpecturis fiat manifeftum quod nos, Raymundus Bonoti, decretorum doĉtor, prior prioratus de Neygulis Mimatenfis** diocefis, officialis Anicienfis, vidimus quasdam binas litteras regias & quasdam alias apoftolicas in quodam libro in archivis thefaurarie epifcopalis ecclefie Anicienfis exiftentes, quas per notarium infrafcriptum exemplari, tranffumi et in hanc formam redigi fecimus, quarum quidem litterarum tenor talis est :*

In nomine fanĉte & individue Trinitatis, amen. Ludovicus Dei gratia Fran-corum rex ***. Dignum eft clementia regiecelfitudinis Ecclefiarum commoda & pre-cipue regni noftri tanquam propria eftimare, & eorum patrimonia non folum jugiter confervare illefa, verumetiam augere, ampliare & eternis libertatibus fuftentare. Quoniam igitur Podienfem ecclefiam que ad jurisdiĉtionem noftram fpeĉtare dignofcitur, multis oppreffionibus, exaĉtionibus & moleftiis fubjacuiffe

---

* Auteur du livre intitulé : *Des fainĉtes peregrinations de Jerufalem & des lieux prochains du mont Synai, & la gloιieufe Catherine* (tiré du latin de Bernard de Breydenbach, par frère Nicole le Huen). *Lyon, Michelet Topie de Pymont et Jacques Heremberck*, 1488, in-folio, goth. fig. — Nicole le Huen avait été le confeffeur de Charlotte de Savoie, reine de France. — J. C. Brunet, *Manuel du Libraire & de l'Amateur de livres*, 5ᵉ édition, t. I, 2ᵉ partie, p. 1249 et suiv. Verbo Breydenbach (Bern. de).

** Lisez : *Vivariensis*. Nieigles, canton de Thueyts, arrondissement de Largentière (Ar-dèche).

*** Ce diplôme de Louis VII a été publié par Et. Baluze (*Hist. généal. de la Maison d'Au-vergne*, Paris, 1708, t. II, p. 68).

& multa dampna gravia & enormia a Pontio vicecomite Podompniaci & predecefforibus ejus paffam fuiffe cognovimus multa alia de caufa, ut credimus, nifi quia pacem & juftitiam diligens, ftratas, mercatores, viatores quoflibet caufa orationis incedentes defenfare curabat, compatientes Ecclefie & patrie providere volentes, pro communi commodo & pace perpetuo obtinenda, quia aliter firma pax inter Ecclefiam & Vicecomitem effe non poterat, habita confultatione procerum noftrorum & communicato confilio Epifcoporum & aliorum religioforum virorum, donavimus & conceffimus Anicienfi Ecclefie & Petro ejusdem Ecclefie epifcopo & fucceforibus fuis ut nomine pedagii tresdecem denarii Podienfis monete de uno quoque troffelo auctoritate noftra infra civitatem Anicii accipiantur, quorum quinque percipiat Epifcopus, tres Ecclefia, Vicecomes vero permiffione noftra & Ecclefie quinque percipiat ab Epifcopo in feudum, fed neque Vicecomes, neque filii ejus, neque fucceffores eorum, neque aliquis ex parte fuorum pedagium augere vel lesdam neque aliud pedagium exigere, neque pro pedagio aliquid accipere etiam ultro oblatum vel alio modo prefumant. Huic autem noftre promptiffime liberalitati Ecclefie Anicienfis exhibere perpetuam firmitatem defiderantes, amicabilem compofitionem factam a venerabilibus viris Pontio Arvernorum epifcopo & Roberto Vianenfi electo & Vivarienfi epifcopo inter Petrum Anicienfem epifcopum & Ecclefiam & Pontium vicecomitem Podompniaci corroboratam facramento ipfius Vicecomitis & filiorum fuorum, fcilicet Eraclii, Stephani de Rocha Savina, Hugonis canonici Brivatenfis & multorum aliorum Militum approbamus, confirmamus, & in perpetuum decernimus cuftodiri. Quod fi Vicecomes vel heredes ejus aut aliquis fuorum adverfus ea que in prefenti pagina inferuntur & adverfus predictam compofitionem & juramentum preftitum venire prefumpferit, & ammonitus ab Anicienfi epifcopo aut ejus fucceffore infra viginti dies emendare noluerit, non folum illa parte pedagii quam nos & Ecclefia pro remedio pacis ipfum habere permifimus & omni feudo quod a nobis habet, privetur, verumetiam jus integrum quod ex tranfactione Parifius facta coram nobis confecutus fuerat Anicienfis Epifcopus tam in caftellis quam in lesdis & moneta & aliis ufaticis civitatis Anicii predicto Epifcopo & ejus fucceforibus confervetur, & nihilominus donationem pedagii a nobis factam Epifcopus & Ecclefia in perpetuum & fine diminuatione habeant & ejus commodo perfruantur. Preterea prohibemus & modis omnibus contradicimus ne liceat Vicecomiti nova caftella conftruere fine affenfu & voluntate Epifcopi Podienfis & Ecclefie. Actum publice apud Fontem Blealdi anno ab incarnatione Domini M.C.LXXIII. aftantibus in palatio noftro quorum nomina fuppofita funt & figna. S. comitis Theobaldi dapiferi noftri. S. Matliei camerarii. S. Guidonis buticularii. S. Radulphi conftabularii. Vacante Cancellaria. *Monogramma Ludovici regis.*

In nomine fanɛte & individue Trinitatis. Philippus Dei gratia Francorum rex. Noverint univerſi preſent.s pariter & futuri quod nos privilegia bone memorie Ludovici avi noſtri & felicis memorie Ludovici quondam genitoris noſtri venerabilibus epiſcopis Anicienſibus Petro & Umberto & Ecclefie Anicienſi conceſſa inſpeximus in hunc modum :

Tenor autem privilegii avi noſtri talis eſt :

Ego Ludovicus Dei gratia Francorum rex *, Umberto venerabili eadem gratia Anicienſis ecclefie epiſcopo, amico & fideli noſtro, omnibuſque ſucceſſoribus ſuis canonice ſubſtituendis in perpetuum. Notum fore volumus* cunɛtis fanɛte Dei ecclefie fidelibus preſentibus & futuris, qualiter Umbertus Anicienſis ecclefie ſeu Vallavenſis epiſcopus celſitudinem noſtram expetierit, ut ea, que a predeceſſoribus noſtris predeceſſoribus ſuis data ſunt, noſtre preceptionis auɛtoritate confirmaremus; cujus petitioni benignum prebentes aſſenſum, conceſſimus ei omnibuſque ſucceſſoribus ſuis totam civitatem que Anicium ſeu Podium vocatur, caſtrum ſcilicet Cornelie cum aliis omnibus munitionibus, forum, tholoneum, monetam & omnem diſtriɛtum, cum terra & manſionibus totius civitatis; ſalvo tamen in omnibus & per omnia noſtro jure, noſtra dominatione & univerſis conſuetudinibus noſtris. Et hec ita conceſſimus ut nullus comes, nullus judex, aut aliqua alia perſona ibi audeat aliquam exaɛtionem facere, neque manſionaticos, aut paſtiones, aut aliquas reddibitiones exigere, ſine voluntate aut permiſſione Epiſcopi qui ipſam tenuerit ecclefiam, ſed omnia quecumque de civitate Anicii ſunt, in poteſtatem Epiſcopi redigantur : quod ne valeat oblivione deleri, commendari precipimus, & ne poſſit a poſteris infirmari, ſigilli noſtri auɛtoritate & nominis noſtri caraɛtere ſubjeɛto firmamus. Aɛtum Aurelianis publice anno incarnationis Verbi M.C.XXXIV., regni noſtri anno XXVII., Ludovico filio noſtro in regem ſublimato anno III., aſtantibus in palatio noſtro quorum nomina ſubtitulata ſunt & ſigna. S. Radulfi, dapiferi noſtri, Viromanduenſis comitis. S. Guillelmi buticularii. S. Hugonis conſtabularii. Datum per manum Stephani cancellarii. *Monogramma Ludovici regis.*

Tenor etiam privilegii patris noſtri talis eſt :

In nomine fanɛte & individue Trinitatis. Ludovicus Dei gratia Francorum rex ** & dux Aquitanorum. *In augmentum cedit regie poteſtatis & ad honorem precipue regni noſtri ſpeɛtare videtur, ut, dum divine Providentie clementia prin-*

---

* Ce diplôme de Louis VI a été publié par Odo de Gissey *(Disc. hist. de la tr. anc. dév. de N.-D. du Puy*, Tolose, 1626, p. 382), et doms Vaiſſete et de Vic *(Hist. gén. de Languedoc*, Paris, 1733, t. II, Preuves, col. 473).

** Ce diplôme de Louis VII a été publié par Odo de Gissey *(Disc. Hist. de la tr. anc. dév. de N.-D. du Puy*, Tolose, 1626, p. 386), Denys de Sainte-Marthe *(Gall. Christ.*, Inst. Eccl. Anic.,

cipalis regiminis locum tenemus, Ecclefiarum quieti & libertati in poſterum provideamus. Ea profecto confideratione, notum facimus univerfis tam preſentibus quam futuris quod, in anno quo ſignum ſancte Crucis pro Chriſti exaltatione ſuſcepimus, Petro venerabili Anicienſi epiſcopo, & ecclefie ſibi commiſſe, gratie noſtre ſerenitatem reddidimus, & antiquam ecclefie libertatem quam in diebus predeceſſorum noſtrorum habuerat, ipſi epiſcopo & ecclefie perhempniter habendam conceſſimus; civitatis etiam Anicienſis, que Podium appellatur, prout antiquitus ab anteceſſoribus noſtris anteceſſores ſui juſte tenuerant, dominationem & firmitates, caſtrum videlicet Cornelie cum ceteris omnibus municionibus, conſuetudines quoque fori, thelonei, monete, & juſtitie civitatis, cum terris & manſionibus ad ſua jura reſpicientibus, prenominato epiſcopo ſuiſque ſucceſſoribus rationabiliter ſubſtituendis, perpetuo tenenda conceſſimus, ſalva in omnibus regie dignitatis dominacione, & univerfis juſticiis, & conſuetudinibus noſtris. Epiſcopus autem, ſecundum ſuorum conſuetudinem anteceſſorum, nobis, & ſucceſſoribus noſtris, & regno fidelitatem juravit, & univerſas firmitates ac fortalitia civitatis, quotiens ad Podium veniremus, ad voluntatis noſtre preceptum, ſe redditurum nobis firmavit. Ad majorem quoque Podienſis ecclefie libertatem ſtatuentes, precipimus et per preſentis pagine preceptum confirmamus, ut nulli hominum omnino liceat, ſive in civitate, ſive in ceteris locis qui de jure prefati epiſcopi vel ecclefie fuerint, ſive etiam infra metas ad ecclefiam & epiſcopum reſpicientes, videlicet a Rodano uſque ad Elagium, ab Alez uſque ad Montem Briſonis, a Sancto Albano uſque ad Podium, violenciam aliquam irrogare, nec aliquas exactiones vel conſuetudines ponere, neque pedagium exigere, neque novas municiones aut aliqua receptacula edifficare, ſine noſtra & epiſcopi Anicienſis permiſſione. *Et preter hec omnia, quoniam, propter urgentem que nobis incumbit Hieroſolymitane peregrinationis neceſſitatem, oportuit ut epiſcopus de pecunia civitatis ad tam arduum opus nobis ſubveniret, providentes in poſterum, ne in uſum & conſuetudinem ad gravamen ecclefie vertatur ſeu prenoceat epiſcopo Petro & ecclefie, regie pietatis intuitu benigne conceſſimus. Ad notitiam tam preſentium quam futurorum ſcripto ſignari voluimus, quod neque nos ipſi, neque noſtrorum aliquis ſucceſſorum ex uſu conſuetudinis ulterius id exigeret, nec in hunc modum ecclefiam moleſtaret.* Ut igitur hoc noſtre conſtitucionis & conceſſionis preceptum in futurum ratum permaneat & inconcuſſum, ſcripto commendari, ſigilli noſtri auctoritate muniri, noſtrique nominis ſubſcripto karac-

col. 231), et Caillau *(Gloires de N.-D. du Puy*, Paris, 1846, p. 388). Dans le manuscrit de Médicis, il n'est pas reproduit d'une manière complète; nous avons rétabli *en italiques* les passages omis.

tere corroborari precepimus. Aɛtum publice Podii anno ab incarnatione Domini M.C.XLVI., regni vero noſtri X., aſtantibus in palatio noſtro quorum nomina fubtitulata funt & figna. S. Radulphi, dapiferi noſtri, Viromanduenſis comitis. S. Guillelmi buticularii. S. Mathei camerarii. S. Mathei conſtabularii. *Monogramma Ludovici regis.*

Nos etiam, ad petitionem dileɛti confanguinei & fidelis noſtri P.* Anicienſis epiſcopi, prediɛta privilegia innovantes, ficut fuperius continentur, figilli noſtri auɛtoritate & regii nominis caraɛtere inferius annotato, falvo in omnibus jure noſtro & alieno & appellationibus ad nos faciendis, prefentem paginam confirmamus. Aɛtum Vernone incarnationis Verbi anno M.CC.XVIII., regni vero noſtri XL., aſtantibus in palatio noſtro quorum nomina fuppoſita funt & figna. Dapifero nullo. S. Guidonis buticularii. S. Bartholomei camerarii. S. Matthei conſtabularii. Datum vacante cancellaria. *Monogramma Philippi regis.*

In nomine fanɛte & individue Trinitatis, amen. Ludovicus Dei gratia Francorum rex. Noverint univerſi prefentes pariter & futuri quod nos litteras inclite recordationis regis Philippi avi noſtri vidimus in hec verba :

In nomine fanɛte & individue Trinitatis, amen. Philippus Dei gratia Francorum rex. Noverint univerſi prefentes pariter & futuri quod nos privilegia bone memorie Ludovici avi noſtri & felicis memorie Ludovici quondam genitoris noſtri venerabilibus epiſcopis Anicienſibus Petro & Umberto & Ecclefie Anicienſi conceſſa infpeximus in hunc modum :

Tenor autem privilegii avi noſtri talis eſt :

Ego, Ludovicus Dei gratia Francorum rex, Umberto venerabili eadem gratia Anicienſi epiſcopo amico & fideli noſtro omnibuſque fucceſſoribus fuis canonice inſtituendis in perpetuum. Notum fore volumus, etc. **...

Tenor etiam privilegii patris noſtri talis eſt :

Ludovicus Dei gratia Francorum rex & dux Aquitanorum. Notum etc. ***...

Nos autem, fupranominati avi piis veſtigiis inherentes, premiſſa omnia, prout fuperius continentur, volumus, concedimus & auɛtoritate regia confirmamus, falvo in omnibus jure noſtro ac etiam alieno. Quod ut perpetue ſtabilitatis robur obtineat, ad petitionem dileɛti & fidelis noſtri Guidonis **** Anicienſis epiſcopi,

---

* Lifez : R., *Roberti.* Le fiége épiſcopal du Puy, en 1218, était occupé par Robert de Mehun (*Gall. Chriſt.*, t. II, Eccl. Anic., col. 709, *note* a).

** Voir ci-deſſus, p. 73.

*** Voir ci-deſſus, p. 73 et 74.

**** Guy Fulcodi, depuis pape ſous le nom de Clément IV.

prefentem paginam, figilli- noftri auctoritate & regii nominis karactere inferius annotato fecimus communiri. Actum Parifius anno Dominice incarnationis M.CC.LVIII., menfe junio, regni vero noftri anno XXXII., aftantibus in palatio noftro quorum nomina fuppofita funt & figna. Dapifero nullo. S. Johannis buticularii. S. Alfonfi camerarii. S. Egidii conftabularii. Datum vacante cancellaria. *Monogramma Ludovici regis.*

Alexander, epifcopus, fervus fervorum Dei. Venerabili fratri Petro epifcopo & dilectis filiis canonicis Anicienfis ecclefie tam prefentibus quam futuris canonice inftituendis in perpetuum. Cum univerfis fancte Ecclefie filiis ex Apoftolice Sedis auctoritate & benevolentia debitores exiftamus, illis tamen locis atque perfonis qui fpecialiter Romane adherent Ecclefie, propenfiori nos convenit affectionis ftudio immunire. Eapropter, dilecti in Domino filii, veftris juftis poftulationibus libenter annuimus, & beate Dei Genitricis femperque virginis Marie Anicienfem ecclefiam, in qua divino mancipati eftis obfequio, fub beati Petri & noftra protectione fufcipimus & prefentis fcripti patrocinio communimus, ftatuentes ut quafcumque poffeffiones vel quecumque bona eadem ecclefia in prefenti jufte & canononice poffidet, aut in futurum, conceffione Pontificum, largitione Regum vel Principum, oblatione fidelium, feu aliis juftis modis, preftante Domino, poterit adhipifci, firma vobis veftrifque fuccefforibus & illibata permaneant. In quibus hic propriis duximus exprimenda vocabulis : ipfam videlicet totam Anicienfem civitatem cum moneta & omnibus redditibus fuis, Sollempniacum*, Caftrum Novum, Meyras, Albeniacum, caftrum Sancti Laurentii, Salavas, caftrum Sancti Habundi, Rocham Fortem, Joncheyras, caftrum Sancti Privati, Albuffo, Spaletum, caftrum & burgum & ecclefias Sancti Pauliani, caftrum de Chalmelis, Grafacum, Caftrum Novum, Cerefeum, Boufolz, Serviffas, ecclefiam & villam Sancti Germani, ecclefias & villas de Brinionis, Lardeyrol, Artithes, ecclefiam & villam de Retornac, Linhio, ecclefiam Sancte Segolene, ecclefiam de Bas, burgum & caftrum de Moniftrol, ecclefiam & caftrum Sancti Defiderii & quicquid W. Sancti Defiderii in epifcopatu Anicienfi habebat, tertiam partem caftri de

* Voici les noms modernes de ces localités : Solignac-sur-Loire (Haute-Loire); Châteauneuf-en-Boutières (Ardèche); Meyras *(id.)*; Aubenas *(id.)*; Saint-Laurent-les-Bains *(id.)*; Salavas *(id.)*; Saint-Haon (Haute-Loire); Rochefort, près Alleyras *(id.)*; Jonchères *(id.)*; Saint-Privat-d'Allier *(id.)*; Albusso, *inconnu*; Espaly (Haute-Loire); Saint-Paulien *(id.)*; Chomelix *(id.)*; Grazac *(id.)*; Châteauneuf, près le Monastier *(id.)*; Sereys, près Saint-Jean-de-Nay *(id.)*; Bouzols *(id.)*; Servissas *(id.)*; Saint-Germain-Laprade *(id.)*; Le Brignon *(id.)*; Lardeyrol *(id.)*; Artias *(id.)*; Retournac *(id.)*; Saint-Maurice-du-Lignon *(id.)*; Sainte-Sigolène *(id.)*; Bas *(id.)*; Monistrol-sur-Loire *(id.)*; Saint-Didier-la-Séauve *(id.)*; Bonas *(id.)*; Champclause *(id.)*; Chan-

Bonas cum pertinentiis fuis, ecclefiam de Champclaufa, villam de Chantemerle cum ecclefiis & pertinentiis fuis, ecclefiam & villam de Arlabofco, ecclefiam & villam Sancti Domnini, ecclefiam de Crofis, ecclefiam de Crifta, caftrum & ecclefiam Sancti Genefii, Montem Rotundum, ecclefiam Sancti Johannis de Brachiis, ecclefiam & villam de Quintenas, ecclefiam de Freffac cum pertinentiis fuis, ecclefiam Sancte Marie Nidi Aquilini, ecclefiam Montis Sancti Martini, ecclefiam de Beorzet, ecclefiam de Arfens, ecclefiam Sancti Amantii, ecclefiam de Pratis, ecclefiam de Charays, ecclefiam Crudeliaci, ecclefiam de Annons, ecclefiam & villam de Gordo, Sanctam Mariam de Dameita, Montem Celez, Varenas, medietatem caftri de Turre, abbatiam Veteris Muri, caftrum de Tanus, ecclefiam Sancte Marciane, ecclefiam de Crufolis, villam & ecclefiam que dicitur Salvitas, abbatiam Sancti Theofredi, tertiam quoque partem caftri de Bonas cum poffeffionibus & pertinentiis fuis. Prohibemus autem & apoftolica auctoritate interdicimus ut, a Rodano ufque ad Elarium, & ab Alez ad Montbrifon & Sanctum Albanum, nullus pedagium imponere vel recipere audeat, nec infra eosdem terminos nova caftra vel novas municiones contra jus Anicienfis ecclefie erigere prefumat. Fideles etiam ad ejusdem Genitricis Dei ecclefiam, devotionis intuitu, venientes, in eundo vel redeundo, nullus in perfonis vel bonis fuis audeat offendere, vel in aliquo moleftare. Pallium vero fraternitati tue, plenitudinem videlicet pontificalis officii, Apoftolice Sedis liberalitate conceffum ad miffarum follempnia, tu, frater epifcope, fubfcriptis diebus noveris induendum, id eft : Natalis Domini, fancti Stephani, fancti Laurentii, fancti Vincentii, Epiphanye, Ypapanthon, Cena Domini, Refurrectione, Afcenfione, Penthecofte, omnibus follempnitatibus fancte Marie, & in nativitate beati Johannis, in feftivitatibus Apoftolorum, in dedicatione ecclefie tue, commemoratione Omnium Sanctorum, & eorum Sanctorum quorum reliquie in Anicienfi ecclefia requiefcunt, in confecrationibus ecclefiarum, presbiterorum & diaconorum, ac in anniverfario confecrationis tue die. Preterea, predecefforum noftrorum felicis memorie Pafchalis, Eugenii & Adriani, veftigiis inherentes, manfuro in perpetuum decreto, fancimus, ut tam tu quam tuï deinceps fucceffores, nulli preter Romano metropolitano fubjaceatis, & omnes

temerle *(id.)*; Arlebosc (Ardèche); Saint-Domnin *(id.)*; Le Cros de Géorand *(id.)*; Le Crestet *(id.)*; Saint-Genest *(id.)*; Montredon (Cantal); Saint-Jean-de-Brachiis, *inconnu*; Quintenas (Ardèche); Fressac (Gard); Nieigles (Ardèche); Saint-Martin *(id.)*; Burzet *(id.)*; Arcens *(id.)*; Saint-Amant *(id.)*; Prades *(id.)*; Charais *(id.)*; Cruas *(id.)*; Accons *(id.)*; Gourdan *(id.)*; Dameita, Montem Celez et Varenas, *inconnus*; La Tour-Daniel, près Coubon (Haute-Loire); Vielmur (Tarn); Tanus *(id.)*; Sainte-Marciane, *inconnu*; Crussol (Ardèche); La Sauvetat (Haute-Loire); Le Monastier-Saint-Chaffre *(id.)*.

qui tibi in eadem fede fucceffuri funt per manus Romani Pontificis, tanquam fpeciales Sedis Apoftolice fuffraganei, confecrentur. Sancimus etiam ne perfona. tua, frater epifcope, a quoquam, nifi a Romano Pontifice vel cui ipfe commiferit, judicetur. Prefentis quoque decreti pagina , confirmamus quicquid , perrochiarum jure, ad Anicienfem ecclefiam agnofcitur pertinere. Prohibemus infuper ut ejufdem ecclefie poffeffiones, nifi confilio epifcopi & cappituli, nulli liceat vendere vel ab ea quolibet modo alienare; & fi quid contra hoc actum fuerit, irritum habeatur. In ecclefiis quas in aliis epifcopatibus tenetis, honeftos facerdotes eligatis, & diocefanis epifcopis prefentetis , quibus , fi idonei fuerint, epifcopi perrochie curam , cum noftro affenfu , committant , ut ejufmodi facerdotes de plebe quidem circa epifcopos refpondeant, nobis autem pro rebus temporalibus debitam fubjectionem exhibeant. Decrevimus ergo, ut nulli omnino hominum liceat prefatam ecclefiam temere perturbare, aut ejus bona feu poffeffiones auferre, vel ablatas retinere minime, feu quibuflibet vexationibus fatigare, fed omnia integra conferventur, eorum pro quorum gubernatione & fuftentatione conceffa funt, ufibus omnimodis profutura; falva in omnibus Apoftolice Sedis auctoritate. Si qua, igitur, in futurum, ecclefiaftica fecularifve perfona, hujus noftre conftitucionis paginam, fciens, contra eam venire temptaverit, fecundo tertiove commonita, nifi reatum fuum congrua fatisfactione correxerit, poteftatis honorifque fui dignitate careat, reamque fe divino judicio exiftere de perpetrata iniquitate cognofcat, & a facratiffimo corpore & fanguine Dei & domini Redemptoris noftri Jefu Chrifti aliena fiat, atque, in extremo examine, diftricte ultioni fubjaceat. Cunctis autem eidem ecclefie fua jura fervantibus fit pax Domini noftri Jefu Chrifti, quathinus & hinc fructum bone actionis percipiant, & apud diftrictum judicem premia eterne pacis inveniant. Amen.

Ego Alexander Catholice Ecclefie epifcopus. Ego Hibaldus Oftienfis Epifcopus. Ego Bernardus Portuenfis & Sancte Rufine epifcopus. Ego Galterius Albanenfis epifcopus. Ego Jacintus diaconus cardinalis Sancte Marie in Cofmedin. Ego Odo diaconus cardinalis Sancti Nicolai in Carcere Tulliano. Ego Verza diaconus cardinalis Sanctorum Cofme & Damiani. Ego Petrus diaconus cardinalis Sancti Euftachii juxta templum Agrippe. Ego Raymundus diaconus cardinalis Sancte Marie in Via lata. Ego Manfredus diaconus cardinalis Sancti Georgii ad Velum aureum *.

---

* Le *datum* de cette bulle-pancarte d'Alexandre III a été omis dans le *vidimus*. Le *Gallia . Christiana* mentionne cette bulle (t. II, Eccl. Anic., col. 706), mais sans en préciser la date. Nous savons, par Odo de Gissey *(loc. cit.*, p. 392), et le F. Théodore *(loc. cit.*, p. 258), qu'elle est de l'année 1164.

. Clemens, episcopus, fervus fervorum Dei. Venerabili fratri Epifcopo & dilectis filiis canonicis Anicienfis ecclefie tam prefentibus quam futuris canonice inftituendis in perpetuum. Cum univerfis fancte Ecclefie filiis ex Apoftolice Sedis auctoritate ac benevolentia debitores exiftamus, illis tamen locis atque perfonis qui fpecialiter Romane adherent Ecclefie, propenfiori nos convenit affectionis ftudio immunire. Ea propter, dilecti in Domino filii, veftris juftis poftulacionibus libenter annuimus, & beate Dei Genitricis femperque virginis Marie Anicienfem ecclefiam, in qua divino mancipati eftis obfequio, ad inftar felicis recordationis Alexandri & Innocentii predeceflorum noftrorum, Romanorum Pontificum, fub beati Petri & noftra protectione fufcipimus & prefentis fcripti privilegio communimus, ftatuentes ut quafcumque poffeffiones vel quecumque bona eadem ecclefia in prefenti jufte & canonice poffidet, aut in futurum, conceffione Pontificum, largitione Regum vel Principum, oblatione fidelium, feu aliis juftis modis, preftante Domino, poterit adhipifci, firma vobis veftrifque fucceforibus & illibata permaneant; in quibus hec propriis duximus exponenda vocabulis : ipfam videlicet totam Anicienfem civitatem cum moneta & omnibus redditibus fuis, Sollempniacum, Caftrum Novum, Mairas, Albenacium, caftrum Sancti Laurentii, Salavas, caftrum Sancti Habundi, Rocham Fortem, Joncheyras, caftrum Sancti Privati, Albuffo, Spaletum, caftrum & burgum & ecclefias Sancti Pauliani, caftrum de Chalmelis, Grafacum, Caftrum Novum, Cerefeum, Boufolz, Servif-fas, ecclefiam & villam Sancti Germani, ecclefias & villas de Brinionis, Lardeyrol, Artigas, ecclefiam & villam de Retornac, Linhio, ecclefiam Sancte Segolene, ecclefiam de Bas, burgum & caftrum de Moniftrol, ecclefiam & caftrum Sancti Defiderii & quicquid Guillermus Sancti Defiderii in epifcopatu Anicienfi habebat, tertiam partem caftri de Bonas cum pertinentiis fuis, ecclefiam de Chamclaufa, villam de Cantamerle cum ecclefiis & pertinentiis fuis, ecclefiam & villam de Quintenas, ecclefiam de Freffac cum pertinentiis fuis, ecclefiam Sancte Marie Nidi Aquilini, ecclefiam Montis Sancti Martini, ecclefiam de Beorfet, ecclefiam de Arfens, ecclefiam Sancti Amantii, ecclefiam de Charais, ecclefiam de Annons, ecclefiam & villam de Gordo, Sanctam Mariam de Dameata, Montem Celen, Varenas, medietatem caftri de Turre, abbatiam Veteris Muri, caftrum de Tanus, ecclefiam Sancte Marciane, ecclefiam de Cruffolis, villam & ecclefiam que dicitur Salvitas, abbatiam Sancti Theofredi, terciam quoque partem caftri de Bonas cum poffeffionibus & pertinentiis fuis, caftrum de Arzonio* cum pertinentiis fuis,

---

* Arzon (Haute-Loire); Chalencon *(id.)*; Rochebaron *(id.)*; Glavenas *(id.)*; Chapteuil *(id.)*; Aurec *(id.)*; Craponne *(id.)*; Tiranges *(id.)*; Pradelles *(id.)* ; Séverac (Aveyron); Polignac (Haute-Loire); Fay *(id.)*; Montréal *(id.)*; Queyrières *(id.)*; Ceyssac *(id.)*; Seneuil *(id.)*; Mercœur, près

jus & dominium in caftris de Chalanco, de Roca Baronis & de Glavenas Sancti Theofredi, terciam quoque partem de Captolio ac pertinentias eorumdem, a cariffimo in Chrifto filio noftro Philippo Francorum rege illuftri, pia vobis liberalitate conceffa & ad ufum epifcopalis menfe proprie deputata; caftrum de Aurec, caftrum de Crapona, caftrum de Tiranges, caftrum de Pratelis, caftrum de Seveyrac, caftrum de Podompniaco, caftrum de Fay, caftrum Montis Regalis, caftrum de Cayreria, caftrum de Saxiaco, caftrum de Senolio, caftrum de Mercorio, caftrum de Meferas, caftrum de Salfac, caftrum Sancti Quintini, caftrum de Volta, caftrum del Luc, caftrum de Malyvernat, caftrum de Vocel, caftrum de Cafalis, caftrum Montis Lauri, caftrum Arlempdii, caftrum de Fara, caftrum de Godet & Bellifortis, caftrum de Caprefpina, caftrum de Lapte, caftrum de Duneria, caftrum de Turre, caftrum de Montibus, caftrum Bellijoci, caftrum Bellidinarii, caftrum de Monte Regard, caftrum de Baufac, caftrum de Uffon, caftrum de Vernafalis, caftrum de Cheyllo, caftrum de Esbays, caftrum de Charboneriis, caftrum de Bellimontis, caftrum de Valle, ecclefiam Sancti Martini d'Agrens, ecclefiam de Farges, comitatum de Bigorra cum omnibus pertinentiis fuis, medietatem decimarum infule de Re prope Rocellam, caftrum de Brolio Bertini & villam de Lucero. Prohibemus infuper & apoftolica auctoritate interdicimus, ut a Rodano ufque ad Elagium, & ab Allez ufque ad Montbrifon & Sanctum Albanum, nullus pedagium imponere vel recipere audeat, nec infra eosdem terminos nova caftra vel novas municiones contra jus Anicienfis ecclefie exigere prefumat. Fideles etiam ad ejufdem Genitricis Dei ecclefiam, devotionis intuitu, venientes, in eundo vel redeundo, nullus in perfonis vel bonis fuis, audeat offendere, vel in aliquo moleftare. Pallium vero fraternitati tue, plenitudinem videlicet pontificalis officii, Apoftolice Sedis liberalitate conceffum ad miffarum sollempnia, tu, frater epifcope, fubfcriptis diebus noveris induendum, id eft : Natalis Domini, fancti Stephani, fancti Laurentii, fancti Vincentii, Epiphanie, Ypapanthon, Cena Domini, Refurrectione, Afcenfione, Penthecofte, omnibus folempnitatibus fancte Marie, & in natale beati Johannis, in feftivitatibus Apoftolorum, in dedicatione ecclefie tue, commemoratione Omnium Sanctorum, & eorum Sanctorum

---

Lavoûte-sur-Loire (id.); Mezères (id.); Saussac, près Yssingeaux (id.); Saint-Quintin (id.); Lavoûte-sur-Loire (id.); Luc (Lozère); Malivernas (Haute-Loire); Ussel (Ardèche); Chazeaux (id.); Montlaur (id.); Arlempdes (Haute-Loire); La Farre (id.); Goudet et Beaufort (id.); Chabrespine (Ardèche); Lapte (Haute-Loire); Dunières (id.); La Tour, près Maubourg (id.); Mons, près Saint-Georges-Lagricol (id.); Beaujeu, près le Chambon (id.); Beaudiné (Ardèche); Montregard (Haute-Loire); Bauzac (id.); Usson (Loire); Vernassal (Haute-Loire); Cheylon, près le Puy (id.); les Estreits? (id.); Charbonnier, près la Sauvetat (id.); Montbel (id.); Vals (Ardèche); Agrain (Haute-Loire); Farges (id.); Brolium Bertini et Lucero, inconnus.

quorum in Anicienfi ecclefia reliquie requiefcunt, in confecrationibus ecclefiarum, presbyterorum & diaconorum, & in anniverfario confecrationis tue die.
Preterea, predecefforum noftrorum felicis memorie Pafchalis, Eugenii, Adriani,
& predicti Innocentii, veftigiis inherentes, manfuro in perpetuum decreto fancimus, ut tam tu quam tui deinceps fucceffores, nulli, preter Romano Pontifici,
fubjaceatis, & omnes qui tibi in eadem fede fucceffuri funt, per manus Romani
Pontificis, tanquam fpeciales Apoftolice Sedis fuffraganei, confecrentur. Sancimus etiam ne perfona tua, frater epifcope, a quoquam, nifi a Romano Pontifice,
vel cui ipfe commiferit, judicetur. Prefentis quoque decreti pagina, confirmamus
quicquid, perrochiarum jure, ad Anicienfem ecclefiam agnofcitur pertinere.
Prohibemus infuper & ejusdem ecclefie poffeffiones, nifi confilio epifcopi & cappituli, nulli liceat vendere, vel ab ea quolibet modo alienare; & fi quid contra
hoc actum fuerit, irritum habeatur. In ecclefiis vero quas in aliis epifcopatibus
tenetis, honeftos facerdotes eligatis & diocefanis epifcopis prefentetis, quibus, fi
ydonei fuerint, epifcopi, perrochie curam, cum noftro affenfu, committant, ut
ejufmodi facerdotes de plebe quidem circa epifcopos refpondeant, nobis autem
pro rebus temporalibus debitam fubjectionem exhibeant. Decrevimus ergo, ut nulli
omnino homini liceat, prefatam ecclefiam temere perturbare, aut ejus poffeffiones
auferre, vel ablatas retinere, minime quibuflibet vexationibus fatigare, fed omnia
integra conferventur, eorum pro quorum gubernatione ac fuftentatione conceffa
funt, ufibus omnimodis profutura; falva in omnibus Apoftolice Sedis auctoritate.
Si qua in futurum, igitur, ecclefiaftica fecularifve perfona, hanc noftre conftitu-
tionis paginam fciens, contra eam temere venire temptaverit, fecundo terciove
commonita, nifi reatum fuum congrua fatisfactione correxerit, poteftatis honorifque fui careat dignitate, reamque fe divino judicio exiftere de perpetrata iniquitate cognofcat, & a facratiffimo corpore ac fanguine Dei & Domini Redemptoris
noftri Jefu Chrifti aliena fiat, atque, in extremo examine, diftricte fubjaceat ultioni.
Cunctis autem eidem ecclefie fua jura fervantibus fit pax Domini noftri Jhefu
Chrifti, quathinus & hinc fructum bone actionis percipiant, & apud diftrictum
judicem premia eterne pacis accipiant. Amen. Sic fignata.

Ego Clemens catholice Ecclefie epifcopus. Ego Symon tituli Sancti Martini
presbiter cardinalis. Ego Henricus Hoftienfis & Velletrenfis cardinalis. Ego Odo
Tufculanus epifcopus. Ego Matheus tituli Sancte Praxedis presbiter cardinalis.
Ego Guillelmus tituli Sancti Marci presbyter cardinalis. Ego frater Annibaldus
Bafilice...... Ego Octavianus Sancte Marie in Via lata diaconus cardinalis. Ego
Jacobus Sancte Marie in Cofmedin diaconus cardinalis. Ego Umbertus Sancti
Stephani Preneftinus epifcopus. Ego frater Johannes Portuenfis & Sancte Rufine
epifcopus. Ego Richardus Sancti Angeli diaconus cardinalis Sancti Michaelis de

Tholofa, Sancte Romane Ecclefie vicecancellarius. Ego Umbertus fancti Euftachii diaconus cardinalis. Ego Jordanus Sanctorum Cofme & Damiani diaconus
cardinalis.

Datum Viterbiis XIV. kalendas feptembris, indictione decima, incarnationis
Dominice anno M.CC.LXVII., pontificatus vero domini Clementis pape quarti
anno III *.

*Cui quidem vidimus five tranffumpto figillum noftrum autenticum curie noftre
fpiritualis Anicienfis duximus apponendum, ad majorem roborem & firmitatem obtinendam. Datum & actum Anicii die IX. menfis aprilis anno Domini
M.CCCC.XXXVII. Sic per me tranffumptum Johannem Ayraudi, notarium
regium & curie fpiritualis dicti domini officialis juratum. AYRAUDI.*

De l'yftoire des Chapperons Blancs, d'après maiftre Simon de Hedin.

En regardant ce beau livre de ceft grant hiftorien romain Valere, j'ay
trouvé, au tiers chappitre du premier livre qui parle *de la Diffimulée Religion*, aux Addicions du tranflateur maiftre Simon de Hedin, frere de l'Ofpital de Sainct Jehan de Jherufalem, docteur en theologie, lequel meyne à
memoire une merveilleufe fimulacion, laquelle, celon qu'il trouva en une cronique, advint au Puy l'an de grace M.C.LXXXV. Et dit que, après une
guerre qui fut entre Henry le roy d'Angleterre & Henry auffi le fils (qui fe
difoit auffi roy), après la mort de Henry le Jeune, demoura en Acquitaine
grant quantité de gens d'armes que l'on appelloit Routiers, car ils eftoient
par routes, ainfi qu'en maintenant Compaignies. Ces Routiers devantdits

---

* Les plus anciens titres, qui conférèrent aux Evêques du Puy la seigneurie de la ville et sur
lesquels ces Prélats ont, depuis, basé leurs prétentions à la suzeraineté du Velay, source de leurs
démêlés, durant deux siècles, avec les vicomtes de Polignac, ne remontent pas seulement aux premiers rois Capétiens. Dès la seconde race, le roi Raoul avait fait à l'évêque Adalard et à ses suc-
cesseurs, concession des droits de marché, tonlieu, monnaie et justice : concession qui fut ensuite confirmée par Lothaire. Nous reproduisons ces deux diplômes, à cause de leur importance,
quoiqu'ils aient été plusieurs fois publiés.

Diplôme du roi Raoul, de l'an 923.

« In nomine Dei & Salvatoris noftri Jefu Chrifti, Rodulphus divina ordinante providentia rex.
Si petitionibus fervorum Dei pro quibuflibet ecclefiafticis neceffitatibus aurem ferenitatis noftræ
libenter accommodamus, id nobis, & ad vitam immortalem temporaliter deducendam, & ad
æternam feliciter obtinendam profuturum liquido credimus. Idcirco notum fore volumus cunctis

gaftoient tout le pays de Guienne & autres pays auffi où ils fe metoient ; ne nul n'y metoit confeil ne remede, car ils eftoient grant nombre, pour ce que ils n'avoient qui euft refifté au commancement, & fe y affembloient Bacles, Brabançons, Arragonnois, Alemans, & briefvement ils venoient de toutes nacions ; pour quoy, nul n'ofoit yffir hors des fortereffes.

Or, eftoit-il coftume en celluy temps que, au jour de la my-aouft, à la follemne fefte, s'affembloient au Puy les princes & les barons du pays & de eftranges contrées, & faifoient grans defpends & largès, & les fuivoient mar-

fidelibus fanctæ Dei Ecclefiæ & noftris, prefentibus fcilicet ac futuris, qualiter veniens Adelardus epifcopus ecclefiæ Anicienfis feu Vallavenfis, expetierit celfitudinem noftram, ut ecclefiam cui Deo ordinante preful effe dignofcitur, de rebus juris noftri accrefcere fub noftræ præceptionis auctoritate dignaremur; cujus petitioni benignum præbentes affenfum, Regum morem fervantes, hoc præceptum immunitatis fieri juffimus, concedentes ei omnibufque fuccefforibus, omnem burgum ipfi ecclefiæ adjacentem, & univerfa, que ibidem ad dominium & poteftatem comitis hactenus pertinuiffe vifa funt : forum fcilicet, teloneum, monetam, & omnem [diftrictum cum terra & manfionibus ipfius burgi, & ita deinceps hæc noftri præcepti authoritas, quam pro remedio animæ noftræ, confentiente fideli noftro Guillelmo comite, pro remedio animæ Guillelmi avunculi fui atque omnium parentum fuorum, Dei Genitricis & perpetuo Virginis ecclefiæ, prædicto pontifici commiffæ, concedimus, firmiter & inviolabiliter deinceps confervetur, ut nullus comes, aut judex publicus, aut aliqua fæcularis poteftas ibi audeat aliquam exactionem facere, neque manfionaticas, aut pactiones, aut aliquas redhibitiones exigere fine voluntate aut permiffione epifcopi, qui ipfam tenuerit ecclefiam, fed omnia in poteftatem epifcopi redigantur, & ipfe omnia, prout fibi recte placuerit, ordinet, teneat, atque poffideat. Ut autem hæc auctoritas firmior habeatur, & a fidelibus fanctæ Dei Ecclefie futuris temporibus diligentius confervetur, id annulo noftro fubter juffimus figillari.

L

Signum Rodulphi R v S regis gloriofi.

P

Datum VI. idus aprilis, indictione X. anno primo regnante Rodulpho rege gloriofiffimo, anno D.CCCC.XXIII. Actum Cabilone civitate in Dei nomine feliciter. Amen. »

Odo de Giffey (loc. cit., p. 253); Denys de Sainte-Marthe (Gallia Chrift., t. II., Inft. Eccl. Anic., col. 221); Vaiffète et de Vic (Hift. du Languedoc, t. II., Preuves, col. 61).

Diplôme du roi Lothaire, de l'an 955.

« In nomine fanctæ & individuæ Trinitatis, Lotharius fuperni Regis præordinante clementia rex Francorum. Si fanctæ Dei Ecclefiæ fubvenientes, concedimus aliquod honoris & reftaurationis donum, necnon & ipfis qui in ea debent morari catholicis, & pro ftatu regni & Chriftianitatis & fublimationis Supremi Regis Jefu Chrifti, cum Sanctorum ipfius clementiffima interceffione, illius clementiam devoti debent efflagitare, porrigimus noftræ celfitudinis manum ne opprimantur quorumdam violentia inlegaliter & injufte, nobis id temporaliter ad honoris augmentum & æter-

chans de toutes marchandifes ; & ainfi en amendoit la ville & auffi l'eglife,
car les riches hommes donnoient à l'eglife de leurs biens largement.

Si advint qu'il y euft ung chanoine du Puy, qui euft grant defplaifir de ce
que celle gent deftruifoit ainfi le pays, & lui defpleut que ils gaftoient ainfi le
monde, & auffi que il convenoit que par leur faict fut ainfi empefché la fol-
lennelle fefte de Noftre Dame. Si parla à ung jeune homme fubtil, bien en
langaige, non cogneu en la ville, & ordonnarent enfemble que le jeune homme
feroit habitué en guife de Noftre Dame le plus proprement que l'on pourroit,

naliter tenemus firmiffime profuturum. Quocirca notum fore volumus cunctis fanctæ Dei Ecclefiæ
fidelibus & noftris præfentibus fcilicet & futuris, qualiter veniens Godefcalcus Anicienfis feu Vallavenfis ecclefiæ epifcopus, nobis per omnia devotus, noftram expetierit celfitudinem ac benignif-
fimam voluntatem, ut ecclefiæ, cui Deo ordinante dignofcitur præfidere, ex rebus regii juris a
predeceffore noftro rege Rodulpho ecclefie digne collatis, faventibus fibi inclitæ comitiffæ &
amitæ noftræ Hadvidis, Hugonis ducis Francorum uxoris, petitionibus ac creberrimis poftulationibus, renovationis noftræ præcepto facere dignaremur. Cujus petitioni benignum præbentes
affenfum, regium morem fervantes, hoc præceptum immunitatis fieri juffimus, concedentes ei
omnibufque fuccefforibus ejus omnem burgum ipfius ecclefiæ adjacentem, & univerfa quæ ibidem ad dominationem & poteftatem comitis pridem pertinuiffe vifa funt : forum fcilicet, teloneum, monetam & omnem diftrictum cum terra & manfionibus ipfius burgi. Et ita deinceps hæc
noftri precepti auctoritas, quam pro noftro remedio animæ noftræ, five patris noftri Ludovici,
ac parentum noftrorum predecefforum, fanctæ Dei Genitricis ac perpetuæ femper Virginis Mariæ
ecclefiæ predicto pontifici commiffæ, firmiter concedimus, atque inviolabiliter deinceps ita confervetur, ut nullus comes, aut judex publicus, aut aliqua fæcularis poteftas ibi aliquam audeat
exactionem facere, neque manfionaticos, neque pactiones, nec aliquas redhibitiones exigere fine
voluntate aut permiffione epifcopi qui ipfam tenuerit ecclefiam, fed omnia in poteftatem epifcopi
redigantur, ut omnia ipfe, prout recte fibi placuerit, ordinet, teneat, atque poffideat. Si autem
aliquis hæc ftatuta indigne violare præfumpferit, ac Dei omnipotentis clementia defperatus, audacter ac præfumptuofe infregerit, juris privilegio apoftolico femper fit damnatus, & cum Juda
proditore Domini portionem habeat perpetualiter exurendus, & fit anathema maranatha, & a
confortio fidelium exclufus, & in pœnis infernalibus æternaliter exiftat concremandus. Ut autem
hæc auctoritas firmior atque credibilior habeatur, & a fidelibus fanctæ Dei Ecclefiæ futuris temporibus diligentius confervetur, annuli noftri impreffione fubter juffimus figillari & cum anagram-
mate noftri nominis decenter afcribi.

R
Signum Lotharii H v S Francorum regis gloriofi.
L

Actum Lauduno Clavato, anno primo regnante gloriofiffimo rege Lothario, VIII. idus martii,
indictione VIII. »

Odo de Gissey (loc. cit.., p. 260); Vaissète et de Vic (Hift. du Languedoc, t. II., Preuves,
col. 96.)

& fe apparoit de nuyt à ung fimple homme & de très bonne renommée, qui avoit nom Durand, ung charpentier. Et celluy Durand avoit acoftumé d'eftre en devocion par nuyt en l'eglife. Et ainfi fut faict comme ils l'avoient devifé. Car le jeune homme, ainfi que une heure devant le jour, fe apparut à Durand en guife de Noftre Dame & luy dit certaines paroles & commandemens, & le fimple homme cuida pour vray que ce fut Noftre Dame. Si ala, quant il fut jour, racompter fa vifion. Si vindrent ceulx de la cité à l'eglife pour fçavoir ce que c'eftoit, car le prodhomme Durand eftoit de bonne foy; pour quoy, la chofe eftoit plus creable.

Le chanoine, par qui le prodhomme avoit efté deceu, fi print la parole pour Durand, car il eftoit fage & bien emparlé, & avoit ouy de Durand ce qu'il luy avoit faict dire. Si print themne & parla au peuple par maniere de fermon, & dit ce que Noftre Dame avoit dit à Durand : premierement, que la Reyne de Mifericorde avoit impetré paix au monde par les prieres qu'elle avoit faictes à fon benoift fils Dieu le Tout Puiffant, & qui ne vouldroit prendre ou empefcheroit cefte paix, il mourroit de mort fubite.

Les condicions de cefte paix font que tous ceulx de cefte paix fi auront chapperons de toille blanche & auront une enfeigne * ou de plomb d'eftaing où

---

* Nous mettons fous les yeux du lecteur le deffin de l'une de ces enfeignes des Chapperons Blancs. L'original, en étain, trouvé au Puy, appartient à M. Aymard, qui l'a publié *(Congrès scientifique de France,* XXII° seffion, tenue au Puy en 1855, t. II, p. 623. etfuiv.), et nous en a obligeamment communiqué la gravure.

il y aura efcript: *Agnus Dei, qui tollis peccata mundi, dona nobis pacem.*
Après, celluy qui entrera en cefte paix ne jouera aux dés, ne aux tables, ne
ira aux tavernes, ne aura veftement enbonbant, ne cotel à pointe, ne fera
faulx ferement, ne deshonneftement ne nommera le nom de Dieu ne de
Noftre Dame ne de Sainft ne de Sainfte, ne de aucun membre deffoubs le
nombril; & auffi jureront tous ceulx qui font de cefte paix de deftruire tous
les ennemys de paix, c'eft à dire les Routiers.

Cefte paix fut efpandue par plufieurs pays & contrées. Si venoient de toutes
parts Evefques & gens de tous eftas prendre cefte paix que ils cuidoient venue
du ciel, car qui ne vouloit prendre ce chapperon de toille, ils le tenoient comme
ennemy & pour ennemy. Et paioit chacun à l'entrée douze deniers de la monnoye du Puy, laquelle fomme monta en deux moys quarante fept mille frans.
Les princes & les feigneurs terriens du pais avoient paour de celle gent &
n'ofoient rien demander à leurs fubgets, fors leurs rentes bien efcharfement*.

Or, advint que les Routiers s'en venoient une grant partie d'Aquitaine vers
Bourgoigne; & quant les Chapperons d'Auvergne le fceurent, ils leur cou-
rurent fus & en occirent dix fept mille; & en autre partie auffi, en euft occis
neufs mille par les Chapperons, & enportarent la tefte du cappitaine, qui avoit
à nom Curbarant**, en figne de leur victoire. Et monta à tel orgueil le fol &
indifcipliné peuple que ils mandoient aux princes & aux feigneurs que fe ils
demandoient rien à leurs fubgefts, ils fentiroient leur indignacion. Et fut
en adventure le monde que pis, fans comparaifon, ne advenift par le faict
des Routiers.

Mais cefte chofe qui avoit efté faicte par faincte & fimulée religion, ne dura
pas trop longuement, car Luparius, ung cappitaine des Routiers puiffant &
fort, defconfit les Chapperons en telle maniere qu'il ne fuft depuis nul qui
l'ofat dire qu'il fut de celle confrarie. Et après celluy Lupparius, fut cappitaine des Routiers ung qui avoit nom Marchad, qui fut puis appellé du roy
Richard d'Angleterre pour luy aider contre le roy Philippe le Conquerant, &
fit moult de grans maulx en France; & de cefte hiftoire pour le prefent me
taiz.

---

* C'est-à-dire, mesquinement. — *Eschars,* économe, mesquin, avare.
** V. la *Chronique* (2ᵉ partie), de Geoffroy, prieur de Vigeois en Limousin, publiée par
P. Labbe *(Nov. Bibl. mss. lib.,* t. II., p. 230 et suiv.), et traduite par M. F. Bonnélye, biblio-
thécaire de la ville de Tulle (Tulle, 1864, in-8ᵉ).

De l'yſtoire des Chapperons Blancs d'après maiſtre Vincent de Beauvays.

Combien que j'aye traicté ci-deſſus, après maiſtre Simon de Hedin, l'hiſtoire des Chapperons, ay trouvé encore icelle eſtre eſcripte & recitée par maiſtre Vincent de Beauvays au XXX⁰ livre, et XXVII⁰ chappitre d'icelluy, de ſon ſecond volume du *Miroir Hiſtorial,* diſant en ceſt eſtat :

De pace inter Regem Aragonenſium & Comitem Sancti Egidii
miraculoſe facta.

Orta autem diſſenſio magna fuerat, ex longo videlicet tempore, inter ipſum Regem Aragonenſium & comitem Sancti Egidii Raymundum. Que cum nulla ratione pacificari poſſet, cuidam pauperi, Durando nomine, Deus apparuiſſe fertur in urbe Anicienſi que nunc Podium dicitur, eique tradidiſſe cedulam, in qua erat ymago beate Marie Virginis in throno ſedentis, tenens in manibus pueri Jeſu ymaginem, & in circuitu impreſſam hujuſmodi ſimilitudinem : *Agnus Dei, qui tollis peccatą mundi, dona nobis pacem.* Quod audientes principes, cum univerſis populis, apud Anicium convenerunt in Aſſumptione beate Virginis. Tunc illius urbis epiſcopus, cum clero & populo, pauperem illum carpentarium in edito ponentes, intentiſſime audierunt, eoque mandatum Domini de pace reformanda inter eos audacter referente, & cedulam cum ymagine beate Virginis pro ſigno omnibus oſtendente, vocem cum lachrimis elevantes, mentè promptiſſima ſe pacem ſervaturos ſub juramento promiſerunt. In ſignum autem ſervande pacis, predictum ſigillum beate Virginis, in ſtanno impreſſum ac pectori ſuperpoſitum, cum capuciis lineis albis ad modum ſcapularis Alborum Monachorum factis, ſemper portaverunt, &, quod mirabile eſt, omnes hujuſmodi capucium cum ſigno portantes in tantum ſecuri erant, quod, ſi quis fratrem alterius aliquo caſu interfeciſſet, & frater ſuperſtes fratricidam cum ſigno jam dicto occurrentem videret, ſtatim morte fratris oblivioni data, in oſculo pacis illum cum lacrimis recipiebat, &, in propriam domum inducens, victui neceſſaria miniſtrabat.

De l'yſtoire des Chapperons Blancs d'après maiſtre Jehan
des Courtils.

De l'yſtoire des Chapperons de toille dejà deux fois repeté, ſuivant ladicte hiſtoire traictée par maiſtre Jehan des Courtils, au ſecond volume de ſon livre intitulé : *la Mer des Hiſtoires & Cronicques de France,* en la cronicque

& premier livre des faicts & geftes de Philippes, roy de France, que fut furnommé Dieudonné (qui fut environ l'an M.C.LXXXV.), il eft imprimé
quelque peu differemment des autres Hiftoriographes, & dict en cefte maniere.

Comment le comte de Thouloufe & le Roi d'Arragon furent accordés par miracle.

Guerre & difcention, qui de longtemps avoit efté commencée, fut renouvellée
entre le comte Raymond de Sainct Gilles & le Roy d'Arragon, telle que nulle ne
les povoit mettre en paix & concorde. De quoy les poures gens du pays eftoient
moult grevés par leur guerre. Mais Noftre Seigneur, qui ouyt la clameur & la
complaincte des poures gens du pays, leur envoya faulveur, non mye empereur,
ne roy, ne prelat, ne prince, mais ung poure homme que on appelloit Durand,
à qui Noftre-Seigneur s'apparut en la cité de Noftre-Dame du Puy, & lui bailla
une cedule, en quoy l'ymage de Noftre Dame eftoit defcribte & fife fur ung
throfne, & tenoit la forme de fon cher Filz en femblance d'enfant. En la circui-
tude de ce fcel eftoient lettres efcribtes, qui difoient : *Agneau de Dieu, qui oftes*
les pechés du monde, donne-nous paix. Quant le grant prince & le meneur, &
tout le peuple ouyrent cefte chofe, ils vindrent tous à Noftre-Dame du Puy, à la
fefte de l'Afcention, ainfi comme ils fouloient venir chacun an par couftume.
Quant tout le peuple fut affemblé à la follemnité de la fefte, l'Evefque de la cité
print celluy Durand, qui eftoit nud & poure charpentier, & le mift ou millieu de
toute la congregation pour dire le commandement de Dieu. Quant il vit que tous
ceulx qui là eftoient eurent des oureilles ententives, il commença à dire fon
meffaige, & leur commanda hardiement, de par Noftre Seigneur, que ils fiffent
paix entre eulx ; en tefmoing de verité, il leur monftra la cedule que Noftre Seigneur luy avoit baillée atoute l'ymage de Noftre Dame, qui dedans eftoit empreinte. Lors, commancerent à crier à foupirs & à larmes, & à louer la pitié &
mifericorde de Noftre Seigneur. Et les deux princes, qui devant eftoient en fi
grant guerre que nul ne les povoit metre en paix, jurarent fur les textes des
Evangiles de bon cueur et de bonne volenté, & le promirent à Noftre Seigneur
qu'ils feroient à tousjourfmais en amour & en concorde l'ung vers l'autre. Et
en figne & en tefmoignage de cette reconciliation qu'ils avoient faite, ils firent
empraindre en eftain le fcel de cette cedule atoute l'ymage de Noftre Dame, & le
portoient avec eulx coufu fur chapperons blancs, qui eftoient taillés à la maniere
des capulaires que les Religieux des abbayes portent. Et plus grant merveille, car
ceulx, qui ces fignes portoient, eftoient fi feurs, que s'il advenoit par aventure que

aucun homme euſt ung autre occis, & il encontraſt le frere de celluy qui eſtoit mort & euſt ſceu encore bien la mort de ſon frere, il euſt mis tout en oubly pour le feſtoier & l'euſt receu entre ſes bras & l'euſt baiſé en ſigne de paix & d'amour à pleurs & à larmes, luy euſt donné à manger & à boire en ſa maiſon & toutes ſes neceſſités. Et celle paix fut faiɗe ou pays par Durand, ce prodhomme, qui moult longuement dura.

* *

L'an M.CC.LIII. la ſixieme kalende de mars, fina ſes jours le bon eveſque du Puy meſſire Bertrand *, lequel fut enſepveli en l'egliſe conventuale de Sainɗ Laurens, au coſté gauche du grant autier, où luy fut faiɗe une chaſſe de cuyvre doré avec ſon eſtatue, autour de laquelle, à la loenge dudit bon Eveſque, un tel diɗon eſt eſcript :

Bertrandus, vir diſcretus, affabilis atque facetus,
Sobrius & caſtus, pius & ſine crimine faſtus
Largus in expenſis, preſul jacet Anicienſis,
Hoc in ſarcophago preſens, ut monſtrat imago,
Cui de peccatis veniam det Fons pietatis.

* *

J'ay trouvé en aucuns livres & cayers vieulx ces memoyres que s'enſuivent ainſi ſuccinɗement miſes :

L'an M.CC.LIII. moric l'aveſque B. del Peu lo mars entre los dos caremantrans, & en aquel an fot elegit en eveſque dom Peire de Ventadour **, & el ſegond an reſignet.

Anno Domini M.CC.LIIII. fuit eleɗus dominus Armandus de Podompniaco & conſecratus ab Archiepiſcopo Vianenſi in eccleſia Anicii.

Eſtoit abbé de Sainɗ Pierre la Tour par avant.

* Cet Evêque, d'après le *Gallia christiana*, se nommait Bernard de Montaigu. Le premier vers de son épitaphe portant :

B. vir diſcretus, affabilis atque facetus,

Médicis a traduit B. par *Bertrandus*, au lieu de *Bernardus*. Le *Gallia christiana* fixe sa mort à l'année 1248.

** Son nom était, non pas Pierre, mais Bernard de Ventadour.

Suivant le *Gallia christiana*, il n'aurait pas succédé immédiatement à Bernard de Montaigu; entre leurs épiscopats se place, de 1248 à 1251, celui de Guillaume de Murat.

Anno Domini M.CC.LVII., in fefto beati Barnabe, fuit electus Guido Fulcadi in epifcopum Anicii.

De ce Guido, evefque du Puy, ay trouvé qu'il fut natif de Narbonne, lequel eftoit fi hault homme en chacun droict, que, de toutes les parties gauloifes, il en obtenoit le primat. Fut confeiller du Roy. Ce Guido fut marié & eult de fa femme de moult beaulx enfans. Brief, fa femme morut, & il fe deflibera faire homme ecclefiaftic, & vacant l'evefché du Puy luy fut collacionné. Et tantoft après, obtint l'arcevefché de Nerbonne, & bien peu après, pour fa grande recommandacion, obtint le chappeau de cardinal evefque de Sabine. Lequel pour fa fainteté & devote converfacion, après Urbain quatriefme, fut efleu à Pape, luy eftre de retour d'Angleterre là envoyé legat pour ledit Urbain, & fut appellé Clement quart. Il euft efperit de prophecie. Il mift paix entre Henri, roy d'Angleterre, & le comte de Montfort, & entre les Florentins & les Senoys, & tant d'aultres biens fit qui trop feroient longs à racompter *. Après fon trefpas, pour ce qu'on ne trouva homme qui fut capable à eftre mis en cefte haulte dignité papale, tel comme il eftoit, telle contencion fordit entre les cardinaulx que le fiege appoftolique vacca deux ans.

J'ay volentiers volu metre icy ceft efcript pour l'honneur de fi noble homme qui fuft noftre prelat, & à qui advint fi grande dignité.

Anno Domini M.CC.LX. fuit electus epifcopus Anicii dominus Guilhermus de Rota ** circa feftum Marie Magdalene.

Anno Domini M.CC.LXXXIII., in vigilia fancti Laurentii, obiit dominus Guilhermus de Rota epifcopus Anicii apud caftrum de Bellojoco ***, & fuit traditus fepulture in ecclefia Cafe Dei.

Anno Domini M.CC.LXXXIIII., poft Penthecoftem, fuit provifum a domino papa Honorio de domino Fredolo de Sancto Bonito in epifcopum ecclefie Anicii.

Fut enfepveli en l'eglife de Sainct Laurens foubs la lampe du chœur.

---

* Par lettre datée du 4 des nones de juin, l'an 3ᵉ de son pontificat (2 juin 1267), Clément IV donna à l'église cathédrale du Puy des statuts réglementant le service des chanoines et des clercs, le mode des distributions, les assemblées capitulaires, l'habillement des chanoines, etc. — Martène et Durand (Thefaurus novus Anecdotorum, t. II, Clementis papæ IV Epistolæ, col. 476 et suiv.)

** La Roue, aujourd'hui château en ruines, près Saint-Anthème, arrondissement d'Ambert (Puy-de-Dôme), donna son nom à une famille, implantée au XIVᵉ siècle en Velay, où elle posséda le fief (titré de baronnie) de Dunières.

*** Beaujeu, aujourd'hui commune du Chambon, canton de Tence, arrondissement d'Yssingeaux.

Du Pariage de la Court Commune.

'EST une confirmation* faicte par le roy Charles VIII° du pariage & affociation que fut jadis faicte par feu de très-noble memoire Philippes, furnommé le Bel, roy de France, & monfeigneur meffire Jehan de Cumenas, evefque du Puy, que morut & trefpaffa audit an, & fut enterré en l'eglife des Pères Cordeliers, en la chappelle Sainct Michiel, duquel encores eft remantu & recordé ung tel proverbe rudiculaire :

> Ben fu l'Evefque del Peu bufe,
> Quant changet le Peu per Andufe.

Carolus Dei gratia Francorum rex. Notum facimus univerfis prefentibus & futuris nos infrafcriptas clare memorie Caroli, avi & predeceffloris noftri, Francorum regis, vidiffe litteras tenorem hunc in hac verba continentes :

Carolus Dei gratia Francorum rex. Notum facimus univerfis tam prefentibus quam futuris nos vidiffe quoddam a regeftris curie noftre parlamenti extractum inftrumentum, in quo continentur certe littere a Philippo predeceffore noftro, quondam Francorum rege, conceffe, cujufquidem extractus tenor fequitur in hiis verbis :

Carolus Dei gratia Francorum rex, univerfis prefentes litteras infpecturis, falutem. Notum facimus quod nos, ad requeftam dilecti & fidelis confiliarii noftri Guillermi, epifcopi Anicienfis **, extrahi fecimus de regeftris noftre parlamenti curie Pictavis certas litteras ibidem regeftratas, quarum tenor fequitur in hiis verbis :

Carolus Dei gratia Francorum rex. Notum facimus univerfis prefentibus & futuris quod nos de regeftris noftris extrahi fecimus litteras, formam que fequitur continentes :

Johannes Dei gratia Francorum rex. Notum facimus univerfis tam prefentibus quam futuris nos litteras cariffimi domini noftri regis Philippi confirmatorias quarumdam aliarum in eisdem infertarum in cera viridi & filis fericis figillatas vidiffe, formam que fequitur continentes :

Philippus Dei gratia Francorum & Navarre rex. Notum facimus univerfis tam prefentibus quam futuris quod nos vidimus, infpeximus & tenuimus ac de verbo

---

* Cette charte a été publiée, avec des notes très-étendues, par Secouffe (Ordonnances des Rois de France, Paris, 1741, t. VI, p. 341 à 348).

** Guillaume de Chalencon, évêque du Puy, de 1418 à 1443.

ad verbum legi cum diligentia fecimus quasdam patentes litteras non rafas, non abolitas, non cancellatas, nec in aliqua parte fui corruptas, figillo magno cere viridis inclite recordationis cariffimi domini genitoris noftri quondam regis Francie figillatas, ut apparebat prima facie, quarum tenor de verbo ad verbum fequitur in hunc modum :

Philippus Dei gratia Francorum rex. Notum facimus univerfis tam prefentibus quam futuris quod, cum inter gentes noftras fenefcallie Bellicadri, ex una parte, & dilectum & fidelem noftrum Johannem Anicienfem epifcopum & predeceffores fuos & ecclefiam Anicienfem, ex altera, diu effet agitata materia queftionis, ex eo videlicet quod gentes noftre dicebant nos habere in civitate Anicienfi jurisdictionem omnimodam infra clauftrum & limites clauftri, necnon punitionem & correctionem officialium temporalium ipfius epifcopi & familiarium canonicorum ipfius ecclefie ad nos fpectare, dictumque epifcopum non poffe fubditos & vaffallos ac homines fuos jufticiare, & de hiis que a curia fua feu judice fuo tam predicte civitatis quam caftrorum emanebant, ad eum feu judicem fuum appellationum appellare non poffe nec debere, cum idem confiftorium cenfeatur, & quod fervientes & camerarios alios quam officiales fuos, in fuis officiis delinquentes punire non poterat, & quod baillivus Vallavie & alii curiales noftri, in civitate Anicienfi, moram contrahere continuam poterant & more magiftratuum federe; dicto epifcopo in contrarium conquerente quod gentes noftre in fuum & dicte ecclefie prejudicium figillum baillive Vallavie in dicta civitate tenebant, & quod alia feuda acquifierant nobis infra dictum clauftrum; fuper quibus omnibus lis pendebat & plures habiti fuerant proceffus. Tandem provida deliberatione prehabita per dictum epifcopum, paci & quieti predicte ecclefie fue volentes providere, & in hac parte ipfi ecclefie confulere adverfus aufus temerarios plurium qui jura ipfius ecclefie invadere & ufurpare minime verebantur, inter gentes noftras, nomine noftro & pro nobis & fucceff oribus noftris ex parte una, & dictum Johannem epifcopum, nomine fuo & ecclefie fupradicte & pro fe & fucceff oribus fuis, fuper predictis omnibus fuit facta transactio & conventio, compofitio & affociatio concorditer, follempniter & generaliter in hunc modum.

Dictus epifcopus, pro fe & fuis fucceff oribus in ecclefia predicta, ex caufa hujufmodi compofitionis, transactionis & conventionis, nos affociavit in dominio dicte civitatis & ejus territorii, mero & mixto imperio, jurisdictione alta & baffa & eorum executione, & in hominibus & fidelitate eorum, & in mercatis, nundinis, leudis & pedagiis, quecumque habet vel habere poteft dictus epifcopus & ecclefia predicta in dicta civitate & infra eamdem, & in ejus fuburbiis & territoriis, & in omnibus pertinentiis, compendiis, emolumentis & acceffionibus predictorum; novam tamen leudam in ipfa civitate & infra eamdem, vel novas libertates nos concedere non poterimus, feu aliquo modo conftituere fine dicto epifcopo, nec dictus epifcopus poterit fine nobis, retentis ipfi epifcopo & fue ecclefie domibus fuis, furnis, molendinis, feudis, ftagnis, vineis & aliis quibuscumque prediis rufticis feu urbanis, redditibus, cenfibus, debitalibus, inveftitionibus, deveftitionibus fuis, cum eorum emolumentis & aliis proprietatibus, poffeffionibus, privilegiis, franquefiis, fervitiis, preftationibus, juribus & rebus fuis, quecumque fint & quocumque nomine cenfeantur, falvis fibi etiam & retentis & dicte ecclefie comitatu Vallavie, honore ejusdem, moneta & jure faciendi eamdem, prout habere hactenus confuevit.

Si, in prato fuo Brolii, fiant feu concedantur pede feu loca ad edificandum, ficut protenditur via recta per quam itur a portali dicto Sancti Egidii* ad domum Fratrum Minorum, emolumentum erit commune nobis & fibi. Loca vel pedas concedere & veftire feu deveftire, nos feu gentes noftre non poterimus, fed dictus epifcopus tantum; conceffione tamen facta per eum, emolumentum inde proveniens fit commune.

Civitas predicta & jurisdictio ipfius regetur communiter, & pro indivifo pro nobis & pro dicto epifcopo, per unum judicem & per unum bajulum inftituendos communiter per fenefcallum Bellicadri, qui nunc eft & qui pro tempore fuerit, pro nobis & per dictum epifcopum & fucceffores fuos, vel per deputatos a nobis, & ab eo; qui judex & bajulus, antequam ad adminiftrationem fui officii accedant, more folito jurabunt bene & fideliter & communi nomine fuum officium exercere, & omnia fupra & infrafcripta fervare, & quidquid ante preftationem hujufmodi juramenti fecerint, nullum fit ipfo jure. Si dictus epifcopus & fenefcallus Bellicadri in creatione dictorum judicis & bajuli concordare non poffent, dictus epifcopus uno anno creabit ipfos pro nobis & pro fe, & alio anno fenefcallus Bellicadri, eodem modo, & fic annis fingulis obfervabitur, & dicti judex & bajulus deputabunt communiter notarios, fervientes, geolerios & alios officiales & miniftros regimini predicto neceffarios; qui fervientes & alii officiales predicti portabunt baculos fignatos figno noftro & figno fuo epifcopali; & quia curia communis regi poterit fine vigerio, officium vigerie ceffabit omnino, vel fi dictus epifcopus & fenefcallus concordarent quod vigerius aliquis remaneret, nil recipiet de emolumento curie, fed fibi debeant certa vadia affignari, & fi ille qui nunc tenet officium vigerie aliquod jus habet in fuo officio, gentes noftre facient ipfum ceffare noftris expenfis ab officio memorato.

Preconifationes faciende in dicta civitate fient fub communi noftro & epifcopi Anicienfis nomine, ex parte noftra & fua.

---

* La porte Saint-Gilles.

Si bajulus & judex predicti, vel alter eorum, in suis delinquant officiis, per senefcallum & epifcopum predictos vel deputandos a nobis & ab eodem epifcopo, communiter punientur. Alii vero inferiores officiales per ipfos communes judicem & bajulum communiter punientur de fuis exceffibus feu delictis.

Idem judex & bajulus, quamdiu noftre & dicti epifcopi ac dicti fenefcalli, & noftrum cujuflibet placuerit voluntati, & non ultra, in fuis officiis remanebunt in civitate predicta & pertinentiis ejusdem, ratione temporalitatis.

Unum figillum commune cum fculptura figni communis ftatuetur, quo figillo acta, inftrumenta & alia munimenta in dicta civitate conficienda, debeant figillari, ita quod in dicta civitate & extra eam in Vallavia, de hiis que in ipfa civitate feu inter homines ejusdem civitatis habita feu gefta fuerunt, ullo figillo alio non utatur *.

Bajulus & judex Vallavie & alii curiales noftri poterunt in dicta civitate morari & fuas affifias tenere. Tamen de commiffis in dicta civitate in eorum prefentia vel abfentia, fe nullatenus intromittant, fed totum ad communem curiam pertinebit.

Poterunt dicti judex & baillivus Vallavie habere in dicta civitate proprium carcerem, & quoscumque fuos proprios prifones adducere, & captos inibi dettinere, & dictus epifcopus, idem; executioni tamen pœne corporalis infra dictam civitatem & ejus pertinentias, non poterunt exercere.

Affifias vero fuas tenere & caufas audire in dicta civitate dictus epifcopus &

---

* Voici l'empreinte de ce scel. — M. Vinay, Maire de la ville du Puy, après en avoir retiré le moulage des Archives de l'Empire, et l'avoir fait graver pour le publier dans l'*Histoire de la maladrerie de Brives,* qu'il prépare, a bien voulu, avec une rare amabilité, nous communiquer son bois gravé, et se priver, en notre faveur, du plaisir de l'éditer lui-même. Nous sommes heureux de lui en exprimer ici notre reconnaissance.

L'original est appendu à une procuration du mardi après Pâques 1308, donnée par les bourgeois de la ville du Puy pour assister aux Etats-Généraux.

Légende circulaire : *Sigillum curie communis dominorum Francorum regis et episcopi Anicii.*

M. Douet d'Arcq l'a décrit ainsi :

« Champ du sceau parti, au 1, d'un semé de France, et au 2, d'un bras issant à dextre, tenant une épée nue, la pointe haute, et d'un autre bras issant à senestre, tenant une crosse. » *(Collection des Sceaux des Archives de l'Empire)* Paris, 1867, t. II, p. 203.)

officiarii fui poterunt de terra fua quam extra civitatem habet, quotienfcumque fibi feu officialibus fuis videbitur expedire.

Verfa vice, gentes noftre fupradicte, nomine noftro & pro nobis & fuccefforibus noftris, in eisdem caufis affociaverunt dictum epifcopum fuccefforefque fuos & ecclefiam predictam Anicienfem, in omni jure quod nobis in dicta civitate poterat competere quoquo modo, fuperioritate & refforto dumtaxat exceptis, ita quod infra dictam civitatem & ejus pertinentias, jurisdictio omnimoda falfe monete fabricationis, feu alterius abufus, & quorumcumque aliorum correctio & punicio ad nos & ad dictum epifcopum communiter pertinebit.

A judice & bajulo Anicienfibus communiter inftituendis, ad nos & ad dictum epifcopum communiter appellabitur, & per dictum epifcopum & fenefcallum judex primarum appellationem in dicta civitate inftituetur de anno in annum, ita quod dictus epifcopus uno anno, & fenefcallus predictus alio anno, pro nobis inftituent ipfum primarum appellationum judicem fucceffive; prout de bajulo & judice alio eft fuperius ordinatum; qui judices & bajulus & alii officiales eorum in jurisdictione dicte civitatis erunt exempti a baillivo & judice Vallavie & tota baillivia eorumdem; nec ipfi baillivus, judex vel alii officiales Vallavie, poterunt de jurisdictione communi dicte civitatis aliquid expledare, feu de eis in aliquo intromittere, etiam in cafu fuperioritatis vel refforti, nifi de fpeciali commiffione noftra vel dicti fenefcalli; nec dicti curiales communes eis tenebuntur in aliquo obedire.

Si a judice communi primarum appellationum contingeret appellari, fecunde appellationes immediate ad fenefcallum Bellicadri devolventur, refforto baillivie Vallavie pretermiffo.

Bajulus & judex communis predicte curie, unum receptorem communem pro nobis & pro dicto epifcopo inftituent, qui emolumenta dicte communis curie & dicte jurisdictionis communis recipiet, & de proventibus & emolumentis ipfius communis curie rationem reddet, & partem noftram dicto fenefcallo reddet, & dicto epifcopo fimiliter partem fuam.

De communibus ad communem curiam fpectantibus, officiales noftri aliquam compofitionem non facient in folidum vel pro parte, aliquid ex caufa compofitionis recipient abfque dicti epifcopi feu officialium fuorum voluntate, nec epifcopus fimiliter fine ipfis; fed omnia per dictos bajulum & judicem communes debent communiter expediri.

Retinuit infuper expreffe dictus epifcopus, quod nos feu fucceffores noftri, ea in quibus nos affociavit, extra manum noftram ponere feu a corona Francie abdicare non poffimus, feu epifcopum vel fucceffores fuos ad divifionem aliquam provocare.

Si infra dictam civitatem vel fub umbra ejusdem, nos aliquam jurisdictionem

vel quodcumque aliud acquirere contingat, in illis eum affociare cum recompen-
fatione debita & congrua teneamur.

Fuit actum & conceffum in prefenti affociatione, quod dictus epifcopus cum
armis & fine armis, omnes fubditos & jufticiabiles fuos vel fuos alios homines,
libere & impune abfque impedimento aliquo jufticiare poffit, & in feodis & re-
trofeodis fuis arma portare pro executione fue jufticie.

Habebit etiam & habere poterit dictus epifcopus judicem fuum primarum
appellationum proprium extra dictam civitatem, ad quem de omnibus preceptis
& cognitionibus fue curie proprie appelletur.

De cetero habebit punitionem dictus epifcopus & correctionem fervientum &
baneriorum fuorum in fuis officiis delinquentium ; bailliviorum vero, caftellano-
rum & judicum extra dictam civitatem in fuis officiis delinquentium, correctio
pertinebit ad dictum fenefcallum, prout hactenus fieri confuevit.

Pro quibus omnibus, ex caufis fuperius expreffis, & in eorum recompenfatio-
nem, ultra predicta, gentes noftre predicte dederunt & conceflerunt dicto epifcopo & fuis fuccefforibus, quadringetas libras turonenfes in redditibus per ipfum
epifcopum & fuccefores fuos hereditarie habendas & perpetuo poffidendas; quas
eidem epifcopo, ut fequitur, affignaverunt & affociaverunt dictum epifcopum &
fuos fuccefores, in dominio, mero & mixto imperio & jurisdictione omnimoda, alta
& baffa, caftri & territorii Andufie *, prout protenditur parrochia Sancti Stephani
dicte ville, exceptis hiis que pertinent ad communem jurisdictionem noftram & monafterii de Tornaco **, & ultra flumen Gardonis ***, & ufque ad fummitatem Podii
Hbroch ****, & territorium de Petramala *****, ubi homines Andufie faciunt caba-
nam, & ufque ad territorium manfi de Comdelis ******, & in eorum exequtione, & in
hominibus & in fidelitate ipforum hominum, que nos habemus & habere poffumus in caftro feu tenemento & territorio Andufie; que quidem quadringete libre
dicto epifcopo & fuis fuccefforibus fuerunt affife prout inferius continetur; retento
nobis hofpicio regali quod habemus in ·dicta villa Andufie; videlicet, media pars
jurisdictionis dicte ville fuit affifa & extimata pro centum & decem libris; *item,*
quarta pars leude quam habebamus in dicto loco, pro quadraginta octo libris;
item, medietas molendini Andufie communis nobis & Pontio de Andufia, quam

---

* Anduze, arrondissement d'Alais (Gard).
** Tournac, prieuré de l'ordre de Cluny, ancien diocèse d'Alais.
*** Le Gardon, rivière.
**** Nom de lieu altéré.
***** Peyremale, près Anduze.
****** Nom douteux et qui désigne peut-être Corbes, près Anduze.

nos habebamus, cum omnibus juribus dicti molendini, & jure quod alius non poſſit edificare aliud molendinum infra certos confines, pro quadraginta quatuor libris turonenſibus; *item*, medietas molendini Drapperii, pro quadraginta ſolidis turonenſibus, ultra centum ſolidos quos annis ſingulis debebamus refundere parti Pontii de Anduſia, quos dicto Pontio in antea tenebitur dictus epiſcopus ſolvere & preſtare; medietas cenſuum dicte ville, pro quatuor libris; *item*, medietas feudi & juris feudalis cum jure eidem annexo giſtarum, quod a nobis tenebat Pontius de Anduſia, pro octo libris; medietas leude ſalis caprarum, & ejus quod percipitur in mediis capitibus bovum macelli, pro triginta ſolidis; medietas leude nundinarum, pro centum ſolidis; medietas pulveragii, pro ſeptem libris & decem ſolidis; & quarta pars pedagii Sancti Johannis de Gardonenqua *, pro ſeptuaginta libris.

Item, aſſignaverunt & aſſiderunt gentes noſtre predicte dicto epiſcopo & ſuis ſucceſſoribus centum libras in redditibus annuis percipiendas in & ſuper parte pedagii quem habemus & percipere conſuevimus in Aleſto, ad percipiendum & levandum bene & fideliter ad communem utilitatem noſtram & dicti epiſcopi, redditus & proventus predictos. Inſtituetur communi concordia per epiſcopum & ſeneſcallum unus fidelis homo, qui in manibus dictorum epiſcopi & ſeneſcalli jurabit ſe fideliter habiturum, & utrique parti rationem idoneam, & cuique partem ſuam integre redditurum. Officiales in dicta villa Anduſie inſtituentur & deſtituentur, prout de aliis communibus officialibus Anicienſibus ſuperius extitit ordinatum. Si vero ſuper predictis dicto epiſcopo aſſiſis & aſſignatis, ſeu aliquo eorumdem, ſibi vel ſuis ſucceſſoribus, in judicio vel extra, a quocumque aliqua queſtio moveretur, nos & noſtri ſucceſſores queſtiopem ipſam in nos ſuſcipere, & eumdem epiſcopum noſtris expenſis defendere, & rem evictam, ſi quam evinci contingeret, ſibi reddere tenebitur.

Seneſcallus Bellicadri, baillivus ſeu judex Vallavie, qui nunc ſunt & qui pro tempore fuerint, in novitate ſui officii jurabunt predicta omnia tenere & fideliter obſervare, quod niſi requiſiti per ipſum epiſcopum facere voluerint, epiſcopus ſeu officiales ſui, eis ante preſtationem hujuſmodi juramenti, ſuper hoc non teneantur in aliquo obedire.

Que omnia & ſingula predicta, gentes noſtre predicte nomine noſtro & vice noſtra, & pro nobis noſtriſque heredibus & ſucceſſoribus, dicto epiſcopo promiſerunt bona fide attendi, impleri firmiter, ſervari & ratificari, confirmari per nos, ſucceſſores noſtros & officiales noſtros, hiis duabus clauſulis ſequentibus adjectis.

* Saint-Jean de Gardonenque, ancien diocèse d'Alais.

Scilicet, quod nos feu gentes noftre non impedimus quominus homines dicte civitatis dictum epifcopum fequentur cum armis pro tuitione jurium dicte ecclefie, ficut antea tenebantur, & curia communis ipfos homines debite compellere poterit & debebit.

Receptor pedagii qui nunc eft Alefti, & qui pro tempore fuerit, per fenefcallum cogatur jurare in capite cujufque anni fibi, vel alio, mandato fuo, dictas centum libras fuperius affignatas de dicto pedagio folvere & integre expedire.

Nos autem hujufmodi transhactionem, conventionem, compofitionem, affociationem, & alia omnia & fingula fupradicta, prout de verbo ad verbum fuperius funt expreffa, volumus, laudamus, ratificamus & approbamus, & tenore prefentium confirmamus : falvo in aliis jure noftro, & in omnibus alieno. Quod ut perpetue ftabilitatis robur obtineat, prefentibus litteris noftrum fecimus apponi figillum. Actum in abbatia regali beate Marie juxta Pontifaram*, anno Domini M.CCC.VII., menfe feptembris.

In quorum teftimonium prefentibus noftrum fecimus apponi figillum. Datum Parifius die XXIII. decembris, anno Domini M.CCC.XVI.

Quibus quidem litteris fic vifis & diligenter infpectis, fuit nobis ex parte dilecti & fidelis noftri epifcopi nunc Aniciensfis ** fupplicatum, ut ad dictarum litterarum confirmationem & approbationem procedere dignaremur. Nos igitur attentis premiffis, hujufmodi transhactionem, compofitionem, affociationem & promiffionem, ac alia omnia & fingula fupradicta, prout ab antiquo ufque nunc de hiis ufitatum eft, volumus, laudamus, ratificamus & approbamus, ac tenore prefentium de gratia fpeciali & auctoritate noftra regia confirmamus, ut fupra. Quod ut firmum & ftabile permaneat in futurum, prefentibus litteris noftrum fecimus apponi figillum : falvo in aliis jure noftro, & in omnibus quolibet alieno. Actum & datum Parifius, anno Domini M.CCC.LXII., menfe aprilis poft Pafcha. Sic fignatum. Per Regem, ad relacionem veftram. G. Barbe.

Et nos prefens extractum vim originalis habere, & eidem fidem ut originali adhiberi ubique volumus & jubemus. Et ut robur obtineat perpetuum, eidem figillum noftrum duximus apponendum : falvo in aliis jure noftro, & in omnibus alieno. Datum Parifius menfe augufti, anno Domini M.CCC.LXXVIII, & quinto decimo regni noftri. Sic fubfcriptum & fignatum. Extractum de regiftris; & eft collatio facta. De Montagu.

In cujus extractus teftimonium noftrum prefentibus litteris fecimus apponi figillum. Datum hujufmodi extractus in parlamento noftro Pictavis, fecunda die

---

* L'abbaye de Notre-Dame de Maubuisson, près Pontoise.
** Bertrand de la Tour, évêque du Puy, de 1361 à 1382.

aprilis anno Domini M.CCCC.XXXII., & regni noſtri undecimo poſt Paſcha.

Quas quidem litteras in ipſo extraſto inſertas, transhaſtionem, conventionem, compoſitionem, aſſociationem, & alia omnia & ſingula in eisdem litteris contenta, prout de verbo ad verbum in ipſis ſunt expreſſe vel expreſſa, ratas & gratas habentes, eas & ea volumus, laudamus, approbamus & ex noſtra certa ſcientia tenore preſentium confirmamus. Que ut firma & ſtabilia perpetuis perſeverent temporibus, hiis preſentibus litteris noſtrum fecimus apponi ſigillum in abſentia magni ordinatum; noſtro in aliis & in omnibus quolibet alieno jure ſemper ſalvo. Datum Vienne, menſe aprilis, anno Domini M.CCCC.XXXIV., & regni noſtri duodecimo.

Quas quidem litteras preinſertas, conventionem, compoſitionem, aſſociationem, & quecumque alia in eisdem litteris contenta, expreſſa & narrata, rata habentes & grata, easdem & ea volumus, laudamus, approbamus & ex noſtra certa ſcientia tenore preſentium confirmamus. Que ut firma & ſtabilia perpetuo perſeverent, ſigillum noſtrum preſentibus apponi fecimus : noſtro in aliis & in omnibus alieno jure ſemper ſalvo. Datum Montiliis prope Turones, menſe januarii, anno Domini M.CCCC.LXXXIII., & regni noſtri primo.

De meſſire Nicolas, cardinal du Puy *.

L'an M.CCC.XII. vint à Rome Henri ſeptieſme de ce nom, vingtieſme imperateur des Germains, pour prendre, après la preſentacion de ſon election, ſa corone imperiale du Sainſt Pere pape Clement cinquieſme. Toutes fois il n'y fut pas, car il eſtoit à Vienne oùt on cellebroit Concille general pour l'Egliſe univerſalement, lequel Concille eſtoit là aſſemblé pour trois choſes, c'eſt aſçavoir : pour le faiſt enorme des Templiers; le ſecond, pour le ſecours de la Terre Sainſte; le tiers, pour la reformacion de toute l'Egliſe. Et ſapchant ledit Sainſt Pere ledit empereur eſtre à Rome pour ceſt affaire, envoya promptement trois magnificques Cardinaulx pour le coronner, dont

* Mège, en ſon *de Podio*, ſe figure, l'année 1312, qu'il y avoit un Cardinal Eveſque du Puy, appellé Nicolas, qui fut delegué à Rome par Sa Sainteté pour couronner du diadême impérial Henry de Luxembourg. Mais perſonne n'en parle que luy, & la choſe ne peut eſtre, pour ce que Bernard de Caſtanet a tenu l'eveſché du Puy dès l'an 1308 juſques à l'an 1317. Et meſme Onuphrius, qui fait eſtat de tenir roolle des Cardinaux, n'en met aucun de ce temps-là, appellé Nicolas, hormis Nicolas du Prat, eveſque d'Oſtie, Italien, & l'autre François, non eveſque, mais ſeulement preſtre cardinal, théologien & confeſſeur de Philippe-le-Bel. — Odo de Gisseyl *(Hiſt. de N. D. du Puy,* livre III, chap. XX. *Toloſe,* 1626.)

l'ung des trois eſtoit eveſque du Puy, nommé Nicolas, cardinal du Puy, homme de grande faconde, duquel, combien qu'il fut noſtre eveſque & paſteur, n'ay merité en trouver choſe plus recommandable.

*
* *

Anno Domini M.CCC.XVIII., fuit electus epiſcopus Anicii magiſter Durandus de Sancto Porciano, ordinis Predicatorum, & poſt octo annos reſignavit & fuit epiſcopus Meldenſis. Fuit iſte Durandus doctor reſolutiſſimus, ut inquit magiſter Johannes Gerſon, cancellarius Pariſienſis. Ille ſcripſit ſuper libros Sententiarum ſubtiliſſime, & in quarto (libro), diſtinctione XXIV., queſtione III., ubi queritur utrum in ſingulis ordinibus imprimatur caracter, dicit ſic : « Secundum » ordinem antiquiſſimum Ecclefie Anicienſis cui prefuimus, liber Evangeliorum » non tradebatur diacono in ordinatione ſua, ſed nos volentes nos conformare » ceteris Eccleſiis, poſuimus de manu noſtra in margine dicti ordinarii, quod » liber Evangeliorum tradatur diacono cum conſueta forma verborum. » Hec ille.

De l'invaſion faicte par les Officiers de la Court Commune contre les Seigneurs de Chappitre faiſant leur proceſſion des Rogacions.

J'ay trouvé une memoire, entre autres choſes, aux regeſtres de certaines eſcriptures vieilhes de Meſſegneurs de Chappitre, qui dit ainſi :

Item, eſt quedam littera regia in eccleſia beate Marie Anicienſis, inter cetera continens quod, cum proceſſio ecclefie Anicii rediret de Sancto Marcello in die Rogationum, faciendo proceſſionem, ut conſueverant, venerunt ad dictam proceſſionem bajulus Anicii curie communis fraterque ſuus cum pluribus ſervientibus & aliis officiariis, diverſis generibus armorum armati, ad pontem de Troilhas, ubi tunc erat proceſſio & domini canonici ceterique ſervitores. Qui quidem dictus bajulus & alii officiarii predicti invaſerunt prefatos dominos canonicos omneſque habituatos, frangendo cruces, verberando perſonas uſque ad effuſionem ſanguinis, & nonnullos dictam proceſſionem ſequentes, ſuperpelicia ſua dilaniando, multaſque alias injurias eisdem inferendo ; ſuper quibus venerabile Cappitulum miſit Pariſius pro remedio obtinendo. Unde rex Francie Philippus * hujus nominis ſecundus, cognominatus Philippes Dieudonné, conceſſit ſuas litte-

---

* Philippe V, dit le Long, et non *Philippe II Auguſte.*

ras baillivo Anicii directas, cui viriliter & diligenter dictam suam commiffionem exequutoriam mandavit, appellacionibus quibufcumque non obftantibus, & follempnibus emendis delatos prefatos condempnavit, ut in dicta littera continetur, que fuit data Parifius die XXIV. aprilis, anno Domini M.CCC.XIX.*.

***

L'an M.CCC.LXXXII., & le XIIII° jour du moys de may, en grande follempnité, pompe & triumphes mortueres, fut enterré aux Cordeliers devant le grant autel, avec l'abit de fainct François, le corps de feu noble memoire monfeigneur meffire Bertrand de la Tour, evefque du Puy**.

***

L'an M.CCCC.XVIII., & le XVIII° de juillet, fut enterré aux Cordeliers en pompe funebre le corps de monfeigneur meffire Helye de Leftrange, evefque du Puy, auprès du grant autel, homme de bonne reputacion, prefchant & faifant l'excercice que doibt faire ung bon Evefque, lequel fe trouva au grant Confille general de l'Eglife cellebré à Conftance.

Ung inventaire des biens de l'eglife Noftre Dame du Puy.

ANNO Domini M.CCCC.XLIV., & die XIV. menfis decembris, viri venerabiles domini Guigo Saunerii, precentor major, Audibertus de Alfonio & Johannes de Azolis, canonici ecclefie Anicienfis, commiffi & depputati per venerabile Capitulum ejusdem ecclefie, recepto per ipfos inventario infrafcripto a venerabilibus viris dominis Guigone de Sancto Defiderio & Ludovico Efcharne,

---

* Cet arrêt de condamnation a été publié par M. Beugnot, de l'Institut (*Documents inédits sur l'Hist. de France*, Olim ou *Arrêts de la Cour du Roi*, Paris, 1848, t. III, 2° part., p. 1402 à 1408). Il fut rendu le 24 avril 1318.

** Cet Evêque était de la maison de la Tour d'Auvergne, et non de celle de la Tour Saint-Vidal près le Puy, comme l'ont cru Odo de Gissey *(loc. cit.,* p. 521) et Théodore *(loc. cit.,* p. 326). Il fut successivement abbé de Saint-Genès à Clermont, évêque de Toul et enfin du Puy. Il paraît que son corps ne resta pas au Puy et fut transporté aux Cordeliers de Clermont, où était le tombeau de sa race, car on lisait dans l'ancien obituaire de ce couvent : *X. Calendas junii. Obitus domini Bertrandi de Turre episcopi Aniciensis hic sepulti cum habitu.* (Baluze, *Hist. gén. de la Maison d'Auvergne*, t. I, p. 312 et 386; t. II, p. 592).

canonicis & facriftis anni elapfi, ipfum inventarium tradiderunt viris venerabilibus Guillermo Bertrandi & Johanni Fumechonis, canonicis & facriftis anni prefentis, ipfo inventario prius recognito prefentibus ipfis dominis commiffis, prout eft fieri confuetum.

Et primo, quedam mitra, que condam fuit domini Johannis Chandoraci, Anicienfis epifcopi *, per eum data venerabili Cappitulo, cum pendentibus & perlis, cum frontali ** deaurato ante & retro, elevato ab utraque parte ufque ad caput, & in capite cujuflibet cornu unum faphier de trelia, & a parte ante cum quatuor magnis faphiers *** & quatuor magnis balays, & a parte retro totidem, & a parte ante cum fex emaudis tam parvis quam magnis, & a parte retro fimiliter, & in pendenti **** quinque magni lapides pretiofi tam faphiris quam balays.

Item, quatuor mitras albas de bocaffino pro domino epifcopo, quando confecrat & confirmat, que fuerunt pofite in quodam ftuy corii.

---

* Jean Chandorat, évêque du Puy, de 1342 à 1355 environ.

** De argento. *Inventaires de 1410 et de 1432.* — Archives départementales de la Haute-Loire *(Fonds du Chapitre cathédral).*

*** Les gemmes, telles que corindons *(saphirs),* grenats, zircons, spinelles *(rubis),* etc., que l'on trouve aux environs du Puy, et notamment dans le lit du *Riou Peçouliou,* près du village d'Espaly, jouissaient au moyen-âge d'une certaine célébrité, et étaient employées par les orfèvres pour enrichir les pièces de joaillerie.

On lit dans l'*Inventaire des joyaux de la Couronne,* dressé en 1418 :

« 207...... Un hanap d'argent doré..... *(à pied)......* en façon de fontaine, laquelle fontaine eft affife fur un entablement à fix carres, & y a en trois carres trois gargoulles & un cochet deffus, & ès autres trois a une pierre d'euvre, où a en chafcun deux garnaz, deux faphirs du Puy, & une perle d'Efcoffe. Et femblablement fur le couvècle dudit hanap a trois desdiêtes euvres garnies de femblable pierrerie, que donna au Roy la ville de Cleremont en Auvergne en fon voyage du Puy..... *(en* 1394).

303. *Item,* Un petit joyau d'or en maniere de treffle, & y a une Anonciacion, eflevée, d'or, garnie de plufieurs garnaz, faphirs du Puy & perles.......

325. *Item,* un autre reliquiaire à faffon d'une treffle, ou millieu duquel eft l'Annonciacion, & fur le pié font fainte Marguerite & fainte Katherine, ouquel a cinq garnatz, quatre faphirs du Puy, & dix-neuf perles.......

360. *Item,* une ceinture longue, à femme, toute d'or, à charnières, garnie de perles, faphirs du Puy, efmeraudes & rubis d'Alexandrie, & ou mordant de ladiête ceinture un efcuçon de France & un de Navarre.......

525. *Item,* un camahieu enchacié en or & en façon de Damaz, bordé d'or, à quatre perles, quatre garnatz & quatre faphirs du Puy, pendant à un laz de foye....... »

Douet d'Arcq. (*Choix de pièces inédites relatives au règne de Charles VI,* publiées par la Soc. de l'Hist. de France, Paris, 1864, t. II, p. 279 et suiv.).

**** In quolibet. *Inv. de* 1432.

Item, quatuor mitras panni albi figurati*, pro dominis canonicis officiantibus in feftis folempnibus.

Item, una croffa argenti deaurata, & in pede dicte croffe emaudata & in medio croffe, cum una modica cruce & Crucifixo, & ab utraque parte crucis, cum duabus parvis ymaginibus, cum tribus baculis deauratis, ponderis fex marcharum & fex unciarum, cum lo mochadour, cum armis domini Helie de Strangiis, condam Anicienfis epifcopi.

Item, alia croffa argenti deaurata, feminata armis Francie, & infra croffam eft ymago beate Marie cum duobus regibus, ponderis duarum marcharum & quinque unciarum, cum tribus baculis argento albo munitis.

Item, quedam boftia eburnea alba munita de letone, & ab infra funt tres cirothece pontificales, & in qualibet ipfarum eft pecia argenti deaurata, rotunda, circumquaque perlis, & in una ex ipfis peciis argenti eft unus Agnus Dei, & in alia una manus fignans, circumdata perlis & eymeraudis.

Item, plus tres acus argenti deaurate, cum tribus lapidibus, ad figendum pallium domini epifcopi.

Item, unus anulus auri pontificalis, cum uno camayeu fignato quatuor ymaginibus albis, ponderis unius uncie duorum denariorum cum obolo, circumdatum parvis emaudis.

Item, quedam capfa argenti, cum quatuor pedibus, deaurata, fignata armis de Pelagrua ** in copertorio in quatuor partibus; & infra dictam capfam eft quedam alia capfeta, cum quatuor pedibus argenti, deaurata, cum perlis, in qua eft Circumcifio Domini bullata; ponderis fex marcharum.

Item, quedam ymago beate Marie deaurata, habens in capite unam diademam, & in pede circumquaque funt fex Angeli emaliati, & in pede dictorum Angelorum funt decem & octo fcutelli armorum Francie & Flandrie *** qui fubftinentur fupra tres leones tenentes in manu unum reliquiare cum criftallo in quo eft de lacte beate Virginis Marie; ponderis feptem marcharum & fex unciarum.

Item, alia ymago Virginis Marie, coronata deaurata, & in pede **** cum armis

---

* Panni auri albi frigiati. *Inv. de* 1432.

** Pelagrue ou Pellegrue, maison de Guyenne, d'où est sorti Arnaud de Pellegrue, cardinal-diacre de Sainte-Marie *in Porticu,* en 1305. — Armes : *de sinople, à la grue d'or.*

*** Don de Marguerite de France, seconde fille du roi Philippe-le-Long et de Jeanne, comtesse de Bourgogne, mariée en 1320 à Louis II, comte de Flandres, de Nevers et de Rethel, dit *de Crécy,* morte en 1382. — Armes de Flandres : *d'or, au lion de sable armé et lampassé de gueules;* de France : *d'azur, semé de fleurs de lys d'or sans nombre.*

**** Cum uno fcuto de armis Montis Acuti, condam magiftri domini noftri regis. *Invent. de* 1410. Jean de Montagu, vidame de Laon, seigneur de Montagu près Poissy, de Marcoussis, etc.,

de Vidames vocato de Montagut, in quibus funt ab una parte due aquile rubee, & ab alia parte, in capite fcuti, duo meruli, tenentes in manu fua unum reliquiare, cum quinque perlis groffis, & in capite dicti reliquiarii, unum pulcrum balay; ponderis quatuor marcharum & fex unciarum.

Item, alia ymago beate Marie deaurata, cum fua corona & cum fuo pede, & in dicto pede eft unum fcutum deauratum cum una barra d'azur cum fex avibus nigris, in manu tenens unum foliagium de cirico, & in manu Pueri, unum pomum; ponderis fex marcharum & quinque unciarum.

Item, quedam alia ymago beate Marie, fedens in quodam banco, modica, tenens in manu fua unum lilium, & infra dictum lilium, unum faphier, & in pede cum pluribus perlis & lapidibus; ponderis decem unciarum.

Item, quedam alia ymago beate Marie de argento alba, cum corona deaurata, parva, tenens Filium fuum fupra genua; ponderis unius marche.

Item, quedam parva ymago beate Marie, fedens cum Filio, cum mantello deaurato, & cum feneftris ab utroque latere, data per dominam de Perdiaco*; ponderis trium unciarum.

Item, quedam alia ymago beate Marie argenti, cum mantello deaurato, cum pede, & in quo pede funt partim arma Amalrici de Seveirac condam & partim relicte fue**, tenens dicta ymago quoddam foliagium rofarum rubearum, & Puer tenet mundum cum cruce, data per dictam relictam domini de Seveirac.

Item, quedam alia ymago beate Marie de argento albo, cum fuo pede, tenens Filium fuum cum manu finiftra per pedes, anno Domini M.CCCC.XXXVII. data per quemdam mercatorem Brachinone***; ponderis duarum marcharum vel circa.

Item, unum reliquiare deauratum cum criftallo fracto, cum multis quadriis & una cruce in capite cum Crucifixo, & infra dictum criftallum funt involuta in cirico rubeo de panno infancie Domini & de fudario ejusdem & de ligno

---

conseiller et chambellan du roi, grand-maître de France, accompagna Charles VI dans son pèlerinage à N.-D. du Puy, en 1394.

Il portait *d'argent, à la croix d'azur cantonnée de quatre aigles de gueules.*

* Eléonore de Bourbon, fille de Jacques, comte de la Marche et roi de Sicile et de Hongrie, et de Béatrix de Navarre, mariée, en 1429, à Bernard d'Armagnac, comte de Pardiac, vicomte de Carlat et de Murat.

** Amaury, seigneur de Séverac, de Chaudes-Aigues, etc., sénéchal de Rouergue et de Quercy en 1410, maréchal de France vers 1420, mort en 1427.

Il portait *d'argent, à quatre pals de gueules.*

Le nom de sa femme, dont il n'eut pas d'enfants et qui lui survécut, est inconnu.

*** Lisez: *Barcinone.* Barcelone, en Espagne.

Crucis, ponderis duarum marcharum & fex unciarum, ad modum circuli.

Item, aliud reliquiare argenti cum criftallo rotundo fracto, in quo funt reliquie involute in cirico rubeo de pulvere beati Johannis Baptifte; ponderis duarum marcharum & fex unciarum.

Item, aliud reliquiare argenti cum criftallo rotundo, fracto ab infra, & in capite dicti reliquiarii eft ymago beate Marie modica cum Puero, & infra funt reliquie digiti beate Anne cum pluribus aliis; ponderis duarum marcharum & duarum unciarum.

Item, aliud reliquiare argenti deauratum, cum fuo pede & criftallo, fatis groffum, cum pluribus quadriis, fracto, & cum porta rotunda defuper ab uno latere fatis magna, & infra eft de pannis in quibus fuit Chriftus involutus in prefepe; ponderis duarum marcharum & unius uncie.

Item, aliud reliquiare argenti, cum fuo pede, & in capite dicti reliquiarii, eft ymago beati Jacobi, tenens in manu bordonum, & in capite capellum, cum criftallo fracto, & infra dictum criftallum eft digitus beati Jacobi Majoris; ponderis unius marche & trium unciarum.

Item, unum caput unius undecim millium Virginum, tenens in capite unum rondellum cum diverfis lapidibus, circumquaque collum cum diverfis lapidibus, ante cum uno magno ambre, cum quatuor pedibus leonis; ponderis decem novem marcharum vel circa.

Item, aliud reliquiare argenti deauratum, cum duabus portis que clauduntur & aperiuntur, datum per dominam comitiffam Valentinenfem *, & infra dictas portas, in qualibet, fex ftagia diverfarum reliquiarum, & in medio quatuor ftagia diverfarum reliquiarum, ponderis quatuor marcharum & duarum unciarum, cum capitello defuper operato.

Item, quedam capfa argenti quadrata, & defupra ymaginem Domini noftri Jefu Chrifti deaurata, & circumquaque pluribus ymaginibus deauratis; ponderis trium marcharum & feptem unciarum.

Item, infra dictam capfam funt, primo, quoddam reliquiare argenti, cum pede albo, & defuper auratum cum diverfis lapidibus, & eft infra criftallum ibidem exiftentem de capite beati Bartholomei; ponderis feptem unciarum.

Item, plus quoddam aliud reliquiare argenti platum, in quo eft defuper ymago beate Marie Virginis, & defubtus ymaginem reliquie de zona beate Marie Virginis, & defubtus a parte retro Annuntiatio beate Marie Virginis; ponderis unius marche.

* Alix Roger de Beaufort, fille de Guillaume Roger I, seigneur de Beaufort, nièce du pape Clément VI et sœur du pape Grégoire XI, mariée à Aymar V de Poitiers, comte de Valentinois.

Item, aliud reliquiare argenti. cum pede argenti, & defubtus eft fcriptum : *De tunica Domini inconfutili;* ponderis trium unciarum.

Item, aliud parvum reliquiare cum criftallo, cum diverfis lapidibus & perlis, munitum argento, & in pede, cum quatuor ferpentibus deauratis, in quo funt reliquie fancti Thome & de capillis Marie Magdalene & aliorum Sanctorum; ponderis quinque unciarum.

Item, aliud reliquiare argenti, modicum, deauratum, quadratum, cum uno camayeu de retro, in quo funt reliquie de capillis beate Marie, cum uno cordulo de cerico viridi; ponderis duarum unciarum.

Item, aliud reliquiare argenti, platum, deauratum, circumdatum defuper diverfis lapidibus, & eft ibi defcriptum : *De findone Domini*, & a parte retro, cum Sepulcro Domini deaurato, cum tribus Mariis & uno Angelo; ponderis fex unciarum.

Item, quedam capfa argenti quadrata, fine pedibus, ad modum fepulcri, cum foliagio deaurato ab utraque parte capitis, in qua eft fcriptum : *De velamine beate Marie cum quo terfit vulnera Chrifti;* ponderis quatuor marcharum & fex unciarum.

Item, alia capfa argenti deaurata, operata, cum Apoftolis circumquaque, & Veronica * de retro, cum quatuor pedibus, & in copertorio cum uno tudel, ponderis duarum marcharum & unius uncie, & infra funt tres acus, pro pallio quod eft ibidem, ponderis fex denariorum in capite, cum uno lapide deaurato. Acus funt fuperius inventariate.

Item, quedam capfa eburnea, cum octo ymaginibus a parte clavis exiftentis inter duos Angelos, in qua funt diverfe reliquie diverforum Sanctorum repofite in quadam burfa contexta de auro, & infra illam burfam, de reliquiis beate Marie Magdalene, fancte Pauline virginis & martyris, fancti Laurencii, fancti Anthonii, fanctorum Innocentium, fancti Blafii, fancti Stephani martyris, fancti Dionifi.

Item, una parva crux auri, cum quatuor Evangeliftis a quatuor lateribus a parte ante, a parte retro eft Agnus Dei nielatus, & ab infra eft de ligno Crucis Domini, de novo datam per dominum d'Andalo ** anno Domini M.CCCC.XXXII.

Item, quedam parva capfa de criftallo quadrata, circumdata de argento deaurato, cum quatuor pedibus, ad formam canis, & defuper in copertorio, operata ad

---

* Une Véronique, la sainte image.

** Jacques I*er* de Coligny, dit *Jacquemart*, seigneur de Coligny et d'Andelot, mort vers 1435. Il avait suivi, en 1395, Jean de Bourgogne, comte de Nevers, dans son voyage de Hongrie, et combattit à la bataille de Nicopolis, en 1396.

modum corone, & una manelia, ponderis unius marche & trium unciarum cum dimidia, quam dedit dominus Bertrandus Bajuli, forisdecanus, canonicus Anicii.

Item, magnum reliquiare argenti deauratum, ab infra cum diverſis emaudis, ſine fuſta, munitum vitro, cum diverſis reliquiis; ponderis viginti duarum marcharum argenti.

Item, due acus argenti, pro claudendo dictum reliquiare.

Item, aliud reliquiare argenti, cum pede, a criſtallo cadrato, in quo eſt digitus beate Johannis Baptiſte, ponderis trium marcharum.

Item, aliud reliquiare argenti, cum pede deaurato, & a capite dicti reliquiarii, eſt una crux modica, deaurata, cum Crucifixo ab utraque parte, in quo eſt una ſpinea de cruce Domini; ponderis quinque unciarum & ſex denariorum.

Item, aliud reliquiare argenti, deauratum ab infra, fraictiſſum, in quo ſunt fotulares beate Marie; ponderis duodecim marcharum.

Item, unum reliquiare cum criſtallo deauratum in pede ab extra & in pomello, & in capite eſt imago beate Marie deaurata, ponderis unius marche & ſex unciarum, in quo ſunt modo reliquie ſancti Jacobi.

Item, quedam magna capſa argenti deaurata ab extra, cum quatuor pedibus, & tribus emaudis in copertorio, & in quolibet eorum, cum una manilia, in qua eſt ab infra corpus unius Innocentium; ponderis viginti ſex marcharum.

Item, quedam capſa, munita argento ab extra per totum, & circumcirca diverſis lapidibus, cum ymagine beate Marie, cum duabus ſarraturis, plena diverſis reliquiis, & inter cetera, corpus ſanctorum Florentii & Marcelli, Conforcie & aliorum plurium, que moratur in archa que eſt ubi moratur lo baſſi juxta altare a parte rote candelle. Stat juxta altare.

Item, quedam ymago argenti, ad modum mulieris, cum uno ſcuto in pede, ab una parte albo, cum tribus feſſis rubeis *, ſeminatis in albo de herminiis, & ab alia parte ſcuti, cum tribus feſſis de azur, & aliis tribus de auro, & in capite, cum uno velo argenti, & in manibus, cum uno ſcuto de armis Armaignaci, ab una parte, & ab alia parte, cum armis de Mediolano**; ponderis quatuor marcharum & duarum unciarum.

Item, reliquiare argenti, in quo portatur Corpus Chriſti, cum criſtallo magno

---

* Cum tribus fayſſis rubeis. *Inv. de* 1432. Faſces de gueules.
** Offrande de Béatrix d'Armagnac, dite *la gaie Armagnageoise*, fille de Jean II, comte d'Armagnac, et de Jeanne de Périgord, qui épousa, en 1382, Charles Visconti, seigneur de Parme, fils de Barnabé Visconti, seigneur de Milan; morte en 1403.
Armagnac portait *d'argent, au lion de gueules*, et Milan, *d'argent, à la givre d'azur couronnée d'or, à l'issant de gueules*.

fraƈto, ab una parte deauratum, ponderans diƈtum reliquiare, fine pede, novem
(ƒic), & pes diƈti reliquarii fimpliciter deauratus, cum quatuor leonibus
deauratis & quatuor emaudis; ponderis feptem marcharum & quinque unciarum.

Item, quedam crux argenti deaurata, cum duobus Angelis fupra Crucifixum
tenentibus unus folem, & alter lunam, & ymaginibus beate Marie & beati
Johannis ab utraque latere Crucifixi, & duobus Angelis fupra pedem diƈte
crucis ab utroque latere, tenentes quilibet unam capfam in quibus funt reliquie,
& eft diƈtus pes ipfius crucis emailhatus de viridi, ponderans quatuordecim marcharum argenti, de novo empta per diƈtum Cappitulum anno M.CCCC.XXXVII.

Item, due ymagines argenti duorum militum armatorum, & datum hoc anno
M.CCCC.XXXVII. per quemdam de Burgondia; ponderis quilibet unius marche
vel circa.

Item, quidam oculus argenti, datus anno M.CCCC.XXXVIII. per dominum
marefcalem de La Faieta*; ponderis unius marche.

Item, zona de Aaron, ex auro puriffimo, in uno capite cum tribus anullis & in
alio capite cum uno crocheto rotundo cum capite ferpentis, in qua funt quatuor
emaux rotundi, auri, circumdati perlis, & in quolibet emaudo, cum novem
lapidibus groffis preciofis, ponderis quinque marcharum cum dimidia.

Item, duos pendentes five tintinnabula, ex auro puriffimo, diƈti Aaron, in quolibet ipforum viginti groffi lapides preciofi & triginta perlas, & in capite crox ad
modum aquile, & in quolibet pede, cum quinque fonailhas, ponderis quinque
marcharum cum dimidia.

Item, humerale five peƈtorale diƈti Aaron, fimiliter ex auro, in quo funt triginta novem pecie tam parve quam magne, in qua funt decem feptem figure perfonarum, inter quas eft ymago Chrifti, cum oƈto fonalhas, ponderis decem marcharum & fex unciarum : que omnia funt in quodam coffro, cum fex auriculariis
parvis, de quibus unus eft de medio planus.

Summa jocalium de Aaron : ponderis triginti unius marcharum & fex unciarum **.

---

* Gilbert Motier, feigneur de la Fayette, de Pontgibaud, du Montel - de - Gelat, etc., confeiller et chambellan du roi et du dauphin, maréchal de France en 1421, mort en 1463.
Ses armes étaient *de gueules, à la bande d'or à la bordure de vair.*

** *Item*, quedam alia caxa rubea, in qua funt diverfa tabernacula & retaules de ebore & plures
reliquie que morantur in diƈta parte altaris, que fuit figillata diƈta caxa diƈtis reliquiis ab infra
remanentibus figillo domini precentoris & in diƈto fuo loco repofita. *En marge :* Stat juxta altare
a parte facriftie.

Item, quedam alia caxa, coperta argento ab extra per totum, & in quolibet cornu, cum una ma-
nelha, & in copertorio alia, & infra funt quatuor parve cruces argenti & due ftelle munite ar-

Item, ſtat in altari quedam capſa argenti magna, in qua eſt corpus beati Domp-nini, & in qua eſt ymago Chriſti & ſunt due ymagines Apoſtolorum.

Item, aliud reliquiare ad modum brachii, copertum argento, in quo eſt de bra-chio ſanĉti Dompnini.

Item, duo ſotulares junĉti, coperti argento cum diverſis lapidibus, a parte retro de quercu.

Item, quedam capſa coperta partim de argento & partim de ferro albo, in qua ſunt reliquie beati Teturlini & plures alie, & eſt in capite pars unius coquilie.

Item, quedam alia capſa coperta argento, in qua eſt ſcriptum a parte ante : *In honore beate Marie.*

Item, quedam alia capſa parva fuſtea, munita frangiis, operata ab extra diverſis foliagiis elevatis, plena diverſis reliquiis.

Item, quedam alia parva capſa quadrata de corio, operata ab extra cum diver-ſis perlis & lapidibus vitriis modici valoris, in qua ſunt diverſe reliquie.

Item, quedam boſtia eburnea, munita argento.

Item, quedam boſtia eburnea nova, cum reliquiis, ut legitur in quadam cedula ibidem incluſa.

Item, quedam boſtia eburnea, alta, depiĉta, rotunda, repoſita in eadem li-gnum beati Andeoli, munita letone cum cordulo.

Item, unum caſtrum argenti diĉtum de Ventadour *.

Item, duo magni baſſini, ſive plats, ad lavandum, pro epiſcopis, cum armis ab infra in medio domini Johannis Chandoraci, condam epiſcopi Anicienſis, circum-dati circumquaque bordatura auri; ponderis oĉto marcharum & quatuor unciarum.

Item, quidam platus argenti, ad ſervicium pro offerta & oblacionibus recipien-dis; ponderis trium marcharum.

Item, duo alii plati argenti, ſive baſſis, qui morantur ſupra altare pro extin-guendo candelas.

Item, ante altare, alius baſſinus argenti cum ſua cathena ſuſpenſus, cum armis de Pelagrua **.

En ce baſſin d'argent, aujourduy on tient la chandelle de la ville tousjours ardante, à l'honneur de Dieu & de la Vierge Marie.

---

gento deaurate & unum reliquiare in modum de bulleta circumdatum perlis, in quo ſunt reliquie beati Demetrii, & etiam ſunt plures alie reliquie, que moratur in parte altaris a parte ſacriſtie, & fuit ſigillata diĉta caxa diĉtis reliquiis ab infra remanentibus ſigillo domini precentoris & in diĉto ſuo loco repoſita. *En marge :* Stat juxta altare a parte ſacriſtie. *Inventaire de* 1432.

* Eſt in Hoſpitali in vadio. *Inv. de* 1432. — Don de la maiſon de Ventadour, en Limouſin.

** In quo ardet candela de Pelagrua. *Id.*

Item, alius baffinus argenti, ante altare, datus per dominum Heliam, epifcopum Anicienfem *, cum cathena fufpenfus.

Item, duo Angeli argenti deaurati, tenentes quilibet unum candelabrum; ponderis octo marcharum.

Item, duo parva candelabra argenti, ad fervicium altaris, cum armis defubtus domini Johannis Chandoraci, & defuper pedes, cum tribus emaudis in quolibet domini Chandoraci.

Item, quatuor candelabra munita argento, duo magna, & alia duo magis parva, que non fuerunt ponderata propter taram ferri.

Item, unum thuribularium argenti album, cum cathena, de novo factum; ponderis fex marcharum & fex unciarum.

Item, aliud thuribularium argenti, ad fervicium altaris, cum armis de Pelagrua; ponderis quinque marcharum.

Item, una naveta de argento, cum armis predictis de Pelagrua; ponderis duarum marcharum & trium unciarum.

Item, alie due vinagerie argenti, quarum una eft deaurata, & alia alba; ponderis undecim unciarum cum dimidia.

Item, unum arfol ** cum yfopo argenti; ponderis fex marcharum cum dimidia.

Item, una naveta de caffidonio munita argento, cum pomo & fuis repofitoriis garnitis argento.

Item, in capite ymaginis beate Marie, fupra altare, eft quedam corona de auro, facta per modum crucis, perlis munita & lapidibus preciofis.

Item, fupra caput Pueri, alia corona, fimiliter de perlis & lapidibus facta, data per Johannem Bot, mercatorem Anicii, que fuit extimata valere quater viginti libras turonenfes.

Sequitur de hiis que funt in trabe ante altare beate Marie ***.

Et primo, octo lampades argenti.

Item, unus fotular argenti.

Item, una turris argenti.

Item, duo oculi argenti fimul juncti.

---

* Hélie de Lestrange, évêque du Puy, de 1397 à 1418.

** Unum urffol. *Inv. de* 1432. Unum urfeolum. *Inv. de* 1410. Lisez : *urceolum.*

*** Sunt in trabe ante altare novem lampades argenti. *En marge :* Quarum fuit amota una cum armis regine Cecilie *(Sicilie). Inv. de* 1432. — Yolande d'Aragon, mariée en 1400 à Louis II de France, roi de Naples, de Sicile, de Jérusalem et d'Aragon, duc d'Anjou, comte de Provence et du Maine. Elle vint en pèlerinage au Puy en juillet 1419, avec Louis III d'Anjou, son fils.

Item, una lampas argenti, ad modum berroyer, per dominum noftrum Francorum regem datam.

Sequitur de calicibus.

Primo, unus calix deauratus, cum patena deaurata cum una manu in medio, & fubtus pedem eft fcriptura circumquaque, ponderis duarum marcharum & unius uncie, ad fervicium altare Crucis*.

Item, alter calix cum patena, ponderis quatuor marcharum & unius uncie, deauratus ab infra & extra, & etiam cum patena**, & cum pomello emaillato in diverfis partibus & in pede, cum Crucifixo & beata Maria & beato Johanne, a latere Crucifixi, qui eft ad fervicium altaris Crucis.

Item, alter calix magnus, cum magna patena, totus deauratus & etiam patena, ponderis quinque marcharum & duarum unciarum cum dimidia, & eft fedes Mageftatis in patena emaillata, & calix eft emaillatus in pede & in pomello, cum armis domini Saturnici de Agrifolio, cardinalis Avinionenfis***.

---

* *Item*, alter calix novus, emptus a magiftro Johanne Granuheti, fratre & exequtore domini Vincentii Granuheti, condam canonici Anicienfis, deauratus ab infra & extra, cum fua patena deaurata, fraytis, & poteft dividi in tribus partibus, ponderis decem & novem unciarum argenti, & funt in pede duo fcuta; in uno fcuto eft Crucifixus cum ymaginibus beate Marie & beati Johannis, & in alio fcuto est una crux.

Item, alter calix deauratus cum pomello deaurato, cum fua patena, datus per quemdam Ytalicum, & in patena eft figurata una manus deaurata, & bornatura eft deaurata, ponderis unius marche dempta una uncia vel circa.

Item, alter calix deauratus, cum pomello efmaudato diverfis parvis efmaudis, cum fua patena deaurata cum Agno Dei, ponderis unius marche cum dimidia, cum armis de Baufio....... *A la suite:* Quem calicem reftituit Abbas fanéti Evodii. — Les barons de Baux (en Provence), princes d'Orange.

Item, alter calix, cum fua patena argenti, deauratus ab infra & extra, cum fuo pomello deaurato & emalhato in pluribus partibus diéti pomelli, in quo pomello erat fcriptum : *Johannes Roberti*, & in pede diéti calicis, unum fcutellum cum armis quatuor dimidiorum beftionum ad modum alarum *(aquilarum)*, & in medio diétorum beftionum erat una crux rubea.

Item, alter calix cum patena, parvus, deauratus ab infra & extra in pomello & iri circuytu pedis, in quo pede erat Mageftas Domini cum Annuntiatione beate Marie, & erat fcriptum : *Qui timet Deum*, & patena erat deaurata in medio & in circuytu, cum una manu in medio deaurarature. *Inventaire de* 1410.

** Cum fede Mageftatis emalhata in patena. *Inventaire de* 1432.

*** Cum armis domini Fayditi de Agrifolio, cardinalis Avinionenfis. *Id.* — Faydit d'Aigrefeuille ou d'Arfeuille, en Limousin, évêque d'Avignon, cardinal-prêtre de Saint-Sylvestre et Saint-Martin-aux-Monts, en 1385, dit *le Cardinal d'Avignon*, mort en 1390. Il portait *d'argent, à trois étoiles de gueules, au chef de gueules chargé de trois besants d'argent.*

Item, alter calix cum patena, ponderis quatuor marcharum & duarum unciarum, deauratus ab infra & extra, totus emaillatus, & etiam tota patena in
medio.

Item, alter calix totus deauratus, & etiam tota patena ab infra, cum fex emaudis in pede, cum Crucifixo & aliis ymaginibus, & in patena, crux cum manu;
ponderis quatuor marcharum.

Item, alter calix, ponderis duarum marcharum & trium unciarum, totus
deauratus, cum patena ab infra & extra, cum fex emaudis in pomello, & in pede
uno fcuto cum quatuor dimidiis volatilibus.

Item, alter calix totus deauratus, cum patena, ponderis duarum marcharum &
trium unciarum cum dimidia, & in patena fedes Mageftatis emaillata, & in pomello de rofis, & in pede Crucifixi, beata Maria & beatus Johannes, & cum uno
fcuto & una cruce.

Item, alter calix totus deauratus, cum patena, cum fede Mageftatis cum duobus Angelis in patena, ponderis quindecim unciarum, & fcutum in pede; funt
quedam arma in pomello, cum Crucifixo emaillato etiam in pede.

Item, alter calix, cum patena, deauratus ab infra & extra, ponderis duodecim
unciarum cum dimidia, cum una manu in patena, & in pede uno Crucifixo elevato.

Item, alter calix albus ab extra & in pomello cum patena deaurata, cum una
cruce in medio patene & una manu & cupa deaurata ab infra, cum pluribus
emaudis, & in pomello & in pede, cum una cruce deaurata & uno fcuto cum
cornetis nigris, ponderis duodecim unciarum vel circa. Eft ad fervicium altaris
Crucis.

Item, alter calix parvus, ponderis marche unius fex denariorum, deauratus ab
infra, & in pomello, cum quadam cruce in pede, & in patena, quedam manus
fignans, de novo datus & pofitus in inventario per dominos Petrum de Folhofa
& Francifcum Beffonis, olim facriftas.

Item, alter calix argenti, cum patena in qua eft Jefus, deauratus, & ab infra,
cum fex pomellis emaillatis, habentibus in quolibet pomello unum caput epifcopi, & in alio, unum caput regine, datus per unum militem de Hifpania; ponderis duarum marcharum & unius uncie.

Item, quidam alter calix argenti totus deauratus ab infra & extra, cum patena
etiam deaurata, cum fex emaudis in pomello, cum floribus de borrache, & qui-
busdam armis de azuro in pede, cum quodam rubeo & tribus leonibus, ponderis
duarum marcharum, de novo anno Domini M.CCCC.XXXVII. datus per quemdam militem de Burgundia.

Item, anno Domini M.CCCC.XXXII., in principio menfis marcii, fuit oblatus, ex parte & nomine magiftri de Rhodis *, unus calix argenti deauratus infra copam & in pomello, cum patena fua, cum armis in pede calicis, quarum armarum campus eft rubeus, & eft in traverfo dicti fcuti una barra aurea; ponderis. trium marcharum.

Item, alter calix argenti deauratus ab infra, & in pomello, cum fex emaudis,. & deauratus circumquaque in pede, cum uno Crucifixo & ymaginibus beate Marie & beati Johannis in pede deaurato, & in medio patene cum fede Mageftatis deaurata, datus per dominum Stephanum Garnerii, prefentis ecclefie canonicum, anno· Domini M.CCCC.XXXIV.; ponderis   *(fic).* Eft in cappella Sancti Anthonii.

Item, unus calix parvus, albus, cum patena deaurata ab infra, ponderis fex unciarum, in quo calice eft in pede unus Crucifixus elevatus in medio, & ab una parte ymago beate Marie, & ab alia unus Angelus annuncians, cum certis fcripturis. Fuit datus anno Domini M.CCCC.XL.

Item, alius calix deauratus, cum fua patena etiam deaurata, ponderis duarum marcharum trium unciarum & decem & octo denariorum; in pomello funt octo emaudi percici cum una rofa in quolibet, & in pede unus Crucifixus cum duobus fcutis elevatis ab utroque latere cum liliis Francie, & in medio patene eft ymago Jhefu Chrifti prout apparebit in judicio, cum duobus Angelis, uno albo tenente unam crucem, & alio nigro tenente unam lanceam.

Item, alter calix magnus, cum fua patena, totus deauratus ab infra & extra, cum fex emaudis in pomello, fcilicet, tribus ymaginibus, & aliis tribus armis. diverfimode partitis five efcartelatis, & pede five baculo etiam emaillato, & in pede funt tres emaudi triangulares, ad modum trifoleti, quorum in uno eft ymago Crucifixi cum certis ftellis in campo, & in aliis duobus funt ymagines beate Marie & beati Johannis, & in patena fedes Mageftatis Jhefu Chrifti exiftentis in judicio, cum mantello de viridi in campo percico & duobus Angelis collateralibus; ponderis fex marcharum unius uncie & duodecim denariorum.

Item, alius calix, cum fua patena, totus deauratus ab infra & extra; in pomello funt quatuor Evangelifte cum quatuor lapidibus, & in baculo pedis funt certi lapides modici valoris, & in pede funt duo Crucifixi, & due ymagines Virginis Marie, & quatuor lapides, ad modum balayorum, modici valoris; in patena eft quedam ymago Virginis Marie circumquaque fcripta; ponderis trium marcharum argenti.

---

* Antoine Fluvian, Espagnol, 34ᵉ grand-maître de l'ordre de Saint-Jean de Jérusalem, alors en l'île de Rhodes, de 1421 à 1437.

Item, alius calix, cum fua patena, ab infra deauratus & in pomello & baculo pedis, habens in pede quatuor ymagines Virginis Marie elevatas & deauratas ad modum amigdali, & circumquaque defcriptas; patena tota deaurata cum una manu in medio, & una cruce circumvallata certis crucibus minimis in magna multitudine; ponderis duarum marcharum & duarum unciarum.

Item, alter calix cum fua patena, totus deauratus ab infra & extra, & in pomello funt fex emaudi cum capite Jefu Chrifti & aliis quinque capitibus Sanctorum emaillatis, cum aliis fex parvis emaudis rubeis cadratis, cum quadam rofa in medio cujuflibet, & in medio, in baculo pedis funt diverfe feneftre fubter & fuper, & in pede funt tres emaudi cum ymagine Crucifixi, & in alio eft Coronacio beate Marie Virginis, & in alio eft Obviacio beate Marie pregnantis, & funt alie tres partes dicti pedis deaurate cum certis operaturis; in patena vero eft fedes Mageftatis fignans, & in manu finiftra tenens unum baculum cum una parva cruce, & jacet in campo percico diverfimode emaillato ad modum rofe circumquaque; ponderis quatuor marcharum argenti.

Item, tres patene fine calicibus, ponderis infimul duodecim unciarum, quarum una major eft deaurata ab utraque parte, cum una manu fignans in medio, & circumdata cum certis obragiis deauratis, ad modum borraginis; minor vero deaurata ab utroque parte emaillata in medio cum ymagine Jhefu Chrifti exiftentis in judicio, & ab utroque latere, funt duo Angeli, unus a dextris tenens crucem & clavos, & alter a finiftris tenens lanceam Jhefu Chrifti.

Item, unum candelabrum argenti ante altare cum banas de cerfs * & cum uno Angelo a parte anteriori tenens arma domini de Borbonio, oblatum & datum nomine domini Karoli, filii fui **, anno Domini M.CCCC.XXVII.; ponderis novem marcharum & quinque unciarum.

Sequitur de crucibus.

Primo, eft ante altare, excepto pede, una crux auri ***, in qua eft de ligno crucis Domini, munita diverfis lapidibus & circumdata, cum pede de letone acuto, cum fex leonibus deauratis.

---

* Unum candelabrum argenti, factum ad modum cornuum cervi. *Inventaire de* 1432.

** Charles I", fils aîné de Jean I", duc de Bourbon, et de Marie de Berry, mort en 1456.—Les armes de Bourbon étaient *d'aʒur, à 3 fleurs de lys d'or, à la bande de gueules.*

*** Una crux operata auro, in qua eft de ligno crucis Domini, munita diverfis lapidibus preciofis, in qua nichil deficit, cum baculo argenti· deaurato, diverfis lapidibus circumdato, cum pede de letone cum fex leonibus deauratis. *En marge:* Deficit dictus pes hodie anno XXXIIII., XVI. decembris. *Inventaire de* 1432.

Item, fex magne cruces fupra altaria, quarum quinque funt de argento, & una de jaet *.

Item, una magna crux antiqua.

Item, alia crux argenti pro fontibus benedicendum.

Item, quedam parva crux argenti, cum fuo pede argenti, ad modum oratorii, tota deaurata, ponderis duarum unciarum feptem denariorum, tota fcripta certis litteris, data per dominum Johannem de Sancto Severino, condam prepofitum ecclefie Anicienfis **.

Item, quamdam coronam argenti albam, ponderis unius marche unius uncie tres denarios.

Item, quamdam magnam croffam argenti totam deauratam, datam per bone memorie dominum Guillermum de Chalenconio, condam epifcopum Anicien-fem, & in medio croffe fummitatis, eft Annuntiatio beate Marie, & circum-quaque ufque ad pedem, funt ab una parte decem ymagines Sanctorum elevate, jacentes fupra campis emaudatis viridi & percico, & ab alia parte funt etiam circumquaque eadem modo novem ymagines Sanctorum diverforum elevate, ja-centes etiam in campis emaudatis viridi & percico; & ultra, deficit una ymago in fummitate croffe que jacebat in percico; *item,* circumquaque fummitatis dicte croffe ab extra, retro & ante, funt duodecim Angeli deaurati, & in pede partis fuperioris dicte croffe funt quatuordecim diverfe ymagines argenti deaurate & elevate, quarum decem jacent in diverfis campis emaillatis viridi & percico, cum diverfis obragiis, ad modum tabernaculorum defuper, & alie quatuor jacent in pillaribus dicti pedis.

Item, in eadem croffa, funt alii tres baculi argenti deaurati, & cadrati fex cadris, & operati diverfis obragiis ad modum borraginum, & in primo baculo poft croffam in fummitate, eft unus pomellus fatis groffus deauratus, cum fex emaudis viridibus, & in medio cujuflibet funt arme domus de Chalanconio.

Item, quedam ymago argenti alba, ad modum mulieris exiftentis genibus flexis & manibus junctis, data per dominam Bonam, comitiffam Armaignaci condam ***, jacens in quodam pede argenti firmato fupra quatuor pedes aquile, & in pede

* De jayet. *Inventaire de* 1432.

** Jean de Saint-Séverin était prévôt de la cathédrale du Puy en 1370.

*** Bonne, fille de Jean de France, duc de Berry et d'Auvergne, et de Jeanne d'Armagnac, mariée en secondes noces (1393), à Bernard VII, comte d'Armagnac, depuis connétable de France, morte en 1435.

Le comte d'Armagnac portait *écartelé au 1 et 4 d'argent au lion de gueules, et au 2 et 3 de gueules au lion léopardé d'or.*

Les armes de la maison de Berry étaient un *semé de France, à la bordure engrelée de gueules.*

dicte ymaginis sunt quedam arme partite domini comitis Armaignaci & ducis
Bituricensis condam, cum quodam foliagio viride; ponderis decem marcharum.

Item, due vinagerie quadrate argenti, deaurate, emaillate diversis emailliis, cum
ymaginibus duodecim Apostolorum in ambabus, ponderis   *(sic)*.

Item, alie due vinagerie rotunde, deaurate in circuitu capitis & pedis, cum
duobus circulis in collo deauratis, ponderis decem unciarum & medie vel circa.

Item, unus parvus croquetus, cum duobus frangiis rubeis modici valoris,
deargentatis in duobus capitibus, quasi longitudinis unius uncie digiti.

Item, duo parvi oculi argenti.

Item, quedam ymago magna, cum duobus pedibus argenti, que fuit data per
dominum ducem Sabaudie, cum quodam colari deaurato in collo, & capillis
deauratis, ponderans, cum duobus pedibus, viginti unius marche & quatuor
unciarum *.

Item, unus coretus argenti, ponderis unius marche.

Item, quedam lampas argenti, ponderis quatuor unciarum & trium quar-
tuum.

Item, quedam ymago beate Marie Virginis tota deaurata, tenens in una manu
Filium suum, qui quidem Filius signat cum manu dextra, & in alia manu tenet
pomum, & ymago Virginis tenet in alia manu dextra quemdam parvum baculum perforatum ad ponendum flores; ponderis decem marcharum argenti vel
circa.

Item, unus calix argenti, ponderis unius marche.

Item, duo tasselli argenti pro capis, ponderis duodecim unciarum & dimidie
vel circa, quorum unus est cadratus, ad modum boraginis, cum uno emaudo
cadrato in medio, & uno flore lilii elevato in campo de azuro, seminato de
stellis, & sunt in quatuor cornibus quatuor lapides valoris modici.

Item, alter tassellus est etiam operatus ad modum Damasci, cum certis lapidibus modici valoris.

Item, alius calix sine patena, ruptus, deauratus in cupa ab infra & in pomello, cum pede rotundo, & in pede est ymago Crucifixi deaurati, ponderis duarum
marcharum argenti.

Item, unus pes argenti, ad modum graduum, ponderis quatuor marcharum &
duarum unciarum.

---

* *Item*, quamdam magnam ymaginem argenti domini comitis Sabaudie, que stat supra crucem
in thesauraria nova. *Inventaire de* 1410. — Amédée VIII, dit *le Pacifique*, premier duc de Savoie, sous lequel le comté de Savoie fut érigé en duché, l'an 1416.

Item, de novo fuerunt data jocalia per potentem virum dominum ducem de Borbonio, ad honorem ipfius ecclefie :

Et primo, unus calix, cum fua patena, deauratus ad longum, cum armis ipfius domini ducis.

Item, due vinagerie argenti deaurate, cum armis dicti domini ducis in fummitate copertorii.

Item, una pax argenti deaurata, emaillata a parte ante, in qua eft ymago beate Marie, cum mantello, feminata armis dicti domini ducis.

Item, duo candelabra argenti deaurata, cum armis dicti domini ducis.

Item, una campana argenti, deaurata, cum dictis armis, & fuerunt data per dictum dominum ducem anno Domini M.CCCC.XLV*.

Sequitur de mapis.

Primo, quatuor mape de cirico, in quodam efcry fufteo rotundo, que funt colligate in baculis, quarum una eft alba, alia nigra, & alie due virides, fatis antique**.

Item, quedam mapa de cirico, operata de rubeo & albo, ad modum vinee, cum diverfis litteris, & in capitibus cum frangiis de cirico diverforum colorum, fignata in una frangia per J.

Item, duo terfoni de lino, operis Francie, cum frangiis de cirico diverforum colorum in capitibus, dedicati ad dicendum in fpiritu humilitatis tempore kadragefime.

---

* *Item*, duas cordas, unum par ferrorum, & unam ratellam, cum uno vafe argenti, que omnia fuerunt repofita in caxa quadrata, coperta de corio. *Inventaire de* 1410.

** *Item*, alia mapa de cerico albo cum barris de indio, cum duobus fcutis cum armis ad effigiem lupi. — Ces armoiries parlantes sont très-probablement celles de la maison le Loup, en Bourbonnais *(d'azur, au lion passant d'or)*. Blain le Loup, seigneur de Beauvoir, etc., était sénéchal d'Auvergne en 1427.

Item, alia mapa cum diverfis fcutis, carrellis & uno rubant.

Item, tres mapas, quarum una eft cum frontali & frangiis ejusdem coloris broudata, alie due funt plane, datas per dominum Johannem Montis Acuti, magiftrum hofpitii domini noftri Regis condam, cum veftimentis fuis.

Item, alia mapa cum crucibus & uno ruban.

Item, alia mapa, operis Francie, cum quinque barris in quolibet capite, tradita domino Ramundo de Chambarlhaco, ebdomadario, pro fervicio majoris altaris.

Item, alia mape tele, operis Francie, cum tribus crucibus, una in medio, & in quolibet capite alia cum tribus barris.

Item, alia mapa groffa, in qua eft fcriptum in quolibet capite : *Ave Maria*.

Item, alia mapa plana tele, cum fex oratoriis a duobus capitibus, una cruce in medio. *Inventaire de* 1410.

Item, alia mapa de cirico albo, fatis brevis, cum fexdecim barris de cirico pers, cum quatuor fcutis.

Item, alia mapa de lino, operis Francie, cum parvis barris in capitibus de pers, feminata de crucibus de pers.

Item, alia mapa de lino, operis Francie, in quolibet capite, cum octo parvis barris de coto pers, & una magna barra in medio dictarum barrarum, cum tribus crucibus in medio, ejusdem coloris.

Item, alia mapa de cirico, cum barris aureis, de cirico diverforum colorum, nondum benedicta.

Item, alia mapa de lino, operis Francie, magna, operata in quolibet capite cum tribus barris magnis de cirico rubeo & aliorum diverforum colorum.

Item, alia parva mapa de canapi, ad modum tele, cum tribus barris parvis in uno capite, & in medio cum aliis tribus de filo pers, & in capite feneftrata.

Item, quedam parva mapa de cirico, cadrata, cum orfres a duabus partibus de cirico jaune & aliis diverfis.

Item, unum manutergium planum, de lino fino.

Item, aliud manutergium de lino.

Item, aliud manutergium de lino.

Item, aliam mapam, operis Francie, barratam in capitibus cum tribus crucibus, in capite fcriptam : *Priez Dieu pour moy*.

Item, aliam magnam mapam, operis Francie, de lino, cum quatuor barris de percico.

Item, alium terfonum de lino, quafi duarum ulnarum, fine aliquibus barris.

Item, unam theobaliam de canapi, hoc anno M.CCCC.XXVIII. datam, cum tribus barris & quatuor parvis in quolibet capite diverforum colorum, & multis aliis, tam de longo quam ex traverfo.

Item, aliud terfonum de lino, habens in quolibet capite duas barras de cotone albo.

Item, quedam fervieta modici valoris, cum pluribus barris percii coloris in quolibet capite.

Item, alia mapa de canapi, cum tribus magnis barris, una de rubeo, alia de nigro, & alia de viride in quolibet capite.

Item, duas pecias de cirico albo, parvas, cum diverfis operibus circumquaque, ad ponendum fuper reliquias, quando oftenduntur.

Sequitur de pannis aureis.

Item, unus pannus de Damas, lo champ in albo, in uno capite cum veta alba, & in alio capite cum frangia alba, & ab utraque parte cum veta rubea.

Item, alter pannus aureus, campus de caneto, feminatus cum avibus & pape-geays & aliis diverfis avibus & animalibus & foliagiis, cum capitibus de panno, & ab utraque parte, cum veta alba*.

Item, alius pannus aureus in campo albo, feminatus cum leonibus jacentibus

* *Item*, alter pannus auri rubeus, feminatus de papagays five avibus de Damafco.

Item, alter pannus auri antiquus, fubtus indii coloris, cum folhatgiis, parvi valoris. *En marge :* Eft in fervicio domini Comitis Dalphini condam. — Beraud II, comte de Clermont, dauphin d'Auvergne et seigneur de Mercœur, dit *le Comte Dauphin*, mort en 1400.

Item, alter pannus de cotone, cum duobus fcutis d'azur, qui eft ante armarium reliquiarum.

Item, unus pannus aureus albus, vocatus diafpe, femipatus paonibus auri.

Item, unus pannus auri de Damas albus, circumdatus de rubeo.

Item, alter pannus auri jacens in rubeo cum leonibus & folhatgiis, & tenent leones unam co-ronam.

Item, tres panni albi & tres rubei, dati per dominum noftrum Regem, de quibus fuerunt fa&a veftimenta & mantellum beate Marie, ut conftat in precedentibus inventariis, & fic domini facrifte moderni non receperunt. — Don du roi Charles VI, qui vint en pèlerinage au Puy en 1394.

Item, unus pannus auri albus, feminatus de lhaupardis & arboribus.

Item, alius pannus de cerico, cum armis regis Aragonum & Braffalonie, & unum paramen-tum de eisdem armis.

Item, plus alter pannus auri, jacens in rubeo cum folhatgiis auri, circumdatus de treulets vi-ridis coloris cum rofis de percio, datus per dominum Heremitam de Faya, fenefcallum Belli-cadri & Nemaufi. — L'Hermite de la Faye était sénéchal de Beaucaire et Nîmes en 1410.

Item, anno Domini M.CCCC.VII., de novo, unum pannum antiquum auri, cum armis domini comitis Bellifortis, noviter datum per dominam comitiffam Valentinenfem condam, ultimo de-fun&am. *Inventaire de 1410*. — Cette comtesse de Valentinois était Alix de Roger de Beaufort, femme d'Aymar V de Poitiers, comte de Valentinois, morte en 1406. Il ne peut être question de sa nièce, Cécile de Roger de Beaufort, femme de Louis de Poitiers, comte de Valentinois, car celle-ci ne mourut qu'en 1410. Armes des Roger de Beaufort : *d'argent, à la bande d'azur, accompagnée de six roses de gueules en orle*.

Item, alius pannus de cerico, per modum paramenti, jacens in pers, feminatus leonibus inca-thenatis cum rotulis & arboribus, cum armis regis Aragonie in quinque partibus, ab utraque parte cum una magna pecia tele de pers. *En marge :* Fuit traditus pro beata Maria de Gordono.

Item, unum frontal altaris de predi&o panno, cum armis di&i regis Aragonie de di&o panno, foderatus de tela perfa cum frangiis rubeis & croceis. *En marge :* Fuit pofitus extra numerum anno XXIX. pro faciendo ftolas.

Item, alius pannus antiquus, jacens in pers, feminatus cum magnis papagays aureis, & in collo avium, cum litteris paganorum, circumdatus de bocaffi toalhat, foderatus de tela percia modici valoris, qui poni confuevit in cathedra domini epifcopi.

Item, quosdam orfres cum o&o ymaginibus per longum, & in capite, ymago Chrifti tenens in manu mundum, & etiam quedam alia modica pecia aliorum orfres, in qua eft imago cujusdam regis tenens unum baculum. *En marge :* De iftis o&o, fex fuerunt anno XXVIII. in cafula alba ad fervicium altaris beate Marie; alia duo remanferunt. *Inventaire de 1432*.

in pede arboris, habentes in collo unum rubrum cum capitibus modicis de cirico ejusdem coloris, & ab utraque parte ćum veta rubea.

Item, alius pannus aureus in campo de pers, feminatus diverfis magnis foliagiis, aliquibus ad modum rote beate Katherine, & aliquibus ad modum coris in rubeo, & infra cor, cum duabus bichis jacentibus in rubeo, in ore tenentibus unum foliagium, & in capitibus cum vetis efcharatis de albo & de pers ab utraque parte, cum veta alba.

Item, alius pannus aureus, in campo feminatus cum magnis compas, & in cruce dos compas, una rofeta de pers, & infra dictum compas, cum quadam pluma de paon, circumdata de trifoletis, cum uno fcuto & capitibus fcifis & ab utraque parte cum una veta alba.

Item, alius pannus aureus, jacens in rubeo, feminatus arboribus, & in pede cujuflibet arboris cum uno fcutel, cum colari de pers, cum capitibus, cum modica veta auri, & ab utraque parte, cum una veta alba.

Item, alius pannus aureus, jacens in rubeo, feminatus magnis foliis & leonibus tenentibus coronas cum capis cum modica veta alba, etiam ab utraque parte cum veta alba.

Item, alius pannus aureus, jacens in diverfis barris per longum de caneto rubeo & viridi, & in duabus ex dictis barris funt foliagia, in alia littere morifque *.

Item, alius pannus aureus, jacens en pers, feminatus cum foliagiis & leonibus aureis in dictis foliagiis, ad opus fepulturarum.

Item, alter pannus aureus, jacens in albo, feminatus grifonibus & pavonibus, cum capitibus & pedibus & rotundo alarum deauratarum, & in quolibet capite cum duabus parvis vetis deauratis.

Item, quoddam paramentum ad portandum Corpus Chrifti, quod eft de duobus pannis aureis, uno albo ab infra, & alio ab extra viridi, fimul junctis, frangiatis circumquaque frangiis de cirico albo & rubeo, cum armis domini cardinalis Saluciarum **.

Item, alius pannus de fati vermeilh, feminatus fignis *** aureis, tenentibus in ore unam margaritam, & fubtus pedes unam tezam **** albam, cum duabus plu-

---

* Caractères arabes.

** Amédée de Saluces, fils de Frédéric, marquis de Saluces, et de Béatrix de Genève, cardinal-diacre du titre de Sainte-Marie-la-Neuve en 1385, doyen de la cathédrale du Puy en 1410, mort en 1419. Il portait *d'argent, au chef d'azur.*

*** Lisez : *cycnis.* Cygnes.

**** Lisez : *tefam* candele. Cierge.

mis, & cum aliis avibus tenentibus foliagia, vetatus veta alba circumquaque.

Item, alius pannus aureus antiquus, jacens en pers, cum folconibus & liliis in auro, cum armis Bellifortis, modici valoris.

Item, alius antiquus de coto, jacens in percico cum uno compas in medio, & in quolibet capite uno fcuto percico & uno chardo rubeo & tribus floribus lilii albis & tribus capitibus leonum auri.

Item, alius trocus panni de cirico, cum quatuor barris rubeis & aliis diverfis barris.

Item, unum frontale altaris, feminatum, cum Coronacione beate Virginis & ymaginibus Apoftolorum, cum armis domini Bonifacii de Auratis, legum doctoris, qui eum donavit, cum fuo fcuto in medio cum fuis armis.

Item, alius pannus de cirico pers, barratus per traverfum cum barris de auro, de viridi & rubeo.

Item, plus quidam alter pannus aureus antiquus, crocei coloris, cum vinea deaurata, cum armis de Belliforti, in bornatura, & duplicatus tela crocea.

Item, alter pannus aureus, jacens in percico, cum foliagiis & griffonibus aureis, datus per dominum Johannem de Vacharessas, condam canonicum Anicienfem, & fuit bornatus de cirico nigro.

Item, alter pannus grenat in medio percii coloris de cirico, circumquaque barratus barris croceis & rubeis, datus per heredes domini Lamberti de Serviffaco anno Domini M.CCCC.XXXVIII.

Item, duo panni five gremails aureis, cum magnis compas & barris rubeis & croceis, frangati, duplicati de bocaffino percii coloris.

Sequitur de mantellis fanĉe Marie.

Primo, unum mantellum de veluto indio, feminatum perlis, ad modum liliorum & radiorum, in quo funt triginta novem flores lilii & triginta novem radii folis perlarum, cum uno cordone cerici & quatuor botonibus perlarum*.

Item, alter mantellus panni aurei, operatus cum acu diverfis hiftoriis, cum folraturis de cirico rubeo.

Item, alius mantellus de veluto rubeo, feminatus Coronacione beate Marie & tribus regibus, cum cordone rubeo, foderatus de cirico viridi & jaune, cum modico pectorali ejusdem panni, cum duobus parvis tacellis argenti deauratis cum quibus clauditur, ubi eft Nativitas Chrifti.

---

* *Item*, alius *(mantellus)* panni de Lucas rubei, feminatus avibus & folhatgiis rotundis aureis, cum una veta auri circumquaque, cum fuo cordono viridi & folratura de cerico viridi vetata. *Inventaire de* 1432.

16

Item, alius mantellus de tela alba, broudatus de roſiers, diverſis armis, cum quadam corrigia viridi.

Item, medietas unius mantelli panni aurei rubei, ſeminatus ſerpentibus volantibus, ſine folratura, cum medietate unius cordoni viridis.

Item, alius mantellus de veluto rubeo, datus per la Peira de Avinione*, in quo ſunt additi duo crocheti argenti deaurati, cum perlis, cum quo clauditur.

Item, alius mantellus de veluto viridi, cum magnis foliis auri, datus per dominum Ludovicum de Chalanconio anno Domini M.CCCC.XXXII.

Item, unus mantellus de cirico, cujus medietas eſt coloris viridis & alia coloris percii, fodratus de cirico rubeo, modici valoris.

Item, unum pavolionum cirici albi, indii, rubei & viridis coloris, cum diƈtis & diviſiis : *Je le vouldroye*, datus per dominum de Leſtinoys **, qui eſt in primo ſtagio armarii veſtimentorum ſacerdotalium.

Item, quedam chadareta in qua portatur ymago beate Marie in Rogacionibus.

Sequitur de corporalibus.

Et primo, quedam corporalia, coperta & munita deſuper perlis, cum quatuor Evangeliſtis & Mageſtate Domini in campo, & ſubtus coperta de veluto rubeo, cum armis domini epiſcopi Condomienſis, oriundi de Mimata, de genere Alamandorum ***, in quibus eſt ala, & eſt ſcriptum deſuper litteris aureis : *Jeſus Chriſtus*, cum ſuo repoſitorio.

Item, quedam corporalia, munita de veluto nigro, cum ymaginibus Domini noſtri in cruce & beate Virginis Marie & beati Johannis Evangeliſte, cum quatuor botonibus perlarum, broudata circumquaque, data per Annetam Monrevela, uxorem Dalmacii de Bonaſſio, burgenſis Anicii.

Item, quedam alia corporalia, cum ſuo repoſitorio viridis coloris, cum cordulo operato, que ſunt ad ſervicium majoris altaris.

Item, alia corporalia cum ſuo repoſitorio albo ab extra, cum arbore portraƈta,

---

* La Pieyra, uxorem Johannis Garenſonis, burgenſis Avinionenſis. *Inventaire de* 1432.

** *Item*, de novo, unum pavalhonum cerici albi, indii, rubei & viridis, cum diƈtis & deviſa : *Je le vouldroye*, domini de Leſtinois, diƈti de Monte Acuto, cum ſuperveſte rubea armorum ejusdem domini, cum falconibus. *Inventaire de* 1410. — Louis Aycelin, seigneur de Montaigut-Listenois, près Billom en Auvergne, gouverneur du Nivernais en 1420, mort en 1427, ne laissant qu'une fille. Il portait *de sable, à trois têtes de lions arrachées d'or, lampassées de gueules.*

*** Bernard Allemand, d'une famille du Gévaudan, évêque de Condom de 1371 à 1401. Il avait fondé, en la cathédrale du Puy, une messe solennelle qui se célébrait le 29 septembre, fête de saint Michel.

cum fuo cordulo, data per dominum Johannem Montis Acuti, magiftrum domus domini noftri Regis.

Item, quedam alia corporalia, cum fuo repofitorio, coperto defuper de veluto rubeo, cum quatuor fignis* perlarum fine pedibus, & in medio, cum ymagine beate Marie, quadam nube circumdata perlis, cum fuo repofitorio.

Item, de novo quoddam repofitorium corporalium de veluto nigro, figuratum de auro, cum quatuor botonibus groffis perlarum & quatuor parvis.

Item, alia corporalia de fufta, cum ymagine beate Marie tenentis in brachiis fuum Filium mortuum.

Item, unum eftut corporalium, de cirico indio, ab una parte cum fancto Johanne Baptifta, et alia parte beati Stephani.

Item, alia corporalia, cum l'eftut veluti viridis coloris figurati, & defubtus eft una magna crux, anno M.CCCC.XXXII. data.

Item, quoddam ftut corporalium de panno nigro Damafci, nuper datum anno Domini M.CCCC.XXVIII. per quamdam dominam.

Sequitur de carrellis.

Primo, duo carrelli cum duobus fcutis, cum pluma ab uno latere & quatuor fcutis ab alio.

Item, unum auriculare modici valoris, cum leone rampant.

Item, duo alia antiqua modici valoris.

Item, fex carrellos, copertos de cirico, pro dominis magnatibus, modici valoris.

Item, unum carrellum album lini, cum quodam fcuto in medio, cum quinque barris fili argenti, datum per dominum Johannem de Vachareffas.

Item, alium carrellum album lini, fcriptum ab una parte in medio fui fanoni, datum per dictum dominum de Vachareffas.

Item, duos carrellos cirici virides, cum copertoriis tele albe linee, datos per dominum Peyre de Chambarlhaco condam.

Item, una fargia percia, quam habet marrelerius pro fervicio ecclefie, cum uno panno auri antiquo pro miffa comitis Dalphini**.

Sequitur de bannis.

Primo, bannum cirici percii five indii beati Michaelis cum cruce.

Item, bannum beate Marie cirici rubei cum Coronacione beate Marie.

---

* Lifez : *cycnis*.

** *Item*, duos lenadors, five fudaria tele pro mortuis, & unum fandale nigrum pro fepulturis, quod fandale fuit applicatum ad reparationem panni aurei fepulturarum. *Inventaire de* 1432.

Item, aliud bannum cirici rubei cum Annunciacione beate Marie.

Sequitur de vestimentis.

Primo, in prima capsa inferiori magni armarii dicte sacristie, sunt ea que secuntur:

Et primo, capa domini cardinalis Saluciarum alba*.

Item, capa domini Petri de Crotis rubea.

Item, capa domini Richardi de Area, de veluto violato.

Item, capa domini Petri Fabre, in qua fuit positus unus tacellus de inventario domini thesaurarii, in quo tacello est ymago Virginis Marie cum duobus Angelis.

Item, capa domini Johannis Graffeti rubea.

Item, capa domini Hugonis de Genasio, alba, de cirico, folrata tela rubea**.

Item, una capa de satino percii coloris, soluta per dominum Nicholaum Pontani, cum suis orfresiis de auro, tradita anno Domini M.CCCC.XXXII.

Item, capa domini Mathelini de Chasis***, abbatis Sancti Evodii, de panno aureo velututo de percico.

Item, capa domini Petri Gaytani percii coloris.

Item, capa domini Lamberti de Servissaco, tradita anno Domini M.CCCC. XXXVIII.

In secunda capsa in qua sunt vestimenta de veluto rubeo data per dominum de Lode****, ea que secuntur:

Primo, una capa, *item* una cassula, *item* due dalmatice, de veluto rubeo, cum armis de Lode.

Item, tres albe ornate de dicto veluto.

Item, tres amicti ornati de eodem panno.

Item, due stole & tres manipulos ejusdem panni.

Item, tres succinte.

Item, capa domini Petri de Foresta, condam thesaurarii, de veluto rubeo, cum

---

* *Item*, alia capa, quam solet dominus cardinalis Saluciarum ut decanus, alba, sine tacello. *Inventaire de* 1410.

** *Item*, casula, stola & manipulum panni velueti viridis & rubei, data per dominum Humbertum de Grolée, senescallum Lugdunensem, cum armis dicti domini. *Inventaire de* 1432.
Imbert de Grolée, bailli de Lyon en 1419, vint au Puy rejoindre Bernard d'Armagnac, comte de Pardriac, et la noblesse du Velay, avant le siége de Serverette en Gévaudan, et contribua à chasser les Bourguignons du pays.

*** Mathelin des Chases était abbé de Saint-Vozi en 1429.

**** Loudes, fief titré de baronnie, aujourd'hui chef-lieu de canton, arrondissement du Puy.

orfres perlarum munitarum pro majori parte prediĉtarum, folrata de tafetas verd.

In tercia capfa in qua funt veſtimenta bone memorie domini Johannis Chando-raci, panni albi funt :

Primo, due cape cum fuis armis, quarum una eſt munita in peĉtore, loco tacelli, quatuor botonibus perlarum.

Item, una caſſula cum armis fuis.

Item, due dalmatice cum armis fuis ejusdem panni pro diacono & fubdiacono.

Item, una dalmatica cum tunicella pro prelato, fine armis, de fatino albo.

Item, fandalia & fotulares, & funt tria paria.

Item, una alba cum amiĉto, ſtola, manipulo & fuccinta.

Item, una caſſula, tunica & dalmatica de panno de veluto albo, feminato de arboribus viridis coloris, cum duabus ſtollis & tribus manipulis, data per domi-num Lode cum fcutellis fuis.

In quarta capfa, in qua eſt capella domini Petri Gerardi bone memorie cardi-nalis Anicienfis*, panni rubei fine folraturis :

Primo, due cape cum fuis armis.

Item, una caſſula cum diĉtis armis.

Item, due dalmatice cum eisdem armis.

Item, due tunicelle de alio panno rubeo cum eisdem orfres & armis.

Item, due ſtole & tres manipuli ejusdem panni.

Item, copertura cathedre ejusdem panni, circumdata de percio & rubeo cum frangiis **.

Item, fandalia & fotulares de panno rubeo diafprato.

Item, alba cum amiĉto.

In quinta capfa funt veſtimenta *** :

Primo, una capfa de Pelagrua, cum armis fuis, de fatino refforfato, rubeo, cum tacello argenti deaurati cum ipfis armis.

---

* Pierre Gérard, évêque du Puy en 1386, cardinal-prêtre de Saint-Pierre-ès-Liens en 1390, dit *le cardinal du Puy*, mort en 1415. — Ses armes, d'après P. Frizon *(Gallia purpurata*, Paris, 1638, p. 456) étaient *d'aʒur, à un chevron d'or*, ou, d'après Théodore *(loc. cit.*, p. 331), *d'aʒur, à une bande d'argent, et une bordure chargée de neuf besans.*

** *Item*, unum gremiale panni auri rubei cum frangiis folratis de cerico viridi. *Inventaire de 1432.*

*** In quinta caxa funt veſtimenta domini noſtri Regis Francie panni auri rubei :

Primo, una caſſula cum armis fuis. ·

Item, una alba, ſtola, amiĉtum, manipulum & fuccinĉta.

Item, due dalmatice ejusdem panni, pro diacono & fubdiacono. *En marge* : Fuit tradita *(caſſula)* pro beata Maria de Gordono, & etiam ſtola & manipulum fuerunt tradita, & etiam iſte due dalmatice fequentes. *Inventaire de 1432.*

Item, due tunicelle panni dicti de tercelli *, rubee, munite panno aureo, que fuerunt date per dominum Johannem de Vacharessas, condam canonicum Anicienfem.

Item, anno Domini M.CCCC.XXVIII. et die XX. augusti, per exequtores bone memorie domini Johannis de Brunaco, cardinalis Ostienfis, Vivarienfis nuncupati **, fuerunt missa que secuntur & legata per ipsum dominum cardinalem ad servicium hujus sancte Anicienfis ecclesie, videlicet : unum pluviale de panno cirico de Damasco viridis coloris & sine auro, & cum aurifregiis de panno aureo non braudato, sed de se ipso operato, cum Angelis tenentibus arma ipsius domini cardinalis.

Item, unam cassulam etiam de panno cirico, percii coloris, diasprato de rubeo, & operato rosis viridibus & albis & pannis aureis, & cum aurifregio de panno aureo de ipso operato, cum armis dicti domini & sine Angelis.

Item, stolam & manipulum ejusdem cassule, datam per dictum dominum cardinalem.

Item, una cassula dalmatica & tunicella, due stole & tres manipuli cum armis domini de Perdiaco.

In sexta capsa in qua sunt vestimenta domini ducis de Mediolano, panni aurei coloris indii, foliati de auro & rubeo, cum armis suis :

Primo, una cassula cum alba & amicto.

Item, una stola cum manipulo de veluto rubeo.

Item, due dalmatice pro diacono & subdiacono cum armis predictis.

Item, ultra hoc, cassula de Pelagrua, facta ad modum avium de siconiis auri, cum armis suis, feminata cum orfres de canos argenti deaurati.

Item, una cassula antique forme, panni auri, diverforum colorum, boni valoris.

In septima capsa sunt posita vestimenta data per dominum Heliam, condam Anicienfem episcopum ***, & per antea erant vestimenta dedicationis Ecclesie reposita in primo armario vestimentorum :

Item, una cassula alba de Damas cum orfres.

Item, una tunicella & dalmatice ejusdem panni albi.

Item, alia tunicella & dalmatica alterius panni albi.

---

* Due tunicelle rubee panni, dicti de tercely. *Inventaire de* 1432.

** Jean de Brogny, évêque de Viviers en 1380, cardinal-prêtre de Sainte-Anastasie en 1385, dit *le cardinal de Viviers,* évêque d'Ostie en 1398, mort en 1426. Il présida le concile de Constance. — Armes : *d'or, à la double croix de gueules, à la bordure de même.*

*** L'évêque Hélie de Lestrange portait *de gueules, à deux lions affrontés d'or, à un léopard d'argent en chef.*

Item, due cape de Damas albo cum orfres.

Item, tres albe & tres amiétos & una fuccinta, due ftole & tres manipuli ejus-dem panni.

Item, duo paramenta altaris Damafci cum armis diéti domini Anicienfis epif-copi condam.

Item, unum paramentum cathedre ejusdem panni.

Item, unum capucium album de cirico, operatum ramagiis & avibus.

Item, duas cirotecas panni auri.

Item, fandalia cum fotularibus ejusdem panni de Damas.

In oétava capfa in qua funt veftimenta mortuorum nigra pro mortuis, que fue-runt domini Bertrandi de Turre, condam Anicienfis epifcopi :

Primo, una capa magna pro mortuis.

Item, una caffula, cum alba, munita ftola & fuccinta & duobus manipulis.

Item, due dalmatice pro diacono & fubdiacono.

Item, due tunicelle pro prelato.

Item, paramentum cathedre ejusdem panni.

Item, quatuor cape pro mortuis.

Item, plus una ftola & duo manipuli diéti panni nigri.

In nona capfa in qua funt veftimenta domini Clementis pape de panno albo :

Primo, una capa fatis antiqua de panno diafprato.

Item, alia capa de panno albo cum ymaginibus, cum uno tacello argenti in quo eft unus flos lilii cum certis lapidibus.

Item, una caffula faéta noviter de panno auri albo, cum orfres de Virginibus, folrata de bocaffino percio.

Item, una ftola & manipulum & una alba munita.

Item, due dalmatice pro diacono & fubdiacono.

In decima capfa in qua funt veftimenta Regine Francie*, cum armis Francie & Borbonii, de veluto rubeo :

Primo, una caffula cum alba, munita amiéto, ftola, manipulo & fuccinta.

Item, una mapa altaris, cum paramento in ea futo & faéto cum frangiis & armis prediétis. .

Item, una dalmatica & una tunicella, cum armis Regine Francie.

Item, ultra prediéta, eft caffula panni de veluto rubeo, data per condam nomi-natam La Peira, uxorem Johannis Garenfonis, burgenfis Avinionenfis, cum fuis armis.

---

* Jeanne de Bourbon, fille aînée de Pierre I, duc de Bourbon, & d'Isabelle de Valois, mariée au roi Charles V *le Sage* en 1349, morte en 1377.

Item, plus caffula, de novo data per dominum ducem Borbonii, de panno de veluto percii coloris, cum orfres & armis ejusdem domini ducis, alba, ftola, amicto & manipulo, cum duobus ornamentis altaris ejusdem panni, in quibus in uno eft Annunciacio beate Marie & in alio Coronacio beate Marie.

In undecima capfa in qua funt veftimenta pro octabis Pafche & Penthecoftes :

Primo, quatuor albe, munite quatuor amictis & quatuor fuccintis pro dominis canonicis, ornate de panno aureo rubeo.

Item, quatuor albe cum fuis fuccintis pro clericulis.

Item, quatuor tabule, munite cum pendentibus frangiis, cum floribus lilii factis perlarum de nacre, & funt dicte tabule eburnee, coperte ab una parte de argento, cum quatuor caternis pro cantando verficulos & alleluya in dictis octabis.

In duodecima capfa in qua funt veftimenta panni albi, data per dominum Montis Acuti, magiftrum hofpicii domini noftri Francorum Regis :

Primo, una caffula de dicto panno, feminata diverfis floribus perciis & viridibus *.

Item, due dalmatice.

Item, una alba, munita amicto, ftola, manipulo & fuccinta.

Item, ultra predicta, tres dalmatice panni albi diafprati, pro diacono & fubdiacono.

Item, una capa panni albi diafprati, cum uno orfre ymaginis Domini noftri Jhefu Chrifti fignantis cum manu dextra & tenente mundum in finiftra **.

In decima tercia capfa funt diverfa veftimenta :

Primo, due dalmatice de panno albo diafprato, pro diacono.

Item, una tunicella ejusdem panni, pro fubdiacono.

Item, una alba de cirico albo fine vetis.

Item, alia capa antiquiffima pro fefto Pafche, parvi valoris, cum tacello argenti deaurato.

---

* *Item,* unam cafulam albam, panni de fatino albo, folratam de cerico rubeo, feminatam foliis cogoularum cum viridario, cum orfres feminatis de herminiis, datam per dominum Johannem de Monte Acuto, olim magiftrum majorem domus domini noftri Regis.

Item, unum paramentum altaris, de fatino albo, ejusdem coloris, cum quinque fcutis de fuis armis & ejus uxoris. *Inventaire de* 1410.

Jean de Montagut, grand-maître de France, avait pour femme Jacqueline de la Grange, fille d'Etienne de la Grange, président au parlement de Paris.

** *Item,* una capa panni albi diafprati, cum fex botonibus de broudadura a parte anteriori, modici valoris. *En marge :* Deficiunt botones quia fuerunt amoti quia non valebant, & fuit pofitum orfre ymaginis Domini Noftri fignantis cum manu dextra & tenentis mundum in finiftra. *Inventaire de* 1432.

Item, veftimenta data per dominum Petrum Balene, condam canonicum Anicienfem, videlicet : caffula, dalmatica, tunicella & capa panni de cirico crocei coloris, cum duobus ftolis & tribus manipulis, tribus albis & tribus amiclis, munitis de eodem panno, cum armis domini Petri Balene in caffula, dalmatica, tunicella & capa.

Sequitur de libris.

Primo, duo textus, unus magnus & alter parvus, muniti argento.

Item, alter textus magnus pro kadragefima, munitus argento ab una parte cum fede Mageftatis, & ab alia cum Crucifixo.

Item, duo‑libri, unus de evangeliis & alter de epiftolis, coperti de argento cum ymaginibus portraclis Domini Noftri.

Item, unum pontifficale quod fuit domini Johannis Chandoraci, & finit : *Quod ipfe.*

Item, unus liber epiftolarum, qui incipit in primo folio, in nigro : *Propter Syon non tacebo*, & finit : *Quod debuimus facere confecimus*, ad fervicium altaris.

Item, unum miffale vocatum tixtum, qui incipit in fecundo folio : *Jam prima*, & finit in ultimo folio : *Scripturis. Dicatis unam miffam pro eo*, cum duobus farraliis argenti; quod miffale dedit dominus Yterius de Materiolo, olim epifcopus Anicienfis *.

Item, unam bibliam cum duabus farraliis argenti, cum armis domini Raymundi de Cadris, antiquam **.

Item, unam colleclam, que incipit in fecundo folio : *Caritatis augmentum*, & finit in ultimo folio : *Letentur.*

Item, paffiones notatas in magno volumine, copertas pelle alba.

Item, unum profarium quod incipit : *Veniat Rex*, & finit : *Sapiencia.*

Item, unum profarium qui incipit in fecundo folio : *Veni Redemptor*, & finit in penultimo folio : *Tibi Chrifte.*

Item, alter liber de epiftolis qui incipit in primo folio, in rubeo : *In Vigilia Natalis Domini*, & finit in ultimo folio, in nigro : *Fecimus.*

Item, aliud profarium, quod incipit in fecundo folio : *A principio & exultacio*, & finit in penultimo folio : *Fecit Dominus*, cum cathena.

Item, unum miffale datum per dominum Hugonem Troncheti, condam canonicum, quod incipit in fecundo folio : *Poft officium prime dominice Adventus ejus noftre venturus*, & finit in penultimo folio : *Principatum.*

---

* Itier de Martreuil, évêque du Puy, de 1390 à 1394.
** Raymond de Cayres, dit *d'Agrain*, doyen de la cathédrale du Puy, de 1376 à 1393.

Item, alius liber epiftolarum & evangeliorum qui incipit in fecundo folio, in rubeo : *Lectio epiftole beati Pauli*, & finit in ultimo folio : *Fecimus.*

Item, unum pulchrum officiarium quod incipit in tercio folio : *Ad te levavi*, ·& finit in ultimo folio : *Amen.*

Item, dictus dominus Johannes Fumechonis in fuo inventario reftituit libros, per ipfum captos ab ecclefia five cappella fancti Anthonii a manibus domini Geor-.gii Lagarda, arrendatos dicte cappelle :

Et primo,· unum librum collectarum, in principio cujus eft fcriptum : *Canon Miffe*, & incipit, poft kalendarium, in primo folio, in principio quarte linee : *Deo noftro*, & finit in penultimo folio ejusdem libri : *Pervenire mereamur.*

Item, alium librum refponforium, notatum, incipientem in fui tercio folio : *Ecce Virgo concipiet*, & finit in penultimo folio : *Chriftus ex te prodiit.*

Item, alium librum expoficionum incipientem in fecundo folio : *Modo locuti funt prophete*, & finit in penultimo folio : *Cuilibet.*

Item, alium librum evangeliorum & epiftolarum, incipientem in fui quarto folio : *Ecce ego ipfe qui loquebar*, & finit in penultimo folio : *Neque horam.*

Item, alium librum notatum officiarium, modici valoris, incipientem in fe-·cundo folio : *Notas fac michi*, & finit in penultimo folio : *Gravi carne.*

Item, alium librum pfalterii, glofatum, incipientem in fecundo folio : *Cum gentes fremuerunt*, & finit in penultimo folio : *Preceptum*.*

A la fin dudit inventaire, ay trouvé que ceft an M.CCCC.XLIV., honorables hommes meffieurs Guillaume Furnet, Jehan Rocel, Audibert de Alzon,

---

* *Item*, unus liber feudorum qui incipit in rubeo : *Ex qua caufa*, & finit : *Scribi non poffunt.*

Item, unum miffale, emptum ab exequtoribus domini Raymundi de Cadris, quondam decani ecclefie Anicienfis, quod incipit : *Summe facerdos*, & finit : *Ite, miffa eft*, & eft ad fervicium altaris Crucis.

Item, unum pfalterium glofatum, de littera curiali, quod incipit in fecundo folio : *Enim gentes fremuerunt.*

Item, quidam liber dictus Job, magni voluminis, qui incipit in primo folio : *Prologi libri Job*, & finit in ultimo folio : *In feptuagefima*, qui eft fupra armarium veftimentorum.

Item, liber qui incipit poft kalendarium : *Orationes collecte*, decem foliis intermediis.

Item, liber Jheremie, magni voluminis, qui incipit in primo folio : *Matris ejus*, qui eft fupra armarium veftimentorum.

Item, ympnos notatos, qui incipiunt in tertio folio : *Ut cum dies accefferit*, & finit in penultimo folio : *Illicita vite.*

Item, liber completorii, qui incipit in primo folio : *Magdalene*, & finit : *Beate Marie*, ad fervicium chori.

Item, aliud officiarium antiquum, quod incipit in primo folio : *Hyleyfon*, & finit in penultimo folio : *Per quorum*, ad fervicium chori. *Inventaire de* 1432.

Pierre de Chafes, Jehan de Raffac*, licencié en chacun droit, Guigon de
Auriac, chanoines de l'eglife Noftre Dame, furent commis & deputés par le
venerable Chappitre de ladite eglife, aller en Avinion prefenter la election
faicte, en leur dit chappitre, de leur Evefque à meffire Jehan de Borbon, pour
laquelle ambaffade fayre empruntarent audit Avinion de meffire Guillaume
Chapteulh, chanoine de Sainct Disdier de Avinion, la fomme de quatre vingts
huyt moutons d'or, & s'en obligarent. Et pour ce que ladite fomme ne luy
fut poyée au temps convenu, ledit Chapteulh les fit excommunier, & leur
cofta ceft acceffoyre trente moutons d'or; tant que pour ceci ou pour la
fomme principale, fut engaigée une croffe & quelques autres bagues de l'e-
glife entre les mains dudit de Raffac, & après fix moys furent recouvrées par
lesdits Meffieurs dudit Chappitre.

De la Rode de Lymoges.

'AN M.CCCC.LXI., l'eglife & ville de Lymoges & certaine partie de leurs villages circunjacens, eftans vehementement trevaillés & affaillis de contagieufes maladies comme
de pefte, de epidimye, fiebvres caufonnes & tempeftes, &
aultres miferes qu'on endure en l'hofpital de ce monde, lefquels de Lymoges oyans & pretendans les grandes graces, benefices & miracles que jornalement Dieu demonftroit en l'eglife de Noftre Dame du Puy
d'Anis, ayans ardente devotion en ce lieu, dont pour obtenir fecours de ladicte
bonne Dame en leur dure neceffité, promptement dreçarent une devote confrarie
qu'ils atiltrarent la Confrarie de Noftre-Dame du Puy, & ce feirent-ils pour
affembler argent pour venir faire à icelle bonne Dame du Puy quelque
debonnaire offrande, afin qu'elle leur fecourut & fut proclive de prier Dieu,
fon Fils, que en cefte dure anguftie leur fut propice & mifericordieux, caufant
l'effort de leurs maladies que metoient à dolente fin leurs habitants & fuppots, ce que les contriftoit incrediblement. Et bien foubdain ayans perceu
quelques deniers d'icelle frairie & pour les bayles & commis fur ce deputés,
que furent gens remplis de vertu & probité, que furent à ces fins prompte-

---

* Lifez : *Jean de Raviffac.* Ce chanoine fut défigné par Jean de Bourbon pour prendre, en fon
nom, poffeffion du siége épifcopal du Puy *(Gallia Chrift.,* t. II, Eccl. Anic., col. 733).

ment envoyés à Noftre-Dame du Puy, leur baillant charge fe retirer devers ung citadin de Lymoges appellé François Guybert (*), orfebvre, que audiÄt Puy s'eftoit nouvellement repatrié par mariage; lefquels legats ou commis eftre en diligence là parvenus, communiquarent & divifarent entre eulx avec lediÄt Guibert le moyen de proceder de faire à Dieu & à la bonne Dame quelque nouvelleté de honorable offrande. Et pour ce qu'ils vouloient offrir le pois de ung quintal de cire, toutesfois, après plufieurs advis & devifes, le moien fut entre eulx arrefté que feroit faiÄte une rode de ladiÄte cire. Mais fut confideré que ne fe povoit faire fans bois & que le bois d'icelle rode feroit couvert entierement de ladiÄte cire, & que en icelle feroient mifes les armes de la cité & ville de Lymoges bien eftoffées, que portent   (fic)** à un chief de fainÄt Marcial, leur patron, avec boquets de diverfes fleurs eftachés à la cire. Dont pour icelle rode conduire & l'aler prefenter & porter à Noftre Dame furent affutés, ainfi que fur ce fut advifé & confideré, par char- pentiers, y eftre eftachée une longue corde que aulcunes gens ou enfans tiroient, que faifoient aide & fecours à ceulx qui avoient charge la mener par ville & de la metre dans l'eglife de Noftre Dame, entrant par la porte des Grafes; qu'ef- toit ung peu penible. Auffi avoit efté ordonné eftre portés avec ladiÄte rode quatre torches de cire, lefquelles portarent allumées les deux commis de Lymoges & aultres deux du Puy emprumptés avec aultres auffi dudiÄt Puy enprumtés que portoient jufques au nombre de quatre chandelles cire du pois de demy carteira comme deffus allumées. Ce que fut plaifant à veoir, *ymo* honnefte, agreable & bien extimé par les gens de la ville du Puy comme chofe nouvelle. Et les enfans du Puy que pour leur plaifir tiroient la corde, lefquels eftre arrivés en l'eglife Noftre Dame, par lesdiÄts commis de Ly- moges fut donné à chacun ung denier tournois, defquels y en avoit beaucop, & plufieurs bonnes dames & bourgeoifes du Puy, voyans cefte œuvre fundée en grant devotion & faiÄt non acouftumé d'eftre portée cefte grande rode

(*) Lisez : *Gimbert.* Le nom de cette famille, qui a compté plusieurs générations d'orfévres, a été quelquefois confondu avec celui d'*Imbert.* C'est ainsi que le *Compois* de la ville du Puy, de 1544, mentionne *François & Furien Imbert, argentiers,* comme possédant, le premier, *une maifon au pié des Tables, audevant du four de Cotuol,* et le second, *une boutique,* même rue, *joignant aux degreds montant à ladite rue.* — Archives municipales du Puy.

** Les armes de Limoges sont : *de gueules, à un bufte de saint Martial d'or, accofté d'une* S *et d'une* M *gothiques, de même, au chef coùsu de France.*

par la ville du Puy, efmovoient leurs enfans à aller tirer la corde, elles penfant que ce viendroit comme chofe pie au falut & boneur de leurs diɛts enfans. Et les feigneurs de l'Eglife du Puy, par eulx confideré ladiɛte devotion,
par lesdiɛts commys envoyarent à Lymoges une baniere de fin taffetas en
laquelle eftoit paint l'ymage de Noftre Dame du Puy, enfemble de monfeigneur fainɛt Marcial, leur demonftrant amyables congratulations. Laquelle
baniere lesdiɛts commis eulx eftre retournés & repatriés en leur ville de Lymoges, ils la mirent & pendirent en l'eglife de Sainɛt Marcial, & par la
providence & divine permiffion de Dieu & de la benoiɛte Vierge Marie,
leurs miferes, maladies & calamités ceffarent & prindrent fin. Parquoy furent en deliberation lesdiɛts de Lymoges chacune année en faire le femblable
à l'honneur de Dieu & d'icelle bonne Dame la Vierge Marie venerée au Puy
d'Anis, efperans en avoir tousjours auxiliation & fecours, eflifant le jour
pour ce faire le mecredi de Roifons.

De meffire Jehan de Bourbon, evefque du Puy.

L'an M.CCCC.LXXXV. & le fecond jour du mois de decembre, à Sainɛt
Rambert en Forez, rendit fon âme à noftre très-mifericordieux Sire, feu de
noble & honorable memoire monfeigneur meffire Jehan de Bourbon, evefque
du Puy, abbé de Clugny & prieur dudiɛt Sainɛt Rambert, gouverneur
pour le Roy au pays de Languedoc, defcendu de la claire & illuftre generation & maifon ducale de Bourbon, lequel en fon vivant avoit efté homme de
grant port & auɛtorité, et lequel en la cathedrale eglife Noftre Dame du Puy
dont il eftoit prefulant, fit moult de biens & dons, tels comme font grand
nombre de riches chappes, chafubles & dalmatiques tant de draps d'or que
autres riches & fumptueux draps de foye, les tapifferies du chœur, le pavillon fur le grant autel, divers paremens & carreaux, mille livres qu'il laiffa
pour le voultement fur le veftiaire & acoultrement du lieu où repofent ces devotes & fainɛtes reliques de ladite eglife, & plufieurs aultres biens qu'il y
feiɛt; & plus en y euft faiɛt davantaige, fe par les feigneurs du venerable
Chappitre luy euft efté concedé & permis d'eftre enterré dans icelle fainɛte
eglife, ce que moult il defiroit.

Ce fut un prelat de aulte entreprinfe & auquel plaifoit faire ediffices. Il
feiɛt ediffier la maifon epifcopale & reduire en l'eftat qu'elle eft de prefent,

car par avant c'eſtoit une maiſon vague, faiête à crotemens à la mode antique. Auſſi feiêt-il ediffier ſes chaſteaulx d'Eſpali, Moniſtrol & Yſſinghaux qu'eſtoient preſque tous ruynés, & en pluſieurs aultres lieulx, tant à Clugny que ailleurs, feiêt de ſingulieres & recommandables œuvres, que trop retarderoit noſtre ſermon à les eſcrire & dechifrer.

Il funda pour le repos de ſon ame en certaines egliſes, tant cathedrales que collieges, couvents ou monaſteres reiglés, chacun jour de l'an perpetuelement, trente meſſes en note, convenu & donné en chacune desdiêtes egliſes pour l'entretenement & fondation d'icelles meſſes groſſe ſomme de deniers qu'il leur paya comptant, avec calice d'argent doré & veſtemens propres, & partout les armes de Bourbon differentes en la barre*.

Le corps de ce bon ſeigneur Eveſque fut porté à Clugny, & là, avec l'abit de ſainêt Benoiêt, en grand celebrité & pompe funebre, furent de luy celebrées honorables exequies. Dieu le pardoint. Diſons *Amen*.

De venerable homme meſſire Pierre Odin, en ſon vivant, abbé de Sainêt Voʒi & chanoine de Noſtre Dame.

UISQU'IL vient à parler & elucider les faiêts vertueux de ce tant ſingulier & ſcientificq homme, je ne ſçay par quel endroiêt y adreſſer ma plume pour ſuffiſamment deſcribre & prononcer la diſcrecion, le ſens & l'induſtrie de ce valeureux & noble perſonnaige. Duquel je treuve qu'il fut natifs de la ville de Dighon en Borgoigne. Et après avoir vacqué à l'eſtude, tant à Paris que autres tels inſignes lieux & fameuſes univerſités, où mediocrement n'avoit pas aprins, fut faiêt chanoine du Puy, et tantoſt après, obtint l'abbaye de Sainêt Vozi, & par la copieuſe ſcience dont il eſtoit replet, fut official de hault & excellant prelat monſieur meſſire Jehan de Borbon, eveſque du Puy.

Il fut ſi grant orateur que, par ſon melliflu & ſuaviloquent langaige, fut commys pluſieurs fois eſtre ambaſſadeur devers le Pape, à la requeſte de très excellant & redoubté prince Loys XIᵉ, roy de France, lequel dudit Pape en obtint grande loenge & avoir. Ce que il employa en diverſes façons &

---

* Il était le bâtard de Jean I, duc de Bourbon et d'Auvergne.

moyens, & le tout principalement au fervice de Noftre Seigneur, en aulmofnes, & à la decoracion de cefte fainĉte eglife du Puy, en laquelle fiſt
meĉtre la chappelle du Sainĉt Crucifix en l'eſtat que de prefent la voyez : qui
eſt chofe moult devote & de finguliere confideracion. *Item*, il fiſt fayre la
librairie * de ladiĉte eglife, la paindre & eſtouffer ainſi qu'eſt prefentement, &
y pourveut de beaucop de livres qui n'y eſtoient point, qui eſt ung trefor très
honnorable à ladiĉte fainĉte eglife & de grande recommandacion. *Item*, le
chœur Sainĉte Croix, enfemble la chapelle, fiſt acoutrer & appointer, &
remeĉtre en meilleur ordre les deux coffres qui font fus ledit autel de la chappelle de la Croix, qui font tous plains de moult dignes & nobles reliques.
Item, & en oultre fiſt faire à l'Hofpital la chappelle où l'on celebre jornalement & dit-on la meffe des poures malades. *Item*, auffi audit Hofpital,
pour ce qu'en icelluy n'avoit que vaiffelle de terre ou de boys pour fervir &
alimenter lesdits poures malades, il les fiſt faire tous d'eſtaing. Grandes fon-
dacions fiſt en ladite eglife.

Que vous diray-je? Ce fut un homme duquel la louenge fera inmortelle
par fa bonne converfacion & vraye habitude. Ceſt noble homme faifoit cothidiennement grandes aulmofnes & povoit eſtre en fon temps appellé le Pere
des poures. Auffi, difoit-il tousjours qu'il vouloit mourir poure.

Item, plus en plus, en ladite fainĉte eglife fiſt aucuns reliquiaires d'or &
d'argent. *Item*, pour ce que l'an M.CCCC.XCII. & le jour de la vierge
fainte Marguerite, par une merveilleufe & vehemente infufflation du vent
de auſtre, fut rué jus & dilaceré le beau arbre & tant joly, qui eſtoit au milieu de la place du Fort tholoneal ** de ladite eglife Noftre Dame, qui moult y
eſtoit confolatifs, au-deffoubs duquel eſtoit la chaiere qu'on prefchoit, pour-

* Cette librairie était placée dans le bâtiment qui reliait la cathédrale à la tour Saint-Mayol.
M. Prosper Mérimée, inspecteur-général des monuments historiques, a découvert, en 1850,
partie des peintures qui la décoraient. Ce sont quatre Arts libéraux, la Grammaire, la Logique,
la Rhétorique et la Musique, représentées sous la forme de quatre jeunes femmes magnifique-
ment parées, accompagnées de personnages qui ont particulièrement illustré chacun de ces arts.

M. Mérimée en signala l'importance artistique dans un rapport au Ministre de l'Intérieur *(Mo-
niteur universel,* 1850), qu'il résumait ainsi : « Je crois avoir vu toutes les peintures murales
qui existent encore en France : je n'en connais pas de plus remarquables ni de mieux appro-
priées à la décoration d'un monument. »

** Cette appellation, imaginée par Médicis et reproduite par Odo de Gissey, Théodore, etc.,
est due à une méprise. Notre chroniqueur, ayant rencontré dans les diplômes des rois Capétiens

quoy, voyant cefte chofe, ledit noble meffire Pierre Odin mift diligence de fayre conftruire audit lieu (où eftoit ce bel arbre) ce tant noble & excellent oratoire qui à prefent y eft, lequel moult amplement decoure ladite place, & enfemble la belle chaiere où l'en prefche. — Et auffi fift fayre le fainct fepulchre qui eft au cloiftre de ladite eglife, audevant duquel il eft enterré. Lequel trefpaffa ancien & plain de jours en mars l'an du Chrift M.D.II.

Je ne fcauroie efcrire le quartier des biens qui eftoient en luy, ne ma plume n'y fauroit fubvenir à la defcripcion de fa vertu & memorables faicts.

Prions Dieu que luy doint ce qu'il cherchoit : qu'eft paradis. *Amen.*

De la election & entrée de meffire Anthoine de Chabanes, evefque du Puy.

L'an M.D.XIIII., le XIIe de jullet, fut faicte au Chappitre de Noftre Dame du Puy l'election de meffire Anthoine de Chabanes.

Item, fit fon entrée en la ville du Puy le Xe de novembre l'an M.D.XVI., veille de fainct Martin. Ledit meffire Anthoine de Chabanes evefque avoit obtenu de Noftre Sainct Pere le pape Leon X^e ung jubilé & pardon de plenaire remiffion, fans rien excepter, en l'eglife cathedrale Noftre Dame du Puy, en donnant chacun confès & repentant, vifitant ladite eglife, celon fa devocion *dumtaxat;* lequel jubilé commença ledit jour, veille de fainct Martin, que ledit feigneur fift fon entrée, à l'heure de vefpres, & dura jufques à lendemain, XIe de novembre, jour de fainct Martin, à foleil entrant; lequel fainct jubilé fut publié en plufieurs parts, & y vint beaucop de peuple; & ledit jour fainct Martin, ledit feigneur & evefque chanta en ladite eglife fa premiere meffe pontificale fus ung efchaffault, que fut faict au-devant des neuf Preux, fus la petite porte entrant au chappitre, là où autre fois avoit

---

les mots : *forum teloneum*, a cru qu'ils s'appliquaient à la place du For, qui précède le porche méridional de la cathédrale, tandis qu'en réalité ils ne défignent que les droits feigneuriaux de marché *(leyde)* et de tonlieu *(octroi)*, concédés aux Evêques du Puy. — La place du For (improprement écrit *Fort)*, est nommée dans les anciens actes *Forum;* c'était le siége de l'officialité. Dans une transaction de 1342, entre l'Evêque et le Chapitre, on lit : « *Item*, tranfigimus, etc., quod gentes domini Epifcopi Aniciensis poffint prifonerios fuos ad Chefiam *(palais épifcopal)* ducere per carreriam de Chambalha & per gradarium Fori, ubi Curia fpiritualis tenetur... » — Archives départementales *(Ms. Statuta Anicienfis Ecclefie,* p. 222).

efté faiĉt au pardon precedent, & entroit le peuple par la porte du Fort, & venoit paffer foubs ledit chaffault, an donnant au tronc de l'œuvre de l'eglife chacun felon fa devocion, & fortoient par la porte devers Sainĉt Jehan, & de là chacun alloit où bon luy fembloit.

Le grant Campanier de l'eglife Noftre Dame du Puy.

S'enfuyvent les dits efcripts autour des cloches du grant campanier Noftre Dame du Puy :

Et, premierement, en l'eftaige des groffes cloches :

La premiere cloche dudit eftaige, regardant vers Cornille, a en efcript, devers le bas, du cofté devers l'eglife : *Durantus Senherii. Sanĉta fides. Deus. Quis me fecit;*

De la partie devers Sainĉt Georges, auffi devers le bas : *Fronto vocor.*

Ladiĉte cloche a en efcript, devers l'hault, en la premiere ligne : *Guillelmus Bellaudi, operarius beate Marie, me fecit fieri;*

En la feconde ligne :

Cum fonat hoc fignum, fugiat procul omne malignum,
Mox auram fedat, ne terre germina ledat. M.CCC.XX.

L'autre cloche dudit eftaige regardant vers le Fort a en efcript, devers le bas, de la partie devers l'eglife : *Durantus Senherii. Sanĉta fides. Deus. Quis me fecit;*

De la partie devers Sainĉt Georges, auffi devers le bas : *Georgius vocor;*

Ladiĉte cloche a en efcript devers l'hault, en la première ligne : *Guillelmus Bellaudi, operarius Sanĉte Marie, me fecit fieri M.CCC.XX;*

En la feconde ligne :

Laudo Deum verum, plebem voco, congrego clerum,
Defunĉtos ploro, peftem fugo, fefta decoro,
Vox mea cunĉtorum fit terror Demoniorum.

La premiere cloche du fecond eftaige, en montant, regardant vers le Fort, a en efcript en la premiere ligne : *Petrus Afpafii, operarius Anicienfis, anno Domini. M.CC.LIIII.;*

En la feconde ligne :

Domninus diĉtus, fugo peftem & fulminis iĉtus,
Vique mei mira fonitus, fugit aeris ira.

18

L'autre cloche dudit fecond eftaige, regardant vers Cornille, a en efcript en la première ligne : *Petrus Afpafii, operarius Anicienfis, anno Domini M.CC.LIIII.;*

En la feconde ligne :

> *Inde fonus proprius refonat bonus in Deo tantus*
> *Nuncupor Evodius : en bonus o dam que cantus*.*

La premiere cloche du tiers eftaige, en montant, regardant vers le Fort, a en efcript en la premiere ligne : *Anno Domini M.CC.LIIII.;*

En la feconde ligne : *Paulus ego dictus, fub Paulo fum benedictus.*

L'autre cloche dudit tiers eftaige, regardant vers Cornille, a en efcript en la premiere ligne : *Hoftem debello tempeftatemque repello.;*

En la feconde ligne : *Excito torpentes, & ad ecclefiam voco gentes. Anno Domini M.CC.LXXXIII.*

Au quart eftaige, qui eft la fummité dudit campanier, n'a que une cloche en laquelle eft efcript ainfi :

> *Jhefus.*
> *Sit procul a nobis & corruat omne malignum,*
> *Dum canimus laudes intacte Virginis alme.*
> *Maria vocor. Anno M.CCCC.LXXX.*

Le petit Campanier de l'eglife Noftre Dame.

Les efcripteaulx que font ès cloches du petit campanier de Noftre Dame :

Premierement, en la cloche de laquelle on fonne la myote & nonne, au plus hault d'icelle, y a : *Excito torpentes & ad ecclefiam voco gentes.*

Et au bas : *Hoftem debello tempeftatemque repello. Chriftus.*

En la cloche appellée la Padella, *nichil.*

En la cloche de quoy on fonne entrer & retour, au hault d'icelle, y a : *Ave, Maria, gratia plena, Dominus tecum, benedicta tu in mulieribus.*

En la groffe, au plus hault, y a : *Mentem fanctam, fpontaneum honorem Deo & Patrie liberationem.*

En la grande accordant, au plus hault, y a : *Laudate Dominum in cymbalis benefonantibus.*

---

* Légende altérée.

En la petite accordante, au plus hault, y a : *Ave, Maria, gratia plena,.*
Dominus tecum, benedicta tu in mulieribus.

En la premiere des deux plus haultes, y a : *Chriſtus Rex venit in pace,.*
Deus Homo factus eſt.

Et ung peu plus bas : *Ave, Maria. L'an M.CCCC.L.*

En l'aultre cloche, y a : *Frogerius fecit.*

*
* *

D'aucunes prerogatives de l'Eveſque du Puy & des lions de pierre
& autres choſes.

J'ay trouvé en ung livre intitulé : *Aurea Pratica libellorum juris civilis*
doctoris domini Petri Jacobi*, de Aureliaco, Gallici, etc., les choſes qui
s'enſuivent, au chappitre dudit livre qui traicte *de ſucceſſione regni Francie,.*
adjouſté audit livre l'an M.CCC.XXIX :

Regi Philippo datum fuit ſemel intelligi quod non debebat habere jurisdictionem
temporalem, juxta illud verbum quod ſcriptum eſt : *Reddite que ſunt Ceſaris*
Ceſari, & que ſunt Dei Deo; & executio preceſſit ſententiam, quia preconiſatum
fuit Pariſius quod nullus eſſet auſus trahere laicum coram officiali, niſi in caſibus
ſpiritualibus. Conſiliarii non advertebant bene qualiter, centum & triginta anni
ſunt vel circa, auctoritate Ecclefie & ex pactis & transhactionibus Rex Francie
acquiſivit comitatum Tholoſanum & Biterrenſem, in quibus nullum jus habebat, & qualiter tunc dominus Montiſlauri tenebat in feudum caſtrum Albenaſtri **
a comite Tholoſano, & comes ab Ecclefia Anicienſi, & Ecclefia a nullo. Sed poſt-
modum beatus Ludovicus, quia Alfonſus, frater ſuus & comes Tholoſanus, non
erat etatis preſtandi fidelitatem, mandavit quod dominus Montiſlauri immediate
preſtaret fidelitatem Epiſcopo Anicienſi. Et illud factum eſt uſque hodie, quia Rex

---

* Pierre Jacobi, d'Aurillac, auteur de la *Pratique*, avait été official du Puy, sous les évêques
Durand de Saint-Pourçain, Pierre Gogueil et Bernard Brun. Il est souvent mentionné dans les
protocoles du notaire Jean de Peyre *(de Petra),* conservés aux Archives départementales de la
Haute-Loire et provenant du fonds de l'ancien Chapitre cathédral. Il prenait le titre de *legum*
doctor ou *professor.* — M. E. de Parieu, vice-président du Conseil d'Etat, a consacré une inté-
ressante notice *(Revue de législation et de jurisprudence,* année 1844) à ce juriste, dont le
livre a eu, au XVIᵉ siècle, plusieurs éditions.

** Aubenas (Ardèche).

Francie, qui fucceffit Alfonfo in comitatu, nullo modo preftaret fidelitatem Epifcopo Anicienfi. Nec credat Rex Aragonum fe habere jus in predicto comitatu
Tholofano, quia quidem Rex Aragonum, fi quod jus ibi habebat, illud amifit,
quia fuit fautor & venit in propria perfona in adjutorium comiti Tholofano, quoniam Papa notaverat eum de herefi, & comitatum illum contulerat Regi Francie
occupandum. Et hoc notant doctores magne auctoritatis. Et de hoc eft bene munitus, ut credo, Rex Francie per inftrumenta publica; fed forte confiliarii fui projecerunt ea in igne, ex fuperbia fua credentes quod nemo poffit nocere Regi Francie. Et anno Domini M.CC.LXXXX. fuit abfcifa lingua publice in mercato caftri
Narbonenfis cuidam homini cementario, quia affirmaverat in judicio, coram fenefcallo, quod Rex Aragonum habebat jus in comitatu Tholofano, & ego vidi
abfcindi fibi linguam. *Item,* non advertunt bene confiliarii qualiter Epifcopus
Anicienfis eft comes Vallavie, & vicecomitatus Podompniaci tenetur ab eo in feudum, quod Epifcopus tenet a nullo. Nec advertunt qualiter, a pauco tempore
citra, Rex acquifivit ab Ecclefia Magalonenfi jus vaffalli quod habebat in Regem
Majoricarum, quod jus illa Ecclefia tenebat a nullo. *Item,* non advertunt qualiter una de bonis defencionibus juris quas Rex habet contra Regem Anglie eft
prefcriptio, circa quam poteft habere bonam fidem, quia multi Reges predeceffores ejus, boni & catholici, jam prefcripferunt ea, & fuerunt in poffeffione, in
qua ipfe etiam eft hodie. Utinam figna leonum, que funt in Alvernia & in Vallavia, debito tempore fuiffent rupta, & licet in via juris non noceant, tamen vulgo
male intelligentibus videtur quod noceant, & arguunt, quia fignum reprefentat
fignatum, ut Codicis lib. XI., tit. XLII., *de aqueductu,* L. X., *decernimus. Item,*
videtur eis quod adverfarius retinuit poffeffionem per leones qui ibi erant, & ad
hoc argumentum Digestorum lib. XLIII., tit. XVI., *de vi & vi armata,* L. I.,
§ XLV., *non alii autem;* nec videtur poffeffio libertatis alicui acquifita, quia illa
figna non fuerunt obdurata; argumentum Digestorum lib. VIII., tit. II., *de fer-
vitutibus prediorum urbanorum,* L. VI., *hec autem jura;* fed ex vilipendio &
fuperbia fuerunt ibi dimiffa & adhuc funt. Non igitur credant confiliarii etc.
Vide librum.

* * *

Johannes Ferault, utriufque juris licentiatus, *de altis & precipuis liliorum ac fereniffime Corone juribus,* inter cetera, au nombre V^e, traictant
des Evefchés oùt le Roy de France prend regale, duquel le Puy en eft l'ung,
dift en cefte maniere :

Quintum jus liliorum eft quod Rex in Ecclefiis capit regalia.... Sunt ille Ecclefie, ut ex regiftris Parlamenti & Compotorum accepi, fcilicet :... In archiepifcopatu

feu provincia Bituricenfi, tam pro ipfo archiepifcopatu quam epifcopatibus Cla-
romontenfi, Sancti Flori, Tutelenfi, Caftrenfi, Caturcenfi & Anicienfi.

*
* *

L'Evefque du Puy, pour la taxe du vacant que doibt payer en court de
Rome, quant on l'a de don de Noftre Sainct Pere le Pape.... 2550 florins.

*
* *

Summaire du revenu de l'Evefché du Puy.

Summaire du revenu que monfeigneur l'Evefque du Puy prend annuelle-
ment, tant en la ville du Puy que aultres fes places, chafteaux, chaftel-
lanies, villes, bourgs & villaiges, en divers lieux affis dedans fon evefché.
    Premierement,
Froment, mefure podieffe : 46 fextiers.
Seigle, mefure podiefe : 651 fextiers 1/3.
Avoyne & orge, dicte mefure : 420 fextiers.
Argent, compris divers loyers : 900 livres.
Gellines : 820.
Sel : 14 rafas.
Vin : 25 muyds.
Cire : 20 livres 1/3.
Pebre : 51 livres 4 onces.
Fers de cheval : 6.
Boys : 2 charretées.
Cleuls de paille : 441.
Myel : 4 pots.
Fabves : 1 carton.
Œufs : 100.
Pots de terre : 8.
Peghas de pegha : 4.
Item , outre loz, juftices, amendes, graffes, boys, fon fcel.

Secuntur nomina Episcoporum Anicienfis ecclefie a principio erectionis Epifcopatus ufque in hodiernum diem*.

Primo S. Georgius. *Fut tranflaté fon corps de Sainct Paulien à Sainct Georges du Puy.*

S. Marcellinus. *Fut tranflaté fon corps de Sainct Paulien à Moniftrol.*

S. Paulianus**.

Machrius.

Roricius.

Eufebius.

S. Evodius. *Feift edifier l'eglife Noftre Dame du Puy.*

S. Scrutarius.

Epipodius.

S. Suacrius.

S. Ermentarius.

S. Aurelius.

Benignus. *Fundavit hofpitale Anicii.*

S. Agrippanus. *Fut tranflaté fon corps de Chignac au Puy.*

Dulcidius.

Higelricus.

Corpio.

Guido. *Ceftuy fit baftir l'eglife de Sainct Pierre le Monaftier & Sainct Michel.*

Orbertus. *Ceftuy fit porter le corps de S. Georges de Sainct Paulian au Puy.*

Adalardus.

Gonfealcus.

Arduynus.

Regno.

Hertor.

Petrus.

Guido Fulcadi. *Ifte etiam fuit Clemens quartus papa.*

---

* La succession chronologique des Evêques du Puy présente, dans ce catalogue, de nombreuses interversions.

** Le nom de cet Evêque a été inscrit par une main récente.

Bernardi Bruni.

Petrus Girardi.

Petrus de Aliaco.

Umbertus.

Theotardus.

Fredelodi.

Stephanus.

Petrus.

Adhemarus. *Fut vicaire general du Pape en l'expedition de recouvrer la Terre Saincte. Morut en Anthioche.*

Pontius de Corno. *Abbas Cafe Dei, & poftea fuit Anicienfis epifcopus.*

Pontius.

Umbertus.

Johannes Chandoraci. *Ifte fuit abbas Cafe Dei.*

Bertrando Alamandi.

Bertrando de Caftaneto.

Petrus.

Petrus.

Aynardus.

Bertrandus.

Robertus.

Stephanus.

Bernardus.

Durandus, *dict de Sainct Porfain. Doctor refolutiffimus.*

Bernardus.

Johannes de Cumenis. *Ifte affociavit Regem & fecit pariagium.*

Bertrandus de Turre. *Enterré aux Cordeliers du Puy.*

Helias de Leftrange. *Enterré aux Cordeliers du Puy.*

Guillermus de Rota.

Guillermus de Chalenconio.

Johannes de Borbonio. *Ifte fuit abbas Cluniacenfis.*

Gaufridus de Pompadorio.

Anthonius de Cabanis.

Francifcus de Sarcus.

Martinus de Beaune. *Nominatus folum a Rege.*

Anthonius de Seneɛtere. *Abbas monaſterii Sanɛti Theoffredi.*
Meſſire Jacques de Serres, abbé de Montebourc*.

Du ſainɛt Pardon du Puy de l'an M.CCCC.VI.

L'an M.CCCC.VI. ans, fut le ſainɛt pardon & jubilé du Puy, auquel
pardon morurent ſept perſonnes, & ce à cauſe que les portes demorarent
toutes ouvertes, & y euſt grant faulte de pain, & ce à la faulte des ſeigneurs
de l'Egliſe que ne voulçirent prononcer qu'il y euſt pardon.

Du ſainɛt Pardon du Puy de l'an M.CCCC.XVIII.

L'an M.CCCC.XVIII., fut le ſainɛt pardon & jubilé du Puy, que on fiſt
durer quatre jours après lediɛt pardon, & y morurent XXXIII perſonnes,
& ce à la faulte des ſeigneurs de l'Egliſe, pour ce qu'ils ne tindrent que les
portes des Graſes ouvertes, les portes de Sainɛt Jehan & de Sainɛt Robert
& toutes les autres parties eſtoient fermées de ladite clauſtre. Leſquels ſeigneurs firent ſept autiers (leſquels n'en debvoient que fayre ung) : l'arche
de l'eaue beniſte de Noſtre Dame, le ſainɛt folier, à la pille de Sainɛt
Jehan, l'œuvre de l'Egliſe, à la porte de Sainɛt Cler, l'autre de Sainɛt
Gabriel, l'autre de Sainɛt Michel. Auquel pardon euſt grand habundance de
vivres, nonobſtant qu'il y euſt garniſon des gentilshommes, laquelle garniſon
poia la ville & non les gentilshommes : que fut mal faiɛt.

Vne deſliberation ſus la conduite du ſainɛt Pardon du Puy que fut l'an M.CCCC.XXVIII.

SSIT principio ſanɛta Maria meo. Anno Domini M.CCCC.
XXVIII., & die XXVI februarji, fuit ordinatum memorari
ſuper indulgentia ſalutari in die Veneris ſanɛta proxime futura
labente, ad laudem Dei glorioſeque Virginis Marie ejus matris,
ville preſentis Anicienſis patrone, & ſalutem omnium ortho-
doxorum ibidem affluentium & ejus oratorium viſitantium.

---

* Le nom de cet Evêque est d'une écriture du XVIIᵉ siècle.

Sequuntur nomina dominorum Confulum prefentis annate, videlicet hono-
rabiles viri : Vitalis Chabade, Petrus Davinionis, Joannes Salamonis, Adhema-
rius Alegre, Petrus Vialeta, Gabriel Ayraudi.

A la laufor de Diou & de la glorioufa Vergena Marie, fa beneita Maire, & a
la falut de las armes de touts aquels que y vendrant romyaulx & y ferant, & a la
falvacion & garda de la ville del Peu, laqualla Diou garda de trahifo & de tout
autre blafme, dommaige & mala adventure, & que noftra maiftra Noftra Dona,
que en aqueft fainct luoc a faict & eligit fon fingular oratori, y prenda plafer
& joya, & nous donne noftras peticions & defirs de couraige, & nous donne
trobar via & chamy que nengun efcandol & perils non y venia, juxta illud :
Delectare in Domino & dabit tibi petitiones cordis tui, & : *Revela Domino viam
tuam & ipfe faciet*, & a toutes aultres fis plafens a Diou, del commandament de
meffeignors Coffols, es iftat, fus las chaufas que s'en fegont, avifat, & principalement fus lo gouvernament d'aqueft pardo, fegurtat de la viala & dous habitans
& venens en aquella, al bon honor & garda de la feignoria del Rey & Monfeignor del Peu, noftres fobeiras feignors, comme s'en fec :

Et premeirament, *quia a capite eft addenda ratio*, es a avifar que la garda
& rocha de Cornilha fia ben eftablida fegurament, & que y fia commes per bon
confeil ung homme notable entre los autres, al qual ly feignour de la gleifa &
de la viala fe degan fifar.

Item, & que las portas de clauftra fiant eftablidas de gens d'armes, & toute la
clauftra, & la gleifa, & lo cluchiers, & que y aga ung cappitani, de qui on fe
peuffia & dega confiar.

Item, & femblablement, la roche d'Agulia & viala deldit luoc fiant eftablits,
& que y aga ung ou dos des feignors de la gleifa.

Item, & per fo que plufiours efcandols fe font veguts per l'intrar de la gleifa,
& que s'en poiria mais fegre, fi non y era provegut faigement, es a advifar,
fus la faincta Ymage, que fia affiza en luoc que chafcun la peuffia vifitar, & far
fa devocion, & fegre la gleifa out fe gaitgne l'indulgence, a meins de peril que
fe poira fayre.

Item, fembla expedient que, lay out fo meffa l'autre ves fus ung bel efchadaffault, devant la chapella Sainct Peire, devers la porta de Sainct Johan, que
al plafer de Diou, lo feria ben faict, & que la gent entre per la porta de las
Grafas; &, tanquas a la grant porta, fiant faictas de chaque ladrier barreiras de
grans pavas, que devers la Rocheta, ne devers l'Ofpital, nengus non y venia;
& que, a la cima de l'efchalier de la grant porta, aga gens que non en laiffont
defcendre nengun per aquella porta.

Item, & que devers Sainct Johan fe faffent grans barreyras fortes, que nengun non entre ny failhia, mas tout tire vers Sainct Robert & vas l'Efpital, & que lo chantos, devant l'oftal de Johan Johanni, en la Traverfa, fia fermats & claux, que nengus non torne a la grant rue de las Taulas per tornar far lo viatge.

Item, & car plufiours vouldriant dire que lo feria meillour que la gent montes al portal Sainct George & vengues devers lo Fort, fembla que trop y a de virada, & fi poiriant mais en devenir de morts & de perils, & la chaufa feria plus perilhofa de prendre & trahir la clauftra, laqual a grant befoing de gardar, car la grant porta de las Grafas es plus advantagofa de recular gens & claure que non es le portal Sainct George.

Item, vouldriant dire aucus que en las Grafas fe devriant far doas barreyras an barras levadiffas, & que a chafcune y agues gardes per aretenir la gent quant y auria grant preiffa, affin que plus efpacioufament lo viatges fe podes far fans peril, car lo es vegut en autres luocs que on fay faire lo paffaige a folops, & fi fe fafia aneyffi tout lo jour, feria a meins de preiffa, & adonc fe devria cridar per la viala fouvent de ves.

Item, & affin que chafcus eftrangiers podes meys paffar, feria ben faict fi la gent de la viala agueffant certaina hora per anar romyaux a Noftre Dona devers mati, & peus fe donneffe garda de lours hoftals.

Item, & las gens d'armas entre doas ves agueffant certan luoc per out intrar & faillir una ves lo jour, & que a la porta per out intrarant y aga dos de la viala anbaquels que ly feignor de la gleifa y aurant ordenat per lour far ubrir.

Item, & qual es iftat fus dit que Cornilhia, la gleifa & clauftra fiant ben eftablit de gens d'armas, & entre els de clauftra & de la viala aga certana enfeigna que dega advenir & que fe ordene quantes portas de la viala ferant ubertas, & fembla expediant qu'en y a prou de tres, & que aquellas fiant eftablidas de bonnes gens ben armadas, & en chafcune agha dos hommes des plus notables de la viala ben acompaignats d'autres armas & de traict.

Item, & que non laiffont intrar nengun arneys invafible, & que aquellas gardas y fiant meffas de bon hora, affin que on fia advifat que non fe faffe acrochs, ny congregracion devant hora, ny per charradas ny per trouffes de fe ny per fuftes non fe efconde arneys.

Item, & que a gardar lous arneys & vifitar las portas & las hoftalarias, fiant faict & ordenat aucuns des cappitanys particulars ben acompaignats, apres que on deu advifar lo gait de la Court & en parlar aux fobeyras baile & juge & autres officiers.

Item, & non fe deu pas laiffar en oblit que de bonna hora las tours de la viala fiant ben eftablidas de bonas gens, & majorment las tours des portals, & garnidas de traict & canos que dega advenir.

Item, & toutes las portes des efchaliers de la muraille debvont effer reparadas & fermadas en clau & an farraille, & que teignant las claux aquels que ferant eftablis en las tours, affin que fans lour congiet nengun non y entre.

Item, & que de bona hora las chadenas de la viala fiant ordenadas & appareilladas, & deputat en las charreiras homs que las tenda fi luocs era, & a certanas perfonas en fia donnada la charge.

Item, & fi era vegut que aux charreiroux que montant a l'ault de la viala fe fciffant barreyras & que el plus hault de las mayfos d'ung las a d'aultre fe feyffant ponts, & las feneftras fiant garnidas de peiras.

Item, & qual es faiɛta mencion d'eftablir las tours & las portas, es advis que Sainɛt Johan la Chevalerie devria effer ben & grandament eftablit, & que als defpends del feignour de qui es, fe devria ordenar. ung cappitany que agues la garde & en refpondes per meys fagrament & bona obligance.

Item, & fi era advifat eytal, devria-on faire de la gleifa de Sainɛt Peire le Moneftier & de Sainɛt Peire la Tour, & en advifar lo priour & l'abbat, fi fay font.

Item, & per gardar efcandol de fuoc, far fayre provifion d'aygua de bonna hora en chafcun hoftal, & far ordenar qui s'en prendra garde.

Item, & car toutes aqueftas chaufas non fe podent far fans manghar & bioure, chal que y fia faizement & fezurament provegut, & es advis que on deu far vifitar lous arneits de la viala & far monftra, & que fia tout per efcribt & per bonna ordenance, & que lo cappitani mager fia mes fus en bonna ordenance & nombre de bonnas gens, & que y aga los heut cappitanis que font ordenats en la ville per defenas & cappitanias reconfiliats, & vegut lour ordonnance & poiffance, & entreprendra en losdits cappitanis certana enfeigna, & elegiffia certan luoc out fe degan ajouftar, & que a ung fimple mandament deldit cappitani mager veniant & fiant tut preft en armas en la meillour maneire & abillament & faigament que fayre fe poira, affin que fi nenguts tumults, enfindeus ou baftemens entreveinant a la viala ou a la muraille, que lodit cappitani fia tout preft a refifter & fecourre.

Item, & que fia ordenat gens aux forniers de bona hora per molre farinas, grant foifo froment & fegial, & que ifte per efcribt & per inventari, & que y fiant certanas gens commeffas que non faffant altre, car aquo es lo plus fort, & que aquil agant poder dous Coffols de far provifion el nom del commung, fi lo pa lour reftava, de lour iftar del dommaize rafonnablament.

Item, de prefent far far une creida que tout homme de viala, fegont fon poder & facultat, faffe molre & coire per provifion a la bona gent que vendrant, oultre los forniers & oultre fa provifion.

Item, *fimiliter* de vis, de peiffos, de chars & autres aviouvres, & que fia ordenat que non fiant charfit au mains de gayre, fo que fira regardat an lous officiers per meffeignors de Clauftra & meffeignors Coffols & Confeillers.

Item, de advifar los pafticiers que faffant provifion de farine & de l'eigua & autres chaufas per provefir en temps de carefma & de charnal a la bona gent, tallament que per faulta de vioures, ny de forniers, ny pafticiers, efcandols ny perils non aveignant, & que la viala non fia diffamada.

Item, fus lo faiét dous hoftaliers, que fiant charghat de inftruyre & enfeignar lours hoftes fi ant arneyts, ou fi vefiant ou fentiant congregacion, de las revelar tantoft aux feignours Coffols & autres que feria a revelar tantoft que a lour noticie vendria, per trobar remedi devers jufticia.

Item, de lour far taxas & ordenance fur las torchas, vioures & liourafos que fia una communa extima portabla, & en aquo fia faiéte provifions & commes a certans prodhommes & deputats, & aquo fia publiat & manifeftat per la viala lo joux fainét & autres jours enfeguens, affin que la bona gent d'efta viala y aga advis, & fia faiét per lo ben public.

Item, & que fus aiffo on parle a monfeignor le beyliou de Vellay et juge reals que aneiffi ou meys on faffant fayre foras lo Peu per tout lo pais de Vellay, & que a Efpali faffant fayre provifions & aux autres luocs de lour baylliage.

Item, & que fia parlat an lo chaftella de Boufols que femblablament faffe far en la terra de monfeignor de Perdriac & de Boufols, & que fia appellats a ung certan jour el confeil out feriant ly feignor del pays et de la viala per aiffo et per autres tals advifamens que fe debvont fayre.

Item, & que lo feignor de Sainét Vidal fia advifat & appellat que a Pauliac*, el bas de la viala, faffe far provifions de vioures, & fi fay befoing, de reculir gens que non poirant logar en efta viala, fans aultre chareftia.

Item, es d'avifar car desja plufiours querentis fe aprochant per lo pardo que font ben a doubtar *maxime diebus iftis,* car lo dreiéts lous a doubtats *in materia de mendicantibus et validis* etc., & per fo, de bona hora, fia faiéta provifions que fiant boutat foras la viala, & lour fia faiéta provifions, & y fia deputat qualcun de la Court per tout meétre a execucion, car plufiours ves *fub fpecie boni, concipitur & fit malum.*

Item, & car provefion faiéte en la viala non fuffis pas, fi non es de long avifada, es advis que on deu mandar & efcrioure a dex legas d'eiffi, & plus & meyns, aux luocs notables de las eftradas communas que venont en efta viala, aux feignors & gouvernadors d'aquellas, que fiant advifat de la gent que paffarant per

* L'île de Paulha, formée du groupe de maisons comprises entre la rue Grangevieille et la porte des Farges, la rue des Farges et celle de la Juiverie.

lours luocs, & fi y vefiant ou fentiant gens d'armes ou de traiƈt ou foffant gens que on s'en dega doubtar, que encontinent mandeffant en efta viala tout quant qu'en poiriant faber ny fentir.

Item, & car toutes aqueftas chaufas non fe podont ny debvont meƈtre en faiƈt ni excecucion, fans fo que premeirament fiant advifadas & communicadas entre meffeignors de clauftra & de la viala, es advis que on deu parlar a Monfeignor del Peu & de Chappitre ben & faigament & difcretament, & aver lour advis fur tout & d'uns commun confeil & confentiment; *item*, femblablament a meffeignors los officiers del Rey & de la Court Communa d'efta viala & autres que bon femblara.

Item, & an la correƈtion de tous aquels que plus y fabont, attendut que jamais lo temps non fo tant perilloux ny tant doubtoux comma es ara per la guerra del reaulme & per la tres-grande & dampnable divifion que y es & *maxime* en aqueft pays, affin que ledit pardo fe peuffia fegurament far & los romyaulx que y vendrant peuffiant fegurament venir & tornar, dont nous en confciencia en fen tenguts, & per efpecial ly feignor del pays que font grant feignor & aufquals aparte de trobar via & chamy que aneiffi fe face & la viala fia fegura, es advis eftre expedient que Monfeignor del Peu*, que es lour feignor & el qual tous debvont fidelitat & hommaige, lous en deu preghar, exortar & requerir en la meillour maniere que bon ly femblara.

Item, es advis que l'on deu efcrioure el Rey** fur aquefta fegurance & ly fuppliar que efcripva a monfeignor de Bourgoigne*** & de Savoye****, Charles de Bourbon*****, d'Armaignac****** & de Perdriac*******, que lour plafe de gardar lours terras & lours gens que tant bon viage non fe perda per faulta d'ious, & plus que plaffe el Rey donnar fegurance que Engles, Bergoignos & toutes nacions y peuffiant fegurament venir.

Item, femblablament ly tres Iftats d'aqueft pays debvont efcrioure & fuppliar ausdits feignors tantoft & de bona hora & aver lour fegurtat & per efpecial de monfeignor de Bergoigne, de monfeignor de Savoye, de monfeignor d'Armaignac, de monfeignor de Perdriac, de monfeignor Charles & autres de que fera regardat.

Item, & car aiffo non ages de temps, es expedient de trameƈtre a Monfeignor

---

* Guillaume III de Chalencon, évêque du Puy, de 1418 à 1443.
** Charles VII, roi de France.
*** Philippe *le Bon*, duc de Bourgogne et comte de Charolais.
**** Amédée VIII, *le Pacifique*, duc de Savoie.
***** Charles Iᵉʳ, duc de Bourbon et d'Auvergne, comte de Forez.
****** Jean IV, comte d'Armagnac, de Fezensac et de Rodez.
******* Bernard d'Armagnac, comte de Pardriac, depuis connétable de France.

del Peu, a Monſeignor de Rocha *, Montlaur **, Chalanco ***, Jaughoſa ****, gens ordenadas & aptas en aiſſo, affin que ſe meta en excecucion.

Item, ſembla que aiſſo ſia expedient a monſeignor lo beyliou de Vellay d'ordenar gens el pays & per lous luocs out a agudas & begudas, & far far proveſions, & ly ſeignor chaſcun en ſon luoc juſta la maneyra que deſſus.

Item, affin que Diou nous endreiſſe a ben faire & ben gouvernar, *quia niſi Dominus cuſtodierit civitatem, in vanum vigilat qui cuſtodit eam*, etc., que on prege Monſeignor del Peu & de la gleiſa que, ung jour d'avant, lour place de far une proceſſion general & un bel ſermo, en que lo fraire que lo dira admonneſta chaſcun que ſe meta en bon iſtat, l'ung pardonne l'autre, toutes diviſions ceſſont, chaſcun ſe humilie l'ung a l'autre, & que tous pregont Diou & Noſtre Dona, al bon plaſer de Diou & lauſor de ſa beneyta Maire, ledit pardo & indulgence ſe peuſſia far & gaiznar a la ſalut de las armas, & que Diou face ceſſar las guerras & tribulacions juxta illud : *Clamaverunt juſti, & ex omnibus tribulationibus eorum liberavit eos Dominus.*

Item, & que digha comment Noſtre Seignor lo Sainct Paire al ſainct conſeyl general de Coſtanſa, a la ſupplicacion de bona memoria meſſire Helyas de Leſtrange, eveſque del Peu, alonget lo ſainct pardo al ſabtes ſainct, dimenche, lus & mars de Paſcias, & que ledit predicadour en maniſeſte, affin que l'us en diga aux autres.

Item, & que lo joux ſainct & lo mecres ſainct, ſe faſſe creidar, affin que non y aga ſi grant preiſſa & la gent plus adviſadament & de plaſſa peuſſiant far lours devocions & venir plus & demourar mays.

Item, & quant en l'obratge de cera & autres offerendas & ſeignats & merſarias ſe fant d'abus & de fraux beaucop, que y ſiant ordenat aucuns bons hommes viſitadours, & que ſia deffendut que non ſe vendant las chauſas outre raſo ny deguda meſura, affin que tout barat & decepcion ceſſont & la viala non ſia diffamada, comme es ſus dit doux avioures, habitacions, hoſtalages & liouraſos, en que es neceſſari de meſtre grandes proveſions & remedi.

Item, que ſe faſſe creida, per avant, per pluſiours ves reyterada, que nenguna perſonne, de qualque iſtat que ſia, non porte arneys, ſinon lo gayt de la Court & de la Viala, & que ly hoſtes en adviſent lours hoſtes.

---

* Philippe IV de Lévis, vicomte de Lautrec, baron de Roche-en-Régnier, Annonay et Pradelles, comte de Villars.
** Louis, seigneur de Montlaur et d'Aubenas en Vivarais.
*** Louis, seigneur de Chalencon en Velay.
**** R ndon II, baron de Joyeuse en Vivarais et de Saint-Didier en Velay, chambellan du roi Charles VII.

Item, & que d'autres ves es vegut que aucuns d'aquels, que s'affalhont & deffendont la preiffa, batont & fieront cruelament, fembla per bon advis que ce deu deffendre & privadement & publicquament, & vous, Meffeignors de la gleifa, en debvez encantar voftres fervidours, *quia non debent nafci injurie unde jura nafcuntur, nec nocere debet illud quod proficiendo paratur.*

Item, & fia advifat que las claux de las portas de la viala & de clauftra, per toute aquella fepmana, fiant mudadas & beyladas aux plus grans de la viala, & que las portas, que iftarant ubertas, non fe ubrant pas trop mati, ny fe claugant trop tard.

Item, & que ly fraire dous Ordres fiant advifat que fe reclaugan de bonhora, & non ubrant pas mati lours clauftras, car on non fap d'embofchas de malvafas gens, fi lay fe botavant, que feria chaufa ben perilloufa quant ly portal fe ubririant, & per fo feria bon confeil que las gardas de las portas devers mati, devant que ubrigueffant las grans portas, que chafcun, devers fon coftat, advifes & defembofches los Ordres*.

Item, fembla que fe deu far creida que tout hoftalier de ceias amorte le fuoc, finon en lampeza ou chaleilh, en fa chambre, non reteigne ges, affin que incendis ny fuocs per maulvafas gens fia botat ny mes en la viala, car autrament non fe pot meys trahir : de que Diou nous gard !

Item, que, per las feneftras, de neut, teniant chandialas alumadas, affin que lo gait y vega meys anar per la viala, & aquil que ant talant de mal faire s'en gardont : *quia qui male agit, odit lumen.*

Item, fembla que lo cappitani mager diou far far bon gayt, & iftar en bona ordenance lous heut cappitanis que font ordenats per defenas, & chafcun far iftar en armas en fa defena, affin qu'il fiant tut preft quant lous mandara.

Item, que aquil que ferant en las murailles, per ren que augant, non fe devont partir de lour garda, mas fe eftendre per la muraille & gardar dedins coma deforas.

Item, que, entre tous lous autres luocs de la viala & clauftra, deu l'on advifar qui lougara a Cornilio a l'oftal de monfeignor lo Vifconte, & que fia reforçada la pofterla ; & que aga garda en Jayant.

Item, que ly feignor Coffol fe degant tenir tousjours enfemble el Coffolat, affin que, qualque chaufa que aveizna, on lous trouva per remediar ou far refpofta.

Item, que tout ayffo que deffus es efcript fe revele & participe a Monfeignor

---

* Les couvents des Jacobins, des Cordeliers et des Carmes.

del Peu *ante omnia* & a Meffeignors de la gleyfa & curials d'efta viala, & y fia meys advifat fobre tout.

Du faint Pardon du Puy de l'an M.CCCC.XXXIX.

L'an M.CCCC.XXXIX. fut le grant pardon de Noftre Dame du Puy, duquel n'ay peu trouver chofe que j'aye fceu metre au prefent *de Podio* qui foit digne de memoire.

Du fainct Pardon du Puy de l'an M.D.II.

L'an M.D.II., & le **XXV**e de mars qu'eft le jour de l'Annunciacion Noftre Dame, fuft le fainct jubilé du Puy où afflua grant & indicible nombre de peuple.

Et pour ce que, l'an precedent, tant de indulgences & remiffions avoient couru, le peuple du Puy cuida n'y venir fi grand nombre de gens qui y vint, car il s'y affembla tant de monde & de tant de quartiers que les chemins ne fouffifoient à paffer, ains eftoient, en plufieurs parts, contrainct̂s paffer par champs, vinhes, prés, jardins : qu'eftoit cas eftrange.

Mais, à la caufe fusdite, le peuple du Puy n'avoit pas pourveu fi amplement de vivres comme il euft efté bien de neceffité. Pourquoy, on euft aucune petite indigence de pain; mais Dieu pourveut à tout. Plufieurs de la ville vendirent leur pain, leur vin & victuailles trop chier. Je m'en rapporte à leurs confciences.

La porte de Vienne, avoit été paffé par confeilh que demoureroit fermée : ce qui eftoit très-bien advifé. Mais par l'avarice d'aucuns du Cloiftre qui, pour faire vendre les denrées à ceulx de la rue de Vienne, trouvarent moien la faire ouvrir : qui fuft une chofe très-mal faicte, & dont proceda ung moult grant efclandre. Car le peuple avoit fon paffaige bien ordonné, mais eftre affavantés que ladite porte de Vienne eftoit ouverte, chacun difoit qu'ils auroient meilleur chemin à paffer dehors ville & venir entrer par ladite porte de Vienne & qu'ils feroient de là plus prochains de ladite eglife. Chacun couruft à cefte porte, non pas comme pelerins, mais comme droicts enraigés. Dont en peu d'heures tout ce parti fut fi très-cumulé & farcy de gens que merveille, & tousjours couroient là. De l'afcendant devers la ville n'en avoit pas moins. Parquoy la folle eſtoit trop dure ſoubs la porte devanƈt Sainƈt George, à cauſe des deux venues. Pourquoy furent contrainƈts ceulx qui eſtoient paſſés de dehors s'arreſter là, pour faulte d'expedicion de paſſaige, où avoit moult grant peuple. Dont ce temps pendant ils entrarent parmy tous ces jardins de Vienne, leſquels ils mirent tout à ſac & n'y laiſſarent rien. Et de faiƈt, une muraille cheuſt du jardin de François Ginbert, argentier, qui cauſa la mort de dix neuf perſonnes : qui fuſt grant dommaige. Dieu les pardoint : *Amen.*

Voiant ceſt eſclandre, pluſieurs eurent conſideracion paſſer derrier la roche de Cornille et venir vers la porte Sainƈt Robert : qui eſtoit très-mal penſé à eux, conſideré que l'iſſue eſtoit de ce coſté et qu'ils venoient à l'oppoſite. Toutesfois, ils y vindrent et firent ſi groſſe reſiſtance à ceulx qui yſſoient de la porte Sainƈt Robert que le peuple ne ſavoit plus que faire, aller avant ou arriere. Dont pour ceſte cauſe ſi grant preſſe & ſi ſerrée fut ſoubs la tour du Chappitre que le poſtan qui eſtoit faiƈt ſoubs la maiſon d'Alegre (qui gardoit la deſcendue derrier l'Oſpital, affin que tout ſortit par Sainƈt Robert) par violence de la preſſe fut rué jus, demoly et rompu, derrier lequel avoit groſſes pierres de Blavoſer que quelcun avait faiƈt là conduire pour edif-fier quelque choſe. Lequel poſtan, ainſi rué jus & abattu, donna quel-que petit elargiſſement, lequel ſentant ceulx de derriere poulſarent ſi rebel-lement ceux qui eſtoient devant, que, tant à cauſe des poſts que desdiƈtes pierres, l'ung cheoit ſur l'autre en ceſte deſcendue : que eſtoit cas eſpou-ventable à veoir. Tellement qu'en ceſte folle, par l'opreſſion des gens & cheute de l'ung ſur l'autre, y rendirent leurs ames à Dieu plus de cent per-ſonnes.

Dieu les abſoueille et vueille reſtaurer et conſoler leurs parens et amys !

On ferma l'egliſe juſques à ce que ces bons pelerins treſpaſſés furent retirés dans la maiſon de l'Hoſpital. L'Egliſe, la ville, le peuple eſtrangier, tout eſtoit tant eſtonné qu'on ne ſçavoit que dire ou penſer. Et après fut prins le devot ymage de Noſtre Dame, qui eſtoit ſus ung eſchaffault qui eſtoit entre les deux pilles qui regardent de front le devant de la chapelle du Saint Crucifix, où le peuple paſſait deſſoubs, & fut porté en une feneſtre ſus la porte du Chappitre regardant la maiſon d'Alegre, & delà on en donnoit la benediƈtion au peuple qui eſtoient léans deſſoubs moult eſpouventés. Les morts furent enſepvelits au Cloſel & peu de temps après par l'Egliſe cathedrale les obſeques desdits treſpaffés furent honorablement faictes audit grand Cloufel. Des autres chofes je m'en paffe.

Du fainct Pardon du Puy de l'an M.D.XIII.

L'an M.D.XIII., le jour de l'Annunciacion de Noftre Dame qu'eft le XXV° de mars, fut le très-fainct & renommé jubilé de Noftre Dame du Puy, auquel vint & afflua grant & indicible nombre de peuple, où, pour la difcre-cion des incoles de la ville, moiennant la pourvoyance divine, il fut fi aftu-cieufement conduit & gouverné qu'il n'y euft creature qui y print nul incon-venient, & fut faict en tel eftat :

L'ordre que tint la ville.

Durant le temps kadragefimal, furent faictes preconifacions fouvent reite-rées que chacun, recordant ce fainct jubilé, euft memoyre de purger fa con-fcience comme la chofe plus neceffaire, en après de faire reparer les chofes mal feures & ruyneufes par lefquelles efcandale pourroit fuyvre, & que cha-cun, celon fon eftat, euft à faire provifions de victuailles pour nourrir, ali-menter & foubftenir la bonne gent venant icy querre le remede & falut de leur ame. Item, par toutes les entrées de la ville fut mife une epitaphe en lectre moult lifable, contenant plufieurs items & articles entre lefquels eftoient tauxés les defpends des pelerins, c'eft à favoir de homme à cheval XII. fous VI. deniers pour jour, & de homme à pied VI. fous III. deniers, traictés rai-fonnablement. Item & auffi y contenoit le advertiffement desdits pelerins de ne venir à l'oppofite l'ung de l'autre, mais que tinfent tel voye que par leurs hoftes leur feroit aprins pour eviter de rencheoir au precedent peril par tel moyen.

La voye que tint le peuple.

Premierement, venoient par Panaffac, par la rue Sainct Jacques, par la rue Sainct Gile, par la rue de la Correyrie, & toutes ces venues fe affem-bloient audevant du griffon ou fontaine appellée la Bidoira, & deambuloient enfemble par la rue de la Chanebaterie & de Raphael où, en plufieurs parts, par les habitants desdites rues, eftoient mifes barrieres, lefquels, celon la qua-lité neceffaire, les laiffoient tirer avant ou faifoient tirer arriere pour tenir ledit peuple en repos & en ordre, & pour les garder de eulx foller en la preffe qui eftoit maxime.

Item, & auffi pareillement montoient par la rue des Forghes, & fe accumuloient de deux venues au pied de la rue des Tables, là oùt par les feigneurs Confuls avoit efté eftably ledit lieu de gens de bonne forte à une puiffante barriere, lefquels en chevirent très-notablement & y mirent grande police, laquelle y eftoit très-neceffaire pour le peuple qui là des deux venues fe rencontroyt, c'eft à fçavoir de Raphael & des Farges.

Item, lesdits pelerins en tel eftat, paffant par ces voyes & chemins, trouvoient parmi lesdites rues plufieurs notables bourgeoys & marchans de ladite ville qui leur diftribuoyent, pour l'honneur de Dieu, recreacions de plufieurs & diverfes victuailles pour les corroborer à plus facilement foubftenir le infupportable faix de la preffe qui diffufe & copieufe eftoit; & de ce lieu fe montoient tout doucement par la Court du Roy, par la Frenarie, par foubs la porte de Crebacor, tirant par Viane, & de là paffoient par la porte devant Sainct Vofi, & Sainct George, & fous l'arch de Grateloup, & par derriere le grant clochier, & par le Fort de ladite eglife, & là, par la porte devant Sainct Anthoine, entroient pour gaigner ledit fainct jubilé en ladite très-faincte & très-catholique eglife.

L'ordre de ladicte eglife.

Item, entrant par ladite porte, venoient jufques fus la pierre miraculeufe aux febricitans, & droit au devant du drap où font depaincts les neufs Preux, avoit ung bel efchaffault, d'une pille à l'autre, où, au-deffus d'icelluy, environ le milieu, au front devers devant, avoit ung autel richement eftoffé fus lequel, devers main dextre, eftoit, en une moult belle cuftode d'argent furdoré, le precieux Corps Noftre-Seigneur, lequel fouventesfois prenoit entre fes mains ung notable chanoine d'icelle eglife qui en donnoit la benediction fur le peuple qui paffoit foubs ledit efchaffault : qui eftoit aux poures repentans chofe moult lachrimable; & du cofté gauche dudit autel, eftoit le glorieux ymage Noftre Dame du Puy. Et en paffant foubs ledit efchaffault & dit autel, tiroient lesdits pelerins vers la chappelle du Sainct Crucifix, là où avoient grans troncs & arches pour mectre & donner à chacun celon fa devocion, & au devant de ladite chappelle, de la partie devers le chœur, avoyt ung petit efchaffault tout decouré & garny de belles & devotes reliques.

Item, pareillement à la main feneftre, fous l'arch qu'on appelle de Sainête Katherine, avoit ung autre femblable chaffault, tout femblablement muny de reliques, & le tout fort refplendiffant, tant pour les reliquaires qui y eftoient d'or & d'argent moult riches que pour la clarté lumineufe des cierges qui continuellement y eftoient ardens.

De l'iffue de l'eglife.

Item, fortoient de ladiête eglife par la porte devers Sainêt Jehan, tirant droiêt vers la maifon de monfieur d'Alegre, où avoit certaines petites loghes où les aucuns chanoines & choriers de ladite eglife diftribuoient le fainêt vin à qui en demandoit; & puis defcendoient foubs ledit hoftel où avoyt deux chemins, defquels l'ung tiroit vers la porte Sainêt Robert, defcendant vers Sainêt Michel ou vers le couvent des Jacopins, oùt, à bas, vers le molin de Barlieiras, avoit grans barrieres fixes avec grandes gardes pour contredire l'oppofite du peuple : ce que fut très-foufifamment advifé. L'autre chemin eftoit paffant par deffoubs l'arch de la maifon des Maurins, defcendant par derriere l'Hofpital, & là ung peu plus bas, au devant de la maifon des Dolefons, au front duquel hoftel eft l'ymage de Noftre Dame, regardant droiêt vers la rue de la Traverfe, avoit auffi autres gardes pour garder la montée, qui eftoit moult neceffaire, & defcendoit le peuple par Montferrant, & fortoit par la porte des Farges, & de là s'en alloit chacun où bon luy fembloit.

De l'abundance du fainêt Pardon.

Grande habundance de peuple, grande habundance de merciers portant indicible quantité d'ymages & autres denrées, logés par tous endroits autour du Puy & dans la ville & efpecialement devant l'eglife des Jacopins, lefquels fayfoit moult beau voir; grande habundance de viêtuailles & provifions de toutes fortes, tellement que de pain cuyt en miches de fornier yl s'en trouva de refidu qui ne peut avoir defpeche par plus de cent livres, & les arencs, le fabmedy fainêt, furent criés, au devant du griffon de la Bidoyre, pour ung denier tournoys les fept, qui eft chofe merveilleufe, confideré l'affluence des gens, & je, qui ay ce efcribt, l'ay veu & ouy. Mais une chofe eft à confiderer, car plufieurs pelerins y vindrent pourveus, aians confideracion à la faulte qu'ils en eurent le pardon precedent. Plus grant habundance de feigneurie y vint que n'avoit eu audit pardon precedent. Grant habundance de police fut tenue tant pour les habitans que pour les pelerins, & plus grande crainte de juftice, & eft à noter que pour formider les brigands, larrons, mutins & tel maniere de billon de gent qui ne cherchent que maleurte, furent mifes à l'entrant de chacune des portes de ladite ville, pilliers, potences & gibets, qui caufa aux malfaicteurs & malignes efperits ne fayre chofe reprehenfible.

Le tout bien rumyné & profundement confideré, foit creu que Noftre Seigneur & la Vierge Marie conduifoient tout ceft affaire, aufquels très-affectueufement prie & flagite que doint grace à ceulx & celles qui verront les jubilés fubfequens qu'ils le puiffent ainfi ou mieulx conduyre.

Plufieurs autres chofes affez dignes de memoire je obmets, pour eviter prolixité & pour ce qu'à tout fain entendement font facilles à confiderer.

Du fainct Jubilé du Puy d'Anis de l'an M.D.XXIIII.

Confiderant proffundement comment le très-devot & recommandé temple de Noftre Dame du Puy d'Anis eft doté de moult de dignités, graces & prerogatives, entre lefquelles a ung don & grace de efpeciale preference, là conferé divinement, c'eft le très-recommandé pardon & fainct jubilé qui, par obfervée confuetude, eft celebré toutes & quantes foys que il efchet que le jour de l'Annunciacion Noftre Dame (qui eft le XXV° de mars) eft le vendredi aouré.

O don fingulier! o precieux douayre dont tu es dotée, noble Eglife! qui pourroit ymaginer, narrer & efcrire ung lieu plus excellant que celluy auquel on treuve la porte de Paradis ouverte! ce n'eft pas merveille fi le peuple eft infpiré de venir, fongé la grace & celefte don qui y eft à tous prefenté. O peuple devot, qui en cefte prefente année M.D.XXIIII. y eftes venus, qui le vous a dit ou denuncé? qui vous a efmeu à y venir? dont vous eft procedé ce noble vouloir? Certes ne fçay, fe n'eft le Sainct Efperit qui vos cueurs a illuminé par l'interceffion de la Vierge Marie, finguliere patronne & maiftreffe dudit Puy d'Anis.

Perfuafion aux citoiens du Puy.

O nobles incoles & citoiens du Puy d'Anis qui eftes prochains de telle grace & d'ung fi exquis bien, le recongnoiffez-vous point? Eftes-vous point ingrats, que voiez les eſtrangiers y venir de tant de parties & d'une ſi fervente devocion, en grant trevailh de leur corps & effuzion de leur pecune, mal traiĉtés, mal repeus, leſquels ont acceptable tout ce trevailh pour l'amour de Dieu, eſperans en avoir grande remuneracion ? & vous qui eſtes au lieu, je vous prie & exhorte en charité que, pour le preſent & pour le temps advenir, vous ſouviengne de ce tant noble treſor que vous poſſedez dans voſtre ville du Puy, & qu'il vous plaiſe avoir en recordacion ledit ſainĉt Jubilé, & les pelerins que y viendront qu'à votre deffaulte ne tumbent en eſcandalle pour non y avoir ſouffiſamment penſé, combien que je dits que de vous ne pour vous n'y pourroit eſtre ſouffiſamment pourveu, ſi ce n'eſtoit l'aide de Dieu & de la Vierge Marie, conſideré l'affluence du peuple qui y eſt tant grande, qu'eſt choſe admirable! Pourquoy, ſeigneurs preſens & poſterieurs qui eſtes & ſerez au renc des vivans & aurez l'opportunité de voir les jubilés ſubſequens, ne vous vienne à deſplaiſir ſe, pour advertir vos ſeignories, je mets en ce preſent livre, celon mon lourt ſtille, de proceder comme memoire de la façon qu'a eſté tenue tout ainſi comme s'enſuit, toute correĉtion humblement preſupoſée.

Le nom des ſeigneurs Conſuls de la preſent année :

> Noble Jacques David, bourgeoys;
> Sire Guot de Lequas, marchant;
> Maiſtre Vidal Eſpert, notaire royal;
> Sire Guillaume Jorda, marchant;
> Sire Jehan Pelliſſe, marchant;
> Et ſire Guillem Vigouroux, auſſi marchant.

Cappitaine mage : meſſire Nicolas Felicis, licencié en chacun droiĉt, lequel y fut commys ledit an, du conſentement & vouloir des bourgeois qui eſtoient en leur renc.

Lesdits ſeigneurs Conſuls, après leur creacion conſulaire que fut faiĉte le jour de la Purifficacion Noſtre Dame, ſecond jour de febvrier l'an M.D.XXIII., tout ainſi qu'il eſt de bonne & ancienne coſtume, ſentens le temps eſtre brief qu'un ſi grant nombre & floc de gens ſe debvoit icy congreger pour venir gai- ` gner ce très-ſainĉt & recommandé jubilé, ne furent pas remys, mais de cueur ententif & ſoigneux penſement, mirent ſi à point la main à l'œuvre à pra- tiquer ſus les choſes concernans ledit ſainĉt pardon que finablement ils en ac- quirent honneur & loz, de toutes leſquelles choſes par ordre en dirons, & premierement

Des confultacions.

Plufieurs louables affemblées par maniere de confeilh furent faictes tant au venerable Chappitre Noftre Dame que en la maifon confulaire de la ville pour communiquer & traicter de l'urgent affaire de ce fainct pardon, là oùt affiftoient meffeigneurs les doyen & autres dudit Chappitre, meffeigneurs les officiers tant de la Court Roialle de Vellay que de la Court Commune, & autres plufieurs tant clercs, nobles, bourgeois, marchans & mecaniques de ladicte ville, lefquels confeils femblent eftre moult utils & proffitables, en enfuyvant la fentence du Saige, ainfi qu'il l'a efcript au **XXIII**e chappitre du *Livre des Proverbes*, là où il dit : *Erit falus ubi multa confilia funt.* Car, en continuant le parlamenter de ceft affaire, tousjours procedoit de la bouche de quelcun quelque notable & fructueux confeilh ou raifonnable dit. Si fut refolu, devifé & advifé par les plus faines oppinions illec ventilées, de proceder ainfi qu'il fera après declairé, tant de l'ordre de l'Eglife, de la Court Royale, de la Court Commune & police, des feigneurs Confuls & citoiens.

De l'ordre mys par la Court Royale.

Noble Bartholomy Maurin, bailly de Vellay, baron de Chafteauneuf, feigneur d'Ours & Mortefaigne, dreffa une commiffion roiale à tous officiers ordinaires dedans fon baillage, qu'ils euffent à reparer ou faire reparer & rabiller les ponts & chemins publics & autres paffaiges, affin que plus aiféement les pelerins vinffent & paffaffent leur chemin, fans folle & fans dangier d'eulx ne de leurs beftes.

Item, eftoit en la charge dudit noble Bartholomy Maurin, bailly de Vellay, de efcribre aux feigneurs prochains de faire commander à tous leurs fubgects demourans aux lieux & paffaiges, oùt a repeues & couchées, faire deues & fouffifantes provifions pour alimenter & foubftenir lefdits pelerins paffans & repaffans, & qu'en cella faifant ne feiffent extorçion, pillerie ou rançonnement ausdits pelerins, ne trop exceffifs taux en la vendicion de leurs denrées. Defquels, ainfi que j'ay fceu, aucuns s'y font moult bien portés, autres ont rançonné, & en eft tel le reftat que la ville a trop mieulx traicté les pelerins & à meilleure condicion qu'on n'a faict hors ladicte ville.

De l'ordre mys par la Court Commune.

Yl eſtoit aux ſeigneurs Officiers de ladiᶜte Court Commune de faire criées & preconiſacions ſouventesfois reiterées que nulli ne fut ſi hardi doreſnavant de jurer ne blaſphemer Dieu, la Vierge Marie, ne les conſors de Paradis, ſentens le temps que la grace de Dieu approuchoit.

Item, faire commandement au maiſtre, appellé le Maiſtre des œuvres des reparacions, ou à ſon lieutenant, qu'il viſitaſt la ville tant d'un cartier que d'autre, et diligemment conſideraſt les lieux que pourroient pourter ruyne ou incommodité à la choſe publique.

Si ſuyvirent la ville desdits Officiers avecques leur procureur, enſemble les ſeigneurs Conſuls & leurs commys qu'eſtoient tant pour le Chappitre que pour la ville, leſquels nommerons ſur la fin du traicté de ce ſainᶜt pardon. Si firent grans commandemens à ung chacun qu'ils euſſent à reparer et rabiller leurs pavés, neᶜtoyer cheminées & icelles deuement meᶜtre en ordre, neᶜtier rues, places communes, ruetes, chantons, eſtables et tous tels autres lieux occupés, de toutes ordures et immundicités, & les geᶜter hors la ville, pour en icelle collocquer & loger plus honorablement telle noble compaignie de pelerins, deſquels on aᶜtendoit la venue eſtre prochaine.

Item, fut faiᶜt commandement à tous les ſergens de ladite Court Commune que, pour l'honneur dudit ſainᶜt pardon, de la ville & de ladite Court, chacun euſt à faire ſa robe neufve, mi-parti de pers & rouge, que ſont les armes du Roy & de l'Eveſché du Puy, enſemble faire forbir leurs arnois & armeures.

Item, fut ordonné & commandé à tous hoſteliers de adviſer leurs hoſtes qu'ils n'euſſent point à pourter arnois invaſibles parmi la ville, leur diſant ou demonſtrant gracieuſement : « *Monſeigneur ou mon amy, j'ai commiſſion & commandement tant de Meſſeigneurs de juſtice que de la police vous dire de ne porter point d'arnois. Pour ce, laiſſez-le, car il me deſplairoit pour l'amour de vous, s'il vous en venoit mal ou dangier.*

Item, pareillement eſtoit enjoinᶜt & commandé à tous hoſteliers & à toutes autres manieres de gens tenans logis que ils euſſent à adviſer & advertir leurs hoſtes qu'ils euſſent à ſuivre le chemin ordonné pour aller gagner ledit ſainᶜt pardon, ſans point venir à l'opoſite ne à rebours, ne faire nul empeſchement ou moleſtacion aux autres pelerins.

Item, ſemblablement eſtoit commandé à tous & chacun des habitans du

Puy que, venu le foir du jeudi fainɛ̌t, à l'heure de l'Ave Maria ou devant, euffent à tenir en leur feneftre ou porte une lanterne, atout une chandelle ardent dedans, affin de folacier aux pelerins la nuyt en allant gaigner ledit fainɛ̌t Pardon, & affin que gens qui ont talent de mal faire s'en gardaffent, *quia qui male agit, odit lucem.*

Item, eftoit faiɛ̌t commandement à toutes manieres de belliftres defquels en y avoit grande quantité, qu'ils euffent à vuider la ville & aller dehors mendier où bon leur femblerait.

Item, fut ordonné & commandé à tous hofteliers & autres habitants de la ville qui tenoient logis qu'ils n'euffent point à rançonner les pelerins leurs hoftes, mais les traiɛ̌taffent benignement, jouxte la forme & qualité du taux faiɛ̌t & ordonné par les Seigneurs de juftice & de la police tant à gens à cheval que à pied, aians grant regard à la chierté du poiffon qui eftoit grande celluy an au Puy, fi eftoit-il bien ailleurs, mais aucuns tindrent le taux, autres le furhaulcerent, autres le difmynuyrent, celon la qualité de leurs fervices.

Item, que nulli n'euft à faire ponts ne traverfieres à travers des rues pour paffer, car en ces lieux court le peuple, qui caufe de faire beaucoup de rançonnements & pilleries, comme en firent plufieurs defquels je tais les noms, qui, par leurs portes derriere, faifoient paffer les pelerins *precio appreciato* continuellement, qui eft chofe de mauvais gouft & fent un peu de reproche, combien que je dis qu'à aucuns eft de faire plaifir et non point proffiter par tels moiens fur les poures pelerins.

Item, lesdits feigneurs Officiers de ladite Court Commune ayans grant regard à un tas de mefchantes gens qui ne cherchent que la defolacion du poure peuple comme font larrons, pendars, coppeurs de bources, pilleurs, tranfgreffeurs de chemins & tel autre billon de gens qui fuyvent volontiers foires, pardons, marchés & tels autres lieux où a grandes affemblées, pour lefquels formider & iceulx faire craintifs de la main de juftice, firent eriger & dreffer certain nombre de potences ou gibets en diverfes parties, c'eft à fçavoir : l'une joignant le taillouer ou pillori de la place du Martoret, l'autre à la porte de Panavayra, l'autre à la porte de Avinion, l'autre à la porte Sainɛ̌t Gile, l'autre à la porte Sainɛ̌t Jacques, l'autre à la porte de Panaffac. Les feigneurs de Chappitre en firent dreffer autres deux, l'une à la porte Sainɛ̌t Robert, fus le tertre qui eft fus le jardin du feigneur de

Turenne*, l'autre à la porte Sainct Agreve, vers la borne droite qui defpart les quatre voyes, foubs la maifon de Cleron qui à prefent eft de faige homme maiftre Gabriel Pradier, notaire royal du Puy.

De l'ordre mys par mes très-honorés feigneurs les Confuls qui ont le regime & gouvernement de la police.

Les feigneurs Confuls, très-defireux de meftre ordre & police audit fainct Jubilé, aufquels la chofe moult touchoit, de tout leur cueur s'y emploiarent, laiffans leurs befoignes privées & particulieres, & jufques à la perfection des chofes neceffaires pour ledit fainct Pardon, furent veillans & folliciteux à fonger comment ils pourroient fayre que le tout fut bien conduict & excequté au proffit & honneur de la ville du Puy & de toute la chofe publicque. Sy penfarent, du commancement de leur adminiftracion, de pourvoir d'avoir ung bon prefcheur & bien doct, affin de prefcher & admonnefter le populaire, durant le temps de karefme, de fe preparer & meftre chacun à fon debvoir pour dignement recepvoir la grace de ce fainct Pardon.

Des victuailles & provifions.

Item, lesdits feigneurs Confuls, vueillant humaynement traicter les pelerins en ce fainct Pardon, & congnoiffans que, entre toutes chofes, n'a riens que foit plus loifible ne plus neceffaire à pourvoir qu'eft d'avoir forniture de vivres, affin d'alimenter & nourrir les pelerins que icy viennent, que ne tumbent en efcandale par faulte de victuailles, fi mirent premierement la main à l'œuvre à radreffer & rabiller toutes les fontaines de la ville pour n'avoir carence d'eaue, ce que fut moult faigement advifé, confideré la grande confolacion, utilité & fervice que l'eaue donne, qu'à tout fain entendement eft affez facile à penfer.

Cecy eftre mys à exceqution, appellarent les bolengiers de la ville à venir au Confulat. Si leur communiquarent de l'affaire dudit fainct Pardon & comment il eftoit à eux de pourvoir aux pelerins force pain. Lefquels treftous fe declararent en cuyre habundamment & de fouffifamment les en pourvoir fus certaine obligance & promeffe qu'ils firent. Si leur fut baillé le pris du blé auquel debvoient cuire ledit pain, & leur fut promis par lesdits feigneurs

---

* François II de la Tour, vicomte de Turenne, baron de Bouzols (près le Puy).

Confuls & communité, que fi le cas advenoit que ils euffent reftes dudit pain que ne fut defpeché par ledit Pardon, que nul habitant de la ville ne cuyroit pain que prealablement le leur ne fut vendu. Si firent une faulte lesdits bolengiers, car ils commançarent de cuire le pain dudit fainct Pardon le lundi fainct, & debvoient avoir commancé le fabmedi, veille des Rams, ou le vendredi, car les pelerins croiffaient journellement. Quoy voiant, lesdits feigneurs Confuls qui grande peur avoient de tumber en efcandale par faulte de pain, ne ceffoient de courir & fuivre les botiques des bolengiers, leur difant : *Hé! mon amy tel, je vous prie, pour l'honneur de Dieu, cuifez force pain.* Defquels les ungs difoient : *Je n'ay plus blé ne farine,* autres difoient : *J'en ay affez;* & à ceulx que point n'avoient, ils en faifoient bailler ce qu'ils en demandoient à l'argent ou fans argent, & mouldre tant & quant. Si eufliez veu mectre telle diligence que c'eftoit merveilles toute la femaine, & leur aidoient moult volentairement & de bon cueur les bolengiers eftrangiers qui eftoient venus pour gaigner le Pardon. Et a efté relaté pour vray que lesdits bolengiers ont cuyt de pain de unze à douze cens ceftiers podies, & ne cuirent pain que de deux deniers & de quatre deniers piece.

Item, cuida faire grant dommaige les logis prochains de la ville d'une lieue & de deux lieues, lefquels tantoft defpecharent leur provifion qu'ils avoient faicte de pain. Si venoient haftivement en ville & acheptoient le pain desdits bolengiers à beaux facs & à charges, lesquels en avoient grande quantité. Laquelle chofe cuida faire fouffrete à la ville, mais toutesfois Dieu habunda à tout. Si eft-il bien de advifer pour le temps advenir, car cella cuida caufer quelque petit defordre.

Item, en oultre, lesdits feigneurs Confuls en plain confeilh, fuppliarent & requirent, tant en commung que en particulier, les habitans de ladite ville, qu'ils euffent, oultre leur façon acoftumée, à cuire avantageufement de leur pain ordinaire : ce que ils firent. Car il avoit de pain cuyt de l'ordinaire des maifons, par ung vray fummaire confideré, environ quatre cens ceftiers podies, duquel pain plufieurs pelerins, fentans la carence qu'ils en avoient eue par leur chemin, en acheptarent & l'emportarent quant & eulx, en s'en retournant.

Si fut advifé encore de rechief ausdits feigneurs Confuls de dire en plein confeil & autrement particulierement, & prier qu'un le communiquat à l'autre, qu'un chacun particulier de la ville euſt à faire proviſions, celon ſa faculté, de pluſieurs & diverſes victuailles neceſſaires en temps de kareſme, comme huille, vin, poiſſon tant frais que ſalé, des ortalices, & autres viandes, & proviſions neceſſaires, comme ſont bois, avoine, fein & paille.

Item, & que ung chacun meſnagier euſt à nectier ſes linges, faiſant ſes buées, acoutrer lits, ſe pourvoir de voirres, vaiſſelles & autre meſnage d'hoſtel.

Item, & que tous paſticiers fiſſent proviſion de farines pour faire crouſtes, affin que la ville ne fut eſcandaliſée par faulte de non y avoir ſouffiſamment pourveu.

Item, pour ce que, durant la preſſe des gens, on ne pourroit aller ne venir querir eaue aux fontaines, que chacun de bon heure euſt à faire grande proviſion d'eaue, tant pour ſon ſervice que pour l'inconveniant d'ung feu, ſi ſurvenoit, & que ung chacun s'en euſt bien à donner ſoigneuſe garde.

Autre conſideration desdits ſeigneurs Conſuls concernant la ſeurté de la ville.

Item, en après, lesdits ſeigneurs Conſuls, conſiderans ceſte grande aſſemblée eſtre ſus l'arriver en la ville, & que pluſieurs y ſont pour bien, autres pour mal, & que difficile choſe eſt à juger des cueurs des gens, & que auſſi le Roy & le roiaume avoient de grans ennemis, pourquoy, penſarent de meCtre la ville en ordre & demonſtrer quelque force. Si firent ordonner les chaines des portes de la ville, des carrefours & des autres lieux où elles ſont aſſiſes. *Item,* faire rabiller les degreds par leſquels on monte aux murs de la ville & fermer les portes d'iceulx degreds à clé, meCtre en eſtat preſt & de deffence deux cens bonnes pieces d'artillerie & les aſſeoir aux lieux à ce convenables.

Item, firent faire, le dimenche des Rams, à leur Cappitaine mage & autres Cappitaines particuliers qu'on appelle Diſeniers, la monſtre en armes, pour voir de quoy on ſe pourroit aider, ſi beſoing eſtoit. Si ſe aſſemblarent au couvent des Carmes, & partirent delà, environ trois heures après midi, en moult belle ordonnance, marchant de deux à deux, tenant bonne gravité, où furent nombrés de cinq à ſix cens compaignons & davantaige, tant haquebutiers, arbaleſtiers, archiers, picquiers, & pluſieurs autres portans halebardes, voulges, javelines & autre diverſe nature & façon d'arnois. Si

donnarent ung tour parmy la ville où ledit Cappitaine mage s'y monftra
moult bien, ce que fift moult beau voir, & l'eftimarent bien plufieurs bons
perfonnaiges jà arrivés pour gaigner l'efficace de cefte noble indulgence.

Item, durant ledit fainct Jubilé, les portes de la ville, que ne font guiere
neceffaires, demeurarent & furent fermées, & celles, qui eftoient utiles & ferviables, furent ouvertes & gardées par perfonnaiges à ce commys & depputés;
& furent ouvertes la porte de Panavaira, d'Avinion, Sainct Gile, Panaffac,
les Farghes; *item* riere Chappitre, Sainct Robert, Sainct Agreve.

De la venue des pelerins, de la voye qu'ils tindrent; des barrieres & autres
chofes ordonnées par lesdits feigneurs Confuls, du bon vouloir des habitants,
& de l'ordre qu'ils tindrent.

Lesdits feigneurs Confuls, congnoiffans les pelerins eftre fus le venir, pour
leur bien & utilité, par toutes les venues & entrées par lefquelles on vient en
ville, & en diverfes autres voies, rencontres & carrefours, tant dehors que
dedans la ville, firent mectre grans epitaphes bien lifables, contenans aucuns
advertiffemens ausdits pelerins, affin qu'ils fuffent plus proclives à eulx fe
bien conduire, & par ce moien, ne pretendre caufe d'ignorance.

Puys la my-carefme jufques au jour du fainct Jubilé, arrivarent tousjours
quelques pelerins, autres y envoiarent gens pour prendre logeis. Si commençarent d'arriver en tel flote le mardi, mecredi & jeudi fainct, que les voyes
& eftrades n'y povoient fubvenir. Si paffaient parmy champs, prés & vinhes
prochains desdits chemins, qui grant dommaige y firent. Et, par ainfi, fe
affemblerent tant de gens de diverfes contrées & regions, que cas eftoit admiratifs. Lefquels fe logharent dans la ville, aux faulxbourgs, à Efpaly, en Val *,
à Polignhac, & en plufieurs autres parts, villaiges & lieux circumjacens entour ladicte ville du Puy. Si furent les ungs bien, autres mal. Toutesfois
Noftre Seigneur & la Vierge Marie pourveurent à tout, & fe contenta moult
gracieufement chacun.

Item, par les confeils jà tenus precedens entre les feigneurs de l'Eglife,
juftice & la police, eftoit ordonnée telle voye que feroient les pelerins ainfi
qu'ils firent. C'eft afçavoir que la venue de la rue de la Correiria, la venue
Sainct Gile, rue Sainct Jacques, & la rue de Panaffac, s'affembleroient au

---

* Vals, près le Puy.

griffon de la Bidoira, & passeroient ensemble par la rue de la Chanabaterie, de Raphael, & jusques au pied de la rue des Tables, & là ensemble
avec la venue de la rue des Farges, s'en monteroient par la Court du Roy
appelée en Montpeiroux, la rue de la Frenarie, soubs la porte ou arch de
Crebacor, la rue des Portes & de Vienne, devant Sainct George, soubs l'arch
de Grateloup, venant au Fort, entreroient par la porte dudit Fort, audevant
de la chappelle Sainct Anthoine, si visiteroient le sainct lieu & devot temple,
& gaigneroient ceste noble grace, & sortiroient par la porte devers Sainct
Jehan, passans les ungs vers la grande Escole, tirant vers la maison de Chalancon & chappelle de Sainct Pierre le Vieulx, & tireraient oultre, prenant
le chanton à main gauche, allant vers la porte en Jayant, prendroient le violet
ou ruete qui descend vers la porte Sainct Agreve, & delà où bon leur sembleroit; autres passeroient par la porte Sainct Robert, tirant vers l'Esguille
Sainct Michel ou vers le couvent des Jacopins, & delà, où bon leur sembleroit; autres passeroient soubs l'arch de la maison des Maurins, descendant
derrier l'humble Hospital Nostre Dame, prendroient la decise par la rue de
Montferrant, venant vers le griffon de la rue des Farges, & delà où bon leur
sembleroit. Et toutes autres voies, rues & chantons ou passaiges, quels qu'ils
fussent, ne serviroient nullement. Car le tout bien seurement estoit estouppé &
serré de bons postans bien ordonnés, & estoit necessaire qui y vouloit aller de
passer par les rues, lieux & passaiges susdits.

Item, lesdits seigneurs Consuls ordonnarent leurs barrieres en divers lieux
cy après declairés, & y advisarent moult bien & saigement pour tenir le peuple
en bonne ordonnance. Sy commirent & establirent certain nombre de gens
de bonne sorte, forts & robustes, pour se donner garde & conduire ledit peuple
en leur voie & ausdits lieux où la necessité estoit, cognoissans la chose estre de
grande utilité, priant très-debonnairement lesdits compaignons & personnaiges à ce depputés & commys que ils eussent à donner la meilleure conduicte & ordre que possible leur seroit, & fussent à cella veillans & intentifs,
les admonestant en oultre, pour l'honneur de Dieu & de la Vierge Marie,
qu'ils n'eussent à batre, frapper, ne injurier ou faire de reproche ausdits
pelerins, mais leur donnassent toute consolation & refrigere, en les traictant
à leur povoir le plus humainement & benignement que faire pourroient :
*quia non debent nasci injurie, unde jura nascuntur, nec nocere debet
illud quod proficiendo paratur.*

Si ordonnarent premierement une grande barriere fixe à travers le chemin qui eſt audevant de l'egliſe ou commanderie Sainĉt Jehan de Jheruſalem ou de la Chevalerie, joignant le champ du Garait, en l'aſcendant de la porte de Vienne, pour eviter qu'on ne montaſt par là, car trop grant & eſcandaleux dangier en advint l'an M.D.II. que fut autrefois lediĉt ſainĉt Jubilé, de. quoy pour l'heure me tais ; & en ceſte barriere furent eſtablits quatre bons perſonnaiges, car par la montée de là ils fuſſent venus vers la porte Sainĉt Agreve ou par la porte Sainĉt Robert, paſſans par derriere le roch de Cornille, qui eſtoit partie des iſſues de l'egliſe, qui euſt eſté choſe trop contraire & dangereuſe.

Semblable autre barriere, croiſée & fixe, eſtoit ordonnée par lesdits ſeigneurs Conſuls vers le molin de la communité de la ville, appellé le molin de Barlieiras, joignant le canton dudit molin & le foſſé du propugnacle ou bolevert de la porte de la rue des Farges, là où eſtoient eſtablits huit perſonnaiges pour garder que nulli ne fut ſi hardi de monter par là pour venir vers Sainĉt Robert, qui eſtoit partie de l'iſſue de l'egliſe.

Item, en après, dans la ville, lesdits ſeigneúrs Conſuls firent faire & ordonner une barriere à la fontaine de la Bidoira, laquelle eſtoit aſſiſe de la maiſon de noble Guigon Guitard, bourgeois du Puy, ſeigneur de Sainĉt Privat, contre la maiſon de Jehan Mage, marchant du Puy, & ſur le lieu où ſe met & atache la chaine d'une maiſon à l'autre, en temps de neceſſité, & vous promets qu'en ceſte barriere y avoit plus de beſoigne que en nulle autre du Puy, car là habundoit plus le peuple que venoit de la rue Sainĉt Jacques, Sainĉt Gile, la Correiria & Panaſſac ; & là furent eſtablits douze bons perſonnaiges à garder ce lieu pour cauſe desdiĉtes venues. Si fut ordonnée ladiĉte barriere double, c'eſt à ſçavoir : l'une haulte de la toiſe d'ung homme, & l'autre baſſe juſques à cuiſſe d'homme ; laquelle barriere fut moult bien deviſée. Sus la baſſe ſe tenoient lesdits commis, chacun ſon baſton au poing, & y avoit bien neceſſité, & ſe appuioient ſus la barre ſuperieure ; & quant temps eſtoit qu'il falloit eſlargir ladiĉte barriere, lesdits commis deſcendoient treſtous à terre, & levoient en hault la baſſe barriere juſques à l'autre, & paſſoit le peuple de beau front moult aiſéement, & quant ung grant felop de gens avoit paſſé, & congnoiſſans qu'il en y avoit aſſez pour la fois, ils laiſſoient coler en bas ladiĉte barriere, & remontoient deſſus pour deſcendre ladiĉte barre, & en ceſt eſtat firent, durant le temps que la preſſe y eſtoit.

Icy faillirent aucunement mesdits feigneurs Confuls, pour ce qu'ils n'eftablirent gens aux trois venues, ung peu loignet, devant cefte barriere, c'eft à fçavoir à l'entrant de la rue de la Correirie, & fermer le paffaige entre le Four & la
Table de la revendereffe, à l'entrant de la rue de Panaffac, & devant la fontaine venant devers Sainct Gile, car tout le peuple fe venoit de beau renc
de tous ces endroicts gecter audevant de la dicte barriere, oùt, je vous promets, fe trouva avoir trop dure preffe. Mais, par les circunvoifins, d'ung
parti & d'autre, chacun de fon cofté y mift barriere & ordre qui y fut très-
neceffaire, & fi ce n'euft efté attendu la grant oppreffion des gens qui y
eftoit, il s'en fut fuivi quelque gros efclandre, car lefdits voifins faifoient vui-
·der à la fois partie du peuple de la venue devers la Correirie, autres fois
devers Sainct Gile & Sainct Jacques, autres fois devers Panaffac, & ainfi
continuoient en tel ordre entre tous les lieux du Puy : ceftuy eft à confiderer.

Item, une autre barriere avoit ordonnée plus avant vers l'image Noftre
Dame de la rue de la Chanabaterie, qui eft de front en la pille de la maifon
des heritiers de feu Pierre Lhiautard, à travers la rue de Raphael, contre la maifon des heritiers de feu Jehan Ayraud, appothicaire; pour laquelle
garder eftoient eftablits deux bons perfonnaiges, & icy euft une faulte,
car, en ce lieu, devers la rue de la Saunerie, venoient tant de gens de la
charreira Maymac, de la Plaftreira, Rochataillade & autres lieux devers ce
parti, qu'eftoit chofe moult merveilleufe, qui aux commys de cefte barriere
donnoient ung grant ennuy & empefchement. Pourquoy, pour le temps
advenir, fera bon de confiderer s'il feroit bon de fermer cefte rue de la Saunerie ou faire barriere, car je vous promets qu'il y a bien du nota.

Item, une autre barriere par lefdits feigneurs Confuls eftoit ordonnée audevant de la maifon où eft l'image Noftre Dame, en Raphael, qui eft de Jacques Arnaudo, *alias* Mathevet, contre la maifon de noble Garine del Roux,
pour laquelle gouverner eftoient eftablits deux bons perfonnaiges.

Item, une autre avoit ordonnée en ladicte rue de Raphael, audevant de
l'image de Noftre Dame qui eft affife en la pille de la maifon de maiftre
Bartholomy Solier, notaire, entre les maifons de noble Guillaume Rougier,
bourgeois du Puy, & de maiftre Jehan Servientis, notaire roial; pour laquelle conduire furent commys quatre hommes, & en ce lieu, devers la
venue de la Saunerie, avoit ung poftan auquel on avoit laiffé une porte qui fe
fermoit à ung verroilh de fer pour le fervice de ladicte rue. Mais, pour

ce que plufieurs maifons de Raphael avoient porte derriere, & en icelles faifoient paffer aucuns pelerins qui venoient à cefte porte pour gaigner une
inftance, pourquoy, par force de reiterer l'ouvrir & ferrer, finablement ils
la mirent en pieces.

Item, en ladiête rue de Raphael, plus avant, avoit une autre barriere
entre les domiciles de Eftienne Bompar, drappier, & de Vidal Eymera,
chauffatier, en laquelle furent mis deux hommes.

Item, encore plus avant, en ladiête rue de Raphael, avoit une autre
barriere entre les maifons de noble Glaude Davinon, bourgeois du Puy, &
la botique de fire Guot de Lequas, marchant, pour lors conful, pour laquelle bien gouverner avoient mesdits feigneurs les Confuls eftabli huit bons
perfonnaiges, pour ce que là avoit prochaine la venue des Farges, & y
eftoit moult neceffaire pour la folle qui peuft avoir efté là à caufe desdiêtes
deux venues.

Item, femblable barriere avoit en la rue des Farges, entre les maifons de
noble Yfabeau d'Arlempde, femme au deffusdit noble Glaude Davinon,
bourgeois, & la maifon de honnefte homme Jacques Dolefon, marchant, &
là avoient eftabli meffeigneurs Confuls autres huit bons perfonnaiges pour
garder ce paffaige, car là affluoit ung grant peuple pour les deux venues de
Raphael & des Farges, & avoient cesdiêtes deux barrieres tel gouvernement & ordre que la barriere de Raphael lafchoit deux fois de beau ranc,
pour ce qu'en ce parti le peuple habundoit le plus, & celle des Farges
ne lafchoit que une foys.

Item, une autre barriere avoient ordonnée lesdits feigneurs Confuls entre les maifons de fire Guot de Lequas, marchant, pour lors conful, & la
maifon des heritiers de Anthoine Robinarde, devers la rue de Montpeiroux,
oùt furent eftablits deux hommes.

Semblable autre barriere eftoit plus avant ordonnée en la croifiere des
ruetes dont l'une tire vers la Plaftreira, & l'autre vers la maifon des heritiers
de feu meffire Artaud Cenat, qui eft le fons dudit chanton, & là furent
mis deux hommes.

Plus avant avoit une autre barriere vers la ruete qui faiêt decife pour aller
à Sainêt Pierre la Tour, & la gardoient deux hommes.

Item, une autre barriere eftoit ordonnée en la rue de Vienne entre les
maifons de noble Gabriel de Alzon, bourgeois, & la maifon des heritiers de

feu Pierre Ginbert, argentier, foubs la porte Sainct George, & là furent
eftablits douze perfonnaiges, c'eft afçavoir : huit par les feigneurs de Chappitre, & quatre par les feigneurs Confuls.

Soit advifé, au temps advenir, des portes de derriere l'abbaye Sainct Vofi,
· & des degreds derriere l'eglife dudit Sainct Vofi, car là couroit le peuple, &
furent contraints les feigneurs Confuls, durant la preffe, d'y aller mectre
ordre.

En plufieurs autres parties, entre les lieux fusdits & ailleurs, furent mifes barrieres non pas par mesdits feigneurs Confuls, mais par aucuns notables habitans de ladicte ville du Puy, pour ce qu'en ces lieux y en avoit
neceffité, s'appellant l'ung voifin l'autre d'ung bon zele, pour mectre ordre
que le peuple ne fe oppreffat, & fut ce en la rue Sainct Gile, Panaffac, la
Chanabaterie, les Farges & en Montpeiroux autrement dit la Court du Roy,
dont en ce faifant fe montrarent humains & caritatifs.

Il eft bien à noter aux pofterieurs que les barrieres font très-utiles, car
elles tiennent le peuple fans oppreffion & dangier d'efchauffer & en plus
grand aife que fi eftoient en ung monceau, car en chafcune barriere y a quelque efpace devant & derriere, & par ainfi fe peuvent lesdits pelerins tenir
mieulx en alaine & mieulx fe efventer. Et autre chofe, car ce temps pendant
que lesdits pelerins font ainfi entre deux barrieres actendant leur yffue &
defpeche, s'il y a perfonne que ait quelque neceffité, il eft tantoft fecouru
des manans prochains lesdictes barrieres, comme ils furent en ce Jubilé; car
je vous promets que le peuple de la ville s'y montra auffi charitable & bon
envers lesdits pelerins que poffible leur fut. Car par force de crier : *Allez
tout beau*, ou *Reculez arriere*, ou en leur prefentant quelque bien, ou pour
le fervice de leurs hoftes ou conduicte des barrieres, plufieurs en furent
enroués fi à point que, plus de huit jours après, à peine on les entendoit
parler.

Item, eft auffi à noter que lesdits habitans compaffionnés fur les poures
pelerins ainfi ferrés aux rues, ungs gectoient pain, à belles menues pieces,
trempé en vin, de leurs feneftres, autres le gectoient fans tremper, autres
pruneaux & figues, autres de leurs portes donnoient à boire aux pelerins vin,
autres eau felon leur povoir, autres confictures & autres retiroient dans leurs
domiciles plufieurs perfonnaiges debilités pour avoir foubftenu & trevaillé
leur corps en la dure preffe. Brief, lesdits citoiens s'y montrarent vertueux

& en rapportarent finablement honneur & loz. Dieu veuille le tout avoir en acceptable, & le veuille retribuer à ceulx & celles que ainfi y ont emploié leur fens, leur corps & leur avoir.

Item, durant le temps dudit fainct Pardon, tousjours refidenment fe tenoient trois des feigneurs Confuls en la maifon confulaire pour eftre prefts & prompts à faire refponces, attendant illec comment les affaires fe portoient pour y mectre le meilleur ordre qu'ils pourroient. Les autres troys eftoient vacans aux negoces de la ville, deçà & delà, aux bolengiers, aux barrieres, aux portes & autres divers lieux, pour fentir tousjours comment les chofes alloient; en laquelle chofe faifant, monftrarent la dilection qu'ils avoient à la chofe publicque, defirans que nul reproche ou diffame ne s'enfuyvit, mais tout honneur & loz en demeuraft, tant en commung que en particulier, à ladicte ville.

Comment les feigneurs Chanoines ordonnarent de leur Chappitre, de leur eglife & de la decoracion d'icelle, des troncs ou gazofilaces, du faint vinage, des troncs de l'humble & religieux Hofpital Noftre Dame, de Sainct Michel & autres chofes.

Premierement, eft à fçavoir que lesdits feigneurs Chanoines, environ quinze jours avant l'entrée dudit fainct Pardon, ordonnarent de faire une très-noble, devote & folempne proceffion generale, affin que Dieu & la Vierge Marie nous fuffent en aide à preparer nos confciences & nous donner grace de bien ordonner & conduire l'affaire du fainct Pardon qui moult approuchoit.

En cefte noble proceffion, furent precedens la grande croix de l'eglife Cathedrale; la grande croix de l'eglife Sainct Pierre le Monaftier; les petiz enfans mafles, les teftes nues, deux à deux, crians à haulte voix : *Sire Dieu, mifericorde!* Les filles jeunes innocentes, aournées de linge blanc, deux à deux, criant haultement & chantant : *Saincte Marie, ora pro nobis!* ainfi qu'il eft de louable coftume. Après venoit la croix & freres Saincte Clere. Après venoient les Carmes, Mineurs & Jacopins. Après venoient les prebftres feculiers des parroiffes de Sainct Pierre le Monaftier, Sainct Pierre la Tour, Sainct George, Sainct Vofi, Sainct Agreve, de l'Hofpital, la plufpart en chappes, portans chacun des reliques de leurs eglifes. Après ce, venoient les religieufes Auguftines de Val, les religieux moines Sainct Pierre. Puis venoient enfemble les croix desdictes parroiffes, avecques les croix de la grant eglife. Puis venoit l'eglife Cathedrale en moult bon ordre, et pourtoit le dommadier * ung reliquaire faict en façon de l'image Noftre Dame, au dedans duquel avoit aucunes reliques de ladicte bonne Dame, avec quatre torches ardentes que portoient quatre choriers habitués en chappes. Après tout ce, venoit le fuffragand de très-reverend pere en Dieu Monfeigneur du Puy **, meffeigneurs le bailly & juge de Vellay & officiers de la Court Commune, meffeigneurs les Confuls, & après, les feigneurs bourgeois, marchans, mecaniques, laboureurs, nobles dames, bourgeoifes, marchandes & autres de inferieur eftat de ladicte ville. Cefte devote proceffion avoir tournoyé parmy la ville & eftre arrivée au Fort de ladicte eglife, fut là dit ung bon fermon par le beau pere qui prefchait le karefme, auquel il parla principalement & traicta le fainct Jubilé & de l'efficace de celluy, admoneftant tant gens ecclefiaftiques que les laiz & temporels & toutes manieres de gens, à fe preparer & difpofer pour recevoir cefte grace, & gens hofteliers qu'ils euffent, pour l'honneur de Dieu, à traicter benignement les pelerins leurs hoftes, & plufieurs autres belles & nobles demonftracions, que fur ce leur fit. Ce fermon finé, on alla dire une très-devote meffe audevant du fainct ymaige Noftre Dame, laquelle ouyrent grant partie du peuple qui ladicte proceffion avoit affocié, & la meffe dicte, fe retira chacun en fon parti.

Item, lesdits feigneurs Chanoines, environ ce temps, firent faire en leur eglife grande & groffe provifion de fuftayes, pour condicionner, appoincter & mectre en ordre le dedans de ladicte faincte eglife & quelcuns autres lieux prochains d'icelle.

Si firent premierement metre, à l'entrée de la porte devers le Fort, par dedans l'eglife, ung tref qui tenoit de ladicte porte jufques en la pille où eft paincte l'image Sainct Chriftofle, & de l'autre cofté, devers la chambre de la garde par oùt on monte au petit campanier, en avoit ung autre, tous deux, jufques à fçainture d'homme, garnis de bons aiz jufques à terre, afin que le

---

* Lifez : *l'hebdomadier*, chanoine de femaine pour faire l'office.
** L'évêque Antoine de Chabannes, impliqué dans le procès du connétable de Bourbon, était alors arrêté. — Mignet, *Rivalité de Charles-Quint et de François Ier*, Revue des Deux-Mondes, 1860, t. XXV, p. 868 et suiv. — L'information criminelle, dans laquelle l'Evêque du Puy dépofa plufieurs fois comme témoin, est conservée à la Bibliothèque Impériale, *Fonds Dupuy, ms.* 484.

peuple allaſt plus juſt & ne fit aſſemblée là en ces extremités & confiniades, que ſont d'ung cartier & d'aultre.

Item, fut faiɛt ung poſtan de l'hauteur d'un aiz, qui tenoit de la porte par oùt monſeigneur l'Eveſque du Puy entre en ladiɛte egliſe, tout à travers, juſques à la porte par oùt on entre en ladiɛte egliſe en Chappitre, & eſtoient leſdites deux portes de deçà devers le beniſtier.

Item, en ce poſtan avoit trois portes, de la largeur chacune d'une bonne groſſe poſts, qui ſe tournoient à belles charnieres & fermoient par derriere à beaulx verroils de fer, & eſtoit l'une pour ſervir de aller & venir de la chappelle Dominique vers la pierre des Fiebvres; l'autre au poſtan du millieu qui ſervoit d'aller de l'egliſe vers l'Hoſpital ; l'autre eſtoit entre la porte dudit Chappitre & la pille qui eſt audevant ladiɛte porte, & ſervoit d'aller & venir de la chappelle Sainɛt Nicolas vers le beniſtier.

Item, ſus ledit poſtan furent eſtendues, par maniere de tapiſſerie, des chappes rouges, faites à rozetes, que feu meſſire Jehan de Bourbon, en ſon vivant eveſque du Puy, donna pour le ſervice de ladiɛte ſainɛte egliſe.

Item, ung chaffault tout carré fut faiɛt & dreſſé entre les quatre pilles prochaines du beniſtier, c'eſt à ſçavoir : entre la pille dudit beniſtier & ceſte-là de devant & les deux pilles devers l'hiſtoire des Neuf Preux, & entroit-on en ceſt chaffault par le ſibori, par une allée qui y fut faiɛte devers le coſté qui tire vers Sainɛt Jehan.

Sus le front de ce chaffault regardant vers la pierre des Fiebvres, fut faiɛt ung autier fort bien eſtouffé de nobles aournemens, ſus lequel, à main dextre, eſtoit le precieux *Corpus Domini* en ung reliquiaire moult beau, d'argent ſurdoré, & à main gauche, eſtoit le très-devot & ſingulier ymage de Noſtre Dame du Puy d'Anis, en ung lieu pour ce expreſſement faiɛt. Le derrier dudit chaffault eſtoit garni de nobles tapiſſeries. Le deſſus eſtoit ung pavilhon de ſoye eſcartellé à l'antique, que avoit léans donné quelque prince ou ſeigneur le temps paſſé, qui couvroit tout ledit chaffault, & ſoubs ledit pavilhon, avoit encore plus bas, ſus ledit autier, ung autre pavilhon de drap d'or moult riche, & audevant dudit autier, avoit quatre grans chandeliers d'argent, oùt avoit en chacun ung gros cierge de cire ardente, & en oultre, deux eſtuys de boys où eſtoient deux torches auſſi ardentes, & en ces gros anneaulx de fer qui ſont aux deux pilles au bort dudit chaffault, avoit autres deux gros cierges de cire blanche ardens.

Item, l'alée de deſſus par où on va aux orgues, avecques tout le devant du chœur, eſtoit tout tapiſſé de belles chappes, dalmatiques & tuniceles de drap d'or, qui eſtoient léans, dont de moult nobles & riches en y a, que moult faiſoit beau veoir. Le ſol auſſi dudit chaffault eſtoit auſſi tapiſſé, deſſus & deſſoubs, de certaines tapiſſeries de laine & autres velutées à l'antique; & du coſté devers Sainct Nicolas, ne devers le Sainct Crucifix, n'eſtoit le chaffault ſerré nullement, ſe n'eſt qu'un bien peu devers le bas, affin que mieulx le tout fut veu & conſideré deçà et delà.

Item, fut paré & honnorablement aourné le lieu ou arche de l'Œuvre de l'egliſe, qui eſt auprès la ſaincte ydrie prochaine dudit chaffault, en ſon lieu couſtumier, & de l'autre coſté, vis à vis, au pied de la pille qui eſt audevant, fut mys ung autre tronc ou arche pour recepvoir les aulmoſnes & oblacions des pelerins.

Item, auprès de ce bel chaffault, environ demy braſſe de la partie de deſſoubs les orgues, eſtoit dreſſé & appointé ung autre chaffault bien tapiſſé & bien ordonné, & fut ce faict pour cauſe, car lesdits ſeigneurs de Chappitre mirent & retirarent dans leur egliſe pluſieurs grans ſeigneurs d'Egliſe & temporels, dames, damoiſelles, & autres barons, chevaliers & gentilshommes, qui eſtoient cy venus pour gaigner ledit ſainct Pardon, dont la plus grande partie eſtoient logés en leur cloiſtre. Si les faiſoient entrer en l'egliſe, puis par les portes des poſtans qui y eſtoient de la porte de la maiſon de l'Eveſque juſques à la porte de leur Chappitre, les colloquoient là derriere vers la chapelle Dominique, la chappelle & chœur Sainte Croix & vers Sainct Nicolas, là oùt avoit pluſieurs peres & notables confeſſeurs pour ladicte ſeignorie & gentilleſſe, qui leur adminiſtroient le ſacrement de penitence, & après leur confeſſion faicte, pluſieurs alloient monter en ce chaffault par ung degré expreſſement faict, de la partie devers la librarie. Si diſoient là leurs penitences & devotes prieres à Dieu & à la Vierge Marie, & autres s'atendoient à veoir paſſer le peuple dudit Pardon.

Item, autres deux troncs ou coffres, l'un deçà & l'autre delà, eſtoient à la ſortie de deſſoubs ledit grand chaffault, vers une porte qui entre ſoubs le ſibori, tirant vers la chappelle Sainct Crucifix oùt il y a certains miracles en plate painture.

Item, plus avant eſtoient deux trefs, aux pilles qui ſont de front devant ladicte chappelle Sainct Crucifix, qui tiroient d'ung coſté & d'autre juſqu'en la porte de ladicte eglife, devers Sainct Jehan, de l'hauteur de fçainture d'homme, garnis de pofts jufqu'à terre, pour faire paffer le peuple plus à renc, & affin, comme j'ay dit des trefs de la porte devers le Fort, que le peuple ne fe mift par ces extremités & confiniades, & derriere chacun de ces trefs, eftoit deçà & delà ung tronc affez longuet, à façon de coffre, pour recepvoir les offrandes des bons pelerins.

Item, audevant de la chappelle Sainct Crucifix, de la partie devers le chœur, droictement fus les degreds par lefquels on entre en la chadaraita, avoit ung petit chaffault, tout decouré & garny de belles & devotes reliques.

Item, pareillement à la main feneftre, fus les degreds du lieu qu'on dit de Saincte Katherine, avoit ung autre femblable chaffault, tout muny de reliques, & le tout fort refplendiffant, tant pour les reliquaires qui y eftoient d'or & d'argent, moult riches & de value à moy impreciable, que pour la grande clarté lumineufe des cierges qui ardoient illec continuellement, que moult eftoit recreatifs aux pelerins.

Item, en fortant de ladicte eglife, avoit ung grant poftan, tenant à travers, qu'on ne voyoit pas la porte de la chappelle Sainct Jehan, en laquelle on baptife les enfans, affin qu'on tiraft vers Sainct Robert. Si avoit là, entre la pille dudit Sainct Jehan & la maifon des clerghons qu'on appelle la maifon ou chappelle *de cuftodia Epifcopi*, oùt a une petite porte fur trois ou quatre degreds, oùt, foubs ce porche ou voultement, avoit ung autre petit chaffault bien tapiffé & aourné deffus & deffoubs, où eftoit l'une des fainctes croix de ladicte eglife qui eft garnie d'or & pierres precieufes, en laquelle a certaine porcion du fuft de la Vraye Croix, oùt Noftre Seigneur journalement monftre en icelle evidens miracles, & fi avoit partie de la nape oùt Dieu fift la faincte Cene, & plufieurs autres reliques, defquelles n'ay merité fçavoir les noms.

Item, plus oultre, on trouvoit deux petites loges dont l'une eftoit audevant de la porte par oùt on entre en Chappitre, l'autre en l'extremité que eft entre le chemin montant en la maifon de Sainct Mayol, & defcendant vers la porte qu'on met les criminneux en la tour defdits feigneurs du Chappitre, & en ces deux loges eftoit donné le fainct vinage par aucuns des habitués de l'eglife aux pelerins qui le requeroient, & en fut donné, par le raport fur ce faict par les commys, deux muits que valent dix huit barraulx.

Item, en tirant plus avant, droictement fus le jardin de l'humble Hofpital

Noftre Dame, devant la tour du baron de Sollempnhac*, près la premiere porte Sainct Robert, en fortant hors les murs du Puy, eftoit l'ung des troncs dudit Hofpital, avec une petite loge qu'on y avoit baftie, en laquelle avoit ung efcripteau ainfi difant : *Yci on donne aux poures malades de l'Hofpital;* & l'autre tronc eftoit vers la porte derriere dudit Hofpital, oùt eftoit partie de l'iffue de l'eglife & paffaige des pelerins; dont en l'ung fe tenoit le miniftre de l'Hofpital & la dona de léans avec une donada, & en l'autre le curé de léans avec deux defdites religieufes donades.

De Sainct Michel.

En ce noble roch de Sainct Michel, qui eft de finguliere recommandacion, & duquel eft parlé au livre qui eft intitulé *de Mirabilibus mundi,* mesdits feigneurs les Chanoines, environ huit jours avant que ledit fainct Pardon entraft, commirent deux notables Chanoines pour gouverner ledit lieu, dont l'ung fe tenoit en la chapelle Sainct Gabriel, l'autre fe tenoit là-hault vers Sainct Michel, oùt, en chacun de ces lieux, avoit tronc pour recepvoir les dons des pelerins. Et pour ce que l'afcendant dudit roch eft aucunement peneux, & que le monter et defcendre des pelerins eftoit grant, lefdits feigneurs avoient ordonné, parmy les virades des degrés, plufieurs commys, atout leur bafton chacun en fon poing, pour faire paffer les montans d'ung cofté des degrés & les defcendans de l'autre, qui y eftoit moult neceffaire. Laquelle voye jamais ne ceffa guiere pour la merveille du lieu que gens eftrangiers defirent moult à voir. Et peu de pelerins viennent cy, que n'aillent faire ce voiage, & combien que le lieu foit penible, fi eft-il de gentile confideracion, duquel dirons ung mot par maniere de incidence.

Incidence.

L'an de l'Incarnacion Noftre Seigneur D.CCCC.XLIIII., au VIII° du regne de Lothaire, roy de France, prefulant meffire Guido evefque du Puy, fut faict l'edifice dudit Sainct Michel par meffire Truanninus**, doyen du

---

* Solignac-sur-Loire, près le Puy.
** Lisez : *Truannus.* Ce fut, vers l'an 962, sous l'épiscopat de Guy d'Anjou, qu'il fonda l'église de Saint-Michel. La charte de fondation est rapportée dans le *Gallia christiana* (t. II, Eccl. Anic., col. 755 et 756).

venerable Chappitre Noſtre Dame commis par ledit ſeigneur Eveſque, avec la confirmacion & conſecracion dudit lieu faiĉte par ledit Eveſque, lequel lieu fut donné à la communité de meſdits ſeigneurs les Chanoines.

En ſuyvant le propos du ſainĉt Pardon, ung homme de bien du lieu d'Agulhie me raporta que, pour ce que pluſieurs pelerins en ce Jubilé, en tournoiant, ainſi qu'on faiĉt, ladiĉte egliſe ou chapelle Sainĉt Michel, par maniere de paſſe-temps, ainſi que c'eſt une façon de joyeulx parler de ceſte fatuité qu'on dit *del ſault de la Pioucella**, furent auſſi intentifs, croiant ceſte ſotiſe eſtre vraie, d'aller voir le jardin là bas comme de voir de hault en bas. Si y furent tant de gens vers ce jardin, curieux d'entendre ce ſot miſtere, que pluſieurs enportarent par ſingularité de la terre dudit jardin, & me diſt, par ſa conſcience, qu'ils avoient enporté plus de terre qu'il n'en pourroit tenir dans une meſure ou cartoniere podieſe. Je n'oſe pas dire qu'on miſt ung baçin en ce lieu pour cueillir pecune des bons pelerins.

De l'entrée dudit ſainĉt Pardon.

Eſtre venu le jour du jeudi abſolu, meſdits ſeigneurs de Chappitre ordonnarent dix hommes, leurs officiers ou autres, en la porte de l'egliſe devers le Fort où debvoit eſtre l'entrée de ladiĉte egliſe, leſquels avoient une barriere à travers ladiĉte porte, quant beſoing eſtoit. Si avoient charge leſdits là commys & ordonnés de preſenter aux pelerins pain & vin, ſi perſonne y avoit qu'en euſt neceſſité; duquel pain & vin, en ung lieu prochain delà, en eſtoit faiĉte par meſdits ſeigneurs bonne & ſouffiſante proviſion.

Or, le peuple ſentant approucher l'heure de dix heures, qu'eſt l'heure de veſpres en temps de kareſme, & que l'egliſe en icelle heure ſe debvoit ouvrir & ledit ſainĉt Pardon entrer, la gent ſe miſt par les rues & paſſaiges deſtinés & ordonnés pour aller illec, dont le tout eſtoit preſque cumulé & farcy. Et ladiĉte heure de dix heures martelée, leſdits ſeigneurs firent ſonner les cloches tout enſemble tant du grant que du petit campanier, dont quant le peuple ouyt ainſi ſonner les cloches qu'en ce temps doibvent ſilence, ſentans pro-

---

* « On montre quaſi vers la cime *(du roc ou aiguille de Saint-Michel)* une pierre appellée le Saut de la Pucelle, où c'eſt la tradition qu'une fille, en témoignage de ſa virginité, ſe jetta deux fois à terre ſans ſe faire aucun mal, & ſe tua miſérablement voulant continuer par vaine gloire. » (Théodore, *Hiſt. de N. D. du Puy*, p. 177.)

chaine cefte grande grace, levoient les mains à Dieu, criant : *Mifericorde!* en frappant leur pis*, que moult eftoit piteux à ouyr. Dont plufieurs de compaffion en geçtarent de leurs yeulx de très-chauldes larmes. Et après ce que lesdites cloches eurent fonné, comme ung petit demy-quart d'heure, on ouvrit les portes de l'eglife. Si commençarent d'entrer les bons pelerins, & tantoft commença de faire une petite doulce pluye qui ne dura guiere & que lesdits pelerins endurarent moult benignement.

Lesdits pelerins, eftre entrés jufques fus la pierre des Fiebvres, virent de front ce noble chaffault, duquel venons de parler, qui moult eftoit confolatif & à plufieurs defiré de voir, & fus lequel avoit certain nombre des feigneurs de ladiçte eglife, entre lefquels avoit ung devot Chanoine qui fus le peuple donnoit la benediçtion, tenant fa fainçte cuftode où eftoit le precieux *Corpus Domini,* & là chacun, devotement, en doleur & defplaifir de fes pechés, demandoit à Dieu mifericorde, dont la plufpart geçtoit groffe effufion de larmes, & en marchant plus avant pour venir paffer foubs ledit chaffault, trouvoient quatre hommes là commys vers la porte du chœur, deux deçà & deux delà, qui faifoient avancer la gent, affin que chacun euft loifir de paffer, & ceulx ycy bien fouvent advifoient les pelerins de garder leurs bourfes, car on ne fçait qui eft bon pelerin : l'ung penfe à Dieu, l'autre au diable.

Item, vers l'arche de l'Œuvre de l'eglife & ès autres troncs, eftoient plufieurs gardes & commys tant desdits feigneurs Chanoines que autres habitués de ladiçte fainçte eglife. Si geçtoient leurs oblacions, dons & offrandes, les ungs en l'arche de l'Œuvre de l'eglife, autres aux autres troncs, ainfi que l'efpace ou l'affeçtion eftoit, & autres les geçtoient fus ledit chaffault, & en paffant deffoubs, plufieurs geçtoient leurs chappeaux, bonets & autres chofes, en hault, pour faire attoucher ledit chaffault, fus lequel eftoit Dieu & ce devot, merveilleux & prophetique ymage Noftre Dame, par tous lieux invoqué & recommandé, & paffant entre, venoient vers l'iffue de ladiçte eglife oùt ils regardaient moult curieufement lesdits deux chaffaulx vers la chapelle Sainçt Crucifix, tous plains de reliques, defquels avons parlé cydeffus.

Item, au fortir de ladiçte fainçte eglife, lesdits pelerins rencontroient l'autre chaffault, foubs ce voultement qui regarde vers Cornille, oùt eftoit la noble croix & fainçtes reliques dont deffus avons parlé. Si geçtoit le peuple fes

---

* Poitrine.

chappeaux, bonets, pour faire toucher ledit chaffault, comme avoient faict au grant chaffault dedans l'eglife.

Item, tirant plus avant, trouvoient les loges où l'on donnoit le fainct vinage. Si paffoient les ungs vers la grande Efcole, en la porte de laquelle eftoient deux hommes pour faire avancer les gens. Si venoient ceulx qui prenoient ce parti, fortir par la porte Sainct Agreve, en laquelle porte eftoient eftablis quatre hommes de garde pour repugner à ceulx qui vouloient entrer par là, car c'eftoit l'une des yffues.

Les autres qui prenoient le chemin devers la porte Sainct Robert, trouvoient quatre hommes là eftablits, ung peu foubs la porte de la tour de mesdits feigneurs du Chappitre, qui faifoient avancer lesdits pelerins, leur difant qu'ils povoient paffer & faire leur yffue par la porte Sainct Robert ou paffer derriere l'Hofpital, & defcendre par Montferrant pour venir à la porte des Forges ou parmy la ville. En ladicte porte Sainct Robert, eftoient commys fix hommes pour garder que nulli n'entraft par là, pour ce que c'eftoit l'une des yffues & quafi la principale.

Ceulx qui paffoient derriere l'Hofpital trouvoient, ung peu deffoubs ledit Hofpital, proprement audevant de la maifon du feigneur de la Conche, en laquelle a ung ymage Noftre Dame qui regarde droictement la rue de Seguret, douze perfonnaiges là eftablits, c'eft à fçavoir : huit par meffeigneurs du Chappitre, & quatre par meffeigneurs Confuls; & ce fut prudemment advifé de bien contregarder ce paffaige, car plufieurs fuffent peuz venir de la rue des Tables ou de la rue de la Traverfe, autres monter par Montferrant pour venir derriere l'Hofpital contre le chemin & voye deftinée pour faire partie de l'yffue de l'eglife; & de ces trois yffues, c'eft à fçavoir : de Sainct Agreve, de Sainct Robert, & derrier l'Hofpital, fe evacuoit le peuple et pelerins qui avoit paffé & vifité le fainct lieu & gaigné le Pardon, & prenoit chacun le parti que bon luy fembloit. Et me femble ladicte voye & façon, que lesdits feigneurs enfemble ont procedé, très-utile & vallable.

Des merciers.

Tant de bons marchands vindrent deça & delà de diverfes contrées, comme de Paris, de Lion, de Lymoges, & de tant d'aultres lieux defquels je ignore les noms, dont plufieurs fe logharent dans la ville & plufieurs bons lieux & carrefours, où ils eurent lesdictes maifons & botiques à grant loyer,

& là ils defploiarent de moult bonnes denrées. **Autre** grant nombre de pa-
quetiers, menus merciers & contreporteurs y vindrent, lefquels prefque tous
defploiarent les jours dudit fainct Pardon, devant l'eglife de Sainct Laurens
& par le long de la rue de Montferrant, car là principalement refpondoient les
yffues de l'eglife. Si tenoient du pont de Troilhas jufques ung peu foubs la
porte Montferrant & jufques l'oratoire de la porte de Panaffac, oùt chacun
avoit là faict & dreffé tables & eftaux couvers & appointés, que moult faifoit
beau voir & plus gracieux ouyr, car merciers jargonnent fouvent, comme
chacun fçait. Si y vendirent lesdits merciers prefque tous leurs pacquets &
denrées, & Dieu fçait quelle provifion, au Puy & ailleurs, on avoit faict d'y-
mages, que tout y fut defpeché.

De la recompenfe du fainct jour Noftre Dame.

Pour ce que la grande & indicible negociacion que les habitans eurent à
foubftenir le jeudi & vendredi aouré, & que le peuple n'euft aucunement l'opportunité de feftiver, ne pourter telle honneur & reverence qui appartenoit à
ce fainct jour, l'Annunciacion Noftre Dame, tant pour le fervice des pelerins,
leurs hoftes, que vendicion de leurs denrées ou autres moyens aufquels le
peuple eftoit granment occuppé, fut ordonné par les feigneurs d'eglife, juftice
& les feigneurs Confuls, par maniere de fatisfaction & reconpenfe dudit fainct
jour, de faire icelle feftivité & veneracion le mardi après le mardi de Pafques,
laquelle chofe fut figniffiée ausdits habitans par leurs curés & vicaires. Si fut-
il par cri & preconifacion publicque faicte aux carrefours de la ville, oùt telles
proclamacions font coftumées de faire par commandement de juftice & requefte des feigneurs Confuls, oùt il fut dit qu'on feroit ledit jour ladicte feftivité, proceffion generale, fermon, meffe folemne, & tous tels autres fuffrages
& ferimonies à tel affaire requifes, tenir portes fermées & s'abftenir de toute
operacion mecanicque, manuelle ou temporelle, laquelle chofe fut excequtée
ledit jour bien honnorablement.

. Accidens furvenus.

Yl eft à confiderer que plufieurs pelerins venans ycy pour gaigner le fainct
Pardon, qui eftoient gens vieulx, impotens, mal fains, ou fatigués & debilités par la voie longue des lieux dont ils eftoient partis, furent conftitués en
egritude en plufieurs parties parmi le pais, dans la ville & en l'Hofpital. Dont

aucuns eurent convalefcence, autres changharent leur vie avec la mort. Dieu leur pardoint! *Amen*. Ce n'eft pas à merveilles, confideré tant grande affemblée.

En ce fainct Jubilé, ne fçauroie mectre nul accident ou inconvenient qui y foit furvenu, fe n'eft qun poure homme trop haftifs qui, pour fe cuider avancer, voulut monter fur ung poftan en la rue de Vienne, fi fe renverfa de hault en bas, où il fe froiffa tout, qui lui caufa la perdicion de fa vie temporelle, & l'ala-on tantoft incarcerer à Sainct Pierre la Tour, au ventre de la terre. Dieu le pardoint. *Amen*.

Item, à la porte Gautheron, foubs la porte Sainct Robert, entre les gardes de ladicte porte, qui eftoient là pour à la foys & non pas continuellement donner quelque paffaige & ouverture à ceulx de l'Aguille Sainct Michel, fe mutinarent illec contre quelque bande de pelerins Gafcons qui par là voloient paffer par force contre l'ordonnance faicte. Si fut là donné par l'ung desdits Gafcons un cop de poignal à l'ung desdictes gardes, mais toutesfois il n'en valut pas pire, car on le fift foigneufement panfer à l'Hofpital : fi s'en alla fain & gaillard peu de temps après.

S'enfuit le nom de ceulx qui furent commys, tant pour le venerable Chappitre que pour le commung de la ville, pour advifer & ordonner fus la conduicte du fainct Pardon.

Premierement, par mesdits feigneurs du venerable Chappitre furent commys : venerable homme meffire Geoffroy des Tours, doien de ladicte faincte eglife,

Item, venerable homme meffire Netere de Saint Netere, abbé de Sainct Vofi,

Meffire Anthoine Civeirac, chanoine,

Meffire Guillaume de Alzon, chanoine.

Item, pour la communité de la ville et confeilh fur ce affemblé furent efleus & commys, avec les fusdits feigneurs de l'eglife, c'eft à fçavoir :

Noble Bartholomy Maurin, bailly de Vellay,

Meffire Gabriel des Arcis, licencié en chacun droict, juge de Vellay,

Meffire Jehan Luquet, licencié en chacun droict, baile de la Court Commune pour la partie de Monfeigneur du Puy, lequel eftoit en fon année.

Noble Jehan de Lobeyrac, dit Coderc, bourgeois, baile de ladiĉte Court Commune pour le Roy,

Meffire Jehan Montaignac, bachelier, juge de ladiĉte Cour pour Monfeigneur du Puy.

Item, mes très-honorés feigneurs les Confuls fufnommés, c'eft afçavoir : noble Jacques David, bourgeois, fire Guot de Lequas, marchant, maiftre Vidal Efpert, notaire, fire Guillaume Jorda, marchant, fire Jehan Peliffe, marchant, & fire Guilhem Vigouroux, auffi marchant ;

Item, fire Glaude Davinon, bourgeois, feigneur de Monteils,

Sire Pons Yrailh, marchant, feigneur de Longeval,

Sire Jacques Mege, marchant, baile de la maifon de l'Hofpital,

Sire Guigon Guitard, marchant,

Et maiftre Gabriel Pradier, notaire royal.

Item, les feigneurs fufdits furent commis, tant d'ung cartier que d'autre, à commeĉtre, ordonner, conduire & proceder fus les affaires dudiĉt fainĉt Pardon, lefquels avoient toute puiffance, tant pour ledit Chappitre que pour la communité. Et fut ce, affin que tout le Chappitre ne tout le commung ne fe affemblaft fi fouvent, comme il euft efté de neceffité, pour traiĉter lefdits negoces; car pluftot eftoient affemblés vingt-cinq ou trente que tout le Chappitre & communité de la ville. Si ordonnarent par leurs foigneufes porfuites en la qualité & maniere que nous avons touché deffus.

Item, en oultre, lefdits feigneurs commys pour la ville eurent faculté & povoir & à eulx fut de tauxer les journées, travaulx, peines, vacacions que avoient prinfes tant monfeigneur le Capitaine mage de la ville, qui moult s'y eftoit bien porté, que ceulx des barrieres & plufieurs autres qui avoient vacqué au fervice de ladiĉte communité, en exceptant les negoces & affaires dudit fainĉt Pardon. Lefquels taux furent faiĉts dans la quinfene d'après Pafques, eulx affemblés en la maifon confulaire, & y allarent fi prudemment que chacun fut moult content de leur ordonnance.

Conclufion finale.

Je tiens & confeffe, les chofes prémifes confiderées, que tel affaire ne fe povoit conduire ne ainfi ordonner fe n'euft efté Dieu par fa divine Providence & l'interceffion de la benoifte Vierge Marie, noftre bonne regente, maiftreffe & dame, aufquels en foient très-humblement rendues devotes graces &

louanges, leur priant que le tout leur foit acceptable, & les faultes, fe point en y a, nous veuillent pardonner, & le refidu de noftre brefve vie finer en tel eftat que finalement nous puiffions tous aller gaigner le grant Jubilé au royaulme de Paradis. Difons *Amen*.

Tout ce que deffus du fainct Pardon j'ay efcript & mys en l'*Officier* annuel du Confulat, à la requefte desdits feigneurs Confuls.

S'enfuit encore dudit fainct Pardon par maniere de l'approbacion d'icelluy.

Cefte fexte ferie & ce tant fainct, celebrable & folempnel jour, quant il efchet au XXVᵉ jour du mois de mars auquel Noftre Seigneur volut prendre paffion pour nous rachepter, plufieurs dignes chofes ont efté faictes en divers temps que ung très-noble poète en a redduit les plus principales, qui s'entendent par ces vers qui enfuivent :

> Salve, fefta dies, que vulnera noftra coerces.
> Angelus eft miffus; eft Chriftus in cruce paffus;
> Eft Adam factus, & eodem tempore lapfus;
> Ob meritum decime cadit Abel fratris ab enfe;
> Offert Melchifedech; Ifaac fupponitur aris;
> Eft decollatus Chrifti Baptifta beatus;
> Eft Petrus captus, Jacobus fub Herode peremptus.
> Corpora Sanctorum cum Chrifto multa refurgunt.
> Latro dulce tamen per Chriftum fufcipit omen;
> Eftque conceffa plenaria fancte Ecclefie Anicienfi venia.

J'ay efcript fideffus, au lieu oùt j'ay parlé de la venue des pelerins, qu'ils y vindrent en fi grande quantité & nombre que c'eftoit cas admirable. Toutesfois en fut-il venu beaucop plus, fi ce n'euft efté les raifons qui s'enfuivent :

Premierement, pour la guerre qui eftoit entre le Roy de France* & le Roy d'Angleterre ** tant aux pais de Picardie que de Flandres, dont de ces partis n'y vindrent guiere de gens. *Item*, pour la guerre qui eftoit entre ledit Roy de

* François Iᵉʳ.
** Henri VIII.

France & le Roy d'Efpaigne * delà les monts, pour ce que ledit Roy d'Efpaigne, efleu Empereur, occupoit audit Roy de France fa duché de Millan,
pour laquelle guerre & difcenfion meue entre lesdits deux princes, Ytaliens ne
Efpaignols n'y vindrent comme point. *Item,* auffi pour ce que Charles, duc
de Bourbon, comte de Montpencier, avoit confpiré trahifon contre le Roy
de France, fon indubitat & naturel feigneur, pour laquelle chofe il avoit fi
empoifonné le roiaulme & gendarmerie qui y couroit de maulvais & villain
voulloir que le roiaulme en eftoit durement trevaillé, & faifoient, foubs une
fainɔte fimulacion d'eftre vrays ferviteurs du Roy, par la fubornacion dudit
de Montpencier, de groffes moleftacions & villennies parmy le royaulme, &
n'en fut pas le Roy ne le royaulme trop affeuré de l'affaire, qui caufa à plufieurs fe defifter d'entreprendre ce fainɔt voiatge : qui fut grant mal & perte;
toutesfoys, y en vint-il tant que je ne fçay comment, fi plus en fuffent venus,
on s'en fut peu chevir. Et me pourroient demander icy plufieurs comment je
ofe efcribre qu'on vienne gaigner icy ledit Pardon d'Angliterre, d'Efpaigne,
de Italie, je vous refpons que fi font & de plus loing. Car l'an de l'Incarnacion Chriftiffere M.D.II. que fut autresfois ledit fainɔt Jubilé, y vindrent des
parties de Grece, dont s'en efmerveillarent moult les feigneurs de l'eglife, &
leur monftrarent par fingularité une Bible qu'a en ladiɔte fainɔte eglife efcripte en grec, entre lefquels euft une devote femme Gregoife, qui ladiɔte
Bible lifoit auffi courant que faiɔt icy ung bon doɔteur le miffel, de laquelle
chofe lesdits feigneurs eurent grande joye & confolacion, & leur faifoient figne
d'avoir moult agreable leur venue & fainɔte vifitacion, & leur monftrarent
moult voluntairement les biens de l'eglife.

Item, auffi pareillement deftourna plufieurs d'y venir ung tas de prefcheurs qui, de leur povoir, en prefchant la karefme en plufieurs parties, detraic-
toient lediɔt fainɔt Jubilé contre droiɔt & equité, en dilacerant l'honneur, le
bien & le loz du très-fainɔt, devot & fingulier habitacle de Noftre Dame du
Puy d'Anis & dudit fainɔt Pardon, là de toute ancienneté cultivé, ainfi qu'il
appert par beaucop de vieulx efcripts. Dont à plufieurs de ces prefcheurs n'en
print pas trop bien, car ung devot prebftre du diocefe de Bourges raconta là-
hault en ladiɔte fainɔte eglife que, en fa perroiffe, ung prefcheur affirmoit au
peuple le Pardon du Puy eftre une fatuité & que ce n'eftoit qu'un fol vouloir

* Charles-Quint.

d'y venir, lequel tantoft lesdites paroles ainfi laidement proferées, la chiere & luy, tout rua jus, & vint foubdainement auffi noir que charbon ; de quoy ledit peuple, qui cella avoit ouy & veu, s'en efmerveilla moult ; fi fe recommandarent humblement à la Vierge Marie du Puy, & y vindrent la plus grande partie de la perroiffe bien devotement rendre graces à Noftre Dame & gaigner le fainct Pardon, & racontarent tout au long le contenu de ce miftere.

Cecy eftre ouy, fut là dit par un venerable chanoine de léans, appellé meffire Pierre des Fayes, official, qu'il avoit autresfois veu & leu entre les anciennes efcriptures du Chappitre comment ung autre tel volaige & indifcret prefcheur, en prefchant, medifoit & detractoit comme l'autre deffus, difant ycelluy eftre de nulle efficace, foubftenant fon propos par telles ou femblables paroles : « Je vous affeure, feigneurs qui ouyez ma predicacion, que le Pardon du Puy, duquel les gens font fi grant exclamacion, n'eft tout que fauffeté & fans approbation, & veulx foubftenir cella & tout incontinent mourir de male mort, au cas qu'il y en aye point, » lequel, avant que finir fondit fermon, cheuft là tout roide mort, qui caufa groffe peur à tous les efcoutans & grande collodacion à la bonne Dame du Puy d'Anis & à fon fainct lieu que les langues de ces faux infames detracteurs veulent perturber, ce qu'ils ne peuvent deturper ne empirer : *Teftimonia tua credibilia facta funt nimis, domum tuam*, etc. (Pfaume XCII).

Item, en ce mefme dit an, ung tel prefcheur comme ceulx defquels venons de parler, prefchoit à Lion, affirmant le contraire de la verité de ce fainct Pardon. Mais finablement la bonne Dame du Puy n'en fut pas bien contente, car ne tarda guieres qu'il fut apprehendé, & l'appelloit-on Mefgret, qui foubftenoit les erreurs de ce mauldit apoftat & heretique Martin Luther.

Ce n'eft pas petit de chofe de ofer entreprendre de parler ainfi defordonnéement de la noble maifon imperiale de la bonne Dame, de laquelle tous bons chreftiens reçoivent tant de graces, dons & beneffices, & oùt Dieu, pour l'honneur de fa benoifte Mere, monftre journellement evidens fignes & miracles.

De la prolongacion dudit fainct Pardon faicte par pape Martin cinquiefme au fainct Concille de Conftance.

Le très-noble, vertueulx & magnanime prince Sigifmond de Lucembourch, XXVe imperateur des Germains, roy de Hongrie & Bohefme, lequel combien qu'il fut feigneur temporel, voyant l'efcandaleux fcifme en quoy l'Eglife eftoit, pour lequel temps trois Papes eftoient tenans le Souverain Pontifficat, c'eft à fçavoir Jehan XXIII, Napolitain, qui par avant fe nommoit Balthefar Coffa, Gregoire XII, Venicien, qui par avant fe nommoit Angelus Coronarius, Benedict XIII, qui par avant fe nommoit Petrus Luna, féant en Avinion, pour laquelle caufe on ne favoit à quel Pape courir; car ung prince favorifoit l'ung, l'autre l'autre, & chacun bailloit pardons & s'effayoit ufurper & cueillir les patrimoines de l'Eglife & revenus d'icelle tant par force que par gré. Brief, c'eftoit groffe pouvreté du faict de l'Eglife. Sy fut meu ledit empereur Sigifmund, pour abolir ce mauldit fcifme qui duré avoit par trente-neuf ans, du confentement de tous les princes chreftiens, faire celebrer Concile general, lequel fut affigné en la ville de Conftance, qui commença l'an M.CCCC.XIV., auquel fainct Concile ne fe affemblarent que cinq nacions chreftiennes, à fçavoir eft : François, Anglois, Ytaliens, Germains, Hifpaniols; lequel Concile dura quatre ans, auquel temps pour les prudens & faiges clercs qu'on peult dire piliers de la foy qui là furent convoqués, furent abdités du Souverain Vicariat lesdits trois fcifmatiques Papes. Dont par le fainct Concile & par le confeil dudit Sigifmund fut meu propos & decreté que de chacune nacion fuffent efleus fix faiges hommes ayans la crainte de Dieu, & que ceulx-là, avec les cardinaulx qui là eftoient, feiffent election nouvelle de quelque notable perfonnaige qui fuccedaft au Sainct Siege Apoftolique, lefquels eftre mis en conclave, tous d'ung confentement, eflirent Othon Colunnoys, Romain, qui fut appellé Martin le quint, lequel efleu, tout le fainct Concile en loua Dieu devotement, regraciant audit empereur Sigifmund qui tel noble & vertueux faict avoit pourchaffé, & là tantoft ledit Empereur fe inclina pour baifer le pied audit Sainct Pere, lequel tantoft le releva en le magniffiant ainfi que tel affaire le requeroit, & là furent faicts de moult nobles, dignes & excellents mifteres & ferimonies & inftitucions de moult beaux decrets & faincts fus l'eftat & reformacion de l'Eglife. Et pour ce que ne font à mon propos, m'en paffe oultre & reviens à mon intendit, & eft à fçavoir que les plus ydoines & fouffifans clercs en theologie qu'on fceut pour lors en France & de chacune des autres nacions fusdictes, furent mandés en ce fainct Concile, entre lefquels ne faillit le bon Evefque du Puy meffire Helie de Leftrange, grant & auctorifé docteur & devot prefcheur, lequel après le Concile tenu, qui fina l'an M.CCCC.XVIII., fe gecta aux pieds dudit Sainct

Pere nouvellement efleu, auquel benignement raconta comment la devote eglife Noftre Dame du Puy d'Anis avoit jouy de toute ancienneté du fainct Jubilé, quant il efcheoit que le jour du vendredi aouré eft le jour de l'Annunciation Noftre Dame, lequel ne dure partout que ledit jour, luy remonftrant en oultre comment l'affluence du peuple ce jour y eft tant grande que merveilles, & qu'il fut fon bon plaifir prolongier perpetuellement ledit Pardon, de fon exhuberante grace, jufques au mardi de Pafques fubfecutivement. Lequel pour la recommandacion dudit fainct lieu du Puy d'Anis & informacion faicte dudit bon Evefque, il approuva tout ce qu'il lui pleuft demander. Si en rapporta fur ce bulle plombée, laquelle mesdits feigneurs de Chappitre ont, & s'en aiderent au Pardon prochain qui fut tantoft après contant l'an M.CCCC.

(fic)*, lequel firent durer jufques au mardi de Pafques.

Tantoft après le bon Evefque, eftre arrivé au Puy, fut prevenu de mortelle maladie. Si que le XVIIᵉ de jullet M.CCCC.XVIII., Dieu luy evoqua fon ame en paradis, & fon cadaver demoura en ce monde, lequel fut tumulé en l'eglife conventuelle des Mineurs, au cofté feneftre du grant autier, avec pleurs & plainte du peuple & obfeques moult folempnelles.

Item, encore pour approbacion dudit fainct Jubilé peult eftre icy amenée la bulle du pape Eugene quatriefme, qui fut Venicien, laquelle faict pour ladicte indulgence dudit Puy d'Anis, de laquelle la teneur enfuit :

Eugenius, epifcopus, fervus fervorum Dei, univerfis Chrifti fidelibus prefentes litteras infpecturis, falutem & apoftolicam benedictionem. Splendor paterne glorie, qui fua mundum illuminat ineffabili claritate, pia vota fidelium de clementiffima ipfius mageftate fperantium tunc precipue benigno favore profequitur, cum devota ipforum humilitas pia largitione & charitatis ftudio adjuvatur. Cum itaque, ficut accepimus, cappitulum generale dilectorum filiorum Fratrum ordinis Predicatorum, qui, pro integritate & veritate chriftiane fidei confervanda & falute animarum, fructus perhempniter in Dei ecclefia falutares...., in domo feu conventu eorum civitatis noftre Avinionenfis fefto Penthecoftes proxime futuro fit celebrandum, ficque domus in edifficiis ac ftructuris non modica reparacione nofcitur indigere, nec fumptus habet unde valeat Fratrum multitudinem illo tempore fubftentare & hujufmodi edifficia reparare & inftaurare, nifi ad id pia Chrifti fidelium fuffragia erogentur, nos cupientes ut dictum capitulum, fecundum ejusdem ordinis lauda-

---

* Lisez : 1439.

bilia inftituta, debite celebretur, & ecclefia domus prefate congruis honoribus fre-
quentetur, & ut Chrifti fideles ipfi eo libencius confluant ad eamdem & pro reparacione neceffariorum edifficiorum, ecclefie, domus & conventus prediótorum
manus promptius porrigant adjutrices, qui fe propter hoc ibidem dono celeftis
gracie uberius confpexerint effe refeótos, de Omnipotentis Dei mifericordia & bea-
torum Petri & Pauli Apoftolorum ejus auótoritate confifi, omnibus vere penitenti-
bus & confeffis, qui, a primis vefperis diéti fefti Penthecoftes ufque ad vefperas tercie
ferie immediate fequentis inclufive, ecclefiam ipfam devote vifitaverint, & pro Fratrum recepcione & cappituli celebracione feu edifficiorum prediótorum reparacione & conftruótione, juxta facultates fuas manus porrexerint adjutrices, illam
indulgenciam & peccatorum remiffionem concedimus & elargimur, quam confe-
quntur vifitantes ecclefiam beate Marie Virginis Anicienfis die Annunciacionis
beate Virginis, quando diótum Virginis feftum occurrit feria fexta ebdomade
fanóte, prefentibus femel pro hac vice dumtaxat valituris. Datum Florencie anno
Incarnacionis Dominice M.CCCC.XLI., nonas januarii, pontifficatus noftri anno
undecimo.

*Extraóta eft hujufmodi copia ab originali bulla & faóta collatio cum dióta
bulla per me Jacobum Giraldi, Anicienfis diocefis, civem & habitatorem Avi-
nionis, publicum Apoftolica & Imperiali auótoritate notarium, in quorum fidem
& teftimonium ego diótus notarius hic me propria manu fubfcripfi & figno meo
manuali fignavi die XII. marcii anno ab Nativitate Domini M.CCCC.XLII.*
J. GIRALDI.

Ainfi l'ay trouvé.

*D'une proceffion oùt le devot ymage Noftre Dame du Puy fut porté
& du merveilleux efclandre que en advint.*

IL eftoit de louable coftume, le temps paffé, de porter pro-
ceffionallement, les jours des Rogacions, chacun an, le devot ymage Noftre Dame du Puy, & en ce portement fe faifoient ordinairement, en ladióte ville, fi grant triumphe &
bruit que c'eftoit merveilles. Pour laquelle caufe s'affembloient au Puy tant de gens d'ung parti & d'autre, les ungs pour pelerins,
autres par curiofité de voir le triumphe & affemblée, autres y venoient pour
vendre leurs denrées, tant que finalement la devocion torna pluftoft à train
de foire ou marché que de proceffion, & commençarent par ce moien les
foires de Roifons.

Si advint que l'an M.CC.LV. l'eglife & ville du Puy, cultivant tousjours ceſt ordre, ſe deſliberarent que ſi bien avoient faiĉt le temps paſſé, que mieulx ſe eſſayeroient de faire pour le preſent, tant pour obſerver & entretenir la façon coſtumiere, que auſſi pour rendre graces à Dieu & à la Vierge Marie de ce qu'il leur avoit pleu ramener le roy Lois (qui après fut canoniſé ſainĉt en paradis) de ſon voiage qu'il avoit faiĉt outre mer, lequel eſtoit prochainement arrivé en France. Pourquoy ceſte noble proceſſion eſtre ainſi declairée & manifeſtée eſtre faiĉte, tant de gens ſe trovarent en ladiĉte ville, que la memoire eſt digne d'eſtre eſcripte.

Or, fut le premier jour de Roiſons, ledit an, le jour de l'Invencion ſainĉte Croix, tiers jour de may, que ceſte noble & très-devote proceſſion ſe fit. Si avoient ordonné & adviſé aucuns que pour autant qu'on portoit ledit ſainĉt ymage Noſtre Dame, qu'on trouvaſt moien que les pelerins paſſaſſent en quelque part ſoubs ycelluy. Si deviſarent un chaffault à la porte de la rue des Farges, ſus lequel, la proceſſion eſtre arrivée, on meĉtroit ledit ymage, & tout le peuple ſuivant ladiĉte proceſſion paſſeroit là deſſoubs & ſortiroit hors la ville & ſe eſtendroit à bas vers le couvent des Jacopins, qui pour lors ſe fabriquoit, car le bon pere ſainĉt Dominique, fondateur d'icelle religion, treſpaſſa de ce ſiecle l'an M.CC.XXIII., que fut devant ceſte proceſſion trente deux ans. Si fut l'advis prins en ceſte qualité que, le peuple ainſi ſorti de la ville, ledit ymage ſeroit deſcendu, & prendroit de rechief ſon ordre ladiĉte proceſſion, tirant vers Paneſſac, & ſuivroit le peuple après comme dans la ville.

Or, le très-devot & ſainĉt ymage eſtre mys là, le peuple indiſcret, meu de ſinguliere & affeĉtueuſe devocion, ſe lança celle part pour paſſer deſſoubs, non penſant y avenir pour la multitude & groſſe quantité du peuple qui y eſtoit, car, de la porte des Forges (oùt l'ymage eſtoit mis) juſqu'en l'eglife, tout eſtoit comble & farcy de gent & davantaige. Pourquoy, pour le poulſement que firent les derniers aux premiers, atendu que la rue desdiĉtes Forges eſt en deciſe, & que nul bon ordre ou conduiĉte n'y avoit ſouffiſamment eſté miſe, & que le paſſaige ſoubs ledit ymage eſtoit petit, la force des derniers poulſarent les premiers & en telle maniere les oppreſſarent & ſi violentement, que l'ung y cheuſt ſus l'autre. Dont, pour ce malicieux & mauldit deſordre & moien, ils y finarent leurs derniers jours en ceſte dure oppreſſion, en ladiĉte rue ou porte des Forges, plus de quatorze cens perſonnes, car l'ung y mouroit ſus l'autre.

Ce dur efclandre fut moult trifte & defolatifs à plufieurs qui là trouvarent,
en ces lieux, leurs propres peres, meres, enfans, nepveux, cofins, comperes
& amys, tous roides morts, les ungs parmy les autres, que caufa à plufieurs
grant dueih & defplaifir, voire & telle triftefse, que par prolixité de paroles ne
fçauroit eftre racontable. L'ung parent tira l'ung, l'autre tira l'autre, & les
perfonnaiges que nuls parens prochains n'y avoient, furent prins, par commiffion baillée à certains perfonnages, pour enterrer leurs poures cadavers &
les rendre à ecclefiaftique fepulture, honorablement, en divers cimentieres &
eglifes de la ville du Puy*, ainfi que l'ordonnance fur ce en fut faicte & decretée, affin que chacun fe contentaft.

Tantoft après ce, vindrent gens de diverfes parties voir l'affaire, car ces
doleureufes nouvelles furent tantoft efpandues en mains lieux. Si trouvarent
plufieurs eftrangiers leurs parents morts & deffinés, lefquels en demenoient
dueih & defconfort très-exceffif, lefquels au mieulx qu'on peuft on confola.
Si firent iceulx biens & obfeques pour leursdits amys & parents. Et après
plufieurs trifteffes, pleurs & gemiffemens, chacun print parti, en s'en retornant moult defolés, lefquels à plufieurs racontarent la piteufe & dolente defconvenue. Et eft bien à noter que fi les eftrangiers menoient du dueilh, que
les poures habitans n'en faifoient pas moins, mais davantaige, car la plufpart
eftoient de la ville.

Or, laiffons cy à parler plus de ce dueilh, pour ne gafter langaige, ne des
morts auffi, & venons comment meffeigneurs du Chappitre Noftre Dame
avoient bien noté & fongé comment ceft efclandre eftoit grant, & que lesdits
pelerins, pour l'utilité d'eulx & de leur eglife, fingulierement, eftoient cy venus
mourir, lefquels, cefte chofe fainement confiderans, confultarent diligente-
ment en leur Chappitre fur ledit affaire, dont par refolucion de leur confeilh
fut ordonné, par ftatut fur ce paffé, tant par reverend pere en Dieu, mon-

---

* Sur l'un des murs du cimetière de Saint-Pierre-la-Tour, on lisait encore au siècle dernier,
suivant le *Gallia Christiana* (t. II., Eccl. Anic., col. 716), l'inscription suivante :

> *Undecies quinque elapfis cum mille ducentis*
> *Annis, Anicii fuit ingens preffio gentis.*

Odo de Gissey (loc. cit, p. 455) remarque que toutes les victimes ne furent pas mises en terre.
On y en voit encores, dit-il, *plufieurs tous entiers, qui furent gardés pour fouvenance, & font
appellés Tranfits.*

feigneur meffire   (*fic*) * evefque du Puy prefulant, que par lesdits feigneurs de Chappitre, que chacun an, perpetuellement, le lendemain de la fefte de l'Afcenfion Noftre Seigneur, on feroit la commemoracion desdits trefpaffés par le clergé de ladicte eglife, en la façon que s'enfuyt :

Premierement, que lesdits habitués de ladicte eglife feront proceffion comme les jours de Roifons, & pourteront toutes les croix, & iront en proceffion à Sainct Agreve, & là diront les trois premiers pfeaulmes & les trois premieres leçons de l'office ou agende des Morts ; puis partiront en proceffion & iront à Sainct George dire les autres trois pfeaulmes & trois leçons audit office fubfequens ; puis partiront en proceffion & iront à Sainct Vofi dire les autres trois pfeaulmes & les trois dernieres leçons ; puis partiront en proceffion & iront à Sainct Pierre la Tour dire les laudes dudit office ; puis partiront en proceffion & iront à Sainct Pierre le Monaftier dire la meffe desdits trefpaffés ; puis après, toujours en proceffion, fuivront le cimentiere dudit Sainct Pierre & le grant Claufel, & fera diftribué aux clercs de ladicte eglife quatre deniers podies & aux Chanoines huit deniers, & fe prendroit ces deniers, c'eft à fçavoir : du commung aport de l'autier, les deux parties, & l'autre tierce partie par les bayles desdits clercs : & ainfi eft faict & obfervé chacun an jufques à prefent.

.·.

Sur ce, ay trouvé tel memoire que dict :

L'an M.CC.LV., fuit oppreffio gentium in fefto fancte Crucis in portale de las Farghas prima die Rogationum.

.·.

Sur ce, ay trouvé, en ung livre vieulx appellé *Pierre Chardenal* **, une memoire difant :

---

* Bernard III de Ventadour, évêque du Puy de 1251 à 1254.

** Nom d'un des anciens possesseurs du volume, écrit sur la tranche ou la feuille de garde. Il y a eu, en Velay, au moyen-âge, une famille du nom de Chardonal ou Chardenal. Mathieu Chardonals et Raymond Chardonals figurent parmi les quinze cautions (*coadjutores*) de Beraud de Solignac, dans une transaction intervenue entre ce seigneur et Gilbert de Goudet, le jour de l'Ascension 1235, au Puy, dans le couvent des Frères Prêcheurs de Saint-Laurent. — Arch. dép. de la Haute-Loire. Série E. Parchemin, latin.

En l'an M.CC.LV., fo ly mortandats * del Poy lo lus de Rofols que fo ly fefta de la Croux.

*
* *

L'an M.CCC.LXXV., fut porté le digne ymage Noftre Dame du Puy les trois jours de Roifons, duquel portement n'ay trouvé qu'on fit chofe que j'euffe fceu meftre en efcript.

*
* *

L'an M.CCCC.IIII., & le VIII⁰ de juin, fut gefté le très-digne ymage Noftre Dame du Puy hors de fon habitacle, & porté au Fort de ladite eglife, & ce pour troys caufes : la premiere, pour la monftrer à la region de l'air pour le temps pluvieux qu'il faifoit, car il ne ceffoit de plouvoir continuellement : pour quoy, les biens de terre ne povoient venir à maturité; la feconde, pour la paix & union de fainfte Eglife, duquel temps y avoit fcifme très-efcandaleux; la tierce, pour la fanté & profperité du roy de France regnant Charles VI⁰, lequel eftoit conftitué en diverfe maladie.

Comment le fainft ymage Noftre Dame du Puy fut porté pour impetrer paix au roiaulme de France.

L'an M.CCCC.XXI., & le dimanche XIIII⁰ de feptembre, fut porté le très-devot & fainft ymage Noftre Dame du Puy pour la paix & union de fainfte Eglife & à celle fin qu'il pleuft à Dieu & la Vierge Marie donner victoire au roy de France Charles VI⁰, & à monfeigneur le Dauphin, de leurs ennemys; & la portarent en moult noble ordre à la porte Sainft Robert, & la mirent regardant vers France; & d'illec fut portée & conduifte honorablement au Fort de ladifte fainfte eglife, où elle demoura par l'efpace de deux heures; & là, fut dit ung bon fermon que dit maiftre Guillaume Beanebot, & plufieurs gens & quafi tout le populaire plouroit à chauldes larmes devant ce devot ymage, lefquels demandoient affeftueufement à la Vierge Marie qu'elle impetraft paix & concorde au royaulme de France.

* Lisez : *morfonduts,*

L'an M.CCCC.LXVIII., & le X⁰ jour de jullet, fut porté proceffionalement le devot ymage Noftre Dame du Puy d'Anis, à la requeſte de très-hault & excellent prince Loys XI⁰, roy de France, affin que Dieu luy donnaſt lignée maſculine, ſapchant les grans miracles qui journalement ſe font illec par ladite bonne Dame. Auquel portement, tant pour le debvoir de l'honneur que appartient à la Vierge Marie & à ſon ſainct & devot ymage que auſſi en obtemperant au vouloir du Roy (qui ce avoit mandé par herault exprès & lectre patente), furent faictes, en icelle devote proceſſion, en divers rencontres & carrefours de la ville, de moult belles hiſtoires tant du Vieulx que du Nouveau Teſtament, & pluſieurs autres triumphes & cerimonieuſes choſes, qui moult ſeroient longues à racompter. Dont s'en enſuyvit que, bien peu de temps après, moyennant, ainſi qu'eſt de croyre, la interceſſion de la benoite Vierge Marie, très-illuſtre princeſſe madame Charlote de Savoye, royne de France, fut ençainte d'ung beau fils, qui finablement ſucceda à la coronne de France, & fut appellé Charles VIII⁰ de ce nom, ſurnommé le Liberal, qui conquiſt le royaulme de Naples.

Comment on fiſt proceſſion en laquelle le devot ymage Noſtre Dame fut porté.

L'an M.CCCC.LXVIII., & le X⁰ de julhet, par le commandement du Roy, affin de impetrer paix au roiaulme de France, fut porté en noble proceſſion & moult bel ordre, le très-devot & ſainct ymage Noſtre Dame du Puy d'Anis, où preſidoit en ceſte proceſſion meſſire Jehan de Borbon, eveſque du Puy ; & fut la ville appointée comme le jour du Corps de Dieu, & furent faictes, en pluſieurs & diverſes parts, parmy ladite ville, toutes les hiſtoires qu'on peult faire de la Vierge Marie. Et tira ladite proceſſion, derrier l'Oſpital, les Tables, les Farghes, hors la ville, entra par Panaſſac en la Correyria, & ſe poſarent au Martoret, & delà s'en retorna par la Correyria meſmes, la Chanabaterie, Raphael, la Court du Roy, Viane, & entra dans l'egliſe, & la poſarent devant le beniſtier hault, vers le mur de la porte du Chappitre & les Anges qui jouent des inſtrumens, reſtarent là deſſoubs, & là chantarent moult devotement ung oraiſon à Noſtre Dame, & ploroit le

25

peuple merveilheufement, & eftoient en armes le Cappitaine & Defeniers de ladite ville du Puy.

L'an M.CCCC.LXXX., & le fecond jour de febvrier, jour de la Purifica-tion Noftre Dame, fut proceffionalement porté le devot ymaige Noftre Dame du Puy, oùt fut faiĉt grant triumphe en la ville du Puy, tant en paremens, luminaire, que hiftoires.

*
* *

L'an M.CCCC.LXXX., fut porté proceffionalement le devot ymage Noftre Dame du Puy, le jour de la Purificacion, fecond jour de febvrier, pour im-petrer de Dieu remede au temps qui moult couroit peftiffereux.

*
* *

En ceft an M.D.II. (que fut l'an du fainĉt Pardon du Puy duquel avons parlé), plufieurs à l'aventure y conquirent & acqueftarent de biens, com-ment qu'ils le fiffent, qu'ils ne jouyrent guieres; car la pefte tantoft fe mit en la ville (Dieu le permetant), qui forment la trevailla. Si que, pour obvier à la fureur & contagion de ladite pefte, plufieurs habitans de ladite ville furent fugitifs çà & là parmy le pais. Autres demorarent en la ville, qui y effaya-rent beaucop pour la carefcence des vivres qui n'y venoient pas pour crainte de la pefte ou des feigneuries qui leur meĉtoit contradiĉtion par eftroit com-mandement, & pour autres caufes que pouvez entendre, & pour ce qu'en ce temps poures gens ne gaignent guieres qui font menefteraulx, qu'en partie vi-vent foubs les marchans. Pourquoy lesdits habitans, fe voyant affaillis de terribles & contriftables aguilhons, c'eft à fçavoir : perdre leurs amys d'ung cofté, voiant d'autre n'avoyr ce qui leur eftoit moult neceffaire pour leur vivre nonobftant qu'il fut temps fertile & exhuberant, & d'autre cofté auffi, cothidienne peur de la mort, qui journelement pilluloit & faifoit de terribles & lourds cops, ledit peuple, ce voiant, requift fire Jehan Ayraud, qui, pour l'heure eftoit, feul de fa compaignie des Confuls, demouré en la ville, qu'il

priaſt, ſuppliaſt & requiſt cherement aux ſeigneurs Chanoines de l'egliſe Cathedrale qui eſtoient demourés, qu'il leur pleuſt qu'on fit une moult devote
proceſſion où l'on portat le precieulx & ſainct ymage Noſtre Dame du Puy,
& que ce fut dans la ville *januis clauſis* & ſans le communiquer à nully des
forains, & le plus toſt qu'il ſeroit poſſible, & qu'en faiſant ceſte très-devote
& ſaincte proceſſion, on priaſt très-humblement & devotement à Dieu & à la
Vierge Marie qu'il leur pleuſt eſtendre l'oueil de miſericorde ſus la ville du
Puy, en faiſant ceſſer ceſte epidimye qui tant les moleſtoit. Ce que par meſſeigneurs tant Chanoines que ſire Jehan Ayraud, conſul, & autres gens de
bien de la ville, ladicte choſe fut miſe en exceqution, & fut faicte ladite
ſaincte proceſſion & devote l'an deſſus, & le XXXᵉ de jullet, moyennant laquelle, par les prieres des bonnes gens, ainſi que je croy, ceſſa ladite peſte.

✶
✶ ✶

Ung marchant du Puy, par maniere de recreacion, fiſt ſur icelle proceſſion ung tel dicton qui s'enſuit :

L'an de grace mille cinq cens & trois,
Atropos, par ſes ſentiers eſtroicts,
Fit paſſer en la noble cité
Du Puy, par ſes faicts mal courtois,
Tant infects & ſi plains de defrois,
Pluſieurs qui avoient felicité.
O mort! avois-tu neceſſité
Nous avoir ſi durement cité
Par excitacion de ſi dur pois!
O grefve ponderoſité!
Mort, tu nous as cecy concité :
Tant inhumayne je te congnois.
    O mort, & qui t'a entre nous mys
Pour nous tollir ainſi nos amys,
Peres, meres, freres, ſeurs & parens?
Tu les as à ceſte fin ſoubmys;
De longue main le leur avois promis :

Les fignes, certes, en font trop apparens,
Car nous cuidions & eftions efperans
En avoir aide, ains que compter par ans
Guiere de temps; mais tu leur as mys
Ta main deffus & as couppé leur temps.
De quoy leurs amys ne font mye contends,
Car faulcement tu les en as defmys.
  Si grande pefte nous fignifia
Saturne, qui ainfi nos desfia.
De ceft année fignifficateur,
L'aftrologue le nous pronoftica,
En nous difant, & point ne fe mocqua,
Que trefmontains en fouffriroient doleur.
Auffi nous remonftra le bon docteur
Qui prefchoit le Carefme, difant de bon cueur,
Que rendre ce compte & reliqua
Nous failloit envers Dieu Noftre Seigneur,
Et nous difoit, comme vray enfeigneur :
Aller s'en fault, il n'y a ne fi ne qua*.
  Voyant cecy, les nobles habitans,
Que la pefte & ce terrible temps
Sur eulx grandement dominoit,
Et comme de cefte chofe mal contens,
L'Eglife, la ville furent confentans
Que le fainct ymaige on porteroit
A cefte caufe, & que on feroit
Proceffion où chacun prieroit
Dieu, qui nous oftat de ces contends.
Et fut dit, comme ung chacun racomptoit,
Que la plus devote proceffion c'eftoit
Qu'on fift en la ville yl a cent ans.
  Donques, le trentiefme de jullet,
Fut faicte ladicte proceffion, et

* Il n'y a ni *si*, ni *cas*; c'est-à-dire, tout est inutile.

Fut geƈté hors le fainƈt ymage
Par meffeigneurs Rouchier & Jauguet
Qui la portarent fans aucun arreft
Jufques en ung autre lieu & paffaige.
Qui à l'heure ne plouroit n'eftoit pas faige,
Voyant du Puy le glorieux paratge,
Noftre Nourrice que ainfi on pourtoit.
Puis Pelliffac & Davinon, de vray couraige,
La portarent à brief langaige
Jufques au lieu du Martoret.

   Là, on la mift, fans nul deffault,
Sus ung très-noble efchaffault;
Je le diray, puis qu'il m'en recorde,
Et alors chacun, par cry très-hault,
Petit & grant, ou peu s'en fault,
A genoulx, crioient : « Mifericorde!
» Mifericorde! Royne de concorde,
» Ofte nous de ce dangier & nous accorde
» Santé que fi grant trefor vault.
» Las! fi fommes de Dieu en la difcorde,
» Faiƈts que fa grace à nous s'accorde. »
Cecy difant, chacun plouroit bien chault.

   Puis on chanta, par chant de mufique,   ⟩
Devant ceft ymaige magnificque,   ⟨
Une très-devote oraifon.
Cella tout chanté, comme j'explicque,
Ceft ymage très-aultenticque
On defcendit, comme eftoit raifon,
Et la print meffire Anthoine Davinon
Et fire Jehan Ayraud qu'en icelle faifon
Gouvernoit la chofe publique,
Et la porta jufques en fa maifon.
Là, la laiffa, & reprint le pavillon,
Et s'en remontarent fans nulle replicque.

   Or, prions tous de bon cueur

Celluy, qui fur tous eft greigneur,
Qu'il nous preferve perpetuelement
D'epidimie & tout autre malheur,
Et qu'en paradis, à la fin, fans rancueur,
Nous trouvons tous pardurablement.
Amen.

D'une devote proceffion où le fainct ymage Noftre Dame du Puy
fut porté.

EDIT an M.D.XII., & le dimenche XI⁰ jour de jullet, qu'eftoit le jour feftive de la faincte Dedicace de la très-divine eglife, miraculeux & facré temple Noftre Dame du Puy, par deliberacion d'un grant confeil tenu par avant au Chappitre par les feigneurs Chanoynes, convoqués en icelluy les Confuls & plufieurs autres notables perfonnaiges, incoles de ladite ville, fut determiné & entrepris fayre une très-noble & folempne proceffion, en laquelle on porteroit le fingulier ymage Noftre Dame du Puy, jadis par les Jheremiennes Prophecies fabriqué; par laquelle caufe furent faictes, devant, plufieurs grandes preconifacions reiterées, figniffiant au peuple par icelles la declaracion du confeilh, & comme on avoit deffiberé à l'honneur de Dieu & de la Vierge Marie, pour le Roy, la paix et union du royaulme, & pour le falut tant de la ville que du pays & confervacion du fruict de la terre, porter ce fainct & devot ymage, où le fabmedi avant ledit dimenche, le bayle de Chappitre, noble Jehan Pome, bourgeois du Puy, euft, au nom du Chappitre, trois trompetes, avec lefquelles il fift la monftre des hommes dudit Chappitre, chacun fon arnois en main, & luy, au milieu, à cheval, ayant lacquais habitués de livrée. Puis, le lendemain, jour de ladite faincte proceffion, pour la ville, le Cappitaine mage noble Jacques de Cobladour, bourgeois, fut à cheval avec autres troys trompetes, avec lacquais abillés de livrée, & avec fes Defeniers à cheval, chacun ayant en fa compaignie plufieurs bons perfonnages gens de pied, bien embaftonnés, qui precedoient ladite proceffion.

Sortit ladite proceffion de matin environ fix heures, paffant par derrier

l'Hofpital. Prindrent à porter le pavillon monfieur le Vifconte de Polignac *
& autres feigneurs & barons du pays, lefquels le portarent jufques au pied
des Tables, & puis autres feigneurs le prindrent, puis les feigneurs Confuls, & après autres gens de bien, bourgeois & marchans, les feigneurs
Chanoines; chacun, par fon tour, porta ledit fainct ymage. Grande quantité de luminaire y fut portée, c'eft à fçavoir : les gros cierges des Meftiers,
les torches des feigneurs Chanoines, des feigneurs Confuls, des Confrairies
& de plufieurs gens de bien qui y faifoient porter leur torche atout leurs
armes ou merque. Une hiftoire fut faicte là-hault au Fort. Il y vint grant
peuple tant pour le jubilé que pour veoyr le triumphe. La proceffion fut
bien devote. Dieu l'ayt prinfe à gré & nous doint grace d'eftre tousjours
fes bons zelateurs !

.*.

L'an M.D.XVII., le lundi XXIIᵉ de mars, la ville du Puy, informée
de la naiffance de monfeigneur François de Valois, daulphin de France,
pour regracier Dieu de tel benefice, firent faire une folempne proceffion, en
laquelle par les feigneurs de Chappitre fut porté le reliquiaire de la Circumcifion avec le poile que portarent les feigneurs Confuls. Fut tapiffée la ville
& le fermon dict au Martoret. Les enfans y furent crians : *Vive le Roy
& le Daulphin,* portans penonceaulx aux armes desdicts feigneurs. Les
Confuls y envoiarent fix torches cire aux armes de la ville. Y furent portées
les groffes torches des Artifans. Avoit efté enjoinct qu'on feift fefte ledict
jour, & devers le foir faire les feux de joye.

*Comment par aucunes rayfons fi-après efcriptes le devot ymage
Noftre Dame du Puy fut porté.*

Item, ledit an M.D.XXIII., pour ce que plufieurs grans aftrologues &
prenofticateurs avoient vaticiné & difoient ou communiquoient par efcripts
reiterés, le moys de febvrier, ledit an, eftre conjunction de fignes qui
debvoient caufer grande incomodité aux humains, ainfi que, par une raifon

* Guillaume-Armand III, vicomte de Polignac.

de leur philofophie fpeculative, ils affignoient, dont ne fe parloyt guiere d'autre chofe aux tables des gens de bien. Pourquoy, en la ville du Puy, fut confeillé, affin que Dieu & la Vierge Marie gardaffent la ville & le pays de tout dangier & nous euffent en leur fainéte protection, & gardaffent le Roy & le royaulme de France & le fruiét de terre, faire en l'eglife Cathedrale tous les dimenches du moys de janvier proceffions generales parmy la ville & fermons, & que le jour de la Purifficacion Noftre Dame de febvrier, fut porté le fainét ymage Noftre Dame du Puy. Dont eftre venu le jour vigile de ladite fefte, le peuple fe mift en bon eftat, car guieres n'y euft que ne fuffent confeffés & repentens, & plufieurs qui receurent le precieulx *Corpus Domini*. Et ce jour, tout ainfi qu'il eft de louable coftume (quant on porte ledit fainét ymage au Puy), le Cappitaine mage de ladite ville, fire Gabriel Ayraud, arromateur, pour lors cappitaine, monté à cheval & armé foubs fon feyon, avec fes laquais abillés de livrée, & fes Difeniers à pied, avec leurs bendes, firent leur monftre parmy la ville où ledit Cappitaine fi trouva bien en ordre, & y nombra-on cinq cens gentils compaignons & de bon eftat, tant haquebutiers, arbaleftriers, archiers, halebardiers & autres qui portoient d'autres façons & qualités d'arnoys : que faifoyt bon veoyr.

Semblable monftre fift faire le venerable Chappitre de l'eglife Cathedrale à fire Benoyt Lacourt, leur baile, lequel monté à cheval avec fes lacais habitués de livrée, & avec les hommes des mandemens dudit Chappitre arnefchés celon leur capacité, firent ung autre tour parmy ladite ville.

Le lendemain, jour qu'on debvoit faire ladite fainéte proceffion, lesdits Cappitaine mage de la ville & bayle de Chappitre, en bon ordre, avec leurs bendes, fe trouvarent tous de ranc, quant la proceffion fortift de la porte des Farghes jufques à la porte de Panneffac, tenans tous ordre d'une porte à l'autre. Ladite proceffion eftre entrée par ladite porte de Panneffac, le Cappitaine mage la fift faluer par fes haquebutiers, lefquels eftoient environ quatre-vingts ou cent, & delà s'en allarent attendre que ladite proceffion fut fortie de la porte Sainét Gile jufques à la porte de Avinion, tenant tel gravité & ordre que par avant avoient tenu entre les portes des Farghes & de Panneffac.

Entrée ladite proceffion en ladite porte de Avinion, fe retirarent les bendes avec leur Cappitaine au Breulh pour fayre une reveue, & après le fermon dit au Martoret, fe trouvarent en plufieurs parts parmy la ville, voyre jufques au Fort de l'eglife, jufques que ladite proceffion fut redduicte dans fon eglife.

Ladite proceffion arrivée au Martoret, on repofa le fainct ymage fus ung efchaffault bien noblement eftouffé, audevant de la mayfon du Poix du Roy, & là fut prefché le peuple. Dont là & ailleurs, durant ladite noble & très-devote proceffion, furent gectées de chauldes larmes, & de grans cops fus le pis de plufieurs catholiques furent donnés, crians de cueur, & par une lamentable vociferacion, demandans à Dieu & à la Vierge Marie miferi-corde. Le fermon finé, on retorna d'où on eftoit parti.

Ladite proceffion fut très-belle, noble, fainte & devote, audevant de la-quelle eftoient precedens grant partie des habitans de ladite ville, portans chacun fa torche de cire en fa main, & autres venoient après, icelle affo-cians avec leur cierge felon leur eftat.

Les gros cierges des Meftiers n'y furent point portés, ne n'y euft point de trompetes pour eviter bruit, & affin qu'elle en fut plus devote ; mais faulve la reverence de ceulx qui cella confultarent, car tout ce, de mon oppinion & d'autres plufieurs, à la louenge de Dieu, y euft efté bien feant. Le pa-villon fut porté par monfeigneur le Vifconte de Turenne * & autres grans feigneurs barons du pays, par les feigneurs Confuls & autres gens d'eftat, bourgeois & marchans de ladite ville. Grant peuple y affifta. Et nonobftant après tout ce, perfevera ladite eglife Cathedrale à faire proceffions & fer-mons durant tous les dimenches dudit moys de febvrier. Et moiennant la grace de Dieu & de la benoifte Vierge Marie, paffa ledit moys où il fift temps doulx et bien tranfquile. Louenges immortelles leur en foient randues !

* *
* *

L'an M.D.XXV., & le dimenche des Rams IX° jour d'apvril, fut decreté & ordonné, tant par meffeigneurs les Doien & Chappitre Noftre Dame, que auffi par meffeigneurs les Confuls fire François Columb & fes compaignons, faire porter proceffionalement par la ville du Puy, ainfi qu'il eft de trium-

---

* Antoine de la Tour, vicomte de Turenne, baron de Bouzols, Fay et Servissas (près le Puy), mort en 1527.

phante coſtume, le devot ymage Noſtre Dame du Puy pour impetrer de
Dieu, au moien de la benoiſte Vierge Marie, paix au roiaulme de France &
bonne nouvelle de noſtre très-cher ſire le Roy, qui peu par avant, par les
Eſpaignols, avoit eſté prins priſonnier en Ytalie, devant la ville de Pavye,
& ce par aucunes conjuracions & traiſtreuſes entreprinſes faiĉtes & conſpirées
contre ſa Roiale Majeſté par pluſieurs gens & meſmement des ſiens, ainſi que
le commung bruyt eſtoit. Lequel jour le Chappitre, enſemble la ville, avoient
bien excequté leur cas pour bien devotement & excellemment icelle procef-
ſion faire, mais n'y peurent vacquer pour le temps qui fut pluvieux, laquelle
choſe voiant, remirent à ce faire le dimenche de Quaſimodo XXIIIᵉ d'apvril,
lequel jour eſtre venu, fut de matin fort couvert & obnubilé, venteux & de
terrible ſorte; ſi furent les meſſeigneurs du Chappitre, enſemble meſſeigneurs
de Juſtice & les ſeigneurs Conſuls & pluſieurs autres notables perſonnaiges en
conſeilh pour veoir que on debvoit faire, attendu que le peuple eſtrangier y
eſtoit, & ſe on debvoit dilayer encore plus avant. Si eut beaucop de contradicions & opinions ſur ce d'ung coſté & d'aultre. Si fut finalement reſolu que
Dieu y meĉtroit ordre au temps & l'embelliroit, & qu'on ſortiroit le ſainĉt
ymage, ce que fut faiĉt; mais ne fut pas au pied des Tables, que vecy bonne
pluye que commença à donner deſſus. Si tira la proceſſion plus avant en tel
ſorte qu'il fallut bien que la toille du pavilhon fut bien cirée. Si vindrent par
la porte de Panaſſac juſques à la Bidoire & par Raphael en grant haſte, car
fort plouvoyt. Si s'en remontarent & ſe reduyrent dans l'egliſe. En ceſte proceſſion fit meĉtre en ordre l'abbé de Sainĉt Pierre la Tour les celiers du Puy
avec leurs targuetes, mais la pluye deſtourna tout. Pluſieurs gens furent fort
ſoueilhés de la pluye, ce qu'ils prindrent en gré pour l'honneur de Dieu & de
la Vierge Marie. Dieu veuille avoir eue acceptable ladite proceſſion. Je ne ſe-
roye point d'avis qu'on deuſt geĉter hors ung tel & ſi ſingulier reliquiaire,
qu'on ne congneuſt le temps bien diſpouſé. Les cauſes & raiſons ſont pluſieurs moult faciles à conſiderer.

ANTIQUITÉS ET CHRONIQUES

DE LA VILLE DU PUY.

Cronique fur la conceffion des Armes de la ville du Puy.

ES habitans de la ville du Puy que jadis treuve avoir eſté fondée & encommancée par le très-illuſtre, redoubté, magnanime monarque & prince chevaleureux, Julles Ceſar, premier empereur des Romains, & bientoſt après ſon commancement, d'an en an, multipliée, augmentée & accrue juſques au temps concernant ſa preſent chronique, que les adminiſtrateurs de la republicque d'icelle ville qui eſtoient pour lors, à ſçavoir eſt : ſires Jehan de Mons, Jacques Ponchet diſt Legrand, & Jehan Sabbatier, honnorables perſonnaiges, leſquels, avec aultres de leur conſeil, bourgeois & marchans, habitans d'icelle ville, pour lors conſiderans pluſieurs nobles, magnificques & inſignes cités & villes de la marche & pays de la Langue Occitane (que, en partie, eſtoit alors *a Rege Majoricharum,* c'eſt à dire au Roy de Mailhorque, &, depuis, icelluy pays acquis par les feus Roys de France, à beaux deniers comptans, dudiſt Roy de Mailhorque), & que avec aultres villes parmy le royaulme de France eſtoient dotées de povoir porter & avoir armes & enſeignes en leurs maiſons conſulaires pour ſceller & faire aſtes publicques

& exercices politiques deppendens de leurs communaultés & de beaucop d'aultres finguliers dons, franchifes, privileiges & libertés munyes, lesquels, par dons efpeciaulx, ils avoient obtenu des feus Roys de France, leurs princes de louable & eternelle memoire.

Or, penfant donc iceulx citoyens habitans en ladiête ville du Puy, & voyant l'augmentation & continuel accroiffement de leur diête ville & l'affluence des pelerins que journalement y venoient de toutes les parties du monde vers la bonne Dame pour les grands & evidens fignes & miracles que Dieu demonftroit en ce lieu, & aultres auffi que y venoient pour trafficquer & faire faiêt de marchandife, & que, à caufe de ce, leur bruit & recommandation croiffoit fans aulcune intermiffion, & que auffi jufques à ce temps, ils avoient eu des Evefques, leurs prelats & pafteurs, feigneurs de ladiête ville, gens de probité & bonne reputation qui leur pourchaffoient, à leur pouvoir, tout plain de bien & d'honneur, pour la bonne & morigenée police & gracieux traiêtement qu'ils avoient tant envers les pelerins & eftrangiers que envers eulx-mefmes. Dont iceulx citoyens fe retirarent devers leur feigneur evefque & prelat, eftant pour lors Guido ainfi nommé, homme de grant port & auêtorité, defcendu de lignée royale de la noble maifon de France, & lequel avoit ung fien frere germain nommé Geoffroy, furnommé Martel, prince d'Aquiêtaine, homme de finguliere preference, & fa femme nommée Dalainde *, princeffe & dame de noble memoire, & deux fils vaillans & preux chevaliers, l'ung nommé Pons, & l'aultre Bertrand, eulx treftous ayans grand credit à la court du Roy de France, appellé Lothaire IVᵉ de ce nom, alors regnant.

Pourquoy lesdits habitans du Puy, gens vertueux, voulans pourchaffer chofe memorable à leur pofterité, penfant en eulx que, tant par le moyen de Guido, leur Evefque, que auffi par fon frere le prince d'Aquiêtaine, & par fes deux fils tant aymés & cheris à la court dudiêt prince pour la preftabilité de leur generofité, & pour l'adveu d'iceulx, leur fembloit eftre facile obtenir le don & licence de pouvoir avoir armes en ladiête ville du Puy & confulat d'icelle. Ce que par iceulx citoyens leur fut prié atoute deue inftance & reverence, eulx eftre trouvés enfemble venus pelerins à la bonne Dame au Puy, oùt ils furent reçeus à grand triumphe, joye & celebrité, & après, là

* Adélaïde.

eftans, y faifant quelque petit féjour, requis unanimement de toute la commune d'eftre leurs vrays amys & interceffeurs envers le Roy, de leur vouloir impartir de fon exhuberante grace, licence & congé de pouvoir avoir armés. Lefquels feigneurs enfemble, ayans entendu leur requefte, que leur fembloit eftre civile, defiroit moult en ce leur complaire, promeċtant s'y employer de tout leur eftomach. Et lefquels, après fans long delay, eftre parvenus à la court, priarent & humblement fuppliarent au Roy pour lefdiċts habitans de ladiċte ville du Puy de leur donner armes en leur confulat & fe pouvoir ayder du fcel d'icelles en leurs affaires communs & politiques. Ce qu'ils impetrarent affez facilement de fa très-chreftienne & facrée Magefté Royale, moyenant ung don gratuit que luy fut prefenté, de la part defdits habitans, de certaine finance, baillée pour le fcel, en pieces d'or lors ayans cours, que n'ay fceu entendre la value, caufant l'antiquité du temps. Si oċtroya le Roy leur requefte ausdiċts fuppliants pour l'honneur & reverence de la bonne Dame la benoiċte Vierge Marie, que en ce lieu eft cherie & venerée & à laquelle il avoit finguliere devotion, & auffi pour complaire ausdiċts fuppliants, gens extraiċts de fon noble fang, donnant congé, licence & auċtorité, par don royal & grace efpecial, ausdiċts habitans de ladiċte ville du Puy, de pouvoir porter, tenir & avoir les armes en ladiċte ville *, que par lefdiċts feigneurs fu-

.

* Médicis, en composant cette chronique qu'il avait trouvée *affez fuccintement mife en efcriptures antiques*, s'est évidemment mépris sur le sens et la portée de ces *efcriptures* dont les éléments avaient été empruntés à des documents d'objets et d'âges divers.

Les armoiries de la ville du Puy ne peuvent remonter au règne de Lothaire, en 982, car l'usage du blason n'est devenu général qu'au XIIe siècle, et c'est seulement depuis Philippe-Auguste que les Rois de France ont adopté pour leurs armes un écu au champ d'azur semé de fleurs de lys d'or.

En dépouillant ce récit des amplifications dont Médicis l'a chargé, on voit qu'il y est question de deux choses distinctes : le sceau et les armoiries.

Le droit de sceau a été reconnu aux habitants du Puy par la charte de Philippe-Auguste, de 1218, et il avait pu être antérieurement exercé. Sur ce point, on peut s'expliquer dans une certaine mesure l'intervention du roi Lothaire, et admettre que l'aigle eût déjà existé comme simple emblème sur le sceau de la ville du Puy.

Quant aux armoiries, le fond de l'écu *(d'azur, semé de France)* induit à penser qu'elles furent une concession de saint Louis, lors d'un de ses voyages au Puy, après son retour de la Croisade. Sous son règne, le siége du Puy fut occupé, de 1257 à 1260, par un Evêque du nom de Guy (Guy Fulcodi, depuis Clément IV), et il serait possible que Médicis eût confondu cet Evêque avec Guy d'Anjou, son prédécesseur (976-998?).

rent là, en fa prefence, demandées, devifées & pourtraiétes, que font telles :
*d'azur, à ung aigle d'argent, armée de gueules, & le champ femé & remply
de fleurs de lys d'or fans nombre,* comme cy contre font paintes & eftouffées;
leur oétroyant fur ce letres royales, fcellées de fon grand fcel aultentique.
Ce que fut concedé à Troye en Champaigne, l'an de l'incarnée Divinité
D.CCCC.XXXXII.

De ces armes, fe à moy eftoit parmys & deu les povoir & fçavoir extimer
& leur donner tel blafon & à tel avantaige qu'il feroit convenable & requis,
je les extimeroye auffi nobles que les armes de l'Empire Romain. Toutesfois,
ne vouldroye pour rien du monde avoir pronuncé de ma bouche & efcript de
ma plume, en nulle comparaifon,. chofe que fut contre l'honneur, reverence,
magnanimité, force, vertu & excellance des armes du fainét & facré Empire
Romain, que porte *d'or, à un aigle de fable à deux teftes,* ladiéte aigle
armée de gueules, & lefquelles deux teftes, ainfi que on les blafonne, l'une
eft regardant l'Alemaigne, & l'aultre regardant l'Ytalie, comme fe l'une difoit : *Alamania,* & l'aultre difoit : *Ytalia,* que font les deux plus fingulieres
fouveraines & efpeciales feigneuries de tout l'Empire.

Mais, toutesfois, revenant à parler des armes fusdiétes de la ville du Puy,
je ne fçay aultre ville en ce royaume, ne confulat d'icelluy, que porte plus
exquifes, efficaces & nobles armes, fans mesdire des aultres, que ladiéte ville
du Puy. Et ce n'eft pas fans caufe, car le bon roi Lothaire, volant aultement fatisfaire à la priere & requefte de ces tant nobles feigneurs, extraiéts
& yffus du fang royal, & mefmement de ce bon evefque Guido, homme
de renommée vie, adorné de la fleur de toute vertu, lequel, pour fa religieufe
converfacion, par le vouloir dudiét roy Lothaire, fut facré evefque du Puy,
& lequel bon evefque Guido, après fift faiéts memorables audiét Puy, à
fes feuls defpends, que font dignes d'eftre recordés, à fçavoir eft : l'ediffice
fur le roch Sainét Michiel d'Agulie (chofe fubtile & moult bien inventée, —
en ce le confeillant & conduyfant Truanus ainfi nommé, doyen de l'eglife
Cathedrale, homme de fingulier efperit), & auffi l'eglife conventuale de
Sainét Pierre le Monaftier dudiét Puy, avec leurs revenus, fundations &
appendences. Et lequel bon pere & pafteur Guido, après eftre defcendu en
extreme & decrepite vieilleffe, & parvenu, par le repos de naturelle mort,
à la fin de la peregrination de ce monde, laiffant preuve memorable de fes
vertus, fut enterré avec grand pompe funebre & plainte des citoyens foubs

Ce font les armes de la ville du Puy :

Ung aigle à la renverfe

le grant autel de l'eglise conventuale dudict Saint Pierre, qu'il avoit faicte construire, disant : *Hec requies mea in seculum seculi. Hic habitabo, quoniam elegi eam.*

J'ay voulu voluntiers metre cy ceste familiere chronique concernant la concession des susdites armes de la ville du Puy, que j'ay trouvée assez succintement mise en escriptures antiques, pour remetre à memoire les choses susdites que estoient perdues & ensepvelies au gouffre de oblivion par longueur de temps.

De la mortalité & famine universelle.

L'an M.LXV., fut famine & mortalité par tout l'universel monde, ainsi que le recite Vincentius Gallus *, en son XXVIe livre.

Des grans croniques de France de maistre Robert Gaguin, aux gestes de Lois, qui fut fils de Lois le Gros.

J'ay trouvé, ausdits croniques, en l'histoyre qui parle dudit Roy, entre autres choses, escript ainsi que s'ensuit :

En ce temps, advint que le comte de Clermont en Auvergne, & Guillaume, le comte du Puy, son nepveu, & le viconte de Polignac, qui avoient acostumé à demener leur vie en rapine & en roberies, comme ceulx qui roboient les eglises & les pellerins & exilloient les poures gens, les griefs & les maulx que ces desloiaulx faisoient ne peurent plus souffrir l'Evesque de Clermont en Auvergne ne celluy du Puy. Pour ce qu'il ne povoient contester à eulx, ne à leur force, eurent conseil qu'ils s'en viendroient plaindre au roy Lois. A luy s'en vindrent tout droict & luy prierent pour Dieu qu'il mist conseil à amender les maulx que ces tirans faisoient à Dieu & à saincte Eglise. Quant le doux Roy debonnayre eust ouy la plainte de l'outrage que ces desloyaulx faisoient par leur desloiaulté, assembla son ost activement & chevaucha en ces parties tout encoragé de venger la honte & le dommaige de saincte Eglise. Si estoit trop griefve ceste chose de prendre guerre contre tels gens qui estoient riches & forts en leur pais & bien garnis d'avoir & de gens. A eulx se combatit en champ, & par l'aide de Dieu & de saincte Eglise, laquelle il

* Vincent de Beauvais.

deffendoit, luy advint fi grant honneur, qu'il les defconfit et prift en champ de bataille, & les emmena avec foy en chetivoifon & les tint en prifon tant qu'il luy pleuft, & luy jurarent à la parfin qu'ils cefferoient des maulx qu'ils avoient acoftumé à faire; bons hoftaiges donnarent, & puis furent deflivrés.

Ces propres paroles fusdites met & recite l'iftoriographe ou croniqueur, & fut ce l'an M.C.LXIII. Grant peine, trouble & incommodité povoit eftre à l'Eglife & aux habitans du Puy pour la retardacion des pelerins qui, en ce temps, venoient en affluence vifiter le fainct lieu, & tout pour la pravité & empefchement de ces mauldictes gens. Alors n'eftoit point l'Evefque du Puy comte de Vellay, mais eftoit ung feigneur temporel.

*
* *

J'ay trouvé, en ung caier vieulx, une telle memoire ainfi fuccinctement mife :

Anno Domini M.CC.XVIII., fuit prima guerra civitatis Anicii, & aquel an donnet lo Rey los privileges a la viala del Peu *.

---

* Ces priviléges, dont les documents connus jufqu'à ce jour ne permettent pas de préciser l'origine, font confirmés par le roi Philippe-Auguste, dans un *accord* intervenu fous fa médiation, entre Robert de Mehun, évêque du Puy, et les habitants de la ville. Voici le texte de la charte royale :

Philippus Dei gratia Francorum Rex &c. Notum &c. quod cum difcordia effet inter dilectum confanguineum & fidelem noftrum Robertum Anicienfem Epifcopum ex una parte & cives Anicienfes ex altera, tandem de confenfu partium fopita eft in hunc modum. Si aliqua collecta fuerit facienda vel propter nos vel propter communem utilitatem ville Anicienfis, ita tamen quod non fit pro facienda guerra contra nos vel Ecclefiam Anicienfem, cives Anicienfes eam facient, ita quod fi Epifcopus Anicienfis voluerit fcire fummam illius collecte vel nos, cives tenentur certificare Epifcopum, fi voluerit, & nos, fi voluerimus, de fumma collecte per juramentum levantium collectam, & ipfi non poffunt levare aliquid ultra fummam illam & ultra competentes expenfas. Epifcopus debet mittere fervientem fuum ad levandam talliam, fi exinde fuerit requifitus. Et fi Epifcopus requifitus vel mandatum ejus, fi forte Epifcopus effet extra regnum, nollet mittere fervientem fuum ad levandam collectam, cives Anicienfes ad nos vel ad ballivum noftrum qui effet in Alvernia poffent habere recurfum, ut mitteretur eis ferviens ad levandam collectam. Et fciendum quod cives Anicienfes poffunt habere figillum, in quo poffent figillare litteras mittendas domino Pape vel nobis vel aliis pro communi utilitate ville, vel etiam litteras de mutuo faciendo pro communi utilitate ville. Contractus autem alios & ea que facerent prejudicium nobis vel Epifcopo vel Anicienfi Ecclefie non poffunt figillare illo figillo. Preterea fciendum quod cives Anicienfes nunc habentes territoria in civitate Anicienfi tenebunt eadem

Comment l'an M.CC.XXXVI. fut faicte la closture ou muraille que tend du portalet de la Chabraria jusques à la porte de Panavaira, ce qu'est escript & engravé en pierre sur lesdicts portaulx.

Le superescrit ou tiltre, qui est sus la posterle dicte le portalet de la Chabrarie, est tel :

De l'encarnacion Nostre Seignor M.CC.XXXVI. ans, qu'a so comensada la claufos de la Chabraria, & aquo a la quinzena de Pascias, & so faicta tro al portal

territoria in omnibus ficut ea tenuerunt ipfi vel eorum anteceffores per XL. annos retroactos quiete & pacifice. Cives autem debent exercitus & cavalcatas Epifcopo Anicienfi pro defenfione & obfidione caftellorum que tenet in manu fua Epifcopus de nobis. Preterea idem cives debent Epifcopo predicto exercitus et cavalcatas contra predones viarum & raptores manifeftos pro forisfactis perpetratis contra Ecclefias & domos religiofas, quando illi qui pacem juraverint ibunt cum eis. Quod fi illi qui pacem juraverint nollent ire pro vindicta dictorum forisfactorum, vel fi pax forte non effet jurata, Epifcopus bona fide fubmoneret omnes illos qui debent ei exercitus & cavalcatas, nec eos poterit pro pecunia exinde relaxare, & cum illis fepedicti cives ire tenentur cum Epifcopo pro predonibus viarum & raptoribus manifeftis & forisfactis perpetratis contra Ecclefias & domos religiofas, vel mittere quilibet eorum focum habens unum fervientem fufficientem pro fe, fi perfonaliter ire noluerit. Et fi contingeret quod illi qui debent exercitus & cavalcatas Epifcopo Anicienfi non venirent ad fubmonitionem Epifcopi, cives Anicienfes nihilominus ire tenerentur cum Epifcopo. Et Epifcopus debet fecundum legem patrie levare emendam tam a civibus Anicienfibus quam ab aliis debentibus ei exercitus & cavalcatas qui non venerint ad ejus fubmonitionem. Epifcopus etiam tenetur civibus ad defenfionem eorum & rerum fuarum bona fide ubicunque poteftatem habeat & ubicunque eos ducet. Cives autem forterias, munitiones, muros, claufuras, & foffata facta inter clauftrum & civitatem Anicienfem occafione hujus guerre tenentur diruere, ita quod non oporteat domos eorum factas dirui. Baliftarie eorum de novo facte propter guerram penitus obftruantur. Nullus prefumat clamare ad arma contra fervientes Epifcopi qui ejus jurisdictionem exercebunt. Et qui hoc attentare prefumpferit, per judicium curie Epifcopi emendabit. Si Epifcopus traxerit in curia fua aliquos vel aliquem vel univerfitatem pro forisfacto aliquo, univerfi & finguli debent coram Epifcopo refpondere & Epifcopus tenetur diffinire caufam illam fecundum confuetudines hactenus obfervatas. Quod fi non fecerit, cives poffunt appellare ad nos, & Epifcopus debet fuperfedere & refpondere coram nobis fuper iis que ad nos fpectant. Confpirationes aut conjurationes vel confules non poffunt facere cives Anicienfes contra nos nec contra Epifcopum nec Ecclefiam Anicienfem quandiu Epifcopus & Ecclefia Anicienfis erga nos fe habuerint ficut debebunt. Si latro, vel multrarius, vel predo, vel homicida fit in clauftro Anicienfi, cives Anicienfes, fi velint, nuntiabunt Epifcopo vel ejus ballivo ut eum capiat quando clauftrum vel locum fanctum exibit. Quod fi Epifcopus vel ejus ballivus facere noluerit, cives eundem latronem vel multrarium vel predonem feu homicidam capere poterunt, fi voluerint, quam cito exibit de clauftro vel loco fancto, ut eum juftiandum ducant ad Epifcopum vel ejus ballivum. Epifcopus autem vel ejus ballivus latronem, multrarium, predonem, & homicidam eripere poterit ubicunque eum invenerit extra locum

que s'te a la maiſo de Johan Rey, a la feſta de Sainct Peire intrant aouſt, & coſta XIII. mil ſols de Poges*.

Tel ſemblable ſupereſcrit ou tiltre eſt ſus la porte de Panavaira, & en ce temps tout ce pan de mur & cloſture fut faicte d'une porte à l'autre.

Telle raparacion eſt digne d'eſtre eſcripte. Dieu doint repos aux treſpaſſés !

* * *

J'ay trouvé en ung breviaire vieulx, en l'egliſe Sainct George du Puy, une ſuccincte memoire ainſi diſant :

Anno Domini M.CC.XXXVII., fuit portale de Crebacor ediſficatum per Cappitulum Anicii.

* * *

Aultre memoire ay trouvé, diſant en ceſte maniere :

Anno Domini M.CC.XXXIX., fuit guerra inter clericos & laycos civitatis Anicii.

Ledit an M.CC.XXXIX., fut le grant feu de la Saunerie du Puy par Roiſons.

Aultre tel memoire ay trouvé, où eſt ainſi eſcript :

Anno Domini M.CC.XLV., in feſto beati Dominici, fulgur dirupit clocherium Aculee.

sanctum, & de eo tenetur facere juſtitiam. Univerſitas civitatis Anicienſis non poteſt facere exercitum nec equitationem niſi per nos vel per Epiſcopum Anicienſem. Sed ſi aliquis civium Anicienſium voluerit aliquos ducere ad juvandum aliquem amicorum ſuorum, dum tamen hoc non ſit contra nos vel Epiſcopum vel Eccleſiam Anicienſem, id ei licebit. Hec autem omnia bona fide ab utroque parte firmiter in perpetuum obſerventur, ſalvo in omnibus jure noſtro, & ſalvis appellationibus ad nos faciendis, & ſalvis privilegiis Epiſcopo & Eccleſie Anicienſi a nobis & anteceſſoribus noſtris indultis. Quot ut perpetuo robur &c. Actum Vernone anno Domini M.CC.XVIII., menſe martio. Hec ſunt nomina juratorum pacis & plegiorum de ſeptingentis marcis : Guillelmus de Podio, Hugo de Caſa Dei, Stephanus Bunus *(de Bonas?)*, Robertus Bertranni, Petrus Benedicti, Dalmas Roſſil...., ... Mauſac, Guillelmus Boillo, Johannes de Bonofonte, & Johannes..... (Baluze, *Miſcellanea*, lib. VII., Paris, 1715, p. 336-339).

* Deniers du Puy, *denarii Podienſes*.

* *
*

Aultre memoyre ay trouvé, difant :

L'an M.CC.LIIII., tornet lo rey Lois d'oultra mar el mes de mars el Peu en la maifo de Peire Cambafort *.

Ce fut le bon roy fainct Loys.

* *
*

Aultre memoire ay trouvé, ainfi efcripte :

L'an M.CC.LXVII., chevaugeront li home del Peu a Rieutort ** per moffen Guillaume de la Roda, avefque del Peu, el mes de feptembre.

* *
*

J'ay trouvé tel autre memoire que dict :

L'an M.CC.LXXI., trames lo reys Philips el Peu moffen Florens de Varenas, chevalier, & moffen Guillaume de Villenova, chanoni de Chartres, que reffoupegueront la fefentat dous hommes del Peu per facrament a Sainct Laurens lo dia de fainct Marti d'ivern.

---

* Louis IX ne vint au Puy, en 1254, qu'au mois d'août. Le rôle suivant apprend qu'il y séjourna trois jours, du 9 au 11 août, et qu'il perçut le *droit de gite* qui lui était dû par la ville, l'Evêque élu (Bernard III de Ventadour) et le Chapitre :

Gifta que dominus rex Ludovicus cepit anno Domini M.CC.LIIII.

Dominica in vigilia S. Laurentii, apud Podium. Pro gifto burgenfium VI^{m}. lib. C. fol. turon.

Die lune ibidem. Pro gifto Electi Podienfis. VI^{m}. lib. C. f. t.

Die martis ibidem. Pro gifto Capituli Podienfis. VI^{m}. I. C. f. t.

« Saint Louis, » remarque Brussel, « revenu en 1253 *(lifez : 1254)* d'outremer, où il s'était endetté prodigieufement par les frais de la guerre contre les Infidelles, mais principalement pour le paiement de fa rançon qu'ils avoient portée à une fomme exhorbitante, s'appliqua prefque auffitôt à recueillir de ces *droits de gîte*, en vifitant pour cet effet les villes et les monaftères de fon royaume; ce qu'il fit jufqu'à fon décès. »

Brussel, *Nouvel examen de l'ufage général des fiefs en France*, Paris, 1750, p. 553.

** Riotord, canton de Montfaucon, arrondissement d'Yssingeaux.

Du grant excès du baile du Puy qui fut occis, le viguier
& quatre fergens.

E treuve, comme j'ay dit fideffus, que l'an CC. fus mil &
LX. fut efleu à Evefque du Puy meffire Guillaume de la
Roue, homme de forte maifon & grande parentelle. Or,
en ce temps, monfeigneur l'Evefque du Puy eftoit unement
feigneur du Puy. Ledit Evefque, pour fon nouveau adve-
nement à cefte epifcopale dignité, inftitua & ordonna, comme vray prelat &
naturel feigneur du Puy, fes officiers tant de fa juftice que autres fes
negociateurs, & entre les autres, inftitua pour fon bayle du Puy meffire
Guillaume de Rochebaron, homme de pravité fi plain & malice que mer-
veilhes.

Ce baile ainfi inftitué avec fes fergens, la Cour, foubs luy, fut conduicte
tellement quellement. Toutesfois, eft-il à prefumer que ce baile eftoit de
maulvaife converfacion, ebeté & charnel. Car, par fuceffion de temps après,
trouvons qu'il convoita tant une jeune femme qui mariée eftoit à ung
jeune conpaignon de bouchier, recent & eftourdi, lequel demouroit en la
Bocherie que nous appelons lo Mafel Soteyra *.

Et fut fi très-expris de fon amour pour la grant pulchritude & formofité
dont elle eftoit comblée, qu'il en devenoyt perdu & ne povoit penfer quel
moyen il pourroit trouver pour en avoir ce qu'il defiroit. Toutesfois, fe defli-
bera-il, foubs la couleur & umbre de juftice & de fon office, l'envoier querir
pour aucun affaire fecret en fon hoftel : ce qu'il fift. Et quant la poure jeune
innocente jouvencelle, qui pas ne confideroit la dolofité & mauldite fin que le
dampnable bayle pretendoit, fut audevant de luy en fa chambre, il fit figne à
fes familiers & domeftiques que chacun fe retiraft ; à quoy ne defobeirent
point. Et alors cet homme s'effaya la calumpnier par doulces colloqucions &
amoureux propos, luy priant qu'elle fe voulçift condefcendre à l'exceqution
de fon mauldit vouloir, la penfant trouver imbecille & ignorante. Mais la vertueufe & prudente femme, ayant Dieu en fon confpect, & craignant l'honte

---

* C'est-à-dire la Boucherie basse, rue joignant celle de la Chèvrerie.
La Boucherie haute, ou *lo Mafel Sobeyra*, était située entre la rue des Farges et l'abbaye de
Séguret, sous l'Hôpital.

& dilaceracion de fon honneur, ne s'y voluft oncques confentir, mais tous-jours le poyoit de très-honneftes reffus. Quoi voiant, ceft homme, comme de-fefperé, fut fi très-affailly des aguilhons de la chair que oncques les faulx Juges qui accufarent fainfte Sufanne, ne Tarquin, l'opreffeur de Lucreffe, ne le furent plus. Pourquoy, de faift, oultrageufement la print, tant pour affouvyr le plaifir de fa charnelle volupté que auffi pour vindicquer fon efcon-diffement. Toutes refiftances que la poure femme peut ne fceut fayre, il cultiva en fon irreprochable jardin, & parfit par violence ce que entreprins avoit.

Ce que trop cher luy cofta, car cefte femme, trifte & doleureufe, avec face trop explorée, s'en retourna en fa maifon, & ainfi demeura par au-cuns jours, fans fe povoir jamais faouler de gemir ou plourer amerement. Toutesfois, n'ofoit-elle rien dire, tousjours cuydant affubler le cas. Mais pour fon mari & aucuns fes parens fut fi eftroiftement examinée fus la caufe de fon grant dueilh, qu'elle, nonobftant groffe erubefcence, leur con-feffa tout le cas comme il avoit efté faift, fans rien obmeftre de la verité, & que, pour peur qu'elle ne fut repudiée, ne l'oufoit defcouvrir.

Le mary & fes parens, ouyans l'horreur de cefte mauldifte & villayne entreprinfe, furent forment efmeus & troublés, car bouchiers font gens de fang & de facile mocion.

De faift, entr'eulx, fans avoir autre confultacion, entreprindrent quelque conforce de leurs complices pour eftre plus feurement, & de faift, firent telle conjuracion enfemble qu'ils promirent icelluy baile tuer en quelque part qu'il fut trouvé. Ce qu'il fut, car guiere de temps ne tarda.

Ce fut l'an M.CC.LXXVI., & le jour de faint Tiburtin, tenant XIIII d'apvril, que ung cappitaine avec fa bende paffoit audevant des portes du Puy, menant grande quantité de defpoilles qu'il avoit en quelque part rafvies. La ville du Puy, voiant la rapine qu'avoit commys ce cappitaine & la rancune des poures qu'avoient efté pillés, congnoiffans eftre plus forts que ledit cappitaine, prindrent & faifirent lesdites defpoilles fus ledit cappitaine, lequel cappitaine eftant forment de ce mary, implora l'aide de l'Evefque monfieur Guillaume de la Roue, evefque & feigneur du Puy, luy fignifiant difcretement les incommodités & dommaiges que les Confuls & manans de fa ville du Puy luy avoient faits.

Ledit feigneur & Evefque, avoir entendu ce cappitaine & fa quereleufe complainƈte, manda aux Conſuls & habitans avoir à reſtituer entierement les biens que on lui avoit tollus. Ce que lesdits Conſuls & communité à faire furent contrediſans, allegans aucune extorcion avoir eſté faiƈte par ledit cappitaine. Ledit Eveſque, ſe voiant eſtre ſeigneur, leur en fiſt faire le commandement; mais tousjours plus endurcis & contrediſans. De faiƈt, ledit Eveſque y envoia force, c'eſt à ſçavoir : ſon baile, noble Guillaume de Rochebaron ſuſmencionné, ſon viguier, & ſes ſergens, & autres pluſieurs.

Le commung de ce eſtre informé, ſe trouvarent au Conſulat, & par la cloche qui léans eſtoit, fut eſlevé le menu peuple & principalement les bouchiers qui grant maltalent & hayne mortelle avoient contre ce baile, recordant l'outraige à eulx faiƈt tant par la violence de ladiƈte femme que par autres importunités qu'il faiſoit journellement. Tel tumulte & tel bruit ſe dreça que, après pluſieurs debats de cecy, de cella, vint à tirer eſpées & groſſe eſmocion de peuple. Tellement que, pour ce qu'on dit communement que *males gens ſont trop*, lesdits de la ville mirent en fuite lesdits baile & officiers & autres de la partie dudit Eveſque. Et ſe retrayerent dans la maiſon des Cordeliers qui, pas n'avoit long temps, avoit eſté faiƈte & ediffiée *.

---

* Voici le texte de l'arrêt de la Cour du Roi, rendu au parlement de Pâques 1277, qui priva la ville du Puy du droit de commune, pour la punir de cette sédition populaire:

Philippus, Dei gratia Francorum rex. Notum facimus univerſis, tam preſentibus quam futuris quod accedens ad nos dileƈtus & fidelis noſter Anicienſis Epiſcopus nobis conquerendo monſtravit quod ſyndici univerſitatis civitatis Anicii cum multis civibus ad domum Pontii de Champlas (1), militis, cum armis quadam noƈte venerunt, & animalia diƈti militis & hominum ſuorum, contra eorumdem voluntatem, ſine cauſa rationabili, capientes, infra civitatem Anicienſem, cujus juriſdiƈtio ad ipſum Epiſcopum noſcitur pertinere, cuſtodienda poſuerunt, & quia diƈti ſyndici, moniti quod diƈta animalia reſtituerent militi & hominibus ſupradiƈtis, ea reſtituere noluerunt, nec aliquam cauſam rationabilem dicere ſeu probare propter quam cepiſſent animalia ſupradiƈta, bajulus, vigerius & alii quatuor ſervientes curie, de mandato ipſius Epiſcopi, ad locum ubi diƈta animalia capta tenebantur iverunt, & diƈti cives, ad arma clamantes, diƈtos bajulum, vigerium & alios ſervientes curie ſecuti fuerunt, qui bajulus, vigerius & alii ſervientes, de ſe timentes, ad eccleſiam Fratrum Minorum Anicienſium fugerunt, & uſque ad ſummitatem diƈti monaſterii ad evitandum eminens periculum aſcenderunt, cumque quidam Frater Minor, ad ipſorum ſervientium tuitionem, diƈtis proſecutoribus Corpus Domini noſtri Salvatoris oſtenderet, diƈti proſecutores diƈtum Fratrem cum baculis verberaverunt, & non contenti prediƈtis, ſcalis appoſitis, deſuper eccleſiam aſcenderunt, & dilacerantes teƈtum diƈte eccleſie diƈtos baju-

---

(1) Chamblas, aujourd'hui commune de Saint-Etienne-Lardeyrol, canton de Saint-Julien-Chapteuil.

Ce menu peuple, non content ainſi avoir mys en fuite lesdits baile &
ſes conſors, vindrent après en la maiſon desdits Cordeliers, & de faict
volurent jus mectre la porte & illec faire gros explect & oultrage. Quoy
voiant, les poures Freres de léans furent moult etonnés. Quel remede mectre
à ſi grant & indiſcret peuple tant furieux & eſmeu?

Ung beau Pere de léans, y penſant pourvoir & y mectre ordre, alla
prendre la cuſtode où eſtoit le precieux *Corpus Domini* & vint à la porte
& l'ouvrit, & leur preſenta le corps Noſtre Seigneur Jeſus, diſant : « Meſſeigneurs, que voulez-vous faire? Vecy Dieu : aiez-vous pas vergoigne de
proceder à voſtre temerité en preſence de voſtre Createur. Pour l'honneur
de luy, ne procedez oultre. »

Qu'eſt cecy? Hellas!

Le peuple, plus furieux que oncques, print Noſtre Seigneur & beau Pere,
& tout fut illec rué jus villainement. Et entrarent parmy ledit couvent, batant, frapant, cherchant baile, viguier, ſergens, en telle ſorte qu'il occirent
le viguier & quatre ſergens. Et le baile qui au clochier de ladite egliſe s'eſtoit
caché, ils gectarent en bas & occirent, & encore après ſa mort pluſieurs

lum, vigerium & alios quatuor ſervientes dicte curie, ſibi primo eruptis oculis, timore Dei poſt-
poſito, in eccleſia occiderunt, & occiſos, denudatos & ſpoliatos inhumaniter a ſummitate dicte
eccleſie uſque ad terram, coram gentibus dicte civitatis circumſtantibus, projecerunt; que
gentes, zelo inimicitie commote, dictos mortuos cum baculis projiciebant ac etiam lapidibus la-
pidabant; quibus perpetratis, dicti profecutores infra dictam civitatem ſe receptaverunt, & excla-
mantes unanimiter per civitatem predictam ad arma, cathenas levantes & erigentes, per carrerias
dicte civitatis facientes barrerias & foſſata, & munientes dictam civitatem contradictum Epiſcopum & munitam per plures dies tenentes, in ipſius Epiſcopi & juriſdictionis ſue prejudicium
& gravamen; cum non poſſemus tantum facinus clauſis oculis pertranſire, de conſenſu dicti
Epiſcopi & ſyndicorum univerſitatis predicte, ſeneſcallo Bellicadri & ballivo Alvernie noſtris de-
dimus in mandatis ut, apud Anicium perſonaliter accedentes, ſuper predictis inquirerent plenius
veritatem, & hujuſmodi inqueſtam factam ad nos, ubicumque eſſemus, afferrent, vel remitte-
rent fideliter ſub ſigillis ſuis incluſam. Inqueſta vero predicta, facta diligenter per noſtros ſeneſcallum & ballivum predictos, ad parlamentum noſtrum Candeloſe fuit per dictum ballivum Alvernie apportata, in quo parlamento predicto Epiſcopo pro ſe & ſyndicis univerſitatis predicte
pro ipſa univerſitate in noſtro preſentia conſtitutis, dictam inqueſtam inſpici & examinari fecimus diligenter; & ea examinata & viſa, utriuſque partis auditis rationibus & plenius intellectis
& etiam omnibus que partes proponere voluerunt, quia fuit inventum dictam univerſitatem fore
valde culpabilem de facinoribus ſupradictis, nos dictam civitatem in triginta millibus librarum
Turonenſium per judicium curie noſtre duximus condemnandam, videlicet in duodecim millibus & quingentis libris Turonenſium nobis reddendis & ſolvendis, & in aliis duodecim & quin-

grans coups de javeline & d'autres arnois luy lançarent à travers fon corps mort : qui chofe aigre & efcandaleufe eftoit.

De ceft affaire fut merveilleufement contrifté meffire Guillaume de la Roue evefque, & de faict fift enfepvelir fes gens, & leur fit fonder une belle meffe de Morts, chacun an, en la chappelle Saincte Croix, à Noftre Dame, & en achepta la chevance, laquelle fe prent au terroyr de Chaffende. Cella ay-je veu en la maifon de Sainct Mayol.

Ces bouchiers qui ainfi eurent faict ce villain & dolent expleét, s'enfuyrent, non pas tous, car aucuns en furent prins & incarcerés, qui n'y gaignarent guiere.

Ceft Evefque, qui eftoit homme de cueur, encharcha foigneufement de cefte chofe, & de faict, par aucune malveuilhance qu'il avoit & rancune avec les Confuls, conjeétura qu'ils eftoient caufe de ce, & les print pour partie formelle, & de faict, pour ce qu'il eftoit de grant maifon, ou pour faveur de tefmoings, ou aultrement, il fut trouvé aucun erreur fus les aucuns des Confuls. Je ne fçay comment il en eftoit. Grant chofe eft avoir faiges gouverneurs en la police. Toutesfois, il fut fi diligemment pourfuivi pour l'Evefque, & fi mollement deffendu pour les Confuls, que aucuns defquels je me tais furent condempnés à eftre pendus à cheynes de fer, & les autres furent en amende de trente mille livres tournois, c'eft à fçavoir : audit Evefque douze mil cinq cens

gentis libris Turonenfium prediéto Epifcopo folvendis, & in quinque millibus librarum Turonenfium heredibus occiforum & Fratribus Minoribus prediétis folvendis & reddendis, ad noftrum arbitrium dividendis; privantes etiam perpetuo univerfitatem prediétam per judicium curie noftre figillo, archa communi, clavibus ville & cuftodia clavium ac etiam portalium & muris & foffatis & aliis omnibus fortalitiis civitatis prediéte, armatis communibus & cathenis, fyndicatu & confulatu & confratriis & affembleya, congregatione feu convocatione buccini, & omni ftatu & generaliter omnibus juribus ad univerfitatem, communiam feu communitatem quoque jure feu caufa, privilegio feu confuetudine, feu quacumque alia caufa, pertinentibus vel pertinere valentibus, quoquo modo. Et arma & omnia ad diétam communiam fpeétancia ponantur in manu noftra, per nos reddenda diéto Epifcopo vel cui reddi debebunt. Quod ut ratum & ftabilem permaneat in futurum, prefentibus litteris noftrum fecimus apponi figillum. Aétum Parifius, anno Domini M.CC.LXXVII., menfe aprili.

Inventaire des Archives de l'Empire. Actes du Parlement. — L. Delisle. Essai de restitution d'un volume des *Olim*, dit *le Livre Pelu Noir*, n° 267, Paris, 1863.

Quant à l'arrêt criminel rendu contre les auteurs de la sédition, et auquel Médicis fait allusion en rappelant que *certains furent pendus à cheynes de fer*, il n'a pas encore été retrouvé.

livres; à la reparacion des Cordeliers, pour faire leur dortoir ou autres chofes, cinq mil livres; aux parens des trepaffés, douze mil cinq cens livres.
Et de faiĉt, par arreft de Parlement fut dit la ville eftre deformais inhabile
& incapace d'avoir confulat : qui fut grant amertume aux poures habitans.
Et le XVᵉ jour de juing après, fut faite l'excequcion & juftice de ces poures
bouchiers & autres, etc., qui, à caufe de ce, honteufement finarent leurs
dolens jours.

L'Evefque alors fe faifit des documens & efcriptures de la ville & les mift
en fon Trefor, là où elles font encore, où yl y a de moult nobles antiquités.

.⁎.

J'ay trouvé aultre memoire difant ainfi :

Anno Domini M.CC.LXXX., comes de Torena * feftivitatem fecit beate Marie
menfis augufti in Brolio.

.⁎.

Ay trouvé auffi femblablement certaine aultre memoire ainfi difant :

L'an M.CC.LXXXI., fo pres Laurens lo mazeliers el Fort, a la porta de la
gleifa.

C'eftoit ung de ces bouchiers qui feyrent l'homicide du bayle & des fergens en la maifon des Cordeliers.

.⁎.

Ay trouvé une memoire en tels termes :

L'an M.CC.LXXXII., lo rey Philip trames gens an armas fobre Monpelier,
& li home del Peu anet, qui fe volia, per luy & per l'Evefque, aquil que fe vol-
gront; & lo Reys & l'Evefques aviant lours baneiras el Breulh, & cridet-on per la
viala del Peu de par chafcu, & chafcus anet per aquel que li plafia, & renderont

---

* Raymond VI du nom, vicomte de Turenne (en Limousin). — C. Juftel, *Hift. gén. de la
maifon de Turene*, Paris, 1645, p. 45 et fuiv.

fe a la marce del Rey de France aquil de Montpelier feix dias avant la Magdalena 1).

*
* *

Le roy Philips, qui fut fils du roy fainct Loys, vint au Puy.

L'an M.CC.LXXXIII., venc el Peu lo rey Philips, X dias avant la Touffaincts, ung fabtes, & s'en anet lo lus; & moffen Guillaume de Monrevel, preboft
del Peu, & li autre chanoni renderont li las claux de la viala & de la clauftra, a la
maifo de Barthoulmiou Cambafort; & beilet las lo Reys a meffire Guillaume de
Pont Chabron, fenefchal de Belcaire. Et en aquel an, fo elegit a evefque del Peu
moffen Peire d'Eftaing, archidiacre de Rodes, lo mars avant Touffaincts, & non
en volguet prendre.

Des pilles du Martorel.

L'an M.CCC.XII., & le Xe jour du mois de octobre, regnant Philippe,
furnommé le Bel, roy de France, & prefulant meffire Bertrand de la Tour*,
evefque du Puy, certains habitants en ladicte ville du Puy, comme Vidal &
Guillaume de Lardeirol, & Hugues & Beraud Plantevighne, avec autres fecrets, leurs adherans & confors, ainfi qu'il eft couftume & facile ès villes &
communaultés populeufes tousjours fe mouvoir par quelques moiens, contro-
verfes & debats, fi que ces gens fufnommés, alienés de paix, voyans quelques abus eftre faicts fur la vendicion du bled que eftoit, ainfi qu'ils difoient,
contre la liberté & utilité populaire, à ces fins vont impeter lettres royaulx
du fusdict Roy addreffantes par commiffion au bayle & juge de la Court
Commune du Puy, par teneur d'icelles, remonftrans lesdictes faultes &
abuts, demandant que lieu fut affigné en quelque endroict dans ladicte ville
du Puy, là oùt le bled fut vendu & mefuré. Et lesdictes lettres prefentées es-
dicts baile & juge, furent deliberés icelles excequter felon leur forme & man-

---

1) L'an M.CC.LXXXII., lo reis Philips trames gens en armas fobre Montpelier, & y aneront aquil
del Peu, los ungs el nom del Rey, aultres el nom de l'Avefque, & erant defpliadas el Breul las
enfeignas del Rey & las enfeignas de l'Avefque, & fervigueront aquel que bon lour femblava, &
fe renderont aquil de Montpelier feix dias avant la Magdalena. — Médicis, *Table mf.*

* L'évêque du Puy, en 1312, était Bernard IV de Castanet, qui siégea de 1308 à 1316.

dement. Mais la ville compofée de faiges & refolus citoiens, moderateurs &
bien gouvernans la Republicque, par l'oppinion & confeil de la plus faine &
greigneur partie des habitans en icelle, n'y volurent obeir, mais ufarent
comme par avant, & fe rendirent pour appellans desdicts commiffaires, difans que c'eft la plus exquife & efpeciale marchandife & traficq de ladicte
ville & la plus commune, & que chacun, ou peu s'en fault, en tient botique.
Pourquoy, belle chofe eftoit garder la liberté du peuple. Dont à ces caufes,
plufieurs plaides fur ce furent mys en termes & grandes raifons deduictes
pour y contredire. Ce que ne fut rien, car par aultres letres, inftigans lesdicts querelans, fut enjoingt & commandé plus expreffement ausdicts Officiers de ladicte Court Commune, commiffaires depputés, à promptement y
pourvoir aux defpends du Roy, & portoit ladicte commiffion que ce lieu fut
affigné en lieu comode dans ladicte ville, & que par le confeil de faiges pro-
dhomes, fut arbitré & tauxé moderément, ce que le Roy & ledict feigneur
Evefque prendroient fur ceulx qui audict lieu viendroient vendre & mefurer
ledict bled. Sy firent lesdicts feigneurs commiffaires commancer à conftruire
certaines pilles en la place du Martoret, au lieu qu'ils trouvarent le plus
convenable, pour commancer forme de halle pour y vendre le bled & y affigner lesdictes mefures. Mais quant bien les habitants eurent foigneufement
penfé à la charge & efmolument que le Roy & ledict feigneur Evefque pretendoient prendre & exhiger audict lieu fur chacune mefure de bled, tant
pour la mefurer que pour vendre, & que ce leur revenoit à nouveau fubfide
& très-dommageufe confequance, & quoy pire, par ce moyen ils perdoient
la liberté qu'ils avoient de pouvoir vendre & mefurer en leurs maifons leur
dict bled, pourchaffarent envers lesdicts feigneurs commiffaires ce tout belle-
ment fuperceder & dillayer de faire fi haftivement ledict ediffice. Ce qu'ils
firent, mais bien envys & par grant miftere.

Il eft bien à confiderer & moult à craindre comment plufieurs gens vo-
laiges, que n'entendent que vault liberté au peuple, font faciles à demander
& pourfuyvre beaucop de chofes finiftres, ne penfant le mal que à la fin leur
en peult advenir, pour ne s'aider du confeil des faiges. Si demorarent lesdictes pilles & l'ediffice ainfi imparfaict par grant laps de temps. Et finalement on feift le tout coler en ruyne pour de ce abattre la memoire. Et de ces
plaides, lettres impetrées, commiffions & aultres chofes, appart par inftrument fur ce retenu par maiftre Hugues Blanc, notaire royal & fermier ordi-

naire, efcripvant en ladiĉte Court Commune dudiĉt Puy, en laquelle prefi-
doient pour baile noble Guillaume de Agrifolio, chevalier, & pour juge
honorable homme maiftre Pierre Mourelli, doĉteur en chacun droiĉt. Et
par les chofes ainfi fuccedans, font à louer ces bons citoiens, que telle recommandable œuvre pourchaffarent, comme de garder à leur pofterité telle perpetuelle liberté.

De la reftauration du Confulat du Puy.

OMME j'ay efcript fideffus de ce grant exceis & efclandre
du meurtriffement & occifion de noble Guillaume de Rochebaron, baile du Puy, & des autres, qui fut la caufe, moiennant les foigneufes pourfuites de meffire Guillaume de la
Roue, evefque du Puy, de faire abditer & defapointer la
ville du Puy de confulat, & comme j'ay fidevant repeté, il en fut, fur ce,
prononcé arreft en la court de Parlement à Paris, en la faveur dudit Evefque contre la communité du Puy. Ce que demoura en tel eftat par l'efpace de
foixante ans. Et voyans lesdits habitans du Puy la grande defolacion & opprobre en quoy ils eftoient conftitués, à caufe que une fi noble communité ne
povoit excequter ne fayre chofe fans le confentement de l'Evefque, & fentant
la carefcence des grandes libertés, defquelles par avant jouyffoient paifible-
ment, leur caufer une maxime erreur & regret, ce que bien envis tolleroient;
confiderant les villes circunvoifines du Puy, qui n'eftoient pas de leur eftoffe,
qui eftoient dotées de confulat, par lequel entr'eulx communiquoient leurs af-
fayres politiques; quoy voiant, par les plus faiges bourgeoys, marchans &
autres incoles de la ville, fut tenu ung fecret & eftroiĉt confeil pour veoir ce
qu'on pourroit remedier à ce defordre; & de faiĉt, l'avis prins fur ce confeil,
fut defliberé qu'on envoyeroit legats en court devers le roy Philipes de Valoys,
VIᵉ de ce nom, pour lors roy de France, pour obtenir de luy & de fa copieufe grace le don d'eftre reintegrés en leurs priftines libertés, & firent leurs
memoyres très-pertinentes, notées de tout ce que povoit concerner l'affaire
du commung de la ville du Puy, avec relacion des chofes paffées. Laquelle
reintegracion & liberté, par le moien d'aucuns qui furent interceffeurs &
vrais amys de la ville, facilement obtindrent dudit prince ledit don, moiennant toutesfois la fomme de cinq mil cinq cens livres tournois.

La teneur de la grace & don que leur confera ledit roy Philippes eft imprimée en tel ftille tranflaté de latin en françoys :

« Philippes, roi de France*. A tous foit notoire que comme les citoyens du Puy nous ont faict humblement fupplier que nous, combien que, par infelice enormité advenue par aucuns excès par aucuns citoiens par lesdits exceis corpolement & civilement pugnis, ladiête cité à l'Evefque par nos predecef-

---

* Voici le document original :

Philippus Dei gratia Francorum rex. Notum facimus univerfis tam prefentibus quam futuris quod, cum cives Anicienfes & civitas que Podium appellatur, nobis fecerint humiliter fupplicari, ut nos, quamvis ob infelicis enormitatis eventus quorumdam exceffuum, per aliquos diêti loci pro tunc cives ex hiis corporaliter & civiliter punitos commifforum, civitas ipfa ad Epifcopum Anicienfem, predecefforum noftrorum largitione deventa, confulatu, communitate, confratria, figillo, archa, domoque communibus, & cuftodia portarum prefate ville, clavium, necnon pluribus aliis juribus, quibus a priftinis citra tunc temporibus multipliciter infignita, in communi gaudebat, auêtoritate arreftorum noftre aut predecefforum noftrorum curie, fuerint, ob prefatorum commitentium deliêta, ignominiofe privati, & hujufmodi defolationis opprobrium fexaginta annis proxime preteritis, vel circiter, humiliter patiens, adventum gaudii reconciliationis devotiffime preftolarit, cum eifdem fupplicantibus & eorum pofteris, qui ex priorum iniquitate patiebantur jaêturam, fuper prediêtis difpenfare aut alias agere mifericorditer dignaremur, ftatumque civitatis prefate, multis olim refferte opibus, qui, cafu contingente premiffo, miferabiliter corruerat, dono benignitatis regie reformare. Nos autem pie confiderantes regali clementie expedire interdum in illis, nedum jufticie mollire rigorem, qui exercitatione patiencie virtutes animi confirmarunt, ymo ad indultum venie fe piis intuitibus inclinare, attentis etiam dampnis & incommodis que diêti cives tot annis ex difpoficione ipfa, utpote deffencione & prefidio in communi carentes, ex quo etiam & in reddendis nobis fubvencionibus & aliis ad que fubditi regni tenentur, minus folito potentes, eos agnovimus, funt perpefi, & in quantum eofdem cives, quos & locum ipfum ob pie devotionis affeêtum quem ad oratorium Virginis gloriofe inibi precellentius dedicatum gerimus, apud nos volumus fpeciali prerogantia gaudere, profperatos in melius regalibus obfequiis promptos fperamus effe deinceps pariter & intentos, eorum, inquam, fupplicationi benigniter annuentes, cives prefatos pro fe & eorum fuccefforibus, habitatoribus, & incolis civitatis prefate, ad priftina jura, libertatem, & plenariam poteftatem, quibus antequam cafus ille contingeret, & diêta arrefta & privationes fecute fuiffent, utebantur predecefforos eorum, fcilicet confules eligendi, confulatum exercendi, & illis ex communitate, univerfitatem & confratriam habendi, cum figillo, archa & domo communibus, & aliis omnibus que ad confules & confulatus, communitatis & univerfitatis officium poterunt pertinere, reducimus & reftituimus, & prediêta omnia & fingula in omnem eventum, fub titulo carte & conceffionis noftre prefentis, ab ipfis, & eorum fuccefforibus habenda & perpetuo poffidenda, de novo concedimus, & largimur eifdem, & cum ipfis, ut ea omnia & fingula perpetuo fuccefivis temporibus habeant & teneant, ut eft diêtum, ac ipfis plene gaudeant; privacione & decreto, arreftis prediêtis & claufulis, fi que obftent, in communicacione nobifcum aut cum noftris predecefforibus per ecclefiam Anicienfem de juridiêtione diête civitatis expreffis, & aliis quibufcumque, per que iidem cives ad hec redderentur, vel dici poffent inhabiles, aut fore alias non capaces, nequaquam obftantibns, fed rejeêtis, difpen-

feurs devenue, & de confulat, communité, fraternité, feau, arche, maifon commune, & garde des portes & clefs, & plufieurs autres droicts que des predeceffeurs & anciens eftoit grandement decourée, en en commun jouyffoyt, & d'iceulx biens par l'auctorité de noftre arreft & de notre court, pour iceulx les exceis commetans, ignominieufement privée, & ce defolable opprobre aient humblement fupporté environ foixante ans paffés, humblement

famus, de fpeciali gratia, & ex certa fcientia, ac de plenitudine noftre regie poteftatis pariter, & ex caufa, tenore prefentium litterarum, eifdem civibus fe pro dicta electione facienda, quantumcumque voluerint, congregandi dictos confules eligendi, & fic electis & eorum fucceforibus in dicto confulatu de anno in annum perpetuo, fi & in manibus bajuli & judicis curie Anicienfis, aut eorum loca tenentium, qui funt & pro tempore fuerint, aut alterius eorum, aut in eorum vel alterius ipforum deffectum vel moram, in manibus bayllivi & judicis noftrorum Vallavie, aut eorum alterius, vel eorum loca tenentium prefentium & futurorum, folitum preftiterint juramentum, confiliarios ex civibus aut incolis dicte civitatis, fi & quot voluerint, quorum confilio, fi expediens videatur, tractent negocia confulatus, fecum adhibendi & affumendi; dictam univerfitatem & communitatem aggregandi, jura, utilitates & commoda ejufdem procurandi & deffendendi, tallias & contributiones communes civibus & incolis indicendi, & eas levandi, & duos aut plures clientulos aut fervientes, five miffores, fpecialiter ad negocia confulatus, etiam & fuper minifteriales, artifices civitatis predicte, & res publicas & communes ejufdem civitatis, ut fcilicet recte, jufte & debite, fraudibus & maliciis ceffantibus, operentur, provifionem & obfervationem habendi, quam & prout alii confules locorum infignium fenefcallie Bellicadri habere nofcuntur, & alias in omnibus confulatus officium exercendi, ceteraque omnia & fingula faciendi & explectandi, que poffunt & debent facere confules, corpus legitimum & confilium approbatum de confuetudine, vel de jure, infuper & fibi in dicta civitate domum predictam, in qua fe congregare, & negocia confulatus tractare valeant, acquirendi in feudis, retrofeudis, cenfivis & alodiis noftris, aut alienis, illamque pro fe & fucceforibus eorum in dicto confulatu, abfque cohercitatione vendendi, vel extra eorum manum ponendi, aut dandi pro ea aliquam financiam, perpetuo poffidendi, licentiam & auctoritatem pari gratia, & ex certa noftra fcientia, harum ferie concedentes. Quod ut firmum & ftabile permaneat in futurum, noftrum prefentibus litteris fecimus apponi figillum. Actum Parifius anno Domini millefimo trefcentefimo quadragefimo tercio, menfe januarii. Per dominum Regem, ad relationem confilii ftantis in camera compotorum, de mandato ipfius domini Regis per litteras. CLAVEL.

Dicti cives Anicienfes compofuerunt pro dicto confulatu, &c., ad IIII mille libras Turonenfes debilis monete, & ad XV libras Turonenfes fortis monete, de quibus duabus fummis fit mentio fuper ipfo in debitis Bellicadri. H. DE ROCHA.

Notre texte diffère un peu de celui qu'a publié dom Vaissète *(Histoire du Languedoc*, t. IV, Preuves, col. 197-198); nous l'avons tiré d'un *vidimus* inséré dans une transaction du 27 janvier 1373, entre Henri de la Tour, archidiacre de Paris, frère et procureur de Bertrand, évêque du Puy, et Mathieu Barthélemy, consul du Puy et procureur d'André de Bonas, Jacques Julien, Jacques Muret, Pierre Bastier, Jean de la Faverge, Jean Vilette et Mathieu Galien, *ses compagnons,* sur le Consulat du Puy, la police des marchés, boulangerie, poids et mesures, etc., dont l'original (parchemin, *latin*) est conservé aux Archives municipales du Puy.

& devotement preſtolans reconſiliacion, comme ès dits ſupplians & leurs
poſterieurs qui, pour l'iniquité de leurs devanciers, ſouffroient, & que
ſur icelles choſes miſericordieuſement digniſſions diſpencer, & l'eſtat de ladiĉte cité qui, par le cas premis, miſerablement eſtoit cheu, par don de
benignité roialle, reformiſſions; nous, toutesfois, piement conſiderans par
regale clemence expedier qu'à iceulx eſt d'amolir la rigueur, qui par l'ex-
cercitacion de pacience virtueuſement leurs couraiges ont confirmé, car à
l'indult pardon par pluſieurs regards eſt à incliner, aĉtendu auſſi les dommaiges & intereſts que leſdits citoyens, tant de ans par ladite diſpercion, ſont
en commung careſcens de preſide & deffence; pour quoy auſſi, à nous rendre les ſubvencions & autres choſes que nous ſont tenus, les trouvons moins
puiſſans qu'ils n'avoient acoſtumé, & pour ce iceulx citoyens & leur lieu,
pour l'effeĉt de devocion que à l'oratoyre de Vierge Marie prexcellement portons, voulons qu'ils jouyſſent de eſpeciale prerogative, leſquels en tous obſeques royaulx eſperons eſtre prompts & intentifs, & icelle leur humble ſupplicacion regardans, leſdits citoyens & leurs ſucceſſeurs, incoles de ladite
cité, à la priſtine liberté & playne puiſſance que devant que ce cas advint &
leſdits arreſts fuſſent enſuivis leurs predeceſſeurs uſoient, c'eſt à ſçavoir de
eſlire conſuls, exercer conſulat, & iceulx communité & univerſité & fraternité, ayant avec ſeau, arche & mayſon commune, & en toutes choſes que à
l'office de conſuls & conſulat, communité & univerſité, povoient appartenir,
redduyſons & reſtituons, & de nouveau concedons & elargiſſons, & voulons
qu'ils jouiſſent, privés des decrets des arreſts ſusdits & clauſules, quelles
qu'elles ſoient, en communicacion de nous ou nos predeceſſeurs, par l'Egliſe
du Puy, de la juridiĉtion de ladite cité, expreſſes & autres quelconques, par
leſquels leſdits citoiens à ce ſeroient retournés ou pourroient eſtre dits inhabiles & non capax, toutes choſes regetées, de grace eſpeciale diſpençons &
certe ſcience & plenitude de notre puiſſance reale; pareillement & pour la
cauſe & teneur des preſentes leĉtres, ausdits citoiens, pour ladiĉte election
faire, quant ils ſe vouldront congreger, leſdits Conſuls eſlire & ainſi les eſleus &
leur ſuceſſeurs audit Conſulat de an en an perpetuelement entre les mains du
baile & juge de la Court du Puy qui ſont ou ſeront, ou à la deffaulte d'iceulx
entre les mains de notre bailly & juge de Vellay ou à leurs lieuxtenans preſ-
teront le ſerement acoſtumé les conſeilhers habitans de ladite cité, deſquels
ſi veu eſt leur conſeil expedient, traĉtant les negoces dudit Conſulat, avecques

eulx adhiber & affeumer toute la univerfité & la communité congreger, les droicts, utilités & prouffits d'icelle procurer & deffendre, tailles & contribucions communes aux habitants indire & icelles lever, & deux ou plufieurs meffeurs ou ferviteurs efpecialement aux negoces du Confulat, auffi & fus les artifices minifteriaulx de ladite cité & chofes publicques & communes de ladite cité, affin que juftement, deuement, toutes fraudes & malices ceffans, foient ouvrées, ayans obfervacion & provifion, ainfi que les autres Confuls des lieux infignes de la Senefchaulcée de Beaucaire, excercent ledit office, ayant maifon pour fe congreger, & illec traicter des negoces dudit Confulat, permetant acquerir en fief & arriere-fiefs, cens & aleux voftres ou d'aultruy, fans cohaction de vendicion, ne hors de leur main mectre ou donner pour iceulx nulle finance, perpetuelement pofceder licence & auctorité par femblable grace & par certaine noftre fcience, par la teneur des prefentes, concedons, & affin que eftable demeure au temps futur, noftre fcel avons faict cy mectre. Donné à Paris, en janvier l'an M.CCC.XLIII. »

Item, & pour ce que, nonobftant ladite grace obtenue par lesdits citoiens, Bertrand*, evefque du Puy, qui pour lors prefuloit, les mift fur ce en gros procès, & pour à icelluy obvier & pour y cuider trouver moien d'y mectre fin ou remede par quelque bout, lesdits citoiens fe retirarent vers Loys, duc de Calabre, lequel pour iceulx très-humblement fupplia à Clement VI**, pour lors Pape, qu'il commandaft audit Evefque & à tous autres ne perturber lesdits citoiens, & qu'il lui pleuft congnoiftre de ceft affaire, luy demonftrant bien à plain tout le droict desdits citoiens du Puy. Lequel Clement, avoir bien au long congneue la grace ausdits citoiens faicte par Philippe, roy de France, lesdites graces leur confirma & approuva par decret, nonobftant la queftion & procès pendant à Paris, entre ledit Evefque du Puy & lesdits citoiens, & ce, fur peine de anathematifacion, leur impofant fur ce perpetuel filence. Donné à Avignon, la XVIIᵉ kalende de may & de fon pontificat l'an quart***.

Item, fur ce s'enfuivit un arreft provifional prolaté à Paris, l'an M.CCCC. IV., le XIXᵉ de julliet, en la faveur desdits habitans contre monfeigneur

* Bertrand de la Tour, évêque du Puy (1361-1381).
** Lisez : Clément VII.
*** 15 avril 1382.

l'Evefque du Puy, en enfuyvant la teneur d'ung precedent arreft donné à Paris l'an M.CCC.XLV.

Item, & pour ce que Jehan Nicolas, excequteur dudit arreft, fans avoir fur ce puiffance, en excequtant ledit arreft, conceda plufieurs privileiges & libertés ausdits Confuls & habitants du Puy, fans que fuffent contenus en fa commiffion, mais de fon auctorité propre, voulant complaire ausdits Confuls & habitans, de laquelle excequcion ledit Evefque fe rendit pour appellant, & fe retourna mouvoir tel procès que finablement par arreft diffinitif fut dit, après plufieurs & grandes porfuites, replicques & duppliques, tant d'ung cartier que d'autre, que lesdits Confuls auroient dix livres que acoftumé avoient en robes à l'honneur dudit Confulat & leur ufaige, & femblablement le falaire à leurs ferviteurs acoftumé ou partie d'icelluy en robes pour lesdits ferviteurs, ainfi qu'ils verront eftre expedient, pourront convertir, & quant aux meftiers, les fusdits Confuls eftiront de chacun meftier deux perfonnes que pourront vifiter & vifiteront chacun, celon fon eftat, fon meftier, avec le procureur de ladite Court Commune, fi à ladite vifitacion veult eftre prefent, ou autre par ladite Court à cella fayre depputé. Et ainfi efteues lesdites perfonnes par lesdits Confuls, lesdits Confuls au juge & bayle de la Court Commune auront à prefenter & prefenteront, lefquels bayle & juge desdites perfonnes ainfi efteues prendront le ferement, & lesdites perfonnes ainfi efteues & prefentées, fi ydoines font, ne pourront recufer ne autres inftituer, ne outre fus les chofes premifes ne fe pourront lesdits Confuls entremectre.

Et par ledit arreft a efté dit que lesdits Confuls pourront avoir deux bedeaux ou ferviteurs pour leurs congregacions & autres fervices fayre, ainfi que lesdits Confuls l'avoient acoftumé du temps dudit arreft de l'an M.CCC.XLV., fans ce que aient autres fergens pour les debtes dudit Confulat.

Et auffi par ledit arreft a efté dit que lesdits Confuls ne auront l'auctorité des cheynes, ne la cure ou auctorité fus la mundifficacion des voyes publicques de ladite cité, ne des tabliers, avans *, ne de poix, ne de mefures, ne auffi cloche par eulx demandées & lefquelles vouloient avoyr, fera oftée de la maifon de ladite ville, de laquelle la porte fe ouvrira pour ufer icelle par lesdits Confuls, ainfi que par avant avoient ufé. En temoingnaige de quoy

---

* Auvents.

aux prefentes lectres avons commandé mectre notre feau. Donné à Paris,
en noftre Parlement, le IV⁰ de feptembre l'an M.CCCC.V., de notre regne
le XXV⁰.

Plufieurs autres belles ordonnances, reigles & ftatus fus l'eftat du Confulat du Puy, ont efté depuis dreffées par les Senefchaulx de Beaucaire, &
pour ce que chafcun les peult voir & congnoiftre facilement, de plus en
parler pour l'heure me tais, & faicts fin fus la reftauracion du Confulat du
Puy.

Aucunes chofes encore du Confulat.

Combien que j'aye parlé fideffus du reftabliffement du Confulat, toutesfois
eft-il à fçavoir que en l'an M.CCC.XLIII., que ledit Confulat fut reftabli
par don du Roy, furent efleus aux Cordeliers ledit an dix Confuls, & ce fut
pour eviter les contradicions de l'Evefque.

Item, deux ans après, chacun an, autres huit Confuls, & l'an après, dix
Confuls.

Item, l'an après, furent efleus neuf Confuls.

Item, l'an après contant M.CCC.XLVII., furent efleus huit Confuls, &
ainfi dura quarante deux ans.

Item, après les Confuls devantdits, qui fut l'an M.CCC.LXXXIX., furent
efleus quatre Confuls, & ainfi dura quatre ans.

Item, durant le temps, après l'octroy du Confulat, que lesdits Confuls
furent ainfi efleus que j'ay fideffus rememoré, aucuns ans dix, autres ans
neufs, autres ans huit, autres ans quatre, furent tout enfemble, defpuis ledit
reftabliffement, cinquante ung ans, oùt lesdits feigneurs Confuls eftoient &
alloient veftus de drap pers, robes, manteaux & chapperons.

Item, contant l'an M.CCC.LXXXXIII., prindrent les Confuls de nouveau
robes, manteaulx & chapperons de drap roge, & ne furent que efleus fix
Confuls. Et en tel eftat a duré & a efté entretenu jufques à prefent, & fera
tant qu'il plairra à Dieu & à la Vierge Marie, patronne du Puy.

* *

L'an M.CCC.XLVIII., fut groffe mortalité au Puy & à pays de Vellay.

* *

L'an M.CCC.LIII., & le dimenche, XXVᵉ jour de aouſt, feſte de ſainĉt Loys, fut percé outre d'un grant coteau, de derrier juſques devant, & mort, devant l'autel de Noſtre Dame des Carmes du Puy, Jehan Proet, ſergent d'armes du Roy & bailly de Vellay ; & fut ce faiĉt par ùng nommé Gerenton Albin, du Devès, qui eſtoit ſon parent, lequel s'eſtoit diſné avecques luy en la confrarie dudit ſaint Loys. Lequel Gerenton, le lendemain, perdit les deux poings, & fut trayné & pendu au gibet de Ronſon.

* *

L'an M.CCC.LXV., & le premier jour de may qu'eſtoit jeudi, fut deſconfit Loys Rinbault* par les gens de Vellay & du Puy ; & le priſt le ſeigneur de la Roca ** ; & y eſtoient beaucop des gens du Puy & le frere du viſconte *** Randonet. Et un tuarent qu'on appelloit Limoſin, que avoit vingt cinq hommes d'armes, & furent tous morts ou prins.

De la maiſon du Conſulat.

L'an de noſtre ſalut M.CCC.LXIIII., & le jour de la Decollation ſainĉt Jehan Baptiſte, XXVIIIᵉ d'aouſt, regnant meſſire Charles, roy de France, & preſulant meſſire Bertrand, eveſque du Puy, les ſeigneurs Conſuls de ladite ville, à ſçavoir eſt : Jehan Ganhia, Philip de Conches, Pierre Plainchamp, Jehan David, Pierre Gary, Jehan Maury fils, Guillaume Montagut & Guillaume Rey, voyant n'avoir aucun domicile expreſſement dedié pour traiĉter des negoces de la ville, mais iceulx traiĉtoient tant aux Cordeilhers

---

* Voyez, pour les circonstances de ce fait d'armes, le piquant récit que Froissard met dans la bouche du bâtard de Mauléon. *Chroniques de Jean Froiſſard,* édition Buchon, liv. III, chap. XVII, intitulé : *Comment un nommé Limouſin ſe rendit François & comment il fit prendre Louis Raimbaut, ſon compagnon d'armes, pour la vilainie qu'il lui avoit faite à Brude* (Brioude). — Raimbaut et Limousin étaient deux lieutenants du fameux capitaine de routiers, Seguin de Badefol.

** Guigues de Lévis-Lautrec, seigneur de la Roche-en-Régnier (canton de Vorey, arrondissement du Puy).

*** Armand, dit le Grand, vicomte de Polignac, mort en 1385.

que autres couvents ou en autres maiſons privées & particulieres de marchans ou bourgeois, acheptarent la maiſon du Conſulat de Marguerite Solace, femme à Philip Maurin, argentier de ladite ville. Laquelle maiſon eſt aſſiſe au Puy, en la rue de Villenova, & eſt noble, franche, ne ſe tenant ou movent de nul ſeigneur par fief ou alleus, & coſta trois cens vingt francs d'or. Fuſt faiĉt ceſt achept au Puy, en la rue de Raphael, en la maiſon de André de Conches, conſtant inſtrument ſur ce receu par maiſtre Jehan Gondonis.

Ceſte maiſon fut acquiſe après le reſtabliſſement du Conſulat qui avoit eſté perdu par l'exceix du meurtre faiĉt aux Cordeliers, qui tant ſubſtitua de miſere l'an M.CC.LXXV., dont à ceſte cauſe fut abdité le Puy de conſulat par arreſt de Paris, & ainſi demoura par ſoixante & ung an; mais après, par la grace du roy Philippes, ils en furent reintegrés ſus l'an M.CCC.XLIII. Et par ainſi, c'eſtoit vingt un ans qu'elle fut après acquiſe après ledit reſtabliſſement. Et après, l'an comptant M.CCC.LXXX., que ſont ſeize ans après, icelle maiſon qui vieilhe, caducque, inveterée & mal conditionnée eſtoit, fut par le commun ediffiée & conſtruite en l'eſtat qu'elle eſt preſentement.

De frere Jehan de Ruppe Sciſa ou bien de Rochetaillade, Cordelier, natif du Puy.

Il me ſemble choſe raiſonable de retenir place en ce preſent livre pour y povoir eſcrire & metre par maniere de double ce que j'ay trouvé de frere Jehan de *Ruppe Sciſa* *, du Puy, & de ſa bonne & ſainĉte converſation.

---

* Jean de la Rochetaillade, cordelier du couvent d'Aurillac, emprisonné, en 1345, à Figeac, par son provincial, et en 1356 au château de Bagnols, par ordre du pape Innocent VI, auteur de prophéties et de traités d'alchimie et de théologie, l'un des hommes les plus extraordinaires du XIV· siècle, fut, suivant Nostradamus, *(Hiſt. de Provence)*, brûlé à Avignon, en 1362, comme hérétique ; d'après le P. Jacques Foderé *(Narr. hiſt. & top. des Convens de St-François, de la prov. de St-Bonaventure*, Lyon, 1619, in-4·), il mourut dans le couvent des Cordeliers de Ville-franche-sur-Saône, ou, suivant Wading, dans celui de Villefranche-en-Rouergue, où il avait été conventuel. Le lieu de sa naissance n'est pas plus certain que celui de sa mort. Si Médicis le revendique pour le Puy, une tradition ancienne place son berceau à Yolet, près Aurillac. — Bayle, *Diĉt. hiſt. & crit.*, — Moréri, *Diĉt. hiſt.* Verbo : *Roquetaillade.* — Froissard, *Chroniques*, édit. Buchon, *Panthéon litt.*, liv. I, part. II, chap. CXXIV et liv. III, chap. XXVII. — Baluze, *Vit. Paparum Avenion.*, t. I, *paſſim.* — *Diĉt. hiſt. & ſtatiſt. du Cantal*, 1859, t. V, H. Durif, art. *Yolet.* — J.-C. Brunet, *Man. du Lib. et de l'Amat. de liv.*, 5· édit. Verbo : *Rochetaillée.*

Par aulcun temps après l'expedition & fainct paffaige general que feift en Hierufalem pour recouvrer la Terre Sainete au nom de toute la Chreftienté preux & chevaleureux prince & noble duc Godeffroy de Boillon (ce environ l'an M.C.), où il acquiét lods inmortel, fe treuve que en ce temps, en la ville Noftre Dame du Puy, fut ung homme natif & originaire d'icelle, né de bons parens, demourant en la rue en latin appellée *Ruppe Scifa, vulgo* en icelle Rochetaillade. C'eftoit auffi environ la faifon que commença à refplendir la religion du benoiét fainct François. Et lequel enfant ainfi né au Puy & en ladicte ruè de Rochetaillade, après, au pourchas de fes parens, avoir eftudié & non mediocrement aprins, on le nomma maiftre Jehan de Rochetaillade. Lequel par fa devocion veftit l'abbit dudiét bon pere fainct François, & fe fentant par la vigilance & continuance de fon eftude faiét & occuppé en bonnes letres, auquel il avoit moult bien proffité & emploié fon temps tant en philofophie morale que expeculative & aultres arts, & luy vivant en bonnes meurs, qu'eftoit le moyen pourquoy il eftoit jugé eftre quafi fainct homme, & lequel fut meu par une grande & finguliere devotion aller faire le fainct voyage & peregrination de Jherufalem & vifiter le fainct fepulchre de Noftre Seigneur. Ce qu'il feift & excequta, mais non pas fans grant labeur de fon corps & paffé plufieurs fortunes, & là eftre parvenu, il y prefcha le fainct Evangile de Dieu & y convertit & baptifa plufieurs gens. Et Dieu, à fa priere, y demonftra de beaux fignes & efvidens miracles.

En ce temps fe meuft queftion en Jherufalem fus l'advenement du Meffias, dont pour decider ce doubte fut ordonné par les magiftrats de leur feéte faire congreger tous les legifperits & gens doéts tant de leurs loys que aultres tenans loy evangelique à ung jour que fur ce fut affigné, & à cefte congregation & affemblée fe trouva & y affifta ce bon pere Cordelier frere Jehan de *Ruppe Scifa,* que par fes fideles demonftrations & allegances fe trouvarent fuccumbés & grandement errer en leur fçavoir. Mais Dieu, auquel n'eft rien caché, cognoiffant leur depravée malice, miraculeufement feift defcendre fur eulx d'eftincelles de feu en fi grant nombre que les illec eftans foubftenans contre la prouvée verité, en furent tous marqués tant fur leurs perfonnes que veftemens.

Or, ce frere Jehan *de Ruppe Scifa,* après ce & aultre laps de temps qu'il demoura en Jherufalem, avoir devotement fuyvy & vifité les Sainéts Lieux & Terre Sainéte, & fe defirant repatrier au Puy en fa maifon, fe prepara faire fon retour, & après plufieurs journées de grant travail & fouffert plufieurs naufrages fur mer, arrive au Puy, & là eftant en repos, vacca à compofer de livres en medecine, aultre livre *de Duobus Ante-Chriftis*, aultre livre par maniere de prophecie *de Agitacione navicule Petri*, aultre livre *des Quintes Effences* & de la *Pierre du philofophe*, & auquel eft efcript fon nom, en ung livre de ceft art appellé le grant *Rofarium Mundi*, commençant par Adam, & aultres livres compofa celebres. De fa fin *non bene conftat*.

Du Conneftable de France meffire Bertrand du Claifquin, comte de Longueville.

Je treuve que l'an du Chrift M.CCC.LXXX., ledit meffire Bertrand du Claifquin, comte de Longueville, chevalier & valeureux perfonnaige, pour lors Conneftable de France, fut commys & depputé pour le Roy regnant pour lors, Charles fixieme, roy de France, avec aucun nombre de gens, à expulfer certaines bendes & compaignies de gent Angloife, pour lors occupateurs de certaines places, chafteaulx & fortreffes, tant en ce pais de Vellay que en plufieurs autres places parmy le roiaulme. Lequel feigneur Conneftable, voulant excequter le commandement du Roy, entre autres lieux, vint audevant du Chafteauneuf de Randon, en Javauldan, pocedé desdits Anglès, oùt, pour leur force & repugnance, fut contraint ledit feigneur Conneftable y meftre fiege. Lequel fiege tenant, pour fortifier fon armée, manda aux feigneurs Confuls de la ville du Puy qui pour lors eftoient, qu'ils luy envoiaffent fecours & gens en armes ce qu'ils en pourroient fornir. Lefquels feigneurs Confuls, comme vrays fubgefts & loiaulx ferviteurs du Roy, d'ung bon cueur, promptement & en toute diligence, envoiarent audit feigneur Conneftable beaucoup de vaillans gens, leurs citoyens, tant à cheval que à pied, artilleurs, archiers, arbaleftriers, & en outre, force artillerie, traifts, canons, pouldre, arcs, arbaleftes, engins & tels autres municions belliqueufes, force pain, vin, victuailles : defquelles chofes ledit feigneur Conneftable fe tint très-content. Mais, finablement, ainfi qu'il pleuft à Dieu difpofer les chofes, ledit feigneur Conneftable, ainfi tenant illec ledit fiege, fut frappé d'une egritude fi vehemente & fi mortelle, qui luy fift voler fon ame ès cieulx ; & fon corps mortifié demeura là, au grant defplaifir, doleur & contriftacion de tous fes gens, & principalement de fes parens & amys, qui trop grant dueilh en demenoient.

Or, ay-je trouvé en la *Mer des Hiftoyres* que, après fon trefpas, fut ledit chaftel rendu aux gens dudit feigneur Conneftable & les clefs apportées fus fon corps qui eftoit mys en biere. Après ce, fut ordonné par ces gens, après plufieurs deplorations & griefves plainctes & lamentables, le metre & rendre en ecclefiaftique fepulture, dans l'eglife des Freres Prefcheurs de ladite ville du Puy, feigneurieufement, ainfi qu'il luy appertenoit. Et par lesdits citoiens de ladite ville du Puy fut reçu très-honorablement, avec torches, dueil & grande pompe, & toute habondance de triumphes mortuaires : qui ne fut pas faict fans grande defpence. Et fut tumulé fondit corps, dans ledit temple desdits Freres Prefcheurs, en ung beau monument qui fut tout recentement conftruit audevant du grant autel de ladite eglife, foubs la chappelle de Saincte Magdaleine & de Sainct Roch, qu'a fait nouvellement ediffier fire Jacques David, bourgeois du Puy.

Le dueilh que les parens dudit feigneur menarent eft indicible. Toutesfois, par les confolations, reconforts, prefentacions qui à cesdits parens furent diftribués tant par lesdits feigneurs Confuls, bourgeois, marchans & autres habitans de ladite ville du Puy, ils furent en partie tous confolés, & fe tindrent grandement contends de toute la ville & d'ung chacun en particulier.

J'ay volentiers mys cette hiftoire icy pour l'honneur de fi hault & excellant feigneur qui fut icy enterré : Dieu luy pardoint !

De la tour Sainct Gile.

L'an M.CCC.LXXXV., eftans Confuls fires Jehan Rochier, André de Conches, Guilhem Avellana, Jehan Muret, Guigon Chadeu, Guillem del Rieu, Vidal Vaffailha & Jehan Bonafe, fut commencé l'ediffice de ladite tour Sainct Gile. Et l'année après contant M.CCC.LXXXVI., eftans Confuls fires Philip de Conches, Vidal Bergonghas, Delmas de Bonas, Jehan David, Gregoire Bernard, Jacques Bergier, Pierre Boteira & Jehan Bofchet, fut icelle tour du tout parfaicte.

Item, l'année après comptant M.CCC.LXXXVIII., eftans Confuls fires Jehan Rocel, Jehan de Conches fils, Pierre Marcel, Jacques Pompinhat, Pierre Baftier, Pierre de la Roche, André de Chafals & André Verdier,

furent mys dans ycelle tour les documens & lectres perpetuelles de ladite
ville.

Mathieu Avellana, bourgeois du Puy, aiant en finguliere recommandacion
l'affaire publicque, laiffa par ung legat en fon teftament cent livres de fes
propres biens pour eftre emploiés en l'ediffice de cefte tour.

Comment le roy Charles fixieme vint pelerin à Noftre Dame du Puy.

L'an M.CCC.LXXXXIIII., & le mecredi XXIIII* de mars, entra ledit
roy Charles en la ville du Puy, acompaignié de fes oncles, à fçavoir eft : monfeigneur de Berry, monfeigneur de Bourgoigne, & plufieurs autres grans
feigneurs, barons, chevaliers & efcuiers. Dont eft à noter que les feigneurs
Confuls ci-après nommés, eulx eftre fouffifanment advertis de la venue
dudit feigneur, traictarent fur ce de confeil pour le recevoir très-honorablement. Sy fut ordonné audit confeilh que feroient efleus & commis dix notables
prodhommes que, en la compaignie des feigneurs Confuls, auroient entierement la charge de pratiquer & ordonner fur la venue & recepcion dudit noble
prince ; lefquels, haftivement, firent lever fus les habitans deux tailles communes. Si allarent aucuns d'iceulx à Paris pour pourveoir nobles joiaulx &
bagues d'or & d'argent pour donner au Roy & aux feigneurs, lefquels leur
furent prefentés après leur entrée & defquels fe contentarent moult. Si fut
donné au Roy ung joyel de la value de cinq cens cinquante livres, à monfeigneur de Berry une bague de fix vingts livres, à monfeigneur de Bourgoigne
une bague de fix vingts livres. *Item,* à plufieurs autres feigneurs furent données de menues bagues fe montant enfemble jufques à la value de fix vingts
livres, & en ce ne font comprins ung grant tas de defpends menus fur ce
faicts pour l'acoutrement de la ville, qui couftarent beaucoup, qu'à tout bon
entendement font faciles à confiderer.

En ce temps eftoient Confuls fire Jehan Vera, fire Vidal Vergonghas, fire
Mathieu de Montpeiroux, fire Pierre Lhiautard, fire Jacques de Ruailhac* &
fire Giri Vaiffeira.

---

* Nom altéré et dont la véritable lecture doit être : *de Ravissac.*

L'an M.CCC.LXXXXIIII., fut moult grande fechareffe.

L'an M.CCC.LXXXXV., fut refaicte l'arche du pont de Troillas, qui eft la prochaine audevant des prés qui font foubs ledit pont, devers la partie de la Bedorfe, la grant mer de l'eau entre lesdits prés & ladicte arche.

Du frere Vincent de Ferrieres, faluberrime declamateur de la foy catholicque.

L'an M.CCCC.XVI., le III⁰ de octobre, arriva au Puy très-honorable homme maiftre Vincent de Ferrieres*, religieux de l'ordre des Freres Prefcheurs, docteur en theologie, natif de Valencie en Catheloigne, lequel alloit prefchant la parole de Dieu parmy le royaulme de France. Et entra ledit jour, environ vefpres, en la ville du Puy. Et avoit avec luy de quatre vingts à cent religieux, habitués en façon de hermites, qui tousjours le fuyvoient pour ouyr & apprendre fa faincte doctrine, & alloient enfemble, de deux en deux, comme en maniere de proceffion. Et avoient une baniere devant, que portoit l'ung d'eulx, en laquelle avoit un devot Crucifix. Et ainfi s'en allarent loger au couvent de Sainct Laurens.

Et le lendemain, il fift faire un bel efchaffault au pré du Breulh, jogniant la muraille des Cordeliers, où il y avoit, an ung cofté dudit chaffault, ung bel autier pour dire meffe, & près dudit autier, avoit ung petit parquet pour les chantres qui luy aidoient à dire fa meffe, car ledit frere Vincent ne chantoit guiere que ne fut en note. Et faifoient moult noble & devote proceffion lesdits Freres venant audit lieu, & chantoient devotes antiennes & oraifons, & fe battoient & difciplinoient, en ce faifant, dont le fang en yffoit habundamment, exhortant le peuple à prendre cefte difcipline pour le purgement de leurs pechés : dont plufieurs gens de bien fe difciplinoient, voyant & contemplant ces devotes gens ainſi, pour avoir la remiſſion de leurs pechés, ſe batre. Et s'en venoient deſſus l'eſchaffault, & portoient alors une baniere devant eulx oùt eſtoit painct l'ymage de Noſtre Seigneur, quant fut ataché au pilier pour eſtre batu. Et là ainſi arrivés, diſoit ledit frere Vincent ſa meſſe, & la meſſe dicte, ſe mectoit à preſcher en moult noble ordre. Et le ſuyvoit le peuple en ſi grande quantité, qu'on ne ſçauroit le nombre dire, pour ouïr ſa ſaincte predicacion, & y venoient de dix lieues, quinze lieues, vingt lieues; & ſembloit à ſa parole qu'il n'euſt pas trente ans, combien qu'il fuſt homme vieulx & tenant ſaincte vie, lequel ne mangeoit que une fois le jour.

En ſes predicacions, il reprenoit fort tous les eſtats du monde pour les offences qu'on faiſoit contre Dieu, & l'avoit chacun moult agreable, excepté les clercs *, & faiſoit miracles, & fiſt quinze ſermons au Puy oùt il parla de moult nobles matieres.

Et, par l'eſpace de dix neuf ans, tint & demena ſa vie en tel eſtat; puis alla mourir à Nantes en Bretaigne, où il eſt enterré. Et y demonſtre Dieu, pour l'honneur de ce glorieux ſainct, de très-excellans miracles. Pourquoy pape Calixte tiers, ſon compatriote, l'an M.CCCC.LV, le redduyt au ranc des ſaincts Confeſſeurs, & fiſt ſa feſte celebrer les nones de apvril.

Des Croniques de France aux geſtes de Charles ſixieme, ſurnommé le Bien Aymé.

'AY trouvé aux faicts de ce noble Roy qu'il euſt de groſſes percecucions de batailles & guerres entre pluſieurs Roys & princes, leſquels luy donnarent beaucop d'ennuy & de triſteſſe, & par eſpecial le Roy d'Angleterre & le duc de Bourgoigne. Ce duc de Borgoigne **, par ung temps, le tint de ſi près qu'il luy occuppa preſque les trois parties du royaulme de France. A noter eſt que ce roy Charles eſtoit maladif homme & ung peu debilité d'entendement, & non pas tousjours, mais par temps. Ce nonobſtant, ſi euſt-il de la Reyne, ſa femme, trois beaulx fils & une fille qui, puis, fut reyne d'An-

* Le clergé.
** Jean Sans-Peur.

gleterre. Ces fils, à caufe de l'egritude de leur pere le Roy, fecouroient, au mieulx qu'ils povoient, aux affaires du royaulme.

Or, advint que ce duc de Bourgoigne, tousjours veuillant ufurper de plus fort en plus fort les droicts feigneuriaulx de la coronne de France, anvoya au pais de Lenguedoc le prince d'Orenge * & autres plufieurs grans feigneurs, à main armée, pour mectre le pais en fon obeiffance; & fut ce l'an M.CCCC. XIX. Et monfeigneur le Daulphin, gouvernant le royaulme au lieu de fon pere, de ce informé, envoya legats audit pais de Lenguedoc, leur figniffiant qu'ils ne preftaffent nulle obeyffance au duc de Bourgoigne, mais à luy qui en eftoit naturel feigneur. Mais monfeigneur le Daulphin, par la relacion des legats, ne trouva audit Languedoc, foubs fon obedience, que le pais de Vellay, Gevauldan & Viveroys, car toute la refte eftoit foubmife au duc de Bourgoigne. Dont lesdits pays, Vellay, Gevauldan & Viveroys, en eurent moult à fouffrir, par efpecial la ville du Puy Noftre Dame. De laquelle ville furent envoyés devers mondit feigneur le Daulphin gens notables de par les Confuls de ladite ville, pour luy offrir toute obeiffance de corps & de biens jufques à la mort. Dont monfeigneur le Daulphin envoia bien peu après en ladite ville du Puy le doyen de Paris **, moult grant clerc & faige homme, pour les remercier & prier que tousjours voulçiffent continuer & perfeverer en leur bonne intencion & volenté.

Après ce, le prince d'Orange, chief au pays de Lenguedoc pour ledit duc de Bourgoigne, enfemble le feigneur de Rochabaron de Forefts *** & autres feigneurs, fentant la contradiction de la ville du Puy, Gevauldan & Vive-rois, propoferent y venir à force. Dont le pays eftoit en grant defolacion, car ils eftoient grant compaignie & faifoient grandes deftructions fur le pays.

A cefte caufe, fe affemblarent au Puy contre lesdits Bourguignons le vif-conte de Polignac, le fire de Montlor, le fire de Roche, le fire de Chalancon,

---

* Louis de Chalon, prince d'Orange (1418-1463), fils de Jean de Châlon, sire d'Arlai, et de Marie de Baux, princesse d'Orange.

** Jean Tudert, doyen de Notre-Dame de Paris (1414-1439), conseiller du roi et maître des requêtes de l'hôtel.

*** Antoine de Rochebaron, seigneur de Rochebaron et de Berzé-le-Châtel (en Mâconnais), qui avait épousé Philippa, bâtarde de Jean-Sans-Peur. —Vallet de Viriville, *Hift. de Charles VII*, Paris, 1863, t. I, p. 332. — Le château de Rochebaron était situé près de Bas, arrondissement d'Yssingeaux, sur la lisière du Forez et du Velay; ses ruines existent encore.

le feigneur de Pierre *, le feigneur du Tornel, & les autres chevaliers & efcuiers desdits pais, s'alliarent avec ladite ville du Puy tous enfemble, & mirent gens d'armes au pays pour obvier à la mauvaife intencion dudit fire de Roche-baron & de fes complices ; & y avoit groffe bande d'ung cofté & d'autre. Et pour ce qu'en la bende de ceulx de Vellay avoyt plufieurs perfonnaiges, pro-chains & affins dudit feigneur de Rochebaron, vindrent à traiéter de paix, & après plufieurs pourparlers, fut promys fur ce, des deux coftés, de fe affem-bler à Salgue **, oùt fe trouva le comte Daulphin d'Auvergne ***, meffire Jehan de Langhac, fenefchal dudit pais d'Auvergne, & d'autres feigneurs & gens notables desdits pays. Firent ung appointement, lequel, pour eviter pro-lixité, ne mets point icy, & jurarent tous de tenir l'appointement.

Toutesfois, fçavoit bien le feigneur de Rochebaron que fon maiftre, le duc de Bourgoigne, eftoit coftumier de rompre tousjours les appointemens. Ce qu'il fift de ceft appointement mefmes, car il ne tint foy ne promeffe, ne laiffa tenir à fes gens, mais le tout realement rompit : qui caufa plus grant guerre que devant. Et à caufe de ce, furent conquifes les tours de Pradelles, & foub-ftenoit le pais tousjours grant moleftacion pour cefte gendarmerie.

Et monfeigneur le Daulphin, voiant la deftruétion de ces loiaulx obeiffans, envoia en ladite ville du Puy le comte Daulphin d'Auvergne & l'Arcevefque de Rains **** pour trouver moyen de bon accord & paix ; & trovarent lesdits deux feigneurs que lesdites deux parties avoient entr'eulx donné quelques triefves affez courtes. Et pareillement, en ce temps, furent données triefves entre le Roy & ledit duc de Bourgoigne. Et cependant, par le traiétement de plufieurs notables perfonnaiges, l'appointement fut faiét entre le Roy & ledit duc de Bourgoigne. Et combien que ledit feigneur de Rochebaron fceut l'ap-pointement eftre faiét entre les deux princes, ce neantmoins, quelque appoin-tement que le comte Daulphin d'Auvergne, ne l'Arcevefque de Reins, fceuffent traiéter, jamais ledit feigneur de Rochebaron ne s'y vouluft confentir, jaçoyt ce que le Roy luy pardonnaft fon offence & luy fift fayre reftitucion de fes places

---

* Peyre, baronnie, en Gévaudan.
** Saugues, chef-lieu de canton, arrondissement du Puy.
*** Beraud III, comte de Clermont et de Sancerre, dauphin d'Auvergne, mort en 1426.
**** Regnauld de Chartres, archevêque de Reims (1414-1444), lieutenant du roi Charles VI en Languedoc et Dauphiné, depuis chancelier de France.

& autres biens, & encore oultre, luy fût prefenté troys mille livres que lesdits trois pais luy donnoient. Mais oncques ne s'y voluft confentir, mais refpondit qu'en brief donneroit refponce s'il tiendroit accord ou non.

Pendant ce, le fire de Salnouve* arriva à Montbrifon à bien mil & cinq cens chevaulx, lefquels il avoyt envoyé querir pendant les triefves & le traiêtié.

Lesdits feigneurs des trois pays, Vellay, Gevauldan & Viveroys, fceurent que ledit Rochebaron avoit envoié querir ledit Salnouve & fa compaignie pour venir devant la ville du Puy. Si mandarent le cadet Bernard d'Armignac, comte de Perdriac, que lors alloit devers monfeigneur le Daulphin, en moult grans prieres, qu'il vint à l'aide du Puy contre les Bourguinyons. Lequel capdet, de cefte affaire deuement informé, y vint acompaigné & en bon ordre. Lequel y fut efleu chief & gouverneur, & fe logea dans le Puy, & ordonna l'affaire de la ville, & la mift en point de deffence. Moult faifoit beau voir cefte feigneurie qui dedans le Puy eftoit, par murailles & rues, montés, armés, chevauchant parmy la ville & portes d'icelle, attendans la venue des Bourguinyons, leurs ennemys.

Et ce pendant, lesdits feigneurs, avec leurs compaignies & avec ceulx du Puy, comme monfieur meffire Pierre Rocel, chevalier, le baile de ladite ville nommé Vilaret, Jehan de Bonas, Durand du Portal, Pons d'Alzon & autres bourgeois, marchans & mecaniques artifans, habitans de ladite ville, voyans iceulx Bourguinhons, leurs ennemys, eftre venus courir jufques aux portes de la ville, ne fe peurent tenir de faire des yffues & efcarmouches fur iceulx Bourguinhons, aufquelles fut pris monfieur Lois de Chalencon; & fut ce le jour fefte du Corps de Dieu M.CCCC.XIX., qu'on ne fit en ladite ville fervice, fermon, ne proceffion; ains chacun eftoit en befoigne à deffendre la ville, mefmes les femmes portoient de grant cœur les pierres fur les murs.

Et ce voyans & entendans, lesdits Bourguinyons s'allarent loger près ladite ville en ung villaige nommé Val**, oùt a une religion de nonains; laquelle religion fut toute plaine de gens & de chevaulx de ces Bourguinions, voire l'eglife jufqu'à l'autier. Et là demourarent deux jours & deux nuyts, cuydant entrer en la ville du Puy, laquelle ils avoient intencion de piller & tout tuer &

---

* Ce chef de partisans était Savoisien.
** Vals (canton sud-est du Puy), où était un couvent de religieuses Augustines, réformées en 1312 par Bernard de Castanet, évêque du Puy. — Odo de Gissey, *loc. cit.*, p. 495.

mectre à mort. Mais, voiant que guieres ne povoient proffiter, veu que la ville eftoit moult bien garnye de gens & de deffence pour leur refifter, fi s'en retournarent à honte & confufion & allarent parmy le pays, faifans maulx indicibles.

Quoy voiant, les feigneurs qui dedans le Puy eftoient, que ces Bourguinions s'eftoient defpartis de Val, faifans ainfi ces dommaiges parmy le pais, eurent fur ce confeil de les fuivre après & les chaffer. Dont fortirent de ladite ville toute la feigneurie, c'eft affavoir : le comte de Perdriac, le vifconte de Polignac, le feigneur de Roche, le feigneur de Montlor, le feigneur de Pierre, le feigneur de Beauchaftel, le feigneur d'Apchier, monfieur de la Faieta, le nepveu de l'Evefque du Puy, fils du feigneur de Chalancon, & fon fraire, & autres plufieurs, allarent après : que faifoit moult beau voyr.

Quant les Bourguinions fentirent que la bende de la gendarmerie qui dedans le Puy eftoit, les fuivoit à la queue, eurent peur, & par le confeil du feigneur de Rochebaron, fe retrairent en une petite ville clofe, nommée Serveireta *, audevant de laquelle ledit capdet d'Armignac fift mectre le fiege. Et là furvint le Senefchal d'Auvergne qui renforça de plus fort ledit fiege.

Noftre Dame, qui tousjours avoit fadite ville prefervée & gardée de dommaige & peril, & que tous temps fe trouvoient pugnis ceulx qui contre fadite ville eftoient venus, volut, pour mieulx demonftrer fon miracle, que lesdits Bourguinions fuffent pugnis & defconfits, fi comme ils furent. Car le feu fut par tout le chafteau & ville de Serveireta tout à cop que les feigneurs de dehors, illec tenant le fiege, n'en fçavoient rien jufques qu'ils virent le feu partout. Et y fe mift le feu, ainfi que dit la cronique, par ung arbaleftier, qui s'eftoit mys en ung molin près de ladite ville, lequel y mift le feu ; & tantoft ledit feu s'efpanuit & faillit dedans la ville. Et par ainfi furent defconfits & deftruits lesdits Bourguinions, car les ungs furent prins, les aultres ards, aultres s'enfuyrent & perdirent quant que avoient vaillant, & aultres fe vindrent rendre aux François vies & bagues faulves. Mais ledit feigneur de Rochebaron & Salnouve efchapparent & s'en allarent tous esbahis & dolens.

En leur conpaignie, en avoit deux de la ville du Puy qui leur avoient promys les mectre dans ladicte ville du Puy, dont l'ung avoit nom Lanthenas,

* Serverette, arrondissement de Marvejols (Lozère).

orfeuvre, & debvoit eſtre baile du Puy; l'autre ſe nommoit Eſcure, qui eſtoit tavernier.

Après ladite deſconfiture, furent là faiĉts chevaliers ledit capdet d'Armaignac, le ſeigneur d'Apchier, meſſire Lois de Chalancon, le fils au ſeigneur de Roche, meſſire Lois de Verghaſac, meſſire Lois de la Tour de Malbourg, meſſire Pierre Rocel *, de ladite ville du Puy, & pluſieurs aultres qui allarent avec les aultres ſeigneurs meĉtre le ſiege à Montaurous **, lequel leur fut rendu, & tout le firent abatre & deſmolir. Et pareillement firent du chaſteau de Prades ***. Et puis allarent devant Rochebaron le chaſteau, pour en ſayre ainſi comme des aultres. Mais aucuns trouvarent moien de paix, par laquelle ledit capdet & aultres ſeigneurs ſe deſpartirent. Dont par ladite guerre le pays fut deſtruiĉt & coſta plus de cent mille livres.

Et bien peu après, fut faiĉt l'appointement entre le Roy & le duc de Bourgoigne, dont en furent merveilleuſement joyeulx parmy le roiaulme de France, & principalement au Puy qui, cinq jours après, en eurent nouvelles de par la Reyne de Cecille ****, qui mere eſtoit à madame la Daulphine ***** qui lors eſtoit venue au Puy, avec le duc d'Anjou, en pelerinaige à Noſtre Dame. Laquelle Reyne receut une leĉtre de par ladite madame la Daulphine, ſa fille, le ſabmedy après que l'accord fut faiĉt, qui avoit eſté faiĉt le mardi devant, laquelle leĉtre monſeigneur le Daulphin avoit envoyé à madame la Daulphine, ſa femme, à Meun en Berry, où elle eſtoit lors.

Ladite Reyne receut ladite lettre & fiſt venir les bourgeois de ladite ville du Puy, èſquels monſtra & bailla la coppie de ladite leĉtre, en laquelle eſtoit contenue la maniere de la paix & le jour que fut faiĉte. Et lors fut ordonné incontinent & cryé à ſon de trompe par la ville que toute la nuyt on fiſt grans feux

---

* Le comte de Pardiac, les barons d'Apchier, de Chalancon, de Roche-en-Régnier et de la Tour-Maubourg, L. de Vergezac et P. Roussel furent créés chevaliers, au Puy, par Charles VII, alors dauphin, le 16 mai 1420, jour de l'Ascension, à l'issue de la messe solennelle de Notre-Dame. *Gall. Chriſt.*, t. II, *Eccl. Anic.*, col. 732. — Vallet de Viriville, *Hiſt. de Charles VII*, t. I, p. 214.

** Montauroux, commune de Laval-Atger, canton de Grandrieu, arrondissement de Mende (Lozère).

*** Prades, chef-lieu de commune, canton de Langeac, arrondissement de Brioude.

**** Yolande d'Aragon, reine de Sicile et duchesse d'Anjou.

***** Marie d'Anjou, mariée en 1413 à Charles, comte de Ponthieu, depuis dauphin et roi de France sous le nom de Charles VII.

de joye & dancer par toutes les rues. Et fuſt lors faiĉte la plus grant joye que n'avoit eſté faiĉte par avant de memoyre d'homme. Et, le lendemain, on fiſt grant proceſſion par le long de la ville, après laquelle alloit ladiĉte Reyne & le duc d'Anjou, avec toute leur compaignie, laquelle faiſoit moult noble voyr, & ouyt tout le ſermon & la grant meſſe en l'egliſe Noſtre Dame. Et après dif-ner, toutes les bourgeoiſes & femmes d'eſtat ne firent que dancer & faire feſte avec le duc d'Anjou *.

*
* *

L'an M.CCCC.XVIII., fut traiĉté d'avoir forge de monoye au Puy **.

Double d'un rotle vieulx touchant avoir forge de monnoye au Puy, traiĉté, en langaige maternel dudiĉt Puy, aſſez groſſierement, comme s'enſuit :

Enformation faiĉta ſur lo faiĉt de la nouvella farge de moneda que ſe deu far el Peu.

Premeirament, es vray que lo Peu es aſſis en luoc plaſent & deleĉtable el pays de Vellaic, loqual pais & viala del Peu es envirenat & confrontat an lo pays de Aulvergne, de Gevauda, de Rouergue, de Vivares, de Valentines, & en lo pays de Lionnes & de Fores.

Item, el diĉt pays non a nenguna farge de moneda, ſynon tant ſolament a Lion que es loing del Puey vingt-doas legas groſſas, & en Aulvergne, a Sainĉt Porſa que es loing del Puey trente-heuĉt legas.

Item, per ſo es advis que eldiĉt luoc feria tres-ben aſſiſa una farge de moneda, a tres-grant profeiĉt & utilitat del Rey & de monſeignor lo Dalphi & de la chauſa publica.

Item, cy tant ben quaras, la viala es ben forta & ſegura & poblada de gens, & y

---

' Louis III, duc d'Anjou et comte du Maine, alors âgé de 17 ans.

** Un atelier monétaire fut, vers cette époque, créé au Puy par Charles VII, encore dauphin. Ce qui le prouve, c'est que parmi les titres de la Maison Consulaire se trouvait, avant l'incendie du 10 octobre 1653, le *vidimus* d'une quittance donnée le 27 novembre 1420 à Jean de Grabily (?), *maiſtre de la monnoie du Puy,* d'une ſomme de 2,000 livres, par André de Villeneuve, commis par le Dauphin de Viennois, régent de France, à recevoir les profits et émoluments des mon-noies à Bourges, Saint-Pourçain, Limoges, Guise, Mousson, *le Puy* et Villefranche. *Invent. des titres et privilèges de la ville du Puy,* publié par M. Aymard, *Ann. de la Soc. acad. du Puy,* 1850, p. 707. — L'établissement de cet atelier ne fut qu'éphémère.

affluant & venont moult grans gens eftranghas & de plufors riaumes, tous los ans, a caufa del romanage de Noftre Dame del Puey.

Item, es affis lodiƈt luoc en pais plantureux & fruƈtuos de blads, de vins & vioures a tres-bon marchat, out y trobariant toutas las univerfals chaufas que y poiriant effe neceffarias a la moneda.

Item, plus en ladiƈta viala trobares plufors places & hoftals out fe fara ladiƈta moneda, tres-plafens & ben affis de toutas las chaufas que fe poiriant devifar, & fe poiria dire una de las monedas meys affifas de tout le riaume, ny mais de Daulphinat.

Item, en ladiƈta viala, a caufa del grant romanage que y es, tout jour portariant a ladiƈta moneda los romyous, marchans & aultres que font d'aultre riaume & d'eftranges pays, aur, argent & bilho, fi era la farge en ladiƈta viala, & feria moult grant profeiƈt al Rey & el riaume.

Item, car la farge non y es, es grant domage el Rey, car lasdiƈtas eftranghas gens & romyous non y portant, mas tant folament lors defpes, & aneiffi lodiƈt bilho tant d'aur coma d'argent demora fora d'aqueft riaume, que non a feira pas coma es diƈt deffus.

Item, en ladiƈta viala fe fant cinq groffas feiras chafcun an, fo es a fçaber a Rozols, a las quatre Feftas principalas de Noftre Dona, de toutes marchandias, en efpecial de miouls & de mioulas que fe neuriffont eldiƈt pays.

Item, a caufa desdiƈts miouls, venont eldiƈt luoc & feiras del Puey plus que aultres gens de Pueymontes & Savoyngs, de Aragonnes, de Cathalas, de Bordales & de Gafcos, que y venont crompar tant grant quantitat d'aquels miouls, que es enpoffible lo grant argent & aur que laiffant eldiƈt luoc del Puey & pais.

Item, fi eldiƈt luoc del Puey foffa ladiƈta farge, aquels marchans, que font foras d'aqueft riaume, apportariant lor bilho tant d'aur coma d'argent, & per fo feria moult grant profeiƈt al Rey & el riaume, quant on apportariant a ladiƈta moneda; lo profeiƈt non fe poiria extimar, tant grant bilho apportariant.

Item, per fo car el Puey non a farge de moneda, es grant dommage del Rey & del riaume & de la viala & pais, car non apportant toute la finance en billo.

Item, feria tres-grant profeiƈt el Rey & a monfeignor lo Dalphi, car lo pays & fa viala n'en feria trop melior & plus richa & ne valria mais perpetualement, & fans fo que las autres monedas del riaume ne valueffant myns, attendut las chaufas deffus diƈtas, car ladiƈta farge atrairia & faria venir lo bilho de loing pais & dels aultres riaumes en ladiƈta farge.

Item, es vray que, quant lo jour de Noftra Dona es lo jour del vendres fainƈt, el Puey venont tant grant multitud de gens a caufa del pardo que y es, que a caufa de la preiffa, que non chabond en la viala, en tant que y moront plufors

31

gens; & y venont de Anglaterra & de touts aultres riaumes, & y apportant tant de bilho & d'aur veilh qu'es enpoſſible a ſçaber.

Item, ſi era la farge de ladiſta moneda el Puey, la viala ſeria fornida de moneda contant, que tout lodiſt bilho tant d'aur coma d'argent demoraria ; & per faulta de moneda, losdiſts romyous entorneront el darrier pardo, que ſo l'an mial quatre cens & dex-ſept, tant grant quantitat d'aur veilh, que non ſe pot eymagenar ny extimar.

Item, ſi lo Rey ou monſeignor lo Daulphi avia meſtier d'argent ou de far tailla a la viala & el pais, aucunas ves non ſe a trobat argent contant preſtament, car la viala es tant loing de la farge de la moneda.

Item, ſi la farge fos el Peu, ſeria tos temps preſta la finance que lo Prince volria ny demandaria a la viala ou el pais.

Item, plus que tout lo bilho que tumba en ladiſta viala, ſo es a ſçaber : a la gleiſa & els marchans, reſtaria a ladiſta farge, & lo profeiſt ſeria del Rey.

Item, per ſo car non y a farge, venont el Puey aucuns eſtrangiers changhadours, & l'enportant foras le riaume, & aneiſſi es grant domage el Rey.

Item, ladiſta farge ſe faria eldiſt luoc per bon marchat, attendu lo bon marchat que on y fay de baſtimans & meillour que en luoc del riaume de France.

Item, attendut las chauſas deſſus diſtas, ſi la farge de la moneda era pauſada el Puey, coma es diſt, ſeria profeiſt el Rey & el riaume, car la viala en ſeria plus richa, & per conſequent ſe fariant el diſt luoc pluſors reparations, en reforſant la viala en beaux foſſats, coma faſent bellas tours l'entour de la viala per ſo que peuſ- ſiant reſiſtir als ennemys del riaume.

Item, que ſi lodiſt luoc ſe perdia (que Diou non veulia), tous los pais qui ſont l'entour ſe perdriant, car aquel luoc del Puey es clau & chap de tout lo pais enviro, & aneiſſi ſeria grant domage el Rey & el riaume.

Item, es vray que, prop del Puey, a ung traiſt d'arbaleſta, a una forta place de une rocha aulta que s'appella l'Agulia de Sainſt Michial que, ſi era dels ennemys del Rey, ſeria moult grant domage & peril que la bona viala del Peu ſe perdes.

Item, quant lo ſeignor de Celanova & Rochabaro, an lour grant compaignia de gens d'armes, foront venguts devant lo Puey, certanament, tous los ſeignors del pais & de la viala del Peu non aviant aultre doubte, ſinon que losdiſts adverſaris prezeſſant ladiſte place d'Agulia, car per aquela partida il vengueront devant lo Puey, & ſo per miracle que non la preferont (1).

Item, ſi a Diou plaſia & el Rey que ſe podes joignir & clore lo Puey an ladiſta

---

(1) Ce fut l'an M.CCC.XIX. *Médicis.*

place d'Agulia, feria una de las plus fortas & bellas vialas del riaume, & feria grant utilitat el riaume & grant noblefa, attendut la place ; & del profeict & gaing que faria la viala a caufa de la farge de la moneda, fi era el Puey al temps advenir, tout fe poiria far & accomplir.

Item, feria moult grant profeict el Rey a la viala & el pais, fi era ladicta moneda el Peu, car pres del Peu s'es trobada una bona mina d'argent en la terra de monfeignor de Montlaur, & fe dy certanament que mais s'en trobariant el pais, fi faifiant diligence de charchar, car fi la moneda fe fay el Puey, lay vendrant Allamans & gens que gouvernant las mynas, a caufa de la moneda.

Item, fi la moneda non fi fay, es perils que las mynas fe perdant, & lo Rey & lo pais n'en valria myus, & feria grant domage, car tals gens de minas fegont voluntiers lay out fe batont las monedas.

* * *

L'an M.CCCC.XIX., commença-on de faire quelque peu de foffé autour de la ville du Puy, que par avant eftoit plain jufques aux murs de ladite ville.

* * *

L'an M.CCCC.XX., & le mardi XII⁰ de may, trefpaffa de ce fiecle mefire André Ayraud *, abbé de la Chaife-Dieu, natif du Puy, lequel avoit bien & louablement gouverné ladite abbaye par l'efpace de quarante-deux ans & quatre moys, & fut enfepveli audit monaftere de la Chafe-Dieu, à l'entrée du chœur, où au deffus de fon fepulchre eft une grant lamine de cuyvre doré nerrant le contenu deffus. Ceftuy abbé fift conftruire la librarie de léans, & y fift aucunes fundacions fus la pictance du vin des Freres Religieux de léans, & autres biens qu'il y fift.

Comment monfeigneur le Dauphin vint au Puy.

L'an M.CCCC.XX., & le mardi XIIII⁰ de may, après que monfeigneur le Daulphin euft redduit en fon obeiffance tout le pais de Lenguedoc, s'en

* Ses armes étaient *d'argent au chef d'azur, au chevron de même, accompagné de 3 rofes de gueules*, 2 & 1. Dom Eftiennot, *Antiquités Bénédictines*, N° 12,749. Biblioth. Impériale. MSS.

vint pelerin à Noftre Dame du Puy, lequel y fut receu atout honneur & joye de ceulx de la ville & des feigneurs du pays, lefquels defiroient moult fa venue; & y demoura le mecredi, le jeudi fefte de l'Afcencion, jufques le lendemain, à vefpres, qu'il partit & alla coucher à Lode*, puis à Langhac, à Brioude, à Uffoire, à Clermont, & là fift affembler tout fon confeil.

*
* *

En celluy an M.CCCC.XX., prefchoit parmy le royaulme de France ung Cordelier, nommé frere Thomas, du pais de Bretaigne, lequel prefcha au Puy, ledit an, au XXVI° de jullet, & difoit que mondit feigneur le Daulphin auroit victoire, en ladite année, du Roy d'Angliterre & autres fes adverfaires, & domineroit fur tous autres princes. *Item,* difoit que toft & bien brief, viendroit tel accident, par tout le monde, que hommes, femmes, petits enfans, mourroient fubitement, en dormant, veillant, manghant, bevant, allant, parlant parmy les rues, le prebftre chantant meffe. Et pour obvier à ladicte mort, enfeignoit que chacun fe confeffat fouvent, amendant & corrigeant fa vie, & que le lundi on ne manghaft point de chair, ne le mecredi, & que le vendredi, on ne manghaft chofe qui prift mort, ne eufs, ne fromaige, & que ce jour on jeunaft expreffement, qui ne pourroit les aultres.

De terribles & merveilleux fignes que du Puy on vift au ciel.

Audit an M.CCCC.XX., au moys de jullet, du Puy on vift au ciel une grant eftoille & la croix fainct André, la moitié rouge & l'autre moitié noire, par l'efpace de demy quart d'heure. Ladite croix fut veue à foleil cochant, & ladite eftoille à une heure de nuyt; mais ladite eftoille demoura plus longuement, & fut à ung mardi, & ladite croix le jeudi enfuyvant.

Item, en celluy moys & an, on vift, au pais de Vellay, cheoir le feu du ciel fur la riviere de Loire, de grant jour.

---

* Loudes, chef-lieu de canton, arrondiffement du Puy.

Item, en celluy an mefmes, à la fin de janvier, fut veu audit pais de Vellay en divers lieux, à fouleil couchant, cheoir le feu de l'air à grant flamme; de quoy chafcun s'efmerveilloit, pour ce qu'eftoit en yver & que faifoit grant froid.

D'aucuns Bourguinions qui vindrent courir près du Puy.

L'an M.CCCC.XX., le XV* d'aouft, fefte de Noftre Dame, vindrent au pays de Vellay trois cent foixante chevaulx bourguinions, lefquels prindrent le chafteau de Fay & les chafteaulx de Boufols & Serviffas, par le moien des cappitaines defdits chafteaulx & d'ung nommé Pierre de Granant, lequel leur donna entrée; dont le chief * defdits Bourguinions eftoit ** Ferriere, Macé de Rochebaron, & le baftard de Mafcheirac; lefquels chafteaulx eftoient près de la ville du Puy. Et pour ce, le cas venu à la notice des bourgeois & habitans de ladite ville & des feigneurs du pays, lefquels avoient leurs gens enfemblé pour aller devers monfeigneur le Daulphin contre les Anglois, allarent meftre le fiege ausdits chafteaulx, lefquels à leur volenté eurent en briefs jours.

*
* *

En l'an M.CCCC.XXI., & le fabmedi IV* de octobre, environ mynuyt, commença à plouvoir, & dura le dimenche, le lundi, le mardi, le mecredi, le jeudi, le vendredi, le fabmedi. Dont, à caufe de l'abundance de tant d'eau, les rivieres s'en enflarent eftrangement, & firent de dommaiges merveilleux, rompant les ponts en plufieurs parts, tant en Vellay, Gevauldan, Forefts & Auvergne. Et eft à noter que Dolefon, Borne & Loyre y firent bien leur debvoir.

Comment le roy Charles feptiefme, qui fut furnommé le Glorieux & Bien-Aymé, vint au Puy avec la Reine.

L'an M.CCCC.XXIV., le XIIII* de decembre, vint ledit roi Charles au Puy, & y mena la Reyne fa compaignie, & y furent receus honnorablement

---

* *Lifez* : les chiefs.
** *Lifez* : eftoient.

par meſſire Guillaume de Chalencon, eveſque du Puy, & alla loger le Roy au chaſteau d'Eſpaly avec la Reyne. Et ung jour entre autres, monſeigneur de Montlor donna à diſner à la Reyne & ſon train, en la maiſon du Doienné. Et demourarent au Puy ou à Eſpali deſpuis ledit XIIII° de decembre juſques au tiers jour de janvyer, viſitant ſouventesfois Noſtre Dame.

Ledit Roy avoit avec luy grant gendarmerie qui donna grant dommaige en Poſarot, en la charreira de Viane, en la charreira Sainct Jacme, aux faulxbourgs de ladite ville, ouvroirs & molins, & aux ordres & couvents, & en pluſieurs villaiges prouçhains du Puy. Puis partit le Roy & alla coucher à Alegre.

Eſtoient Conſuls de la ville du Puy, ceſt an, François de Bonas, Jehan de Mercuer, Pierre Davinon, Jehan Salamon, Jehan Bellaut, Jehan Pagès.

De la terre tremblant qui advint au Puy.

L'an M.CCCC.XXVII., & le jour de la Purificacion Noſtre Dame, deuxſieme jour de febvrier, la terre trembla en telle ſorte que le voultement de l'egliſe Noſtre Dame du Puy, devers la partie de la chappelle de Sainct Nicolas, en rua jus. Pareillement, partie du ciel ou voultement du lieu ſus lequel on baptiſe les enfans en l'egliſe Sainct Jehan, en tomba ſemblablement.

De la conſtruction du Monaſtere des Seurs Minoretes du Puy, faicte l'an M.CCCC.XXX.

EGREGE & ſpectable dame madame Glaude de Roſſillon, relaiſſée de bonne memoire feu meſſire Armant, vicomte de Polignac, laquelle de long temps & dès maintenant avoit diſpoſé à la louenge de Dieu, funder & conſtruire, dans la cité Noſtre Dame du Puy, ung monaſtere ou religion, ſoubs la reigle du benoiſt ſainct François, des religieuſes & honorables Dames de l'obſervance de ſaincte Clere, & de ce desjà avoit obtenu le don du Sainct Pere le Pape Martin le quint, & auſſi de très-excellant prince Charles, roy de France, enſemblement de meſſire Guillaume de Chalancon, eveſque du Puy. Si furent par ladicte noble dame pour ce faire acheptés cer-

taines maifons & jardins contiguts & atouchants, fçitués en la ville du Puy,
en ung parti remot, appellé vulgairement de Pofarot (1.

De laquelle chofe eftre informés honorables hommes François de Bonas,
bourgeois, Vidal Theulenc, Pons Beneit, Robert Muret, Jehan Johanny,
& Pierre Gabriel, confuls du Puy, & que ceft achept eftoit au grant prejudice de la chofe publicque, pour ce que lesdites maifons qui fouloient eftre
alibrées & fervoient à poier les tailles royalles & communes, & que, en ce
faifant, fe amortiffoient; pourquoy, procès en fut fur ce meu & demené. Si
difoient lesdits Confuls debvoir eftre la ville recompenfée de la perte desdites
maifons & jardins, qui leur eftoit incommodité perpetuelle.

Toutesfois, après plufieurs queftions & debats fur ce demenés entre lesdits
feigneurs Confuls & ladiête noble dame, tant en juftice que dehors, & confiderans lesdits feigneurs Confuls tant louable œuvre eftre entreprinfe par ladiête dame, & auffi demonftracions faiêtes par plufieurs notables perfonnaiges
tant d'ung parti que d'autre, d'ung commung confentement, fut ordonné que
pour eviter les grans defpends que à caufe de ce pourroient venir, feroient
commys nobles & difcrets hommes maiftre Jacques Gaillard, bachellier ès
loix, Vidal Chabade, bourgeois, & Jehan Fabre, marchant, comme amys
de chafcune desdites parties, lefquels auroient faculté de veoir & regarder
l'intereft que ladiête ville y avoit, & que fur ce ils diffiniroient & diroient en
quoy ladiête dame feroit tenue envers ladiête ville à caufe de ce, & que ce
que par eulx feroit jugé feroit ftable, comme s'il eftoit dit par arreft de Parlement.

La relacion desdits arbitres & commys fut fur ce faiête le trefieme de
decembre M.CCCC.XXX. affemblés au Confulat, prefens lesdits feigneurs
Confuls & honorable homme Robinet de Berantone, procureur de ladiête
dame Vicomteffe, lefquels defiroient efcouter, conceder & accorder ce que
feroit dit & prolaté de ce different par l'arbitraige desdits commys.

Lesdits commys enfemblement relatarent que eulx avoir veu les maifons,

1) Ces maifons debvoient de cens au feigneur Prevoft de l'eglife Cathedrale chacun an
VI fous IX deniers obole, & fe nommoient les tenanciers d'icelles : Jehan Chevalier, Bonafe
Meynard, Jehan Meynard, Jehan Clufel, noble Pierre Ahond, Aftrugha Bordela, reliête de
Pierre Fabre, Vidal Barbier, André Monnac, Martin Sucre, Jacme Ayraud, Vidal Charbonel,
Vidal Clamens. — *Médicis*.

vergiers, jardins acheptés & confignés, & veu les metes de tous cartiers où
debvoient eftre ediffié ledit couvent & monaftere pour lesdictes Seurs, & avoir
veu auffi les rolles où eftoit efcripte l'extime & alibracion desdictes terres &
circuit dudit lieu, & confiderée toute l'incommodité que tout ce povoit porter
au commun du Puy, & eu auffi fur ce l'advis, confeilh & delliberacion de
plufieurs faiges gens en telle affaire expers, fut dit que ladite noble dame
feroit tenue de affigner, donner & affeoir ausdits feigneurs Confuls & univerfité du Confulat pour recompenfe & pour l'intereft & dommaige pour les
tailles perdues & à tout jamais par rayfon de l'achapt desdictes maifons &
jardins pour ledit ediffice, la fomme de cinquante fols de rente en l'affiete de
Vellay, lefquels feroient baillés & affignés à la communité du Puy à prendre
en quelque bon lieu, & que en outre, nulles autres places, maifons ou jardins
n'auroit ladicte dame opportunité de achepter pour amplier ou eflargir ledit
monaftere, ou ce feroit du confentement desdits Confuls & communité, &
que, moyennant ce, feroit paix & amour deformais entre lesdictes parties.
Ledit arbitraige ainfi declairé fut approuvé de chacun d'eulx.

Et ainfi par approbacion dudit compromis attendre, ledit Robinet de Ba-
rantone, procureur de ladicte dame illec prefent, pour la fatisfaction & poye
desdits cinquante fols de rente, bailla & expedia ausdits feigneurs Confuls,
realement prefens ceulx que deffus & plufieurs autres, la fomme de quatre
vingts dix efcuts d'or neufs & de bon poix, defquels en avoyt au marc
foixante trois, defquels cinquante fols de rente, moiennant ladite fomme, &
de tout l'intereft de la communité, quitarent ladite noble dame, ainfi que de
tout ce appert plus à plain par acte fur ce inftrumenté par maiftre Pierre
Servientis, notaire royal. Si fift incontinent ladicte noble dame marteler &
fabriquer ledit monaftere & devot couvent.

L'an & jour fusdits, fire Jehan Teulenc & fes autres compaignons confuls,
au nom de la communité du Puy, acheptarent de noble François de Bonas,
bourgeois & premier conful en leur compaignie, quarante fols debitals, lefquels il prenoit chafcun an fus la maifon du Confulat, laquelle eft affife dans
ladite ville du Puy en la rue de Villenova, & pour ce, la fomme de foixante
dix efcuts d'or vieulx, qui furent prins de l'argent poyé pour la place baillée
à noble dame madame Glaude de Roffillon pour ediffier le devot monaftere
des Seurs Saincte Clere, duquel venons de parler ci-deffus. Ladicte maifon
confulaire tient la ville en fief noble.

Item, audit an M.CCCC.XXX., que la fufdiĉte dame madame Glaude de Roffillon voulut faire ce devot monaftere des Religieufes Sainĉte Claire, autre contradicion fur ce luy fut donnée par le Chappitre de Sainĉt Vofy, difant ledit Chappitre que tout le circuit de ce couvent eftoit de leur parroiffe & que ce feroit au Chappitre & Curé d'icelluy perte perpetuelle. Ce que fut tantoft accordé par aucuns gens de bien & traiĉtables, moyennant une fomme d'argent que, à caufe de ce, leur fut baillée. Laquelle fomme ledit Chappitre promift employer en quelque achept au prouffit d'icelluy, en recompenfe de la perpetuité qu'ils perdoient. Mais *l'argent receu, le propos change,* car l'argent fut dividé entre eulx pour en ufer chacun en fon particulier. Dont Dieu n'en fut pas content, car dans ledit an revolu que ce miftere fut faiĉt, tous les Chanoines dodit Colliege ou Chappitre changharent leur vie avec la mort : qu'eft cas très-digne d'eftre recordé *.

De Pierre Boniol, marchant au Puy.

Il fut jadis ung marchant, au Puy, nommé Pierre Boniol, à qui fortune aida beaucop, car j'ay calculé que, de fon commencement, ce n'eftoit mye grant chofe ; mais, ainfi que les chofes font conduiĉtes par la Providence Divine, fault qu'elles fe parfacent.

Ceft homme fut natif du lieu d'Alver, perroiffe d'Eftrac **, diocefe de Sainĉt Flour, & vint habiter au Puy, & s'y maria affez pouretement. Mais fortune luy aida fi bien qu'il proffita en marchandife, & euft & acquift des biens de ce monde tant meubles que immeubles, & euft des honneurs de ladite ville du Puy beaucop. Il fut, au temps du *Bien-Public* ***, efleu des citoyens du Puy pour eftre cappitaine & confierge de la maifon de Sainĉt Jehan la Chevalerie. Finablement, voyant qu'il ne poffedoyt de fa femme nuls enfants, fe defdia à Dieu & fift voulter l'eglife de Sainĉt Hilaire à fes feuls defpends,

---

* V. pour l'hiftoire de ce couvent, dont la fondation amena fainte Colette au Puy, la *Narration hiftorique & topographique des Convents de l'Ordre St-François & Monaftères Ste-Claire érigés en la province anciennement appellée de Bourgongne, à préfent St-Bonaventure,* par le R. P. Foderé, *Lyon,* 1619, in-4°, réimprimée, en 1861, par l'Académie de Clermont, sous le titre : *Cuftoderie d'Auvergne.*

** *Malvert, paroisse de Thiéƺac,* aujourd'hui arrondissement d'Aurillac (Cantal).

*** En 1465.

ainſi que la voyez de preſent, car par avant eſtoit couverte comme toiz de
maiſon ou de granche. Il fiſt à ladite egliſe vitres, pontils, beneitiers, chappelle, laquelle il intitula de Sainct Jacques & Saincte Barbe où eſtoit ſa devocion ; & icelle chappelle dointa & fonda, & yllec eſt enterré. Et y laiſſa
pluſieurs legats, & en ladite egliſe fiſt moult d'autres biens, ainſi que clerement peult apparoir par ſes armes & merques qui y ſont en maints lieux
empraintes & figurées.

Ce fut environ l'an CCCC. ſus M. & XXXII.

*
* *

L'an M.CCCC.XXXVIII., le roy Charles VII⁰ de ce nom, &, en ſa
compaignie, monſeigneur le Dauphin (qui puis fut nommé Loys XI⁰), entrarent au Puy, venans pelerins vers Noſtre Dame.

D'aucuns miracles advenus au Puy.

L'an M.CCCC.LV., au moys de julhet, ung galand, bon matin, venant
de l'egliſe Noſtre Dame du Puy, paſſant derriere l'humble Hoſpital, viſt une
belle fleur de giroflée que quelque noble & devot perſonnaige avoit mys, avec
ung peu de cire, au devant de l'ymage Noſtre Dame, qui eſt aſſis en la rue de
Seguret qui regarde de front la rue de la Traverſe. Lequel fut bien ſi oſé
entreprendre de oſter ladite fleur pour en faire ſes plaiſirs & voluptés ; & s'en
allant atout ladite giroflée, ne fut point environ quatre vingts pas de là, ſus le
Maſel Sobeira, qu'il perdit entierement la vue.

Item, l'an M.CCCC.LXXXXV., au mois de ſeptembre, fiſt ung ſi terrible
vent que abbatit le devot ymage Noſtre Dame qui eſt aſſis ſus la porte de
Paneſlac, laquelle cheuſt au milieu du chemin tout plain de boe & fange. Et
tout ſubitement l'alla lever de ce lieu, gettant ſon bonet à terre, ung bon
marchant prochain d'illec, appellé Jehan Eſcut, qui la print entre ſes bras
& la porta au logis de noble Glaude de Lobeirac, bourgeois du Puy, bien
prochain habitant dudit lieu. Laquelle, combien que fut tombée en ce lieu
tant ord & ſale comme il eſtoit, n'en fut deturpée, maculée, ne enlaydie aucunement ; qui eſt choſe de difficile credence à qui ne l'auroit veu.

Item, l'an de noſtre ſalut M.CCCC.LXXXXVII., au mois d'aouſt, une moult devote femme, demourant à la rue de la Traverſe, avoit coſtume, chacun ſoyr, de illuminer ung devot ymage Noſtre Dame de Pitié, qui eſt en ladite rue de la Traverſa, quant on prend le chemin montant pour venir ſoubs la maiſon de l'Eveſque, tirant à l'egliſe Noſtre Dame. Laquelle, ung ſoir, par aucuns negoces fut occuppée & n'y put venir à l'heure accouſtumée. Si vint tantoſt après bien haſtivement vers l'ymage pour voir ſi aſſez y avoit huyle en la lampe, en laquelle n'en trouva pas ſouffiſamment. Si alla querir de l'huyle & du feu en ſa maiſon qui joignoit ledit lieu où eſtoit aſſis le devot ymage; laquelle, en y retornant, trouva ſa lampe illuminée & en très-bon ordre, qui fut cas miraculeux, & ſe aſſemblarent en ce ſpeĉtacle ung grant nombre de gent.

De ſonner l'Ave Maria à l'heure de midi.

L'an M.CCCC.LVI., fut ordonné & decreté par Noſtre Sainĉt Pere le Pape Calixte tiers de faire ſonner l'*Ave Maria* à l'heure de midi, comme de matin & de ſoir, affin qu'il pleuſt à Dieu & à la Vierge Marie ſecourir, aider & donner viĉtoire aux Chreſtiens qui, pour lors, en une ſainĉte expedicion, eſtoient allés debeller les Turcs & Infideles. Ainſi le dit maiſtre Jacques Philippe de Bergame, au *Supplement des Croniques*.

* * *

L'an M.CCCC.LVI., noble Heuſtace Rochier, ſire Jacme Gondo, ſire Jehan Tiern fils, ſire André Mege, ſire Jacme Paes, ſire Bartholomy Yrailh, conſuls audit an, firent faire le livre *Officier* du Conſulat, car par avant n'y en avoit point. Et fut ce, affin que plus facilement chacun voye, par le conſpeĉt d'icelluy, les noms & ſurnoms des gens de bien du temps paſſé qui ont ſervy à la choſe politique, & affin que les jeunes gens ſoient curieux d'entendre à ſuivre les veſtiges & honorables termes de leurs devanciers, peres & parents. Si fut eſcript & ainſi redigé par le ſecretaire du Conſulat, appelé maiſtre Pierre Bourgoignon, lequel alla chercher tous les livres des années precedentes, commençant aux premiers Conſuls, qui furent du temps de l'oĉtroy juſques à ladiĉte preſente année, que ſont en nombre cent treize ans.

Le roy Reignier vint au Puy.

L'an M.CCCC.LX., vint ledit roy Reignier* pelerin à Noftre Dame du Puy, lequel avoit avec luy certain nombre de Mores habitués de moult eftrange facon ; que faifoit moult beau voir.

De l'an des Divifions.

L'an M.CCCC.LXV., fe mift groffe divifion au royaulme de France entre le roy Loys XI* de ce nom & monfeigneur le duc de Berry, fon frere, & les feigneurs de France qui tenoient divers partis, & mefmement en ce pays, car vous euffiez trouvé tenant le parti du Roy monfeigneur de Montlor, monfeigneur d'Apchier, & du parti de monfieur de Berry l'Evefque du Puy, meffire Jehan de Borbon, le Vifconte de Polignac ; & chacun tenoyt fes places eftablies de garnifons, & ne favoient les bonnes gens du plat pays quel parti tenir, tant eftoient tormentés de divers affaulx. A meffire Jehan de Borbon eftant en ce temps à Efpali fe adreffarent certains gens envoyés de par monfeigneur de Berry, lefquels firent faire au Puy & ailleurs par le pays cris & preconifacions publicques que n'y euft homme qui euft à paier tailles, charnages, fixieme du vin, ne nuls aultres tels fubçides, car monfeigneur de Berry les affranchiffoit.

Cecy venu à la notice de Raufet de Balfac, fenefchal de Beaucaire, qui eftoit à Boufol**, fuitifs pour la pefte qui eftoit à Nifmes, fift adjourner les hommes d'Efpaly à ung jour pour luy venir prefter ferement de fidelité au nom du Roy. Ce que les hommes d'Efpali mandarent à Mercuer*** à monfieur du Puy meffire Jehan de Borbon, comment fur ce fe debvoient gouverner. Lequel leur manda qu'ils ne luy preftaffent nul ferement, mais s'en excufaffent le plus gracieufement qu'ils pourroient. Et cependant ledit meffire Jehan de Borbon fe fift prefter à luy par lefdits hommes d'Efpali ledit fere-

---

* René d'Anjou, roi de Sicile et comte de Provence, dit *le bon roi René*.

** Bouzols, commune de Coubon, près le Puy.

*** Mercœur, commune de Malrevers, près le Puy. Cette feigneurie appartenait aux Evêques du Puy depuis 1306, par suite d'une transaction entre l'évêque Jean de Comines et Armand V, vicomte de Polignac, qui avait reçu en retour la terre de Saint-Paulien.

ment de fidelité contre le Roy, & mirent grande garnifon dans le chafteau d'Efpaly.

Ledit Raufet de Balfac, de tout ce eftre bien informé, manda & affembla gens de tous coftés & par efpecial du Puy, & s'en vint devant Efpaly à main armée, & demanda ouverture de par le Roy. Dont pour la partie de meffire Jehan de Borbon & pour les hommes d'Efpaly, refpondit ung nepveu dudit meffire Jehan de Borbon qui eftoit treforier de l'eglife de Noftre Dame, « que la ville eftoit au Roy & que quant le Roy y viendroit ou qu'on auroit exprès mandement pour luy, on lui ouvriroit. »

Voyant ce, ledit fenefchal luy dift : « Et ne ferez-vous donc autre chofe ? » « Nenny, » dift ledit trefourier. Lors cria ledit fenefchal : « A l'affault! à l'affault! » Et incontinent ledit fenefchal fift meftre en ordre fes gens, & ledit trefourier fe retira dans le chafteau. Et voyant les hommes d'Efpaly eftre foibles pour refifter à la force dudit fenefchal, luy firent ouverture, & alors tirarent ceulx du chafteau ung canon. Ce nonobftant, s'approucha ledit fenefchal du chafteau & demanda ouverture de par le Roy, luy faifant les commandements à ce neceffaires, mais tousjours reffus. Lors dit ledit fenefchal qu'on donnaft l'affault audit chafteau, & eftoit ce le IIII° de octobre ledit an M.CCCC.LXV. Si en y heut de bleffés d'un cartier & d'aultre. Il y avoit avec ledit fenefchal fix cents arbaleftiers fans les autres gens. Si dura ceft affault cinq jours, & chacun jour environ deux heures affailloient ledit chafteau. Quant ce vint au cinquiefme jour qu'eftoit mardi, ung nommé noble Pierre de Veri, cappitaine de ladite place, eftant tout armé, en une feneftre du lieu qu'on appelle *le grenier de la fivada**, par fon mal encontre, leva fa vifiere en hault comme par une gloire. Si l'affena fi à droiçt quelcun qu'il luy mift ung traiçt bien avant entre les deux yeulx, fi qu'il en cheut à la renverfe mort tout roide. Dont ceulx du chafteau en furent trop contriftés, & alors demandarent à parlamenter. Si y fut envoyé ung du Puy, nommé Pierre del Roux, cappitaine des arbaleftiers, lequel n'y peult appointer chofe qui fut au gré du fenefchal. Si fut conclud, après plufieurs entreparlers, que ledit fenefchal & ledit trefourier qui dedans le chafteau eftoit, parlamenteroient enfemble. Si s'en vint ledit trefourier hors du chafteau avec aucuns aultres foubs fauf conduit, & fe affemblarent en l'oftel de maiftre Jehan Pratlavi, d'Efpali, & là

* *Civade,* avoine.

debatirent d'appointement. Si fut conclud que ils rendroient ladite place entre les mains dudit feneſchal au nom du Roy, leurs vies & bagues ſaulves, & ſe miſt dedans ledit feneſchal.

D'ung villain cas qui, peu après, fut faiᷤ audit chaſteau d'Eſpaly.

Peu de temps après que ledit feneſchal euſt ainſi conquis le chaſteau d'Eſpali & y euſt eſtabli bonne garniſon, il fit prendre pour quelque meſfaiᷤ ung nommé Jacquet Criſtal & ung autre appellé Eſtienne de la Maladiere *, & les miſt en priſon dedans ledit chaſteau d'Eſpali, & puis s'en alla ledit feneſchal devers le Roy. Or, eſt ainſi que le curé de Sainᷤ Marcel, nommé Jehan del Pi, frequentoit ſouventesfois ledit chaſteau & les hommes de ladite garniſon, & la femme dudit Criſtal qui léans eſtoit priſonnier, auſſi y viſitoit ſouvent ſon mari, & ung jour entre les autres luy apporta ſecretement une corde, ainſi que ledit Criſtal luy en avoit baillé l'induſtrie, pour luy aider à s'en ſortir. Et ce jour meſmes que ladiᷤe femme porta ladite corde, le curé meſſire Jehan Dupin vint ſoper avec ladite garniſon audit chaſteau, & ce temps pendant qu'ils ſouppoient enſemble, ledit Criſtal & Eſtienne de la Maladiere s'en ſortirent atout ceſte corde par les privées. Si euſt ledit curé ſouppé & deſja s'en fut allé, ains que ladite garniſon s'aperceut que leſdits deux priſonniers s'en fuſſent iſſus. Et quant ils virent qu'ils ne trouvarent leurs priſonniers, ſuſpeçonnarent ledit curé, combien qu'il en fut innocent. Si l'envoiarent querir & le mirent dans le chaſteau & avec luy ung nommé Bertrand Gibert, dudit lieu d'Eſpaly, qui auſſi ledit chaſteau frequentoit pour viſiter Eſtienne de la Maladiere, les accuſant du cas, diſant qu'ils en avoient faiᷤ aller leſdits priſonniers, leſquels ils avoient prins en leur garde. Si liarent ledit Bertrand Gibert au plus hault d'une eſchelle & le laiſſarent là pendu par les bras. Puis prindrent le curé & l'eſtacharent au bout de la chambre qu'on appelle *la chambre de Monſeigneur,* & luy mirent ung baillon en la bouche, & luy faiſoient boire de la ſuye deſtrempée dans ung gobelet, & puis chauffoient fort une poille, & toute aulbe la luy metoient ſus le ventre, & luy piſſoient dedans la gorge, & lui firent tant de martire que finablement il en morut. Et cependant que le poure curé eſtoit en l'agonie de la mort, arriva audit chaſteau ung cappitaine, lequel, voyant ce deſordonné exceiz, les en

---

* Aujourd'hui la Malouteyre, commune de Polignac, à l'ouest du Puy. Ce hameau a tiré ſon nom d'une *maladrerie* qui y était établie.

reprint & vitupera laidement, & fift deftacher ledit Bertrand. Et tout ce venu
à la cognoiffance de la Court Roialle de Vellay, furent prins lesdits malfaiêteurs
& menés au Puy en la Court du Roy, & en fut excequtée juftice; dont trois
en perdirent les teftes, aultres furent fuftigés, & aultres efchapparent par
grace. Et, après tout ce, fut rendu ledit chafteau d'Efpali entre les mains de
Monfeigneur du Puy.

Comment, par le commandement du Roy, les habitants de la ville du Puy
fe mirent en armes pour aller affieger le chafteau de Polignac.

Pour ce que, durant le temps fusdit des *Divifions* que venons de parler
fideffus, le feigneur Vifconte de Polignac* avoit aucunement tenu le parti de
monfeigneur de Berry & des aultres feigneurs contre le vouloir du Roy, pour
laquelle caufe noble homme Gilibert de la Faieta**, feigneur de Sainêt Roma,
efcuyer du Roy, fut depputé commiffaire à fur ce faire informacion, & efpecial
mandement à faire beaucop de befoignes; laquelle informacion il fift au Puy
quatre ou cinq jours fecretement & fans bruyt.

Ladite informacion ainfi faiête, le XIIII⁰ de janvier M.CCCC.LXVII.,
ledit noble Gilibert de la Faieta, commiffaire, fift preconifer à fon de trompe,
par tous les carrefours de ladite ville du Puy, par vertu de fa commiffion,
que tous & chacun des habitans de ladite ville du Puy qui feroient pour deffendre leur corps & pourroient porter arnoys, que fe euffent à pourvoir desdits
arnois & s'armer & appointer pour lui donner le meilleur fecours & ayde
qu'il leur feroit poffible, & fut ce crié de bon matin.

Item, plus, ledit jour mefmes, fut faiête une autre criée environ midy que
chacun fus peine d'eftre faulx, traiftre & defobeiffant au Roy, & fus la peine
de confifcacion de corps & de biens, que incontinent & fans delay, euffent à
partir armés & acoutrés & aller devant le chafteau de Polignac pour y metre
le fiege & là demourer jufques ladite place feroit rendue.

Pourquoy, incontinent, au meilleur ordre que peurent, lesdits habitans de
ladite ville du Puy ou la plufpart allarent à Polignac armés & acoutrés.

---

* Guillaume-Armand.

** Gilbert Motier de la Fayette, IV⁰ du nom, seigneur de Saint-Romain (près Siaugues, canton
de Langeac), troisième fils du maréchal de la Fayette.

Item, fut informé ledit commiffaire que le bailly de Villars, qu'on appelloit Aymar Delbos, alloit en hafte du Puy à Polignac, lequel tousjours avoit foubftenu les affaires dudit feigneur Vifconte. Si fut fuivy après par ledit commiffaire & aultres gens à cheval courant après, lequel ils trouvarent au chamin tirant à Polignac, fus l'oratoire qu'on appelle de Portier; & yllec ledit commiffaire luy cria qu'il vouloit parler à luy & près que fut de luy, luy mift la main fus l'efpaule, difant : « Je vous fais prifonnier du Roy. » Quoy voiant, ledit Aymar Dubois cuyda refifter par voye d'exceis, mais n'y peut remedier, car d'un cop de voulge, fon cheval fut tué foubs luy. Si fut prins & mené au Puy & du Puy, ramené à Polignac, & mys en la maifon du curé avec bonnes gardes.

Item, ledit jour, auffi furent prins meffire Jehan Audibert & le juge meffire Artaud Cenat, officiers dudit feigneur Vifconte, & incarcerés au Puy en la Court du Roy.

Après tout ce, partit du Puy ledit commiffaire avec plufieurs bourgeois & marchans de ladite ville tous à cheval & en bel ordre, acompaignés avec plufieurs de fes gens, & environ l'heure de l'*Ave Maria,* de nuyt, furent à Polignac, & là fit meftre ledit commiffaire toutes fes gens en bon ordonnance. Si vint à la porte dudit chafteau & cria par troys fois : « *Ouvrez, de par le Roy.* » Si fut refpondu par ceulx du chafteau qu'eft ce qu'il demandoyt en ladite place, & ledit commiffaire declaira fa commiffion. Si fut mandé par ledit feigneur Vifconte qu'on luy fit ouverture. Si luy ouvrirent la premiere porte & la feconde, & quant ce vint à ouvrir la tierce porte, là fe trouva madame la Vifconteffe*, madame de Vilars** & aultres dames & damoifelles qui léans receurent ledit commiffaire en grant honneur & reverence. Si trouva ledit commiffaire caché ledit feigneur Vifconte, comme par moyen de franchife, dans l'eglife du prioré de ladite place. Si print ledit commiffaire les clefs & dominacion de tout ledit chafteau, excepté du tinel*** qu'il laiffa pour le fervice des dames & damoifelles.

Le lendemain, print ledit commiffaire le feigneur Vifconte & le conftitua

---

* Amédée de Saluces, fille de Manfred, maréchal de Savoie.

** Jeanne de Polignac, sœur du vicomte Guillaume-Armand et veuve d'Antoine de Lévis-Lautrec, comte de Villars et baron de Roche-en-Régnier.

*** La grand'salle du château.

prifonnier pour le Roy & l'emmena devers le Roy. Et quant ils furent à Cuffet en Aulvergne, là fe trovarent plufieurs grans feigneurs, fes parents, & aultres qui ledit feigneur Vifconte pleigerent* corps pour corps. Si fe traicta là appointement que, pour paciffier ceft affaire, on donnaft par mariage audit noble Gilibert de la Faieta, feigneur de Sainct Roma, commiffaire, la fille dudit feigneur Vifconte**, laquelle eftoit très-acomplie damoifelle, & qu'il traictaft l'appointement dudit feigneur Vifconte envers le Roy. Ce que en brief temps fut acompli & mariage & appointement***.

.*.

L'an M.CCCC.LXIX., & le mardy XXVe de octobre, à l'heure de l'*Ave Maria*, meffire Jehan de Borbon, evefque du Puy, envoya audit Puy une lectre comment la paix eftoit faicte entre le Roy & les feigneurs, & fift-on incontinent fonner les groffes cloches, & toute la ville y**** monta, & là fut leue publicquement ladite lectre, & fut chanté *Deum te laudamus*, & fut dit qu'on fift feu de joye, & le lendemain fut dicte une belle meffe & fermon, & ne fift rien le peuple de tout ce jour.

Item, l'an M.CCCC.LXIX., le mardi XXe de feptembre, fut au Puy criée la paix faicte entre le Roy & fon frere monfeigneur de Guienne, dicte meffe, faicte proceffion, & dit fermon, & faict feu de joye devers le foir.

Monfeigneur de Guienne, frere du Roy de France, vint pelerin à Noftre Dame du Puy.

Ledit an M.CCCC.LXIX., & le VIIe de mars, premier jour de karefme, entra au Puy monfeigneur de Guienne*****, frere du Roy, & y venoit pelerin à Noftre Dame, & y arriva environ une heure après midi, auquel fut faict

---

* Pleger, *cautionner*.
** Isabeau de Polignac.
*** Voyez la savante et dramatique étude de M. du Molin sur *les Polignac dans la Ligue du Bien-Public*. Ann. de la Soc. acad. du Puy, année 1859, p. 225 et suiv.
**** *C'est-à-dire*, à la Cathédrale.
***** Charles de France, duc de Berry, puis duc de Normandie et de Guienne, fils de Charles VII et de Marie d'Anjou, et frère de Louis XI. Il fut l'un des chefs de la Ligue du *Bien-Public*.

33

grant honneur à fon entrée, & l'allarent querir les Ordres en l'oradour du Colet, & l'Eglife Cathedrale au portal Sainct George, ainfi qu'il eft de coftume à ceulx du fang royal. Les rues par où il debvoit paffer furent tendues comme le jour du Corps de Dieu, & plufieurs belles & nobles hiftoires furent faictes, & de plus belles par commung bruyt que celles qui par avant avoient été faictes au portement du faint ymage duquel eft fideffus parlé *. Ledit feigneur ne menoit pas oultre de quatre cens chevaulx, & demoura au Puy faifant fes devocions fept ou huit jours, & ung foir entre les aultres, veilla dans l'eglife Noftre Dame, & y offrit ung moult beau fierge de cire, & au fainct ymage donna une robe de veloux à or batu avec fes armes. Ce bon feigneur eftoit clerc & fe fift monftrer à meffire Pierre Odin, pour lors official du Puy, fa librarie, laquelle foigneufement vifita, & au defpartir, ledit meffire Pierre Odin luy donna ung petit livre.

Ma très-honorée dame madame Charlote de Savoye, royne de France, vint au Puy, pelerine à Noftre Dame.

L'an M.CCCC.LXX., & le mecredi, dernier jour de octobre, vigile de la Touffaincts, vint ladite dame pelerine à Noftre Dame du Puy, un petit laps de temps après l'enfentement de fon fils monfeigneur le Daulphin Charles de Valoys, & entra en ladite ville du Puy devers le foir environ l'*Ave Maria*, & menoit en fa compaignie madame de Borbon ** & plufieurs autres nobles princeffes, dames & damoifelles, où yl avoit XIIII chariots. Ladite ville la receut moult honnorablement, & furent faictes force hiftoires parmy la ville, entre lefquelles, au milieu de la rue de Panaffac, fut faicte l'hiftoyre des Neuf Preux ***, & faifoient lefdits Neuf Preux les neuf plus belles filles de ladite rue : laquelle hiftoire fut entre les autres moult eftimée. Plufieurs autres honneurs & paffe-temps, avec riches dons & prefents, furent faicts à ladite noble princeffe, defquels pour l'heure me taix. Si fift ladite noble dame fon roméage en la fainte Eglife devotement, & briefvement s'en retorna.

---

* Page 193.

** Jeanne de France, fille de Charles VII, mariée à Jean II *le Bon,* duc de Bourbon.

*** Hector, Alexandre, César, Josué, David, Judas Machabée, Artus, Charlemagne et Godefroi de Bouillon.

* * *

L'an M.CCCC.LXXV., & le XVIᵉ de janvier, à la fupplication de très-chreſtien prince Lois XIᵉ, roy de France, & de la Reyne, le Sainέt Pere Sixt fecond conceda indulgence perpetuelle, par bulle plumbée, audit prince & à tous ſes regnicoles, que, chacun jour, diront, genoux fleſchis, à l'heure de midy, trois fois *Ave Maria*, à l'honneur de l'Annunciation de la Vierge Marie, pour la paix & confervation du Roy & de ſon royaulme, gaigneront trois cens jours de indulgence, & ſera dicte l'*Ave Maria de la Paix*. Et la-dite bulle fut enregiſtrée & publiée par toutes les diocefes du royaulme de France. Et ledit jour que furent publiées au Puy, fut faicte proceſſion ſolempne, avec meſſe & ſermon. Et, à cefte caufe, fut enjoinέt par toutes les cités du royaulme & aultres lieux comme perroiſſes & bourgs, que, chacun jour, à l'heure de midy, fut ſonnée ladite *Ave Maria* à ſon de cloche. Et eſt dit en ladite bulle, que, aux lieux oùt n'a cloches, congnoiſſans l'heure de midy, & ſe metant à genoulx, & difant trois fois *Ave Maria,* pour raifon que deſſus, gaignent ſemblable indulgence : ainſi qu'il appert par le double de ladite bulle que eſt en l'Eglife du Puy.

* * *

En ce temps floriſſoit au Puy en l'art de metrificature ou rethorique fran-çoife Simeon Croſet, orfeuvre, demorant en la rue de Seguret, derrier la mayfon de l'Hoſpital Noſtre Dame 1). Lequel, en ſon temps, compila par per-ſonnaiges la Paſſion Noſtre Seigneur, & pluſieurs autres vies de Sainέts & Sainέtes de paradis, & fans nombre de moralités, comedies, farces & autres divers miſteres, joyeuſes chanſons & hiſtoires.

* * *

L'an M.CCCC.LXXV., & le vendredi VIIIᵉ de mars, entra le fusdit roy

---

1) En ce mefmes temps eſtoit en bruit en ladite ville du Puy en l'art de la ſçience gaye de metrificature ou bien rethoricque françoife, ung orfebvre de ladite ville, nommé Symeon Crozet, que, en ſon temps, compila la Paſſion de Noſtre Seigneur..... *Table de Médicis.*

Loys XI° au Puy, y venant pelerin à Noſtre Dame, & y demoura juſques au lundi matin, lequel donna à la ſainɛte Egliſe de moult bons dons, entre leſquels donna cent marchs d'argent pour faire la *chadaraita* en laquelle le ſainɛt ymage, de preſent, repoſe & eſt aſſiſe, & le fit Francois Ginbert, orfeuvre du Puy, & deux beaulx chandeliers en argent, & une coppe ou voirre de criſtalh eſtouffé de pierres precieuſes & perles, qu'eſtoit de grant value.

Item, audit an, revint ledit roy Loys au Puy pelerin vers Noſtre Dame, le vendredy, vigile de ſainɛt Pierre & ſainɛt Pol, & y fiſt une neufvayne, & de ce temps oɛtroya à la ville du Puy qu'il aymoit ſingulierement, franchiſe de tailles pour dix ans.

Et de ceſt temps furent faiɛts les foſſés, la tour & le bolevart de la porte des Forghes, & le bolevart auſſi de Panaſſac, & furent faiɛtes auſſi pluſieurs canonieres.

.*.

En ce temps flouriſſoit & eſtoit en bruyt en ladite ville du Puy maiſtre Guillaume Tardivi, natifs de ladite ville, qui moult ſcientificque homme eſtoit & de ſinguliere eloquence, lequel compoſa certain livret de grammaire lequel j'ay veu en mes tendres jours en impreſſion & ſe intituloit ainſi : *Gramatica Guilhermi Tardivi Anicienſis ;* & en autres ſciences fut approuvé & elegant & de noble engin & très-agu en diſputacion.

De las Ꞑodas de Sainɛt Mayol °.

L'an M.CCCC.LXXVI., preſulant Eveſque del Peu monſeignour meſſire Jehan

---

° *Noda*, contraction de *Noſtra Dona*, Notre Dame (du Puy), dont cette monnaie avait l'image pour type. La dénomination de preſque toutes les monnaies du XV° siècle, *écus à la couronne, moutons, chaiſes*, etc., et du XIV°, *angelots, lions, pavillons, saluts*, etc., ſe tirait de l'objet qui y était repréſenté.

L'usage et la contrefaçon des *Nodes* durèrent bien plus que ne l'indique le document recueilli par Médicis, car, dès 1447, des lettres de rémiſſion étaient accordées à *ung moyne de l'ordre de Grantmont, nommé frere Pierre Roy, lequel faiſoit d'une monnoye, nommée* Nodes, *en laquelle eſtoit l'enſeigne de Noſtre Dame du Puy, qui avoit cours en la ville & dyoceſe du Puy*. — Ducange, *Gloss. mediæ et infimæ latin.*, V° Moneta.

de Bourbon, la venerable Univerſitat des Clercs de Sainᵭ Mayol eſtant auculnament en neceſſitat d'argent menut per faire en l'egliſe Cathedrale las diſtributions ordinarias & cothidiennes per lo ſervice qu'on y fay a Diou & a la Vierge Marie en ladiᵭe gleiſa ſeguent lours fundations, agront conſeil per l'interiu & affin que chaſcun habituat en ladiᵭe gleiſa ſe pogues adjudar de ſas diſtributions, de metre en valour certanas nodas faiᵭes & eſtanpadas de feulhia de leton an une ymage de Noſtre Dame, que ſeriant beiladas per ung denier la pieſſe per losdiᵭs clercs & habituats, en tal condition que tant qu'en auriant reſſauput & s'en ſeriant adjudat, qu'els las retourneſſant ou feiſſant retournar aux bailes de ladiᵭe Univerſitat de mes en mes ou de quinze en quinze jours, & que losdiᵭs bailes ſeriant tenguts de beilar, el luoc de lasdiᵭes nodas, de bon argent : ſo que troberont que ſeria faiᵭ & eſtre bon, utial & ſerviable per lo ſolaghament tant des clercs que de toute la Gleiſa, ainſi que ſe fay en pluſiours aultres Gleiſas & Chappitres en aultres parts.

Si feiront gravar coings & poinſſos & en eſtanpar ung grand nombre que montava una bona ſomme. Et ſo faiᵭ, ſo publiat per auᵭoritat de reverend paire en Diou lo ſusdiᵭ meſſire Jehan de Bourbon, gouverneur per lo Rey en ſon pais de Lengadoc, abbat de Clugni & priour de Sainᵭ Ranbert, & auſſi per l'auᵭoritat de la Court Communa de la ville, y conſentent los ſeignours Coſſols, que chaſcun per l'interiu vendeſſant lours denrees, pa, vin, char, frut & aultres chauſes & en eſtre paiat de nodas, en laſqualles tournant el temps ſuſdeclarat aux bailes de Sainᵭ Mayol, lour ſeria randut bon argent, moneda de Rey ou de Savoye ou aultre argent de bona ley & de bona miſa. Eyſſo duret enviro quatre ans. So pendent, avenc que certans argentiers de las Taulas, ben entenduts a gravar coings & poinſſos, feiront de ſemblables coings & poinſſos a l'inſtar qu'erant faiᵭs los premiers, & s'en adjuderont los leyroux. Per que tantoſt apres la Maiſo deldiᵭ Sainᵭ Mayol, quant on lour tournava tant de nodas, ſe troberont fort deſſauputs, car las gens que per aquellas nodas aviant fornit denrees, demandavant bon argent vallable, juſte lours fornitures, en rendent lasdiᵭes nodas qu'els aviont receu de lours denrees ; ſo que grevet ladiᵭe Maiſo de Sainᵭ Mayol, conſiderant la perte eyvidente qu'ils faſiant, car las nodas ſurmontavant de beaucop. Et ſe plaignens d'aqueſt affar, ſe retireront devers lodiᵭ ſeignour Eveſque, aux Officiers de la Court Communa & aux ſeignors Conſuls, que reſponderont n'y aver ren affar ; toutes ves, per lodiᵭ bon Prelat que era tant grant perſonnage, ſo adviſat de metre ordre ſus aqueſt errour que prejudicava a la Gleiſa & a chaſcun.

Et ſo tel ordre mes, chaſcun y conſentent, que ſeria cridat a ſon de trompe : que toute perſonne que auria pres nodas en payement, las agueſſa a portar a Sainᵭ Mayol dins lo jorn. So faiᵭ, vengueront tantoſt forniers, paſticiers, taverniers, maſeliers, revendeiris, & tant d'aultre maneira de gens portans nodas, que ladiᵭe

Maifo de Sainct Mayol en fo ben empachada a y refpondre. Si fo accordat que toutes lasdictes nodas feriant beiladas en garde aux feignours Coffols & mefas dins lour
Coffolat, & que per lo ben de la Gleifa & de la Maifo deldict Saint Mayol, lour
feria adjudat per monfeignour l'Evefque de XX liouras, & lo Coffolat per los ciau-
tadas de XV liouras qu'els feiront paffar per confeil, & la refta feria perduda per
lodict Sainct Mayol, fazent inhibition & deffence que nengun d'ores en avant non
fe adjudeffa ny donneffa cours en aqueftas nodas, fur pena de perdre lours denrees &
aultra pena arbitraria. Si foront portadas el Coffolat lasdictes nodas & beiladas aux
feignours Coffols, lasquallas foront mefas aux coffres ou arches fafen doffier, que
font en la chambra des Confeils foubs l'ymage del Sainct Crucifix. Lo murmur fo
grant en la viala, car chafcun fe dobtava qu'en vendria fo que en advenguet.

De l'an qu'on dit de la Male Annada.

Pour rememorer les chofes paffées qui font dignes de fouvenance dont en
ce livre faitz recordacion, ne veulx metre en oblivion ceft an que l'on comp-
toit M.CCCC.LXXXI., lequel fut affez fertile. Toutesfois, quant approucha
la faifon qu'on doibt metiver* les champs qui affez capablement eftoient veftus
de la pafture dont nature eft foubftenue, par indifpofition du temps ou autrement, Dieu permetant, fift une fi horrible & cruelle tempefte qui endom-
maigea & gafta les fruits de terre autour du Puy, tenant ung grant pais,
lequel mift en tel eftat qu'à grant peyne on peut recueillir la paille des champs;
des grains je ne parle point. Cefte mauldicte tempefte caufa grande chierté:
la raifon fi fut, car le peuple ne peut torner couvrir les terres par la carence
des femences, & demorarent beaucop de terres fans couvrifon; &, qui pis
eft, l'année fubfequente, ce peu qui eftoit couvert ne fut point fertile & ne
rendit fruict à demy.

Pourquoy, ces deux ans caufarent la grant poureté qui furvint, car le proverbe commun dit que *mal fus mal n'eft pas fanté*. Vous euffiez veu venir
des pays & lieux circonvoifins de quinfe & vingt lieues le poure peuple qui
cherchoit les villes, mendiant, cuidant trouver aucun remede pour reffacier
leur famelique appetit, & tant fe ferra de ces poures gens dedans la ville du
Puy, venant d'ung parti ou d'autre, que c'eftoit une confufion. Lefquels fem-

* Moissonner.

blans femy-morts euffiez veu courir aux prés, cherchant l'erbe qu'on appelle *bouchibarbe,* pour remplir leur poure ventre : ce que leur portoit bien faible nourriffement & les amentoit du tout.

Par laquelle caufe groffe pefte & fiebvre caufonne, autrement dit *mal chault,* fe mefla parmy le peuple. Si que journelement fe mouroient les gens tant de ladite ville que des alienigenes, & non pas tant feulement en lits ne en maifons, mais parmy les rues, comme poures beftes : qui eftoit doleureufe & trifte chofe à veoir, dont les habitans du Puy en eftoient forment contriftés, voyant la poure ville eftre ainfi trevaillée de telle calamité. Mais ce non-obftant, plufieurs des citoyens & charitables dames faifoient beaucop de biens & aulmofnes tant en victuailles que à faire enterrer plufieurs de ces poures qui ainfi fe mouroient parmy les rues.

Que vous diray-je ? tant de poures malades furent conduys à l'Hofpital qu'il convint les charpentiers befoigner aucuns jours de bonne fefte à forger lits dedans ladite bonne maifon, & tant y en furent amenés qu'ils evacuarent le grenier du blé de léans, tout le linge & linceux pour l'enterrement des morts, & grant partie de leur trefor qu'ils expofarent à achepter blé pour fubvenir à l'alimentacion des poures illecques eftans conftitués en egritude, & leur couftoit chacun carton de blé environ vingt fols.

Et fe trouva à la fin que durant ce temps famineux & peftifferé eftoient morts audit Hofpital, inquififfion vraye fur ce faicte, le nombre de dix mil perfonnes ; & des habitans de la ville fe morurent parmy la ville environ fept mil perfonnes. Ceulx de l'Hofpital furent enfepvelits au grant Clufel fus la place du Martoret, & au cimentiere d'Aguilhe ; les autres de la ville parmy leurs perroiffes.

Ceft an fut fi calamiteux & poure tant pour la diverfité des maladies que pour la cherté qui couroit, que je ne fauroye explicquer, ne efcrire le cartier.

Dieu, noftre bon maiftre, & la Vierge Marie, noftre patronne, nous deffendent ores & à tout jamais & nous vueillent preferver de l'importunité de telle année ! Difons *Amen.*

De la Meffe du Chappellet.

L'an M.CCCC.LXXXXII., fut publiée & prefchée au Puy la celebrable devocion du Chappellet de la Vierge Marie. Parquoy s'en eft fuyvie cefte belle ordre de dire la meſſe le dernier dimenche de chacun moys & autres belles ſerymonies qui ſe font à cauſe de ce en l'egliſe des Freres Preſcheurs du Puy.

Ceſte noble devocion preſcha ung nommé frere Geoffroy Quentin, du marquiſat de Saluces, de ladite religion, grant preſcheur & très-auctoriſé docteur, qui, en ſes predicacions, nous donna de moult belles doctrines, & bailloit à qui en vouloit la bulle dudit Chappellet imprimée pour ſix deniers tornoys piece.

LE CRY DE LADICTE MESSE.

> *Demain ſe dira la Meſſe du Chappellet*
> *A Sainct Laurens, à l'heure acouſtumée.*
> *Veneȝ-y, Seigneurs & Dames, s'il vous plaict,*
> *Pour ſaluer & ſervir la Vierge honnorée.*

* *
* *

L'an M.CCCC.LXXXXII., & le jour de ſainct Vincent, XXIIe de janvier, par tout le pays cheuſt de neige environ cinq quartiers en haulteur de l'aulne du Puy. Pourquoy, on deſchargha le tois des maiſons, & eſtoit ſi grande la quantité de la neige parmy les rues que l'ung voiſin ne voyoit la porte de l'autre, ce n'eſt que par aucuns paſſaiges qu'on y avoit faict. De ce s'enſuyvirent groſſes inundations de l'eaue de Loyre, Borne & Doleſon.

Des Ymages des Carrefours.

L'an M.CCCC.LXXXXIII., commença-l'on de faire les bailes & baileſſes, le ſoir de ſainct Jehan Baptiſte, qui amaſſent les ſabmedis de l'an, parmy la rue de Panaſſac, pour avoir l'uyle pour illuminer de nuyt le devot & ſainct ymage de la Vierge Marie qui eſt ſus la porte dudit Panaſſac. Et de ce faire fut le motifs ſire Glaude de Lobeyrac, marchant, habitant de ladicte rue. Et ſecutivement après eulx, pluſieurs trouvant la choſe utile & conſolative, en pluſieurs parts, parmy la ville, en divers lieux, portaulx, carrefours & autres rencontres, ont faict ſemblablement : qui eſt choſe, à mon eſtime, de grande collaudacion. Et peut-on bien dire du Puy que c'eſt la vraye ville de Noſtre

Dame pour les devots & faincts ymaiges de la glorieufe Vierge Marie, Mere de Dieu, qui y font reverés en tant de divers lieux & places que ne fçauroie le nombre relater.

*
* *

L'an M.CCCC.LXXXXIII., fut auffi grande fechareffe, car il ne pleut puys le commancement de may jufques à la fin d'aouft, tellement que le befal devant le couvent des Jacopins fut aride & carefcent d'eaue par l'efpace de deux moys : dont l'année en fut bien debile.

De l'Uche des Ames de Purgatoire des lundis.

L'an M.CCCC.LXXXXIIII., commença-l'on de faire crier tous les lundis devant le point du jour par ung homme qui eft commys à ce fayre, qu'on appelle *le Huche des Ames du Purgatoire,* qui porte fus fon bras dextre en brodure les Ames de Purgatoire au feu, lequel a, de deux en deux ans, du Confulat du Puy, une robe & deux livres tournoyfes chacun an & ce qu'il peut avoir du baffin des Ames de chacune perroiffe du Puy, celon la faculté des baffins, & le demande chacun dimanche quant on dit la meffe perro-chiale.

Ceftuy Huche tire parmy la ville les lundis, comme dit eft, devant jour, atout une petite clochete tousjours fonnant, & s'arrefte en chacun carrefour de ladite ville ou au moins aux principaulx lieux, & crie, ainfi difant :

> *Bonnes gens, dormy avez affez !*
> *Vueillez voftre cueur donner*
> *A prier pour les bons Trefpaffés.*
> *Que Dieu les vueille pardonner !*

Du mal Napleux.

L'an M.CCCC.LXXXXVI., après le retour victorieux de très-vertueux & redoubté prince Charles VIIIe de ce nom, roy de France, qu'il fift de fon royaulme de Naples, furvint une maladie entre le peuple qu'on appela *les pupes ;* autres l'appelloient *la groffe verole,* autres *le mal de Naples.*

34

Et fut l'oppinion d'aucuns que, en paffant parmy les Itales pour aller faire cefte recommandée conquefte dudit Naples, fut adminiftrée quelque poifon à la gendarmerie de l'oft françois, dont leur furvint cefte deshonnefte egritude; lefquels retournés en France, fe efpanuyt parmy chacun pays, & la prenoient les ungs des autres, & principalement par volupté charnelle.

Toutesfois, ai-je trouvé en ung livre que cefte maladie s'appelle en lengue hebraicque *malfronços*, & en latin *variola croniqua*, & dit que cefte maladie a regné autresfois en l'an de la Creacion du monde deux mil quatre cent trente fix.

Cefte maladie tua beaucop de gens au Puy & ailleurs, ains qu'on y fceut trouver bon remede. Mais aujord'huy, par la grace de Dieu & par l'aftuce & fageffe des medicins & cirurgiens qui y ont foigneufement penfé, on y a trouvé de bons & utils remedes. Dieu nous en garde! car plufieurs en ont tant fouffert que pitié feroit l'efcrire, & de bien grans perfonnaiges en font finablement volés au gibier des Cieulx.

De l'oratoire de la place du Martoret.

L'an M.CCCC.LXXXXVI., fire George Eymar, dit de la Peira, marchant canavaffier & ferratier du Puy, par finguliere devocion, fift fayre ceft devot oratoyre, à fes feuls defpends.

Des obfeques & funerailles faictes au Puy pour feu de très-noble memoire Charles huitiefme, roy de France.

Il eft vray que, après le decès dudit roy Charles qui fes derniers & plus extremes jours parfift au chafteau d'Amboife le fabmedi VII* du mois d'apvril, en l'an de noftre falut M.CCCC.LXXXXVIII., le roy Loys XII* luy fuccedant comme plus prochain de la Coronne, manda au Puy chevaucheur exprès, portant lectres miffives adreffantes aux gens d'Eglife, nobles, bourgeois, manans & habitans de la ville du Puy, qu'ils euffent à faire honnorablement les obfeques dudit feigneur. Lefquelles lectres furent communiquées au Chappitre Noftre Dame, ausdits feigneurs de Chappitre, meffieurs les

Confuls, lefquels enfemblement defliberarent ycelles debvoir faire. Mais alter-
cacion fordift entre lesdites parties pour excequter les defpends provenans à
caufe de ce. Si difoient les feigneurs Chanoines ne debvoir rien en ce fornir,
ce n'eft tant feulement faire fonner les cloches, & que tout le reftat debvoit
eftre faiĉt aux feuls defpends de la ville & du pays. Pourquoy, fur ce fut
advifé faire communiquer lesdites leĉtres à monfeigneur le Vifcomte & à tout
le pays. Ce que fut faiĉt. Et fut à ce commys ung notable Chanoine avec l'ung
de meffeigneurs les Confuls. Lefquels, en ce faifant, ne proffitarent rien : car
le feigneur Vifcomte leur refpondit que le pays n'en poyeroit une feule maille.
Pourquoy, meffieurs Confuls, voyans la contradiĉtion fur ce faiĉte tant par
les feigneurs de Chappitre que monfeigneur le Vifcomte au nom du pays,
fe defliberarent, comme vrais obeiffans du Roy, de fe metre an debvoir de
faire lesdites obfeques aux defpends de la ville le jeudi X° du mois de may
en l'an fusdit. Si firent appareiller quatre douzaines de torches de cire de
deux livres pefant piece ; plus, pour meĉtre fus la chappelle ardent, firent
faire trois cens foixante chandelles de cire de fept en la livre, lefquelles firent
ordonner fus ladite chappelle ardent, le long du chœur Sainĉte Croix & aux
pilles parmy l'eglife, deux en chacune. Si firent au mecredi, à vefpres, dire
l'office des Morts audit chœur Sainĉte Croix bien honorablement. Et, le lendemain, pour l'honneur du Roy & de la folempnité desdites obfeques, tindrent les habitans leurs portes fermées par tout le jour. Et furent portées les
torches des Meftiers au Confulat, où furent convoqués les Ordres Mendiens
& les Eglifes perrochiales & collegiales de ladite ville. Sy partirent de ladite
maifon du Confulat fort honorablement, chantant par la ville les letanies,
chacun en fon ordre, avec leurs croix, en maniere de proceffion. Lefquels
paffés, venoient après les torches tant des Meftiers que les quatre douzaines
fusdites, toutes ardentes, avec l'efcu de France en chacune. Après, venoient
en très-honorable compaignie meffieurs les Officiers tant de la Court Royale
que Commune, meffieurs les Confuls & plufieurs autres bourgeois, marchans
& mecaniques de ladite ville. Lefquels tous enfemble, à l'heure de prime, s'en
montarent à Noftre Dame, paffant par la Granghe, par Paneffac, la Chanabaterie, Raphael, la Court du Roy, la Court Commune, Vienne, devant
Sainĉt George, puis vers Noftre Dame par la porte du Fort. Sy fut diftribué
à ladite proceffion trois deniers à chacun. Et fut dit léans de matin autres fois
l'office des Morts ; puis, fut diĉte la meffe moult folempnement par reverend
pere en Dieu meffire Jehan de Beaulenco, evefque de Troye & chanoine du

Puy, fuffragant de monfeigneur l'Evefque du Puy meffire Geoffroy de Pompadour. Sy fut baillé à chacun ung denier tournois pour aller à l'offrande. Et
allarent offrir enfemble meffieurs les Juges de la Court Royale & Commune &
meffieurs les Confuls, portans le drap d'or qu'eftoit fus le lieu reprefentant la
biere au deffoubs de la chappelle ardent fignifiant les obfeques, & les gens
faifans le dueilh dudit feu Roy. Sy fut dit, après, ung beau fermon à la louange
dudit feigneur. Puis, fut, à la fin de la meffe, diftribué tant aux Chanoines &
Chappitre que autres gens portans lefdites quatre douzaines de torches, tant
feulement cinq livres tournois, que diftribua l'ung des habitués de ladite eglife.
Le fervice parfaict, fe retirarent lefdits feigneurs Confuls, avec leur compaignie, en la maifon du Confulat, & de là print chacun fon parti.

Item, furent faicts douze grans efcus de France & quatre-vingts petis de
demy-fueille, tant pour meftre aux pilles de l'eglife que aux torches. Et tout
ce que deffus fut faict aux feuls defpends de la ville, excepté que le Chappitre
fit faire la chappelle ardent, fonner leurs cloches, acoutrer ladite chappelle,
enfemble le chœur Saincte Croix, de toille noire tout autour, à leurs defpends,
& baillarent leurs bons veftemens; plufieurs autres fervices & triumphes
mortuaires firent, defquels me paffe. Auffi fut faict commandement à toutes
& chacune les eglifes du Puy de faire fonner leurs cloches nuyt & jour durant
que icelles de l'eglife Cathedrale fonnarent.

Du cler des Morts qu'on fonne chacun dimenche au foir.

L'an M.CCCC.LXXXXIX., pour l'honneur & reverence des feigneurs
Trefpaffés, fut conclud & defliberé entre les perroiffes de la ville du Puy fonner
ung cler chacun en fon eglife tous les dimenches, au foir, à l'entrée de la nuyt,
& ce pour efmouvoir les cueurs des devots chreftiens & chreftiennes à faire
obfeques & prieres pour lefdits Trefpaffés : ce que fut bien trouvé. Car, en ce
oyant, n'eft celluy (ou trop a le cueur volaige), qui ne prie ou penfe aufdits
Trefpaffés. Je fupplie affectueufement Noftre Seigneur que les vueilhe collocquer en fa gloire. *Amen.* Il eft efcript : *Sancta & falubris eft cogitacio pro
deffunctis exorare ut a peccatis folvantur* (Machabeorum lib. II, vers. XII).

* *

S'enfuyvent les noms des perfonnaiges habitans du Puy qu'on doibt meritoirement louer, lefquels marqués de toutes vertus & graces, pour le falut de leur ame, fe foubmetans à la divine tutelle de noftre bon Dieu, ne craignans le labeur de leur corps, les dangiers de la terre, l'inftabilité, naufraiges & eminans perils de la mer, — du temps de moy, Eftienne Medicis *, — ont faict le fainct voyage d'oultre mer, vifité le Sainct Sepulcre de Noftre Seigneur en Jherufalem, & fuyvy les Saincts Lieux, aufquels noftre benoict Saulveur Jefu Chrift parfeict le fructueux ouvraige de noftre redemption.

Ce fut, premierement, venerable homme & maiftre en theologie nommé frere André Joufre, religieux cordelier du couvent du Puy, lequel en la compaignie de fires Jacques Dolefon & Glaude de Bonefont, marchans de ladicte ville du Puy, y firent leur voyage enfemble l'an M.CCCC.LXXXX.

Item, après feift ledict paffaige & fainct voyage François de Celles dict Gigault, peletier, l'an M.D.XIIII.

Item, après feift ledict fainct voyage honnefte religieux frere Hugues Reynard, cordelier dudict couvent du Puy, que fut l'an M.D.XXX.

Item, après feift femblable pelerinaige honnefte homme nommé Armand Peirard, marchand dudict Puy, que fut l'an M.D.XL., & après fut chanoine de Noftre Dame; & treftous les fusdicts eurent de leur voyage eureufe yffue.

Je ne fuis d'avis d'obmetre cy en ce chappitre, combien qu'il ne foit du Puy, honorable feigneur noble Anthoine de Rochefort, efcuyer, prochain du Puy trois lieues **, perroiffe de Sainct Jehan Lachalm, qui, de mon temps, entreprint faire le fusdict voyage de Jherufalem en la compaignie de plufieurs devots pelerins qui fe embarquarent enfemble l'an M.CCCC.LXXXVII., lefquels y vifitarent devotement les Saincts Lieux. Et ce faict, ledit de Rochefort, au departir de Jherufalem, fe trouva malade. Toutesfois vint-il jufques au port de Jaffé où les pelerins rentrent en mer, mais ne lui fut poffible paffer oultre. Ains là, en vray chreftien, fina fes jours à la grant plainte des pelerins, car prodhomme eftoit. Si fut enterré audict Jaffé. Et après ce, lesdicts

---

* Quelques années après Médicis, un habitant du Puy, Gabriel Giraudet, marchand, fit auffi le pèlerinage de la Terre Sainte, et en publia la relation fous ce titre : *Difcours du voyage d'outre mer au Sainct Sepulchre de Jherufalem & autres lieux de la Terre Saincte & du Mont de Sinay qui eft ès deferts d'Arabie*. Lyon, chez Michel Jove, in 8°, 1575. — Du Verdier, *Bibliothèque Françoife*, édition de 1773, in-4°, t. II, p. 9.

** Il était feigneur de Séjalières (commune de Saint-Jean-Lachalm, canton de Cayres).

pelerins montarent en mer à la garde de Dieu, & eftre parvenus en Rodes, s'y arreftarent pour illec honorablement celebrer les exequies de leur frere & confort ledict noble de Rochefort. Dieu lui pardoint! Difons : *Amen.*

S'enfegont las charreyras ordonnadas a faire las gardas aux portals de la ville del Peu 1).

El portal de las Farghas.

Toute la charreira de la Traverfa, comprehendent las Grafas & la Rocheta, tirant d'ung cartier & d'autre, defpeus l'hoftal de Simon Crofet, deffoubs l'Ofpital, jufques aux hoftals de monfieur lo juge Montaignac*, que fo de meffire Guillaume Chabot, & l'hoftal de fen Mathiou Lequas, s'en defcendent per la Court del Rey, d'ung cartier & d'autre, jufques a l'hoftal de Girard Groufelier, inclufent l'hoftal.

Item, toutes las Taules, d'ung cartier & d'autre, jufques aux hoftals de fen Glaude Davinon & des heritiers de fen Johan d'Arlempde, s'en defcendent per las Farghas, d'ung cartier & d'autre, jufques el portal de las Farghas. Plus, tout lo Mafel Sobeira & tout Montferrant, d'ung cartier & d'autre, comprendent lous charreyroux jufques el dit portal.

El portal de Paneffac.

Toute la charreira de l'Oucha, d'ung cartier & d'autre, toute la charreira de Sainct Julia pres la Grangha, tout lo chanto del Confulat jufques a l'hoftal de fire Mercier, s'en tirant vers lo Chamarlenc, & tout lo Chamarlenc, d'ung cartier & d'autre, s'en retournant vers la Grangha.

Item, toute la charreyra de la Grangha, d'ung cartier & d'autre, & de la charreyra de Paneffac tout lo cartier defpeus l'oftal des heritiers de fen Gofabaud jufques a l'hoftal de la Chadena de fen Peire Frances pres la Bidoyra.

El portal de Sainct Jacme.

Tout l'autre cartier de la charreyra de Paneffac, commenfant a l'hoftal d'Aftier

---

1) Comment les rues du Puy font ordonnées & affignées pour faire la garde des portaulx en temps de neceffité, ainfi qu'a efté obfervé d'ancienneté. — Médicis, *Table.*

* Ce règlement paraît avoir été fait dans les premières années du XVIe siècle. A cette époque, Guillaume Montaignac, licencié en chacun droit, était juge de la Cour Commune du Puy.

pres lo portal de Paneſſac juſques a l'hoſtal de Vialeta devant Sainct Peire, comprendent tout lo Pos en Vera & tout Granoillet; plus, toute la charreira Sainct Jacme, d'ung cartier & d'autre, deſpeus los hoſtals de Vialeta & de ſen Tiern, a l'intrant de ladicte charreira, juſques eldict portal.

El portal Sainct Gery.

Toute la charreira Sainct Geri deſpeus lodit portal, d'ung cartier juſques a l'hoſtal de ſen Tiern, a l'intrant de la charreira Sainct Jacme, & de l'autre cartier juſques devant Sainct Peire, comprendent lo chanto devant l'hoſtal de Margharit & los orts des Morgues; plus, la charreira de l'Olaria el Martoret juſques a l'hoſtal de Peire Cordier, tochant la porte de Porte Aygueira; toute la charreira de la Correiria, d'ung cartier & d'autre; plus, toute la charreira de Chanabateria, d'ung cartier, deſpeus l'hoſtal de la Chadena de ſen Guigo Girard juſques a l'hoſtal de George Bedos, & de l'autre cartier, tirant l'iſle de Johan Barthoulmiou, deſpeus l'hoſtal de ſen Guigo Guitard, s'en tirant vers la charreira Maymac, & lo cartier devers lo Clauſel de ladicte charreira Maymac.

El portal d'Avignon.

Toute la Chauſſade, en commenſant, d'ung cartier, a l'hoſtal de Bonafes, pres lo portal de Porte Aigueira, juſques a l'hoſtal de Barthoulmiou Symonet, pres lo portal d'Avignon, & de l'autre cartier, deſpeus l'hoſtal de ſen Boſſillo el Pla de la Moneda, comprehendent tous los hoſtals touchans la foant de la Chauſſade juſques el Martoret, a l'hoſtal que fo de maiſtre Loys del Peu, s'en tirant vers la charreira de la Sabbataria Veilha, juſques a l'hoſtal de Mathiou Coilhabaud, s'en devalant per lo Beſſac, d'ung cartier & d'aultre, juſques a la Chauſſade.

El portal de Panavaira.

Deſpeus l'hoſtal de ſen Glaude Davinon & l'hoſtal de Girard Grouſelier en Raphael, tirant d'ung cartier, juſques a l'hoſtal de maiſtre Bernard Roſſon, paſſant per la Saunaria Veilhia, d'ung cartier & d'aultre; & d'aultre cartier, paſſant per Raphael juſques aux hoſtals de ſen Lhioutard & de George Bedos, d'ung cartier & d'aultre; plus, toute la charreira de Rocha Taillade, d'ung cartier & d'autre; plus, de la charreyra Maymac deſpeus l'hoſtal de Jacme de Laira, en tirant per la charreira de la Sabbaterie Veilha juſques a l'hoſtal de Mathiou Coilhabaud; & d'aqui s'en tirant vers la Fabva Freza, d'ung cartier & d'aultre; plus, s'en devalant per

la charreira en Porchet jufques el Pla de la Moneda, & tout lo Mafel Soteira; plus,
l'autre cartier de la charreira d'Avignon, tirant vers l'hoftal de Broa; & d'aqui
toute la charreira defpeus los hoftals de Broa & de la Sarreta, tirant jufques el portal de Panavaira, comprendent las eftubas & los hoftals que font touchant las murailles jufques en Panavayra.

El portal de Vienna.

Defpeus los hoftals de Tacho Robinard & de meffire Jacques Jauguet, en la
Traverfa, tirant jufques el portal de Vienna, comprendent fo que es reire la ville;
plus, tot Pofarot an fas limitas & appartenences.

De la cherté du blé qui fut l'an enfuyvant.

L'an M.D.IV., les bleds furent de belle monftre; toutesfois, par la grant
fechereffe qu'il fift, furent cueillis en petite quantité, dont en furvint cherté
tant en Aulvergne, Forez, Lionnois & plufieurs autres parts, & mefmement
au Puy fe vendit le blé environ vingt fols le carton; pour laquelle caufe aucuns
des Confuls dudit an allarent en Aulvergne pour achepter du blé, faifant femblant voloir fubvenir au populaire en cefte neceffité. Mais plus penfoient à
leur prouffit particulier, & dudit blé firent faire quantité de petits pains qu'ils
vendirent en la mayfon confulaire. En quoy finablement n'aqueftarent pas
grant honneur, & en furent, par dictons & libelles diffamatoyres, publicquement mocqués.

* *

L'an M.D.V., fut faict & ediffié en la place du Martoret, joignant le petit
Claufel, le lieu où l'on poyfe les farines 1).

* *

L'an M.D.V., les bailes de la Confrarie des maçons & charpentiers, que

---

1) Comment l'an M.D.V., fut faict au Martoret le lieu oùt on poyfe les farines, pour les Confuls
& commun, lequel eft joignant le cimentiere de Sainct Pierre & l'aultre maifon du Pois du Roy.
— Médicis, *Table*.

font leur patronaige de la Dedicace de l'Eglife du Puy (qu'eft le unzieme de jullet), faifant faire les aubades la nuyt prochaine qu'ils voloient le lendemain faire leur confrarie, ainfi qu'ils avoient acouftumé, fe trouvarent devant la porte d'ung maçon, foubs le monaftere & devot couvent des Sœurs de Sainéte Claire en Pofarot, & faifaient, pour faire icelles aubades, porter à ung jeune garfon une faraffe allumée. Ledit garfon, en faifant là une aubade innocemment, repofa fa faraffe bien ardente contre une muraille, en laquelle avoit ung petit feneftron que refpondoit à ung galetas tout plain de paille & prochaine dudit feu; laquelle paille, tout fubitement, fe alluma, & de telle forte s'enflama qu'il ne fut poffible remedier que unze maifons ne fuffent embrafées dudit feu & toutalement brulées. On y apporta le precieux *Corpus Domini* du couvent des Carmes, & grant peuple y furvint. Mais tout le fecours n'y vallut riens, car l'effort du feu eftoit vehement & efpouvantable. Je prie à Dieu que vueille confoler ceulx que ainfi y ont perdu leurs biens, & les aultres par fa douce & benigne grace en vueille garder !

*
* *

L'an M.D.VII., en l'Advent devant Noë, fut planté l'oulme que eft affis devant la maifon de l'Hofpital de Sainét Laurens, le befal entre deux, & ce par Jehan Guiard, marefchal groffier, demourant là audevant, lequel y mift grant peine & follicitude à l'entretenir.

Comment le torrent de Dolefon, le jour de fainéte Anne,
exceda fes bornes.

L'an de l'incarnacion du Verbe divin M.D.VIII., & le très-remembrable jour de madame fainéte Anne, mere de noftre patronne la Vierge Marie, qu'eft cellebré & feftivé en fainéte Eglife par les devots Chrifticoles le XXVIe du mois de jullet, eft à rememorer & digne de grande recordacion que ledit jour, environ deux heures après midi, (ainfi que par la permiffion du hault Altitonant fut accordé), il fe mift à plouvoir & tempefter fi feverement & defmefuréement que ce fut chofe merveilleufe & quafi aux fubfequens & pofterieurs chofe de difficile credance, & par affiduité perfevera par l'intervale & efpace de quatre heures, & n'ocupoit ladite pluye & tempefte tant dangereufe

& dommageable que environ une lieue françoise autour de la ville du Puy. Et pleut en telle façon que la riverote de Doleſon en enfla & s'en agrandit ſi advantageuſement qu'elle exceda ſes metes, ſi que ſes limites extendirent juſques au my du Breulh, pré epiſcopal : qu'eſtoit cas de grande admiracion & choſe lachrimable à concerner. Car de la vertice du lieu de Val juſques au pré de l'humble Hoſpital Noſtre Dame où Borne & Doleſon ſe confederent, elle rompit, caſſa & deſmolit parois, heriſſons, botiers, levadas, barris, fai-ſant foſſés & profundes concavacions à travers champs & prés, & fit indicible & quaſi innumerable depopulacion d'arbres, & (qui plus eſt) rua jus ung beau pont de pierre jadis noblement conſtruiĉt au devant de la porte du cou-vent Noſtre Dame des Carmes, et ausdits Freres Carmes, enſemble en l'eſgliſe desdiée à l'honneur du glorieux apoſtre ſainĉt Bartholomy, fiſt terribles, angoiſſeuſes & quaſi irreparables moleſtacions, abbatant ouvroirs, jardins, molins & autres domiçiles, & (qui eſt le pire) fit rendre le naturel tribut, par fureur repentine, à deux bonnes & notables filles vierges & à deux poures enfans michelets qui, pour la pluye, s'eſtoient retirés à Sainĉt Bartholomy, environ le ſiege de la maiſon de léans, leſquels furent vehementement pre-venus de l'inondacion de l'eaue, & par les grans vagues d'icelle, ainſi que par oppinion on l'a ventillé, tranſportés en la riviere de Loire, ſoubs le pont de Sainĉt Rambert en Forez ; deſquels Dieu vueille avoir mys les ames en gloire !

Les grans dommaiges-intereſts & inenerrables maulx qui nous furent diſ-tribués par ce deluge feroient trop prolixes, & furent beaucoup plus exceſſifs & ineſtimables que ne furent ceulx que du precedent deluge avoient eſté faiĉts par ſemblable inundacion de ladite riviere, ainſi que par inveſtigacion je l'ay trouvé en une antique cronique qui, du precedent deluge, avoit eſté en noble ſtile traſſée.

Et fut ce deluge l'an du Chriſt M.CCC.LXXVIII., la VIᵉ yde du moys de octobre*, auquel jour pleut deſpuis ſept heures du matin juſques à ſoleilh co-chant, où audit jour rompit le pont de pierre qui eſtoit plus hault ediffié que celluy devant les Carmes, droiĉt au chemin tirant vers Roch Arnault, & autres gros dommaiges qu'il fiſt au plus près des precedens equiparés.

Dieu doreſnavant nous en vueille deffendre ! car trop eſt grande, dolente &

* *C'est-à-dire* le 10 octobre.

contriftable la cronique, & plus dure & lamentable à ceux qui y perdirent porcion de leurs biens.

Voyant ledit deluge eftre tout eftrange, ung marchant du Puy le mift en tel ordre en rethoricque françoyfe comme s'enfuyt :

> Contemplant fus ce monde miferable,
> Remply d'ennuys & fi très-decevable,
> Naguieres fus efprins de grant trifteffe,
> Et ma trifteur fi fera bien prouvable,
> Car la rayfon de ma doleur grevable
> Eft le dangier où nous fommes fans ceffe.
> Peine, foulcy jamais ne nous delaiffe ;
> Mourir enfin par moien de foibleffe,
> Ou accident qui nous eft guerroiable.
> Soyons très-forts ou tous plains de jeuneffe,
> Confiderons que, après toute lieffe,
> Mourir nous fault : c'eft chofe veritable.
>
> Offences faifons plus que à milions,
> Et à Dieu point ne nous humilions ;
> A treftout mal noftre cueur eft foubmys.
> Plus fiers fommes que ne font les lions.
> De tous mauldits pechés nous allions.
> En ce faifant, faifons fol compromis,
> Quant les vices que nous avons commys
> Ne corrigeons, car il nous eft promis,
> Se envers Dieu faifons rebellions,
> D'eftre livrés aux cruels ennemys.
> Doncques, Jefus, ne foit par toy parmis
> Que envers eulx jamais nous nous lions.
>
> Ainfi doncques, l'année que, par bon fens,
> On faifoit compte de mil & cinq cens
> Et huit, d'aouft la cinquiefme kalehde,
> Qui eft le jour glorieux, comme je fens,
> De fainête Anne, ou mes cinq fens
> Me faillent, ainfi fault qu'on l'entende,

La riviere Doleſon fut ſi grande
Que ſes metes exceda, dont l'aſmende
Du grant dommaige que fiſt eſt ſans
Eſtime, nulli ne ſi attende.
Ung autre fois, Dieu nous en deffende!
Car, en tel faiét, pas bien je me conſents.

    Deux heures après que midy fut ſonné,
Lorſque le peuple euſt aſſez bien diſné,
La pluye vint, qui dura d'heures quatre,
Si roidement qu'on eſtoit eſtonné.
Greſle cheoit par cas deſordonné,
Batant les biens de terre plus que plaſtre.
Eolus, en l'ayr, faiſoit les vents batre;
O que piteux les faiſoit veoir combatre!
A Dieu avoient pluſieurs leur cueur donné.
De cecy rien il n'en fault rebatre,
Ne en façon que ce ſoit debatre,
Car tel faiét ne viſt oncq homme né.

    Doleſon creut impetueuſement
Et deſcendoit ſi rigoureuſement
Que ſes prochains eſtoient en grant dangier.
Le lieu de Val, ſans mentir nullement,
Yl cuyda emmener certeynement,
Et du tout confondre & ſubmerger.
Les gros arbres emmenoit de legier
Qui tout abbatoient, pour abregier,
Devant eulx, ſi malicieuſement;
Parois, heriſſons faiſoient deſloger,
Et pardeſſus floter, auſſi naiger,
Qu'eſtoit à veoir grant esbahiſſement.

    A voir une telle inundacion,
On povoit dire, ſans nulle fiétion,
Que Neptunus avoit la mer menée
Pour entendre ceſte deſtruétion.
C'eſtoit divine pugnicion

Que Dieu nous envoya cefte journée.
Je ne fçay pas qui l'avoit adjournée.
Que n'eftoit-elle de repos fejournée ?
Et non pas faire tel excequcion.
Le beftail menoit comme forcennée.
Mais croyez qu'eftoit à force née
Contre nous pour dure vindicacion.

    Qui ne prioit Dieu n'eftoit pas faige,
Quant Dolefon vint faire paffaige
Au Breulh. Certes, là eftoit l'ennemy.
Plufieurs ovroirs abbatit par oultrage,
Et menant trefz & autre bernage,
S'en vint heurter à Sainct Bartholomy.
Là, remplift l'eglife jufqu'au my.
Pourquoy, le precieulx Corps de l'Amy
De nos ames, duquel portons l'ymage,
Rua par terre comme ung formy.
Autel, ymages, tout caffé & fromy
Fut dans la boue; velà piteux ouvraige.

    De plufieurs léz abbatit la muraille :
Cella eft vray, & point je ne m'en raille.
Qui pire eft, furprint deux michelets
Que s'eftoient, fans que point je faille,
Pour la tempefte, vaille que vaille,
Là par deffoubs les autres retirés.
On peut dire : *Illi funt martires,*
Comme furent. L'eau les a tirés
Et faict poier de mort la dure taille.
Dieu leur pardoint ! *Amen* treftous direz,
Et, enfuyvant, encores ouyrez
Les maulx que fift tant d'eftoc que de taille.

    Semblant ainfi ung deluge merveilleux,
Tomba maifon en plufieurs & divers lieux,
Et fi entra bien avant dans la ville.
Voiant ce faict eftre fi perilleux,

Plufieurs en plorarent de leurs yeulx ;
En voiant defconfiture fi ville,
C'eftoit juftice plus forte que civile.
Puis tomba, qui eftoit chofe utile,
Le pont des Carmes. Ha! à ce meuft Dieux !
Des années y a trop plus de mille
Que chofe n'advint plus inutile :
Les diéts en font trop merencolieux.

    Perfeverant tousjours en cefte forte,
S'en vint vifte aborder à la porte
Des Freres Carmes & entra dans l'eglife,
Leur chœur desfit, les ymages emporte,
Tous leurs livres par l'eglife tranfporte,
Lefquels elle a en laide façon mife.
Puis l'eglife perfora de telle guife,
Que plufieurs chofes, fans nulle faintife,
Emmena dehors. Dieu les conforte !
De malice eftoit fi très-exquife
Que pour neant aide on euft requife,
Car elle donne & aucunes fois ofte.

    Non faoulée d'avoir tant de mal faiét,
Continuant fon doleureux fortfaiét,
Au molin de Fuoc qui eft là bien près,
Par fon outrage orde & infeét,
Tua deux filles, qu'eft un grand meffaiét.
C'eftoit chofe plus noble que ciprès.
N'avoit-elle pas affez gafté de prés ?
Hellas ! ouy. Doncques, par don exprès,
Createur, foit confolé & reffaiét
Le dueilh des parens qui font prefts
De defefpoir, & chacun en après
T'en fupplie, Altitonant parfaiét !

    Qui tant de dommaiges vouldroit compter
Yl ne fçauroit, ne pourroit fans doubter ;
La chofe feroit trop ennuyeufe.

Mais prions Dieu que reconforter
Yl vueille ceux que defconforter
A volu par tel œuvre merveilleufe.
Se ceft infortune tenebreufe
Ay faiĉt en rime mal favoreufe,
Plaife-vous doulcement la fupporter,
Car d'entente très-affeĉtueufe
L'ay-je faiĉt, pour eviter oifeufe,
Et pour au temps advenir reciter.

Du devot ymage de Noftre Dame de la rue de la Chanebaterie.

L'an M.D.X., fut faiĉt le devot ymage Noftre Dame, qui eft en la pille de la maifon des heritiers de feu Pierre Lhioutard, affife au front de la rue de la Chanebaterie. Et, en l'an M.D.XXII, le dimenche de Quafimodo, tenant VII jours d'apvril, fut benift ledit fainĉt ymage par meffire Eftienne de Preffuris, evefque de Troye, cordelier, fuffragant de reverend pere en Dieu meffire Anthoine de Cabanes, evefque du Puy, lequel y conceda à chacun difant *Pater* & *Ave Maria* devotement, pour chacune fois, XL jours de pardon, & les jours de fefte LXXX jours, — conftant inftrument fur ce receu par maiftre Valentin Borguinon.

Du pillory de la place du Martoret.

Ledit an M.D.X., en ladite place du Martoret, fut fabriqué ledit pillori ou taillouer où l'on excequte les malfaiĉteurs, & ce, aux defpends du Roy regnant Loys XIIᵉ de ce nom, & de meffire Geoffroy de Pompadour, evefque du Puy. *Item,* un gentilhomme de ce pays, appellé monfieur du Mas, ung jour, bevant à la taverne prochaine de ce lieu, regardant befoigner les ouvriers dudit pillori, dit en fe jouant : « *Il fera heureux cil qui eftrenera ce lieu.* » Mais, peu de temps après, ce fut luy-mefmes qui l'eftrena, & y euft la tefte tranchée tout le premier.

De l'oratoire ou croix de la porte des Forghes.

L'an M.D.XI., fut faiĉt ledit oratoire aux defpends des habitans de la rue des Forghes, & fut prinfe la pierre du marbre blanc qui y eft, en la maifon de l'Abbaie de Sainct Pierre la Tour, par grant cautelle : dont l'Abbé en fut moult troublé. Toutesfois, par la gracieufeté & doulx parler d'aucunes honneftes dames de ladite rue, il s'en appaifa. Et fut ledit oratoire benift folempnellement par meffire Jehan de Beulenco*, evefque de Troye, fuffragand de reverend pere en Dieu meffire Geoffroy de Pompadour, evefque du Puy, lequel y conceda aucuns pardons.

Comment partie du voultement de l'eglife des Cordeliers du Puy rua jus.

L'an M.D.XI., le lendemain de la fefte de la Purification Noftre Dame, tiers jours de febvrier, environ trois heures après minuyt, tomba partie du voultement de ladite eglife, tout incontinent que les Freres de léans furent fortis de dire matines : que fut grant miracle. Et tantoft après obtindrent ung jubilé pour la reédificacion de leur dite eglife, & après ce, plufieurs notables gens de leurs biens leur aiderent beaucoup, comme monfieur meffire Geoffroy de Pompadour, evefque du Puy, la ville & communauté du Puy en commung, la maifon de la Vifconté de Polignac, & plufieurs autres feigneurs & dames & autres devots perfonnaiges, gens d'efglife, bourgeois & marchans.

De la defmolicion des tabliers & avants du Puy, faicte par le commandement du Roy.

Le double & teneur de la commiffion eft telle :

Loys, par la grace de Dieu, Roy de France, à noftre Juge de la Court Commune du Puy, falut. Noftre Procureur General en noftre grant Confeilh nous a faict remonftrer que la ville du Puy en Vellay eft la principale & meilleur ville de toute la comté de Vellay, & en icelle afflue grant nombre de gens de plufieurs contrées & nacions, mefmement à l'occafion du voiage & pelerinage qu'ils font journellement en l'eglife de Noftre Dame du Puy, & auffi paffent & repaffent

---

* Jean de Preffuris, dit de *Beulenco*; il était chanoine du Puy, évêque de Troie, *(in partibus Infidelium)* et adminiftrait le diocèse du Puy comme vicaire de Geoffroy de Pompadour. — Etienne de Preffuris, qui vint après lui, était son neveu.

plufieurs marchans qui y font & y diftribuent beaucop de marchandifes. Et pour ce qu'en ladite ville y a plufieurs avans, eftaulx, tabliers, galleries, qui donnent empefchement en noftre diête ville aux voies publiques, & obfufquent l'ayr d'icelles, dont fouventesfois font caufes de peftilences, fiebvres & autres maladies qui fe engendrent, feroit bien requis & neceffaire, pour le prouffit de ladite ville & chofe publicque, & auffi pour eviter ausdits inconveniens, que telles chofes fuffent defmolies & abbatues, ainfi qu'il a efté faiêt en plufieurs autres bonnes villes de noftre roiaulme, que avons ordonné eftre faiêt pour la decoracion & embelliffement d'icelles, en nous humblement requerant par noftre dit Procureur que veuillons eviter ausdits inconveniens au bien & utilité de la chofe publicque. Pour ces caufes & autres à ce nous mouvans, vous mandons & commeêtons, par ces prefentes, que vous faiêtes & faiêtes faire commandement de par nous, fus certaines & grans peines à nous applicquer, à toutes les perfonnes qu'il appartiendra, aians les chofes deffus dites, que, dedans quatre jours après lesdits commandemens faiêts, ils abbatent & defmoliffent ou faffent abbatre & defmolir & ofter iceulx eftaulx, avans & galleries & autres prejudiciables chofes à ce que dit eft, & en reffus ou delay, ledit terme paffé, les faiêtes ou faiêtes faire, incontinent & fans delay, ofter & defmolir & abbatre realement & de faiêt, à leurs defpends, en contraignant ou faifant contraindre à ce faire & fouffrir tous ceulx qu'il appartiendra, & qui, pour ce, feront à contraindre, par la prinfe de leurs biens & expleêtation d'iceulx, condempnacion de peines & amendes, & par toutes autres voyes & manieres deues, en tel cas requifes, & nonobftant oppoficions ou appellations quelconques, pour lefquelles ne voulons eftre differé : car ainfi nous plaift-il eftre faiêt, nonobftant quelconques leêtres impetrées ou à impetrer, à ce contraires ; de ce faire vous donnons povoir & commiffion par ces diêtes prefentes, mandons & commandons à tous nos jufticiers, officiers & fubgeêts que à vos commys & depputés obeiffent diligemment, preftent & donnent confeil, confort, aide et prifons, fe meftier eft & requis en font. Donné à Bloys le douzieme jour de decembre, l'an de grace mil cinq cens & unfe, & de noftre regne le quatorfieme. Par le Roy, à la relacion du Confeil. DEBUTOUT.

La preconifacion en enfuyvant ladite commiffion.

On vous fait affavoir, de par le Roy noftre Sire, & par la vertu de la commiffion dudit feigneur impetré à la requefte de monfieur le Procureur General dudit feigneur en fon grant Confeil, & par ordonnance donnée par monfeigneur le Juge Commiffaire nommé ès leêtres de ladite commiffion, que on faiêt commandement de par le Roy, fur la peine de cent marcs d'or & autre peine arbitraire audit feigneur, à tous & chacuns les manans & habitans de la prefent ville du

Puy & faulxbourgs d'icelle, à tous les perfonnaiges aians avans, tabliers, eftaulx
& galleries qui donnent empefchement aux voies publicques & obfufquent l'air
d'icelles, que, dedans quatre jours après la date des prefentes acommenfant, ils
abbatent & defmoliffent ou faffent abbatre & defmolir & ofter iceulx eftaulx,
tabliers, avans & galleries & autres chofes prejudiciables, comme eft contenu
ès dites lettres de commiffion, avecques inthimacion que, en leur reffus ou delay,
ledit terme paffé & efcheu, incontinent & fans delay, fera procedé à la totalle
exceqution de les ofter, defmolir & abbatre realement & de faiû, à leurs defpends,
& à ce fayre & fouffrir feront contrainûs par la prinfe de leurs biens & expleûa-
cion d'iceulx, condempnacion de peines & amendes, & par toutes autres voies &
manieres dues & en tel cas requifes, & celon la forme & teneur des leûres de
ladite commiffion. Donné au Puy, le mardi XXVII° de febvrier l'an M.D.XI °.
MONTAIGNAC, juge & commiffaire. GUITARD, fubftitut de noftre Procureur General.

Les bons habitans du Puy, voiant & fentant ceft eftroiû & très-tremen
commendement du Roy, comme vrays obeiffans, obtemperarent à ladite
commiffion, &, enfuivant la teneur d'icelle, defmolirent avans, autres
eftroiffirent tables & eftaulx, combien qu'il leur fut grandement prejudi-
ciable, & à moult grant regret le firent. Dont s'en enfuivra finalement plus
de mal que de bien, car procès, cavillacions, s'en enfuivront, & autres
erreurs & dommaiges à plufieurs qui ne le cognoiftront de piece. Tel
pourchaffa ce brouet à la ville, dont plufieurs bien poures mefnagiers
fouffrirent, qui, peu après, fut cité devant Dieu, en la fleur de fes ans,
& ne luy fceut-on trouver nul meilleur moyen que tappir fon cadaver au
devant du glorieux levite & martir Laurens.

De la reparacion de la porte de Montferrant.

L'an M.D.XII., pour ce que partie de la muraille de la ville du Puy,
devers la porte de Montferrant, cheuft & venoit à grande ruyne pour ce
que caducque & inveterée eftoit, fut icelluy pan de mur nouvellement reffaiû

* Durant tout le Moyen-Age et jusqu'à la fin du XVI° siècle, au Puy et dans le Velay, il a été
d'usage de faire commencer l'année au 25 mars; dans le Nord de la France, elle s'ouvrait, en
général, le premier janvier.

& bien fortiffié, & fut prinfe la pierre pour excequter ledit ouvraige d'une grande piece de roch qui fut fubtilement rompue & mife à quartiers, laquelle eftoit dans le jardin de monfeigneur de Turenne qui eft au devant de la porte Gautheron, foubs la porte Sainct Robert; laquelle piece de roch cheuft de Cornille & tomba dans ledit jardin & caffa & enfronda une petite louge ou habitacion qu'il y avoit, l'an M.CC.LXXXII., la veille de Sainct Thomas, ainfi que l'ay trouvé entre autres anciennes efcriptures.

* * *

Ledit an M.D.XII., & le XXIV⁰ de may, par le commandement du Roy noftre Sire regnant Loys XII⁰, fut faicte la monftre en armes des habitans du Puy, lefquels bien appointés & armés donnarent ung tour parmy le Puy, & furent nombrés environ mil perfonnes, que faifoit moult beau voir. Eftoit commiffaire de ce noble Barthelemy Maurin, bourgeois du Puy, bailly du Vellay; & eftoient conduicts par noble Jacques de Cobladour, auffi bourgeois du Puy & cappitaine mage de ladite ville, & alloit ledit cappitaine tout derrier après toute la gent à cheval; & les defeniers eftoient auffi à cheval, chacun au milieu de fa defene. Semblable monftre fut faicte ledit an parmy toutes les villes de France, mandemens & autres lieux qui peuvent fervir au Roy, & en ce faifant, vouloyt fçavoir le Roy la force de fon royaulme.

* * *

Ledit an M.D.XII., le XXIV⁰ jour de juing, jour de monfeigneur fainct Jehan Baptifte, par ung heraud envoyé de par le Roy fut figniffié à Monfeigneur du Puy, Doyen & Chappitre, qu'ils euffent à dire cothidiennement, en leur meffe meridienne, à l'elevacion du Corps Noftre Seigneur, & femblablement le fiffent dire aux aultres eglifes de leur diocefe très-devotement, ces deux verfets ci-après exprimés, & ce pour la paix & union du royaulme, lequel pour lors eftoit aucunement en trouble. Voicy les verfets :

O falutaris hoftia,
Que cesli pandi oftium,
Bella premunt hoftilia,
Da robur, fer auxilium.

Uni trinoque Domino
Sit fempiterna gloria,
Qui vitam fine termino
Nobis donet in patria.
Amen.

Ledit an M.D.XII., pour le doulx temps que fiſt aux moys de novembre & decembre, s'affolarent grande quantité de chairs, tant beufs que pourceaulx qu'on avoit occis pour proviſions, & n'y ſi peut trouver remède : qui fut grant dommage & incommodité aux habitans du Puy, & s'en plaignoient & doloient les ungs aux autres.

* * *

Ledit an M.D.XIII., le **XXV**ᵉ de juing, pour la feurté & fortifficacion de la ville du Puy, l'en commença à conſtruire le propugnacle de la porte Sainĉt Gile, & auſſi pareillement audit an, commença-l'en à concaver le foſſé qui eſt entre la porte Sainĉt Jacques & ladite porte Sainĉt Gile. En ce temps, on fayſoit bruyt que les Suiſſes deſcendoient par la Bourgoigne pour venir à Lion, auquel Lion auſſi on fiſt fayre gros ramparts & fortes deffences.

* * *

L'an **M.D.XIIII.**, & le premier de janvier, treſpaſſa à Paris le bon roy Loys **XII**ᵉ, auquel, après le *(fic)* de may, on lui fiſt femblables obſeques comme ſi deſſus* eſt touché, combien qu'on n'en euſt point eu de mandement.

Du pont des Carmes.

Je treuve que ce pont des Carmes fut deſmoly, rompu & dilaceré l'an

---

* Pages 266 et suiv.

du deluge qu'on appelle de fainĉte Anne, qui fut le XXVI' de jullet, l'an M.D.VIII., ung très-cruel, tempeftueux & malin jour, & qui caufa de gros dommaiges. Mais il me femble que d'en parler plus avant feroit redite, attendu que ci-deffus, en ce mefme livre, en eft parlé longuement. Or, n'ay-je mye trouvé qui fift faire ledit pont qui ainfi par cefte inundacion fut caffé, ne quant il fut faiĉt, lequel n'eftoit pas vieulx, mais bien de recente monftre, bien affemblé, neĉtement ouvré & maçonné à deux gentils archs. Or, eft-il ainfi que, après ce terrible jour que ce pont fut rué jus, les Freres Carmes, pour le paffaige de leur eglife, y firent ung planchis de trefs, & en cefi eftat demoura jufques l'an de Noftre Seigneur M.D.XV., que très-noble & très-recommandé doĉteur de l'univerfité de Paris, ung des grans deça les monts, nommé maiftre Michel Perrin, provincial des Carmes, qui longtemps par avant avoit efté prieur dudit couvent des Carmes, & par aucuns ans grant-maiftre des Efcoles du Puy, meu de charité, fe voiant caduc & cheu en fenec-tute, mais affez opulent pour faire cefte charitable œuvre que de fayre radif-fier ce pont & redduire en fon premier point, fe deflibera le faire, & finalement excequta fon voloir & propos, & le fift fabriquer à fes feuls defpends, en l'eftat que le voyez.

Auffi, en ce mefmes an, fift faire la chaiere pour prefcher qui eft au dedans de ladite eglife, & en fon temps fift aucun traiĉtié fur le Maiftre des Sen-tences.

Que vous diray-je de ceft homme ? C'eftoit ung notable perfonnage, & qui, en fes prefchemens, nous donna moult de falubres doĉtrines.

Difons à Dieu que le pardoint. *Amen.*

Du Pont neufs.

Je treuve que l'an M.CCCC.LXIX., le VI' d'aouft, qui eft le jour de la fainĉte & illuminée Transfiguration de noftre redempteur Jefu Chrift, que ce jour fut fi très-difpofé à pluye que merveilles, tellement que la riviere de Borne s'en enfla fi defmefuréement & en telle façon exceda fes bornes, qu'elle flota jufques dans l'eglife & couvent de Sainĉt Laurens, paffant par leur pré, leur cloiftre & reffeĉtoir, &, briefs, leur fift tant de maulx que les poures Freres en furent conftitués en fupplice & calamité ; &, ce mefme jour, abbatit deux arcs dudit Pont neufs devers le pré de faige homme fire André Mege, marchant du Puy, & fubvertit toute l'arche qui eſtoit entre lesdits deux arcs, à cauſa du deſcendant de l'eriſſon du molin de la maiſon de Sainſt Marcel qui eſt prochain dudit pont, laquelle, en y colant, y urtoit ſi vehementement que choſe oultrageuſe eſtoit à voir & eſpouvantable, & par ainſi laiſſa ledit pont rompu, caſſé, dilaceré & en poure eſtat, & en telle façon demoura ledit pont en ruyne par longtemps, tellement que le mandement d'Agulhie & tous ceulx qui ont paſſaige audit pont neufs, faiſoient ſouventesfois tailles communes pour faire planchis audit pont, qui couſtoit grande ſomme de deniers ; & eſtoit choſe de coſtaige reiterable & choſe dangereuſe, car il n'eſtoit année que quelque beſte ne s'y affollaſt & ne cheuſt de ce planchis en bas en la riviere, aucunesfois chargée, autres fois vuide.

Pourquoy, l'an M.D.XV., fut deſliberé par ung bon advis entre tous ceulx qui ſont en contribucion ſoubs le mandement d'Agulhie, à cauſe de leur po- ceſſoire tant de la ville que d'Agulhie, que d'ailleurs, & eurent conference enſemble d'avoir lectres pour faire tailles communes pour faire lesdits deux arcs de pierre, & de faict y mirent ſi à point la main que lesdits deux arcs furent remys ſus.

Qui premierement fiſt faire ledit pont, ne quant, n'ay merité trouver.

De l'arch du pont de Brive.

L'an M.D.XV., pour ce que par pluſieurs inundacions la riviere de Loire avoit ſi fort tormenté & affailly une arche dudit pont tant pour la deſmeſurée quantité de l'eaue que pour les gros cartiers des glaces yvernaulx, arbres & gros rochiers qui contre ladite arche trop roidement urtoient, qui fut la cauſa que ladite arche, enſemble ſes deux arcs contigus, devers la partie de la tour de monſeigneur le Viſconte, en eſtoient cheus en grant ruyne, & meſmement l'un des arcs eſtoit du tout abbatu, & l'autre eſtoit ſi dangereux que mer- veilles. Pour laquelle choſe, ainſi qu'il ſera après en ce livre touché, où yl ſera parlé du peatge du Colet, procès ſe enſuivit ſus la reparacion de ce pont entre ledit ſeigneur Viſconte & la ville du Puy. Mais moiennant l'appointe- ment dudit peatge, qui tantoſt fut traicté entre lesdites parties, tant ledit ſei- gneur Viſconte, la ville & le pays en tant que dioceſains, comme je cuyde, ainſi qu'il paſſa aux Eſtats de Vellay, le firent ediffier & rabiller tout nouvel- lement, & firent de ces deux arcs vieulx, dangereux & caducs, ung bel &

gentil arc, beau & bien faiĉt, que Dieu vueille garder pour l'utilité des poures paſſans & tout le pont avec!

* *
*

L'an M.D.XV., & le premier jour de febvrier, veille de Noſtre Dame la Chandeleur, fut faiĉte la depopulacion des arbres de la ſainhie ou graviere de Heuſtace Achard, joignant le pré de ſire Glaude Mege, marchant du Puy, & fut ce faiĉt heure noĉturne; & le firent, ainſi que fut le commung bruyt, meſſire Nicolas Felicis, qui pour lors eſtoit conſul, & maiſtre Jehan Ivayres, notaire, hoſte de l'*Eſcu de France*, pour quelque malveuilence qu'ils avoient conceu enſemble contre ledit Achard.

De la fouldre qui cheuſt en l'egliſe & grant clochier de Noſtre Dame du Puy.

L'an M.D.XVI., le premier jour de jullet, par la indiſpoſition du temps, ou ainſi qu'il fut le bon plaiſir de Dieu, après ung gros & merveilleux tonnerre qu'il fiſt, ce jour, de matin, entre ſix & ſept heures, cheuſt repentinement ladiĉte fouldre, & entra par la ſummité dudit clochier, & fiſt ung trou bien près ſoubs le ghail*, & deſmolit grant partie du baſtiment du feneſtrage du lieu où ſont les cloches qu'on appelle *les terciaulx,* devers la partie de l'egliſe & quelque petit plus deſſus & deſſoubs, & cheuſt tout cella ſus le couvert de la *chadaraita* & de la chapelle du Sainĉt Crucifix, qui grandement le empira, rompit & froiſſa (qu'eſtoit choſe eſtrange) la pluſpart des fuſtailles où les cloches ſe treuvent, qui ſont de bon chaine**, bien liées de fer, (Dieu ſçait comment), & autres grans dommaiges que fiſt dans ledit clochier, & geĉta dudit clochier une groſſe pierre contre l'oratoire du Fort, qui cheuſt à ung pas près ou environ: qu'eſt choſe admirable; puis, entra en l'egliſe où il rompit en pluſieurs parts la vitre qui illumine le chœur, & rompit la corde qui eſt derrier l'autel en laquelle a tant de beſoignes qui y ſont atachées, &

---

* Le coq de la girouette.
** *Liſez* : chêne.

miſt le feu aux yraignes qui eſtoient ſur le pavillon du grant autel, & eſteingnit toutes les chandelles, & eſpovanta tellement meſſire Jehan Pialoux, chorier de ladite egliſe, qui diſoit la matineuſe au petit autel, voiant le feu, ouyant le bruyt, ſentant une puantiſe pire que ſoufre alumé, lequel eſtant ſur la celebracion du Corps de Dieu fut ſi ravy, remys & plain d'une crainte, qu'il perdiſt memoire & ne ſçavoit qu'il faiſoit, tellement que calice, adminiſtracion & tout cella cheuſt jus, & bleſſa en pluſieurs lieux beaucop de gens qui oyent ceſte meſſe, & les laiſſa quaſi tous eſvanouys. Yl eſt de croire que la Vierge Marie y demonſtra evident miracle que nully n'y priſt mort. Prions le divin Verbe incarné & la Vierge pucelle, ſa Mere, que nous tiennent en leur garde! *Amen.*

*⁎
⁎ ⁎

Ledit an M.D.XVI., fut faiĉte la reparacion du grant autel Sainĉt Pierre le Mouſtier du Puy, par meſſire Guillaume du Mas, prieur de ladite egliſe & ouvrier de la Chaiſe Dieu.

*⁎
⁎ ⁎

Ledit an M.D.XVI., fut tranſmuée la maiſon lupanare ou bordeau des filles joyeuſes (qui eſtoit en la place de la Plaſtreira), auprès la porte appellée le portalet de la Chabraria, prochaine de la font Borſès : ce que fut très-notablement adviſé.

*⁎
⁎ ⁎

L'an M.D.XVII., on mangea de pain de blé nouveau au lieu de Ceyſſac, à une lieue du Puy, le VIIIᵉ jour de juing.

*⁎
⁎ ⁎

Ledit an M.D.XVII., fut grande mortalité de arbres de toutes ſortes, & diſoient paiſans que ce procedoit par deux raiſons : la premiere, pour le grant & terrible yver precedent qu'il avoit faiĉt ; la ſeconde, pour cauſe de l'eſté, qui fut, après, exceſſivement chault & ſec.

Item, l'an M.D.XVIII., le jour de la glorieufe Magdaleyne, à l'heure d'environ foleil couchant, apparut au ciel une grande comete, comme, à mon afpeƈt, de la longueur d'une lance, venant de bife & declinant vers midy. Et plufieurs autres admirables fignes furent veus en divers partis, ainfi que plufieurs recordarent. Mais de leur prefaige, mon efperit y eft obnubilé.

Du pont de Cobon.

Pour ce que grans dangiers furvenoient journellement audit pont de Cobon, tant pour le planchis qui pourriffoit & fe gaftoit, pour ce que le paffaige y eft moult grant & fort cultivé de paffans, que par aucuns qui, pour cuider eviter le dangier dudit pont, fe meƈtoient à paffer la riviere à gué, de quoy s'en furviennent grans inconveniens. Pourquoy, voiant ce, noble Bartholomy Maurin, bailly de Vellay, feigneur de Chafteauneuf, Mortefaigne & Ors, impetra leƈtres de la chancellarie du Roy, l'an M.D.XVIII., pour contraindre tous les mandemens qui ont paffaige audit pont, à contribucion de taille pour la reparacion d'icelluy; lefquels, de leur bon gré, y confentirent. Et plufieurs cotaulx & voituriers promirent donner l'un ung efcu, l'autre trente fouls, l'autre vingt fols, & que la commiffion fortit fon plain & entier effeƈt. Ce que s'eft mys à excequcion, & de prefent y martelle-l'en au fort. Dieu leur donne grace de perfeverer jufques à la totale perfeƈtion de cefte très louable œuvre !

Du temps que le pont vieulx fut faiƈt, ne du temps qu'il cheut, je le ignore.

Item, audiƈt an & le dernier jour du moys d'aouft, environ l'heure de unze heures devers le foir, trouva repos par naturelle mort feu de noble memoire monfieur Guillaume, diƈt Armand, vicomte de Polignac, chevalier & doƈteur en chacun droiƈt, confeiller du Roy en fon grant Confeil, homme doté de belles prerogatives & graces, & que, en fon temps, par fa finguliere prudence, avoit executé de grants affaires. Lequel en grant pompe funebre fut

37

enterré en l'eglife conventuale de Sainct Laurens avec fes progeniteurs. La fepulture & proceffion paffa par la ville, & tenoient le drap ou lenyer mys fur fon corps meffeigneurs les fix Confuls de la ville du Puy, portans leurs robbes rouges ; aufquels les feigneurs, là affemblés ès fin dudict enterrement, firent grande acareffe & honneur ausdicts feigneurs Confuls & gens de bien de la ville. Si y envoyarent lesdicts feigneurs Confuls douze torches de cire avec les armes de la ville.

De l'oratoyre de la Bedoffe.

L'an M.D.XVIII., au mois d'aouft, fut faict ledit oratoire, lequel eft affis au devant de la chappelle & maifon de la Reclufe du pont Eftroillas, aux feuls defpends de maiftre Mathieu Paulet, notaire.

*
* *

Ledit an M.D.XVIII., furent faicts les merlés & tournelles de la tour Gaillarde.

*
* *

L'an M.D.XIX., furent couvertes de feulhe de fer blanche les deux tornelles qni font fus la tour Sainct Gile.

Ledit an, femblablement fut couverte de feulhe de fer blanche la tour devant le Bruelh.

Ledit an, le Roy de France regnant François, premier de ce nom, mift les Efleus au pays de Lenguedoc, & en print les entrées ; mais, par la demonftrance que le pays luy fit de leurs libertés, le Roy les ofta, moiennant que le pais retourneroit les deniers prins & receus des entrées, qui fe monta environ 70,000 livres tournois.

*
* *

L'an M.D.XX., frere Jehan de Cavaillo, hermite, dreffa fon hermitage en Cornille, du vueilh des feigneurs de Chappitre.

De l'oratoire de la Bidoire.

Ledit an M.D.XX., & le vendredi, premier jour de febvrier, meſſire Pierre Lando, dit de Bas, habitué du ſurpelis de Sainct Pierre le Moneſtier, à ſes ſeuls deſpends, fit eriger ledit oratoire qui eſt à la font de la Bidoire, & le lendemain, jour de la Purification Noſtre Dame, le fiſt beniſtre par meſſire Eſtienne de Preſſuris, eveſque de Troye, cordelier, ſuffragand de reverend pere en Dieu meſſire Anthoine de Chabanes, eveſque du Puy; lequel y conceda à chacun diſant au devant *Pater* & *Ave Maria* devotement, pour chacune fois, XL jours de pardon, & les vendredis CXX; conſte inſtrument ſur ce receu par maiſtre Pierre Mondot.

De la peſte & feux qui furent au Puy.

Les ans M.D.XX. & M.D.XXI., on ſe moruſt au Puy de la peſte, & y morurent environ de trois à quatre mil perſonnes. Les habitans du Puy, ces deux ans, furent fugitifs pour la plus grant partie, qui deſpendirent beaucop; & furent pluſieurs des villaiges, parmy le pays, actaints de la peſte.

Semblablement, durant ces ans, ſe bruſlarent cinq maiſons en ladite ville, entre leſquelles ſe brula partie du domicile des Seurs Saincte Claire; pour laquelle cauſe furent contrainctes s'en ſortir & vuider leur devote maiſon, & s'allarent heberger, par le conſeil d'aucuns, au Maſel Soteira, en la maiſon de Anthoine Giraud, bochier. Mais après, dans une heure, le feu print parti, & monſieur Nicolas Felicis, licencié, pour lors Premier Conſul du Puy, bien & notablement accompagné de deux des devots freres & beaux peres de léans & de pluſieurs autres nobles, bourgeois & marchans, de belle nuyt, à force torches, les allarent querir & les remirent dans leur religion. Et fut ce l'an M.D.XXI., le jour de monſeigneur ſainct Jehan de Noel, oùt ce jour fiſt ſi grant vent que merveilles. Et fut le peuple granment eſtonné, car, de matin, le feu avoit bruſlé la maiſon de Eſtienne Vigne, ſçituée en la rue Sainct Jacques, &, l'après diſnée, fut icelluy feu deſdites Seurs, & toujours duroit le vent, dont on en eſtoit en grant doubte, car trop fut le cas eſcandaleux, ennuyeux & merencolique.

Ledit an, femblablement fe brufla au lieu d'Efpaly la maifon du fieur Jehan de Lobeirac, marchant du Puy, joignant la porte principale dudit lieu, & auffi pareillement plufieurs villages, en ce temps, fe bruflarent parmy le pays de Vellay.

Auffy, eft vraye chofe que ledit an M.D.XXI., le jour de Noftre Dame la Chandeleur, fecond jour de febvrier, de matin, en l'Efchaffault du lieu de l'Aguille Sainct Michel, fe bruflarent trois maifons, dont après ledit feu eftaint, un tas de gens regardant l'incommodité & dommaige que avoit donné ledit feu, lefquels aucuns venoient de l'eglife d'ouyr leur meffe per-rochiale, furent douze d'iceulx morts & fubfocqués foubs partie des murailles defdites maifons qui leur cheurent deffus, car vieilles, caducques & me-chantes eftoient, &, en oultre, en y eut troys de lordement bleçés, qui refchapparent de mort. Grant peuple alla veoyr le dolent efclandre, qui leur caufa grande compaffion, voiant les morts tous roydes eftendus, & ouyant les lamentables cris & urlemens de ceulx qui leurs enfants & amys y avoient perdus & autres plaignans la ruyne de leurs domiciles.

De monfeigneur fainct Agreve.

L'an M.D.XXII., & le dimenche, VIᵉ jour d'apvril, du confentement des feigneurs Chanoynes de l'efglife collegiale de Sainct Agreve du Puy, bien & folempnellement & à force lumiere, fut vifité le fainct corps de mon-feigneur fainct Agreve, & faifoit l'office reverend pere en Dieu meffire Eftienne de Preffuris, evefque de Troyes, de l'abit Sainct François, fuf-fragant de meffire Anthoine de Chabanes, evefque du Puy, lequel y dift meffe pontificale, prefcha, & fift-on le fervice bien & devotement. Et fut averé ledit fainct corps d'une châffe qui eft fus fon autel, au dedans de celle de bois, laquelle eft de pierre, & eftoit ferrée à crampons de fer bien feure-ment, & trouva-on léans dedans ung coffre de bois femblant tout neuf, où eftoient les offemens dudit fainct, & eftoit fon chief dedans deux coppeaux de plomb, le tout bien ployé d'un drap de foye vieulx & de linge blanc & net, femblant y avoir efté mys ledit jour. Ledit fainct corps demoura par aucun temps au confpect de plufieurs, qui l'alarent vifiter, & y trouvarent aucuns, celon leur rapport, alegement de leurs egritudes.

Ce bon fainct fut natif d'Efpaigne; & vaccant l'evefché du Puy, luy fut conferé par pape Martin le premier l'an fix cens quarante huyt ; & venant audit Puy, quant fut au lieu de Sainét Agreve, qui allors fe appelloit Chignac, au diocefe de Viviers, voyant là ces gens qui cultivoient les Dieux des payens, leur en voulçift, par une predicacion, faire publicque & exquife demonftracion. Pour laquelle caufe, ainfi que fa legende recite, à la requefte d'une dame du pays, le bon fainét fut condempné avoir la tefte trenchée ; & au lieu où fon dit chief tomba, fortit une moult noble fontaine, qui encore y produit journellement habundance d'eaue. Environ dix ans après, à la requefte & priere de l'Evefque du Puy, fut, par le confentement de l'Evefque de Viviers, transferé & tranfporté ledit corps fainét au Puy, en l'eglife collegiale de Sainét Agreve, qui pour lors s'appeloit Sainét Eftienne.

Ledit fainét Agreve fut efleu Evefque du Puy après les fept qui repofent en l'eglife de Sainét Vofi ; ledit fainét Agreve fut le XIII° Evefque du Puy.

Item, trois jours après la demonftracion dudit fainét corps, on trouva là deffoubs, ou bien près dudit lieu, une grande pierre foubs laquelle avoit ung coffret oùt fe trouvarent de moult nobles reliques, c'eft afçavoir : de fainét Saturnin, de fainéte Gertrude, de la fainéte Croix, du fainét Sepulchre, de fainét Gerauld, de fainét Martin, de la Magdelaine & de plufieurs autres.

Item, ledit an M.D.XXII., & le dymenche, XIX° de oétobre, fut decreté par meffire Anthoine de Chabanes, evefque du Puy, & fon confeil, eftre feftivée la fefte de la Tranflacion dudit fainét Agreve par tout fon diocefe, laquelle fefte de Tranflacion eft le VI° de novembre.

Item, ledit an, & le dimenche, VII° de decembre, fut remys ledit fainét corps en fon premier lieu, excepté le chief & l'ung de fes bras qu'on laiffa dehors pour enchâffer en argent. Le fervice fut faiét follempnel. Prions Dieu que ce bon fainét nous foit advocat !

Item, ledit an M.D.XXII., & le jeudi, XI° de feptembre, la fouldre (Dieu permetant) dilacera, rompit & froiffa le grant oratoire qui eft en la my voye entre la ville du Puy & la maifon de la Maladerie de Brive, & plufieurs autres fois, y avoit donné ladite fouldre de grans aétaintes, qui moult y eftoient apparefcentes. *Item,* l'an M.D.XXVI., fus la fin de janvier, la communauté du Puy, eftant Confuls fire Durand Raviffat & fes compaignons, firent dreffer & remeétre en eftat ledit oratoire, & y mirent les armes de la ville.

Item, ledit an M.D.XXII., après la my mars, les habitans de la rue de Panaffac, à l'honneur de Dieu & de la Vierge Marie, firent eriger le devot oratoire qui eft au dehors de la porte dudit Paneffac, tirant à l'eglife conventuale des Freres Prefcheurs, des deniers qui fe lièvent les fabmedis pour illuminer l'ymage Noftre Dame qui eft fus l'entrée de ladite porte. *Item*, l'an M.D.XXV., le firent paindre les Confuls de l'année precedente, fires Jacques David, Guyot de Licques & leurs compaignons. *Item*, ledit an, & le dimenche, II• de juillet, fut benift ledit oratoire par meffire Eftienne de Preffuris, cordelier, evefque de Troie, fuffragant de monfieur meffire Anthoine de Chabanes, evefque du Puy ; lequel conceda à chacun y difant les dimenches de Karefme & les jours Sainĉte Croix *Pater, Ave* & *Credo,* XI jours de pardon, — conftant inftrument fur ce receu par maiftre Pierre Mondot.

Item, ledit an M.D.XXII., VIII• de janvier, fift un fi terrible vent auftral que abbatoyt les tieules des tois des maifons, rompoit viĉtres d'efglifes, arrachoit arbres, &, entre autres chofes, rua jus le gibet de Ronfon jufques à terre, pilles, trefs & ung pendu qu'il y avoit : que fut cas admiratifs, confideré que les piles eftoient de pierre taillée, fortes & puiffantes.

Item, le lendemain, IX• dudit moys, fut meurtri en la place appellée de la Plaftreira ung clerc qu'on appelloit Boquet.

Item, le XIV• dudit moys, arrivarent au Puy certain nombre de gens d'armes piétons, qui difoient eftre fept ou huit cens gaillards, & qui alloient bien en bon ordre, lefquels on laiffa familierement entrer en la ville. Mais, ainfi qu'on fceut, ils avoient defliberé y faire quelque defordre. Et par les habitans d'icelle qui tout foubdain s'armarent, ils en furent virilement expulfés, & n'y euft point d'efclandre. Bien y euft aucuns gendarmes bleçés, & difoit-on que ce vent merveilleux devinoit toutes ces aventures.

De plufieurs chofes dignes de memoire de l'an M.D.XXIII.

Ledit an M.D.XXIII., & le X• jour de may, tout foubdaynement pour une pluye fe mift hors de fes termes fort avantageufement le ruyffeau de Dolefon, & difoit-on que, puis le jour fainĉte Anne oùt il fift tant de dommaiges, l'an M.D. & VIII., n'avoyt efté fi enflé.

Item, ledit an & le XX• de juing, par une autre femblable pluye, ledit ruiffeau de Dolefon fe torna de rechief meĉtre hors de fes bornes en la qualité que deffus, oùt fift de très-grans dommaiges, dont le peuple s'en efmerveilla moult.

Item, ledit an, par tout le pays de Vellay & ailleurs parmy le royaulme de France, alloient par routes & diverfes bendes ung tas de gendarmes ou pluftoft larrons, qui faifoient de moult grandes deftructions, pilleries, bateries, ranfonnemens & meurtres, affaulx & prinfes de villes & chafteaux, fans ce que nul y peut meĉtre ordre. Au lieu de Sanfac * mirent à mort certain nombre de gens. Ils prindrent le bourg de Sollempnhac ** par violence. Ils prindrent la ville de Pradelles *** le tiers jour de juing qu'eftoit le devant jour du Corps de Dieu, où ils mirent à doleureufe fin un grant nombre de gens (dont Dieu ayt les ames!) & là dedans firent tant de villains faicts que horreur feroyt l'efcrire! Dont après bien peu, ledit an, en furent apprehendés aucuns de ces malfaicteurs, qui, en la place du Martoret du Puy, furent publicquement par leurs demerites excedutés, aufquels on coppa & mutilla bras & jambes, avant qu'on leur tranchaft le chief : dont d'icelluy exploict & excequcion les feigneurs de Juftice en furent moult loués.

Item, ledit an, & la veille de la fefte fainct Pierre, quelcun duquel le nom je tais, heure nocturne, par oultraige ou folle arrogance, entreprint de fortir de la ville du Puy par la porte Sainct Gile, en rompant & dilacerant fereures & verroux. Celon la doctrine de meffieurs les legifperits, c'eftoit ung grant fortfaict.

Item, ledit an, en ladite ville du Puy, euft deux garnifons : l'une de Lombards, &, après, une autre de François, qu'eftoient environ cinquante chevaulx ; qui coftarent beaucop en ladite ville.

Item, ledit an, & le premier jour de jullet, fift un fi grant froict que, en plufieurs parts du pays, negha, gella & fift habundance de verglas, ou, ainfi qu'on nomme au Puy, *penperelets* ****. Laquelle chofe femble eftre en ladicte faifon merveilleufe & contre la qualité du temps.

, *Item*, ledit an, à caufe de la gendarmerie qui tant le pays domma-

---

* Sanssac-l'Eglise, chef-lieu de commune, canton de Loudes.
** Solignac-sur-Loire, chef-lieu de canton, arrondissement du Puy.
*** Chef-lieu de canton, arrondissement du Puy.
**** Mot formé par *onomatopée*. Dans le patois des habitants du Puy, le gréail est encore aujourd'hui appelé *pinpelrin*.

ghoyt, & pour aucunes comminacions qu'ils faifoient contre la ville, & autres raifons que obmets, fut indite au Puy fus les habitans une taille commune pour achepter d'artillerie pour fortiffier ladite ville, oùt par avant n'y avoit heu taille commune de XXXV ans.

Item, ledit an, caufant toutes ces tribulacions, furent faiĉtes les barbacannes ou mantelés entour les creneaux des murs de la ville du Puy par les habitans de ladite ville, oùt plufieurs en iceux mirent leurs armes & mercques.

Item, ledit an, meffire Anthoine de Chabannes, evefque du Puy, fuft conftitué prifonnier à Lion & mené à Paris, & fut intitulé d'avoir machiné quelque trahifon contre le Roy en la faveur de meffire Charles, duc de Borbon *.

Item, après ledit pardon **, dans ledit an mefme M.D.XXIIII., après prou bien prou mal, fut travaillée la ville du Puy de pefte, qui y fit moult de lours coups. Et s'en fuffent fuits beaucop de gens, fe n'euft efté la peur des gendarmes qui couroient, comme j'ay fideffus repeté, qui fit attendre à la plufpart des gens la mifericorde de Dieu.

Item, ledit an, fut grant chierté de toutes viĉtuailles, excepté que froment & feigle qui furent à raifonnable pris; mais avoyne, vin, cif ***, beurre, fromaige, huille, boys, fel, poiffon, œufs, fruits, efpiceries, pollailles & autres chofes furent moult cheres.

Item, fut ladite ville granment fubfidiable au Roy de grant charge de tailles, car, audit an, furent levées douze tailles & demye, & fallut auffi ledit an fornir certaine grande quantité d'avivres pour avitailler l'armée qui eftoit en Prouvence contre Charles de Montpencier, laquelle forniture cofta beaucop, & fe paya tout ce l'an enfuyvant.

Item, pour la crainte de cefte mauldite guerre que la ville fentoit fi prouchaine, furent baftis & murés à pierre, chaux & fablon, le portalet

---

* Voir, sur le rôle joué par l'évêque Antoine de Chabannes dans la défection du Connétable de Bourbon, la *Rivalité de Charles-Quint et François I*, par M. Mignet. — *Revue des Deux-Mondes,* 1860, t. XXV, p. 868 et suiv.

** Voir plus haut, pages 157 et suiv.

*** Suif.

de la Chabraria, la porte de Porte-Aygueira, la porte de Montferrant qu'on appelle de Mochafeda, & la porte Gautheron.

Item, furent faits, ledit an, en ladite ville du Puy, trois meurtres : dont l'ung fut faiĉt au mois d'apvril d'ung nommé Glaude Vianes, coturier, demeurant en la rue de la Correiria, auprès de fa maifon, environ l'heure de midy ; l'autre fut de fon voifin demeurant devant luy nommé Anthoine Johanny, canavaffier, qui fut occis en la rue des Farges, environ l'heure de minuyt, le jour de la Concepcion Noftre Dame en l'Advent ; l'autre, fut ung nommé Jamilhon* Cementeri, argentier, demeurant en la rue des Tables, devant le four du Poiffon, en dormant en fon lit, fur la minuyt, & fut ce le V* de jullet audit an, lequel fut meurtri fort villaynement par ung amoureux de fa femme, nommée Glaude Mondote, laquelle y eftoit confentente : qui fut un cas de grant exclamacion, & duquel les nobles femmes de ladiĉte ville furent en grande indignacion contre elle d'avoir pourchaffé à fon mary ung fi mefchant & lourt brouet, lequel eftoit fi bon prodhomme. — Les meurtriers dudit Jamilhon furent excequtés à Tholofe, le jeudi XII* de apvril, & furent portées leurs teftes au Puy avec ung bras, & furent mifes les teftes au Martoret, & le bras aux Tables, devant la maifon dudit Jamilhon, l'an M.D.XXVI.

Item, en ce mefmes an M.D.XXIIII., la maifon de l'Hofpital fit faire ce baftiment qui eft derriere ladite bonne maifon, là oùt ils pretendoient & vouloient faire leurs eftableries & leur four, & eftoit ce lieu tombé en grande ruyne pour ung feu qui brufla audit lieu quatre maifons l'an M.D., environ Noë. Pourquoy, ledit lieu vacquoit, & eftoient à terre les murs de tous cartiers. Si fe tenoient ces maifons de la direĉte & feigneurie de monfieur le Prevoft de l'eglife Cathedrale. Si fut appointé que l'Hofpital bailleroit ailleurs autant de chevance audit Prevoft qu'il en prenoit en ce lieu, & l'Hofpital fe aideroit de ce à faire ce que deffus. Ce que fut faiĉt & excequté ledit an & bien promptement mis en l'eftat que voiez, eftant miniftre dudit Hofpital meffire Gregoire Breulh qui léans fit moult de biens.

---

* *Jamilhon*, diminutif de *James*, *Jacme*, forme méridionale du nom *Jacques*, Jacobus.

Item, ledit an M.D.XXIIII., & le dimenche V^e de mars, vindrent au Puy, devers le foir, les pitiables & dolentes nouvelles comment noftre armée, delà les monts, au fiege devant Pavie, avoit efté deffaiête par les Efpaignols & le Roy prins prifonnier le jour de fainêt Mathias*; laquelle nouvelle caufa groffe contriftacion aux citoiens.

Touchant les Harquebofiers du Puy.

Pour ce que le Jeu de l'Harquebofe eft ung jeu mefmement à une bonne ville très-util, louable & neceffaire, ce que je entends cy declairer par cefte fubfequance ou bien fequelle que eft telle : que la ville du Puy eft fornie de plufieurs jeunes gens de bon efprit que à leur povoir defirent icelle maintenir & entretenir en bonne, fidele & fincere paix, moyenant l'aide de Dieu & de la Vierge Marie, advocate du Puy, s'il advenoit neceffité (que Dieu ne veuille !), fi eft-il que l'an M.D.XXIIII fut prefentée aux feigneurs Confuls de la ville du Puy, en leur Maifon confulaire, une requefte civile de par le Roy des Haquebofiers tendent ès fins fur l'entrenement dudiêt Jeu de l'Harquebofe, eftant confuls noble Jacques David & fes compaignons, que à ladiête requefte ne baillarent nulle refponfe, caufant l'affaire tant urgent, *ymo* neceffaire, que leur tomboit en celluy an de leur adminiftracion, c'eft du grant jubilé & pardon general Noftre Dame du Puy.

Mais les chofes ainfi fuccedans, en l'année après comptant M.D.XXV., le jour XXIXe de janvier, eftant confuls fire François Columb & fes compaignons, fut aultrefois baillée & prefentée par le Roy des Harquebofiers, en leur Maifon confulaire, aultre femblable requefte tendent ès fins dudiêt Jeu de l'Harquebufe, de laquelle requefte le double eft cy inferé :

A Noffeigneurs Confuls & Confeil de la ville du Puy, par le Roy des Harquebofiers & fes confors, falut.

---

* 24 février 1525. — Médicis dit 1524, parce que, comme on fait (voir plus haut, page 270, *note),* au Puy, l'année commençait au 25 mars.

— 299 —

L'honneur prefuppofé à vous appartenant, vous fera reduiƈt à memoire comme le temps paffé il vous pleuƈt lire une autre requeƈte femblable par luy à vous dreffée, en laquelle eƈtoit contenu que les Haquebofiers du Puy avoient entreprins metre fus le Jeu de l'Aquebouƈe & en icelluy fe esbatre à l'honneur premierement de Dieu & de la Vierge Marie & de la vierge fainƈte Barbe, ce qu'ils firent fans ce qu'il s'en foit fuyvi dangier ne mal advenu à perfonne.

Lequel Jeu, ainƒi qu'ils fuppofent, a faiƈt plufieurs profits à ladiƈte ville, premierement donné honneur, force, crainte à nos ennemys, que eƈt le bien de noƈtre prince le Roy de France & de toute la chofe publicque, & en après a follicité plufieurs jeunes gens & relevé d'oifeufe, & par le moien dudiƈt Jeu ne fe font applicqués à jeux d'argent, ne à fuyvre lubricités, tavernes, ne fe occuper à mille autres paffions & diffolutions, en quoy jeuneffe eƈt fubjeƈte, & les a experimentés audiƈt jeu que, peult eƈtre, en temps troublé (duquel Dieu nous gard!), nous pourroit preƈter reconfort & grande affeurence, &, d'aultre part, profiter à plufieurs.

Or, eƈt-il, honorés feigneurs, que l'an paffé il vous pleuƈt leur faire ung appointement & offre de vos graces de donner & remetre fon cappatge*, pour celluy an, à celluy que, pour fon bien jouer, fe trouveroit Roy des Harquebofiers, duquel don & de voƈtre bon voloir & offre vous rendent graces & mercis; toutesfois, vous vouldroient donner à cognoiƈtre & faire entendre que le don eƈt ung peu debile, car, comme trop mieulx fçavez, ce ne peult eƈtre grant chofe que ce cappage, confideré que la plus grande partie desdiƈts Harquebofiers font compaignons à marier ou fils de famille, lefquels, vivant leur pere, de ce ne fe peuvent ne doibvent aider, confideré auffi que l'arnois eƈt de defpence, & que celluy qui eƈt Roy fault que faffe plufieurs accueils & entretemens aux Harquebofiers, fes conforts & compaignons, & que entretienne à fa bende le cordon à feu & l'appeau de la monƈtre. Par ce, feigneurs, lefdiƈtes chofes confiderées, trouverez le prefme eƈtre infoffifant.

A ceƈte caufe, a eu advis entre le Roy des Harquebofiers & fa bende, tous vos humbles ferviteurs, vous remonƈtrer & prier vos debonaires feigneuries que, d'icy en avant, vous plaife faire paier le cappatge à qui le debvra & donner audiƈt Roy des Harquebofiers, de quelque eƈtat qu'il foit, une fois l'an, au jour que par vous fur ce fera advifé, la fomme de dix livres tournoys, afçavoir eƈt : huiƈt livres tournoys pour luy feul à faire à fon plaifir, & les aultres deux livres reƈtans tant à luy que à fes confors pour jouer ung pris ou deux ou trois ou aultrement applicquer au voloir dudiƈt Roy & de fa bende, & par raifon de ce diƈt pris & fomme que

* Capitation, impofition due par tête ou par maifon.

fera voftre plaifir leur donner & delivrer, plufieurs fe forceront de eftre Harquebofiers & tenir en leurs maifons ledict arnois bien appointé, que caufera plus
grant force à la ville & plus grant bruit, honneur & crainte, ce que ne fera pas
grant fomme à une telle ville qu'eft le Puy.

Et, moiennant ce, celluy qui fera Roy des Arquebofiers viendra ou fera tenu
de venir, en la maifon du Confulat, le lendemain qu'il aura tombé l'oifeau, faluer vous, feigneurs Confuls, acompaigné de fa bende, l'arnois fur le col bien
appointé, & là prendra ferement & prometra pour luy & fa dicte bende de eftre
bons & fideles au Roy noftre Sire & à la ville, Confuls & Communité d'icelle, &
de venir, luy & tous fes confors Haquebofiers que feront enrollés au rolle dudict
Jeu de l'Oifeau, pour fervir de leur arnois lesdits feigneurs Confuls & la ville, au
lieu que par eulx ou leur cappitaine leur fera ordonné.

Item, que par permiffion & auctorité voftre, povoir faire gatger & excequter de
faict les Harquebofiers recufans & deffaillans d'y venir efcripts au rolle que deffus,
pour la fomme de dix fols tournois, en oultre telle fomme que par vous fera ordonné, & ce que en fera cueilly, puiffe eftre appliqué au profit dudict Roy des
Harquebofiers & fes confors, refervée excufation fuffifante.

Item, que foit tenu ledict Roy, moyennant ce, entretenir le cordon à feu & la
monftre à jouer, & folliciter, les jours de fefte, les compaignons à foy venir esbatre
audict jeu, & cella faire, fans blafphemer Dieu, la benoicte Vierge Marie & Saincts
de Paradis, fe donner au diable, mesdire ou detraicter de perfonne, advifer & ad-
monefter journalement les compaignons & fupports dudict Jeu de l'Arquebofe que
foient intentifs à bien faigement gouverner leur arnois à cette fin que nul inconveniant n'en advienne, &, en oultre, que luy, comme chief, foit prompt à appaifer
les noifes, fi aucunes furvenoient en la compagnie.

De ces articles ou aultres qu'il vous plairra aultrement les mieulx modiffier,
avant que tirer ne jouer l'oifeau, chacun an, leur en fera faicte lecture en voftre
Confulat, affin que nully n'y pretende caufe d'ignorance.

Toutes les chofes fusdictes confiderées par vous, feigneurs Confuls, & voftre
Confeil, vous plairra ne les efcondire en leur raifonnable requefte, attendu que
lesdicts requerans font enfans originaires de la prefent ville, & veu auffi que leur
demande faict pour l'utilité de la Republicque, ce faifant, feront tous enfemble, à
l'honneur de Dieu, de la Vierge Marie & de leur patronne & cappitanereffe, la
glorieufe pucelle faincte Barbe, faire celebrer le jour qu'il vous plairra une belle,
devote & folempne meffe, chacun an, au devant de l'ymage de la glorieufe faincte
Barbe, en laquelle fera prié Dieu pour la manutention de voftre noble eftat, falut
& profperité de la ville du Puy.

Appointé & accordé par les feigneurs Confuls & Confeil au Roy des Harquebosiers & ses consors sur le contenu aux susdicts precedens articles.

L'an M.D.XXV., le XXIXᵉ jour de janvier, par delliberacion du Conseil de la ville du Puy assemblé en la Maison Consulaire d'icelle, & presens & proposans messeigneurs les Consuls, les susdicts articles & contenu en iceulx ausdicts Consuls baillés & presentés de la partie du Roy des Harquebosiers & leurs consors, leur ont esté accordés, en ensuyvant la delliberation d'un autre precedent conseil tenu & assemblé audict Consulat le XVIᵉ jour dudict mois M.D.XXIIII. mesmement, a ordonné ledict Conseil bailler & delivrer, chacune année, de deniers communs de ladicte ville, audict Roy des Harquebosiers, la somme de dix livres tournois demandée par lesdicts articles, pour en après icelle somme estre convertie & emploiée tout ainsi & en la maniere ès dicts articles declairée, & ce tant seulement qu'il sera le bon plaisir desdicts seigneurs Consuls & du Conseil. Ainsi ordonné. PRADIER.

· ·

Item, ledit an M.D.XXV., & le mardi XIIIᵉ de novembre, heure nocturne, tomba le voultement de l'eglise Sainct Laurens du Puy, seulement la partie sus le chœur de ladite eglise, par lequel tombement furent rompus, dilacerés & gastés les chaffaulx & estaiges appointés & dressés dessoubs pour faire de nouveau icelluy voultement qui moult estoit caduc; qui fut dommaige à ladite religion & devot couvent. Si obtindrent tantost du Sainct Pere le Pape Clement VII indulgences & remissions pour de nouveau faire fabriquer ce voultement. Ce qu'ils ont fait & appointé, moyenant l'aide de plusieurs devotes personnes, qui y ont employé porcion de leurs biens.

· ·

Item, ledit an M.D.XXV., & le lundi Vᵉ de febvrier, ung grant senglier, fier & rebelle, vint tout acourant droict le pont de Troilhas, & passant devant la porte de l'hospital Sainct Laurens, vist quelque peu de mur du pré du couvent dudit Sainct Laurens rompu & abbatu comme jusque à sçainture d'homme, lequel par ce lieu se jecta dans ledit pré. Ce que virent plusieurs gens qui y allarent, lequel trouvarent là dedans grumelant oultrageusement. Si lui lançarent tant de cops de verdun* ou de broches de cuisine

---

* Bâton à pointe garnie de fer, *vireton.* Ducange, *Gloss. med. et inf. latin.* Vᵉ veretonus.

qu'ils le firent mourir. Si portarent l'hure deux devots Docteurs de léans au Confulat, la prefenter à meffeigneurs les Confuls fire Durand Raviffat & fes compaignons, qui moult leur en fceurent de bon gré.

*
* *

L'an M.D.XXV., la ville du Puy fut aucunement peftiffereufe, & principalement au devot monaftere & couvent des Seurs Saincte Claire, où finarent leurs jours par pefte douze des Seurs de léans, & ung devot Frere qui eftoit leur pere confeffeur. Et en refchaparent, combien que fuffent prinfes dudit dangier & egritude, autres fix desdites Seurs & ung autre Frere. Pour laquelle caufe, ledit couvent & habitans en icelluy furent conftitués en griefve peine & defolacion; fi fut toute la ville & habitans d'icelle, pour l'honneur, amour & bien qu'ils portent à ladite devote & faincte maifon. A leur fecourir le mains mal qu'il fut poffible, fut toute la ville en commung; fi firent plufieurs autres gens de bien en particulier.

*
* *

L'an M.D.XXVI., fut commencé en la ville du Puy par ung marchant d'icelle, nommé Jehan Mage, de faire crier le vin des tavernes nouvelles aux carrefours, ainfi qu'il eft coftume faire ès villes & pays circunjacens, comme en Auvergne, Lenguedoc, Lyonnois & aultres lieux, car par avant ne fe crioyt point en ladicte ville; fy que depuis ce temps a efté mis en coftume. Mais quant aucun vouloit ouvrir taverne nouvelle le temps paffé qui n'eftoit ufagiere, on metoit une perche à fa feneftre avec une ferviete pendent, que monftroit figne de taverne, & metoit-on aucunes fois à la porte fueille & voirres * avec du vin dedans, demonftrant le vin qu'on y vendoit (fut claret, rouge ou blanc). Et en ce temps paffé ne fe faifoient pas tant de tavernes comme au temps prefent. Je ne fçay fy le peuple eftoit plus fobre ou fy c'eft caufant les modifications des Eftats ** qui ont privilegié le pais fur la vente du vin du creu qui eft exempt du fubfide du fixieme. Mais toutesfois ceulx qui fe

---

* Verres à boire.
** Les Etats du Languedoc.

meſlent de crier lesdiĉts vins en ladite ville du Puy, les crient aſſez de maulvaiſe grace.

*
* *

L'an M.D.XXVI., au moys d'apvril & may, le Chappitre de Noſtre Dame
fiſt ruer jus & effronder le voultement hault qui eſt dans leur dite egliſe, droictement fus l'entrée du reveſtoir ou chappelle Sainĉt Pol, devers le Fort, pour
ce que vieulx, caducque & dangereux eſtoit, & bien promptement après, le
firent remeĉtre au premier eſtat & deu.

Item, audit an M.D.XXVI., le commun de la ville, eſtant Conſuls ſire Durand Raviſſat & ſes compaignons, firent acoutrer & ordonner la maiſon du
Poix du Roy qui eſt au Martoret, & en ycelle firent meĉtre les arnois & artillerie de la preſent ville, que par avant eſtoient en la Maiſon conſulaire où
elles ſe perdoient.

*
* *

L'an M.D.XXVII., au nom du Roy regnant meſſire François, roy de
France, & de monſieur meſſire Anthoine de Chabanes, eveſque du Puy preſulant, fut achaptée la maiſon de la Court Commune du Puy de noble Bartholomy Maurin, baillif de Vellay, & de ſa femme noble Miracle Doleſone,
laquelle coſta CCCC.XL livres ; & y fut tenue la premiere court le vendredi,
XXᵉ jour de mars, audit an. Par avant uſoient lesdits Conſeigneurs de mayſon
à loyer.

*
* *

L'an M. D.XXVIII., & le dimenche des Rams qu'eſtoit le Vᵉ d'apvril, fut
veue une comete ou brandon de feu, en l'air, tenant grande eſtendue, paſſant
fus le pré de Barres auprès des Carmes, ce pendant qu'on ſe esbatoit à jouer
audit pré les barres, après ſoper, où avoit grant nombre de peuple, hommes
& femmes ; laquelle choſe a eſté veue en autres divers partis juſques delà les
monts. Ce que fut imprimé en pluſieurs villes, & que pouvoit ſigniffier ſelon
leur oppinion & ſavoir. Toutesfois, ay-je trouvé en diverſes cronicques &
traiĉtemens d'hiſtoires de nobles aĉteurs, que tels cometes ou ſemblables
brandons ſont ſouventesfois advenus le temps paſſé, qui n'avoient nulle male
conjeĉture.

* *
* *

L'an de noftre falut **M.D.XXIX.**, & le vendredi XIIIIe de may, arriva au couvent des Carmes du Puy leur General nommé frere Nicolas Andet, homme, ainfi qu'on difoit, de grande faculté, acompaigné de trois grans docteurs de ladite religion, lequel voloit refformer ledit couvent, & y demoura fept jours; mais, à la requefte des feigneurs Confuls, il les laiffa en leur eftat.

· *Item*, ledit an **M.D.XXIX.**, & le fabmedi, XXVIIIe d'aouft, devant la muraille des Cordeliers, regardant le Breulh, fus ung chaffault, fuft degradé, par fes meffaicts, ung appelé meffire Laurens Chafot, du Chambo * vers Duniere, ainfi qu'il eftoit requis, par deux Evefques & ung Abbé ; & furent ceulx meffire Eftienne de Preffuris, cordelier, evefque de Troye, fuffragant de monfieur l'Evefque du Puy, — meffire Anthoine Pafcalis, cordelier, evefque de Roze près Venife, du couvent du Puy, — & l'Abbé de Doe **. Et, après les veftemens facerdotals à luy baillés & reveftus, fut defrevetu & defapointé de l'ordre de prebftre, & luy baillarent ung petit fayon de jaune comme ung aventurier, luy difant qu'il s'en allaft pelerin à Sainct Jacques, faifant penitence des maulx qu'il avoit faicts. Lequel, en defcendant ledit chaffault, fut happé par les Officiers de la Court Temporelle & mené en prifon, &, troys heures après, bruflé au Martoret.

Item, audit an, fut grande cherté de blé parmy le monde, tellement qu'on ne fçavoit où aller ne venir, car, fe en ung lieu avoit neceffité, on difoit que en l'autre encore en y avoit plus ; & fuft mys taux au Puy au blé, mais la chofe par aucuns fut approuvée & par autres reprouvée, & toutesfois par tous cartiers fe vendoit-il bien plus chier de beaucop.

A Lyon, le menu peuple cuyda ufer d'entreprinfe fus les maifons de ceulx qui blés avoient & firent victimes de faict, mais plufieurs de ceulx qui de ce furent acteurs, furent la plufpart pendus & excequtés par divers moyens de juftice.

---

* Le Chambon, chef-lieu de commune, canton de Tence, arrondissement d'Yssingeaux.

** Claude de Burriane, abbé de Doue (monastère de l'ordre des Prémontrés, situé à l'est du Puy, aujourd'hui commune de Saint-Germain-Laprade).

Quant Dieu trevaille fon peuple par famine, le gouvernement des communes eft fort difficile!

Item, audit an, l'yver fut fi très-doulx & attrempé qu'il ne fift femblant
d'yver. Pourquoy, les fleurs des jardins eftoient en pompe par Noë. Les gens
vieilles jamais n'avoient veu ung tel yver.

Cronique des preconifation, proceffion, feux de joye, triumphes, hif-
toires, bendes des Meftiers, dances, jeux & autres joyeulx esbatemens,
que tant pour le mariage de noftre très-cher Sire le Roy, que auffi
pour la reddiction de très-nobles & plains de generofité noffeigneurs
les Enfans de France, ont efté faicts en la ville du Puy.

A veille de l'apoftre fainct Mathias, que eft le **XXIII**ᵉ du
moys de febvrier, en l'an de noftre falut **M.D.XXV.**, fut la
dolente prinfe du Roy noftre Sire en Ytalie, devant la ville
de Pavye, lequel en conflict de bataille prindrent les Efpaignols avec plufieurs autres princes & feigneurs de France,
caufant l'atiltrée trahifon & mauldit pourchas de meffire Charles, duc de
Borbon, pour laquelle enfuyvit groffe & quafi infupportable charge de fubfides au royaulme de France. Et fut mené icelluy noftre Sire le Roy prifonnier en Efpaigne, oùt il demoura environ ung an, là oùt il triumpha de faire
fes miraculeufes opperations, gueriffant des efcruelles, par laquelle chofe il
fut fouvent benedict audit royaulme d'Efpaigne.

Et, après, par les foigneufes pourfuites des feigneurs de ceftuy très-illuftre & recommandé fang de la Coronne de France, fut trouvé appointement,
mais non pas fans grande effufion de la pecune du royaulme, afçavoir eft
que noftre Sire le Roy fut relaché moyenant ce qu'il bailla en oftaiges & pour
gaitge fes très-chers & bien aymés Enfans, monfeigneur meffire François,
daulphin de France, & monfeigneur meffire Charles, duc d'Orléans, fon
frere, oùt ils demorarent oftagiers par le laps de trois ans ou environ. Mais
finalement Dieu, noftre Createur, qui a ce fceptre royal très-chreftien et fon
peuple François en finguliere amour, ainfi qu'il eft credible, feift moyenner
concorde entre l'Empereur d'Alemaigne, Charles d'Efpaigne, & noftre très-
cher Sire le Roy, par tel effect que fes nobles & chers Enfans, tant defirés du
peuple François, furent redduicts en leur vray, naturel & pacificque do-

mayne & heritaige de France, & moyenant ce que noftre Sire le Roy print
en mariage très-illuftre & puiffante princeffe madame Liénor d'Auftriche,
doairiere de Portugal, feur aifnée du très-hault & très-excellent & très-augufte Cefar Charles, cinquiefme de ce nom, empereur regnant, & la fomme
de douze cents mil efcuts fol comptans, & aultres tiltres il y a en icellui
appointement que pour le prefent n'ay merité favoir. Laquelle redduction fut
faicte le premier jour de julhet l'an prefent M.D.XXX., & de laquelle tout
le peuple François feift tant de joye que on pourroyt extimer eftre faicte &
comme le cas bien le requeroyt. D'entre lefquels monftrarent bien en avoir leur
cueur comble de joye les habitans de la ville du Puy, tant meffeigneurs les
gens d'Eglife, meffeigneurs les Officiers & gens de Juftice, & meffeigneurs les
Confuls qui reprefentent le corps commun d'icelle ville. Lefquels enfemble,
duement advertis de ce tant exquis & extimé bien, d'ung mefme cueur, fi
à poinct mirent la main à l'œuvre à porchaffer, faire proceffions pour regracier à Dieu ce très-haultain benefice & celefte don qu'il leur avoit faict, &
faire les feux de joye. Dont pour ce faire s'en affemblerent tous au Chappitre de Noftre Dame pour fur ladite matiere concleure; & icelle entr'eulx
amplement communiquée, affin que ne gafte langaige, fut dit & refolu eftre
tenu l'ordre que s'enfuit que fut tel :

Le mecredi, XXVIIe jour du moys de julhet, furent adjournés en la
Court Commune tous les Bayles des Meftiers du Puy, lefquels, comme fubg-
gects & vrais obeiffans, comparurent perfonnellement; & par meffeigneurs
les Prefidens de ladite Court leur fut demonftré comment, par joye & exul-
tation de cefte tant bonne nouvelle, ils debvoient eftre proclives à demonftrer l'entier cueur que eulx & leurs progeniteurs ont tousjours eu à la noble
Coronne de France, leur priant que, à cefte heure, tant pour le mariage de
noftre Sire le Roy que pour la redduction de fes nobles Enfans, qu'on efperoit eftre nos princes & gouverneurs pour le temps futur, on debvoit monftrer quelque joye, tout ainfi que un bon & vray ferviteur eft joyeulx (ou le
doibt eftre) de l'utilité, bien & honneur de fon feigneur & maiftre. Si leur fut
enjoinct par iceulx meffeigneurs les Prefidens que, le dimenche prochain,
on eftoit deliberé partir de Sainct Jehan de la Chevalerie, chafcun Meftier
en fa bende oùt auroit gens tant à cheval que à pied; & pour ce que tant de
peuple qu'il y a en la ville & tant de Meftiers ne pourroient eftre mys fi
promptement en ordre & que la nuyt fe pourroit fuyvre, que chacun

d'iceulx Meftiers euft certain nombre & quantité de torches à bafton &
portaft enfeigne de taffetas faicte felon l'ordonnance & devife de leur meftier, & y allaffent de deux à deux bien embaftonnés & au meilleur ordre
& eftat que poffible leur feroit, à grans taborins d'Alemant & fifres, faifant
& demonftrant toute la joye qu'ils pourroient, en tournoyant ladite ville,
faifant honneur & affociation aux feigneurs de l'eglife Cathedrale, feigneurs
de Juftice, & meffeigneurs les Confuls, à metre le feu en leurs buchiers
ordonnés en divers partis, & finalement aller dire avec meffeigneurs de l'e-
glife Cathedrale le *Te Deum laudamus* bien devotement; & que, le lundi
après fuyvant, pour l'honneur & reverence de Dieu & pour le regracier
des chofes fusdites, on feroit proceffion generale & follempne où feroit porté
le precieux *Corpus Domini,* devotement & honnorablement, pour lequel
acompaigner lefdits Meftiers furent cotifés en certain nombre de torches de
cire. Ce qu'ils firent tout ainfi qu'il fera relaté, quant parlerons de l'ordre
de ladite proceffion & de toutes les autres chofes que pour ce furent faictes.

Dont pour icelles entamer, commancerons fus l'appointement d'une inveterée queftion que, à caufe des gravités & honneurs, eftoit entre les feigneurs de Juftice & meffeigneurs les Confuls, que pour ce fut appaifée.

Au temps paffé, aux affociations des efpoufées, fepultures ou autres divers negoces ou moyens, oùt competoit faire affemblées pour faire honneur
à quelque partie, quant il efcheoit que icelle partie demandoit ou emprun-
toit eftre acompaignée par meffeigneurs du venerable Chappitre, meffeigneurs de la Juftice, ne meffeigneurs Confuls ne fi vouloient trouver. Car
meffeigneurs Chanoines & Perfonats de l'eglife Cathedrale·difoient qu'ils
eftoient dediés au fervice de Dieu & Chanoines de l'eglife Cathedrale, & ne
debvoient eftre mys foubs les Officiers de la Court, ne des Confuls. A
l'oppofite, meffeigneurs lefdits Officiers, enfemble meffeigneurs les Confuls,
difoient que ils eftoient gens de juftice & ferviteurs du Roy, &, de plus, adminiftrateurs de la chofe publicque, & qu'ils ne debvoient eftre leurs inferieurs, attendu mefmement qu'il y avoit plufieurs jeunes Chanoines qui
n'eftoient encore prebftres, & que n'eftoit raifon iceulx Officiers & Confuls
eftre mis au deffoubs. Et tant avoit pillulé ce debat que, ausdites affociations, ne fe trouvoient jamais, ne en nulle table où competaft faire affiete ou
tenir congru lieu d'honneur & de gravité. Laquelle debile & frivole queftion
gardoit de faire plufieurs honorables & notables affemblées que fe fuffent

faictes au temps paffé, mais chacun tenoit fon ranc & fon ordre à part. Quant les feigneurs Chanoines y venoient, les meffeigneurs de Juftice & Conful ne s'y trouvoient point, & quant lesdits Officiers & Confuls y ef-toient, lesdits Chanoines ne s'y trouvoient point. Cecy, affez demené le temps paffé & qu'on n'y povoit trouver quelque appointement, s'eft fuper-cedé, tenu & obfervé en tel eftat jufque à l'an prefent M.D.XXX., que, en ces affemblées de ces feux de joye, entre autres chofes, fut tenu quelque propos de metre fin en ce vieulx differend. Et bien regardé d'un cartier & d'autre, affin que prolixe ne foye en mon dire, par aucuns honorables per-fonnaiges, amateurs d'honneur, zelateurs d'amour & de paix, acquiefçant les parties d'ung coufté & d'autre, fut d'ores en avant traicté eftre tenu tel ordre que s'enfuit :

Quant le cas efcherra, qu'en quelque compaignie fe trouveront enfemble meffeigneurs les Perfonats de l'eglife Cathedrale, afçavoir eft : monfeigneur le Doyen, monfeigneur le Prevoft, les Abbés de Sainct Vofi & Sainct Pierre la Tour, ils yront enfemble des premiers, deux à deux ; puis, après, les Baillif & Juge de Vellay, de ranc ; puis, après, à main dextre, ung Chanoine, — à main gauche le Bayle de la Court Commune ; après, ung autre Chanoine à main dextre, — à main gauche, le Juge de ladite Court Commune ; après, à main dextre, ung Chanoine, — à main gauche, le Premier Conful ; après, à main dextre, ung Chanoine, — à main gauche, le fecond Conful, & ainfi perfeverant jufques aux fix Confuls ; & s'y a Cha-noines davantaige, yront iceulx Chanoines deux à deux après lesdits Cha-noines & Confuls.

Et fe cas eftoit que des Perfonats de l'Eglife en y euft trois, yront les deux premiers de renc, & le tiers après à main dextre, — le Baillif ou Juge de Vellay à fa main gauche ; & s'il n'y a nul Perfonat de l'Eglife, mais ung fimple Chanoine, en ce cas, les Baillif ou Juge à main dextre, & le Chanoine à main gauche, & fe l'ung des Perfonats y eftoit avec autres Chanoines, & y fuffent les Officiers de la Court Commune ou les Confuls, quelcun d'iceulx yra à main gauche dudit Perfonat ; & après continuant, les Chanoines à main dextre, & les Officiers & Confuls, comme eft dit deffus, à main gauche.

Et à tant fe conclud ledit different au Chappitre, prometant lesdites par-ties, l'une à l'autre, en faire paffer fur ce inftrument, que fera caufe pour l'advenir de grande amiftié entre icelles parties, ainfi que mefmement en ce triumphe fut introduict & commancé, comme verra par fuceffion qui voudra pourfuyvre veoir le prefent traicté ou cronique au long, pour lequel pourfuyvre & tirer oultre, viendrons au fabmedy, penultieme de julhet, que fut faicte la proclamation & cry des chofes deffus manifeftées.

Meffeigneurs les Confuls, tant pour faire ces proclamations que pour la proceffion ou autres triumphes qu'ils pretendoient faire, combien qu'en la ville du Puy euft trois affez bons trompetes, fy en envoyarent-ils querir en Auvergne autres troys; lefquels eftre arrivés, firent iceulx Confuls eftoffer leurs trompetes de banieres de fin taffetas azuré & doré, oùt furent richement, en icelles banieres, paintes & figurées les armes du Roy & de monfeigneur le Daulphin.

Eftre venu ledit fabmedi, penultieme de jullet, environ deux heures après midy, fe affemblarent en la Maifon Commune, au Confulat, meffeigneurs les Confuls, le Cappitaine Mage & autres Officiers de ladite Maifon & autre gros nombre de gens d'eftat, nobles, bourgeois & marchans de ladite ville, oùt eftoient là leurs monteures, toutes preftes; & tantoft après eftre là treftout arrivé, chacun monta à cheval & s'en allarent en noble arroy parmy la ville, & aux carrefours ordonnés à faire crys publicques dans icelle ville, après avoir fonné les trompetes par trois fois, & le peuple affemblé en grant nombre, après bonne filence faicte, fut preconifé, dit & declairé les caufes & effects que, par le Confeil d'icelle ville, avoient efté determinés eftre faicts, pour ces bonnes & très-joyeufes nouvelles, tant des feus de joye, proceffion, & autres chofes contenues en ladite preconifation & cry, que font affez à fain entendement faciles à confiderer.

Le lendemain, dimenche, dernier jour de jullet, toutes manieres de gens de meftier eftre pourveus de leurs arnois, armeures, enfeignes, torches, & de tout ce que befoing leur eftoit, & advertis par le cry precedent qu'à deux heures après midi fe debvoient trouver audevant de Sainct Jehan la Chevalerie, ne faillirent point, & là debvoient attendre meffeigneurs de l'eglife Cathedrale & les Enfans de chœur qui ce jour triumphoient, car c'eftoit le jour de faincte Marthe. Si furent en noble arroy iceulx Enfans habitués & enrichis de groffes & nobles bagues d'or. Et là enfemble attendirent quelque peu meffeigneurs les gens de Juftice que encore n'eftoient arrivés. Et cependant les bendes fe permenoient parmy le champ du Garait Sainct Jehan & voyes voi-

fines autour, tant que tout en eftoit plain & farcy : que moult recreatif eftoit
à veoir. Et n'arrefta guiere que meffeigneurs de Juftice vindrent, & là eftre
arrivés, fut dit que chacun fe rangeaft près la porte Panavayra, vers les commys qui eftoient là deputés pour faire entrer en ville par ordre les Meftiers &
bendes. Lefquels commys furent noble Jacques Maurin, baillif de Vellay,
noble Jehan de Lobeyrac, baile de la Court Commune, noble Jacques Pome,
premier conful, & noble Jacques David, cappitaine mage de ladite ville, avec
maiftre Jehan Pradier, fecretaire du Confulat, qui, par ung rolle qu'il avoit en
fa main, appelloit les bendes & Meftiers pour les faire paffer & entrer par
leur renc, tout ainfi qu'il avoit efté conclud & ordonné.

Les premiers que pour marcher furent appellés après que les trompetes fe
furent mys en train, furent meffeigneurs les Notaires, qui eftoient non mediocre bende, mais par tel ordre & gravité alloient que merveilles. Ils avoient
enfeigne de fin taffetas bleu, avec l'ymaige de leur patron monfeigneur fainct
Jehan l'Evangelifte au milieu, fort bien eftoffé, & toute la refte femé en grand
nombre de fleurs de lis d'or. Ils avoient leur conducteur ou fergent de bende,
comme fi ce fut proprement pour marcher foubs quelque conduicte ou condition belliqueufe, & la plus grande partie portoient baftons à feu qu'ils faifoient fonner par telle forte que de bien loing on les entendoit venir. Lefquels
pour la nuyt avoient tout preft dix huict torches à bafton. Et eftoient leurs
bailes maiftre Nicolas Borginhon & maiftre Glaude Chabrol.

Après, venoient les Merciers de Noftre Dame des Anges, & les autres
Merciers & Agulitiers du Sainct Efperit, pourtans les merciers de Noftre Dame
des Anges enfeigne de fin taffetas efcartellé de bleu, rouge, violet, & la croix
blanche, & les autres merciers & agulitiers portoient femblablement enfeigne
de taffetas efcartellé de noir, jaune yranghat* & verd, & la croix blanche, &
alloient equalement leurs pourteurs d'enfeigne, & eftoient moult belle bende
& bien ordonnée. Et avoient les merciers de Noftre Dame des Anges & pour
la nuyt tout preft quatre torches à bafton, & eftoient leurs bailes Jehan Arnaudo, dit Botonier, & Anthoine Marlhac. Et les autres merciers & agulitiers, pour la nuyt, avoient tout preft autres quatre torches à bafton, &
eftoient leurs bailes Jehan Paſçal & Glaude Guilhamy.

* Orangé.

Après ce renc, venoient & fuyvoient les Medicins, Appothicaires, Arromateurs, très-gentile bende, que pareillement avoient enfeigne de fin taffetas efcartellé de rouge & jaune & la croix blanche, tenant joyeufe & très-gracieufe faconde. Pour la nuyt avoient tout preft fix torches à bafton. Eftoient leurs bailes fire Glaude Coraille & Pierre Ayraud.

Incontinent après, furent appellés les Ferratiers & Tellatièrs, affez prodhommes gens, qui fuivoient leur renc & ordre, tenant bonne contenance, lefquels n'avoient nulle enfeigne; & pour ce jour ne furent cotifés à porter nulle torche de bafton. Des ferratiers ne font nuls bailes, & ne tiennent ordre de confrarie. Des tellatiers ou canavaffiers eftoient bailes Blaife Boniol & Vincent Jacquemet.

Sy en ce renc après, vindrent les Saleiroux ou habitants de la Saunerie, qui n'eftoient mye grant nombre. Toutesfois eftoient-ils competemment en eftat. Ils avoient enfeigne de fin taffetas efcartellé de bleu, blanc & yranghat, la croix blanche. Lefquels pour la nuyt avoient tout preft douze torches à bafton. Eftoit baile de ladite Saunerie Bartholomy Raymond, fergent royal, faulvegardien du Confulat.

Vindrent, après, les Pintiers & Fondeurs, qui affez fe trouvarent pertinenment, combien qu'ils foient peu en nombre : ils ne avoient point d'enfeigne. Toutesfois avoient-ils tout preft pour la nuyt cinq torches à bafton. Ceulx icy n'ont nuls bailes, ne confrarie.

Après, fuyvoient tout le grand pas des Hofteliers & Taverniers, affez bonne & gentile bende, que avoient enfeigne de fin taffetas gris & la croix blanche, avec leur taborin d'Alemant; & le porteur d'icelle enfeigne eftoit habitué de taffetas gris, portant ung chappeau tout couvert de giroflées ou oueillets, que avoit fort bonne grace. Et avoient iceulx hofteliers & taverniers pour la nuyt tout preft douze torches à bafton. Et eftoient leurs bailes Anthoine Dauvergny & Jacques Baftide.

De moult beau train marchoient après les Savatiers & Coiratiers, qui eftoient grant bende & moult bien ordonnée, lefquels avoient taborin & enfeigne de taffetas gris & la croix blanche, & au milieu d'icelle croix, de chacun cofté, eftoit ung efcu de fin azur, fur lequel eftoit portraict & tiré d'argent ung outils de leur art, & avoient tout preft pour la nuyt douze torches à bafton. Eftoient leurs bailes Symon Pafcal & Pierre Valy.

Après, furent appellés les Courieurs ou Taneurs qui n'eurent nulle enfeigne,

& furent iceulx couriers pourveus qu'ils avoient tout prest de quatre torches de baston. Estoient leurs bailes Jehan Lavastret & Heustace Robert.

Assez gaillards, après, venoient les Parcheminiers & Blanchiers, qui estoient grant nombre & gent robuste, qui avoient taborin d'Alemant & enseigne de fin taffetas gris & la croix d'incarnat. Lesquels avoient tout prest pour la nuyt dix huict torches à baston. Estoient leurs bailes sire Jehan Cordier & Anthoine Bussinel.

Après, marchoient les Pelletiers, faisant assez bonne contenance, qui avoient taborin d'Alemant & enseigne de fin taffetas escartellé de blanc & bleu & la croix de fine penne de menu vair d'Alemaigne, que estoit selon leur art & mestier. Et la portoit ung pelletier, homme de noble senectute, pour laquelle supporter luy fut parmys estre monté sur ung moult beau cheval grifon, lequel combien qu'il fut constitué en multiplication d'ans, toutesfois faisoit-il ventiler son enseigne assez virilement. Et avoient lesdits pelletiers tout prest pour la nuyt dix huict torches à baston. Estoient leurs bailes sire Heustace Coilhabaud & Anthoine Baraton.

Icy, après, suyvoit la bende des Bonetiers que, entre les autres, alloient de pied, & estoit la plus grande des bendes. Ils estoient armés de picques, haquebutes, voulges, espées, portans rondeles & ayans habits decopés, lesquels se faisoient assez veoir & ouyr pour leurs canons & grans taborins qu'ils avoient. Ils avoient parmy eulx leurs conducteurs de bende & portoient enseigne de fin taffetas escartellé de rouge & violet & la croix blanche, & pour la nuyt avoient tout prest dix huict torches à baston. Estoient leurs bailes Anthoine Loyon, Michel Faurigolas & Pierre Belluc.

Après, vindrent les Chapeliers qui n'eurent point d'enseigne. Toutesfois estoient-ils autrement en bon ordre, & avoient pour la nuyt tout prest deux torches à baston. Estoient leurs bailes André Nicolau & Jehan Rey.

En ce renc, après, se demonstrarent honnestement les Bolengiers & Pasticiers, gailhards & estourdits, lesquels portoient enseigne de fin taffetas blanc purement, sans quelconque differance, & pour la nuyt avoient tout prest dix huict torches à baston. Estoient leurs bailes forniers Anthoine Viviers & Michiel Marnhac; les bailes pasticiers Jehan Prunet & Vidal Leydier.

Incontinent après, suyvoient les Scainturiers & Funeliers atout une enseigne de fin taffetas escartellé de rouge & noir & la croix blanche, qui avoient pour la nuyt tout preſt quatre torches à baſton. Eſtoient leurs bailes Jehan Alirol & Artaud Faure, fils de Loys.

Après, venoient les Mareſchaulx groſſiers, Cotelliers, Seruriers, Eſpaſiers, ou Armeuriers, tous d'une bende, qui tindrent moult bonne gravité & demonſtrarent aſſez bon vouloir, car bien ordonnés eſtoient & en bon eſtat, ayans taborin d'Alemant & enſeigne de fin taffetas eſcartellé de jaune changhant, incarnat & gris, deux cartiers tous plains de jaune changhant, & les autres deux eſcartelés dudit jaune changhant, d'incarnat & gris; ils avoient tout preſt pour la nuyt dix torches à baſton. Eſtoient les bailes pour les mareſchaulx Pierre Ribas, dit Cheyrol; pour les mareſchaulx groſſiers, Vidal Rocel, dit Foilhos; pour les coteliers, Jehan Coſtaroſa, dit Veyro; pour les armeuriers ou eſpaſiers, Glaude Lode; & pour les feruriers, Anthoine Bertho.

Si après, ſe trouvarent en leur renc, combien qu'ils ne deuſſent eſtre feparés de l'*item* fusdit, les Aleniers, bien peu en nombre, qui n'eurent enſeigne ne torche à baſton pour la nuy. Eſtoient leurs bailes Peirot Alari & Bertrand Vali.

De beau train ſuyvirent, après, les Cirurgiens & Barbiers, fort bien ordonnés, ayant aſſez hardie contenance & qui ſe firent aſſez veoir, leſquels avoient enſeigne de fin taffetas incarnat & la croix blanche, & pour la nuy avoient tout preſt huiɕ torches à baſton. Eſtoient leurs bailes Touſſainɕ Prevoſt & petit Jehan Villedieu.

Après, vindrent les Baſtiers, aſſez gailhards, qui eurent enſeigne de fin taffetas eſcartellé de jaune & tanc, & qui demonſtrarent avoir bon cueur, leſquels pour la nuy avoient tout preſt fix torches à baſton. Eſtoient leurs bailes Jehan Boas & Jehan Chabalier.

Sans arreſter, marchoient, après, les Coturiers, qui furent aſſez en bon ordonnance, & avoient enſeigne de fin taffetas eſcartellé & faiɕ à flambes de gris & jaune & la croix blanche, leſquels pour la nuy avoient tout preſt douze torches à baſton. Eſtoient leurs bailes Laurens Chanut & Jehan Boyer.

Moult robuſtement venoient, après, les Bouchiers, très-bonne bende, que le plus ſouvent ſont plains de colere, leſquels en ce ſe monſtrarent moult notablement, & portoient enſeigne fort gentile de fin taffetas eſcartellé de bleu & tanc & la croix blanche. Leſquels, au Garait Sainɕ Jehan, attendant les bendes, en ſe pourmenant, cuidarent avoir quelque petite noiſe avec la bende

40

des Orfeuvres qui font auffi affez efmeus; mais, tantoft, par aucuns notables perfonnaiges, tout fut entr'eulx paciffié. Et avoient iceulx bochiers tout preft pour la nuyt douze torches à bafton. Eftoient leurs bailes Jacques Blanc & Jacques Vigier.

Le renc & ordre vint après des Maçons & Charpentiers, que n'avoient nulle enfeigne; bien avoient tout preft pour la nuyt fix torches à bafton. Eftoient bailes pour les maçons Anthoine Faure & Glaude Lagier; pour les fuftiers Pierre Varenas.

Après, vindrent les Chevriers, que pareillement n'eurent nulle enfeigne; bien fe mirent autrement à leur debvoir, & eurent pour la nuyt tout preft quatre torches à bafton. Eftoient leurs bailes Vidal Bardon & Eftienne Almeras le jeune.

Affez en bons prodhommes fuyvirent après les Laboreurs de Pofarot, qui n'eurent enfeigne, ne taborin; mais pour la nuyt avoient tout preft fix torches à bafton. Eftoient leurs bailes Pierre Peyronet, dit Gamonet, & Anthoine Chabrier.

Les Mufniers entrarent après, qui avoient enfeigne de fin taffetas tout blanc fans aucune differance, & pour ce que ne trouvarent taborins pour les fuyvre, firent fonner & jouer les auxboys devant eulx; & avoient tout preft pour la nuyt douze torches à bafton. Eftoient leurs bailes Vincent Montbel & Vidal Maffiot.

Après, marcharent les Peyroliers*, que avoient enfeigne de fin taffetas jaune & gris, & pour la nuyt avoient tout preft douze torches à bafton. Eftoient leurs bailes Anthoine Bodet & Jehan de la Johanya.

Après, vindrent les Celliers qui n'avoient nulle enfeigne; bien avoient chacun fa targe ou efcu qu'ils portoient, l'ymaige de Noftre Dame paint en chacune d'icelles. Ils font couftumiers porter icelles targes ou pavois, en acompaignant l'Abbé de Sainct Pierre la Tour, quant on porte proceffionalement le devot ymaige de Noftre Dame du Puy. Ils furent affez en ordre, & avoient pour la nuyt tout preft quatre torches à bafton. Eftoient leurs bailes Anthoine Guiot & Maturin Borderet.

Affez fimplement & en bons prodhommes entrarent, après, les Labou-

* Chaudronniers.

reurs de la rue Sainct Jacques, qui n'avoient nulle enfeigne ne taborin, mais bien pour la nuyt avoient tout preft quatre torches à bafton. Eftoient leurs bailes Pierre Fabre & Pierre Sahuc.

Les Libraires ne faillirent, après, à fe trouver en renc, lefquels ne font guiere ; toutesfois avoient-ils tout preft pour la nuyt deux torches à bafton. Ceulx-cy n'ont bailes, ne confrarie.

Les Cordiers furent appellés après, que auffi ne font mye grant nombre, qui pareillement n'avoient ne enfeigne ne taborin ; toutesfois avoient preft pour la nuyt deux torches à bafton.

Après, vindrent les Tixerans, Gantiers, Paulmiers & Correctiers, qui, pareillement n'avoient enfeigne, ne taborin, & font meftiers que n'ont confrarie, ne bailes.

Les Pinhieurs* ou Peucheniers** cheminarent après, affez gentilment ; n'eurent nulle enfeigne, mais pour la nuyt avoient bien tout preft deux torches à bafton. Eftoient leurs bailes Jehan de Rhodes & Michiel Vedrinas.

Après, vindrent les Crochetons qui y furent fans enfeigne, ne taborin ; ne pour la nuyt nulle torche. Eftoient leurs bailes Blaife Boniol & Michiel

(fic).

Les Efpinoliers*** du Puy & d'Agulhie ne faillirent, après, à fe trouver en ce renc, lefquels, felon leur art, monftrarent avoir bon cueur ; fi cheminarent affez de bon pas, bien appointés, avec taborin & enfeigne de fin taffetas efcartellé de rouge & verd fans croix, & pour la nuyt avoient tout preft fix torches à baftons. Eftoient leurs bailes Eftienne Mondot & Jehan Alirol.

Après, vindrent entremeflés les Tailleurs, Broudeurs, Paintres & Cartiers, qui fe monftrarent affez, mais ils n'avoient enfeigne, taborins, ne torche. Ceulx-cy n'ont bailes, ne confrarie.

Après, furent appellés les Orfeuvres, lefquels marchoient par noble faconde & bien ordonnés, atout ung grant taborin d'Alemant & enfeigne de fin taffetas azuré & la croix blanche, en laquelle eftoient richement paintes à or & azur leurs armes, que portent *d'azur, à trois coppes d'or coronnées*

---

* Peigneurs de laine et de chanvre.
** Faiseurs de peluche.
*** Epingliers.

& une eſtoille d'argent au millieu, que feu de très-noble memoire Charles VIIIᵉ, roy de France, leur donna en la ville de Tours, & volut que fuſſent portées par tous les orfeuvres de ſon roiaulme. Autour de leur porte-enſeigne, que gailhard eſtoit, alloient treſtous nuds, excepté de brayes, quatre compaignons de leur art, en Mores, à chappeaulx de fleurs, portans fus leurs eſpaules groſſes maſſues : que fut aſſez plaiſant à veoir. Leſquels pour la nuyt avoient tout preſt huiċt torches à baſton. Eſtoient leurs bailes Jehan Reynoard & Hugues Lovain, & leurs gardes Bartholomy Medicis & Jacques Huguet.

Après, marchoient en moult belle ordonnance, atout deux grans taborins d'Alemans & les fiffres tant & quant, meſſeigneurs les Marchans Drapiers, que fut la paragande * des bendes & les derniers de tous les Meſtiers; leſquels en leurs habits n'avoient eſpargné le drap de ſoye, mais avoient icelluy aché & decopé comme par deſpit, & portoient picques, alabardes, haquebuſes & rondelles eſtouffées de meſmes ; & leur enſeigne eſtoit de fin taffetas eſcartellé de gris, violet & incarnat. Et monſeigneur le Cappitaine Mage du Puy, noble Jacques David, par une ſingularité, alloit au milieu d'eulx armé, & ſur l'arnoys portoit ung ſeyon de drap d'or friſé, monté ſur ung petit roſſin, ſi bien aſſemblé qu'il ſembloit eſtre faiċt comme cire, lequel faiſoit moult bonne contenance fus icelluy, portant une petite hapche d'armes en ſa main, & ſes deux lacais, habitués de livrée, tenoient leur main ſur la croppe. Et avoient iceulx drapiers pour la nuyt tout preſt deux dozaines de torches à baſton ſemées de fleurs de lis d'or & daulphins d'azur. Eſtoient leurs bailes Eſtienne Medicis, pour lors Conſul, & ſire Anthoine Mage.

Après, furent appellés meſſeigneurs lés Gens de Juſtice, commençant les Sergens de la Court Commune, auſquels par le Baile & Juge de ladite Court avoit eſté enjoinċt & commandé à ceſte cauſe faire de nouveau leurs robes, my-parties de pers & rouge, que ſont les armes du Pariage, c'eſt aſſavoir le *pers* pour le Roy à main dextre, & le *rouge* à main gauche pour l'Eveſché du Puy : ce qu'ils firent. Et iceulx compaignons ſergens firent bien leur debvoir de tout ce qu'ils povoient ; ſi avoient enſeigne de fin taffetas bleu & rouge & la croix blanche, & en icelle eſtoient très-bien ordonnées les armes

---

* Parangon, *c'est-à-dire* le modèle.

de la Court Commune, que fe doibvent ainfi blafonner : *d'a\u0292ur & de gueules my-party;* — *l'a\u0292ur,* à main dextre, *à trois fleurs de lis d'or* toutes pures, coronne deffus, que font les armes du Roy ; — la partie, à main gauche, *de gueules, endenté d'or, à une main d'argent en chacun couflé,* la main du couflé dextre tenant *une efpée nue d'argent,* fignifiant la temporalité, & l'autre main au couflé gauche auffi *d'argent,* tenant *une croffe d'argent,* fignifiant l'efperitualité, qui eft le droit efcu de l'Evefché du Puy. Ces fergens pour la nuyt n'eurent nulles torches à bafton. Eftoient leurs bailes Anthoine Bonguilhem & Antoine Pauc, dit Chadrac.

Après, entrarent les Sergens de la Court Royale de Vellay, que par meffeigneurs les Prefidens d'icelle Court avoient efté mandés, tant ceulx du fiege du Puy que les autres du fiege de Montfalcon* ; lefquels fe trouvarent en moult bon ordre, portant enfeigne de fin taffetas efcartellé de blanc & violet, femé de fleurs de lis d'or : les armes du Roy toutes pures, coronne deffus, au milieu, moult richement imprimées. Ceulx-cy n'eurent nulle torche à bafton. Eftoient leurs bailes Guillaume Panyot, dit Gay, & Mathieu Faurigolas.

L'ordre des gens à cheval.

Les premiers à cheval furent les Portiers & Gardes de l'eglife Cathedrale.

Après, marcharent les Choriers & Clarghaftres d'icelle eglife.

Après, vindrent les Clerghons ou Enfans de Chœur que triomphoient ce jour, car c'eftoit le jour qu'ils firent la feftivité de fainéte Marthe ; lefquels furent acoultrés & enrichis de groffes bagues d'or & pierreries fines, de grande value & extimation.

Après, furent grant nombre de bons Marchans de ladite ville, fort bien montés & moult en ordre.

Après, marcharent les Nobles & Bourgeois, que, dans icelle ville, vivent de leur revenu & domaine.

Après, meffeigneurs les Advocats, Legiftes & Canoniftes.

Après, marcharent meffeigneurs les Chanoines, aucuns premiers, de deux en deux, de renc ; & les autres meflés après avec meffeigneurs les Confuls, les Chanoines à main dextre & lesdits feigneurs Confuls à leur main gauche.

* Montfaucon, aujourd'hui chef-lieu de canton, arrondissement d'Yssingeaux.

Après, marcharent pareillement avec mesdits feigneurs Chanoines, meffeigneurs les Prefidens de la Court Commune à main gauche desdits feigneurs Chanoines, tout ainfi que fur ce avoit efté accordé.

Après & finalement, marcharent meffeigneurs les Perfonats de l'eglife Cathedrale avec meffeigneurs les Prefidens, Baillif & Juge de la Court Royale.

Item, eft à noter que noble Guillaume David, fils à noble Jacques David, cappitaine mage de ladite ville, acompaigné d'aucuns marchans, notaires & autres bons perfonnaiges, couroit de çà & de là parmy les bendes, allant & venant ; lequel eftoit monté fur ung beau roffin grifon, acoultré d'ung bonet de vellours noir à ung plumail blanc, & fon fayon efcartellé de fin fatin gris & blanc.

Item, & oultre tout ce que deffus, n'eft à obmeêtre la bende des Chantres, Joueurs d'inftrumens, Joueurs de farce & plaifans diêtons, que fuyvoient les bendes.

Item, eft à fçavoir qu'il n'y avoit celluy de toutes ces bendes à cheval que n'euft tout preft pour la nuyt fa torche de cire de deux livres pieffe pour le moins ; & fi aucun y avoit qu'euft torche à bafton, c'eftoit bien peu, combien que pour ceulx, la ville en euft donné quatre douzaines.

Lesdites bendes deffus mentionnées, entrant en la place du Martoret, voyent de beau front tout le devant de la maifon du Poix du Roy, tapiffé & ordonné de chaffaulx & couverture de toille ; dont l'ung desdits chaffaulx eftoit desdié pour jouer les jeux & devifes que, pour l'honneur du mariage du Roy, de la venue de la Reyne & redduêtion de meffeigneurs les Enfans, avoient efté faiêtes & compilées par finguliere metrificature.

L'autre lieu eftoit au fin devant de la porte où l'on poife les farines ; &, en ce lieu, avoit ung dreffoir faiêt à façon de botique, à belles eftagieres, où avoit environ quatre cens marchs vaiffelle d'argent, comme taffes, flafcons, bacines, plats, efcuelles, affietes, faillieres, chandeliers ; & au devant de cefte botique, avoit ung petit pourpris, où eftoient deux très-belles jeunes filles de refulgente beaulté, acoultrées d'ung mefme acoultrement de fatin & taffetas blanc, portans le bonnet de vellours noir avec une plume blanche à la Portugaloife. Lefquelles fembloit plus toft eftre Nimphes ou Deeffes que creatures mortelles, que donnoient la dragée à chacun illec paffant, de quelque eftat qu'il fuft, tant humaynement & gracieufement qu'il n'y avoit celluy que tout fon cueur ne mist à confiderer leur gracieux acueil ; & y avoit, dans ce lieu, pour garder icelles filles & ladite vaiffelle d'argent, deux notables marchans, affis en deux chieres, ayans en leurs mains ung gros bafton & tenant fingu-liere gravité.

Item, au deffoubs de ce lieu, eftoit ung autre pourpris, dans lequel eftoient gens ordonnés pour fervir de vin pour donner collation aux paffans ; & au devant, dans une voye que eftoit faiête (de la largeur que deux hommes à cheval povoient paffer de renc ferré) de aix & trefs, avoit quatre compai-gnons acoultrés de livrée, que donnoient à tous paffans, avec taffes de trois marchs pieffe, la collation ; & ung autre qui y eftoit, portoit une efguiere d'argent, plaine de belle eau clere & criftaline, pour en fervir à qui en demandoit, lequel n'y fervit de guiere.

Item, & au devant de tous ces chaffaulx & pourpris, comme de fix à fept braffes, eftoit un buchier fort bien ordonné fur pillotis, & le bois bien renché deffus, montant en aguille, en la fummité duquel eftoit mys ung eftandart.

Item, & auffi eftoit ordonné par meffeigneurs Confuls, pour triumpher, de l'artillerie de la ville où a de moult bonnes & belles pieffes, comme bom-bardes, ferpentines, faulcons, faulconneaux, canons, haquebutes à crochet, cortaulx, petars & autres pieffes en grant nombre, tant de fer que de potin ou de cuyvre, demy-douzaine de compaignons de ladite ville fort experimen-tés en ceft art ; lefquels avoient affignées leurs pieffes aux tours des murs de la ville au Breulh, au Cloufel & en autres divers partis, où ils alloient & venoient pour les faire fonner & faluer icelles bendes, quant paffoient ; & portoient iceulx artilleurs chacun fon penoncel fur petis dards, aux armes du Roy, à or & azur avec flambes ; lefquels firent bien leur debvoir & par tel moyen que, de trois lieues autour de la ville, on les entendit facilement.

Lefdites bendes, entrées au Martoret, tiroient droiêtement vers le party du Poix des farines, & entrant dans le parquet ordonné, trouvoient les com-paignons qui leur donnoient collation. Après, tirant oultre, trouvoient ces deux belles filles qui leur donnoient la dragée, & paffoient oultre, & faifoient le limaçon autour du Martoret jufques à ce que le tout fut arrivé, que vint l'ordre & renc de meffeigneurs de l'Eglife, de Juftice & de meffeigneurs Confuls ; & iceulx eftre arrivés & faiête collation & prins la dragée, defcendit monfeigneur le Premier Conful de fon cheval atout une torche de cire, alla metre le feu au buchier que tantoft fut fubitement allumé, caufant les poul-

dres & eau ardent qu'on y avoit mys ; lequel feu fut triumphant, & les mif-
feurs & ferviteurs desdits feigneurs Confuls environnoient ledit feu, criant au
peuple qui en grant nombre eftoit autour d'icelluy feu que chacun criaft :
Vive le Roy! Vive le Roy! Ce que fut faiet en telle forte qu'on n'euft point
ouy tonner, & les trompetes d'autre part faifoient merveilles. Et n'eft à obmetre fe les artilleurs dans le grant Cloufel firent touffer leurs canons. Et là,
en ces entrefaites, fe meuft quelque queftion entre les bendes des Pelletiers &
Blanchiers où il cuyda avoir de la folie ; mais promptement y corurent meffeigneurs de Juftice & aucuns des feigneurs Confuls, bien acompaignés, qui
mirent fin à leur debat.

Et l'ardeur du foleil, lequel en ce temps eft en la fureur du Lion, picquoit
le peuple que en ce lieu eftoit ferré, & non tant feulement le foleil, mais le
feu d'autre part qui eftoit allumé au bufchier, qui caufa departir plus
promptement la noble compaignie, car on brufloit de chaleur en ce lieu.
Toutesfois, le temps aultrement eftoit atrempé, doulx & ferain, car Ze-
phirus, le doulx vent feptentrional, tiroit roide, qui refrigeroit le populaire
aucunement, & d'autre part, chacune bende, de rechief, efperoit boire audevant la loge où habitoient les Bailes de leurs Meftiers. Et commençarent
les bandes fortir par la porte de Porte Eygueyra, tendant vers la porte
Sainet Gile, où ils tournarent entrer dans la ville, chacun fuyvant fon enfeigne & fon renc, ainfi que devant avoit efté procedé.

Et paffant pardevant l'eglife Sainet Pierre le Moneftier, trouvoient, en la
place devant ladite eglife, ung autre beau buchier là ordonné & preft à
meetre le feu, lequel avoit faiet là appointer meffeigneurs les Gens de Juftice.
Et toutes les bendes eftre paffées jufques aux Gens de Juftice, defcendit là
de fon cheval noble Jacques Maurin, baillif de Vellay, lequel, par toutes
Gens de Juftice euft autorité y aller meetre le feu, lequel comme le precedent fut tantoft allumé. Et tousjours marchoit la route des bendes tant à
pied que à cheval, paffant par la rue de Paneffac, & fortant par la porte
dudit Paneffac, tournoient rentrer dans la ville par la porte des Farges, &
là aux tours & murailles de ladite ville, faluarent les artilleurs lesdites
bendes de leurs canons qui ne reffembloient pas eftre pourris. Si s'en montarent par icelle rue des Farges, tirant vers Montpeiroux, & par la Frenarie, & là, monfeigneur le Baillif de Vellay fift donner collation à toute la
bande des gens de cheval, & là commença chacun allumer fes torches, car

l'obſcurité de la nuyt approuchoit; & après, paſſant par la rue de Vienne & devant Sainct George, ſe vinrent aborder au Fort de l'egliſe Noſtre Dame.

Et là, au Fort, on trouva ung beau dreſſoir aſſis au devant de la pille qui regarde à l'oratoire qui eſt entre la chappelle Sainct Anthoine & la porte de la maiſon de l'Eveſché, lequel eſtoit garny de riches tapiſſeries & deſſus force vaiſſelle d'argent, qui moult eſtoit recreatif à veoir; & au devant de celluy dreſſoir, ung peu loignet, eſtoit ordonné ung buſchier fort triumphant par iceulx meſſeigneurs du venerable Chappitre. Et paſſant les bendes entre ledit dreſſoir & icelluy buſchier, y avoit gens commys & ordonnés à preſenter & donner collation à tous allans & venans ſans rien eſpargner. Et cependant tiroient leurs artilleurs gros canons qu'ils avoient aſſis tant en leur tour du Chappitre que en Cornille & ailleurs. Et les gens d'eſtat que derriere eſtoient eſtre arrivés, deſcendit de ſon cheval meſſire Guichard de la Rovieura*, dit de Beaudeduyt, abbé de Sainct Pierre la Tour, qui à tout une torche de cire alla mectre le feu audit buſchier. Tantoſt furent deſcendus de leurs monteures tous meſſeigneurs les gens d'eſtat, & furent reveſtus les ſeigneurs de l'Egliſe de leurs ſurpelis, tant iceulx Chanoines qui là eſtoient pour accueillir les bendes, que les autres qui eſtoient en la chevauchée, & atout leur ſurpelis, eulx-meſmes fort humainement portarent la collation & dragée aux ſeigneurs de la Juſtice & ſeigneurs Conſuls, que bien honorablement leur fut regraclé. Et la collation faicte, fuſt preſté ſilence pour ouyr une briefve facecie que joarent les Clerghons d'icelle egliſe, traictant de la noble paix, que fut entremeſlée de chanſons & motés faiſans à ce propos : que moult fut delectable à ouyr. Et finie, ſonnarent les cloches du grant campanier, & fut commencé chanter par le Precenteur d'icelle egliſe Noſtre Dame : *Te Deum laudamus,* & toute la reſte du Clergé reſpondit : *Te Deum confitemur.* Et ainſi entrarent en l'egliſe & au chœur d'icelle où ils le parfirent à trois chants, aux orgues, orgue & chant plain. Plus dirent le *Salve Regina,* en ſemblable qualité, &, après, les oraiſons & ſuffraiges que furent dictes moult devotement après, loant Noſtre Seigneur de ſes graces.

* Liſeɀ : de la Rovère, *de Roveria.* Protonotaire apoſtolique, prieur de Saint-Pierre-le-Monaſtier, il fut abbé de Saint-Pierre-la-Tour de 1525 à 1540, et devint alors doyen de la cathédrale du Puy. — *Gallia Christiana*, t. II, Eccl. Anic., col. 745 et 754.

Et par toutes les autres eglifes, monafteres & couvents d'icelle ville, fonnarent leurs cloches auffi, durant le temps que celles de la grant eglife fonnarent; & pareillement à celle heure chacun en fon eglife chanta : *Te Deum
laudamus.*

Et tout cela faiét, icelles bandes fe defpartirent de là par leurs troppes &
compaignies, & tourna chacun en fa chacune, où particulierement après
firent leur feu de joye devant leur porte, devifant, chantant, dançant, banquetant, les ungs avec les autres, voifins & voifines : ce que dura jufques
à minuyt : que eft la fin & conclufion des chofes que, pour les caufes &
moyens fusdits, furent faiéts par iceulx habitans de la ville du Puy ce dimenche derrier jour de jullet M.D.XXX.

*Si après s'enfuit du lendemain lundi, premier jour d'aouft, & des chofes
que encore pour ce furent faiétes.*

Premierement, pour ledit jour fut deliberé faire une très-folempnelle &
devote proceffion generale, en laquelle fut decreté eftre tenu l'ordonnance
que s'enfuit :

Ledit jour de lundi, premier d'aouft, audit an M.D.XXX., de grant matin,
fe mirent les habitans de ladite ville du Puy à eftouffer & tapiffer leurs
portes au devant defquelles debvoit paffer ladite proceffion, & ce, des
meilleures tapifferies & acoutremens que leur fut poffible. Toutesfois, en
fuyvant la deliberacion du Confeil tenu en Chappitre, fut dit que les rues ne
feroient tendues par deffus, afin qu'elle fut plus airée, car elle eftoit quelque
bien petit fufpeéte de pefte. Et ce eftre faiét, meffeigneurs les Chanoines de
l'eglife Cathedrale eurent dit matines le foir precedent, & la refte de leurs
heures, meffes, offices & fervices ordinaires, fut defpeché affez matin, tant
que fur l'heure de fept heures furent prefts à proceder à faire leur proceffion.
Si furent reveftus mesdits feigneurs les Chanoines & habitués d'icelle eglife,
de leurs chappes & riches veftemens de drap d'or, vellours & autres beaulx
draps de foye, defquels leur dite eglife en eft fouffifanment garnie, qu'il faifoit moult noble veoir, & commençarent à fonner les cloches tant de ladite
eglife que dés autres eglifes du Puy qui ne ceffarent jufques à la reduétion de
ladite proceffion en leur dite eglife, ainfi qu'il avoit efté fur ce ordonné.

Et fortit-on le precieux Corps Noftre Seigneur et autres nobles reliquiaires
de ladite eglife, paffant dedans le Chappitre. Et à la porte dudit Chappitre,

fut tout preft un riche pavillon de drap d'or à fix baftons, que prindrent les fix Confuls d'icelle ville à porter jufques derrier la maifon de l'Hofpital, là oùt fut donnée la benediction aux poures malades dudit Hofpital ; & cuidant paffer outre, ne peurent, pour la groffe facherie qui eftoit entre les Meftiers au pied de la rue des Tables, qui difputoient de l'honneur de leurs dits Meftiers, lefquels eftoient là fornits du nombre des torches de cire neufves que avoient efté cotifés pour affocier ladite proceffion.

Sur ce, fut prins advis & deliberacion qu'on repofaft là Noftre Seigneur pour ung peu, & que promptement y acouruffent aucuns nobles & bons perfonnaiges, icelle proceffion affocians, pour aller mectre fin à ceft affaire.

Sy furent commys noble Jacques Maurin, baillif de Vellay, — monfeigneur maiftre Jacques David, docteur, juge de Vellay, — monfieur maiftre Jehan Luquet, licencié, baile de la Court Commune, — & monfieur maiftre Jehan de Montaignac, juge de ladite Court Commune, — &, avec eulx, deux de meffeigneurs Confuls. Et la refte des Confuls & autres gens de bien qui fuyvoient icelle proceffion demourarent là pour ung peu, jufques à ce que iceulx gens de bien eurent pacifié & accordé le different qui eftoit entre lefdits Meftiers. Et, cependant, furent apportées des efcabelles tant à monfieur l'Abbé de Sainct Pierre la Tour qui portoit Noftre Seigneur, que aux feigneurs Confuls & autres nobles gens d'eftat qui illec eftoient : ce que dura plus d'une bien grande demy-heure.

Ces meffeigneurs Commys promptement defcendirent au pied de la rue des Tables, là oùt ils trouvarent tant de peuple, tant de torches, tant de gens de meftier, tant de bruyt & d'affections, que ils ne fceurent comment bonnement mectre la main à l'œuvre pour les mectre en voye. Sy commandarent promptement aux troys Trompetes fe metre devant, puis firent marcher les Croix de Noftre Dame & de Sainct Pierre qui tousjours precedent les proceffions, enfemble le Bedel de ladite eglife.

Après ce, appelarent les Enfants mafles de ladite ville, aufquels avoit efté enjoinct porter chacun ung penoncel ou eftandard, atout une verge painęte, & audit penoncel les armes du Roy & de monfeigneur le Daulphin ; defquels en y avoit environ fix ou fept cens & plus. Pour laquelle chofe faire, pour contenter chacun & fe ofter de facherie, iceulx feigneurs Confuls avoient faict, en chacune rue de ladite ville qui eftoit rue d'extime, l'ung defdits enfans apparent de ladite rue Cappitaine des autres enfans d'icelle, aufquels à chacun d'iceulx on avoit baillé certain nombre de penonceaulx ou eftandards; & iceulx jeunes enfans, Cappitaines à ce ordonnés, les defpartirent par leur rue aux autres enfants maſles oùt bon leur fembloit. Et tant ce tindrent à prix les peres, meres & parens de ceulx que on avoit ainſi faict Cappitaines pour ceſt affaire, que certainement pluſieurs d'iceulx, voire la plufpart, avoient acoultré leurs enfans en façon de cappitaine, gros plumail, poignhal*, tous appointés de fatin ou taffetas, ayant chacun devant luy fon porte-enfeigne qui eftoit faicte de mefure. Et la plus grande partie des enfans de chacune bende eſtoient habitués tout à neuf, de diverfes façons d'habits, felon la faculté de leurs hoftels : que moult fut plaifant à veoir. Et y euſt pluſieurs des Cappitaines de ces enfants que à toute leur bende donnarent à manger & boire à leurs defpends. Lefquels mesdits feigneurs les Commys firent marcher deux à deux, la teſte nue, leur enjoignant de crier : *Vive le Roy & le Daulphin.*

Après, venoient, deux à deux, autre grant nombre de jeunes filles inno-centes, acoultrées de fin linge blanc, & portant en leurs chiefs chappeaulx de nobles fleurs arromatifantes & fentans comme bafme, qui chantoient, ainſi qu'il eſt ordinaire & de louable couſtume, au Puy, aux proceſſions tant generales que particulieres : *Saincte Marie, ora pro nobis.*

Après, venoit la Croix des Religieux & beaux peres confeſſeurs de l'Obfer-vance Saincte Claire.

Après, fuyvirent, avec leurs Croix devant, les beaulx peres Freres Car-mes, Mineurs & Jacopins.

Après, venoient les Prebſtres Seculiers des perroiſſes de Sainct Pierre le Monaſtier, de Sainct Pierre la Tour, & des collieges de Sainct George, Sainct Voſi, Sainct Agreve, & de l'Hofpital, la plufpart en chapes, portans les plus precieufes reliques & principales de leurs eglifes.

Après, fuyvoient les Religieufes nonains les Auguſtines de Val.

Puis, après vindrent meffeigneurs les Religieux de Sainct Pierre le Mo-naſtier.

Après, vindrent les Croix de l'Eglife, Perroiſſes & Collieges d'icelle ville enfemble.

* Petite épée à poignée.

Icy, venoit l'eglife Cathedrale en moult noble ordonnance, chantant, tant ladite eglife que les autres eglifes & collieges fusdits, hympnes & cantiques louant Noftre Seigneur & le regraciant de fes haultains benefices par nous obtenus, pour lefquels ladite proceffion fe faifoit.

Après tout ce, commancerent à faire marcher le renc des Meftiers qui avoient efté cotifés à porter torches de cire toutes neufves, oultre & fans y en avoir une feule qui fut de la luminaire de leurs particulieres confraries, avec leurs enfeignes, & fans porter arnois & bafton à ladite proceffion ; — vindrent par l'ordre que s'enfuit :

Premierement, meffeigneurs Confuls eurent douze torches de cire, de deux livres & demye pieffe, avec ung grant efcu aux armes du Roy, & par deffoubs audit papier, ung autre petit efcu aux armes de la ville, que porte *d'azur, femé de fleurs de lis d'or, à ung aigle d'argent armée de gueules,* que portarent les douze Confeillers laics de ladite ville.

Après, vindrent autres douze torches cire des Marchans Drappiers, faictes à fleurs de lis d'or & daulphins d'azur, lefquelles portoient douze honneftes marchans de leur art, & portoient en icelle les armes de leur meftier, que portent *d'argent, à une ymaige Noftre Dame tenant fon Enfant entre fes bras,* & leur enfeigne portoit ung jeune fils du meftier. Ils font confrarie de la Nativité Noftre Dame aux Cordeliers.

Après, vindrent les Orfeuvres qui eurent leur enfeigne & fix torches cire, avec leurs armes en icelle, que font *trois coppes d'or coronnées,* ainfi que font portraictes en leur enfeigne. Ceulx-cy font confrairie aux Jacopins de fainct Eloy.

Après, vindrent les Efpinoliers tant du Puy que d'Agullie, avec leur enfeigne & fix torches cire. Ceulx ont confrarie en l'Obfervance madame Saincte Claire.

Après, vindrent les Crochetons, fans enfeigne, mais avec deux torches cire. Font confrarie de fainct Bonaventure aux Cordeliers.

Après, vindrent les Pinheurs ou Peucheniers fans enfeigne, qui eurent une torche cire. Ceulx ont quelques meffes ordinaires en l'Obfervance Saincte Claire.

Après, vindrent les Cordiers & Tifferans qui eurent une torche cire. Ceulx ont bailes & confrarie de la Converfion fainct Pol à Sainct Pierre le Monaftier, & les tifferans, de fainct Michel — aux Jacobins.

Après, vindrent les Libraires fans enfeigne, & eurent une torche cire. Ceulx n'ont bailes ne confrarie.

Après, vindrent les Laboureurs de la rue Sainct Jacques fans enfeigne;—eurent deux torches cire. Ceulx-cy ont quelque devotion de Noftre Dame & dinent enfemble le jour du Corps de Dieu.

Après, vindrent les Celliers fans enfeigne;—eurent deux torches cire. Font confrarie de fainct Eloy aux Carmes.

Après, vindrent les Peyroliers qui avoient enfeigne & fix torches cire. Ont confrarie aux   (fic).

Après, vindrent les Mufniers qui avoient enfeigne & huict torches cire. Font confrarie de fainct Martin au couvent des Religieufes nonains les Auguftines de Val.

Après, vindrent les Laboreurs de Pofarot fans enfeigne, qui eurent fix torches cire. Ont   (fic).

Après, vindrent les Chevriers fans enfeigne; —eurent deux torches cire.

Après, vindrent les Maçons & Charpentiers fans enfeigne, qui avoient fix torches cire. Ceulx font confrarie de la Dedicace au couvent des Nonains les dames Auguftines de Val.

Après, vindrent les Bochiers avec leur enfeigne, & eurent huict torches cire. Ceulx font confrarie des XI mille Vierges aux Jacopins.

Après, vindrent les Coturiers atout leur enfeigne & fix torches cire. Ceulx font confrarie de l'Affumption Noftre Dame aux Jacopins.

Après, vindrent les Baftiers avec enfeigne & quatre torches cire. Ceulx font confrarie de fainct George au couvent des Religieufes nonains les dames Auguftines de Val.

Après, vindrent les Cirurgiens & Barbiers avec leur enfeigne & fix torches cire. Ceulx-ci font confrarie de fainct Cofme & fainct Damien aux Cordeliers.

Après, vindrent les Marefchaulx, Efpafiers, Seruriers, Coteliers, avec leur enfeigne & huict torches cire. Ceulx-ci font confrarie de fainct Eloy aux Cordeliers.

Après, vindrent les Sçainturiers avec leur enfeigne & huict torches cire. Font confrarie de la fainčte Croix aux Cordeliers.

Après, vindrent les Bolengiers & Pafticiers qui avoient enfeigne & huict torches cire. Ceulx ont leur confrarie de fainct Denys aux Carmes.

Après, vindrent les Chappeliers fans enfeigne; — avoient deux torches cire. Ceulx ont confrarie du Sainct Efperit aux Cordeliers.

Après, vindrent les Bonetiers qui avoient enfeigne & eurent douze torches cire, & en icelles portoient leur patron ou ymaige de monfeigneur fainct Jehan Baptifte. Ceulx ont leur confrarie dudit fainct Jehan aux Jacopins.

Après, vindrent les Pelletiers qui avoient enfeigne & dix torches cire, avec l'ymaige monfeigneur fainct Jehan Baptifte qui eft leur patron. Ceulx font confrarie dudit glorieux fainct Jehan aux Cordeliers.

Après, vindrent les Parcheminiers & Blanchiers avec leur enfeigne & douze torches cire. Ceulx font leur confrarie de fainct Martin au couvent des Religieufes nonains les dames Auguftines de Val.

Après, vindrent les Courieurs & Taneurs, fans enfeigne; — eurent deux torches cire. Ceulx font confrarie de fainct Michiel aux Cordeliers.

Après, vindrent les Sabbatiers & Coiratiers qui avoient leur enfeigne & huict torches cire. Ceulx ont confrarie aux Carmes — du Corps de Dieu, aux Cordeliers — de fainct François, aux Jacopins — de fainct Dominique.

Après, vindrent les Hofteliers & Taverniers avec leur enfeigne & douze torches cire. Ceulx-ci ont leur confrarie de faincte Marthe aux Jacopins.

Après, vindrent les Pintiers & Fondeurs fans enfeigne; — eurent deux torches cire. Ceulx n'ont bailes ne confrarie.

Après, vindrent les Saleyroux ou habitans de la Salerie qui avoient enfeigne & fix torches cire. Ceulx-ci font confrarie du Sainct Efperit au grant Hofpital Noftre Dame.

Après, vindrent les Tellatiers & Ferratiers fans enfeigne; — eurent deux torches cire. Les tellatiers ont confrarie de fainct Anthoine de Padue aux Cordeliers; les ferratiers n'ont bailes ne confrairie.

Après, vindrent les Medicins, Arromateurs, Appothicaires, qui avoient enfeigne & fix torches cire. Ceulx font confrarie *de Sacramento Altaris* aux Jacopins.

Après, vindrent les Merciers de Noftre Dame des Anges, avec leur enfeigne, qui eurent deux torches cire. Ceulx font confrarie de Noftre Dame des Anges aux Jacopins.

Après, vindrent les autres Merciers & Agullitiers, qui eurent leur enfeigne & quatre torches cire. Ceulx ont leur confrairie du Sainct Efperit aux Cordeliers.

Après, vindrent les Notaires avec leur enfeigne & douze torches cire, aufquelles eftoit l'ymaige fainct Jehan Evangelifte, leur patron. Ceulx-ci ont honorable confrairie dudit monfeigneur fainct Jehan aux Carmes.

Après, vindrent les Sergens de la Court Commune avec leur enfeigne & douze torches cire, aufquelles eftoient les armes du Roy & de monfeigneur le Daulphin efcartellées, & par deffoubs ung autre petit efcu aux armes du Pariage, lefquelles portoient iceulx fergens de ladite Court Commune. Ceulx font leur confrairie de fainct Loys qui fut Roy de France, aux Cordeliers.

Après, vindrent les Sergens de la Court Royale tant du fiege du Puy que du fiege de Montfaulcon, ayans chacun fa torche de cire en fa main, avec les armes du Roy toutes pures. Ceulx-ci font leur confrairie du fufdit fainct Loys aux Carmes.

Après tout ce renc des torches fufmentionnées, vint l'ordre des gros cierges des Confrairies & Meftiers mecaniques des habitans de ladite ville du Puy.

Et, premierement, le grant cierge ou torche des Peyroliers, des Bouchiers, des Baftiers, des Monniers, des Forniers, des Merciers & Chappeliers, des Blanchiers & Parcheminiers, des Maçons & Charpentiers, des Faures[*], Efpafiers, Serralliers, Cotelliers, de fainct Acaffi, de fainct Jacques, des Sabtiers, des Notaires, de la Court Commune, de la Court du Roy.

Après tous ces gros cierges ou groffes torches, vindrent les quarante torches de cire de meffeigneurs les Chanoines de l'eglife Cathedrale, ayant chacune les armes du Roy, que portoient leurs ferviteurs.

Après toute cefte luminaire, vindrent quatre perfonnaiges habitués en façon des quatre Evangeliftes.

Après, vindrent les Joueurs d'inftruments de mufique, acoultrés en façon d'Anges, à belles dalmatiques & tunicelles de riches draps tant d'or, d'argent que de foye, que jouoient devant Noftre Seigneur, oùt il y avoit orgues, fiffres, fleutes, leus[**], efpinetes, doulcines, vieilles, & autre diverfe forte d'inftrumens : que moult fouef[***] eftoit à ouyr.

Après, vindrent deux Choriers de ladite eglife, reveftus de Diacres de drap

---

[*] Maréchaux.
[**] Luths.
[***] Suave.

d'or, que portoient les fainétes Croix d'or avec leurs baftons d'argent, aufquelles fainétes Croix y a du fuft precieulx de la vraye Croix où noftre Redempteur Jhefu Chrift fift noftre redemption.

Après, vindrent quatre petits Clerghons appointés en façon d'Anges, que
portoient quatre chandeliers d'argent avec cierges ardens de cire blanche.

Et après tout ce, eftoit le precieulx Corps de Noftre Seigneur, & meffeigneurs les Confuls que portoient le pavilhon pardeffus. Et eftre tout ordonné
jufques là & prins voye, les fusdits feigneurs Commis avoir renché tout ce
que deffus, fe mirent derriere ledit pavilhon pour acompaigner devotement
la proceffion, avec la refte des gens & peuple que y eftoit en grant nombre,
comme gens de Juftice, nobles, bourgeois, marchans, mecaniques, laboreurs, dames, damoifeles, bourgeoifes & marchandes. Sy defcendirent par
les rues des Tables & des Farges oùt ils fortirent de la ville, & n'eftoit parmys à nully offrir adieu jufques à ce qu'on fe repoufoit là où eftoit ordonné,
& là, cependant, meffeigneurs les Chantres d'icelle eglife chantoient à Noftre
Seigneur de chofes faiétes qu'il faifoit très-bon ouyr. Et ne fault cy obmectre fe les habitans avoient force herbes & fleurs odoriferantes, qu'ils geéta-
rent par terre & les femarent par les rues & lieux oùt ladite proceffion
paffoit.

Et, ladite proceffion eftre yffue de la porte des Farges, tendant vers la
porte de Paneffac pour rentrer en ville, les artilheurs faluarent Noftre Seigneur & ladite proceffion de cops de canon par reiterées fois, que faifoit affez
parler d'eulx; & là, au millieu, entre les deux portes, fut donnée la benediction, fus la terre & peuple, du precieux Corps Noftre Seigneur.

Item, entrant Noftre Seigneur la porte de Paneffac, l'artilleur qui eftoit en
icelle tour tira une pieffe qui avoit coufté à la ville douze efcuts fol bien peu
de temps devant. En la tirant, ne fçay fe trop fut chargée ou comment ce
fut, ladite pieffe vola par efclats & fut toute dilacerée & brifée, en telle forte
que tout fon affutement & les liens de fer qui fort puiffans eftoient, fut redduit qu'on n'eut fceu trouver moyen de raffembler fes parties, defquelles la
plus grande portion d'aucunes n'eftoit auffi grande qu'un douzain. Et y pourra
aller veoir, qui vouldra, comme elle acoutra mal ce qu'elle attaignit. Et,
toutesfois (la grace à Noftre Seigneur!) combien que l'artilheur fut en grant
dangier à caufe de ce, ne patit-il nulle moleftacion, ne dommaige : qui eft
cas admiratif.

Et eftre entrée ladite proceffion en Paneffac, tendit au long de la rue, puis par la rue Sainct Gile, & fortit hors ville, tirant vers le mur des Cordeliers, faifant ung grant cerne par le Breul, là oùt il faifoit moult beau veoir tant les enfeïgnes que luminaire & autres triumphes qu'eftoient eftendus par le Breul, & Noftre Seigneur eftre environ le millieu dudit Breul, fut donnée la benediction. Ladite faincte benediction eftre donnée, on fift tirer les quatre groffes pieffes de l'artillerie de la ville, qui eftoient affifes audit Breul, proprement devant le petit cimentiere des Tierns *. Et en la plus groffe desdites pieffes avoient les artilleurs mys ung bolet de plomb qu'ils firent tirer contre le roc de Roch Arnault. Mais l'advis fut prins trop bas, car il frappa en my la campaigne foubs Roche Arnault : ce qu'on congneuft facilement pour l'efmouvement & fouldroiement de la terre & la vehemente poulçiere qu'il gecta.

Tout ce faict, ladite proceffion entra par la porte d'Avignon, & vint droictement, paffant par la rue de la Chauffade, arriver en la place du Martoret. Et là, on repofa le precieux *Corpus Domini* fus ung très-noble chaffault fort decouré de riches tapifferies, & la place fut tendue de toille, & la chiere prefte pour prefcher le peuple de la noble paix. Si fe meuft la queftion : les ungs avoient emprunté ung prefcheur, autres ung autre, & furent là les deux prefcheurs, & groffes affections d'ung parti & d'autre. Si fut advifé pour le meilleur par quelques notables perfonnaiges que on fe fupercedat de fermon, attendu la groffe chaleur qu'il faifoit, & pour eviter l'affemblée à caufe, comme j'ay efcript ci-deffus, pour ce que la ville eftoit quelque bien petit actainte de pefte, & auffi pour mectre fin aux affections : ce que fut ainfi conclud ; — & penfarent, après la benediction donnée, s'en remonter.

Icy eft à noter que les compaignons porteurs d'enfeignes & autres portans ces torches tant groffes que menues, eftre arrivés au Martoret, penfant & efperant que le fermon fe diroit, entendirent à aller boire l'ung çà, & l'autre là. Et desjà s'eftoient mys en ordre en plufieurs parts autour de ladite place du Martoret, oùt a plufieurs tavernes & cabarets, & eftre entrés en befoigne, vecy nouvelles venir que la proceffion partoit & qu'il n'y avoit nul fermon.

* Ce cimetière était ainsi nommé, parce que Jean Tiern, marchand du Puy, en avait donné l'emplacement.

Qui veift departir gens de ces tavernes ? l'ung paffe de çà, l'autre de là, l'ung paye fon efcot, l'autre n'en paye point, hoftes à crier : brief, ce fut ung rire de ceft affaire. Sy tourna chacun gaigner fon renc pour y affifter comme deffus.

Ladite proceffion, partant du Martoret, paffa par la rue de la Correyria, par la Chanebaterie, par Raphael, tant devotement, doulcement & quietement, qu'on euft ouy voler une mouche.

Puys, par la Court du Roy, là oùt devant l'hoftel de ladite Court avoit une hiftoire de la *Vertu de Juftice,* qui tenoit l'efpée en une main & la balance en l'autre, avec les yeulx bendés, tenant très-gracieufe contenance. Et n'eft à oblier de dire des fiffres & fleutes bergeres que aucuns des compaignons d'icelle ville jouarent fus ledit chaffault, en paffant icelle proceffion : que fouef, melodieux & armonieux fût à ouyr, — & y print le peuple grant plaifir, & Dieu fçait fe tant en ce lieu qu'en plufieurs autres partis de ladite ville, les eaues tant roze que naphe, pour refrechir les gens, furent efpargnées.

Item, au rabat des cortines dudit chaffault de ladite hiftoire de *Juftice,* eftoit efcript en.lectre groffe telle que chacun le povoit facilement lire, ung chant royal de cinq couplets, & le prince traictant de la paix & de ladite *Vertu de Juftice.*

Item, de ladite Court du Roy s'en montarent par la Frenarie, la rue de Portes, Vienne, devant Sainct George, au Fort où fut donnée la benediction, & de là dans l'eglife.

Et là eftre redduicts & arrivés bien & honnorablement, les ungs y laiflarent léans à la bonne Dame leurs torches entierement, autres la moitié, & autres partie, & autres point. Et à tant fe defpartirent, & fe retira chacun & s'en alla chez luy pour fe difner & faire bonne & joyeufe chere, ainfi que luy avoit pourveu Noftre Seigneur, qui eft diftributeur de tous biens, faifant fefte & menant toute lieffe.

L'après-dinée de ce jour (qu'on feftivoit comme raifon le portoit), fut que chacun fe retira au Martoret, tant par la place que fur les chaffaulx qui y eftoient faicts, tant pour le commun que pour autres particuliers gens d'eftat de ladite ville, pour ouyr les jeux & joyeufes devifes & dictons que, à caufe de ce, avoient efté faicts.

Et pour iceulx jeux & esbatemens joyeulx ouyr, meffeigneurs les Confuls envoiarent querir meffeigneurs les Perfonats & Chanoines de l'eglife Cathedrale, & meſſeigneurs les gens de Juſtice, là oùt leurs lieux furent richement tapiſſés & ordonnés. Et eſtre arrivés, ſe aſſirent au long d'un grant ſiege, les ungs parmy les autres, comme bons freres & amys, ſans y regarder nulle gravité, ne eſtat, maĳs peſle meſle, tant amyablement que poſſible fut.

Et eſtre arrivés, les Joueurs, qui eſtoient marchans de ladite ville, jouarent une bergerie moraliſée, faicte au propos tout recentement, qui fut fort joieuſe, bien jouée & briefve. Et pour ce que grant chaleur faiſoit, les ſusdits ſeigneurs Conſuls envoyarent querir force vin & dragée, pour donner collation aux gens d'eſtat & autres qui audit chaffault eſtoient. Et la collation faicte, après bonne ſilence, meſſeigneurs les Notaires de ladite ville joarent une autre facecie de ladite paix, fort bonne & briefve. Et icelle jouée, autres Marchans de ladite ville en jouarent encore une autre, que pareillement fut auſſi fort bonne, briefve & bien jouée, qui fut la derniere. Et ce faiſant, les artilleurs eurent faict des traynées de pouldre dans le Clouſel, ſur les cortaulx, canons & petars de la ville, par cops reiterés, que vous euſſiez dit que le ciel rompoit, qu'à bien près le peuple eſpovantoit. Et après, ſe deſpartit chacun du Martoret.

Et à ce deſpartement, ſe trouvarent quaſi la pluſpart des porte-enſeignes, atout leurs guidons & compaignies, leſquels ſe excomirent d'aller enſemble faire une corſe au Breul & ung joieux tournoy aux eſpées & autres arnois. Pour laquelle choſe veoir, y alla grant partie de peuple, & tant firent là de gentileſſes que fut choſe gracieuſe à regarder. Puis, dirent entre eulx que la premiere bende que ſe trouveroit entrer pour bien courir & mieulx à la porte de Porte Eygueira, tiendroit bon contre les bendes & garderoit le pas & l'entrée aux autres. Chacune bende courut celle part pour garder ledit pas. Deſquels les Bouchiers ſe trouvarent premiers & cuydarent garder ledit pas. Et tant corurent les autres après pour le gaigner que, finalement, ils ſe trouvarent là ſerrés & tombés par terre, atout leurs enſeignes & arnois, plus de trois ou quatre cens, parmy leurs dites eſpées & arnois, & les premiers iceulx Bouchiers : tellement qu'on ne viſt jamais ung tel rire.

Et eſtre retournés en ville, ne tarda guiere que aucuns de ces compaignons firent des moriſques à ſonnettes parmy la ville, leſquels eſtoient merveilleuſement bons danceurs : ce que dura juſqu'à la nuyt.

Et, ſur la nuyt, une grande bende de femmes d'eſtat de ladite ville entreprindrent entre elles d'aller donner ung tour par ville aux torches, avec leur enfeigne de fin taffetas, que portoit une bourgeoife de ladite ville, atout fiffres & taborins d'Alemant, laquelle faifoit ventiler fon enfeigne, comme fe ce fut ung vertueux homme. Et meffeigneurs Confuls, de ce eftre advertis, leur envoyarent douze torches à bafton, lefquelles par icelles fiobles dames & bourgeoifes leur furent très-humaynement remärciées.

Et tant cefte bende des dames que autres bendes des Meftiers allarent & vindrent toute nuyt, faifant joye, dançant, banquetant, chantant, riant, devifant, caquetant, que dura jufques minuyt & outre, car on ne voyoit que compaignies & torches, l'une venant de çà, l'autre de là, tournant & allant par routes, comme gens efgarés & que ne cherchent que faire la desbauche.

Et encore lendemain que fut le mardi II° d'aouft, les aucuns des Meftiers, vueillans perfeverer à faire *ut fupra,* vindrent demander fe y auroit encore fefte pour ce jour, car aucuns leur avoient dit, ainfi qu'ils dirent, qu'il debvoit durer trois jours, & qu'ils eftoient tout prefts pour faire mieulx que jamais, & l'euffent volentiers faict, car ils eftoient infeftés ; mais leur fut dit que non. Pourquoy, chacun tourna en fa befoigne : que eft la fin & conclufion des chofes que furent faictes, caufant ledit feu de joye.

La deliberation & conclufion prinfe au Confeil tenu en Chappitre, fut d'eflire Commis à faire traicter & pourchaffer toutes les chofes que deffus, lefquels Commys furent :

Pour le Chappitre.

Monfieur maiftre Guichard de la Roviere, dit de Beaudeduyt, abbé de Sainct Pierre la Tour,
Monfieur maiftre Charles de la Gruterie, chanoine,
Monfieur maiftre Jehan Dulon, chanoine,
Monfieur maiftre Anthoine　　　　(fic), dit Lempereur, chanoine.

Pour la Juftice.

Noble homme monfieur maiftre Jacques David, docteur, juge de Vellay,
Monfieur maiftre Jehan Luquet, licencié, baile de la Court Commune.

Pour la Ville.

Sires François Dulac & Eftienne Medicis, confuls.

Par cefte noble paix, le Puy fent
Joye au cueur de tous fes habitans;
Tant monftrarent de ce eftre contens,
Que louenge en euft le Tout-Puiffant.

Je ne cuyde point que, depuis cent
Ans en çà, fe fift un tel paffetemps
Par cefte noble paix.

Plus ne fera le Puy d'appuy abfent,
Mais très-joieux, ainfi que pretends;
Car fortbanis font debats & contends;
Plus n'eft celluy qui le aille penfant
Par cefte noble paix.

NICHIL SINISTRUM DE PREMISSIS
DICATUR, NEC DE MEDICIS.

* *

L'an de noftre falut M.D.XXX., & le mardi XIXe de jullet, prevenu d'une fiebvre caufone, honorable homme Armand de Lobeyrac, tiers conful audit an de la ville du Puy, fina fes jours, lequel, non mediocrement ploré par fa famille, fut mys en fepulture le jeudi après, XXIe dudit moys, en laquelle fut tenu l'ordre par la Ville comme s'enfuit : c'eft afçavoir que les feigneurs Confuls, fes confors, firent metre fus fa biere, en laquelle gifoit fon corps, quatre efcuts aux armes de la ville, armoyés de noir. *Item*, au devant de fon dit corps, après les torches pour luy ordonnées, furent portées fix torches cire de deux livres pieffe, aufquelles furent mis fix femblables efcuts de la ville comme ceulx deffus fon corps, excepté qu'ils n'eftoient point armoyés de noir. *Item*, furent affocians fon dit corps meffeigneurs Confuls & leur Cappitaine, qui eftoit pour lors fire Jacques David, bourgeois, veftus de leurs robes & chapperons rouges, marchans tous derrier après le dueil des parents & les plus prochains de fon dit corps, lefquels, pour l'honneur de luy & de fes parents & amys, myrent Bernard Lobeirac, fon fils & heritier, entre eulx, portant fon dueil, ainfi qu'il eft requis à ung heritier d'un tel perfonnaige. *Item*, eftre arrivés en l'eglife de l'Hofpital, où eftoit fa fepulture, à l'heure de l'offrande, tous meffeigneurs Confuls, enfemble leur Cappitaine, allarent offrir le drap d'or deffus le corps qui eftoit fur la biere fur ung autre blanc depaffé, tenant chacun la torche de la ville en fa main, ainfi qu'il eft couftume faire à ung noble perfonnaige, & ainfi qu'il avoit efté par avant obfervé le temps paffé par les Confuls, leurs predeceffeurs, aux funerailles & obfeques, quant femblable cas furvenoit, & puis, le remirent en leur lieu. Et eftre arrivés en fa maifon, entrarent dedans icelle, comme les parents qui le dueil portoient. *Item*, après, le fabmedi **XXIIIᵉ** julhet, après le retour general dudit trefpaffé, firent lefdits Confuls leur retour comme à leur feu frere & compaignon, auquel femblable compaignie firent, veftus de leurs robes rouges, excepté qu'ils n'offrirent point le drap d'or ; mais toutes les autres follempnités furent faictes, les armes fus fa biere & aux torches, & dicte la meffe aux orgues triumphanment. Firent diftribuer à chacun des habitués de l'Hofpital douze deniers, & en icelle compaignie convoquarent meffeigneurs les Officiers des Courts Royale & Commune & du Confulat & plufieurs autres notables bourgeois, marchans & mecaniques de ladite ville, mandés expreffement par les meffeurs & ferviteurs d'icelle 1).

Item, audit an M.D.XXX., audit moys de jullet, fut faict le feu de joye pour le mariage du Roy noftre Sire, que avoit prins très-illuftre princeffe madame Lienor d'Auftriche, doueriere de Portugal, feur aifnée de très-augufte Cefar & très-magnifique prince Charles cinquiefme de ce nom, empereur, roy d'Efpaigne, que auffi pour la reduction des Enfans de France meffire François, daulphin de France, & monfeigneur Charles, duc d'Orleans, fon frere, qui eftoient oftagiers en Efpaigne pour le relaxement que avoit efté faict de la perfonne de leur pere meffire François, roy de France. Lequel feu de joye, proceffions & triumphes qu'on y fift, ne font de obmettre, ne mettre

1) La mode eft efcripte comment on procede à l'enterrement & fepulture d'ung qui meurt Conful au Puy, ainfi qu'il fut faict de honnorable homme Armand Lobeirac & autres qui font decedés, eulx eftans Confuls. — Médicis, *Table*.

en chartre d'oblivion, que aux pofterieurs ne foient recordées, car les ordonnances, police, gentilleffes & autres esbatemens qu'on fift à cefte caufe,
on extimeroit bien eftre faictes pour une bien plus infigne & meilleur ville
que n'eft le Puy. Toutesfois, le peuple d'icelle, ayant la caufe pourquoy fe
faifoit en finguliere amour, ne fe efpargna à demonftrer leur cueur, tant en
peine de corps que effufion de leur pecune & fubftance. Et de toutes lefquelles chofes bien au long a efté mys par ordre en ung cayer par ung marchant d'icelle ville, & là le pourra veoir qui vouldra *.

Item, audit an, pour les foigneufes pourfuites des Confuls d'icelle année,
eftans Confuls noble Jacques de la Pome & fes compaignons, fut introduict
& interiné procès entre lefdits feigneurs Confuls & les feigneurs du venerable Chappitre Noftre Dame, fe difant eftre adminiftrateurs de l'Hofpital,
fur la diftribution des norritures & fervices des poures peftiferés eftans au
clos Sainct Sebaftien, que, fur ce, eftoient contredifans. Dont, finalement,
pour la partie de la ville, pour mettre ordre, vint en commiffion au Puy
monfieur maiftre Jehan de Loulme, docteur aux droicts & quart prefident
en la venerable Court de Parlement feant à Tholofe, lequel, après plufieurs
enqueftes & plaides d'ung parti & d'autre, ordonna, en faveur de la ville &
des poures, que yceulx poures malades peftiferés feroient alimentés & fervis,
audit clos Sainct Sebaftien, aux feuls defpends dudit grant Hofpital. Ce fut
le XI* octobre audit an.

Item, audit an, la ville fut trevaillée de pefte, & d'une fiebvre que vulgairement on appeloit *troffe-galand,* que fift changer la vie avec la mort &
accelera les jours humains de plufieurs honneftes perfonnaiges.

Item, audit an, on trouva dans le puys de venerable homme meffire Artaud Rochier, chanoine du Puy, qui eft en fon jardin des Farges, le corps
mort & noyé de quelque femme.

Item, audit an, environ les Roys, ung bolengier nommé Barroffi, demourant auprès la porte des Farges, brufla fa fervente, ainfi qu'on difoit.

Item, audit an, & le fabmedi XXVI* janvier, de matin, meffire Jehan
Chauchat, docteur ès droicts, eftrangla fa femme Jehanne Rivas au lit, luy
coppa la gorge & ouvrit le ventre, laquelle eftoit ençainte : dont le faict fut

---

* Voir plus haut, pages 3o5 et suivantes.

trifte & au peuple très-efcandaleux. Icelluy Chauchat s'enfuyt à Sainct Jehan de la Chevalerie, là oùt il fut apprehendé, &, le lundi après, decolé au Martoret. Et pour ce que, par laps de temps, eftoit maniacque, fut parmis qu'il fut enterré à Sainct Pierre avec fes parens. Il avoit efté deux fois Premier Conful du Puy.

* * *

L'an M.D.XXXI., & le mecredi fainct Vᵉ d'apvril, maiftre Jacques Garnier, notaire roial du Puy, procureur de la Vicomté*, à fes feuls defpends, fift eriger & faire le devot oratoire qui eft devant fa maifon, à la fummité de la rue de Rochetaillade, regardant de front la rue de la Frenarie. Et le lendemain, jeudi fainct VIᵉ dudit mois, fut beneift par frere Eftienne de Preffuris, cordelier, evefque de Troie, fuffragant de meffire Anthoine de Chabanes, evefque du Puy, qui y conceda quelques indulgences.

Item, audit an, au moys de may, on veift une comete ou brandon de feu, en l'air, venant devers les Alemaignes, tendant vers France. Et les foirs du mois d'aouft, audit an, on veift femblablement une autre comete, aux parties d'Occident, gectant fes rayons contre Orient. De leurs fignifications, je les ignore.

Item, audit an, & le jour de la Magdaleine, fut bruflé tout vif, au Martoret, ung nommé Marcelin, du party devers Moniftrol**, comme faulx heretique.

Item, audit an, & le mardi matin, XXVIᵉ de feptembre, environ fept heures, le feu brufla, en la rue de la Chauffade, devers la partie de l'Ouche des Cordiliaires, huict maifons, là oùt, caufant ceft embrafement & merveilleufe conflagration que tant fut foubdaine & hideufe, fe perdirent beaucop de biens, pour ce que le peuple eftoit fuitif pour la pefte, qui pour lors trevailloit la ville, & ne s'y ofoit ferrer le peuple pour les infects qui s'y meflaient. Il y mouruft ung bolengier, nommé Vivier, pour la ruyne d'un mur qui cheuft, & furent autres plufieurs lordement bleçés.

Item, audit an, Jacques Reynaud, donnat hofpitalier d'Aguilhie, à fes

* Vicomté de Polignac.
** Monistrol-sur-Loire, chef-lieu de canton, arrondissement d'Yssingeaux.

43

feuls defpends, fift faire le charnier qui eft au cimentiere hors Agulhie, montant vers le bourg appellé l'Efchadaffault.

La venue ou entrée du Roy, faicte en la ville du Puy le vendredi XVIIIe jullet l'an M.D.XXXIII., avec aucunes petites incidences.

E très-illuftriffime prince François Ier de ce nom, cinquante-feptiefme roy de France, defcendu en la foixante-quatriefme generation du preux Hector de Troye que a duré deux mille fept cens & environ dix ans, lequel non extimant en vain les benefices & grandes graces que Dieu le Createur, noftre très-fouverain Pere, luy avoit faictes en fes grans griefs & dures moleftacions que par cydevant il avoit pati, tant par maladie que par autres divers moiens, confiderant que c'eftoit moyennant l'aide & interceffion de la glorieufe Vierge Marie, laquelle il avoit prins pour finguliere advocate envers Dieu, par le moyen de laquelle il avoit obtenu de noftre dit Createur ce qu'il demandoit, dont pour rendre graces & mercis à icelle benoicte Dame, fe difpofa, avec grant nombre de la feigneurie du royaulme, venir vifiter le fainct oratoire du Puy d'Anis, oùt icelle noble Dame eft priée & venerée & oùt demonftre journalement evidents miracles. Duquel vouloir eftre advertis les Confuls, manans & habitans de la ville du Puy, jadis entreprinfe & encommancée par le très-noble, très-puiffant & magnificque Imperateur Julle Cefar, lequel du temps qu'il vint foubmectre, à la force de fon efpée, les parties Gauloifes pour les rendre tributaires à l'Empire Romain, laquelle chofe faifant, trouva, entre autres, fort rebelles à dompter, les Auvergnas, mais toutesfois il les fubjuga, & feift, en figne de fon haulteffe, y dreffer une tour pour grande memoire. Si vifita diligemment tout ledit pais, & eftre adverti que, aux fins & lymites d'icelluy, avoit ung chafteau de grande ancienneté & moult noble qu'on nommoit Polignac, auquel eftoit le fimulachre & ftatue du Dieu Appollo, lequel pour l'adourer y vint à la mode paienne & gentile, & s'enquift du cultivement d'icelluy Dieu. Lefquels payens, pour l'honneur dudit Cefar, firent les folempnités obfervées au fervice de ladite idole : c'eft qu'ils faifoient aller corner les matins fur les montaignes prochaines comme fur en Dunife, Cornille &

Flayat, que leur fervoit de cloches pour lors, pour fignifier au peuple &
villaiges le fervice d'Appollo oùt chacun povoit venir, & de ces cors &
cornemens fut inventif ledit Appollo, ainfi que le traiĉtent Pline, Yfidore &
aultres cofmographes, & encor font monftrés audit chafteau de Polignac
le chief dudit Appollo & lesdits cors, lefquels le Roy, quant il y fut,
les regarda moult, & monfeigneur le Daulphin les corna. Et n'a peu eftre
extirpée cefte maniere de cornement par après, nonobftant ce que l'Eglife,
par long temps après, ordonna, pour abbatre cefte folie de ces cors, faire
proceffions & fur les ftatues de cefte fottife antique rompre iceulx cors. Car
regardez foigneufement devant les eglifes Sainĉt George & Sainĉt Vozy,
trouverez les pierres entaillées à l'antique, oùt a perfonnaiges cornans,
qu'eftoient des baftilles anciennes dudit Dieu Appollo, &, en mefprifance
de ce, monte ung clerghon, le premier jour de may, fur icelle pierre, &
fe tourne aux quatre cartiers comme en difant : « *La cornerie d'Appollo &
ydolatrie eft caffée par tous endroiĉts,* » & corne quatre fois & rompt le
cor fur icelle pierre. Car, puis ce temps, a duré que on vend les cornets
au Puy, ce qu'ils tiennent par inveterée confuetude, car pour le pelerinage
Noftre Dame ce ne pourroit ou fembleroit eftre à propos, & de ce print fon
nom la roche de Cornille pour icelluy cornement. Si confidera Cefar lesdites
ferimonies & diverfes proftraĉtions qu'ils faifoient devant l'idolle, mais fur
toutes chofes trouva-il ledit chafteau fingulier, lequel y demoura par aucun
temps, durant lequel s'esbatit à la groffe chaffe parmy les foureſts prochaines
& mefmement en la montaigne d'Anis, où eft maintenant la ville du Puy,
& prenant plaifir à fa fçituation qui eft une vallée affez fertile, aiant air
attrempé & ferain, & avironnée de deux petites rivieres, s'advifa y faire
conftruire une ville, & y feift commancer une tour au plus hault, ainfi
qu'en plufieurs lieux avoit faiĉt, comme appert en fes *Commentaires,*
laquelle par long temps après demoura imparfaiĉte, jufques à ce que Dieu
demonftra fes graces en ce lieu comme bien à plain & diffufement eft enre-
geftré aux hiftoires & anciennes croniques de ladite très-fainĉte Eglife, car
ledit Cefar, pour fes grandes occupations martiales, ne fe peut tenir longuement audit lieu, mais laiffa charge aux feigneurs du pais de parfaire fon
entreprinfe, ce que fe treuve par efcript aux anciennetés dudit chafteau de
Polignac & comment ledit Cefar y fut, que fut l'an du monde cinq mil
cent quarante fix, avant l'advenement de Jhefu Chrift quarante neuf ans.

Or, ladicte ville qui tousjours par après a esté bonne, entiere & loyale à la noble Coronne de France, sentans le vouloir du Roy & sa venue estre prochaine, se mirent à marteler & excequter les negoces & besoignes concernans la reception dudit seigneur, tant en aornemens & decourations d'icelle ville que en histoires, chaffaulx, bendes, livrées tant de gens à cheval que à pied, festons, armoiries, dictons, paintures, arnois, artilleries, & force provision de manghailles; si que chacun se mist, selon sa faculté, à son debvoir.

Pourquoy, l'an de la restitucion de nostre salut M.D.XXXIII., & le jeudi XVIIᵉ jullet, le Roy coucha à Alegre*, & le lendemain, vendredi XVIIIᵉ dudit mois, vint dyner au chasteau de Polignac**, & environ quatre heures après midi, arriva au Puy, au devant duquel allarent par ordre ainsi que s'ensuit :

Premierement, marcharent douze Trompetes.

Après, marcharent les Sergens de la Court Commune, aians tous seyons de frise grise & une manche de la partie dextre à la casaque de fin taffetas de la livrée de la Court Commune, c'est assavoir : pers & rouge.

Après, marcharent les Sergens de la Court du Roy, acoutrés de seyons de frise noire, une manche de la partie dextre à la casaque de taffetas des couleurs du Roy, jaune, violet & incarnat.

Après, marcharent les Sçindics, Procureurs, Greffiers & Notaires de ladite ville, fort bien en ordre.

Après, marcharent messeigneurs les Advocats, Bacheliers, Licenciés & Docteurs.

---

* La seigneurie d'Allègre était alors possédée par Gabriel, baron d'Allègre, seigneur de Saint-Just (près Chomelix), de Meilhaud, conseiller et chambellan du roi, bailli de Caen. — Du Molin, *Les d'Allègre au XVIᵉ siècle*, Ann. de la Soc. acad. du Puy, années 1864-1865, p. 301.

** Charles d'Orléans, comte d'Angoulême, père du roi François Iᵉʳ, avait eu deux filles naturelles d'Antoinette (dite Jeanne) de Polignac, dame de Combronde, veuve de Beraud IV de l'Espinasse-Dauphin, seigneur de Combronde, et tante paternelle du Vicomte de Polignac, François-Armand. Ce fait explique pourquoi le *Roi-Chevalier* vint en visite chez le *Roi des montagnes*. — P. Anselme, *Hist. gén. de la Maison de France*, 3ᵉ édit., 1726, t. I, p. 211. — Chabrol, *Coutumes locales de la Haute & Basse-Auvergne*, 1786, t. IV, p. 208 et 209, art. *Combronde*.

Après, marcharent meffeigneurs les Prefidents, Baillif & Juge de Vellay, des Court Commune & autres Courts de ladite ville.

Après, marcharent meffeigneurs les Confuls, atout leurs robes & chapperons rouges.

Après, marcharent les Marchans de la ville, la plufpart à feyons de vellours fatin ou damas.

Après, marcharent meffeigneurs les Bourgeois de ladite ville, fort bien en ordre, faifant pennades & bondir leurs chevaulx parmy leur trouppe.

Le Roy, eftre adverti à Polignac de la venue des gens de la ville, monta à cheval, acompaigné de fes très-nobles Enfants, affavoir eft : de monfeigneur le Daulphin [1], — monfeigneur le Duc d'Orleans [2], — & monfeigneur le Duc de Angolefme [3], — & monfeigneur le Legat [4], — monfeigneur le Cardinal de Lorraine [5], — monfeigneur de Vendofme [6], — monfieur le Comte de Sainct Pol [7], — monfieur le Comte de Xanxerre [8], — monfieur le Comte de Tonnerre [9], — le feigneur de Montmorencin, grant maiftre de France, lieutenant du Roy & gouverneur general du Languedoc [10], — le Comte de Villars [11], — meffeigneurs les Evefques de Paris [12], Li-

---

[1] François de France, dauphin de Viennois & duc de Bretagne, alors âgé de seize ans, mort en 1536, au château de Tournon, du poison que Sébastien de Montecuculi, Ferrarois, lui donna dans une tasse d'eau fraîche, à la suite d'une partie de paume.

[2] Henri de France, duc d'Orléans, alors âgé de quinze ans, depuis roi de France, sous le nom d'Henri II.

[3] Charles de France, duc d'Angoulême, alors âgé de onze ans.

[4] Antoine du Prat, seigneur de Nantouillet, chancelier de France, cardinal-prêtre du titre de Sainte-Anastasie, archevêque de Sens, légat *a latere* du pape Clément VII en France.

[5] Jean de Lorraine, archevêque de Narbonne, cardinal-diacre du titre de Saint-Onuphre.

[6] Charles de Bourbon, premier duc de Vendôme, qui devait être le grand-père d'Henri IV, roi de France.

[7] François II de Bourbon, comte de Saint-Pol, frère du précédent et tige des comtes d'Estouteville.

[8] Jean VI de Bueil, sire de Bueil et comte de Sancerre, fils de Charles et d'Anne de Polignac, dame de Randan, remariée depuis à François, comte de la Rochefoucauld.

[9] Louis II de Husson, comte de Tonnerre et baron de Saint-Aignan.

[10] Anne, duc de Montmorency, maréchal de France, depuis connétable.

[11] Honorat de Savoie, marquis de Villars, comte de Tende, depuis maréchal & amiral de France.

[12] Jean de Bellay, évêque de Paris, puis cardinal-prêtre du titre de Sainte-Cécile.

fieux ¹, le Puy ², Clermont ³, d'Alet ⁴, Sainct Flour ⁵, — monfieur le Vicomte de Polignac ⁶, — le feigneur de Tournon ⁷, & autre grant nombre
de gens defquels n'ay merité fçavoir leurs noms, — outre les Ambaffadeurs
du Pape, de l'Empereur, d'Angliterre, de Venife, de Millan, de Ferrare,
& du Turch ⁸. Et eftre arrivé le Roy près la croix nommée de Portier,
noble homme maiftre Jacques David ⁹, docteur en chacun droict & juge
pour le Roy au bailliage de Vellay, fut prefenté au Roy par le fusdit feigneur de Montmorencin, gouverneur de Languedoc, lequel pour la ville propofa & fit au Roy une belle harangue que s'enfuit :

« A craindre eft à moy pufilanime, voftre humble Officier, me prefenter
devant voftre facrée Magefté, mais voftre haulte benignité que nul (tant
foit petit) ne mefprife, m'a enhardi pour exprimer la joye que ont Officiers,
Confuls & citoiens de voftre tant defirée venue. Et fi plaift à voftre Magefté
applicquer fa veue, rien ne verra que toute joye & hilarité, voire fi grande
que, par icelle, toutes chofes par nature impoffibles, font faciles, & à jufte

---

¹ Jean le Veneur, évêque de Lisieux, et grand aumônier du roi, depuis cardinal-prêtre du
titre de Saint-Barthélemy-en-l'Isle.

² Antoine de Chabannes, rentré en grâce depuis le procès du connétable de Bourbon.

3 Guillaume du Prat, évêque de Clermont, fils du chancelier.

⁴ Guillaume de Joyeuse, évêque d'Aleth (en Languedoc), fils de Guillaume Iᵉʳ, vicomte de
Joyeuse, et d'Anne de Balsac, fille de Raufec de Balsac, seigneur d'Entragues, ce sénéchal de
Beaucaire dont il est parlé ci-dessus (pages 252 et suiv.).

⁵ Louis de Joyeuse, frère du précédent.

6 François-Armand, dit le Grand-Justicier.

7 Just Iᵉʳ du nom, seigneur de Tournon, fils de Jacques II et de Jeanne de Polignac, fille
de Guillaume-Armand, vicomte de Polignac, et d'Amédée ou Aimée de Saluces. Il était le
cousin germain du vicomte François-Armand.

⁸ « Et le mefme jour (le vendredi 18 juillet 1533), luy (au Roi) furent donnés & admenés
icy, de la part du Grand Turc, trois beaulx chevaulx & ung lion. » Mss. de Jehan Burel, t. I,
page 18.

9 Ce magistrat se piquait de littérature, et on connaît de lui trois opuscules très-rares, dont
voici les titres : *Hiftoria dedicationis Ecclefie Podii Anicienfis in Vellavia, facræque imaginis
Virginis (ibi per longa temporum curricula veneratæ) conftructionis & tranflationis.* Avignon,
in-4°, chez Jean de Channey, 1516. — *Tractatus de imagine Mariæ Virginis,* etc., 1520. —
*Chants royaux, Ballades & Rondeaux, à l'honneur & louenge de la très-facrée Vierge Marie,
avec une oraifon.* Lyon, 1536. — Du Verdier, *Bibliothèque Françoise,* édit. de 1773, t. II,
p. 277. — Sauzet, *Bibliographie de la Haute-Loire,* Ann. de la Soc. acad. du Puy, année 1849,
p. 550.

caufe, car le jour eft venu, le fouhaité, glorieux & gracieux, que cueur humain fauroit extimer, d'eftre vifités, decourés & illuftrés de la prefence de fon fouverain Prince, Roy & Empereur, duquel le foleil, en fon ordinaire cours, ne vift, defpuis fa creation, en povoir le pareil, en dignité fi grant, en vertus & triumphans faicts plus cler & glorieux, car, par vos chevalereufes armes, craintes & redoubtées par tous les clymats du monde, par la reluifance de voftre triumphe & gloire, debellez les orgueilleux rebelles & domptez la protervité des inobediens. A vous, fans doubte, a quelque part de deificque puiffance & magefté, que l'en vous extime homme humain deifié ou bien ung femi-dieu humain, qu'eft le motif de cuider eftre mieulx me taire de vos divines vertus & gloires, que fuccinctement en parler. Congnoiffans les citoiens l'honneur provenant de voftre facrée prefence, prefuppofent eftre chofe notoire que la cité & citoiens fe veulent tousjours monftrer bons, loiaulx & fideles fubgects, & pleuft au Createur que leur cueur vous peuft eftre vifible, ainfi que par ymagination le pouvez conjecturer, car aucun ne verriez que, pour le falut de voftre inclite Magefté & pour l'honneur & gloire de voftre facré nom, ne mift non-feulement fes biens, leurs enfans, mais les vies propres. Si vous fupplie très-humblement les excufer, confiderant leur petite poffibilité, &, quant des affaires publicques confulterez, avoir memoire de la cité immaculée, que, jamais, quelque fortune qu'elle aye eu, n'a varié de l'amour, fidelité & loyaulté de voftre très-facrée & deifique Magefté & invincible Coronne de France, priant au Souverain Createur vous vouloir conduire, & vous donner & à voftre noble & très-aymée geniture, en ce monde profperer & en l'autre la gloire. »

La refponce du Roy :

Meffeigneurs, je vous mercie de voftre bon vouloir, duquel, longtemps a, fuis informé, &, en ce que pourray, vous feray de bon cueur plaifir.

Ladicte harengue finie, le Roy & feigneurs fusdits defcendirent jufques au pont de Troillas, oùt trouvarent ung chaffault fur le bout dudit pont, devers la ville, fort notablement tapiffé & ordonné, à piliers faicts à cornices, & painets de painctures azurées roucées de gris & blanc, faicts à chandeliers d'antique, & au plus hault avoit ung grant efcu de France (tout en rond) imperiale, de la toife d'ung homme, feftonné & richement portraict à or &

azur, & l'Ordre du Roy autour. Et avoit en efcript, en lectre d'or fur azur, en la frife, fous lesdites armes :

Gallica fceptra vigent, redeunt fpectacula Troje.

Item, au dedans dudit chaffault, avoit chaires & lieux eftouffés de draps d'or pour repoufer le Roy & les feigneurs, avec ung petit reduict derriere, aourné & paré de mefmes.

Le Roy approuchant ledit lieu, fe mirent contre luy trois perfonnaiges, affavoir eft *Bon Vouloir,* dame *Republicque* & dame *Humilité,* — ledit *Bon Vouloir,* au milieu d'elles, tenant une verge en fa main, acoutré d'une cha-mairre de damas noir, bendé de vellours, & le pourpoinct de vellours incar-nat, le bonet de vellours noir & plume blanche; — les dames : *Republicque,* habituée de damas cramoifin, les manches de drap d'or, & la tefte à la Por-tugaloife, fort richement aournée de nobles bagues, tenant une clef d'argent, & ung croiffant d'argent par deffus, & fur ledit croiffant une fleur de lys d'or avec un tiltre efcript en ladite clef, où eftoit ce mot : *Obediance,* que fignifioit que ainfi que la clef eft obediante, ainfi eft la republicque de ladite ville toujours croiffant en obediance foubs le lis, — & *Humilité* eftoit ha-bituée de fin taffetas blanc, tenant humble contenance, laquelle portoit ung lis naturel qu'eft adapté pour fa blancheur pure à humilité. Lefquelles en-voiarent au Roy, ung peu loignet de leur lieu, leur dit frere *Bon Vouloir,* lequel, à la requefte desdites deux dames, fes feurs, prefenta au Roy ledit chaffault, appellé *l'Arch triumphant,* autrement dit *le Sejour d'honneur,* oùt la ville le debvoit faluer, & luy dift bien humblement ledit *Bon Vouloir* ce que s'enfuit :

> *Souleil royal, Monarque magnanime,*
> Bon Vouloir *fuis, le cueur de la cité,*
> *Preft* * decourer, en triumphe fublime,*
> *Le nom très-chrift de tous les Roys le prime,*
> *Vous prefentant la dame* Humilité.
> *La* Republicque, *en generalité,*

---

* Preft à decourer.

Vous a efleu des fieges le greigneur.
Après labeur, aurez tranfquillité,
Car vous avez, par renom, merité
Lieu inmortel au grant Sejour d'honneur.

Le Roy approchant ledit chaffault de fon *Sejour d'honneur,* trouva ces deux dames *Republicque* & *Humilité,* que luy dirent :

REPUBLICQUE.

Mon protecteur, mon fouverain Seigneur,
`Mon Roy unique, mon Prince debonnaire,
Ta Magefté, en ce prefent repaire,
Soit bien venue dans le Sejour d'honneur.

HUMILITÉ.

Illuftriffime de juftice amateur,
De cueur très-humble, en doulceur & clemence,
Te faluons, fupplians ta prefence
Se repofer dans le Sejour d'honneur.

Ce dit, le Roy entra audit *Sejour d'honneur* avec partie des plus honnorables feigneurs. Et la fuite & route des chevaulx s'eftandit par le chemin tendent vers l'hofpital Sainct Laurens & toute la plaine pardevant, d'ung cartier & d'autre.

Et, incontinent, le Roy eftre affis, commençarent à marcher les bendes de la ville, en la maniere que s'enfuit :

Partirent des Carmes les bendes venans par ordre, paffans vers le Breulh, long du foffé, jufqu'à la porte Paneffac, & de là prindrent la voye d'Efpaly, & defcendirent vers la Condamine, & arrivoient devant l'efchaffault du *Sejour d'honneur,* oùt ils faluarent le Roy.

Defquels, premierement, furent les petits Enfans mafles, environ cinq cens, la plupart acoutrés des couleurs du Roy, portans petits penonceaulx ou eftandarts aux armes du Roy & de monfeigneur le Daulphin, lefquels inceffanment crioient à haulte voix : *Vive le Roy! Vive le Roy!* & paffant au devant dudit chaffault qu'eftoit à leur main gauche, faluoient le Roy.

Après marcharent les Marchans Drappiers, atout leur enfeigne, meflés avec eulx les Marchans & Merciers de Noftre Dame des Anges, que pa-

44

reillement avoient leur enfeigne, lefquels enfemble faifoit moult bon veoir.

Et tous autres Meftiers y furent, aians chacun d'eulx leur enfeigne de fin taffetas, efcartellé felon leur devife, avec fiffres & tabourins d'Alement, la plufpart arnechés de picques, efpées à deux mains, rondelles, halebardes & aquebutes, que fe faifoient affez veoir & ouyr. Lefquels, pour n'atedier illec le Roy, leurs enfeignes & eulx marcharent de cinq en cinq de renc, que demourarent beaucop à paffer.

Les noms defquels Meftiers fummairement s'enfuit :

Premierement lesdits Marchans Drappiers, les Merciers de Noftre Dame des Anges, les Orfeuvres, les Medicins & Appothicaires, Ferratiers, Cana-vaffiers *, les Saleiroux, Pintiers, Fondeurs, Hofteliers, Taverniers, Sava-tiers, Cordoaniers, Coiratiers, Courieurs, Tanneurs, Parcheminiers, Blan-chiers, Pelletiers, Bonetiers, Chappeliers, Bolengiers, Pafticiers, Sçainturiers, Funeliers, Marefchaulx, Coteliers, Serruriers, Armuriers, Aleniers, Si-rurgiens, Barbiers, Baftiers, Coturiers, Bouchiers, Charpentiers, Maçons, Chevriers, Mufniers, Laboureurs de Pofarot, Peyroliers, Celliers, Labou-reurs de la rue Sainct Jacques, Libraires, Cordiers, Tifferans, Gantiers, Pinheurs, Crochetons, Tondeurs, Efpinoliers du Puy & Agulie, Tailleurs, Broudeurs, Paintres, Cartiers, Correctiers **, & meffeigneurs les Notaires qui furent les derniers.

Avoient chafcun desdits Meftiers, ou la plufpart, fergens de bende ou con-ducteurs qui les conduifoient.

Et chafcun, felon fon eftat, desdits Meftiers & artifices, eftoient affez bien en ordre, &, entre autres, les Marchans & Notaires, qui s'y demonftrarent moult honneftement.

Le Cappitaine de la ville alloit parmy les bendes, ou fes Lieuxtenans, fort bien en ordre, tous acoutrés de vellours.

Et après que toutes ces bendes & gens de pied eurent paffé, marcharent les gens de cheval en la forme & maniere que j'ay efcript fi devant, quant ils allarent au devant du Roy à Polignac. Et eftre paffés, le Roy, avec tous les-dits feigneurs qui eftoient defcendus pour veoir paffer les bendes & triumphe

* Marchands de toiles de chanvre. On les appelait aussi *Tellatiers*. — Ducange, *Gloss. med. & inf. lat.*, V° Canabaserius.

** Courtiers.

de la ville, remontarent à cheval, & vindrent approcher la ville, paſſant au chemin devant l'hoſpital Sainɗt Laurens que tend le plus droiɗt vers la porte Paneſſac.

Icy n'eſt à obmeɗtre ſe les tours & bolevert de la porte des Farges, les deux tours après la tour de Paneſſac & bolevert d'icelle, la tour Gaillarde & les jardins hors la porte Montferrant, où eſtoient les groſſes pieces d'artillerie, eſtoient equippés de canons de diverſes qualités, & ſi firent leur debvoir de touſſir pour ſaluer le Roy, tant icy que en venant de Polignac, par cops reiterés, que, vous promeɗts, faiſoit bon ouyr. Ce qu'on a relaté avoir eſté ouy de quatre lieues, & en ce ſe demonſtrarent moult gaillards les artilleurs à ce commis, leſquels portoient livrée de taffetas des couleurs du Roy.

Item, le Roy & ſa bende eſtre prochain de ladite porte de Paneſſac *(porte Roiale)*, conſidera icelle ententivement, que, tout recentement, pour ſa venue, avoit eſté garnie de fuſtayes paintes, jaſpées & porphirées, à gros pilliers & cornices, avec renvers & vaſes flamboyans, roucés leſdits pilliers de gris & blanc, à florons & chandeliers d'antique. Et avoit en eſcript en la friſe ſur ladite porte de leɗtre d'or ſur fin azur :

Ingreditur nidum Lothus, comitata Dracone;
Conſtat Apes, Cornix ſecum atque caterva Leonum.

Le Roy voulant entrer en ladite porte, par ung tournet, de chacun des couſtés par dehors, luy vindrent eſtoupper le paſſaige deux filles de beaulté aſſez louable, l'une nommée *Amour,* & l'autre *Fidelité,* aſſiſes chacune ſur ſon tournet ſus belles chaires moult bien eſtoufées & paintes de ſemblable painture qu'eſtoit decouré ledit portal, acoutrées de damas cramoiſin à l'Eſpaignole à cotoires d'or, & les manches bouffées de taffetas bleu, & leur chief appointé à la Portugaloiſe, enrichies de nobles joyaulx, leſquelles le Roy regarda moult ſoigneuſement. Et tenoit chacune d'elles trois clefs laſſées d'ung cordon de ſoye des couleurs du Roy, or, violet & incarnat, & l'ouppe faiɗte des meſmes couleurs, leſquelles, après bonne ſilence faiɗte, avec humble reverence dirent au Roy ce rondelet deſparti :

AMOUR.
Vecy les clefs, Prince très-magnificque,
Que moy, Amour, auſſi Fidelité,

Te prefentons, de ta ville & cité
Qu'onq ne mesfit, ains eft chafte & pudique.

FIDELITÉ.

A t'obeyr noftre vouloir s'applicque,
Roy très-illuftre, noftre felicité :
Vecy les clefs.

AMOUR.

O bienvenue & prefence aultentique,
Que de fon Prince le Puy foit vifité !

FIDELITÉ.

Te rendre graces chacun eft incité.
Parquoy, difons, non de vouloir oblique :
Vecy les clefs, Prince très-magnificque.

Le Roy, tout content d'elles, ne les voulut prendre, mais leur dit qu'il fouffifoit l'obeiffance. Et tournarent les tournets, & furent reduictes les filles, affifes comme deffus, en chacun coufté, jufques à ce que la route & fuite du Roy & des feigneurs fut entierement paffée.

Le Roy entrant dans ledit bolevert, entre deux portes, à fa main dextre, trouva ung chaffault bien tappiffé & ordonné, oùt avoit douze petis fils & douze petites filles, aagés le plus vieulx de huict à neuf ans, acoutrés treftous en bergiers & bergieres de fin taffetas de diverfes couleurs, que dançoient joyeufement au fon d'une chevrete & de orgues defquelles jouoit une petite d'icelles bergerotes, aians holetes, flagholets, panetieres, arbres, fueillées, moutons & brebis : que fut affez recreatif.

Item, avoit, au rabat des cortines & tapifferies dudit chaffault, en efcript :

Juvenes & virgines, fenes cum junioribus
Laudent nomen Domini. (Pfalm. XLVIII.)

Item, en ung autre lieu audit chaffault, avoit en efcript :

Egredimini, filie Sion, & videte Regem. (Cantic. III.)

Et le Roy voulant outrepaffer, lesdits bergiers & bergeretes laiffarent le dancer, & fe mirent à crier bien haultement : *Vive le Roy ! Vive le Roy !*

Item, entre lesdites portes, au front, fur la feconde porte, entrant en la

.ville, avoit ung grant efcu de France, moult richement eftoufé, feftonné autour de buiffet & or clinquant, & y avoit en efcript deffoubs :

Domine, falvum fac Regem, & exaudi nos in die qua invocaverimus te.
(Pfalm. **XIX.**)

Item, au deffoubs de ce dicton, eftoient les armes de monfeigneur le Daulphin, avec l'Ordre du Roy autour, efcartellées de France, Bretaigne & Daulphiné, avec leur fefton, que moult eftoient riches.

Et au deffoubs d'icelles, eftoient autres deux efcuts de pareille grandeur, l'ung auprès de l'autre, avec l'Ordre autour & leurs feftons, qu'eftoient les armes d'Orleans & Angolefme, & au deffoubs de ces trois efcuts, eftoit efcript :

Filii tui, ficut novelle olivarum, in circuitu menfe tue.
(Pfalm. **CXXVII.**)

Item, eftoit couvert l'entre-deux desdites portes de toilles, &, au millieu, de farges des couleurs du Roy, jaune, violet & incarnat.

Item, le Roy, entrant dans la ville, trouva les rues tendues par deffus de fines toiles blanches, à feftons pendans fans nombre, liés autour des couleurs du Roy, & tournoians au vent de chacun coufté, oùt eftoient les armes dudit feigneur & de meffeigneurs fes Enfants, avec aucuns FF coronnés & falemandres, & les portes des maifons couvertes & decourées de nobles tappifferies.

Icy fut le poille apprefté, foubs lequel fe tenoit à cheval monfeigneur le Grant Efcuyer*, portant l'efpée d'armes du Roy pendant en une fçainture en efcharpe, le tout femé de fleurs de lis d'or, & difoit qu'à luy appartenoit fe tenir foubs ledit poille jufques à ce que le Roy y entroit : ce qu'il fit.

Et là, les feigneurs Confuls couvrirent le Roy dudit poile qui eftoit de fin vellours cramoifin, à grans armes de France, par dedans au ciel dudit poile, de fine brodure d'or, avec l'Ordre, & autour des pendents, fleurs de

---

* Jacques de Genouillac, dit Galliot, seigneur d'Acier, sénéchal d'Armagnac et de Quercy, grand-maître de l'artillerie et grand-écuyer du roi.

lis de mefmes & FF coronnés, & les baftons couverts & armés dudit vellours jufqu'au bout.

Item, icy près, à l'entrant de ladite porte, avoit ung tel dicton :

> *Solvite vota Jovi, atque aras afpergite thure :*
> *Nam Patrie noftre Conciliator adeft.*

Item, le Roy, eftre venu jufques au griffon de la Bidoira, trouva ung grand chaffault, fort noblement compofé, à cornices & à grans pilliers jafpés & porphirés, & par deffus ung grant arch foubs ung reveftement roucé de gris, rouge & noir, à ouvraige antique. Et, foubs ledit arch, avoit une grande falemandre brulante, coronnée d'or par deffus, & deux grans daulphins d'or, que mordoient les extremités dudit arch : que faifoient moult beau veoir. Et faifoit-on, en ce lieu, les *Sept Arts Liberalles,* de jeunes dames, toutes acoutrées de fin taffetas de diverfes couleurs, à façons antiques & eftranges, & leurs cheveulx & teftes à gaudailles* & coiffes de chaynes d'or & d'autres façons de divers entrelaffemens eftranges**.

Et y eftoit premierement *Gramaire,* tenant les lectres de l'alphabet, avec trois petits enfans, comme apprenans les lectres, tous acoutrés de taffetas, & ung peu plus bas, aux pieds de ladite *Gramaire,* eftoit ung homme nommé *Prifcianus,* efcripvant ung livre, & eftoit efcript foubs luy, environ fes pieds :

> *Quicquid agant Artes, ego femper predico partes.*

Après, eftoit *Dialectique,* que tenoit en une main ung efcorpion, & en l'autre ung ferpent à quatre pieds comme ung liferd, & à fes pieds eftoit

---

* Joyaux. — Dans un titre de 1398, on lit : *Unum jocale sive gaudeolum aureum pretiofum,* etc. Ducange, *Gloff. med. & inf. lat.* V° *Gaudeolum.*

** Ces scènes allégoriques des Sept Arts libéraux reproduisaient les sujets des peintures murales dont Pierre Odin avait *eftouffé* la librairie du Chapitre (voir plus haut, page 135). MM. Aymard et Mandet ont, fort heureusement, rapproché des descriptions qu'ils ont données de ces peintures, le récit de notre chroniqueur. — Aymard, *Ancienne peinture murale repréfentant les Sept Arts libéraux,* Ann. de la Soc. acad. du Puy, année 1850, p. 562 et suiv. — Mandet, *Hist. du Velay,* 1862, t. VI, *Monuments historiques,* p. 128 et suiv.

ung homme, nommé *Ariftoteles*, faifant figne fur fes doigs, & eftoit efcript au deffoubs :

Me fine, doctores fruftra coluere Sorores.

Après, eftoit *Rhetoricque*, qui tenoit une lime, & au deffoubs d'elle, eftoit ung homme, nommé *Cicero*, lifant en ung livre, & eftoit efcript deffoubs :

Eft michi dicendi ratio cum flore loquendi.

Après, eftoit *Muficque*, tenant unes orgues, &, au deffoubs d'elle, ung homme nommé *Thubal*, avec ung enclume & deux marteaulx, & eftoit efcript deffoubs :

Invenere locum per me modulamina vocum.

Après, eftoit *Geometrie*, tenant ung efquierre en une main & ung compas en l'autre, & au deffoubs d'elle, eftoit ung homme, nommé *Pictagoras*, tenant en une main une reigle, & ung compas en l'autre, faignant compaffer quelque pierre, & eftoit efcript au deffoubs :

Rerum menfuras & earum figno figuras.

Après, eftoit *Arifmetique*, tenant en une main une tablete oùt eftoient les figures de chiffre, & en l'autre des gects*, & au deffoubs d'elle, ung homme, nommée *Eucubes***, tenant, comme ladite *Arifmetique*, les figures de chiffre & les gects, & eftoit efcript deffoubs :

Explico per numerum que fit proportio rerum.

Après, eftoit *Aftrologie*, tenant ung fpere***, & au deffoubs, ung homme, nommé *Ptholomée*, coronné d'une coronne dorée, faicte par hault à poinctes, tenant ung cadran, & eftoit efcript deffoubs :

Aftra viafque poli varias michi vendico foli.

---

* Jetons fervant à compter.
** Lifez : *Euclides.*
*** Une sphère.

Item, au front dudit chaffault, toute droicte, eftoit une dame, nommée *Minerve,* que fut dicte Mere de fcience, acoutrée de taffetas blanc & d'un joly armet d'argent fur fa tefte, tenant en fa main ung dard, que dit au Roy, en paffant :

MINERVE.

Minerve fuis, que de toy ay la cure.
Avec mes feurs, les Sept Arts Liberaulx,
Venues fommes, par montaignes & vaulx,
Veoir le triumphe de noftre norriture.

Comme fi elle vouloit dire, pour autant que le Roy eft prince fçavant, que les Arts Liberalles ont efté fes norrices, & qu'elles avoient laiffé leurs eftudes & univerfités pour venir veoir le triumphe qu'on faifoit, au Puy, à leur norriture & difciple.

Item, en la frife dudit chaffault, eftoit efcript en lectre d'or fur fin azur :

Tu, Domine, fervabis nos. (Pfalm. XI.)

Item, au devant de l'ymaige de la rue de la Chanebaterie, avoit ung grant pillier, & par deffus avoit deux grans archs triumphans, tranfverfans & couvrans les rues de Raphael & de la Saunerie, & entre les deux archs, par deffus, eftoit ung grant efcu de France coronné, moult riche, faict à l'antique, en triangle, oùt avoit en efcript autour :

Datum eft defuper.

Et eftoient ledit grant pillier, enfemble les deux archs, paincts, jafpés & porphirés de diverfes façons & painctures, tant à l'antique que à la moderne.
Item, avoit, en ce pillier, en efcript, ce dicton :

Carpe triumphales lauros tua tempora circum :
Nominis eterni fama fuperftes erit.

Item, au pied dudit pillier, eftoit ung homme eftrangier, nommé maiftre Jehan du Pont Alet, enfant fans foulcy & grant rhetoricien, ainfi qu'on difoit, que dit au Roy, en paffant, ung couplet de huict vers, de la bonne chère que la ville luy vouloyt faire.

Item, plus avant, au carré de Jacques Arnaudo, dit Mathevet, eftoit efcript :

> *Dixit omnis populus : Vivat Rex.* (Reg. III. 1.)

Item, plus avant, au carré de maiftre Bartholomy Solier, notaire, eftoit efcript ung tel dicton :

LE PUY.

L oyal je fuis, loyal nom porteray.
E n cueur entier loyaulté poferay.
P ouvoir royal ayme mon accointance.
V ierge demeure fans nulle violence :
I e l'ay efté & tousjours le feray.

Item, en ung autre carré, plus avant :

> *Rex adit, & fecum virtus, amplique triumphi,*
> *Leticia atque decor, gloria & omnis honos.*
> *Hic, igitur, claris famam qui terminat aftris,*
> *Sic magnum Oceano terminet imperium.*

Item, plus avant, fur le forn de Cothuol, avoit un chaffault à dix pilliers jafpés & porphirés, & au milieu d'icelluy, eftoit ung grant arbre tout plain de lis, & audit arbre avoit ung grant efcu de France, la coronne à l'imperiale deffus, & l'Ordre autour. Et avoit audit arbre ung rollet où eftoit efcript : *L'Arbre de Bonne Renommée.* Et tout autour tant dudit arbre que pilliers, eftoient les efcuts ou armes des Douze Pers de France, fort riches. Et au pied dudit arbre, eftoit ung homme, affis en une chaire, nommé *Honneur,* & auprès de luy, une dame, nommée *Vertu,* — & d'un coufté, à main dextre, eftoit une autre dame, nommée *Foy,* portant ung calice & une hoftie par deffus, — & de l'autre coufté, à main gauche, eftoit dame *Juftice,* tenant une efpée nue, — & dift : *Honneur au Roy !* en paffant avec *Vertu,* demonftrant comment *Vertu* eft *mere de Nobleffe,* & comment *Foy* & *Juftice* maintiennent le lis entre les mains de *Bonne Renommée,* & dift :

HONNEUR.

Par toy, Vertu, qu'eft mere de Nobleffe,
Eft prefervé le lis en Renommée.

Foy & Juſtice ſont deſſoubs la ramée :
Voyant leur Prince, en demainent lieſſe.

VERTU.

Voyant leur Prince non pareil en proueſſe,
Trop plus que Heƈor, ne le grant Charlemaigne,
N'eſt-il raiſon que triumphe on maine
Dans ſa cité, qu'il de veoir a prins dreſſe?

Item, plus avant, au devant du ſainƈ Crucifix de la rue de la Frenarie, avoit ung autre chaffault, entre autres le plus gentil, faiƈ à pilliers & cornices, doré, jaſpé & porphiré, avec renvers & maçonneries à l'antique, & grandes armes de France par deſſus, & vaſes d'antique, ardentes, jaſpées. Auquel lieu eſtoit le ſainƈ Prophete *Hieremye,* fabricant & taillant le devot ymaige Noſtre Dame avec ſon banc & outils neceſſaires, acoutré en Prophete bien à l'antique & judaique mode, faiſant ſes mynes & contemplations ſur ledit ymaige. Et eſtoit auprès de luy une dame à façon de Religieuſe, portant diademe, nommée *Volenté divine,* comme le promovant à faire ledit ſainƈ ymaige, acoutrée & veſtue d'une robe de taffetas blanc. Et ſur l'extremité dudit chaffault, bien arriere, eſtoient trois Juifs, regardans curieuſement les geſtes & façons dudit ſainƈ Prophete. Et eſtoit eſcript ſur ung porphire, en la friſe, de leƈre d'or :

Petrus Comeſtor, in Scolaſtica Hiſtoria *.

Item, en ung autre lieu, au devant dudit chaffault, eſtoit eſcript :

Hieremye, jadis prophetiſant,
Aux Egiptiens donna vray exemplaire
Que une Vierge ſeroit de Jeſus mere :
Ce fut du Puy l'Imaige triumphant.

Item, à l'extremité, auprès de la porte de Crebacor, en la rue de Portes, devant la maiſon du forn de Gaet, eſtoit ung autre chaffault, auquel eſtoit

---

* Pierre-le-Mangeur, doyen de Troyes, chancelier de l'Eglise de Paris (1164), auteur de l'*Hiſtoire Scolaſtique* ou histoire abrégée de l'ancien et du nouveau Testament. — *Hiſt. litt. de la France,* 1817, t. XIV, p. 12 et suiv.

ung Sauldan, acoutré bien eſtrangement à la Turque, d'un taffetas violet. Lequel preſentoit & donnoit à ung Roy de France l'ymaige de Noſtre Dame du
Puy, enveloppé & couvert d'un drap d'or friſé. Et eſtoit ledit Sauldan acompaigné de ſa concubine, richement acoutrée à la Moriſque, de fin taffetas violet, & de deux Turchs. Et le Roy eſtoit acoutré & afublé d'un manteau de
taffetas bleu ſemé de fleurs de lis d'or, & le coulet de fine penne blanche, ſemé
& moſcheté d'hermynes, en royal, & ſon chappeau avec coronne d'or par
deſſus. Lequel Roy eſtoit acompaigné de une dame, en façon de Religieuſe,
veſtue de taffetas blanc, portant diademe, nommée *Bonne Inſpiration,* eſ-
mouvant ledit Roy à demander audit Sauldan l'ymaige pour la porter au
Puy, & de deux ſeigneurs, & de deux paiges. Et eſtoit eſcript au rabat des
cortines dudit chaffault :

Ex cronicis ſanĉte Eccleſie Anicienſis.

Item, en une autre part dudit chaffault, eſtoit eſcript :

> *Ung Roy de France, par Bonne Inſpiration,*
> *Euſt du Sauldan, par don & homaige,*
> *Du Puy le ſainĉt & très-parfaiĉt ymaige,*
> *Qu'il honnora par grant devotion* 1).

Incidence. — Que ce Roy ne ſoit nommé proprement par ſon nom eſt à
ſçavoir que, comme il eſt eſcript au *Grand Miroir* de maiſtre Vincent de
Beauvais, en ſon tiers livre moral, partie tierce, diſtinĉtion vingt & unieſme,
que les Sarraſins ou Payens Occidentals, le temps paſſé, pour eſtre protegés
de la tempeſte & fouldre, eulx & leurs champs, qui trop durement & vehementement les perſecutoit, n'y ſçavoient quel remede meĉtre, ſynon qu'ils

---

1) Ledit Pierre Comeſtor, en ſon *Hiſtoire Scolaſticque,* & au chappitre qui traiĉte *des reliques
& demorans des Juifs après la deſtruĉtion,* environ la fin du chappitre, dit, après Epifanie, ce
que s'enſuit : « *Hic eſt Hieremias qui Regibus Egipti ſignum dedit quod eorum idola everti
» oporteret cum Virgo pareret. Unde & ſacerdotes eorum, in ſecreto templi loco ymaginem
» Virginis & Pueri ſtatuentes, adorabant. Dum vero Ptolomeus rex interrogaret eos qua hec
» facerent ratione, dixerunt paterne traditionis eſſe miſterium quod a ſanĉto propheta accepe-
» rant majores, & credebant in rebus ita fore venturum.* » — Médicis.

furent informés qu'il y avoit ung oratoire au Puy d'Anis, desdié à l'honneur de Dieu & de la Vierge Marie, fa benoicte Mere, auquel lieu n'y avoit perfonne que devotement s'y recommandaft, qu'il n'obtint fes peticions. Et combien qu'ils fuffent payens, toutesfois, ils s'y recommandarent, & en eurent grande confolation. Et pour ce, pour en eftre ainfi protegés, avoient couftume y envoier leurs offrandes & dons, ainfi que ledit maiftre Vincent le traicte affez fuccintement.

Toutesfois, ampliant ledit compte, par les anciens Chanoines & habitués de cette eglife, a efté & eft dit, par rapports de longue main reiterés, que a duré & dure tousjours, que iceulx ambaffadeurs ou commis à porter iceulx dons desdits Sarrafins eurent ung payen, qui par longtemps diffimula eftre chreftien, lequel fe tenoit en ladite ville du Puy pour porter faveur auxdits ambaffadeurs chacune année, quant ils y apportoient lesdits dons. Lequel, alloit journalement à l'eglife & eftre curieux des grans miracles que faifoit icelle benoicte Dame, comme faulx chien & enragé dampné, trouva moyen faire mectre le feu en ladite noble eglife, oùt fe bruflarent beaucop de biens, entre lefquels fe brufla le livre que traictoit cefte cronicque du don de ce devot ymaige, & autres terriers & nobles efcriptures. Dont eftre en icelle eglife contriftés & non fans caufe, pour lors, de la perte de tant de nobles biens & precieufes bagues que y furent bruflées, mirent en obly rediger les memoires de ladicte cronicque, tellement que, par fucceffion, le nom de celluy Roy ou Prince paffa & furmonta la memoire des gens, pour eftre par fi longtemps taifé. Et pour ce, la cronicque du prefent differe y metre le nom pour non equivoquer ou efcrire chofe non foubftenable. —

Item, plus avant, en la rue de Vienne, au travers, devant la maifon de François Ymbert, eftoit ung autre moult gentil chaffault, faict à pilliers & archs triumphans & maçonneries à l'antique, auquel eftoit ung Roy de France, acoutré d'un taffetas bleu en manteau femé de fleurs de lis d'or, le coulet de penne blanche herminée, & chappeau coronné, ne plus ne mains comme cil du forn de Gaet, accompaigné de deux feigneurs & de deux paiges, que prefentoit l'ymaige que le Sauldan luy avoit donné, à l'Evefque du Puy & Chanoines d'icelle eglife. Ledit ymaige eftoit enveloppé & couvert d'un mantelet de drap d'or batu, & eftoit reveftu ledit Evefque de chappe de drap d'or & mitre fus fon chief, accompaigné de trois Chanoines & de autres dix perfonnaiges, c'eft à fçavoir : ung qui portoit la croix, & les autres la croffe, chandeliers, torches, le texten*, l'encenfier, tous acoutrés en maniere de proceffion. Et eftoit efcript audit chaffault :

Ex cronicis fanɗe Ecclefie Anicienfis.

Item, en autre lieu, audit chaffault, eftoit efcript :

> *Le très-bon Roy de France jà predit,*
> *Ainfi que Dieu ce faire ordonna,*
> *Le faind ymaige à l'Evefque donna*
> *Du Puy d'Anis, ainfi qu'il eft efcript.*

Le Roy, après, s'en monta jufques vers la porte Saind Jehan, tousjours les feigneurs Confuls portant le poille, où il trouva l'Eglife en proceffion, reveftus de nobles chappes de drap d'or, tenant le circuit jufques à la maifon de la Prevofté. Et là, il defcendit pour entrer dans l'eglife. Et, à l'entrant d'icelle, trouva ung dreffoir bas, à beaux carrés de drap d'or, & là, fe mift à genoulx, & le feigneur Doyen de léans luy donna l'eau benifte & baifer la fainɗe croix. Et là, luy voulurent bailler le furpelis & l'aumuffe, ainfi qu'il eft de bonne couftume : ce qu'il ne vouluft prendre, mais dit qu'il le tenoit pour avoir receu. Si entra en l'eglife, & par le chœur vint devant l'ymaige Noftre Dame, &, là dedans, il trouva ung lieu moult noblement ordonné, & pardeffus ung pavillon de drap d'or, & là fift fon oraifon. Et, cependant, fut chanté *Te Deum laudamus.* Lequel finé, s'en fortift par la porte prochaine du reveftoir, & s'en entra en la maifon de l'Evefché, par la porte du Fort. Et ceffarent les cloches de fonner qui l'avoient tenu depuis les oratoires.

Or, le Roy fe eftre ung peu refrefchi, fut temps de foupper : fi fouppa. Et meffeigneurs le Daulphin & fes freres foupparent au logeis de monfeigneur le Grant Maiftre, lequel eftoit lougé chez monfeigneur le Baillif de Vellay.

Or, meffeigneurs Confuls, penfant tousjours comment pourroient faire chofe que pleuft au Roy, après foupper, feirent dreffer une verfele au Breulh, au plus hault de laquelle mirent les armes dudit feigneur avec le fefton

---

* L'Evangile ou *texte faint.*

autour, & affirent, à l'environ d'icelle verfelle, grant nombre de groffes faraffes & y firent meĉtre le feu. Et encore, au millieu, firent dreffer ung buchier de trois cens fagots de bois menu & y mirent le feu. Et là, autour, vindrent hommes & femmes de la ville dancer, avec les trompetes. Et tantoft arrivarent, au mandament desdits feigneurs Confuls, toutes les bendes des Meftiers, que eftoient allés au devant du Roy, & audit ordre, avec leurs en-feignes, portant chacun faraffe ou torche, & là feirent le limaçon parmy le Breulh. Et grant nombre de pieffes d'artillerie y furent affignées, que moult bien fe firent ouyr. Et firent les canoniers tirer garrots & fufées volans par l'air, de tous couftés : que moult plaifant fut. Si defcendit le Roy, après foupper, vers le logeis de monfeigneur le Baillif, à bien petite compaignie, oùt il trouva gros banquet, & de là regarda au Breulh. Si veift tout ce du Breulh, & d'autre coufté, grant nombre de faraffes alumées vers Val, Abaufic & autres villaiges, que, par commandement de monfeigneur le Baillif, à la requefte des feigneurs Confuls, leur avoit efté commandé les garder jufques à ce que le Roy feroit icy : ce qu'ils firent. En quoy le Roy print grant plai-fir, car le bruit & triumphe y eftoit grant, car les trompetes du Breulh ref-pondoient à celles qu'eftoient chez monfeigneur le Baillif, & par le contraire, celles qui eftoient chez monfeigneur le Baillif à celles que eftoient au Breulh ; & par tous couftés avoit gros bruit & joyeufetés, que dura plus de deux grandes heures. Et fe faifoit heure tarde ; fi s'en allarent aucune partie des bendes donner ung tour par ville & aucuns chez eulx, & les feigneurs en leurs logeis. *J'ay dit.*

Eftoient Confuls :

Noble Jacques Pome, baron de Montreal ;
Sire Jacques Parent, marchant ;
Maiftre Gabriel Pradier, notaire ;
Sire Bartholomy Aymar, marchant ;
Sire Jehan Verdier, marchant ;
Et fire André Geneftet, hoftelier.

Finis.

Vive la France et les François!
Et fans fouffrance, vive François!

Encore de ladite entrée.

Reception de noble homme Jehan de Pontchier, general de Languedoc.

L'an **M.D.XXXIII.**, & le mecredi **XVIII**ᵉ de juin, arriva en la ville du Puy noble homme Jehan de Pontchier, general des finances du Roy au pais de Languedoc. Audevant duquel allarent, jufques quelque peu fus la croix & devot oratoire qui eft deça l'hermitaige du Colet, meffeigneurs de Juftice, meffeigneurs Confuls & Officiers du Confulat, & aucuns autres bourgeois & marchans de la prefent ville. Pour lequel on feift fonner aucuns canons, luy eftre forti du pont de Troillas, & alla loger en la maifon de noble Jacques Pome, baron de Montreal & premier conful du Puy. Lequel y demoura environ ung mois, attendant la venue du Roy, fouventesfois confultant avec les feigneurs Confuls fur la preparation des affaires neceffaires pour la venue dudit feigneur.

Reception de monfeigneur de Montmorencin, grant maiftre de France & gouverneur de Languedoc.

Item, audit an, & le jeudi **XVII**ᵉ de jullet, arriva en la prefent ville du Puy hault & puiffant feigneur monfeigneur le Grant Maiftre, Lieutenant General pour le Roy & Gouverneur de fon pays de Languedoc, lequel arriva environ quatre heures après midi. Au devant duquel allarent meffeigneurs de Juftice, les feigneurs Confuls, atout leurs robes roges, en très-noble ordre, & autre grant nombre de gens de honnefte gravité & de divers eftat. Lequel feigneur avoit diné à Polignac, & le rencontrarent fur la croix, appellée de Portier, là oùt, par noble homme maiftre Jacques David, doéteur en chacun droiét & juge pour le Roy au prefent baillaige de Vellay, luy fut faiéte une belle harengue que s'enfuit :

« Puiffant feigneur & magnificque gouverneur, pour fatisfaire au vouloir & m'acquiter de la charge que m'eft enjoinéte par les Officiers, Confuls & citoiens de la cité du Puy, fauldroit que en moy fut le fçavoir eflevé en haulteffe & magnanimité, pour dire chofes cappables pour l'antiquité de voftre origine & progeniture illuftre, que pour la magnificence de voftre perfonne, que ne ceffez de faire haulx faiéts pour perpetuer voftre memoire & faire voler par les climats du monde univerfel, exaltant les bons, elargiffant grace ès poures, puniffant l'obftination des malfaiᶜteurs par acompliment de juftice que a regime de chofe publicque & gouvernement de pais. Dont à bon droiᶜt, à vous, vivacité de fens, extimation de valeur, vertueux excercice, inquifition de verité, notice de raifon, haulteffe de cueur, confeil induftrieux, effeᶜt de juftice, conduiᶜte louable, armature de prudence, leur fouverain patron, proteᶜteur & gouverneur, viennent les Officiers, Confuls & citoiens, congnoiffans à veue d'oueil ne pouvoir conçifter en valeur de paix & tranfquilité fans votre adherence, & les Officiers ne pouvoir faire aucun exploiᶜt digne de memoire, fi par vous, magnanime gouverneur, le chariot n'eft regi. Advifez par admiration la poure & infertile fçituation du pais, regardez la folle & charge non equiparable que le poure peuple a fouffert fi devant. Si vous fupplie les avoir en votre proteᶜtion & faulvegarde, & tenir en amour envers la facrée Magefté, ainfi que bons & loiaulx fubjeᶜts. Et voiant ne pouvoir faire recompenfe condécente, vous font offre de la ville de ce peu de biens que ont en leurs povoirs, de leurs corps propres, car le demourant eft bien petit ou nul, & prierons la Magefté Divine pour voftre magnificque feigneurie. »

La refponfe dudit feigneur :

Je vous mercye, Meffeigneurs, de l'honneur que me faiᶜtes, & vous promeᶜts que j'efpere vous donner à congnoiftre mon vouloir que j'ay vous faire plaifir & fervice, aultant que en ville de mon gouvernement.

Item, eftre faiᶜte ladite harengue, enfemble ladite refponfe, marcharent tous enfemble jufques en ville, oùt ledit feigneur & fa très-honorable compaignie fut grandement falué par gros cops de l'artillerie de ladite ville, fouventesfois reiterés. Et, eftre arrivé fur le bout du pont de Troillas, trouva illec, aux faulxbourgs, toutes les bendes de la ville fort bien en ordre, avec leurs enfeignes, fiffres & tabourins, que luy prefentarent faire honneur & compaignie, en entrant en ladite ville. Ce que il ne vouluft prendre, mais dit que c'eftoit à faire au Roy. Pourquoy, lesdites bendes prindrent le chemin hors la ville, & vindrent faire le limaçon au Breulh. Et ledit feigneur avec fa compaignie vindrent entrer en ville par la porte de Paneffac.

Et eftre entré, trouva ledit feigneur les rues tendues de toilles & fes armes pendens en plus de cinq cens pars, avec leurs feftons, lequel porte *d'or à une croix de gueules & feize merletes d'azur*. Et icy, à l'entrant de cefte porte de Paneffac, luy fut apprefté ung poile de fin fatin violet, ayant au ciel &

pendens d'icelluy femblables armes de fine brodure d'or & fines foyes, avec l'Ordre du Roy autour de chacune desdites armes, & les baftons eftoient couverts & armés dudit fatin violet jufqu'au bout. Lequel poile ledit feigneur ne voulut prendre, mais print voye avec fa compaignie, &, paffant au devant du griffon de la Bidoyra, fur l'efchaffault qu'on avoit deliberé faire *les Sept Arts Liberales* pour la venue du Roy, fe trouva maiftre Jehan du Pont Alet, que dit audit feigneur, en paffant, quelques metres à fa louenge. Si s'en monta ledit feigneur, & alla loger en la maifon de noble Bartholomy Maurin, baillif de Vellay, en la rue de la Frenarie; au devant de laquelle maifon, fur l'entrant de la porte d'icelle, les feigneurs Confuls avoient faiét meétre ung grant efcu, feftonné de buiffet & or clinquant, aux armes dudit feigneur fort richement eftouffées, avec l'Ordre du Roy autour, & les quatre baftons de fa devife enrollés, oùt eftoit efcript : *In mandatis tuis, Domine, femper fperavi.*

Et, ledit feigneur eftre logé, furent oftés promptement tous les feftons pendens foubs les toiles, oùt eftoient les armes dudit feigneur.

Reception de monfeigneur le Legat audit jour.

Item, audit an & jour, environ une heure & demye après la venue du fusdit monfeigneur le Grant Maiftre, arriva, en la prefent ville du Puy, reverendiffime & très-fcientificque doéteur, monfeigneur maiftre Anthoine *de Prato**, cardinal legat en France. Au devant duquel allarent par ordre, ainfi qu'on avoit faiét à monfeigneur le Grant Maiftre, excepté qu'ils ne luy prefentarent point les bendes de la ville. Lequel eftre affez prochain de ladite ville, & rencontrés enfemble, après humble falut, luy fut faiéte harengue pour la ville par ledit noble homme maiftre Jacques David, doéteur ès droiéts & juge pour le Roy au prefent baillaige de Vellay, de la teneur que s'enfuit :

Tue fplendor vite, illuftris fame celebritas, que, non inter Gallos modo, Ita-

---

* Antoine du Prat, né à Issoire en 1463, débuta par la magistrature et devint, sous Louis XII, premier président du parlement de Paris. Après la mort de sa femme, Françoise de Veyny d'Arbouse, il entra dans l'Eglise et fut successivement évêque de Valence et Die, d'Alby, archevêque de Sens, cardinal et légat. François Ier, à son avènement, le nomma chancelier de France. Il mourut en 1535. Il avait été, en 1510, l'un des rédacteurs de la *Coutume d'Auvergne.* — Le marquis du Prat, *Vie d'Antoine du Prat*, Paris, 1857, in-8°.

lie fole, fed univerfo orbi, te prebet admirandum, me, reverendiffime Pater, atto-
nitum reddit ac cogitabundum. Ubi tantum ingenii flumen, ubi vis dicendi tanta,
que non dicam exornare fed enarrare, attingere vel potius a limine falutare
res tuas poffit? Cum in tam fuperilluftri rerum faftigio conftitutus (quod omnia
exfuperat), confpicuum te preftas & affabilem, fic vitam adtemperas fagacitate
preditus, ut, quidquid animo concipis, quidquid re obeundum proponis, ab op-
tato excidis fine. Hac naturali ratione, cum Deo (cujus in Gallia vices geris),
eminens paratur fimilitudo, divina pontificis virtus, admirabilis religio & fingu-
laris qua inveteratum jam aliquot annis errorem fubftulifti, caliginem illu-
ftrafti, Ecclefiam jam peftifero quodam anhelitu maculantem viperam cohibuifti,
deffidentes & nationem invicem gladios ftringentes, diligenti cura, in concordiam
revocafti, divifiones, difcordias, bella tot principum, populorum & potentiffima-
rum nationum inquietem convertifti. Nec nos latet quanta cum gloria regnum, va-
riis procellis turbulentum (audtoritate ufus queftoria) rexeris, quales triumphos
merueris, qualis pietatis amator & jufticie cultor fueris. Novimus magnitudinem
& animi altitudinem, novimus prudentiam & confilium, novimus pietatem & juf-
ticiam, novimus thefauros fapientie ceterarumque virtutum quibus es omnibus
admirandus; fed cum hec omnia per fe maxima longe quidem preftare arbitror,
& divinis laudibus fummifque honorum, fortune, virtutis, ingenii, rerum geftarum
ornamentis hoc loco pofthabitis que longe latiorem campum expoftulant, & ne
aures delicatas corvino fufurro, cum demulcere voluerim, offendam, neve dicendo
prolixior quam perfonarum dignitas & temporis brevitas patiatur, reveren-
diffimam clementiam tuam rogare, orare, & obfecrari non definemus ut, hos
cives, cum fide & obfervantia, ab omni evo tibi deditiffimos, ita commendatos
habeas, fi quidem putas nullum apud eos beneficium effe intermoriturum. Dixi.

La reponfe dudit feigneur fut en latin, concluant qu'il eftoit au commandement de la ville en general & en particulier.

Après laquelle harengue, ledit feigneur s'en entra en ville. Auquel on avoit
aprefté ung poil de fin damas cramoifin, au ciel & pendens duquel furent fes
armes, avec le chappeau de Cardinal deffus, de fine brodure; lequel porte
d'or, à une feffe de fable & trois trefles de finoble. Et eftoient les baftons
couvers & armés dudit damas cramoifin jufqu'au bout. Lequel ne le voulut
recepvoir, mais le donna dès l'heure à l'eglife Cathedrale, & s'en monta en
ladite eglife, au devant de laquelle fe trouva le Clergé en proceffion, habitués
& reveftus des honnorables acoutremens ecclefiafticques. Et là, à l'entrant
d'icelle eglife, luy fut apprefté ung petit dreffoir, fort decouré & aourné de
nobles draps & carrés de mefmes. Auquel lieu ledit feigneur fe mift à ge-

noulx, & là luy fut donné par monſeigneur le Doien de ladite egliſe l'eau beniſte & baiſer la ſainĉte croix. Si entra après en l'egliſe oùt fit ſon oraiſon à Dieu & Noſtre Dame. Puis, s'en deſcendit en ſon logeis, lequel luy eſtoit preparé en la maiſon de monſeigneur maiſtre Charles de la Gruterie, chanoine de ladite egliſe Noſtre Dame. Et firent metre les ſeigneurs Conſuls, au deſſus de la porte dudit logeis, les armes dudit ſeigneur, avec le chappeau, fort gentilement eſtouffées & richement paintes, & feſtonnées de buiſſet & or clinquant.

Des dons faiĉts.

Et premierement au Roy.

Le ſabmedi matin, XIXe jullet, fut commis par la ville le ſusdit noble homme maiſtre Jacques David, doĉteur, lequel, acompaignié des ſeigneurs Conſuls & autres honnorables perſonnaiges de la ville, preſenta au Roy, avant ſon partir, ung ymaige de Noſtre Dame du Puy, faiĉte au plus près de celle que en ladite egliſe repoſe, toute d'or, fort ingenieuſement faiĉte à Paris, le chappitel à florons, ſur piliers moult notablement beſoignés ; auquel chappitel avoit ung ſaphir de bonne valeur, que fut, ainſi qu'on extime, des bagues de feu de très-noble memoire le bon roy Regné de Cecille * ; & les ſoubsbaſſes eſtoient ſoubſtenues par ſalemandres fort gentilement, oùt eſtoient eſcripts ces quatre vers :

> Vierge du Puy par qui tout bien pululle,
> Par ta vertu & très-anticq renom,
> Prie ton Fils pour cil qu'eſt ſans macule
> Roy des François, le Premier de ce nom.

Lequel ymaige, comprins or, ſaphir, façon & eſtuit, monta à la ville la ſomme de ſix cens ſoixante ſeize livres ſix ſols trois deniers tournois, ſans le ſaphir que monta cent quatre vingts cinq livres. En donnant lequel, ledit ſeigneur David dit au Roy ce que s'enſuit :

« Sire, de la partie de vos bons & loyaulx ſubgeĉts, manans & habitans

---

* René d'Anjou, roi de Sicile, était venu en pèlerinage au Puy en 1460 *(voir **plus haut**, page 252).*

en voftre cité du Puy, très-humblement vous prefente foy, amour, obeiffance, loiaulté & reverence, &, en figne de ce, ung bien petit prefent de la
remembrance du premier ymaige faiɛt par Hieremye, en l'honneur de la
facrée Vierge, prophetifant l'advenement de Jhefu Chrift aux Egiptiens, defpuis par Nabuchodonofor tranflaté en Babilonne, & là aux trefors refervé
jufques à ung Roy, voftre anceftre, qui du Sauldan l'obtint, & le porta en ce
fainɛt oratoire. Le prefent eft d'or pur, aournɛ́ d'une pierre faphirique de
bonne extimation, garnie, par merveilleux artifice, d'un Roy de France en
Magefté, — long temps a, refervée pour voftre tant defirée venue par la cité,
vous fuppliant excufer les citoiens, car de vouloir pur & entier, à fa poffibilité, l'ont faiɛt, & avoir efgard à leur poureté, que a eu de grans inconveniens pour la cherté des vivres, temps peftiffereux, charge de grant multitude
de poures habitans, fɛ́ituée en pays gueres fruɛtueux, & le vouloir tenir en
voftre proteɛtion & faulvegarde. »

A monfeigneur le Daulphin, monfeigneur d'Orleans & monfeigneur d'Angolefme.

A ces très-nobles princes Noffeigneurs furent données trois ymaiges de
Noftre Dame du Puy (à chacun la fienne), atachées à une cheyne d'or qu'ils
mirent en leur col, où ils prindrent moult grant plaifir, & coftarent lefdites
troys ymaiges & troys cheynes la fomme de cinq cens foixante deux livres
quinfe fols.

A monfeigneur le Grant Maiftre de France le feigneur de Montmorencin.

A ce noble feigneur, qui eftoit noftre gouverneur de Languedoc, fut
donné ung dragier d'argent doré, couvert, fort noblement ouvré, au dedans
duquel avoit une medaille d'or aux armes & devife dudit feigneur, que
monta tout enfemble la fomme de cinq cens trente livres cinq fols.

A noble homme Jehan de Pontchier, general de Languedoc.

Audit feigneur, pour avoir donné à la ville plufieurs bons confeils &
faiɛt plufieurs notables demonftrations pour la venue du Roy, fut donné

ung baffin & une efguiere d'argent, que coftarent la fomme de deux cens quatre vingts douze livres dix huit fols neuf deniers.

Aux heraulx d'Armes.

Ausdits heraulx d'armes, fuyvant la façon des bonnes villes oùt le Roy faiſt entrée, fut donné deux efcuts fol.

Aux archiers de la Garde.

Ausdits archiers, par les raifons que deffus, fut donné trois efcuts fol.
On prefenta à monfeigneur le reverendiffime monfeigneur le Cardinal maiftre Anthoine *de Prato*, legat, ung don pour luy de deux cens cinquante livres, mais il le refufa, fe excufant que il ne prenoit quelque don de nulle ville; pour quoy, on ne l'en preffa point.

Item, ausdits dons ou par autres defpenfes, comme font pavillons, painctures, broderies, triumphes, feftons, fuftaies, toilles, tapifferies, chaulx, fable, pierre, arnoys, artillerie, pouldre, maçons, charpentiers, trompetes, tabourins, voyatges, ambaffadeurs, gaitges, falaires, ferrailles, robes, acoutremens, efcriptures, diſtons, torches, chandelles, pipes de vin, deffraiemens, journées de manœuvres, faraffes, & autres menues defpenfes enfemble fommées, montent, ainfi qu'il a efté veu & calculé par le menu par les Commys fur ce depputés, outre les defpenfes particulieres des habitans du Puy, la fomme de cinq mil quatre vingts livres tournois; *item*, pour lever pour tailles fur les habitans ladite fomme, montent les leveures cinq cens quatre vingts livres.

Le Blason du Puy.

Lieu très-falutaire,   Ville debonnaire,
Joyeux populaire,   Mecanicq repaire,
Enfemble unis;   C'eft le Puy d'Anis.

Dedans le Puy a une chofe
Que au fin millieu eft enclofe,
Qu'on ne fauroit du Puy traire
Qui ne vouldroit le Puy deffaire,
Et qui la gecteroit du Puy,
Le Puy retourneroit un py.

. *U* .

Incidence. — Le Roy s'en retournant*, cuidant aler difner à Sereys**, le temps eftre indifpofé; quant furent proche des molins de Coyac***, le fouldre tua un gentilhomme de fa court & fon cheval, & une bonne femme de villaige qui là fe trouva pour veoir paffer ledit feigneur & fon train.

Des Portiteurs, Portefais ou Gaigne-deniers du Puy.

Pour ce que le pays de Vellay eft pais non guiere fertile, & ce, nonobftant, habité de grand peuple qui y multiplie pour l'air ferain & temperé que y eft, & que plufieurs dudict pais fe viennent retirer en la ville du Puy, aulcuns pour y eftre ferviteurs & chambrieres qui s'y marient affez legierement, aultres pour y apprendre art, meftier ou fcience de letre, aultres pour y gaigner leur vie comme poures journaliers faifans fervices en plufieurs actes à la fueur de leur corps, & pour ce que, en icelle ville du Puy, y a grand traficq,

---

* François 1ᵉʳ, en quittant le Puy, se rendit à Toulouse, et de là à Marseille, où il eut avec le pape Clément VII une entrevue dont le principal motif était le mariage d'Henri, duc d'Orléans, son second fils, avec Catherine de Médicis, nièce du pape. — Dom Vaissète, *Hift. gén. du Languedoc*, 1745, t. V, p. 134 et suiv.

** La terre de Sereys (aujourd'hui commune de Saint-Jean-de-Nay, canton de Loudes), était possédée par François-Martin d'Apchier, baron d'Apchier, vicomte de Vazeilles, etc., chevalier de l'ordre du roi et gentilhomme ordinaire de sa chambre; il avait été, en 1529, l'un des deux commissaires chargés de recevoir la contribution patriotiquement offerte au roi par la noblesse du Gévaudan, pour acquitter la rançon des Enfants de France, alors en otage en Espagne. — P. Anselme, *Hift. gén. de la Maifon de France*, t. III, p. 819. — Le marquis d'Aubais, *Pièces fugitives pour fervir à l'hiftoire de France*, t. I, part. II, Mélanges, p. 64.

*** Commune de Sanssac-l'Eglise, canton de Loudes.

foires, marchés & aultres affaires mecaniques, & que plufieurs de telles gens, mefmes desdicts artifans, par fubmiffion de temps, defcendus & conftitués en poureté par augmentation de mefnaige, faulte de denrées pour excercer leur art, chierté de vivres, grands fubfides, maulvais enmefnagement ou (peult eftre) par faulte de credit, lefquels fe fentans affez vertueux & robuftes, forts & puiffans, pour fervir à la ville & republicque de portefais ou gaignedeniers, tant ès cotaulx à porter bled & vin que ès aultres habitans de ladicte ville & eftrangiers à porter bales, marchandifes, hardes & bagaiges de diverfes qualités & efpeces, confiderans profiter pour nourrir eulx & leur poure mefnaige en cefte dure peyne, s'y metent beaucop de telles gens, & par ce moyen, effayent de paffer les fleuves, fluctuacions & les undes turbulantes de la mer de ce miferable monde. Lefquels avoir charge & mys la corde pendant en leur fçainture (qu'eft l'enfeigne & l'habit de leur auftere religion), fe treuvent enfemble le plus voluntiers en la place commune de ladicte ville du Puy, appellée le Martoret, oùt eft la maifon du Pois du Roy & de ladicte ville, oùt fe defchargent & portent beaucop de fardeaulx, denrées & marchandifes, & là font journalement attendans qui les vouldra metre en befoigne pour illec les porter ou rapporter. Et en ce lieu ils tiennent leur colliege, oùt ils difent de affez vains parlemens & confabulations, dont, qui en pourroit narrer le cathalogue, feroit affez facile pour faire rire quelcun. Mais, toutesfois, eulx confiderans en leur poure art, pour ce qu'ils font beaucop en nombre, ufer entre eulx de quelque honnefte police, voyans les aultres meftiers & artifans de ladicte ville, des plus grands jufques ès maindres, comme fideles chreftiens, avoir confraries & patrons qu'ils prennent & tiennent pour leurs advocats & interceffeurs, ne vueillans degenerer en leur poure & penible art de ne ufer de quelque honnefteté, par plufieurs & reiterées fois tenans leurs propos & ayans vouloir de dreffer une devote confrarie & faire leur patron, en honneur & deue reverence, du glorieux amy de Dieu & martir monfeigneur fainct Chriftofle de Lycye, homme de corpulence d'amirable grandeur, qui fut tant eureux portefais, ainfi qu'il appart en fes geftes, que merita porter fus fes efpaules le doulx Saulveur du monde, noftre beneift Redempteur Jefu Chrift. Après lefquels propos entre eulx longuement demenés, choifirent une chappelle, pour ce faire, que eft en l'eglife dudict Puy, appellée de Sainct Hilaire, à l'entrée du chœur d'icelle eglife, atiltrée de Sainct Jacques & Saincte Barbe. Laquelle chappelle eft à prefent de honnefte

homme Eſtienne Medicis, bourgeois du Puy, là conſtruicte & fundée de
longue main par ſes feus predeceſſeurs de louable memoire. Et pour ce qu'ils
n'y povoient proceder (ſans prealablement avoir licence dudict Medicis) de y
faire aulcun ſervice, ſe retirarent devers luy, luy priant permetre y faire leur
ſervice pour tout le temps advenir, c'eſt aſçavoir que ils eſtoient deliberés y
faire celebrer chacun dimenche, de matin, perpetuelement, une devote meſſe
baſſe, après avoir ſonné par deux fois la cloche dudict Sainct Hilaire pour
appeller les gens à la venir ouyr ; deliberés auſſi avoir veſtemens, livre, calice
& aultres ſacrés adornemens ſervans à ce. A quoy ledict Medicis, patron &
collateur de la vicarie fundée en icelle chappelle, s'aquieſça, & leur en donna,
pour luy & les ſiens, à l'advenir, licence perpetuelle, eſcripte & ſignée de ſa
propre main, qu'il leur expedia. Et fut introduicte ladicte confrarie, & dicte
la premiere meſſe en ladicte chappelle, le dimenche XX⁵ apvril, en l'an de la
Redemption humaine M.D.XXXIII., eſtans eſleus pour nouveaulx bailes
par le vouloir de leur conforce Jehan Mailhard, agulhitier, & Symon
Caunac.

.·.

L'an **M.D.XXXIV.**, en la tierce ſepmaine d'aouſt, arriva au Puy ung
commiſſaire qui menoit en galere ſoixante ung priſoniers, atachés tous en
une groſſe chayne de fer ; & eſtoient lesdits poures captifs atachés, d'ung
coſté & d'autre de ladicte chayne, à chaynons & coliers de fer prenans en
leur col & en ladite chaine, & manetes en leurs mains ; — avoient tous
bonnets roges à aureilles. Et tantoſt eſtre arrivé au Puy, fiſt prendre aucuns vacabuns & autres detenus par leurs demerites en carce en divers lieux juſques au nombre de dix neuf, leſquels il atacha en ladite
chaine, en la forme & maniere comme les autres, & là il ſejourna environ trois jours.

.·.

L'an **M.D.XXXIV.**, fut grande & merveilleuſe ſechareſſe, par laquelle
après proceda petite année de tous biens de la terre, qui cauſa grande &
indicible mortalité d'arbres ; mais les labours s'en cultivarent mieulx, dont
l'année après fut fertile & habundante.

Cronique contenant le grant efclandre advenu dernierement en la ville du Puy.

'AN de noftre reédification M.XXXV. fus D., & le jour de dimenche XXVe de jullet (qu'on celebre & feftive les feftes glorieufes de l'appoftre hifpaignol monfeigneur fainct Jacques le Majeur & du grant geant & martir Chriftofle de Licie), eftre arrivé en la cité & ville de Noftre Dame du Puy ung bateleur que faifoit & demonftroit chofes plaifantes & recreatives, du parti de Picardie, ainfi qu'on difoit, print & fe faifit d'un logeis en ladite ville & en la rue de Panneffac, à l'interfigne de *la Columbe* *, affez maulvais logeis; auquel, luy eftre arrivé, mift au devant certaine baniere paincte de ce que fon jeu portoit. Auquel au plus hault eftaige dudit logeis, qui grant & mal appointé eftoit, dreffa ung tabernacle ou tablier fort decouré, doré & eftouffé de enrichiffemens affez honneftes, dans lequel il vouloyt demonftrer, par perfonnaiges allans par contrepoix, la nativité de Noftre Seigneur Jefu Chrift & autres fingularités faifans à ce propos, — oultre ce, plufieurs paffetemps joyeulx qu'il vouloit faire, comme jouer des gobelets, de paffe-paffe & autres tours, gambades & fobre-faulx, pour gaigner fa poure vie.

Voyant ledit jour de dimenche eftre affez convenable à ce, environ l'heure de midi, que le peuple avoit affez (à la mercy Dieu!) bien dyné, fe difpofa monftrer fes mifteres. Sy fe fortit de ce logeis, atout trois trompetes qu'il fift fonner affez gentilement, fignifiant au peuple de la ville ce qu'il pretendoit faire, & que le vint veoir qui vouldroit, — en baillant trois deniers tournois, qu'on y vint prendre place. Sy fit ung tour·par ville affez abillement; mais avant qu'il euft faict quafi demy-tour, desjà le lieu oùt il debvoit jouer fut tantoft tout plain & farcy qu'à peine on pouvoit paffer par le millieu. Sy vint tantoft après le bateleur, & monta en ce hault eftaige qu'il trouva tout comble de gens d'affez honorable condition, car il y avoit la plufpart des feigneurs Prefidens & autres Officiers de la Juftice tant Royale que Commune

---

* En rapprochant les *compois* de 1408 et de 1544, on voit que cette maison était la seconde du côté droit de la rue Pannessac, en venant de la rue Chenebouterie; elle appartenait, en 1544, à Etienne Médicis, et c'est, sans doute, ce qui explique pourquoi notre chroniqueur s'est attaché si complaisamment à enjoliver son récit.

de ladite ville, comme font : baillif, juges, bailes, procureurs, lieuxtenans & advocats, enfemble leurs femmes & de leurs enfants beaucop, — pareillement, grant nombre des feigneurs Chanoines de l'eglife Cathedrale & autres gens d'Eglife, — aucuns des feigneurs Confuls d'icelle ville & Officiers du Confulat, gentilshommes, bourgeois, marchans & mecaniques, avec femmes de pareil eftat, — qu'on extimoit enfemble eftre le nombre de quatre cens perfonnes.

Ledit bateleur commença à demander filence, &, pour introduire fon jeu & fes esbatemens, fift fonner fes trois trompetes, & après, commença à metre la main à l'œuvre, à demonftrer quelques bateleries que furent affez plaifantes.

Et, en ces entrefaictes que le peuple eftoit fort intentif & foigneux, octroiant leurs yeulx à curieufement confiderer & contempler ces chofes, — à cefte infelice heure, — ceft eftaige ou fol fus lequel ce miftere fe faifoit, qui vieulx & caducque eftoit, fe va tout à cop rompre & enfronder en telle forte que le poure peuple & gent qui là eftoient, cheurent les ungs parmy les autres, que fut groffe pitié à veoir.

Sy furent tantoft coulés jufqu'à ung autre eftaige qui deffoubs eftoit, eulx & les fuftayes dudit eftaige. Là oùt vous euffiez ouy une merveilleufe & hideufe vociferation que faifoient illec ce peuple, fentans eftre au poinct de la mort & tous prefts à finer leurs doleureux jours. L'ung invoquoit l'aide de Dieu, l'autre crioyt : *Noftre Dame du Puy !* autres invoquoient fainct Jacques, fainct Glaude, faincte Barbe & autres glorieux Saincts & Sainctes. Autres crioient : *Confeſſion! confeſſion!* autres : *Mifericorde! mifericorde!* & autres ne difoient mot. Mais il ne peult eftre que plufieurs vœux illec ne fuffent faicts.

Toutesfois, ne furent-ils pas longuement en cefte poureté, que voicy que ce fecond eftaige, qui chargé fut tant du fuperieur eftaige que des gens qui cheutés eftoient, de rechief va enfronder & defcendre par grant roideur jufques en l'autre eftaige. Sy que les fuftes, trefs, madeyras, licts, chaflits, coffres, dreffoirs, bancs, tables, treteaulx, efcabelles & autre diverfe nature de bagaiges, enfemble la gent, defcendirent tousjours meflés enfemble, & rencontrarent le tiers & dernier eftaige que ne les peut endurer, mais comme les autres prefta obediance au faix, & tomba tout jufques en terre.

Là, vous euffiez veu la plus grande pitié qu'on fauroit dire, tant de honorables perfonnaiges eftre ainfi ruynés, enterrés, rompus, dilacerés, navrés, occis, meurtris & gaftés, abillemens perdus, bagues & joyaulx. Et aucuns qui demourés eftoient fur quelques relais & fuftes, & là fe eftoient, au mains mal qu'ils povoient, faulvés, regardant en bas & voyant la grande defconvenue, calamité & mifere oùt eftoient là bas bien parfont les autres, tous effrayés de ce & demy-efvanouys, fe laiffarent cheoir fur les autres, que eftoit grant defconfort. Et autres fe faulvoient par petis trous & feneftres fi très-peniblement, que je ne fçay comme ils le peurent faire, attendu les lieux eftre fi difficulteux. Chofe plus que raifonnable eftoit de fe vehementement contrifter, voyant à l'heure la formofité, pulchritude & beaulté de tant de nobles dames qu'il y avoit, tant mariées que pucelles, qu'eftoient toutes deturpées pour la poulfiere, leurs doulces faces feminines par divers heurtemens & rencontres eftre enfanglantées, affligées & vulnerées.

Le bruyt du cheoir de ces eftaiges fut grant, & la poulfiere auffi fut eftrange. Sy corurent les gens de la ville celle part pour donner fecours au mieulx qu'ils povoient. Sy y vindrent, quafi en un inftant, trois mille perfonnes & davantaige, & difoient comme tout effroyés, voyant ceft efcandaleux fpectacle : *Las! mon pere y eft!* l'autre : *Mon frere, ma femme, mes enfans, mon nepveu, mon cofin, mon voifin, mon amy!* Chacun fi fort regretoit les fiens, faifant fi grande & efpovantable noife, que poffible ne m'eft le bien declairer. Le fecours fut là fi diligenment donné, que, en peu d'heure, l'en euft defchargé icelles fuftayes & gecté chacun le perfonnaige qu'il demandoit ; mais la plufpart navrés, aucuns au vifaige, autres aux bras, jambes & corps. C'eft grande admiration, quant ung tel & fi grant inconveniant fe paffa, qu'on ne trouva de morts ou trefpaffés que trois enfants de dix à douze ans, tous trois procedés de nobles parents, dont Dieu ayt les ames & veuille confoler leurs peres & meres qui en firent grande & pitoyable deploration, confideré les vertus, prerogatives & bonne indole de leur tendre aage!

C'eft ung faict qu'on doibt extimer eftre trop plus que miraculeux, comment fe peurent faulver un grant nombre de petis enfans & femmes ençaintes & gens plains de fenectute jufques en leur dernier aage, que n'eurent aucun mal ou dangier, & que tout finalement n'y fut mort & fouldroié, demourant & reftant la ville veufve & depopulée de cefte noble comitive. Mais je tiens &

afferme que noftre bonne dame, maiftreffe & patronne, la glorieufe Vierge immaculée Marie, nous regarda en pitié, donnant & diftribuant à chacun . quelque portion de fon exhuberante & diffufe grace.

Sy conduiċt chacun fon perfonnaige en leurs logeis & domiciles, où ils furent, par medicins, firurgiens, barbiers & autres, très-foigneufement panfés, en tel eftat que, ce foir mefme, la plufpart alla par la ville, racomptant joyeufement fa fortune, en rendant graces & louenges à Dieu & à fa benoiċte & très-digne Mere du benefice à eulx conferé, ne vueillant eftre atiltrés d'ingratitude. *J'ay dit.*

D'aulcunes chofes de l'année M.D.XXXVI.

L'an M.D.XXXV., & le VIIIe jour de febvrier, au commancement de l'année & adminiftration des feigneurs Confuls, c'eft à fçavoir : monfieur maiftre Gabriel des Arcis, licencié ès droiċts, fires Eftienne Medicis, Jehan Boniol, Jehan Bompar, marchans, maiftre Pierre Moret, notaire, & Vidal Boyer, diċt Gaillard, auffi marchant, fut faiċte l'ordonnance au Confulat des Freres Mendiens des trois Ordres, c'eft à fçavoir : des beaux Peres Prefcheurs, Mineurs & Carmes, qu'ils feroient tenus dire, par renc, chacun dimenche & aultres bonnes feftes, ung fermon, après diner, en l'eglife conventuale de Sainċt Pierre le Monaftier ; *item*, & que fi furvenoit fur fepmaine fefte de follempnité, cefte fefte & fermon tunberoit au renc de celluy qui debvroit prefcher le dimenche prochain, afin que ce jour follempne ne fut fans predication ; *item*, que iceulx couvents & religieux feroient auffi tenus de pourveoir la ville de prefcheur, chacun pour fon renc, pour prefcher les Advents & Carefmes, — eftre toutesfois trouvé agreable au peuple ledit prefcheur par aulcuns fermons precedens. Tout ce que a efté obfervé ladite année, & commancerent les Peres Prefcheurs.

Item, audit an, iceulx feigneurs Confuls firent muer leur banc pour ouyr les fermons dans l'eglife Cathedrale Noftre Dame, car par avant ils eftoient affis du coufté droiċt de la chaire, duquel lieu la moitié d'iceulx Confuls ne povoient veoir le prefcheur. Et le firent tranfporter & affeoir au devant de la fainċte Ydrie & arche du tronc des Pardons d'icelle eglife jufques au beneiftier, que eft lieu trop plus commode, convenable & proportionné que n'eftoit par avant.

Item, audit an, à l'election du Cappitaine Mage que debvoit eftre bourgeois ledit an, iceulx feigneurs Confuls furent aulcunement troublés, les ungs vueillant l'un, & les aultres l'aultre. Mais après, avant ung moys ou environ, pour ce que le bruit couroit que aulte & magnificque princeffe ma très-honnorée dame madame Lienor d'Auftriche, royne de France, venoit pelerine à Noftre Dame, demoura pour Cappitaine noble Gabriel Davinon.

Item, audit an, environ le dimenche des Rameaulx, certains fergens de la Court Royale de Vellay, ou bien pluftoft yvroignes, s'en allarent à Sainct Laurens, où ils trouvarent frere Jehan Bloqueli, homme de finguliere reputacion, que prefchoit le Carefme. Auquel, en allant dire le fermon, ils luy dirent tant & de fi villains oultraiges, opprobres & injures, qu'on fçauroit dire 1). Dont ledit beau Pere s'en vint querimonieufement complaindre aufdits feigneurs Confuls, lefquels de ce furent moult contriftés, & en firent grande querelle à monfieur le Baillif de Vellay, lequel promift fur ce faire bonnes informations & des coupables brefve juftice.

Item, audit an, lesdits Confuls acheptarent d'une femme nommée la Columbeta, près la Reclufe de Sainct Jehan, certaine portion d'un fien jardin affis auprès de fa maifon, pour eflargir le chemin royal.

Item, audit an, environ la my-apvril, s'apperceurent aulcuns gens de bien de la prefent ville comment il y avoit ung poure enfant mendiant avec les aultres poures, que eftoit ladre. Pourquoy, ils s'en querellarent aufdits Confuls du gros inconvenient que fe povoit fuyvir. Pourquoy, lesdits Confuls y mirent la main, & à prompte diligence, tant des aulmofnes des bonnes gens que auffi des leurs, pourchaffarent envers le Maiftre & aultres ladres donats de la maifon de Brive, que ledit poure enfant fut receu en la poure maladerie dudit lieu : lequel y fut conduit par aulcuns defdits Confuls & devotes dames, acoultré à neuf de tous abillemens.

Item, audit an, fe meuft guerre entre Charles d'Auftriche, empereur, cinquieme, roy des Romains, & le Roy noftre Sire, au pais de Prouvence, Savoye & Piccardie, dont y avoit pour lesdits deux princes moult puiffantes armées. Pourquoy, tout le pays de Languedoc, dudit Prouvence & Daulphiné en fouffrirent beaucop. Dont le prefent Diocefe du Puy, par comman-

---

1) « Pour ce qu'il avoit parlé des fergens. » — Médicis, *Table.*

dement & commiffion royale, fallut fournir, entre deux fois, pour envoyer au
camp dudit feigneur noftre Prince & Roy, que eftoit affis auprès d'Avignon,
fix vingts & dix pionniers, abillés de livrée, & fornits de pales de fer, pics &
hoyaulx : que coufta groffe fomme de deniers.

Item, audit an, pour fortifier la ville de Nerbonne, fallut fornir, par aultre
mandement & commiffion royale, trois mil corvées pour le remparement de
leurs foffés.

Item, audit an, par aultre mandement & commiffion royale, fallut fournir
audit Nerbonne certaine groffe quantité de vivres, que couftarent par compofition deux mil fept cens livres tournois.

Item, audit an, par aultre femblable mandement & commiffion royale,
fallut fornir en Aigues-Mortes deux cens quintaulx poix ou febves, & cinquante quintaulx fromaige, que couftarent par compofition fept cens livres
tournois.

Item, audit an, par aultres mandemens & commiffions royales reiterées,
fallut fournir au camp d'Avignon, durant trois moys, tant pour pain, vin,
moutons, beufs, avoine, fromaiges & chandelles, enfuyvant leur taux &
cotifation, que monta pour lesdits trois moys plus de deux mil livres tournois.

Item, audit an, par aultre mandement & commiffion royale, fallut fournir
audit feigneur quatre cens paires de boutes de cuyr, pour porter vin en la ville
de Thurin, defquelles, au retour, s'en furent defrobées, rompues ou efchan-
gées, que coufta plus de deux cens livres tournois.

Item, audit an, par aultre mandement & commiffion royale, le Roy demanda certaine partie des obventions * des villes de fon royaulme, dont le
Puy fut contribuable en la fomme de fix cens livres tournois.

Item, audit an, par aultre mandement & commiffion royale, fallut aller
nourrir au diocefe de Nifmes les legionaires ** des compaignies du cappitaine
de Lauzun & du cappitaine Carmain, que y paffarent par eftappes : que
coufta plus de mil cinq cens livres tournois.

Item, audit an, par aultre mandement & commiffion royale, par le temps

---

* Deniers communs ou revenus particuliers.
** On donnait ce nom à une nouvelle milice de gens de pied créée par François Ier en 1534.
— Dom Vaiffète, *Hift. gén. du Languedoc*, 1745, t. V., p. 139.

de cinq moys entiers, avec ceulx d'Alby & Caſtres, fallut aller nourrir la garniſon de monſeigneur de Clermont à Nerbonne & à Beſiers : que couſta, pour ledit temps, au Dioceſe du Puy, plus de quatre mil livres tournois.

Item, audit an, furent indites & levées douze tailles & demye reales*.

Item, audit an, pour ce que la guerre eſtoit prochaine, & voyant les ſeigneurs Conſuls & aultres habitans du Puy le grant & eminent dangier que povoit ſurvenir, & que on fortifioit & preparoit-l'on en defenſe toutes les aultres villes de Languedoc, mirent la main à l'œuvre à faire radreſſer & metre en ordre les artilleries communes de la ville de molles, chevalets, ferrailles, cordailles, bolets, pierres, charghoirs, verges & aultres choſes convenables, appartenantes & neceſſaires ; & icelle artillerie firent aſſigner aux tours, boleverts & creneaulx de ladite ville.

Item, audit an, deſpecharent homme pour aller querir des haquebuts en Forets, lequel en achepta garnis de leur molle cinquante ſix, que couſtarent la ſomme de ſix vingts livres tournois.

Item, audit an, firent lesdits Conſuls grande proviſion de ſalpetre, ſouffre & charbon de ſaulx**, dont de ce en eurent promptement pour ſe aider, ſe beſoing eut eſté, plus de douze quintaulx, groſſiere pouldre ou ſubtile.

Item, audit an, firent rabiller les tours, eſtaiges, ſols, degreds & canonieres d'icelle ville, & nectoier tout autour les murs, & fournir de gros cailloux les creneaulx, & rabiller & fortifier le bolevert de la porte d'Avignon, & faire aulcunes portes toutes neuves.

Item, audit an, firent poſer la chayne de la Bidoira en la pille de la maiſon de ſire Jacques Boier, & rabiller toutes les aultres chaynes, que ſont affixes parmy les carrefours de ladite ville.

Item, audit an, firent fermer & baſtir à chaulx & ſable cinq portes de ladite ville.

Item, audit an, firent toute neufve, puis la terre & fondemens juſques aux creneaulx de la muraille, la tour appellée Françoiſe, entre les portes Sainct Gile & Sainct Jacques, que couſta, ainſi que s'eſt trouvé par le menu & compte ſur ce rendu, & qu'on y emploia, ledit an, la ſomme de ſept cens

---

* Royales.
** Charbon de bois de saule.

quatre vingts livres tournois 1). Cefte tour s'appelloit le temps paffé la tour de Cordoa.

Item, audit an, firent neftoyer & aplaner certains grans terrails & femiers * que eftoient au devant des portes de Gautheiro & de Montferrand, que couf- tarent trente livres tournois.

Item, audit an, tant par le Diocefe que icy autour de la ville, paffarent & repaffarent, tant en allant que en retournant du camp d'Avignon, plufieurs compaignies & bendes de gens d'armes, tant legionaires que aultres, con- duicts par les cappitaines de Montbethon, Reignier, La Faete, Barbifieux, Tournon, Canaple, Lauzun, que conduifoient mil cinq cens legionaires, ès quels convint faire eftappe au lieu de Bayns ** : que coufta trois cens livres tournois. Et plufieurs aultres cappitaines & gens de guerre, tant à cheval que à pied, en grant nombre, y paffarent & repaffarent, que n'ay fceu retenir leurs noms, que donnarent merveilleufe folle au prefent Diocefe.

Item, audit an, & le dimenche XIIIe d'aouft, vint en la prefent ville pele-: rine à Noftre Dame madamoifelle noble Anne de Canillac, difte de Beaufort, vicomteffe de Polignac, nouvelle efpoufée à monfeigneur François, aultre- ment dit Armand, vicomte dudit Polignac, au devant de laquelle la ville alla moult bien en ordre avec taborins & enfeignes des Meftiers ; & luy fit la ville moult honnorable recueil, tant en joyeufetés, dons, que aultres chofes.

Item, audit an, & le dimenche dernier jour de feptembre, fut faifte la monftre & reveue generale de toute la ville. Lefquels partirent des Carmes environ trois heures après midi, & entrarent par Penavaira, faifant le tour acouftumé, conduicts par le Cappitaine Mage, que leur donna collation, en paffant devant fa porte. Et les Ylliés ou Cappitaines particuliers eftoient parmy leurs difeynes, ayans fiffres & taborins d'Alement, chacun en fon renc, avec les enfeignes des Meftiers. Oùt fe trouvarent canoniers, aquebu- fiers, arbaleftiers, picquiers, alabardiers, rondeliers, & aultres portans aultre diverfe nature d'arnois : que fift bon veoir.

Item, audit an, trefpaffa au logeis du *Faulcon*, venant du camp du Roy

---

1) « Et la refte fe parfit l'an après. » — Médicis, *Table*.

* Fumiers.

** Bains, chef-lieu de commune, canton de Solignac-sur-Loire, arrondissement du Puy.

lès-Avignon, puiffant feigneur monfeigneur de Saint George en Normandie, parent & allié de monfeigneur le Vicomte de Polignac, duquel les entrailles furent enterrées à Sainɗ Laurens, au fepulchre des feigneurs Vicomtes, & pour honneur dudit feigneur, les feigneurs Confuls firent honneur à fon enterrement, & y donnarent douze torches à bafton avec les armes de la ville armoyées de noir.

Item, audit an, lefdits Confuls remparerent leur molin de Barlieiras, enfemble la levade d'icelluy, qu'eftoit en partie toute rompue & dilacerée, & toutes les fontaines pareillement; fi que le tout eftoit affez bien. Mais, furvenant certaine inundation des rivieres de Borne & Dolefon, les dimenche XVIII° & mardy XX° de novembre, tout de rechief fut diffipé & emporté par l'effort defdites rivieres. Si que, d'un moys après & davantaige, jufques que par lefdits Confuls fut retourné en fon ordre, ne povoit-on avoir eaue en la ville que par le moyen des puis d'icelle.

Des mutinacions qui furvindrent audit an.

Item, audit an, fortirent en la prefent ville certaines grandes mutinacions & monopoles entre le peuple contre juftice & la police.

Et premierement, ung cappitaine nommé Tournon arriva en ladite ville le dimenche dernier jour de feptembre, lequel fe logea *au Faulcon,* qui exhiba aufdits feigneurs Confuls une commiffion patente, difant, par le contenu en ycelle, le Diocefe eftre tenu fournir de vivres fa bende en paffant, qu'eftoient environ quinze ou feize cens, & prochaine d'icy de cinq à fix lieues, paiant toutesfois raifonnablement. Brief, tous les Eftats, de ce advertis, cuydans revocquer ledit paffaige, promirent audit cappitaine que, s'il trouvoit moyen que ladite bende & gendarmerie paffat le Diocefe fans fe arrefter dedans, ils luy donrraient volentiers la fomme de foixante efcuts. Ce que fut accordé & poyé. Le menu peuple, par le rapport d'aulcuns, fut de ce informé, & trop legierement dit quelcun que ce cappitaine eftoit ung larron. Et, de faiɗ, fans aultre inquifition, nonobftant ce que les Eftats les luy euffent accordés & payés, le mecredi après, tiers de oɗobre, fe vindrent au logeis dudit *Faulcon,* où eftoit ce cappitaine avec aulcuns de fa bende, & affiegharent ledit logeis devant & derriere, menaffant ledit cappitaine que, s'il ne rendoit ledit argent, ils le tueroient tout roide. Les feigneurs Confuls, en leur Confulat, par aultre tumultueux nombre de gens, eurent femblable affault, que leur difoient femblables paroles : *Si ce cappitaine s'en va fans retourner noftre argent, vous le poyerez de vos bources,* avec plufieurs aultres folles & efcandaleufes paroles fentans menaffes, & faifans groffes & efpouventables crieries, & plufieurs d'iceulx portans leur bafton à feu. Les poures Confuls, de ce effraiés & non fans caufe, le mieulx qu'ils peurent, fortirent du Confulat, & fe retirarent vers meffeigneurs de la Juftice, lefquels y allarent avec eulx. Et, eftre arrivés au devant du *Faulcon,* firent à ce peuple quelques commandemens. Mais, en desdaing d'eulx & desdiacts Confuls, ycelluy peuple fe mift à les ahucher & desdaigner, les menaffant en telle forte que cuyde que fi promptement ne fe fuffent retirés, ils leur euffent faict quelque defplaifir. Et, eulx retournant, vindrent vers la porte de noble Gabriel Davinon, qui eftoit cappitaine mage. Et là, au lieu de confolacion, lesdits de la Juftice proteftoient contre les Confuls de ceft infult, difans qu'il procedoit d'eulx, & bien en demandoient acte. Les Confuls difoient que c'eftoit d'eulx, que avoient auctorité tant fur eulx que fur ledit peuple, & que en eulx eftoit la force, attendu qu'ils n'ont nulle puiffance ne auctorité de juftice, pour leur fayre quelques commandemens, & en proteftoient femblablement, requerant acte de leur deffaulte. Sur ce, fut advifé faire là bien promptement une proclamation, tant en leur nom que des feigneurs Confuls, requerans que toutes manieres de gens de la ville s'euffent à retirer en leurs maifons, & ne faire monopoles, voye de faict, fedition, effort ou violence à homme du monde, fur peyne d'eftre pendus & eftranglés. Mais ladite proclamation n'y fervit de rien, car homme, pour ce, ne fe bougea. Toutesfois, par aulcun affaire des Eftats, on avoit envoyé querir monfeigneur le Vicomte de Polignac, & pour l'heure eftoit en ville. Pourquoy, pour ceffer ceft defordre, fut advifé que promptement on l'alaft querir. Ce que fut faict. Et vint ledit feigneur au *Faulcon,* acompaignié de fes gentilshommes, des gens de Juftice & Confuls. Si parla audit cappitaine, luy remonftrant le grant peril où il eftoit, & que, s'il ne rendoit ceft argent, luy & fa compaignie eftoient léans en grant dangier de leurs perfonnes. Dont après plufieurs paroles & replicques d'ung cartier & d'aultre, finablement, ledit cappitaine rendit les efcuts audit feigneur Vicomte, lefquels il monftra audit peuple que devant la porte eftoit, difant en paffant parmy eulx : *Laiffez l'aller, Meffeigneurs. Il m'a rendu la fomme. Véez-la cy.* Et alors chacun fe retira, & c'eftoit avant diner. Et, après diner, environ vefpres, ledit cappitaine Tournon s'en alla, acompaignié de certains gentilshommes dudit feigneur Vicomte & d'aulcuns des feigneurs Confuls, en affeurance.

Item, audit an, caufant le grant bruit de la guerre de Prouvence & du paffaige des gens d'armes, fut tenu ung Confeil general au Confulat, oùt fut decreté & conclud fermer à chaulx & fable pour aucun temps les portes de Gautheiron, de Montferrant, Sainct Jacme, Porte Eygueira, le Portalet & Vienne ; ce que fut exequté. Mais, en exequtant ledit affaire, ceulx de la rue Sainct Jacques, ufant d'auctorité privée & voye de faict contre l'ordonnance du Confeil, rompirent & enfrondarent ledit baftiment. Si firent peu après ceulx de Montferrant & du Portalet, heure nocturne. Les mutinacions y furent grandes ; mais le commun que eft doulx & debonnaire ne le voulut prendre à cueur, combien qu'ils euffent merité en avoir très-grefve punition.

Item, audit an, ung nommé Eftienne Pandrau, de Pofarot, pour quelque frivole malveuilhance qu'il avoit avec aucun de fes voifins ou bien aultres que je ignore, fut gueté ung foir venant de gaigner fa journée. Si vint en fa maifon paffant par fortune par aultre voye qu'il n'eftoit attendu & gueté ; & venans ces gallans peu après vers la maifon dudit Pandrau, & eftre certains qu'il eftoit arrivé, cuydarent crever de defplaifir. Si luy gectarent force pierres contre fa porte & feneftres, luy difans beaucop de vituperes. Et non contens de ce, de ceftuy pas fe tranfportarent vers une fienne maifon qu'il avoit ediffiée de fes mains près l'oratoire de la my-voye de Brive, là oùt ils lui rompirent tieules, murailles, portes, feneftres, & très-mefchantement y emploiarent leurs malheureufes mains : que eft une mutinacion & ung cas en une communité affez efcandaleux.

Item, audit an, ung habitué d'eglife que je ne veulx nommer, fut trouvé avec une ribaulde. La juftice, de ce advertie, y envoya par ung *cappiatur* *. Le poure ecclefiaftique fut prins, faifi & incarceré. Aultres habitués d'eglife, eftre de ce advertis, y mirent tel ordre, par gré ou force, qu'il fut relaxé. Et, de faict, firent mutinacions & affemblées nocturnes, faifies d'arnois invafibles, plufieurs nuycts cherchans le guet & Officiers de Juftice pour eulx venger de ceulx que avoient bien faict.

* Mandat d'amener.

Item, audit an, en ladite ville, par mauldiĉte mutinacion, furent faiĉts deux meurtres, affavoir eft l'ung, en la rue de la Courreiria, d'un nommé Monet, gaigne-denier, & l'aultre, en la rue de la Sabbaterie Veilla, nommé Guillot del Pla, fergent royal.

Item, audit an, en ladite ville, le peuple eftoit tant proclive à debats, ten-çons, noifes, difcordes & mutinacions, que ne me feroit poffible de recorder le nombre des oultraiges, bleffeures & batemens que ont efté faiĉts en divers partis par ladite ville. Si que par lesdits Confuls on ne ceffoit journalement faire querelles à la Court Commune contre ces infeftacions. Je me deporte de relater les villenies diĉtes ausdits Confuls, ne d'un d'eulx que en print fur la joue.

Des procès foubftenus audit an par lesdits Confuls.

Item, audit an, les Confuls fusdits ont eu à foubftenir certain nombre de procès touchant la Communité.

Et, premierement, ung procès fur le faiĉt des honneurs & gravités desdits feigneurs Confuls, que meffeigneurs les Lieuxtenans & Officiers non eftans en leur année en la Court Commune leur vouloient tollir & ufurper, venans direĉtement contre les transhaĉtions & appointemens fur ce faiĉts & accordés il a plus de cinquante ans; lequel procès pend à Nifmes indecis.

Ung procès contre ung nommé Pierre Rodier, lequel mift en controverfe lesdits feigneurs Confuls, touchant la taillabilité, difant & metant en faiĉt tout plain de menfonges & frivoles, &, entre aultres chofes, que, pour toutes affietes impofées en la Communité, il ne debvoit payer que un cappaige, venant contre les articles, eftatus & ordonnances de la Maifon Confulaire, accordés & approuvés par monfeigneur le Senefchal de Beaucaire, cherchant efmouvoir une coquilharderie entre les habitans. Ledit procès pend indecis en la Court des Generaulx de Montpelier.

Ung procès contre ung nommé maiftre Jehan Columbi, lequel, metant arriere le bien, profit & comodité de toute la chofe publicque, pour obtenir pour luy quelque petit profit particulier, luy eftant fermier de l'Equivalent*,

---

* Impôt fur les boiffons établi en Languedoc au lieu des aides; les Etats l'avaient acheté du roi, et le donnaient à ferme au profit de la province.

voyant les fusdits feigneurs Confuls pourchaffer l'utilité commune faifant à leur povoir obferver les eftatus & ordonnances du bon Roy fainct Loys, arrefts de Parlement & aultres appointemens des Eftats generaulx de Languedoc touchant la prohibition des tavernes, mift lesdits Confuls en procès, veuillant à fon povoir contre toute equité que le peuple allaft boire, manger & gourmander aux tavernes. Sur quoy, obtint lectres de la Chancellerie du Roy, par lefquelles difoit que, à caufe de cefte prohibition, le domaine dudit feigneur en amendriffoit de beaucop, & aultres chofes difoit, taifant verité. Sur quoy, lesdits Confuls contre ces lectres obtindrent aultres lectres, par le moyen defquelles tout le dire dudit Columbi ne luy fervit que d'un peu de trouble.

Ung procès meu pour aultant que les arriere-bans furent criés par tous endroicts. Pourquoy, ceulx d'Auvergne voulfirent faire contribuer & compareftre pour fervir le Roy les gens nobles & non nobles qu'on appelle *roturiers* riere eulx, felon la qualité & nature de leur fied, defquels fe trouvarent aucuns du Puy que, comme non excedans vingt cinq livres de rente affife, en poyent la taille au Confulat, ainfi qu'on pretend que les privileiges de la ville portent; mais, ce nonobftant, leur dite chevance fut arreftée & mife à la main du Roy. Dont procès en pend à Rion que encore y eft indecis.

Ung procès meu par monfeigneur le Senefchal de Beaucaire & Nifmes, commiffaire à recepvoir les arriere-bans de fa Senefchaulfée, difant que la ville & communaulté du Puy tenoit & poffedoit plus de trois cens livres de rente, pour laquelle ils ne fervoient en rien le Roy, & que gentilshommes eftoient en ce fruftrés. Pourquoy, fallut aller plaider & demonftrer à Nifmes l'exemption & privileige concedé par le Roy noftre dit feigneur & fes predeceffeurs.

Ung procès meu entre les feigneurs de Rambures & de Croy en Normandie contre les Confuls, fur ce que, venu en la prefent ville, ung nommé le feigneur de Perverenches, en jour de foire, fut arrefté par le procureur desdits feigneurs comme leur debiteur & redevable à caufe de l'arrentement de leur place & feigneurie du Biatge *. Ce que les Confuls ne peurent fouffrir, pour le privileige qu'ils avoient que nul ne povoit civilement eftre arrefté en

---

* Le Béage, canton de Montpezat, arrondissement de Largentière (Ardèche).

[text largely illegible]

Une pension ... entre maistre Jean Columb, receveur general de leur ... en quittant les Ccclis pour certain argent qu'il avoit ... à ... montant neuf cens quatre livres tournois, pour la fourni- ture faicte tant pour les premiers que autres frais par luy fournis. Et com- bien que ... par les Estats dernierement tenus, ladite somme, pour la luy satis- faire, ... arrestée & conciée aux frais de l'assiete de la recepte generale baillée a maistre Vidal Espert, receveur succedant, disoit que la somme deue audit Columb, conciée aux frais de son assiete, luy debvoit estre payée par cartiers;

---

[1] La Ville et le Chapitre contribuaient séparément aux subsides imposés sur le diocèse du Puy par les Etats généraux du Languedoc.

& ledit Columbi diſoit que en ung payement. Ceſte controverſe eſtoit pluſtoſt peché d'envye que de luxure. Toutesfois, les Conſuls en furent quelque peu fachés pour avoir, pour leur cinquieme, ſigné leʒ deſcharges audit Columbi.

Je cuyde que la preſent année eſtoit conſtituée de tribulation, car, ſur l'iſſue & fin de l'adminiſtration desdits Conſuls, ſurvint queſtion & debat ſus l'election de leurs Auditeurs de Comptes, & en fallut aller en jugement ; mais, à la perſuaſion de beaucop de honorables perſonnaiges, le differant s'accorda.

* * *

Item, l'an M.D.XXXVI., fut traiâé le mariage d'entre monſeigneur François, autrement diâ Armand, vicomte de Polignac, & noble damoiſelle Anna * diâe de Beaufort, extraiâe de la noble maiſon de Canilhac, comte d'Alez. Dont approchant le temps qu'on debvoit celebrer leurs nobces, & les ſeigneurs Conſuls de ce advertis, avec aucuns bons perſonnaiges, allarent au chaſteau à Polignac preſenter audiâ ſeigneur que, ſy en ceſt affaire tant en commun que particulierement la ville lui povoit faire ſervice, on le feroit de bon cœur. De quoy lediâ ſeigneur leur remercia leur bon voloir, & les enprunta luy preſter quelques pieces d'artillerie de la ville pour ſaluer la compaignie, quant l'eſpoſée arriveroit à Polignac ; ce que fut faiâ. Et tantoſt après, elle eſtre arrivée audiâ Polignac, luy fut conſeillé & raiſonnable eſtoit qu'elle allaſt pelerine à la bonne Dame au Puy. Ce que fut le dimenche XIII⁰ aouſt. Ce entendu par les ſeigneurs Conſuls & Conſeil, fut ordonné que feroit faiâe venue à ladiâe damoiſelle, & qu'on lui feroit ung preſent de quelque ymaige d'or de Noſtre Dame du Puy, & que le Cappitaine Mage, avec les bendes & enſeignes des Meſtiers, avec taborins & fifres, au meilleur equippaige qu'ils pourroient, luy iroient au devant. Et les ſeigneurs d'Egliſe,

---

* Fille de Jacques de Montboissier, baron de Montboissier, de Canillac, etc., comte d'Alais (et comme tel, premier baron-né des Etats du Languedoc), et de Françoise de Chabannes, fille de Jacques de Chabannes, seigneur de la Palice, maréchal et grand-maître de France. Jacques de Montboissier avait été institué, en 1511, donataire et héritier universel de Jacques de Beaufort, seigneur de Canillac et comte d'Alais, son grand-oncle, à la charge de relever et porter les nom et armes de Beaufort. — J.-B. Bouillet, *Nobiliaire d'Auvergne*, 1851, t. IV, p. 216.

Juftice & feigneurs Confuls, bourgeois & marchans, y allarent à cheval. Et, approchans la ville, furent falués par coups de canon reiterés, & luy fit la ville ceft honneur comme à leur principale voifine. Et defquelles chofes lesdicts feigneur de Canilhac & autres feigneurs & dames, leurs parens & alliés, en fceurent grant gré à la ville & les en remerciarent grandement, recordant à ladicte damoifelle avoir memoire du grant honneur que la ville luy faifoit.

* *
* *

L'an M.D.XXXVII., fut grande mortalité de beftail, fi que, à la bocherie, òn ne vendoit comme point de chair, & mefmement de beuf, pour ce que le beftail ainfi mouroit; & difoient les gens que les bochiers tuoyent les beftes, auffitoft les malades que les faines. — *Item,* audit an, fut grande fechareffe; & furent tant de fauterelles qu'eftoit chofe admirable, fi que les gens, cheminans par pais, eftoient troublés, en la voye, de tant veoir faulter & pfaillir ce beftail. — *Item,* ne fut comme point de fruict ledit an, & le peu qu'il en fut ne fe peut garder, ains facilement venoit à corruption & pourriture. — *Item,* à grand peine peut-on labourer les champs, car, caufant la grand mortalité du beftail de toutes fortes, les boiers eftrangiers craignoient venir y gaigner leurs journées. — *Item,* audit an, l'yver fut fi très-doulx & temperé que il fe trouva, au my-janvier, de febves en fleur & de groufeles, & habondance de toutes plaifantes & recreatives fleurs de toutes qualités, que durant tout ledit yver les filles en portoient chappeaulx en leurs teftes. — Ledit yver fut inceffanment venteux, car jamais ou bien rarement fut que tousjours le vent ne fouflat.

Item, ledit an, & le dimenche IX* de feptembre, noftre très-cher Sire le Roy François, premier de ce nom, roy de France, efmeu de finguliere devocion envers la Vierge Marie, par le moien de laquelle & fes falubres interceffions il avoit obtenu aulcunes graces & benefices, lefquels non metant en chartre d'oblivion, pour n'eftre atiltré d'ingratitude, envoya en l'eglife Cathedrale de Noftre Dame du Puy, par maniere de offrande à icelle benoifte Dame, deux beaulx & grans chandeliers d'argent, pefans enfemble cent & ung march; lefquels vouloit eftre affis au lieu plus commode qu'il feroit advifé, prochains du devot ymaige d'icelle benoifte Dame, pour illec la fervir perpetuelement.

Reception en la prefent ville du Puy, faicte à monfeigneur le Cardinal de Tournon.

L'an M.D.XXXVIII., & le mecredi matin, X[e] jour de jullet, environ neuf heures, entra en la prefent ville du Puy reverendiffime monfeigneur François, cardinal de Tournon, que avoit couché le jour precedent à Sollemp-nhac[*]. Au devant duquel allarent à cheval les feigneurs Confuls, & aultre grande comitive de gens honorables de ladite ville; & les Meftiers y furent avec leurs enfeignes, taborins, fiffres & trompetes. Icelluy feigneur firent faluer par coups de canons affignés aux tours de la ville & aultres groffes pieffes au pré du Breulh. Furent tendues les rues, & tapiffées les portes. Et fur le fecond portal de Paneffac fut mys l'efcu dudit feigneur, que porte du coufté dextre, *d'azur, femé de fleurs de lys d'or*, & du coufté gauche, *de gueules, à ung lion rampant d'or, armé de gueules*. Et en aultres fix parts, deffoubs les toiles eftoient femblables efcuts pendens, feftonnés de buis & liés de livrée dudit feigneur, qu'eftoit *tanc*. — Et, entrant en la porte de Pa-neffac, luy fut prefenté par lesdits Confuls le poile de damas rouge, avec les armes dudit feigneur faictes de brodure tant au ciel que aux pendans, & les baftons armés dudit damas jufques au bout, lequel il ne voulut recevoir & dift : « Cella appartient au Roy. » Et ainfi s'en monta en l'eglife Cathe-drale, & puis alla louger cheux monfeigneur meffire Jacques de Joyeufe[**], abbé de Sainct Anthoine[***] & doyen du Puy. — Et luy donna la ville deux pippes de vin clairet & deux mulets de bas, que couftarent quatre vingts cinq efcuts fol. — Ledit feigneur y demoura cinq jours, & joua à la paulme en Paneffac avec ledit Abbé de Sainct Anthoine & monfeigneur le Vicomte de Polignac, fon cofin germain, & avec les joueurs de paulme de ladite ville[****].

---

[*] Solignac-sur-Loire, baronnie alors possédée par la maison de Polignac.
[**] Il était le frère des évêques d'Aleth et de Saint-Flour, dont il est ci-dessus parlé *(page* 342).
[***] Saint-Antoine de Vienne (en Dauphiné).
[****] François de Tournon, fils de Jacques, seigneur de Tournon, et de Jeanne de Polignac, né en 1489, mort en 1562, successivement archevêque d'Embrun, de Bourges, de Lyon et d'Auch, cardinal-prêtre du titre de Saint-Marcellin et de Saint-Pierre, puis cardinal-évêque d'Ostie et Velletri, doyen du sacré collège, joua un grand rôle politique sous François Ier, dont il fut l'un des principaux conseillers. Il se rattache à la Haute-Loire par sa mère, fille de Guillaume-Armand, vicomte de Polignac, et comme abbé de la Chaise-Dieu, où il fit en 1533 une

L'an M.D.XXXVIII., & le VIIIe du mois de decembre, en l'Advent, fut par les habitans de la rue Panaſſac planté l'arbre, appellé ung olme, ſoubs le devot oratoire qui eſt hors la porte de Paneſſac, tendent vers l'egliſe conventuale des Jacobins.

* *
*

Les années M.D.XXXVIII. & MD.XXXIX., en la cité du Puy, ung nommé maiſtre Anthoine d'Archis, prebſtre ſeculier du pais de Piccardie, homme de grand ſçavoir, ſelon le rapport de ceulx qui entendent lettres, lequel y preſcha ung Advent & Careſme, ſi fiſt-il bien pluſieurs aultres predications tant pour publier certaines indulgences & pardons touchant la fabrique de l'egliſe Sainct Sebaſtien de Rome, que aultres pluſieurs predications & ſermons qu'il fiſt tant ordinaires que extraordinaires, liſant les après-dinées à qui les vouloit ouyr les *Epiſtres* de ſainct Pol, icelles expouſant. Toutesfois, fut-il noté & reprins d'avoir dict & preſché, en quelquns de ſes ſermons ou ailleurs en lieu particulier, quelques propoſitions lutheriannes, pour laquelle cauſe fut cité en la Court ſpirituelle de monſeigneur l'Eveſque

---

réception magnifique au roi François Ier qui se rendait au Puy *(Gallia Christ.,* t. II, Eccl. Clarom., col. 348). Il est représenté, dans la suite numismatique du musée du Puy, par un remarquable jeton, inédit jusqu'à ce jour, dont voici la description et le dessin :

FRANCISCVS. DE. TVRNONE. CARDI*(nalis)*.

Buste barbu du Cardinal, coiffé de la barrette, et tourné à gauche. 1549. ℞. NONQVE. SV-PER. TERRAM.

Ecu parti : au 1, semé de fleurs de lys, et au 2, un lion rampant ; timbré d'un chapeau de cardinal d'où pend, de chaque côté, un cordon entrelacé et se terminant par trois houppes ; sous le chapeau et derrière l'écu,

une croix. Au-dessus, se déroule une bande-role, avec des rayons lumineux ; de chaque côté, s'abaisse une main entr'ouverte. — Cuivre jaune.

Ce rare jeton a été trouvé au Puy par M. Aymard, qui en a enrichi le musée.

Les armoiries que Médicis donne au Cardinal de Tournon sont exactes : P. Frizon lui attribue le même blason *(Gallia purpurata,* Paris, 1638, *in-f°,* p. 579 et suiv.).

du Puy, dont après plufieurs plaides & caufes, fut decreté qu'il feroit mené prifonnier à Thoulofe, ce que fut faiét & exequté, & là fut mys en confiergerie. Par le moyen de quoy, pour luy faire fon procès, plufieurs particuliers & gens de bien de ladite ville, tant de l'Eglife que temporels, que avoient entre aultres ouy fouventesfois fes fermons & predications, furent adjournés à certain jour à comparoiftre perfonnellement audiét Thoulofe en Parlement. Entre lefquels y allarent d'une trouppe noble Anthoine Orvy, feigneur d'Agren, noble Gabriel Davinon, feigneur de Monteils, fires Loys Rafier, baile du venerable Chappitre Noftre Dame du Puy, Hugues Guitard, François du Lac, Jacques Boyer, François Yrailh, Hugues Aulbert, Eftienne Medicis, marchans, Raymond Vallat & Anthoine Daurier, notaires, Guillaume Medicis, cordoanier, pour avoyr lougé ledit d'Archis à fa maifon, & Eftienne Rivier, blanchier. Lefquels fusdiéts eftre à Thoulofe fur ce examinés & fe trouvans n'eftre en rien coulpables touchant l'affaire de ce prefcheur, mais eftre congneus gens de droiéte & renommée vie, furent incontinent defpechés & renvoyés en leurs maifons. Plufieurs aultres religieux & feculiers, doéteurs, licenciés & gradués, & aultres temporels de divers eftats, firent ledit voyage, par fucceffion de temps, & plufieurs aultres egregieux & honorables perfonnaiges y furent adjournés, tant de la ville que des champs, que n'y allarent point. Ce prefcheur, après plufieurs deppofitions, accarations* & tefmoignages faiéts & deppofés par preuves requifes, faifans tant pour luy que au contraire, ne peut attendre fon abfolution ou condampnation, mais en ladiéte confiergerie, ainfi qu'il pleuft à Dieu le difpofer, la veille de Noë, en l'an fusdiét M.D.XL., fina la peregrination de ce monde & changea fa vie avec la mort. Et à caufe de ce prefcheur, ladiéte ville du Puy, par mefchans & mauldiéts detraiéteurs, s'efloignans de dire le debvoir de verité, ne congnoiffans leur mal & infelicité, mais par ce moyen troblant le repos & tranfquilité du peuple, fut, en plufieurs & divers partis, laidement blafonnée & fans caufe. Car ne fe peult oncques trouver perfonne à qui on peult reprproucher (la grace à Noftre Seigneur!) eftre aétainét de cefte poifon lutherienne, mais fe trouva ladiéte ville, tant en commun que particulierement, eftre entiere, fidele & catholicque. Plaife au couftumier Diftributeur

---

* Confrontations.

des celeftes dons & à la très-digne Pucelle Marie, fa doulce Mere, noftre patronne & maiftreffe, la conferver & maintenir en bonne & religieufe converfation! Difons *Amen*.

＊
＊ ＊

L'an M.D.XXXIX., & le dimenche XV⁰ jour du mois de juin, foubdainement, environ l'heure de complie, caufant le vent auftral, tumba le devot
crucifix affis en l'oratoire de la place du Martoret, jadis conftruiĉt par feu de
bonne memoire George Eymar, marchant canavaffier de la prefent ville du
Puy. Et après, aux defpends de venerable homme monfieur maiftre Glaude
Eymar, chanoine de l'eglife Cathedrale de Noftre Dame, fils au fusdit feu
George Eymar, l'an M.D.XL., & le vendredi dernier jour de apvril, fut mys
en ce devot oratoire & au lieu de l'aultre ce noble crucifix qui à prefent y
eft, avec le chappitel. Et après ce, le jeudi XX⁰ de may, en l'an fusdiĉt, fut
en pontifical beneiĉt ledit oratoire & devot crucifix par reverend pere en Dieu
monfeigneur meffire Chriftofle de Alzon, evefque de Troye & chanoine du
Puy, fuffragant de monfeigneur l'Evefque du Puy meffire François de Sarcus, qui y conceda quelques pardons. Et après ladite benediĉtion, avec le
clergé de l'eglife conventuale de Sainĉt Pierre, en proceffion, ala faire dire
ung *Libera me* fur les trefpaffés du cimentiere du Breulh.

＊
＊ ＊

L'an fusdit M.D.XL., les vendenges, pour le temps fec qu'il avoit faiĉt,
furent fi avancées que on vendengea dans le mois d'aouft, & furent fertiles le
poffible, tellement que plufieurs ne favoient oùt recueillir leur vin, pour ce
que les taverniers du Puy n'en acheptarent comme point, car il n'y avoit
gueres tavernier que n'en euft beaucop de vieulx en fa cave. Et eftoient les
gens tous experdus comment chevir de leurs raifins. Dont les aulcuns qui en
eftoient bien aifes, les recueillerent en leurs caves. Aultres eftoient qui les
vendoient à ung denier & maille & à deux deniers le pot en leurs tines*. Aul-

* Cuves.

tres en avoient de grans monceaulx fur des couvertes, que ne favoient oùt les metre. Aultres les faifoient vendre à faix. Aultres fermoient leurs tines à beau glus. Aultres faifoient relier tonneaux, tellement que vous n'eulliez veu que tonneaux vieulx & doyat* aller & porter parmy la ville. Le vin fe vendit à divers pris. Si fe donna à Polignac pour douze fols le muy. Les tonneliers & relieurs furent en grant preffe par ung efpace de temps brief. — Pefches & coings furent mal meurs, pour ce que les vendenges furent tant aborives **, & de ces vins s'en affolla partie.

Item, ledit an M.D.XL., & le vendredi XII° jour du mois de decembre, environ l'heure de neuf heures du matin, fut ung terre tremblant.

* * *

L'an M.D.XL., furent redduyts au Puy en nombre de trente les Notaires Royaulx de ladiête ville par commiffion royale, que par avant eftoient fix ou fept vingts.

Ledit an, après plufieurs pourchas & pourfuites de procès agité en la Court de meffeigneurs les Generaulx Confervateurs des Aydes en la ville de Montpelier, d'entre les Confuls ou leur fçindic, d'une part, & trois cens cin-quante ung conftitués contre eulx par procuration de particuliers habitans d'icelle ville, d'aultre part, fut diêt par arreft que les cappaiges que fe poient fur chacun, à raifon de quatre fols pour affiete ou taille, feroient de nouveau transferés & redduyts en terme de induftrie & pratique, avec certains aultres chiefs contenus audiêt arreft, & que feroit faiête l'extime generale d'icelle ville. Ce procès dura environ huiêt années, que coufta plus de mille efcuts.

Item, ay trouvé que l'an M.D.XL., & le dimenche XVIII° du moys d'apvril, negea durant quatorze heures, & nonobftant que tousjours ycelle neige fe fondoit, encores en y avoit par tous endroiêts au pays plus de ung pam *** d'hault, mais ne dura pas guiere.

Item, & auffi ay trouvé que, en ladiête année M.D.XL., furent excom-muniées les chenilles, qui grandement gaftoient les fruiêts de terre, tellement

---

* De *doliatum*, dolium, tonneau. Ducange, *Glof. med. et inf. lat.* Vᵘ *doliata, doliatum*.

** C'est-à-dire : *abortives*, prématurées.

*** *Palme*, mesure.

que, craignans ladicte fentence (ce que eft bien à noter à tous fideles chreftiens), cefte vermyne s'enfuyoit à grands trouppes au lieu que leur avoyt efté
affigné par monfeigneur l'Official, & lefquelles chenylles rencontrées par les
enfans hors la ville & dedans, leur improperoient tel outraige, difant : *Excominghades! excominghades!* & les poures beftes, ce oyans, dreçoient leurs
teftes comme toutes effroyées, ce que j'ay veu : qu'eftoit ung merveilleux
fpectacle.

L'an M.D.XLI., honorable homme Benoict Lacourt, marchant du Puy,
fift fabriquer la chappelle de Sainct Robert, affife au coufté droict du grant
autel de l'eglife abbatiale de Sainct Pierre la Tour.

Auffi, audict an, fift faire ledict Lacourt le pavement de l'eglife conventuale des Jacobins de Sainct Laurens, & par deffoubs ycelluy pavement
grant nombre de fepulchres, tout à fes feuls defpends, & léans fift certains
legats & fundations & la tapifferie du chœur.

Des années M.D.XLII., XLIII., & XLIV.

Ces années fubftituarent de groffes tribulations en la ville du Puy; fi firent
bien ailleurs. Toutesfois, je extime que toutes les moleftés & adverfités que
journalement tumbent fur le dos du poure peuple, peché en eft la caufe. Or
bien, Dieu, par fa divine bonté, nous vueille tous amender ! Ladicte ville du
Puy fut, ces années, durement travaillée de divers fubfides tant en groffes
tailles que emprunts redoublés fur les Diocefans & auffi particulierement fur
les villes clofes, decimes cueillies fur le Clergé, troubles advenus fur notaires
& fergens. Les bourgeois & marchans rentés ont efté appellés au riere-ban à y
fervir en propre perfonne, & caufant la guerre de Perpignan, tant de commiffions reales fe font dreffées au prefent Diocefe tant pour avitailler Nerbonne
que pour la fortiffier contre l'effort des Imperiaulx, nos ennemys, & pour la
fubvention des gens de guerre eftant campés au devant de Perpignan, a fallu
fornir grand nombre de quintaulx de falpetre, prendre fur cotaulx * mulets &

* Les vins de Vivarais que l'on consommait en Velay étaient transportés dans des outres
(boutes), sur des mulets ou chevaux de bât. Ce mode de transport, seul praticable dans nos

boutes, fornir lards, farines, vin & avoines, nourrir auffi certaines garnifons eftablies pour le Roy noftre Sire aux Baffes Diocefes, comme d'Alby, Caftres, Aleth & aultres, fournir entre deux fois grand nombre de pionniers, & les acoultrer tant d'habits que de leurs outils neceffaires, comme font palles & pioches. — *Item*, auffi a prins le Roy fur le patrimoine de la ville & obventions annuelles d'icelle, groffe fomme de deniers. — *Item*, après s'eft meu grand different entre les habitans du Puy contre certains particuliers d'icelle ville qui avoient prins charge d'aler à bas au camp dudiƈt Perpignan, fournir & porter iceulx vivres & munitions, defquels en rendant leur compte, on y trouva quelque chofe à redire. Si leur improperoient qu'ils avoient mal exequté leur charge, & qu'ils avoient faiƈt ce voyage à leur grand profit & au grandiffime defavantaige tant du pais que de la ville. Dont à ces fins, y euft pourfuite de procès & revifion des comptes, à leurs grands defpends & de tout le Diocefe, & fe font proferées fur iceulx de mefchantes & diffamables paroles & oultraiges, qui leur a eftaché ung mauvais renom, & qui, en oultre, a enfanté en la cité difcordes, diffimulations & aynes entre plufieurs des habitants. — Que vous diray-je? Ces années, le commun euft procès, duquel n'euft nul droiƈt, fur certains feudataires & particuliers rentés que poyent taille au Confulat pour leurs revenus nobles, fe aydans les Confuls de certain frivol privileige que fur ce difoient avoir, lefquels feudataires, depuis ce, font abdités de cefte taillabilité, & ont, par ordonnance de monfeigneur le Senefchal de Beaucaire, fervy le Roy noftre Sire en fes arriere-bans, felon la nature & qualité de leur fied.

Item, aultre procès contre les Confuls par aultres particuliers de ladite ville, que ont querellé, en la Court des feigneurs Generaulx feans à Montpelier, faire entierement exequter l'arreft pronuncé dernierement que l'extime generale de la ville fe feroit. Pourquoy, ladiƈte extime a efté faiƈte l'an M.D.XLIV. par Commis à ce depputés, & après par juftice auƈtorifée & decretée.

Item, ces ans, par ung Prevoft appellé Ymbert Coreau furent apprehendés certain grant nombre de faulx monoyers tant de ladiƈte ville du Puy que d'ailleurs, où y avoit prebftres, hommes & femmes qui fe mefloient de ce

---

pays montagneux et dépourvus de bonnes routes, constituait, autrefois, une industrie importante. On nommait *cotaulx* ceux qui s'y livraient.

dangereux artifice, lefquels demourarent en prifon au Puy plus d'ung an, caufant certain debat meu entre ledict Prevoft & les Officiers de Juftice pour avoir ravies, foubs coleur de juftice, les defpoilles desdicts prifonniers, lefquels finablement, eulx & ledict Prevoft, tout fut mené & conduict à Thoulofe. Tantoft après, plufieurs advocats d'icelle ville, que avoient affifté au confeil dudict Prevoft, furent adjournés perfonnellement audict Thoulofe, tous lef-quels y allarent.

Item, fut faicte par commandement du Roy noftre Sire la monftre & reveue generale des gens & arnois de la ville & de tous les mandemens foubs le Bailhage de Vellay, avec injunction à chacun de fe pourveoir d'arnois tels qu'ils pourront avoir felon leur faculté & degré, & avec ce, faire declairation des perfonnes ayans aage competant pour fervir le Roy en armes, fe befoing eftoit.

Les moyffons furent tardives ledict an M.D.XLIII. Si furent bien les ven-denges, car on vendengha environ la fefte de Touffaincts, & encores n'eftoient meures à demy.

Item, ladicte année, fur le vendredi XIII° de octobre, de nuyt, pleuft tellement que les eaues par tous quartiers fe enflarent par telle forte, que non feulement les grandes rivieres, mais les petits ruyffeaux, en quelque part qu'ils fuffent affis & de quelque petite nature, firent tant de dommaiges que le racompter feroit horreur. Et dedans le moys après, en fift aultres deux non guiere diftantes de la premiere. Dieu, par fa divine grace & bonté, nous en garde une aultre fois! Difons *Amen*.

Item, eft cas admiratif (ce que j'ay bien noté) que, durant ladicte année, ne fe vift le ciel entierement net & ferain qu'il n'y euft nuées & broillas.

Item, audict an, le peuple fut fort tormenté fur les paiemens, attendu les cris & preconifations faictes fur les monoyes, argent & or court.

Item, audict an, fut grans mortailles de bleds en la terre, car en plufieurs parts, à grant peine, on en recouvra la femence.

Item, audict an, & le mecredi IV° de jullet, à neuf heures du matin, après plufieurs grans tonnairres, la fouldre tumba au clochier de l'eglife Noftre Dame, où il y fift merveilleufes bleffeures & perfora l'eglife, & fift chofes dignes d'eftre rememorées.

Item, le jeudi XIX° dudict mois & audict an, volarent fur la ville du Puy, heure tarde, ung merveilleux nombre de cygoignes ou grues, que fe repofarent celle nuyt fur le grant campanier de l'eglife Cathedrale, fur la roche de Cornille & en la roche Sainct Michiel, le tout quafi couvert. Ce que voyans, aulcuns aquebofiers de ladicte ville y allarent avec leurs aquebofes, lefquels avec leurs traicts à pouldre en prindrent certain nombre.

Item, celle mefme année, par corruption d'air ou aultrement, furent tant de chenilles que gaftarent tous les jardins. On les excommunia par auctorité de monfieur l'Official du Puy. Mais ce fut à tard, car elles desjà avoient faict leur effort. Aulcuns difoient qu'elles eftoient procedentes des papillons que avoient efté au commencement de l'année en telle quantité qu'on n'en vift jamais tant pour ung an.

Item, l'an M.D.XLIV., fut petite & debile cueillete des fruicts de terre, qui caufa, attendu les grans fubfides que par ci-devant avoient eu cours & une tant fevere tempefte qu'il fift ledict an fur le VII⁰ de jullet, que diffipa & ruyna entierement les biens de terre de fept ou huict bons mandemens en ce pays. Pourquoy, à ces caufes, le peuple euft tant de mefaife, de difete & poureté, que de le racompter par le menu ne me feroit poffible, car toutes provifions eftoient à fi hault prix que le poure peuple n'avoit de quoy y fubvenir; & par rapport des anciens, ils difoient, par leur foy, n'avoir jamais veu une fi famelique faifon.

Item, ledict an, en la fepmaine peneufe*, fut excequté à Thoulofe le Prevoft que avons parlé fi deffus, & mys à quatre quartiers. Et plufieurs des Officiers du Puy, tant en chief que aultres leurs lieuxtenans, clavaires, enquefteurs, fergens, & aultres fans office, par leur inique verfation, demerites & injuftice, non tant feulement pour les affaires du Prevoft, mais par plufieurs aultres chiefs & tiltres par eulx de longue main perpetrés, & d'iceulx actaincts & convaincus, furent par arreft condempnés, les ungs eftre banis & exillés, aulcuns par temps, aultres à tousjours, avec confifcation de leurs biens, & aultres en amendes pecuniaires. Le faict à racompter eft eftrange, car ne fe trouva, certain temps ou bien à peine, homme ne officier que peult tenir la Court, pour ce que les ungs eftoient prifonniers, aultres s'eftoient cachés & retirés ou fuitifs. Brief, au Puy, plufieurs des fuppots de Juftice, en ce temps, fe trouvarent fort maculés. Si dis que meilleur eft de ce me taifer

* Semaine sainte.

pour le prefent, qu'en dire plus aultres chofes, que par trop pourroient retenir noftre fermon.

Item, après la juftice faicte dudict Prevoft, l'affaire des faulx monoyers &
la procedure de leur procès faicte au Puy fut par meffeigneurs de Parlement
mys au neant, & ordonné de nouveau eftre faict leur procès.

Item, audit an M.D.XLIV., fur l'extremité de l'année, fe trouva en ce
pays ung leopard, ainfi qu'on difoit, efchappé de quelque parc de prince ou
par aultre moyen que je ignore furvenu, que fift de moult grans dommaiges,
lequel tua & eftrangla plufieurs perfonnes & beftes; par le moyen de quoy
les gens alloient en grant crainte fur les champs.

Cronicque de l'année M.D.XLV.

OUR narrer ce que eft digne d'eftre enregiftré & memoré
de la prefent année M.D.XLV., commençant, en retenant
mon ftille, à la fefte de l'Annunciation de la benoicte Vierge
Marie, XXVᵉ jour du mois de mars, oùt l'an fe change, &
finiffant à icelluy jour l'an revolu & complect, eft vray que
le bled fut affez cher, tellement que fe vendit, dedans l'année, de quatorze à
quinze fols le carton, caufant certaines reyterées tempeftes que affolarent
plufieurs mandemens & perroiffes de ce pais; pour laquelle caufe ou aultres
defquelles me tais pour le prefent, fe trouvarent dedans la ville du Puy grant
nombre de poures tant privés que eftrangiers & tant fameliques que c'eftoit
groffe pitié. Lefquels, en mendiant & demandant l'aulmofne, eftoient parmy
les rues & portes des habitans jour & nuyt, crians affez piteufement, & defquels en morurent les aulcuns parmy icelles rues, & la ville fut travaillée &
merveilleufement martirifée d'une fiebvre caufonne, vulgairement & par gen-
glerie appellée *troffe-galand**, que fit changer la vie avec la mort à plufieurs
habitans de ladicte ville, tant Chanoines que aultres gens d'Eglife feculiers &
reguliers, advocats, bourgeois, marchans, mecanicques & laboureurs, & des

---

* « Pareillement, l'an 1546, regna en la ville du Puy en Auvergne une autre maladie nommée
du peuple Trouffegaland, pour ce que peu de ceux qui en eftoyent efpris efchappoient, ains
mourroyent en deux ou trois jours au moins, & pluftoft les robuftes que les debiles, & les riches
que les pauvres. Au commencement, les patients avoyent grande pefanteur de tout le corps, avec

fufdicts poures grand nombre. Dont fur ce fais mon extime qu'ils en font morts & trefpaffés, tant parmy ladicte ville que dedans l'Hofpital, douze cens & davantaige, & plufieurs en refchaparent que devindrent fourds ; & à plufieurs nobles filles & pucelles leurs cheveulx & perruques leur tombarent ; aultres en leur maladie mangeoient terriblement, & plufieurs recidivarent audict mal par deux & trois fois. Cefte maladie caufoit une exclamation entre les gens, car on ne tenoit propos en trouppes & compaignies, finon de cefte maladie. L'ung difoit : *Ung tel eft mort ;* l'aultre difoit : *J'ay mon pere, ma mere, mon frere, ma fœur, mon fils, ma fille malade.* Aultre difoit en avoir deux, trois ou quatre en couche chez eulx. Vous euffiez veu à toutes heures porter ausdicts poures malades le precieux Corps de Noftre Seigneur. Et le peuple, confiderant la multiplication des malades & l'augmentation de ladicte maladie, eftoient conftitués en grande peur & crainote, doubtans y tomber. Il y euft beaucop de gens indifcreots qu'à la perfuafion de quelque maleureux, difoient que qui porteroit ung anneau d'acier en quelcun de fes doigs, qu'il feroit protegé & gardé de parvenir en ce mal. Mais c'eftoit le contraire, car fouventesfois ceulx qui portoient ces anneaulx d'acier eftoient les atrapés & non fans caufe, car c'eftoit une fuperftition venant directement contre noftre fainte foy. Or, pour raifon de cefte egritude & maleureufe maladie, ou bien que le peuple eftoit chargé de cherté de toutes victuailles, de grands fubfides, de tailles, decimes & aultres impofitions, fe trouvoit cheu en grande triftefse & calamité, fi que de longtemps on n'ouyt faire ne mener nulle jouyffance en la ville, que de ce eft affez couftumiere, tant de taborins, dances que aultres jeux & joieulx paffe-temps. Et pourchaffa le peuple pour ceder cefte merveilleufe fortune de ce maleur & infelicité & pour appaifer Noftre Seigneur, fe courroucé eftoit contre eulx, faire une très-devote & folempne proceffion generale, en laquelle faifant y fut porté le precieux Corps de Noftre Seigneur, decretant que le peuple ce jour fe metroit à fon debvoir le matin de recepvoir icelluy precieux Corps Noftre Seigneur, & avoir ce faict, chacun yroit en bonne devotion affocier ladicte devote proceffion, affin de en meilleur eftat

une extreme douleur de tefte & fievre continue, & perdoient toute cognoiffance, & faifoyent tous leurs excremens involontairement fouz eux, & avoyent grand delire, de forte qu'il les falloit lier & attacher. Que fi aucuns efchappoyent, leurs cheveux tomboient, & ladicte maladie eftoit fort contagieufe. » — Ambroife Paré, *Œuvres*, Paris, 1585, *in-folio*, XXIIe livre, *de la pefte.*

demander pardon & mifericorde à Dieu. Ce que de bon & entier cueur le peuple fift. Et fut faicte ladicte proceffion bien & honorablement le dimenche XIII° jour du mois de feptembre. Si fut par un beau Pere de Saincte Claire dict le fermon au Fort Noftre Dame, là oùt le peuple audict fermon demanda, en criant à aulte voix, pardon & mifericorde à Noftre Seigneur, plorant tendrement & non fans caufe. Et tantoft après, cefte maladie print parti & ceffa, Dieu ainfi le permetant, auquel foit donné gloire & honneur fans fin! Cefte maladie fut en eftat trevaillant le peuple l'an M.CCCC.LXXXI., & femblablement l'an M.D.XXX., & à ceft heure, & l'appelloit-on en ce temps-là le *mal Berry*.

Cefte prefente année, plufieurs enfans de jeune age tombarent en fiebvre etique, lefquels, après grand languiffement, furent contraincts fe defpartir d'entre les vivans.

Grans incants & fubaftations* de biens meubles & immeubles fe firent cefte année pour fatisfaire & poier aux poures gens leurs fubfides, & aultres plufieurs que par correctiers jurés ** faifoient vendre par ville leurs dicts biens.

Brief, le poure peuple eftoit en grande & extreme neceffité. Par le moyen de quoy, fe firent, en ladicte ville & aux eglifes d'icelle, tant de larrecins, voire jufques à venir de belle nuyt rompre & brifer les portes des maifons aux meilleures & plus frequentées rues d'icelle ville.

Item, cefte année, noble Jehan Pome, feigneur de Gelaffet, que fina fes jours par la fufdicte maladie, ordonna en fa derniere volenté eftre donnée une aulmofne au grand Cloufel de l'Hofpital en femblable maniere & qualité que la Ville la faict le jour de l'Afcention Noftre Seigneur, après Roifons. Laquelle aulmofne fut par fon heritier exequtée à l'honneur de Dieu, confolation des poures & pour la fubvention de fon ame & de tous fes parens & amys vivans & trefpaffés, le dimenche VIII° jour du mois de novembre.

Item, ces ans precedens, le Roy noftre Sire avoit faict quelques nouvelles & particulieres impofitions de deniers pour eftre levés fur les villes clofes de fon royaulme, dont en fordift queftion entre ceulx des villes clofes de Vellay & la ville de Pradelas pour eftre cueillis lefdicts deniers. Car ceulx de Vive-

---

* Ventes par autorité de justice.
** Courtiers.

rois difoient que Pradelas eftoit du diocefe de Viviers : pourquoy, ledict Pradelas y debvoit contribuer. Ceulx du Baillaige de Vellay, au contraire, difoient que la commiffion portoit d'eftre levés lesdicts deniers fur les villes
clofes de chacun baillaige, & que, pour aultant que Pradelas eftoit du Baillaige de Vellay, il debvoit illec eftre contribuable, & à ces fins, grand different s'en enfuyvit & groffes exequtions, frais & defpences. Toutesfois, en
l'année prefente, fur le commancement du mois de mars, pour mectre fin à
cefte noife, fut dict que les parties, d'ung cartier & d'aultre, fe affembleroient
au Bourg Argental * pour là traicter d'appointement, où, pour le Baillaige de
Vellay, fe trouva monfeigneur le Vicomte de Polignac, monfeigneur de Sainct
Vidal, les Confuls du Puy & plufieurs aultres gentilshommes ès de là les
Bois ** ; & de l'aultre part, du coufté de Viverois, fe trouva monfeigneur de
Tournon, avec grande bende & comitive de bons perfonnaiges defquels les
noms je obmects pour obvier à prolixité. Et là, dans deux jours, ledict different fut accordé tant pour le temps paffé que pour le temps advenir, enfemble des defpends & rembourfemens. Lequel appointement depend plus
au prejudice de ceulx de Vellay que ne faict de ceulx de Viverois. Mais le
philofophe Prudentius dict : *Pax plenum virtutis opus.*

Item, ledict an, fur le fabmedi VI* du mois de mars, certains charpentiers ayant charge de rabiller le couvert de l'eglife conventuale de Sainct
Laurens, en redreffant icelluy couvert, appuyans leurs aigres *** ou fuftaiges
fur le voultement d'icelle eglife, l'efforçarent par tel moyen & fi roydement
que ils mirent icelluy voultement par terre, & tout enfemble rua jus, où y
finarent leur vie trois de ces charpentiers, tombans pefle-mefle entre les
pierres. Dieu ait leurs ames ! Et à tant donrons fin à cefte prefente cronicque
de l'année M.D.XLV.

Cronique de l'an M.D.XLVI., année peftiffere.

Je ne fçay entendre les faicts que je voy en ce monde, car les chofes aul-

---

* Chef-lieu de canton, arrondissement de Saint-Etienne (Loire).

** Le Velay était coupé obliquement par les montagnes du Pertuis et les bois de Saint-Hostien
et de Queyrières, et on appelait communément *de là les Bois* la région orientale, qui corres-
pond à l'arrondissement actuel d'Yssingeaux.

*** Ais, échafauds.

cunes fois font profperes, aultres fois incomodes, comme en cefte prefente année M.D.XLVI., que le peuple par diverfes fortunes a efté affez afflict & martirifé, & mon entendement en ce demeure perturbé, meditant que ce peult eftre par la Providence & permiffion divine, de laquelle le povoir & fçavoir n'eft pas mefurable, ou c'eft par le peché du peuple, ou c'eft par la vertu, influence & force des aftres & corps celeftes.

Or, comment qu'il foit, au commancement de cefte année, fur le fabmedi matin XVIIᵉ d'apvril, la froidure fut fi vehemente, qu'elle engela tout le vignoble de ce pais, & le bled fut jufques au temps des meffons à bien cher pris, car le carton valut communement dix, douze, treize & quatorze fols.

Les fubfides auffi des tailles furent grands, decimes redoublées fur le Clergé, aultre impofition & charge particuliere fur les villes clofes.

Or bien, cefte année, fur les Pafques, la pefte * commença à fe metre en befoigne & praticquer fes doleureux ouvraiges dedans la ville, & tant s'ef-chaulfa, que, d'arrivée, deftourna la felicité du peuple, tant pour le dangier & doubte de cheoir en cefte poureté, que pour le deftourbier de l'entrecours mecanicque qu'eft la principale nourrice de ladicte ville. Ce que finalement en advint, car les poures habitans, au mains bientoft les plus aifés, furent contraincts habandonner ladicte ville & s'aler loger oùt ils povoient fus les champs, les ungs en leurs boriages, aultres chez leurs amys, & aultres par moyen de loyer. Ce que caufa grand efcandale à ladicte ville, pour ce que la foire de Roifons eftoit prochaine. Cefte pefte fe augmenta & accreuft. Quoy voyant, les feigneurs Confuls, qui ont la cure & follicitude fur le faict & regime de la chofe publicque, craignans comme les aultres habitans l'agui-lhon de ladicte pefte, s'enfuyrent tous fans nul excepter, laiffant la charge de la ville à aulcuns particuliers que en leur lieu avoient congnoiffance fur les affaires de la police. Et après, plufieurs, fuceffivement actaincts de la pefti-lence (dont Dieu nous garde!), furent conduicts en grant nombre au clos de Sainct Sebaftien. Mais, pour aultant que la ville & les feigneurs du Chap-pitre Noftre Dame, adminiftrateurs de la maifon de l'Hofpital, ne volurent faire léans aulcune norriture aux poures peftés, ainfi que portoit aulcun arreft fur ce prononcé en la venerable Court de Parlement de Tholofe, lesdits Con-

---

* « L'année fuivante (1547), vint en ladicte ville *(du Puy)* une autre plus grande pefte accom-pagnée de bubons & charbons qui feit auffi mourir grand nombre de peuple. » — Ambroise Paré, loc. cit., XXIIᵉ livre, *de la pefte*.

fuls ou bien leurs commis, pour eulx à leur deffaulte, penſant en eſtre ſatis-faiéts d'iceulx adminiſtrateurs, firent léans aulcune norriture. Et tousjours la peſte ſe rengreghoit de plus fort, en telle ſorte que ung bien grant nombre de femmes ençaintes, plus grant qu'on n'oyſt jamais dire, furent taillées pour ne perdre leur fruiét. Et audiét clos, pluſieurs, feignans eſtre malades ou in-feéts, y alloient pour y avoir de quoy manger, combien que leur penſion y eſtoit aſſez debile, car trop y avoit maulvais enmeſnagement, & peult icy eſtre amené ce que eſt eſcript aux *Proverbes,* premier chappitre : *Ubi non eſt gubernator, populus corruet.* Car, ainſi qu'on rapporte, les commis, prebſtre, alabardiers, barbier, portefais ou partie de ceulx, leſquels, deſarmés d'equité, firent pluſieurs concuſſions, incurſions, pilleries & rençonnemens en diverſes qualités ſur les poures conſtitués malades de la peſte & infeéts tant audiét clos que en la ville. De quoy le peuple moult ſe plaignoit, diſant que, combien qu'un poure homme ou femme, treſpaſſé à Sainét Sebaſtien ou bien en la ville, requiſt eſtre enterré à ſes deſpends oùt eſtoit aſſigné ſon ſepulchre, ce neantmoins, combien que iceulx portefaix fuſſent pour ce bien poyés & à l'avantaige, yls metoient & enterroient yceulx corps au premier lieu qu'ils rancontroient la foſſe eſtre preſte, fut de la perroiſſe ou aultrement : qu'eſtoit ung grant eſclandre. Bien firent aultres deſordres dont je me tais.

Or, le poure peuple qu'eſtoit demouré en ville eſſaya beaucop, tant pour crainte de l'eminant dangier de la peſte, que auſſi pour la carence des provi-ſions à eulx neceſſaires, car les eſtrangiers n'y oſoient venir pour les eſtroiéts commandemens que leur eſtoient faiéts par les ſeigneurs & gentilshommes du pays, tellement qu'il y en euſt que acheptarent le bois à pois. Que po-voit eſtre des aultres proviſions ? Il eſt à noter auſſi que les poſſeſſoires au-tour de la ville, prés, champs, jardins, par meſchantes gens furent robés, pillés & malmenés par diverſes façons & moyens que trop prolixe ſeroit à eſcrire.

Et ſi en la ville les habitans y avoient neceſſité, pluſieurs fuitifs aux vil-laiges, aſſez mal logés, eurent auſſi divers aſſaulx de la peſte. Car en tant de parties on ſe mouroit par les villaiges du pays, que je ne ſçauroie dire le cartier. Pourquoy, failloit qu'on ſe remuaſt d'un lieu en l'aultre : qu'eſtoit groſſe peine & poureté. Le nombre de ceulx qui morurent de ceſte maladie durant quatre mois & demy, fut, ainſi que ſaigement peult avoir eſté conſi-deré, environ trois mille perſonnes. Dieu leur face mercy ! Diſons *Amen.*

Item, au temps de cefte pefte, fe brulerent deux maifons en la rue de l'Ouche du Temple*, près la porte d'Avignon.

Item, audiᶜt an, fus les feftes de Noë, les gens fuitifs eftre retournés, pour ce que grant nombre de gens eftoient morts l'an precedent d'une maladie de fiebvre caufonne vulgairement appellée *troffe-galand,* eftoient à faire plufieurs retours, & tant par iceulx retours que auffi pour les fepultures des trefpaffés de la pefte, les eglifes de ladiᶜte ville eftoient en fi grande preffe que, mefmement les feftes de Noë & les dimenches, on les faifoit, voire aulcunes devant jour, & venoient les bonnes gens demander place, car chacun defiroit faire prier pour les ames de leurs parents trefpaffés & faire cellebrer à leur povoir honorables obfeques, felon leur eftat.

Item, audiᶜt an, les meffons furent opulentes & fruᶜtueufes, & vint le bled, le vin, huile & aultres provifions à bon marché (la grace à Dieu!). Et fut le temps tant delicat & bien difpofé que, fur le riche temps d'automne, les rofiers, contre leur naturel, produyrent belles rozes, & plufieurs fruᶜtiers leurs fleurs & bourghons.

Item, audiᶜt an, & la veille Noftre Dame la Chandeleur, certains yvroignes, maleureux & mefchans, de belle nuyt, arracharent le pendant des ferroils des portes des habitans en plus de fix vingts maifons.

Item, audiᶜt an, & le vendredi matin, avant la fefte Sainᶜt Michel comptant le XXIVᵉ de feptembre, par indifpofition du temps, la fouldre, après ung grant & efpovantable tonnerre, rua jus le clochier & cloches de l'eglife conventuale des Dames Auguftines religieufes de Val, & les pierres des baftiments tumbarent en grande partie fus le tois de l'abitacion du curé de léans, que luy enfrondarent à demy toute fa maifon, & léans leur fift plufieurs aultres grands dommages.

Prions le Diftributeur des dons celeftes que nous vueille preferver de pefte & nous donner profperité & valitude!

Item, audiᶜt an M.D.XLVI., au moys de may, trefpaffa Bertrand Torrenc, marchant du Puy, extimé eftre riche de plus de quatre vingts mille livres tournois, & furent honorablement celebrées fes obfeques durant les

---

* Cette rue (qu'il ne faut pas confondre avec la rue de l'Ouche aboutiffant à celle des Farges) était voisine de l'ancienne commanderie des Templiers (Saint-Barthélemy). On l'appelait auffi l'Ouche des *Cordiliaires* (cordiers) ou des Tanneurs.

jours que le cene general* du Diocefe eftoit affemblé en ladiĉte ville du Puy, auquel cene tant en la proceffion de ladiĉte fepulture que dire meffes & faire les aultres fervices, furent diftribués d'environ cinq fols pour homme, qu'eftoit belle chofe. Y eftoit l'eglife Cathedrale & tout le Clergé des eglifes de ladiĉte ville. — *Item,* en fon teftament laiffa quatre cens livres pour funder une meffe perpetuelement à Sainĉt Pierre, laquelle fire Guilhaume de Licques, mary de l'heritiere Loife Torrenche, funda audiĉt Sainĉt Pierre pour ycelle la meffe matiniere, & fut paffé ceft inftrument de fundation le fabmedi XXVIII* du mois de may l'an M.D.XLVII., la veille de la Penthecofte, & fe doibt dire cefte meffe, de la fefte de Pafques jufques à fainĉt Michel, entre quatre & cinq heures du matin, & dudiĉt fainĉt Michel jufques à Pafques, à l'heure de fix heures.

Geographie, c'eft-à-dire *defcription des exequies, triumphes & pompes funebres faiĉts au Puy pour feu de très-noble & eternele memoire François, roy de France.*

E N l'an du monde fix mil fept cens quarante fix, après la naiffance de Jefu Chrift & reftitucion de noftre falut M.D.XLVII., de ce temps, le mecredi XXX* jour du mois de mars, fina l'extreme partie de fes temporels jours le fufdiĉt feu Roy François Iʳ de ce nom en ung chafteau (auprès de Paris) appellé de Ramboillet, luy fuccedant magnanime & très-elegant prince Henri de Valois, duc de Bretaigne, prince & daulphin de Viennois & de France, defcendu au cinquante neufieme renc des Roys François, diĉt II* de ce nom, & parvenu en la foixante cinquieme generation du preux Heĉtor de Troye, lequel dès incontinant eftre monté en l'arbre de fon Triumphe Royal, pourchaffa comme celuy qui de toutes claires vertus eft illuftré, par tous bons moiens, faire devotes prieres, oraifons & fuffraiges divins pour l'ame de fon diĉt feu feigneur & pere, &, entre aultres lieux, en efcripvit par legation & letre expreffe au feigneur

* Synode ou conférence des ecclésiastiques. Cette assemblée se tenait, au XII* siècle, dans le diocèse du Puy, deux fois par an, aux mois de mai et de décembre, vers la Pentecôte et l'Avent. Mais au XVI* siècle, elle n'avait plus lieu qu'une fois chaque année, en mai ou en octobre.

Evefque du Puy meffire François de Sarcus prefulant, la letre dirigée en fon abfence à fon Vicaire, laquelle fut par lui communiquée aux feigneurs du venerable Chappitre Noftre Dame, feigneurs de Juftice & aux feigneurs Confuls, c'eft à fçavoir fires François du Lac, Jehan Alard, Guillaume de Lequas, Durant Raviffat, maiftre Jacques Gelet, notaire, & Laurens Lhioutard, par le moien de quoy, fur ce, fut faicte affemblée pour proceder à y metre ordre.

Les feigneurs du Chappitre propoferent par celluy qui prefidoit difant qu'il eftoit raifon d'exequter ce mandement, mais que la plus grande def-pence tomboyt fur eulx & falloit neceffairement que la ville en portaft & fe chargeaft de grande pourtion d'icelle. Les feigneurs Confuls, fur ce refpon-dans, dirent avoir trouvé ès enfeignemens de la ville la forme, l'ordre & defpence, que, par femblables mandemens, ils avoient faicte, leur declai-rant icelle, & que n'eftoient deliberés, fuivant le Confeil de la ville, de paffer oultre. Alors, lesdicts feigneurs du Chappitre refpondirent aux fei-gneurs Confuls qu'ils eftoient deliberés entre eulx s'en acquicter fans en rien les emprunter. Ce que fut aux Confuls un peu dur. Toutesfois, iceulx Con-fuls fe deliberarent bien & honorablement en faire leur debvoir aux defpends du commun en l'eglife de Sainct Pierre le Monaftier, & d'emprunter le Vicaire du feigneur Evefque faire commandement à tout le Clergé de la ville leur venir faire honneur auxdites exequies; à quoy il n'euft ofé contredire pour l'honneur & reverence du Roy. Mais tantoft après, au pourchas de plufieurs gens de bien, zelateurs de paix & d'amour, & remonftractions faictes de chacun parti, les differans furent entre iceulx du venerable Chap-pitre & lesdicts feigneurs Confuls rédduicts en union & tranfquillité, & fut determiné le faire comme s'enfuit :

Le decret & deliberation de ce faire, par huict jours auparavant, fut que feroient faictes & celebrées ces exequies le jour de vendredi XIIIᵉ de may en l'an fusdict.

Dont à cefte caufe, les feigneurs Confuls, par moien de juftice, firent faire cris & preconifations reyterées tendens ès fins de faire ce fervice fpirituel pour le feu Roy, & que chacun gardaft l'honneur de Dieu, ne le jurer, ne blafphemer, ne fe taverner, netier les rues, venir affocier icelle ledict jour hommes & femmes tenant bon ordre, tenir portes fermées comme le fainct dimenche, & que tous Bailes des Meftiers euffent à preparer leurs grandes torches pour les porter en icelluy acompaignement, & aultres chiefs en icelles proclamations contenus que par meſſeigneurs les Curiaulx furent, ſur ce, mieulx conſiderés.

Item, firent faire lesdits ſeigneurs Conſuls quatre douzaines de torches de cire peſans deux livres piece, & trois cens ſoixante chandeles cire de ſept en la livre, pour la chapelle ardent. Entre leſquelles en falloit quinze du pois de carteira piece pour eſtre miſes ès cinq croix d'iꝛelles. *Item,* ſix chandeles de cire de une livre de pois, chacune repreſentant les ſix Conſuls, pour eſtre miſes aux ſix chandeliers d'argent eſtans ſoubs la chappelle ardent autour du cercueil ou biere.

Item, lesdiᷓs ſeigneurs de l'egliſe Cathedrale firent dreſſer une chapelle ardent au devant le chœur Sainᷓe Croix, & au deſſoubs d'icelle mirent ung petit dreſſoir faiſant ſemblant de biere, couvert de deux nobles draps d'or l'ung ſus l'aultre, aourné & decouré d'eſcuts de France coronés à l'imperiale, & les pendens d'icelle chappelle ardent firent de velours noir aux armes dudiᷓ ſeigneur en chacun couſté.

Item, ledit chœur Sainᷓe Croix firent auſſi eſtouffer & garnir, ſur les renvers, de toiles de boguerans noirs, enrichis des armes du Roy à coronne imperiale, & des torchiers firent dreſſer par deſſus pour metre en iceulx les torches de la ville.

Item, audiᷓ chœur, firent adourner & couvrir les ſieges de tappis pour y collocquer meſſeigneurs de la Juſtice, les ſeigneurs Conſuls, nobles, bourgeois, advocats & autres gens de bon eſtat de ladiᷓe ville, pour faire le ſervice au jour aſſigné.

Item, au dehors lediᷓ chœur, firent auſſi preparer aultres ſieges & bancs pour aſſeoir aultres plus inferieurs de l'aſſociation, enſemble la chiere pour dire la collation à la louenge du Roy.

Item, eſtre venu le mecredi avant le jour aſſigné qu'on debvoit celebrer icelles exequies, fut adviſé les mander par toute la ville par ſix Curés ou Vicaires des perroiſſes du Puy, veſtus de noir, afin de prier les habitans y venir faire honneur, & y aſſiſter, hommes & femmes, pourtans, ſi poſſible leur eſtoit, abillement de dueil.

Item, eſtre venu le jeudi, veille du jour aſſigné, en l'egliſe Cathedrale, fut diᷓe l'agende des Morts, au chœur Sainᷓe Croix, en noble pſalmodie & reſonnance, après leurs veſpres diᷓes, oùt, pour ouyr icelluy ſervice, les ſeigneurs Confuls, acompaignés de tout plain de honorables perfonnaiges de la ville, y affiftarent. Et après ledict fervice parfaict, fut entre lesdicts feigneurs de l'eglife Cathedrale & les feigneurs Confuls affez longuement parlamenté de tout ce qu'ils avoient à faire le lendemain, & ce eftre dict, fe retirarent les feigneurs Confuls en leur Confulat, & de là chacun print fon parti.

Item, ce jour de jeudi, lesdicts feigneur Vicaire de monfeigneur l'Evefque du Puy & feigneurs du venerable Chappitre firent convocquer & appeller, pour affifter à icelles exequies, toutes les eglifes de la prefent ville, c'eft à fçavoir : les Religieux de Sainct Pierre le Monaftier & habitués feculiers d'icelle eglife, les habitués de l'Hofpital, les Collieges de Sainct Vofi, Sainct George, Sainct Agreve, Sainct Pierre la Tour, les Religieux mendians Saincte Claire, Prefcheurs, Mineurs, Carmes, & les Hofpitaliers de Sainct Jehan de Jherufalem, les Dames Auguftines de Val, & que chacun y euft à porter fa croix, excepté lesdits Hofpitaliers qui ne reçoivent commandement de l'Evefque, leur enjoignant fonner leurs cloches ce foir & n'arrefter que l'eglife Cathedrale n'arrefte, & fe trouver tout prefts en la rue des Tables bon matin environ fept heures, là atendans lesdicts feigneurs Chanoines & leur eglife Cathedrale, & de là venir, chacun en fon ordre, en la maifon confulaire, querir les feigneurs Confuls, que là les attendront avec meffeigneurs de la Juftice & toute la pompe de la ville.

Item, ce jour mefmes, les feigneurs Confuls prindrent grant peine & diligence de faire netier la rue de Villenova & la faire tapiffer de draps & boguerans noirs, de la maifon de Pierre Sauron (qu'eft l'entrée d'icelle) jufques au deffoubs la maifon commune, — par dehors & par dedans ladicte maifon pareillement, lesdictes tapifferies en plufieurs parties eftre garnies des armes du Roy tant à coronne imperiale que à fimple coronne, & auffi femblablement des armes de la ville entremeflées.

Le jour de vendredi eftre venu, de bon matin, ainfi qu'il pendoit par affignation, toutes les eglifes inferieures fufmentionnées fe retirarent en la rue des Tables, là attendant l'eglife Cathedrale, & au Confulat les feigneurs Confuls, gens de Juftice, nobles, bourgeois, marchans, mecaniques, hommes & femmes de tous eftats, acoultrés la plufpart en eftat funebre & en noble pompe, preftes les torches des feigneurs Confuls, celles des Meftiers, & aultres particulieres attendans le departir.

Les feigneurs de l'eglife Cathedrale, eftre defcendus en la rue des Tables, trouvarent les eglifes fusdites attendans. Si fe mirent enfemble en moult noble ordonnance, ayans perfonnaiges commis pour le tout renger, comme bien eftoit requis, & en tel ordre, chantant les litanies tant une eglife que aultre, fe vindrent rendre au Confulat.

Tout le Clergé, ormys l'eglife Cathedrale, prindrent leur voye en la ruete de Villenova que regarde de front vers la rue de l'Ouche, tendens par la rue de la Grange vers Paneffac, & entre icelluy Clergé & ladicte eglife Cathedrale, on affigna eftre mife toute la luminaire, oùt premierement marcharent de beau renc les torches que aulcuns Meftiers, particulierement & pour leur plaifir, y avoient envoyé pour faire honneur au Roy, entre lefquels furent les Coiratiers qui y avoient fix torches, les Bonetiers fix torches, les Hofteliers deux torches, les Celliers deux torches, les Baftiers quatre torches, les Coturiers deux torches, toutes de cire, pefant deux livres piece, & chacun d'iceulx Meftiers portoient en leurs dictes torches les efcuffons de leurs meftiers ou confrairies.

Item, après fuccedoient, venant de bel ordre, les grandes torches des Meftiers, excepté celles de la Court Royale de Vellay & de la Court Commune, treftoutes ayans ung grant efcu de France à coronne imperiale, & pour conduire & faire marcher lesdictes torches grandes, eftoient commis par les feigneurs Confuls trois bons perfonnaiges, Capts de meftier en ladicte année.

Item, après, marcharent les fix torches de meffeigneurs Confuls, aux armes de la ville.

Icy après, en ce renc, marcharent les deux grandes torches de la Court Royale de Vellay & de la Court Commune du Puy, ayans comme les aultres les armes du Roy à coronne imperiale, conduictes & acompaigniées par les fergens desdictes Courts.

Icy après, fucceffivement marcharent quarante deux torches de la ville, de deux livres de pois chacune, armées des armes du Roy à fimple coronne, lefquelles portoient certains bons perfonnaiges veftus de robes de dueil requis & empruntés par les Bailes des Meftiers au porchas des feigneurs Confuls, & lefquels quarante deux portans icelles torches eftoient conduits & arrenchés par trois bons perfonnaiges, auffi Capts de meftier de ladicte année.

Après, marcha l'eglife Cathedrale, laquelle precedoient les croix des eglifes du Puy, eftant derrier & faifant le pontificat reverend pere en Dieu monfeigneur meffire Chriftofle d'Alzon, evefque de Troye, fuffragand du feigneur Evefque & chanoine de l'eglife Noftre Dame.

Ayans prins voye le Clergé, luminaire & l'eglife Cathedrale, venoient après meffeigneurs maiftre Hector Torrenc, juge de Vellay, meffeigneurs maiftres Guillaume Luquet & Guillaume Bertrand, baile & juge de la Court Commune, en leur regence la prefent année, & après, atout leurs robes & chapperons rouges, meffeigneurs les Confuls, — combien que les Baile & Juge de la Court Commune qui n'eftoient en leur année, enfemble tout plain de Lieuxtenans, & je ne fçay quels aultres Officiers, pourchaf-foient y affifter en deliberation de vouloir preceder noffeigneurs Confuls : ce que ne leur fut permis par ung grant Confeil general de la ville fur ce ex-preffement affemblé. Car apparoit ce ne debvoir eftre tolleré, caufant trans-haction arbitrale fur ce paffée entre lesdits Officiers & les feigneurs Confuls, y acquiefçant par procureur le feigneur Evefque, & non fans merite, car la ville, que toutes charges fupporte, ne doibt eftre mife au pied derrier, & mal confideré à ceulx qui pourfuyvent tel faict que de vouloir foubftraire l'honneur qu'appartient aux feigneurs Confuls, que font moderateurs, ayans le foing & cure du bien politicque. Mais ceux-là cherchent troubler la tranf-quilité & le repos de la Maifon Confulaire, ne craignans, fans jufte querelle, brifer appointemens & convenances. Les gens de probité du temps paffé ne meritent ainfi eftre redargués, defquelles les louenges font preftantes, que par leur arbitraige, comme vertueux & prudens, ont pefé en equité & à la raifon le faict ainfi qu'il eft, & puis, confideré & voyant ce avoir fi longue-ment demouré en ftabilité, ne fçay raifon recevable pour eftre, fans erubef-cence, dicte ou pourchaffée au contraire. Pourquoy, ces entreprinfes, par faulte de fe dreffer à la norme de raifon, font dangereufes d'enfanter en la ville difcordes, diffimulations & haines, au grant defavantaige & trouble de la republicque : tout ce que eft vray, fe mon entendement n'eft effacé par ignorance.

Après les fusdicts feigneurs de Juftice & meffeigneurs les Confuls, fuyvi-rent en ordre bien rengés les nobles, les bourgeois, meffeigneurs les advo-cats, marchans & mecaniques, & après enfemble les dames nobles, bourgeoifes & marchandes, en grant nombre, veftus en eftat funebre, tous lefquels, par monfeigneur le Cappitaine Mage de la ville, fire Pons Yrailh, ayant fon bafton en main, furent collocqués & affignés en leurs lieux.

Ladicte proceffion marchant avant, après ce que le fusdict Cappitaine Mage les euft ordonnés, fe vint rendre au devant la porte de Paneffac, là oùt ladicte eglife Cathedrale, fuyvant le temps de Pafques, & chacune de toutes les aultres eglifes fusdi&es particulierement, chantarent devant l'imaige de la Vierge Marie : *Regina celi, letare, Alleluia,* etc.

Après, marcha toute ladi&e proceffion, en tel ordre qu'il eft icy deffus touché, par le long de la rue de Paneffac, la Chanebaterie, Raphael, Montpeiroux, la Frenarie, la rue des Portes, arrivant devant l'eglife Sain& Vofi.

Icy eftre arrivée ladi&e proceffion, furent commis par mes di&s feigneurs Confuls, maiftres George Pradier, leur fecretaire du Confulat, & Jehan Lhioutard, leur recepveur, pour diftribuer à chacun des affocians ecclefiaf-tiques & aux porteurs des torches trois deniers tournois, & en l'eglife Cathe-drale n'euft nulle diftribution, & après s'en montarent, & paffant par la porte du Fort, entrarent en l'eglife Noftre Dame.

Item, eftre entrés en ladi&e eglife Noftre Dame, furent mifes les torches aux torchiers fur ce ordonnés & allumées les chandeles eftans preftes fur la chappelle ardent, & ès petis crochets des pilles, enfemble les fix chandeles de livre eftans autour du cercueil, & les feigneurs de Juftice, meffeigneurs Confuls & aultres perfonnaiges, comme font les nobles, les bourgeois & advocats, avec aulcuns marchans, entrarent au chœur Sain&e Croix pour ouyr le fervice, & aultres demourarent dehors avec les dames aux bancs & fieges pour ce preparés.

Item, le fervice fut commancé avec refonante chantrerie, reveftus de nobles veftemens de draps d'or.

Item, avant l'offrande, les feigneurs Confuls baillarent charge aux fusdi&s maiftres George Pradier, leur greffier, & maiftre Jehan Lhioutard, leur recepveur, de porter chacun une tace d'argent plaine de deniers tournois, & les prefenter à qui les vouldroit prendre pour aller offrir, ainfi qu'eft obfervé en toutes fepultures.

Item, venu le temps de l'offrande, meffeigneurs Confuls priarent meffei-gneurs de Juftice venir avec eulx offrir le lenier de drap d'or eftant fur la biere, ce qu'ils firent bien & honorablement, tenant chacun fa torche en main, comme appertient eftre fai& aux funeraires des perfonnaiges de grande preference; & ce offert, après, le remirent en fon lieu. Et l'offerte acomplie, fut comancé le fermon, que fut di& à la louenge du Roy par le beau Pere confeffeur de Sain&e Claire, homme adourné de très-noble vertu & fçavoir, qui, par paroles edifficatives, dechiffra la refplendeur des fere-niffimes Princes de France & l'aulteffe de leur très-chreftienne & facrée magesté royale, avec singulier blason des trois nobles lys d'or, assis dans leurs magnificques, excellentes & precieuses armes.

Le sermon finy & le reste de ladicte messe acompli & parfaict, fut baillé, ainsi qu'on avoit coustume faire le temps passé, ausdicts seigneurs du venerable Chappitre, pour aulcunement supporter leurs charges, la somme de cinq livres. Mais, pour ce que ils se demonstrarent begnins, debonnaires & de gracieux accueil envers messeigneurs Consuls & la ville, dont avoir consideré icelle leur douceur & courtoisie, fut advisé par nosdicts seigneurs Consuls & Conseil leur donner dix livres tournois davantaige, qu'est en tout quinze livres tournois.

Item, pour satisfaire les peines de messeigneurs les Chantres que moult bien y firent leur debvoir, fut advisé leur donner ung escu soleil.

Lesdicts seigneurs Consuls, après tout ce mistere exequté, s'en descendirent à la maison du Consulat, iceulx associans tous les messeigneurs que dessus, oùt avoit grande & notable comitive. Se mirent en bel ordre lesdicts seigneurs Consuls à la porte du Consulat, les associans prenans congé d'eulx, & les Consuls les remercians, & ainsi chacun se retira en sa chacuniere.

Les despends pour ce frayés.

Premierement, pour quarante huict torches six chandeles de livre, & pour trois cens soixante chandeles cire pour la susdicte chappelle ardent, pesant ensemble ung quintal et demy, à raison de quatre sols cinq deniers pour livre, monte trente trois livres trois sols. Pour ce icy   XXXIII^l III^s

Pour cinquante quatre escussons aux armes du Roy, tant pour metre aux torches que en la maison du Consulat ou tapisseries d'icelle, tant par dehors que par dedans, à raison de vingt deniers piece, que monte quatre livres dix sols. Pour ce icy   IV^l X^s

Pour vingt quatre grans escuts de France à coronne imperiale, pour estre mys tant aux grandes torches des Mestiers, celles des Courts Reale & Commune, & pour metre aux pendens de la chappelle ardent & biere, à raison de trois sols piece, monte trois livres dix sols. Pour ce icy III^l X^s

Pour dix huict escuts aux armes de la ville, six pour porter à l'acompaignement appellées les torches des six Consuls, aultres six pour les six chandeliers applicqués autour de la biere, & les aultres six pour estre mis au

Confulat par dehors & dedans, meflées avec les armes du Roy, à raifon de vingt deniers piece, monte trente fols. Pour ce icy   **XXX'**

Item, fut donné à fix Curés ou Vicaires du Puy que mandarent par ville venir acompaigner meffeigneurs Confuls & faire honneur ès dictes exequies, — leur fut donné pour leurs peines quatre fols à chacun, que monte vingt quatre fols. Pour ce icy   **XXIIII'**

Item, pour le loyer de plufieurs pieces de boguerans noirs pour tapiffer tant dehors la maifon confulaire que par dedans, fut payé la fomme de cinq fols. Pour ce icy   **V'**

Item, pour les fuftiers que tapiffarent tant dedans que dehors la maifon du Confulat, pofer efcuts tant ès grandes que petites torches, & faire plufieurs aultres radreffemens & divers fervices, leur fut donné & payé à tous enfemble la fomme de vingt un fols. Pour ce icy   **XXI'**

Item, pour faire netier la rue de Villenova, porter & raporter toiles, tapifferies, pour avoir cloux, efpingles, cordeaulx, fut emploié en ce la fomme de fept fols fix deniers. Pour ce icy   **VII' VI**ᵈ

Item, pour douze baftons blancs de fau pour bailler pour tenir en main à plufieurs commis, pour le tout arrencher, fut payé trois fols. Pour ce icy   **III'**

Item, pour la diftribution faicte dans l'eglife de Sainct Vofi, à tout le Clergé de la ville & plufieurs eftrangiers & à tous les porteurs des torches, à trois deniers chacun, monta ladicte diftribution fept livres ung fol & fix deniers tournois. Pour ce icy   **VII' I' VI**ᵈ

Item, à l'offrande, montarent les deniers baillés pour aller offrir, la fomme de deux livres douze fols. Pour ce icy   **II' XII'**

Item, ainfi que deffus eft couché, fut donné aux feigneurs du venerable Chappitre, pour fupportement de leur charge, la fomme de quinze livres. Pour ce icy   **XV'**

Item, pareillement, fut donné à meffeigneurs les Chantres, comme deffus eft efcript, la fomme de deux livres cinq fols. Pour ce icy   **II' V'**

Item, après tout eftre defpeché, meffeigneurs Confuls, Cappitaine Mage, Sindic, Greffier, Recepveur & leurs ferviteurs allarent diner enfemble, auquel diner fut defpendu deux livres dix fols. Pour ce icy   **II' X'**

Item, pour faire efcripre au Confulat foubs ung efcu de France pour memoire l'an, jour & le lieu oùt trefpaffa le feu Roy François, dont deppendent ces defpences & frais, fut donné à maiftre Jacques Bauton, pour ce faire, cinq fols. Pour ce icy   V·

Item, a efté payé à Eftienne Medicis qui a vacqué en la prefent cronicque & mis en ce prefent livre appelé l'*Official du Confulat,* ou pour aultres peines qu'il avoit prinfes par devant, faifant plufieurs patoillards pour le tout arrencher, la fomme de deux livres cinq fols. Pour ce icy II¹ V·

Summaire de ladiĉte defpence : foixante dix fept livres douze fols. Pour ce icy   LXXVII¹ XII·

C'eft la fin de noftre geographie & cronicque, que vous plairra mieulx dilater qu'avons fi imprimée, fur l'exeqution que nos feigneurs Confuls, par leur moderation, ont faiĉte avec foigneufe diligence obeiffans au mandement du Roy noftre Sire, touchant les exequies de noftre feu feigneur Roy & Prince de honorable memoyre François Iᵉʳ de ce nom, roy de France, duquel Dieu, noftre Createur, vueille avoir receu l'ame ès fieges imperiaulx de fa gloire celefte. Difons *Amen!*

NICHIL DE PAUPERIBUS NEC DE MENDICIS
DICATUR SINISTRUM , NEC DE MEDICIS.

•
• •

Item, lediĉt an M.D.XLVII., ès mois de juin & jullet, fut reftauré & de nouveau conftruiĉt le couvert de l'eglife conventuale & perrochiale de Sainĉt Pierre le Monaftier du Puy, pour ce que vieulx, pourry & caduc eftoit, car du temps qu'il avoit efté faiĉt les memoires eftoient perdues, & en eut peu furvenir quelque grant inconveniant, fe on n'y euft promptement mys la main. Dont, pour fubvenir à cefte charitable œuvre, y fut emploié certains deniers cueillis de la Confrarie du precieux Corps de Dieu, & auffi fut amaffé par certains commis aux portes des habitans de la perroiffe, & le feigneur prieur de léans y fit bien fon debvoir. Monta la defpenfe dudiĉt couvert environ la fomme de cent vingt cinq livres tournois.

Item, lediĉt an, & le mecredi XX· du mois de jullet, jour de la vierge fainĉte Marguerite, par indifpofition du temps, ainfi qu'il pleuft à Dieu de l'ordonner, l'air fut fi treftant corrompu & intemperé que il efclairra, tonna, grefla par fi grande roideur, en tant que, ce jour, la fouldre tumba au clochier

Noftre Dame, au clochier auffi de Sainét Michel d'Agulhie & le froiffa en la fummité, tua une poure fille aux prés fur la voye Marchadeira, tua deux femmes à Sainét Privat, trois meffonyers en ung champ en Javaudan; & en une chambre dans le logeis *du Faulcon** du Puy, où eftoit logé ung affignat pour lever certains deniers du Roy, comptant iceulx deniers avec ung nombre de gens de ladiéte ville, la fouldre, après ung grant tonnerre, ou bien le folet, fe trouva léans parmy eulx, que leur fit tant d'ennuy & efpòventement qu'il n'y avoit perfonne que ne fut hors de fon bon propos. Et en plufieurs aultres partis, ce mefme jour, fit d'aultres merveilles. Nous prierons le Dif-tributeur des celeftes dons que nous tienne tousjours en fainéte garde! Difons *Amen.*

Item, lediét an, au pourchas & pourfuite des feigneurs Confuls du Puy & aultres mandemens du Diocefe, leurs adherans, fut encommancé le procès de faire la reffarche & extime generale dudiét Diocefe, & en fut fur ce pronuncé arreft en la Court des feigneurs Generaulx à Montpelier.

Chappitre concernant l'ordre des jours
que doibt eftre tenu par les feigneurs Confuls de la ville du Puy
fur le faiét de veftir & porter leurs robes, manteaulx
& chapperons rouges.

L eft efcribt, au premier volume de mon livre DE PODIO **, comment le temps paffé, après le reftabliffement du Confu-lat, que fut l'an M.CCC.XLIII., les Confuls du Puy eftoient veftus & habitués de robes, manteaulx, & chappe-rons qu'ils portoient en leur tefte, de drap pers*** entre cou-leur clere & brune : que avoit duré par le temps de cinquante ung ans. Mais les citoiens, l'année M.CCC.LXXXXIII., firent eleétion de Confuls en nombre de fix, c'eft afçavoir de fires Jehan Vera, Vidal Vergonges, Ma-

---

* Cette hôtellerie était située dans la rue des Farges, vis-à-vis de la rue Montferrand. — Archives municipales du Puy, *Compois de* 1544, n° 279.

** Voir plus haut, page 226.

*** *Pers,* couleur bleue.

thieu de Montpeiroux, Pierre Lhiautard, Jacques de Reuilhac* & Geri Vaiſſeira, car, par avant differanment, uſoient aulcuns ans de dix Conſuls, aultres ans huiĉt, aultres ans quatre. Si ordonnarent, ceſte année, de tenir ordre prefix, ſans augmenter ne diminuer lediĉt nombre de ſix Conſuls. Et ſe veſtirent de drap pers, ainſi qu'ils avoient acouſtumé, puis le reſtabliſ-ſement de leur Conſulat, que, par avant par l'exceis perpetré dans la maiſon des Peres Cordeliers, avoit eſté perdu durant le temps de ſoixante ung ans; & duquel temps ils avoient prins lesdiĉts abillements de pers à leur diĉte reintegration & reſtabliſſement, car par avant ne portoient les Conſuls ſinon leurs robes ordinaires. Mais l'an M.CCC.LXXXXIV., & le XXIV° de mars, vint pelerin à Noſtre Dame le Roy Charles VI°, lequel ſeigneur ne les trouva agreables avec ceſt abillement de pers. Si luy pleuſt leur com-mander qu'ils ſe veſtiſſent de drap rouge, robes, manteaulx & chapperons, ce qu'ils firent par le conſeil & commandement dudiĉt leur ſeigneur & prince; ce qu'a eſté depuis obſervé & entretenu, & portoient ſucceſſivement les Conſuls lesdiĉtes robes rouges toutes les feſtes de dimenche, feſtes an-nuelles & des Appoſtres, jour de ſainĉte Anna, ſainĉte Magdaleine que fut appoſtreſſe de Jeſu Chriſt, & aultres jours ſollempnels comme ſont les feſtes de Noë, Circumciſion, les Roys, Paſques, le jour du Corps de Dieu, de l'Aſcenſion & Dedicace, & les dimenches & feſtes annuelles portoient-ils leurs manteaulx affublés, entrant en l'egliſe, tenant honorable gravité, meſ-mement au temps des Avents & Careſme, leurs ſerviteurs tousjours quant & quant portant leurs manteaulx rouges après eulx. *Item*, & auſſi pareille-ment portoient-ils leurs diĉtes robes rouges, quant il eſcheoit entrer au Puy aulcun Seigneur de ſang royal, Legat, Cardinal ou ſeigneur de aulte dignité ou de maiſon de preference. *Item*, ſemblablement, quant on faiſoit cris & preconiſacions publicques pour la naiſſance de monſeigneur le Daulphin, mariage du Roy ou de ſes nobles Enfans, ou par moyen de la paix deſirée du peuple, dont s'enſuivoit raiſon de faire feux de joye. *Item*, & auſſi, quant il advenoit que les Eſtats Generaulx du pais de Languedoc ſe tenoient en ladiĉte ville du Puy, durant lesdiĉts Eſtats, alloient lesdiĉts Conſuls veſtus de leurs robes rouges. *Item*, quant il eſcheoit aulcun de leurs compaignons & conſors Conſuls ſe mourir, à ſon enterrement portoient-ils leurs robes rouges, ſe te-

* *Liſez* : de Raviſsac.

nans auprès de fa biere les plus prochains. Pareillement, le jour que lesdicts Confuls en commun faifoient particulierement ung retour audict feigneur Conful trefpaffé. *Item*, en plufieurs aultres temps & lieux congrus & raifonnables, ils portoient leurs dictes robes rouges, comme en affociant les proceffions tant ordinaires que extraordinaires, & en aultres divers lieux, comme en faifant leurs Auditeurs de Comptes, & aultres actes que font incogitables que povoient advenir. Et bien & deuement audict temps, lesdicts Confuls, par vraye religion & ferimonye, obfervoient & gardoient à leur povoir l'honneur, l'honnefteté & l'effect de la decouration de leur dicte ville. Mais aujourd'huy, en ce temps moderne, les chofes font tumbées en telle ineftabilité, defrifion & mefpris, que les Confuls ne daignent porter à grant peine leurs chapperons, ne à moitié du temps leurs dictes robes rouges, & de manteaulx point, mais vont parmy la ville fans leurs dicts chapperons & robes, comme gens efgarés ne records de la tradition & enfeignement des honorables couftumes de leurs devanciers & predeceffeurs & de l'honneur que le commun leur a faict. Mais quoy ! ils font aujourd'huy leurs robes efcouées, rebraffées, excoletées, que fentent plus toft à leur barbier ou meneftrier qu'à leur prodhomme, & leurs bonnets botonés comme ung fouldart de guerre, n'obfervant la reigle des predeceffeurs, & ne demonftrant la gravité, prodhomye, difcretion & fens, que doibt eftre en ung Conful, qui, entre tous aultres habitans, eft fingulierement efleu moderateur pour regir & adminiftrer, comme prudent, pacifique & debonnaire citoyen, les affaires communes & publicques, & n'eft figne de bon fens raffis fe ainfi forvoyer & defguifer en ces habits. Tant de bonnes, groffes & infignes villes où font habitans egregieux, clercs, bourgeois & marchans, tánt bien morigenés & que font de grant port & auctorité, qui gardent leur priftine couftume en leurs habits tant confulaires que aultrement, bien & notablement, fans exchange, n'excedant en rien leur eftat, dont en ce font moult à louer, & nos Confuls modernes grandement à reprendre que, fans regarder leur faculté, fçavoir, induftrie ou auctorité, ainfi fe diffimulent portant le velours & draps de foye, duquel porter, combien qu'on foit Conful, l'homme faige y doibt penfer s'il a de quoy nourrir le paige, & par fubmiffion de temps après l'entretenir. Mais ne leur defplaife, ce debvroit eftre iceulx qui debvroient garder la tranfquilité du peuple & corriger ces gorres *

* Somptuofités, magnificences.

& pompes & fuyr ces fumptuofités & infructueufes defpenfes & eftats que aujourd'hui regnent & pulullent, deftruifant eulx & ladicte ville du Puy, en laquelle on ne treuve, pour le prefent, fi petit que fans merite ne porte le drap de foye, le velours partout meflé, que eft ung mal qui la cité macule, & quoy plus, defpendent leur bien en jeux, lubricités, mangers & banquets de viandes exquifes, bevant le vin claret & delicat, volant vivre plus fplendidement que n'affiert à leur eftat, imitant les peuples & cités du temps paffé, comme furent les Malifiens*, Sibarites, Tarentins & aultres, que en voluptés & lafcivités occupoient leur precieux temps & leurs biens temporels. Les bonnes gens du Puy, le temps jadis, bevoient le petit vin du pays; tant fobres & refolus eftoient en leur vivre, dont ils en eftoient plus oppulents & riches : il feroit neceffaire aux bons Confuls ou Magiftrats qu'ils corrigeaffent ces exceis & abus.

Les Hiftoires nous tefmoignent que Julius Cefar à Rome fift une ordonnance, par laquelle il inftitua gens fe tenir ès marchés, efpecialement là où on vendoit chair, poiffon & volaille, pour punir ceux qui acheptoient les viandes par la loy qu'on appelloit *Sumptuaire* prohibées. Mais au temps prefent, tant font de gens inconftans fubgects à leur bouche, qu'à toutes heurtes veulent manger & boire viandes & vins repugnans à leur eftat, que meĉt eulx & leur famille à finale ruyne. Et combien que les feux Roys de très-noble & honorable memoyre aient faiĉt & ordonné de moult louables ftatus fur le regime du peuple touchant les diffolus beveurs ès tavernes & cabarets & icelles faiĉt auctorifer en leurs Parlements pour compofer en tranfquilité la republicque, ce nonobftant, le peuple eft tant intemperé que ne veulent metre frain à leur volupté, ains font leur felicité d'enfraindre icelles bonnes & valables ordonnances par leur inmoderation, quelques reiterés commandemens qu'on leur puift faire, que eft un faiĉt pernicieux & que engendre grant efcandale au poure populaire, dont eulx & la ville s'en trouveront indubitablement ruynés & depopulés, s'ils ne recongnoiffent leur infelicité, dont je extime la plus grande coulpe defcendre des Magiftrats que ont la preference en la chofe publicque, defquels l'orgueil, l'intemperance, negligence, diffenfion ou avarice, faiĉt que facilement l'eftat publicque decoule en nonchaloir & maleurté.

* Miléfiens, de Milet en Ionie (Afie-Mineure).

Cronique de l'an après la nayſſance de Jeſu Chriſt M.D.XLVIII.

L A frequentacion du poignant penſer que j'ay de vouloir ta-
piſſer d'aulcuns faiĉts memorables les fueillets de ce mien
livre DE PODIO, m'ont faiĉt cy enregiſtrer que, en ladiĉte
année M.D.XLVIII., en la ville du Puy, furent indits
grans deniers en ſubſide de tailles reales, avec creue &
aultre impoſition de deniers mys ſur les villes cloſes, avec decimes redoublées ſur le Clergé.

Item, ceſte année, furent confirmés du Roy noſtre Sire les privileiges de
ladiĉte ville du Puy, oùt, à ceſte cauſe, fut employé la ſomme de quatre cens
trente livres.

Item, l'yver fut facheux & long, lequel dura juſques bien près de la my-
may.

Item, ſur le vendredy XV* du moys de juin, l'air fut intemperé de telle
ſorte qu'il tonna, eſclaira & greſla ſi roydement qu'il devora, gaſta & deſtruiĉt le bien & fruiĉts de la terre eſtant en pluſieurs perroiſſes & villaiges du
Dioceſe, que moult les habitans d'iceulx conſtitua en extreme deſolation.

Item, en ladiĉte année, fut grande & longue ſechareſſe, par le moyen de
laquelle fein & paille furent en petite quantité.

Item, audiĉt an, ſur le XXV* du moys de jullet, fut eſtablie en garniſon,
en ladiĉte ville du Puy, la moytié de la compaignie de monſeigneur le Duc de
Montpenſier, que eſtoient en nombre vingt hommes d'armes & quarante archiers, & aultant en avoyt au pays. Sy advint lediĉt jour que, l'ung des ſeigneurs Conſuls de ladiĉte ville pourvoyans ès affaires d'icelle garniſon, vint à
luy ung des habitans luy dire que quelcun d'iceulx gensdarmes luy avoit deſrobé ung ſien chien qu'il aymoit beaucop, priant icelluy Conſul trouver
moyen le luy faire recouvrer. A quoy lediĉt ſeigneur Conſul s'y employa par
doulces & humaines paroles. Mais lediĉt gendarme luy nya tousjours, combien que lediĉt ſeigneur Conſul ſçavoit bien toute la verité du faiĉt. Or, comment qu'il en fut, fut par gré ou par force, on entra dans le logeis du *Chappeau rouge**, là oùt en une chambre on trouva ce chien qu'ils enmenarent. Sy

---

* Cette hôtellerie, comme celles de la *Pomme,* du *Faucon,* de l'*Ecu de France,* de la *Tête
noire,* était ſituée dans la rue des Farges. — Compois de 1544, n° 271.

fortirent plufieurs paroles tant pour cefte caufe que pour la forniture de l'avoyne & aultres avivres que demandoient iceulx gensdarmes, tellement que par procès de paroles, entre aultres, le cappitaine ou bien fon lieutenant dict au Conful qu'il eftoit ferviteur du Roy. A quoy le Conful luy refpondit que auffi eftoyt-il ferviteur du Roy comme luy. Lors, l'ung des gensdarmes (qui là eftoyt prefent), luy dict qu'il avoyt menty, &, fur ce, d'une temeraire audace, comme ung fol indeterminé, s'efforça de luy bailler fus la joue, fe ledict Conful ne fut prins garde. Dont ceft oultraige ainfi eftre faict à l'ung des feigneurs Confuls, fit enflamer les habitans par telle colere, qu'en ung inf-tant, les portaulx de la ville, enfemble les maifons desdicts habitans, furent fermées. Et congnoyffans les gensdarmes cefte mutination, fe retirarent dans leur lougeis au *Faulcon,* fe fortiffiant en eftabliffant, pour garder d'entrer, les degreds & portes, d'arches, coffres, tables, trefteaulx, bancs & efcabelles, defpavés les carreaulx des chambres pour getter, fe befoing eftoyt. Tantoft le peuple de ce adverty, euffiez veu courir, l'ung de çà, l'aultre de là, & venir par trouppes celle part avec efpées & aultres arnoys invafyves, par merveil-leufe fureur. Ce que caufoyt effroy de veoir le tumulte & tourbe populaire ainfi anymée & efmeue. Lefquels promptement affiegharent le logeis du *Faulcon,* où eftoient la plufpart desdicts gensdarmes. Celluy qui ceft oul-traige avoyt ofé entreprendre, dès incontinent, par la porte derriere s'enfuyt, devant qu'on s'en print garde, par le moyen de l'ung de ceulx de ladicte gen-darmerie que luy fift prendre & affubler de l'abillement d'ung fien palefre-nyer. Et lequel ainfi incongneu fe conduict vers le feigneur Vicomte de Poli-gnac. Mais les gens de la ville, non apaifés, trouvarent moyen de apprehender le cappitaine & le conduyre en prifon, dont à grant peyne le peurent-ils ga-rentir jufques à la Court du Roy, où ils le myrent, pour eviter la fureur du peuple que luy euffent faict defplaifir de fa perfonne, fe plus avant on fut allé. Et là eftant, fut advifé & prudemment confideré par aulcuns faiges ci-toyens pleins de probité que de ce pourroyt yffir quelque grant efcandale, attendu que le cappitaine fe defendoyt, difant qu'il n'en eftoit point caufe, & qu'ils euffent leur action contre celluy duquel procedoit l'oultraige, & que tant à luy que à toute fa bende leur defplaifoyt moult de cefte defconvenue. Ce que après, lesdicts gensdarmes, perfeverans en leur dire, monftrarent, par faicts & fignes, que ce moult leur defplaifoyt. Toutesfois, celluy que ce avoit faict ne fe trouva oncques depuys en ville. Sy fut ledict cappitaine relaxé.

Item, ladicte compaignie ne demoura en la ville ne au pays que trente

quatre jours, caufant le mandement actif qu'ils eurent du Roy noftre Sire
pour fe porter promptement en Guyenne, ès parties de Bourdeaulx, contre
ung fe difant *Prince de Liberté,* que moult afpre & fanglante guerre, tant
par terre que navale, avoit appareillé contre le Roy noftre dict Sire, commet-
tant felonnye & crifme de leze-magefté, tant luy que fes adherans & complices, de fe vouloir armer contre fon Roy, fon prince naturel & indubitat
feigneur, effayant, à fon povoir, deftourner le peuple de fon amour, & que
par ce moyen metent en trouble & hors de fa tranfquilité & repos. C'eftoyt à
caufe, ainfi qu'on difoyt, pour quelque fubfide mys fus le fel.

Des Grands Jours tenus en la ville du Puy
par les feigneurs de la venerable Court du Parlement de Thoulofe,
l'an M.D.XLVIII.

Item, ledict an, fut ordonné & decreté, par commandement du Roy
noftre Sire, eftre tenu eftat de Grands Jours* en la ville du Puy par meffeigneurs de Parlement feant à Thoulofe, dont de la commiffion & arreft
la teneur s'enfuyt :

Extraict des regeftres de Parlement.

Veues les letres patentes du Roy, données à Aix en Otte** du Ve jour de may,
par lefquelles ledict feigneur a ordonné les Grands Jours, pour cefte année, eftre
tenus & decernés en la ville du Puy, à commancer au premier jour de feptembre
prochain & finer le dernier d'octobre, comme ès dictes letres eft contenu, leues &
publiées & enregeftrées en la Court le XXVIe jour du prefent moys, enfemble la
requefte fur ce baillée par le Procureur General du Roy ; — la Court a enjoinct aux
Senefchaulx de Beaucaire & Rouergue, Baillif & Juge de Vellay, Viverois & Gevauldan, Viguier & Juge de Uzès, de Beaucaire, Baignols & Vigan, Baillif de
Mercuer, Juges de Millau, Compeyre, Saincte Affricque, Sainct Sernyn, Salve-

---

* Les *Grands Jours* étaient des assises que des magistrats envoyés par le roi tenaient, à certaines époques, pour la répression des crimes, désordres et abus, que les juges ordinaires étaient
impuissants à punir.
** Aix-en-Othe, chef-lieu de canton, arrondissementde Troyes (Aube).

terre, Daneras, Viguier de Naghac, Juge ordinaire & Baillif de Rodez, Juges dudict Comté & des quatre Chaftellanies de Rouergue, & aultres Officiers Royaulx
ou pour les Seigneurs ès dictes Senefchaulcées & Baillaiges, leurs Lieuxtenans &
chacun d'iceulx, de faire diligenment lire & publier & en leurs fieges icelles letres
enregeftrer ; — enjoignant en oultre à tous aultres Juges & Confuls ayans exercice
de juridiction criminelle tant du Roy que des Seigneurs & Gentilshommes de ces
pays, à peyne de fufpenfion de leurs offices que aultre arbitrayre, de, à toute diligence, parfaire & juger les procès criminels introduicts & pendens devant eulx, &
auffi exequter entierement les decrets & prinfe de corps de adjournemens perfon-
nels, & aultres provifions par eulx decernées, & proceder contre les delinquens &
coulpables, fans acceptation de perfonnes; faire auffi, chacun en fon endroict &
juridictions, inquifitions de tous crifmes, delicts, malefices, efcandales, aggreffions,
port d'armes, violences, oppreffions, concuffions, indeues exactions, blafphemes,
fectes lutheriennes & aultres reprouvées defvoyans de la faincte foy catholicque,
& proceder contre les coulpables felon l'exigence & gravité des cas, ainfi que à
ung chacun d'iceulx Senefchaulx & aultres fufdicts refpectivement, felon droict,
ordonnances & edits du Roy, compete & appartient; tellement que lesdicts procès
criminels foyent par eulx inftruicts & decretés en temps ordonné par tous lesdicts
Grands Jours, affin que, en dernier reffort ou aultrement, felon la qualité & importance, en foyt congneu & jugé par les Juges Commiffaires tenans lesdicts
Grands Jours.

Et enjoinct pareillement la Court aux Procureurs du Roy inftituer, ès dictes
fenefchaulcées, fieges & auditoires Subftitués, & faire en ce que deffus telle diligence & pourfuite que, audict jour premier de feptembre, lesdicts Commiffaires,
par eulx ou lesdicts Juges ou Subftitués en leurs perfonnes, foyent en tout cer-
tiffiés, & auffi veoir, corriger & efmender, fy befoing eft, tout maulvais eftile,
praticque & formulayre, defquels cy-devant avoyent ufé en leurs dicts fieges &
auditoyres, & pour les certiffier des eglifes, monafteres, couvents, hofpitaulx &
reparations neceffaires ès dicts pays, par efpecial eftans de fondation royale, tant
pour le faict du divin fervice, entretenement des faincts decrets, reformation &
difcipline reguliere, que fur les ruynes, reparations & decadences ès dicts lieux &
eglifes & des maifons, ediffices & leurs appartenances, norriture des poures des
hofpitaulx, alienation des biens, ventes, & couppe des boys & arbres, maulvaifes
verfations & adminiftrations des poffeffions des benefices & aultres, par lesdicts
Commiffaires, fuyvant le vouloyr du Roy, y eftre pourveu & ordonné comme
appartiendra ; — de corriger & efmender les frivoles & temeraires appellations &
fubterfuges, dilays fruftractoires & efquifes cavillations de plufieurs parties, &
appellations verbales : occafion de quoy, les matieres principales demeurent en

arriere longtemps pendents, indecis de expedition & congnoiſſance des droicts, ſoubs couleur de quoy, ceulx qui veulent fuyr le droict & juſtice, ſapchans qu'ils ont maulvaiſe cauſe, interjectent ſouvent appellations qu'ils entendent bien ne rien valoyr ne eſtre ſoubſtenables, eſperans que leurs parties n'en auront jamais ou bien de longtemps expedition, & les conſomment en longueur de voyages & deſ- pends des procès : dont advient ſouvent que ceulx qui ont bon droict n'ont le moyen, ne argent, ne entendement, pour attendre la longueur du procès & fornir aux frais & deſpences, en maniere que, bien ſouvent, ſont contraincts de appoin- ter pour la moytié moins de ce que léans eſt deu ; & aultres ayment mieulx quicter tout & habandonner leurs droicts, & les aultres ſe deſtruiſent ou meurent à la pourſuyte.

Semblablement, enjoinct la Court à tous Vicomtes, Barons, Seigneurs, Gentils- hommes, Conſuls & Communaultés deſdicts pays & juridictions, ſur peyne d'eſtre dicts deſobeiſſans & rebelles au Roy, & comme tels punys & aultrement, ſelon la exigence des cas, de donner aide, faveur, ſecours & main forte, ſy meſtier eſt, aux excequuteurs des Commiſſaires ès prinſes de corps & aultres proviſions qui ont eſté & ſeront par eulx ordonnées & decernées, en maniere que la force & obeyſ- ſance demeure au Roy & à juſtice. Pronuncé à Thouloſe en Parlement, le XXVIIᵉ jour du moys de juin, l'an M.D.XLVIII. — BURNET.

Item, les ſeigneurs Conſuls eſtre deuement advertis de ceſte commiſſion & arreſt, par ung grand Conſeil tenu en la maiſon conſulaire, fut arreſté eſtre envoyé l'ung des ſeigneurs Conſuls à Thouloſe en Parlement pour faire reve- rence à la Court de noſſeigneurs dudict Parlement, & de s'enquerir avec eulx comment ſur ceſt affaire qu'ils n'avoyent oncques mais faict, ils s'en debvoient gouverner, afin qu'ils ne failliſſent à bien faire leur debvoir, vueil- lans obeyr au Roy noſtre Sire & à la Court. Sy fut ordonné que honnorable homme ſire Pons Bordel dict Erailh, ſecond conſul, homme de bon ſçavoir, prendroit la charge de ceſte legation & ambaſſade.

Item, ce temps pendent, fut cherché & conſideré en quel endroict on pour- roit aſſigner le lieu ou maiſon bien appropriée pour tenir l'audience, chambres de conſeil, ſale pour les procureurs, conſiergerie pour les criminceux, & aul- tres lieux ſur ce convenables & neceſſaires. Mais, le tout bien veu & viſité, on ne trouva lieu ne place plus commode, ne mieulx faiſant à propos, que la maiſon de l'Eveſché, & là on ſe arreſta.

Sy firent incontinent les ſeigneurs Conſuls ſummer & requerir monſeigneur l'Eveſque du Puy, ou bien ſes Vicaires, de metre ordre à appointer ladicte

maifon, dreffer l'audience, pourveoir de tapifferies, & faire feurement ap-
puyer icelle maifon, & pourveoir ès aultres tels negoces à ce urgens & très-
neceffaires. A quoy iceulx Vicaires ne homme pour ledict Evefque n'y volurent fornir ung feul denier, ne aulcunement en rien y pourveoir.

Ce voyant, lefdicts feigneurs Confuls commyrent certains bons perfonnaiges de la ville, que de tout ce exequter prindrent la charge, les ungs en
ung endroict, les aultres en ung aultre, & en telle forte y s'emploiarent &
par telle diligence que, en brief, le tout fut mys en bon eftat aux feuls defpends de la ville.

Sy vint & arriva tantoft après ung huyffier de la Court dudict Tholofe,
que vint icy pour veoir les preparatifs qu'on avoit faict, & pour prendre &
marquer les lougeis pour louger iceulx Noffeigneurs de Parlement.

Ce temps pendant, plufieurs & divers prifonniers, actaints & maculés de
beaucop de tiltres criminels, furent amenés & conduicts de plufieurs partis,
aulcuns compedités & garrotés, avec feures gardes, lefquels, par commiffion
patente fçellée & expreffe, furent baillés fur la garde des feigneurs Confuls;
lefquels ils myrent ès prifons de monfeigneur l'Official & en l'auditoire de ladicte Court de l'Official, avec eftabliffement de bons confierges & feures
gardes, & illec leur fornirent paille pour coucher. Sy firent murer à chaulx
& fable la porte refpondant ès degreds de la Chiefa *. Et ausdicts prifonniers
qui léans eftoient en grant nombre, y euft certains prebftres qui journalement leur y celebroient meffe chacun matin.

Item, auffi peu à peu arrivarent les feigneurs Confeillers, procureurs, prati-
ciens & aultres gens playdoians, merciers & aultres de diverfes qualités & eftats.

Item, monfeigneur le Commiffaire, fecond prefident en Parlement, appellé
monfeigneur maiftre Durand de Certa **, homme de preftente louenge & aourné
de très-noble vertu & fçavoir, arriva en la prefent ville du Puy, le vendredi
dernier jour du moys d'aouft, environ trois heures après midy; lequel avoit
couché à Sainct Privat ***. Au devant duquel allarent en bon ordre plufieurs

---

* On appelait ainsi communément le palais épiscopal, à cause de son voisinage de l'église
Notre-Dame.
** Son véritable nom était Durand de Sarta. — Dom Vaissète, *Hift. gén. de Languedoc*, 1745,
t. V, p. 164.
*** Chef-lieu de commune, canton de Loudes, arrondissement du Puy.

des feigneurs de l'eglife Cathedrale, les feigneurs Confeillers qui jà par avant eftoient arrivés, le feigneur Vicomte de Polignac, les feigneurs de Juftice de la prefent ville du Puy, meffeigneurs les Confuls atout leurs robes rouges, plufieurs nobles, bourgeois & marchans de ladiête ville en grant nombre. Sy avoient iceulx feigneurs Confuls faiêt eftablir, ès tours tant de Panaffac que tour Gaillarde, environ trente canons, qu'ils firent tirer, par coups reyterés, par ung maiftre artilleur de la ville, lorfque la trouppe & comitive fut à l'arbre Sainêt Jacques, pour faluer ladiête compaignie. Sy entrarent par la porte de Panaffac, & de là fe montarent jufques au logeis de noble Jacques Maurin, feigneur de Chafteauneuf & du Biadge, auquel avoit efté efleu & affigné le logeis pour lediêt feigneur Prefident ; &, après, de là, chacun print fon party.

Item, envoiarent, ce jour, lefdiêts feigneurs Confuls ès maifons & logeis tant des Prefident, Confeillers & aultres bons perfonnaiges de la Court, ypocras, dragées, torches, &, en oultre, à chacun, pour une fois tant feulement à leur venue, pour leurs chevaulx & monteures, fein cinq quintaulx, paille cinq quintaulx, avoine fix ras, &, chacun jour, durant le temps qu'ils demourarent en la ville, à leur dyner, deux pots de bon vin clairet ou blanc.

Item, ce jour mefmes que arriva le fusdiêt monfeigneur le Prefident, le roy de bazoche de Thoulofe, avec le roy de bazoche du Puy en fon coufté gauche, marcharent à cheval par la ville, acompaignés de grant nombre de bazochiens tant de Thoulofe que de ceulx du Puy.

Item, le lendemain bon matin, les feigneurs Confuls atout leurs robes & chapperons rouges montarent vers le logeis du feigneur Prefident, où ils trouvarent meffeigneurs les douze Confeillers de Parlement*, tous veftus, avec mon diêt feigneur le Prefident, de leurs robes rouges. Sy montarent en l'eglife Cathedrale tous enfemble, en moult noble faconde & ordonnance, là oùt fut diête & celebrée une belle & devote meffe du benoîft Sainêt Efperit, en grande chantrerie & orgues. Et icelle finie, entrarent en l'audience en la fale aulte de la maifon epifcopale qu'ils trouvarent bien dreffée & eftouffée & en moult bon ordre : de quoy monftrarent figne de fe contenter.

Item, eftre chacun affis & prins place felon fon ordre, degré & dignité,

---

.* De ces douze conseillers, deux étaient clercs et dix laïques. — Dom Vaissète, *loc. cit.,* p. 163.

ledict seigneur Prefident fit une oraifon & elegante harengue, parlant de l'obeyffance qu'on doibt à Dieu, au Roy noftre Sire & à fa très-chreftienne & facrée magefté royale, & auffi à juftice, entremeflée de plufieurs nobles & exquicts propos, avec allegances & hiftoires de la faincte Efcripture & aultres y convenables, que dura beaucop; & icelle finie, fit jurer les feigneurs Confeillers de pourchaffer l'honneur & profit du Roy noftre dict Sire, & de la Court, & de l'utilité publicque, & de ne porter en leurs confultations ne aultrement, port, faveur ne hayne à perfonne, mais en tout proceder fidelement, pour l'arreft defquels leurs confeils foyent jugées, felon droict & equité, les caufes tant civiles que criminelles, en exequtant icy l'eftat desdicts Grands Jours.

Item, le lendemain du jour de la Nativité Noftre Dame que fut dimenche IX° du moys de feptembre, meffeigneurs de l'eglife Cathedrale firent une bien devote & honnorable proceffion, paffant derriere la maifon de l'Hofpital par la Traverfe, & revenant dans l'eglife, là oùt fut monfeigneur le Suffragant faifant le pontificat; & furent portés par meffeigneurs les chanoines & diacres faifant l'office, nobles veftemens de draps d'or, & grand nombre de precieux reliquiaires, avec grande luminayre, en moult bonne ordonnance. Laquelle proceffion acompaignarent meffeigneurs les Prefident, Confeillers, Confuls & aultres gens de noble eftat eftans icy pour lesdicts Grands Jours. Et, eftre arrivée en l'eglife, fut dict ung beau fermon à la louenge de la benoicte Vierge Marie.

Item, ung peu de temps après, fut enjoinct à meffeigneurs les Officiers de la Court Commune faire dreffer le gibet de Ronzo à quatre piliers, que par avant n'eftoit que à trois piliers, lequel avoit efté ruyné & abbatu par ung merveilleux vent auftral que fit le jeudy VIII° de janvier l'an M.D.XXII., reprenant grandement iceulx Officiers que les enfeignes patibulaires, que font la decouration de vraye juftice, par fi grand laps de temps, euffent demouré en tel eftat.

Item, auffi, qu'ils fiffent faire, en troys partis bien emynans en la ville du Puy, trois piliers de pierre, bien taillés & façonnés aux armes du Roy noftre Sire, avec chaynes & cercles de fer, pour y metre au colier les gourmands qui fe trouveront bevans ès tavernes & cabarets, & pareillement leurs hoftes, leurs receptateurs, fans efpargnier ame, comme infracteurs de toutes vrayes, licites & politiques ordonnances & arrefts fur ce pronuncés, & là publicquement demourer par tel efpace de temps.que par lefdicts Officiers & Confuls en fera fur ce ordonné, & pareillement ainfi faire des reigneurs & blafphe-mateurs de Dieu. Lefquels piliers furent dreffés, l'ung à la fontayne de la Big-doyra, l'aultre en la rue des Tables, fus le forn de Cothuol, & l'aultre en la rue de Vienne.

Item, auffi, le vendredi **XXIX**ᵉ de feptembre, fut par ladicte Court pro-nuncé l'arreft que les couvents & religieux mendiens de la prefent ville feroyent reformés.

Item, durant le laps du temps qu'ils furent icy, furent éxequtés par leurs demerites, comme crimineux & baftards de toute vertu, troys qui furent bruflés, ung pendu, quatre qui furent defcapités & efcartelés, entre lefquels en y avoit ung qui eftoit prebftre que fut degradé au For tholoneal* Noftre Dame, dix hommes ou femmes fuftigés. *Item*, furent pendus en effigie ou pourtraict treize. *Item*, furent aulcuns bannis, aultres firent publicquement efmende honnorable, aultres furent efmendables en argent, aultres con-dampnés & remys en leur ordinaire pour illec eftre exequtés, aultres abfouls, aultres après retournés tant à Tholoufe que en aultres lieux, defquels n'ay merité fçavoir quelle en fera la fin.

Item, à l'exeqution de ces juftices, par plufieurs foys, furent appelés les Difenyers des yfles de la ville; defquels chacun d'iceulx y envoya certain nombre de gens, artifans & mecaniques de leurs difeynes, portans arnois in-vafives. Et en aulcunes de ces juftices y eftoient appellés les feigneurs Confuls y venir à cheval, aulcunes fois avec leurs robes rouges, & aultres fois avec leurs chapperons & robes ordinaires.

Item, enfin, la Court pourvoyant aux requeftes, foigneux pourchas & pourfuites faictes par les feigneurs Confuls ou fur ce leurs commis, conte-nantes plufieurs chiefs concernans les affaires du bien, tranfquilité & repos publicque, furent par iceulx noffeigneurs de la Court, parties appellées, pro-

* Nous avons relevé plus haut (page 135, *note* 2) la méprise que commettait Médicis en ap-pelant *Fort tholoneal* la place du For ; cette place a pris son nom du tribunal *(forum)* de l'Offi-cial. Elle est ainsi mentionnée dans un titre de 1327 : « Acta fuerunt hec Anicii in platea vocata *lo For* prope ecclefiam beate Marie Anicienfis. » — Archives départementales de la Haute-Loire. *Protocoles du notaire Jean de Peyre*, registre I, feuillet 125.

nuncés plufieurs arrefts en faveur de la ville, ainfi qu'il appart par leur *editum**.

Item, ledict an, & le mecredy XIVe du moys de novembre, fur la nuyt, fift un grand nyvyer, par lequel furent ruynées, rompues & effrondées plufieurs mayfons, & rompus, esbranchés & dilacerés grandiffime nombre d'arbres.

S'enfuyvent les arrefts donnés & pronuncés au profit de la ville du Puy par noffeigneurs de la Court fouveraine du Parlement feant à Thoulofe, tenans les Grands Jours en icelle ville du Puy.

Premier arreft fur le faict de faire le guet & comment on y doibt pro- ceder, de ne porter arnois, de n'aler aux tavernes, defendre jeux publicques, de n'aler la nuyt fans feu, de faire fonner la retraicte chacun foir, de ferrer les portes de la ville.

Extraict des regeftres de la Court tenant les Grands Jours en la ville du Puy.

La Court tenant les Grands Jours, veue la requefte à elle baillée par le Procureur General du Roy, enfemble les articles contenans advis accordé par ledict Procureur General du Roy, Officiers & Confeil de ladicte ville, fur la forme de faire en ycelle guet de nuyt & de jour, & en temps de neceffité, pour obvier aux exceis, forces & violances publicques que fe commectent journelement en ladicte ville, & que les crimes ne demeurent impunis, &, où fera neceffaire exeqution contre les delinquans, la force puiffe demourer à juftice, a ordonné & ordonne que dorefenavant ledict guet fera faict en ladicte ville du Puy, &, à ces fins, feront faictes criées & proclamations publicques, portans prohibition de porter arnois, aller aux tavernes, faire jeux publicques, fur les peynes contenues ès edicts du Roy & arrefts de la Court, — & auffi de ne aller de nuyt fans lumiere ou portans lanternes fecretes, & de porter arnoys, fur peine de prifon & aultre arbitraire, — & fera pourveu de faire fonner chacun jour la retraicte à fept heures de nuyt, defpuis

---

* Le 3 septembre, fut rendu, à la requête du procureur général, un arrêt pour continuer la recherche des hérétiques et des procès qu'on avait commencés contre eux. — Dom Vaiffète, *loc. cit.,* p. 164.

la fefte de l'Affumption de Noftre Dame jufques à Pafques, & à huict heures defpuis Pafques jufques à ladicte Affumption, & incontinent que la retraicte aura
fonné, les portes de la ville feront fermées, enfemble celles de la aulte ville pour
ceulx qui de ce ont charge, & à faulte de ce, fera permis aux Confuls les faire
fermer, &, incontinent après neuf heures, le guet que fera eftably commencera de
marcher & continuera jufques à deux heures après mynuyt, faifant la refarche &
vifitation par la ville baffe & auffi vers l'eglife Noftre Dame & ville aulte, lequel
guet prendra au corps ceulx qui feront trouvés portans arnois, ou, en lieu fufpect,
faifans actes d'efcandales ou tumulte ou aultrement malverfans, & les admeneront
aux prifons de la Maifon Commune du Puy, ou de la Temporele du Chappitre,
ou bien aux prifons du Bailly, s'il eft queftion de crime priviliegé, le tout fuyvant
la qualité des crimes ; — & aux fins de faire ledict guet, feront prins fix fergens de
la Court Commune eftans aptes à porter arnois, les deux du fervice de la Court
du Baillaige & quatre des fergens dudict Baillaige refidans dans ladicte ville du
Puy, lefquels fergens de la Court Commune & aultres du Baillaige refidens en ladicte ville, feront par ung mois entier ; après, en feront prins d'aultres, & ceulx
du fervice fe changeront auffi quant le fervice fe finira. — Et pour conduire ledict
guet, le Baile pour le Roy, ou fon Lieutenant, en fon abfence, fera tenu la premiere fepmaine fe y trouver & affeoir icelluy & le acompaigner, — la feconde fepmaine, le Baile pour l'Evefque du Puy, — & la troifieme, ung Conful de la ville
& le Cappitaine de la ville, avec ung des Officiers en chief, fe bon luy femble fe y
trouver ; — & affin que y ait nombre fouffifant pour faire ledict guet, feront auffi
prins fix de la ville pour rues fuyvant le rotle que fur ce fera faict par les Confuls,
lefquels, lorfque leur fera mandé, feront tenus y envoyer hommes cappables à porter arnois, fur peyne de dix livres que feront tenus paier fans defport ne aultre
declairation, laquelle fera applicquée pour le fervice des depputés pour le faict du
guet ; — & feront iceulx fergens de guet quictes & exempts de payer cappitation
& aultres impofitions pour induftrie & aultres charges, horfmys que des tailles
royaulx pour raifon des maifons & poffeffoire qu'ils auront, & leur fera faict taxe
des emprifonemens & adductions qu'ils feront, moderéement quant à ceulx qui
auront de quoy, par le Juge qui aura la congnoiffance, & les arnois qu'ils auront
pris feront confifqués, & comme tels incontinent declairés par les Juges & ven-
dus, l'argent diftribué à ceulx qui auront faict le guet ; — & auffi tous les ex-
ploicts que conviendra faire pour raifon des procès & inftances criminelles pro-
cedans de la prinfe & faifie en faifant le guet, appartiendront aufdicts fergens que
feront de fepmaine & non aultres.

Et eft faite inhibition & deffence aux manans & habitans de ladicte ville du
Puy de getter aulcunes inmundices par les feneftres, de nuyt, fur peyne de dix

livres ; fi, en faifant le guet, fe treuve le contraire, la maifon de laquelle les in-mundices feront gettées fera marquée, & le lendemain procedé à la declairation de ladiête peyne par le Juge à qui appartiendra, & faiête diftribution de l'efmende à ceulx du guet d'icelle nuyt, & fera admené, en faifant lediêt guet, ung notaire criminel de la Court Commune pour efcrire & faire le procès dudiêt guet & ouyr les tefmoings, fi befoing eft.

Et eft auffi faiête inhibition & deffence, à peyne de la hard, ausdiêts habitans du Puy ne rien entreprendre faire outrager les gens faifans lediêt guet, ne, à ces fins, faire aulcunes affemblées & agregations illicites, ains, tant que befoing eft, foit lediêt guet & eft mys en proteêtion & faulvegarde du Roy & de la Court, & feront dreffées par les Officiers & Confuls dixaines par rues pour faire venir & affem-bler, en cas de neceffité, ceulx qui feront de leur dixaine, & oût & quant advien-droit qu'il fut neceffaire, par compaignie advenue en la ville du Puy ou aultre-ment, fortiffier le guet de plus grande quantité de gens, & les Confuls d'icelle ville, lorfque fera mandé par lesdiêts Officiers ou par celluy qui aura la charge conduire lediêt guet, feront tenus faire venir audiêt guet tel nombre de gens que leur fera commandé, fur peyne, quant à ceulx qui feront defobeiffans, de refpondre de tous inconveniens que pourroient furvenir, & de efmende arbitraire par lesdiêts Officiers, aufquels & auffi ausdiêts Confuls enjoinêt la Court de faire entretenir & garder ceft arreft felon fa forme & teneur, icelluy faire publier à fon de trompe, & faire les proclamations fusdiêtes par ladiête ville & lieux acouftumés, affin que nul ne puiffe pretendre ignorance, & certiffier la Court de ce que par eulx aura efté fur ce faiêt, au mois après la fefte Sainêt Martin, à peyne de mille livres & aultre amende arbitraire. Pronuncé au Puy ès diêts Grands Jours, le derrier d'oêtobre, l'an M.D.XLVIII. — BURNET. *Collationné.*

Second arreft fur les abus de l'Eglife en plufieurs & diverfes qualités & endroiêts.

Extraiêt des regeftres de la Court tenant les Grands Jours en la ville du Puy.

Veues par la Court des Grands Jours les requeftes à elle baillées par le Procu-reur General du Roy aux fins que, attendu les abus, defordres & infolences fur l'adminiftration des fainêts Sacremens, exaêtions indeues pour raifon d'iceulx & males verfations des gens d'Eglife, tant de l'eglife Cathedrale du Puy que aultres eglifes du reffort d'icelle Court, à luy denuncés & refultans des aêtes & informa-

tions fur ce faicts, fut pourveu fur la reformation desdicts abus desdictes eglifes &
monafteres d'icelles, & aultres fins y contenus, enfemble les plaidoyers fur ce faicts
entre ycelluy Procureur General, d'une part, & meffire François de Sarcus,
evefque du Puy, Hugues de Coubladour, fon vicaire general, & le Sindic du
Chappitre d'icelle eglife Cathedrale du Puy, d'aultre ; — la Court a ordonné & ordonne que desdicts pretendus abus & infolences, exactions & aultres cas denuncés
par ledict Procureur General, fera plus amplement enquis, pour, l'inquifition veue,
eftre procedé contre les coulpables ainfi qu'il appartiendra. Et cependant, pour obvier à yceulx abus & infolences, & attendu que pour le grant & exceffif nombre des
prebftres indifferenment receus tant audict diocefe du Puy que aultres du reffort
de ladicte Court, ignorance & maulvaife vie d'iceulx, furviennent journelement
plufieurs efcandales, herefies & aultres grands inconveniens, a faict inhibition &
deffence tant audict Evefque du Puy que aux aultres Evefques du reffort d'icelle
Court, fuffragans & vicaires, ne promovoir aulcun audict eftat de prebftrife &
aultres facrés ordres, fans au prealable les avoir bien & deuement examinés de
leur vie, converfation, fçavoir & aultres qualités requifes fuyvant la difpofition du
droict, & pourveoir à ce que dorefenavant ne foient promeus ausdicts ordres fi
grant multitude, & que, pour le refpect de ladicte promotion ausdicts facrés
ordres & eftat de prebftrife, ne foit rien prins & receu pour eulx, leurs fuffragans
& vicaires examinateurs ou aultres pour l'examen, veftemens & aournemens ecclefiafticques, chandeles ou aultrement en maniere que ce foit, enjoignant auffi de
bien & diligenment informer & faire informer de la diffolution, vagation, lubricité
& indecence des veftemens desdicts prebftres, refpectivement & proceder contre
les coulpables de punicion condigne & exemplaire, felon les faincts Decrets.

Pareillement, a faict inhibition & deffence ausdicts Evefques & leurs Vicaires de
ne, contre la determination des faincts Decrets, bailler & octroier difpenfes fur le
deffault de aage ordonné par le droict pour contraicter & celebrer mariage en
faincte Mere Eglife, pour raifon de ce prendre & exiger, ne permettre & fouffrir
eftre prins & exigé aulcunes fommes de deniers ne aultres chofes, — & auffi de ne
prendre pour les difpenfes aux prebftres de tenir aux fonts baptifmales enfans ou
filles aulcune chofe, — ne pour la vifitation des legats pitoyables contenus aux
inftruments & difpofitions des trefpaffés, prendre, fynon le Procureur fifcal, deux
fols fix deniers tournois pour chacun teftament, — & en oultre, leur faict inhibition & deffence de ne, pour raifon des abfolutions que feront baillées des excom-
muniemens par eulx octroyés, faire paier aulcune chofe à ceulx qui obtiendront
lesdictes abfolutions pour le refpect des jours & temps qu'ils auront demourés excommuniés, ne auffi, pour donner permiffion de metre en fepulture ceulx qui
feront decedés de mort foubdaine, prendre & lever aulcune chofe.

Et ne fera dorefenavant ausdicts Confuls permis porter leurs robes consulaires de diverfes fortes en façons, ains porteront tous d'une mefme forte que foit honnefte & decente à leur eftat & comme ès aultres bonnes villes & eft acouftumé faire.

Et pour pourveoir à ce que, pour raifon de l'intermiffion qu'eft faicte de l'excercice de la jurisdiction en la Court Commune du Puy, excerçant icelle une année les Officiers du Roy, & une aultre année les Officiers dudict Evefque du Puy, les affaires de juftice, mefmes ès caufes criminelles, ne demeurent en arriere, a ordonné & ordonne ladicte Court que le Roy en fera informé enfemble des incommodités que en furviennent pour par luy y eftre ordonné felon fon bon vouloir.

Et cependant, auffi par provifion, a ordonné & ordonne que ladicte jurisdiction de la Court fera excercée de main commune par lesdicts Officiers tant du Roy que de l'Evefque, & aux letres de juftice feront mys tous lesdicts Officiers, c'eft le Baile du Roy en premier lieu; après luy, le Baile dudict Evefque, & confequenment le Juge du Roy & de l'Evefque, & leur enjoinct la Court garder & entretenir l'arreft donné fur la maniere de faire les diftributions & jugemens des procès & reiglement dudict fiege & aultres de ladicte ville du Puy le XIIe de feptembre, l'an M.D.XLVII., felon fa forme & teneur, & auffi de faire garder & entretenir l'ordonnance par eulx enfemble donnée fur les falaires & tauxes des notaires & fergens, & pourveoir à ce que par eulx ny aultres ne foyent faictes indeues exactions, fuyvant aultre arreft donné par la Court le XXXe de ce moys d'octobre.

Prononcé au Puy ès dicts Grands Jours, le derrier jour du moys d'octobre, l'an M.D.XLVIII. — BURNET. *Collationné.*

De l'exeqution desdicts arrefts fur le poinct de faire rendre compte aux Adminiftrateurs de l'Hofpital.

Pierre Sabbatier, Confeiller du Roy noftre Sire en fa Court de Parlement à Tholofe & Commiffaire en icelle partie depputé, au premier Huiffier de ladicte Court, Sergent royal ou aultre fur ce requis, falut. Nous vous mandons que, à la requefte du Sindic des Confuls, manans & habitans du Puy, le Procureur General du Roy ou fon Subftitué en cefte partie joingt à luy, vous faictes commandement & contraignez les Sindic, Maiftres & Miniftre de l'Hofpital Noftre Dame du Puy, à rendre compte & prefter le reliqua de l'adminiftration & emolumens d'icelluy Hofpital, puis cinq ans devant les arrefts donnés aux Grands Jours au Puy le derrier d'octobre M.D.XLVIII., & temps depuis efcheu, devant l'Evefque du Puy ou fon Vicaire, Baile pour le Roy de la Court Commune & du Chappitre, Procureur du Roy d'icelle Court Commune, ung ou deux Confuls de ladicte ville, appelés avecques Jacques Boyer, Jacques Felicis & maiftre Jehan Almeras, notaire, nommés devant nous & receus de la partie dudict Sindic & Confuls pour affifter à ladicte reddition & veriffication des comptes & aultrement comme de raifon, fuyvant les arrefts & à la peyne de dix mille livres & aultre amende arbitraire, pour laquelle veoir declairer avoir encourue, les affignez en la Court à certain jour, à faulte de ce faire, & par toutes aultres voyes deues & raifonnables, car de ce vous donnons puiffance ; mandons à tous Jufticiers & Officiers que, en ce faifant, foit obey. Donné au Puy le VIe d'octobre, l'an M.D.L. — P. SABBATIER.

Cronique concernant l'ignominieux outraige & violence faicte & perpetrée au devot ymaige du faincd Crucifix eftant au petit cimentiere fus le Breulh.

ST à rememorer que l'an M.D.XXIII., du baffin des Ames de la perroiffe de Sainct Pierre le Monaftier, fut conftruict audict petit cymentiere, comme membre deppendant d'icelle perroiffe, ung oratoire où avoit ung devot Crucifix au carré de la partie devers la ville, lequel eftoit veneré des paffans, allans & venans, & tenu en grande reverence pour la refulgence des continuels myracles qu'on rapportoit y avoir efté faicts.

Advint que l'an comptant après la naiffance de Jefu Chrift M.D.XLIX., fur la nuyt du lundi fainct, XVe du mois d'apvril, quelcun maleureux plain d'iniquité, vicieux & fceleratiffime, efloigné de la grace & bonté de noftre benoict Saulveur, par une proterve entreprinfe, comme ennemy hereditaire de noftre faincte foy, eftant (affez eft à prefumer) fectateur & complice de ces interdicts & anathematifés, faulx heretiques modernes Lutheriens, rua contre ledict ymaige dudict fainct Crucifix groffes pierres par coups reyterés, & tant s'y porta mefchantement qu'il luy rompit, mutila & froiffa corps, bras & janbes, & aultres attaintes & bleffeures luy fift, dont les pieces ainfi defmembrées d'icelluy fainct & benoict Crucifix on trouva à terre fur le matin, mardi fainct, XVIe dudict mois. Lefquelles pieces ainfi trouvées & apperceues, fut dès incontinent ce maleureux faict divulgué par la ville, en telle forte que chacun coùroit celle part. Et voyans ce villain defaroy, admirable efpectacle, cruelle & inaudite inhumanité, n'y avoit celluy que ne ploraft inconfolablement, & en y euft que, par fervente devotion, enportarent des pierres dont icelluy devot Crucifix avoit efté batu, martirifé, rompu & dilaceré, les extimant & tenans comme precieufe relique.

Le bruyt de ceftuy efcandale tantoft fut dilaté partout, lequel eftoit de profunde confideration, & que beaucop touchoit le cueur de tous bons, vrays & fideles chrifticoles, tant pour l'oultraige faict à Dieu noftre Redempteur que à la benoicte dame la Vierge Marie, fa très-doulce Mere, noftre patronne & maiftreffe, confideré que en fa maifon qu'eft dicte la ville du Puy & laquelle on nomme Noftre Dame du Puy, on avoit martirifé, debrifé, dilaceré & rompu bras & janbes à l'ymaige de fon precieux Enfant, & auffi grant oultraige faict aux habitans d'icelle ville du Puy que font vrays, entiers & fideles chreftiens, fundés & bien enracinés en la faincte foy catholicque, defirans la perfeverence d'icelle, lefquels, par ce mefchant & villain faict, fans merite, font defpoillés de leur louenge, meurtris & maculés du venin de maulvaife renommée.

Que vous diray-je? Ce matin, vous euffiez veu les habitans & peuple du Puy par trouppes parlamentant les ungs ès aultres de ceft efcandale, tant triftes & defolés que leur fembloit eftre prefts à recepvoir ou leur promptement advenir à cefte caufe quelque grant fupplice par divine punicion.

Ces chofes eftre ainfi defcouvertes, monfeigneur meffire Chriftofle de Alzon, evefque de Troye, fuffragand de reverend pere en Dieu monfeigneur meffire François de Sarcus, evefque du Puy, & fon official, de ce fort contrifté, fubitement & avec grande, curieufe & extreme diligence, fift convoquer & affembler en la maifon de l'Evefché meffeigneurs de la Juftice, meffeigneurs Confuls & tant qu'il peut finer de perfonnaiges de bon & fain entendement, tant du venerable Chappitre que aultres des Colieges, nobles, bourgeois & marchans, pour appointer qu'eftoit de faire & proceder fur ce maleureux faict ainfi furvenu. Dont là, après plufieurs oppinions ventilées, fut refolu communiquer ce douleureux miftere au maiftre reverend frere Jehan Gachi, obfervant, que pour lors prefchoit le carefme, homme illuftre de non vulgaire doctrine, affin qu'il fe preparaft pour faire predication faifant au propos. Car la deliberation du Confeil fut que une honnorable proceffion generale fe feroit après midy ledict jour, & qu'on iroit fur le lieu où avoit efté faict ce malefice, & qu'en icelle proceffion feroit ledict monfeigneur l'Evefque de Troye, official, faifant le pontificat. Seroit faicte proclamation par les lieux ordinaires de la ville que chacun euft à fermer fes portes & faire fefte, ceffant toute œuvre manuelle pour ce jour, pour l'honneur de Dieu & de la Vierge Marie & des bieneurés Sainéts, & que tous les Meftiers artifans de la prefent ville euffent à venir à cefte devote proceffion, teftes nues, portans toutes leurs torches de leurs confraries alumées, & que le populaire de la ville fe euft à rendre à l'eglife Cathedrale à l'heure affignée, & bien & devotement, tefte nue, fuyvre ladiéte proceffion. Tout cella faiét & ordonné, le cry & preconifation tantoft fur ce fut faiéte, à laquelle chofe chacun de bon cueur fe rendit obeyffant.

Cependent, fut encore ordonné qu'on drefferoit ung chaffault autour dudiét oratoire, & les pieces dudiét fainét Crucifix feroient mifes fur ycelluy au confpeét de tout le peuple, & que la chiere pour prefcher feroit là affife & honnorablement tapiffée : ce que fut faiét.

Sy montarent, cefte après-dinée, tous les habitans, Juftice, Confuls, nobles, bourgeois, marchans, artifans & mecaniques de la ville, portans les torches de leurs Confraries. Sy que le tout eftre affemblé en l'eglife Cathedrale, partit ycelle devote proceffion en moult bonne ordonnance, defcendant à la porte des Farges, entrant par Panaffac, vindrent à la porte Sainét Gile, & tantoft furent au lieu où eftoit ce douleureux fpeétacle, là oût multitude de peuple fut là affis pour ouyr la predication, partie aux voyes, au Breulh, dans le petit cymentiere, & là oût chacun fe peut mieulx affigner.

Chacun eftre affis felon fa gravité, eftat & degré, peult eftre l'ung bien, l'aultre mal, le prefche fut commancé par le fufdiét frere Jehan Gachi, qui grandement en fes predications perfecutoit ces mauldiéts heretiques Lutheriens, plains de maleur & infelicité, là oût il bailla en ce fermon de moult beaux exemplaires & figures, avec traitement d'hiftoires fervans à l'utilité du peuple, pour tousjours reverer Dieu pour nous crucifié & fa très-digne & precieufe croix. Auquel fermon, pour ces contemplations & devotes perfuafions, abundance de larmes fut là gettée, avec piteufe & exclamable lamentation du peuple, criant à Dieu de tout leur cueur : *Mifericorde! mifericorde!*

Icy après, euft quelque petite altercation pour ce que les feigneurs de l'eglife Cathedrale fe arbitroient avoir faculté faire porter en leur eglife ce fainét Crucifix ainfi debrifé. Mais à cella fut obvié par les Religieux & perrochiens qui là fe trouvarent, difans que c'eftoit riere la perroiffe dudiét Sainét Pierre, &, quoy plus, lediét fainét Crucifix avoir efté faiét de l'argent donné au baſſin des Ames de ladicte perroiſſe, ce que n'avoit pas long temps. Sy fut ce different ſummairement appointé & reſolu qu'il demoureroit à Sainct Pierre, avec decret que par les Religieux dudict Sainct Pierre, teſtes nues & pieds deſchaulx, ſeroit porté ce Crucifix ainſi rompu & debriſé, avec ſa croix, en leur egliſe, pour eſtre tenu léans perpetuelement comme preciéux reliquiaire. La croix arrachée de ſon lieu & les pieces aſſemblées, fut chargé par quatre Religieux dudict Sainct Pierre & porté en ycelle proceſſion au devant du ſeigneur Eveſque de Troye, faiſant le pontificat, bien & devotement, leſquels prindrent voye vers la porte d'Avignon, & vindrent juſques audict Sainct Pierre.

Il ne fault pas demander ſi le peuple, avec effuſion de groſſes larmes, frappoit alors ſon eſthomac, voyant paſſer ceſte proceſſion procedente pour ung tel eſcandaleux miſtere. O! qu'il faiſoit beau veoir ces gens de meſtier, teſtes nues, portans leurs torches ardentes, & non pas ſeulement ceulx de ces torches, mais tout le populaire! Des plus grans juſques aux plus petis, tous avoient leurs teſtes nues, & y accedoient avec devote, humble, triſte, eſplorée & piteuſe contenance.

L'en entra dans l'egliſe de Sainct Pierre, & là, ſur le grant autel, on miſt & repoſa ce devot Crucifix bien & devotement, lequel euſt ſi grant preſſe pour l'aler baiſer qu'on s'y cuyda foler, ce que dura juſques bien près de nuyt. La proceſſion, après, print ſon party, & s'en remontarent, acompaignés comme devant, à force luminaire, juſques en l'egliſe Cathedrale.

Ledict Crucifix eſtre porté audict Sainct Pierre caſſé & rompu, ainſi que deſſus avez ouy, fut, dans quatre jours après, remys en ſon premier eſtat, aſſemblées & cimentées ſes pieces, tourné, réincarner & paindre en tel eſtat qu'il ſemble qu'on n'y euſt jamais touché. Et lequel, avec ſa croix meſmes, a-l'en aſſigné eſtre mys en la chappelle atiltrée de Sainct Benoiſt dans l'egliſe dudict Sainct Pierre, là où il ſera, comme très-digne & excellant reliquiaire, reveré en perpetuele memoire.

Item, ſuceſſivement après, les ſeigneurs de l'egliſe Cathedrale, les ſeigneurs de Juſtice, meſſeigneurs les Conſuls, &, generalement, toute la commune du Puy, deſirans de tout leur cueur pacifier Dieu, nôſtre Redempteur, du grant impropere qu'avoit eſté perpetré contre ſa divine mageſté, pour les cauſes cy deſſus bien au long imprimées, arbitrarent, d'un cueur chreſtien & fidele, tourner exalter & reſtablir ledict oratoire, & le remetre en fon priftin eftat, affignant le jour le mardy XV° jour après, que feroit le dernier jour dudiᵈ mois d'apvril audiᵈ an.

Sy firent faire, ce laps de temps pendent, meffeigneurs les Confuls, par leur moderation, aux defpends du commung, ung devot ymaige du fainᵈ Crucifix, enfemble fa croix, le tout painᵈ, doré, azuré & diapré, pour l'affigner en ce lieu, vueillans demonftrer qu'ils ne font adherans aux oppinions deteftables, entreprinfes & maleureufes feᵈes de cefte mefchante crapaudine canaille, abrevés de cefte mortifere poifon & dampnable herefie lutherienne.

Venu le lundi XIV° jour après, que fut le penultieme du mois d'apvril, fut preconifé à fon de trompe, oùt eftoient prefens meffeigneurs de Juftice & meffeigneurs Confuls, que le lendemain mardy, dernier jour dudiᵈ mois d'apvril, chacun fe euft à rendre en l'eglife Cathedrale pour fuyvre la proceffion fur ce ordonnée eftre faiᵈe tout en la maniere comme la precedente, portans les Artifans leurs torches alumées de leurs Confraries pour venir au lieu où le devot & fainᵈ Crucifix avoit efté rompu, & que là feroit veu retourner honnorablement lediᵈ oratoire en fon premier eftat.

Item, le mardy après, de grant matin, les ouvriers qui eftoient deftinés pour faire tant l'ymaige du fainᵈ Crucifix, que paintres, maçons & charpentiers, fe rendirent audiᵈ lieu avec tous leurs preparatifs. Sy dreffarent leur chaffault autour du pilier ou foubsbaffe dudiᵈ oratoire, avec chaire & bancs garnis & eftouffés de riches tapifferies, & la chaire pour prefcher de mefmes. Si affiegharent & cymentarent lediᵈ fainᵈ Crucifix avec fa croix, remetans fon couvercle & chappitel deffus comme eftoit le premier.

Tantoft après, chacun, ce matin, fe affembla en la fainᵈe eglife Cathedrale, & fortant ladiᵈe devote & honnorable proceffion, fut tout le dernier Monfeigneur de Troye, faifant le pontificat, portant en fa main la fainᵈe Croix, & toute la comytive de la ville fuyvoit après. Firent le port acouftumé. Sy vindrent au lieu où eftoit preparé l'efchaffault, & affis le nouveau Crucifix, auquel monta le reverend pere Monfeigneur de Troye avec fes affiftens, & là commença à beneiftre le devot oratoire. Après laquelle benediᵈion & avoir baifé avec les affiftens les pieds dudiᵈ fainᵈ Crucifix, il oᵈroya & conceda à toute perfonne par là paffant ou repaffant, toutes & quantesfois difant par maniere d'humble falut avec honneur & reverence *Pater* & *Ave Maria*, quatre vingts jours de vraye indulgence : c'eft afçavoir quarante jours de l'auctorité de monfeigneur l'Evefque du Puy, comme fon fuffragant, & quarante jours de fon auctorité.

La benediction faicte, fut commancé le fermon par frere Jehan Gachy, qui par avant audict lieu avoit prefché, dont fon theufme fut prins en la premiere canonique de fainct Jehan (V^e chappitre), où eft dict : *Hec eft victoria que vincit mundum, fides noftra.* Là oùt il prefcha de la foy excellentement & de la très-aulte & inmenfe Trinité, avec doctrines fructueufes, baillant, par fes paroles edifficatives, memorables & utiles perfuafions au peuple d'eftre conftans & fermes en icelle noftre fainctte foy catholicque, chaffant toute herefie, n'adherant à ces mauldicts heretiques, lefquels on doibt affliger & opprobrieufement vituperer, priant devotement le bon Jefus, pour nous crucifié, que s'il eftoit irrité de ceft outraige contre luy commis, qu'il luy pleuft nous benignement pardonner par fa bonté & grande mifericorde.

Alors, chacun de tout fon cueur cria à Dieu : *Mifericorde! mifericorde!* avec groffe habundance de larmes, frappant leurs poictrines. Finie ladicte predication, Monfeigneur de Troye, eftant fur ledict chaffault, donna la benediction au peuple & fur le fruict de terre. Et cella faict, la proceffion print fon party vers la porte d'Avignon, & s'en remontarent en l'eglife Cathedrale.

Icy clorrey-je le pas à ma geographie & trifte cronique, priant le Diftributeur des celeftes dons nous donner profperité & bonne valitude en la perfeverance de fa fainctte foy. *J'ay dict.*

RONDEAU.

> Malins, pervers, mefchans & excecrables,
> N'avez-vous point de erubefcence
> De toucher l'ymaige, par violence,
> De Cil qu'eft crainct d'anges, hommes & diables ?
>
> Bien demontrez qu'eftes abhominables,
> Meritant feu pour voftre recompenfe :
> Malins, pervers, mefchans & excecrables,
> N'avez-vous point de erubefcence ?

En plainĉts & pleurs très-lamentables,
Doulx Hiefus ! regarde par ta clemence
Les tiens Fideles, qu'en obeyffance
Te veulent eftre tousjours ferviables.

Malins, pervers, mefchans & excecrables,
N'avez-vous point de erubefcence
De toucher l'ymaige, par violence,
De Cil qu'eft crainĉt d'anges, hommes & diables ?

.

L'an M.D.XLIX., & le lundi XX⁰ de may, fut dreffé le devot oratoire que
eft prèfque à la my-voye tendant de la porte de Panaffac à la ville d'Efpaly, lequel fut faiĉt & là affigné aux feuls defpends de maiftre Jacques Ala-
fert, notaire royal du Puy, demourant à la rue de la Grange, que a ung
champ y joignant.

Item, lediĉt an M.D.XLIX., & le jeudi XVII⁰ d'oĉtobre, honnefte homme
Jehan Esbrayat, coiratier du Puy, après avoir faiĉt dreffer & eriger à fes
feuls defpends le devot oratoire qui eft au devant le portal d'Avignon, — lediĉt
jour, les Freres Carmes faifant la proceffion des glorieux martirs fainĉts Cref-
pin & Crefpinian où eftoit la comitive des Coiratiers & Sabbatiers, defquels
fainĉts font honnorable & devote confrarie, les tenans pour leurs patrons,
après avoir fuyvy la ville, ainfi qu'il eft ordinaire & de tousjours obfervé,
s'en retournant icelle proceffion & eftre arrivée à ladiĉte porte d'Avignon &
au devant lediĉt oratoire tout recentement faiĉt, — fe trouva là, avec fes affiftans, reverend pere en Dieu monfeigneur meffire Chriftofle de Alzon, evefque
de Troye, fuffragand de reverend pere en Dieu meffire François de Sarcus,
evefque du Puy, lequel, avec les torches, compaignie & follempnité de toute
ladiĉte proceffion, hommes & femmes en moult noble ordonnance, beneift
lediĉt devot oratoire, eflargiffant quatre vingts jours de pardon à toute perfonne qui, au devant d'icelluy, dira par humble falut *Pater* & *Ave Maria.*

Item, lediĉt an, les perrochiens de l'eglife colegiale de Sainĉt George, au
cloiftre Noftre Dame du Puy, firent à leurs defpends dreffer le devot oratoire
qui eft au devant ladiĉte eglife, regardant vers l'eglife Cathedrale. Sy fut de-

creté & preconifé faire proceffion generale le dimenche XXVII° octobre. Oùt
ladicte proceffion avoir faict le tour par la baffe ville, s'en remontant & paffant pardevant ladicte eglife Sainct George & ledict devot oratoire, là tout
recentement fabricqué, fe trouva là le fusdict feigneur Suffragand avec fes
affiftans, lequel bien & devotement, au confpect de toute la comitive de ladicte proceffion, & en grande & honnorable follempnité, beneift ledict fainct
oratoire, y eflargiffant, comme deffus, quatre vingts jours de pardon à toute
perfonne là paffant, y difant *Pater* & *Ave Maria*.

Du grant feu de Pofarot.

En grande profperité eft à craindre mutation pour les chofes de ce monde
fortuites, inconftantes & muables, que me donne occafion de efcrire & enregiftrer par memoire que l'an de l'incarnée Divinité M.D.L., & le jour de la
vierge egiptienne fainte Catherine, de laquelle la feftivité eft celebrée le
XXV° jour du mois de novembre, fur environ fept heures de foir, je ne fçay
par quel moyen, le feu fe print en une maifon de Pofarot d'ung nommé
Benoict Fabre, clerc, dont en proceda grant efcandale, car le vent auftral
eftoit ce jour fi impetueux & vehement que faifoit trembler les maifons. Et,
de faict, pour ce que les maifons de Pofarot font à petis mefnagiers & font
petites & mal appointées, & que, en ce temps, eftoient leurs foliers & chabanes toutes remplies de bois, de paille, chalailles & paftures pour le norrif-
fement de leurs beftes, & que icelles maifons ont grandes ouvertures foubs
leurs toys & couverts, pourquoy, caufant ledict vent, les flambes du feu
entroient facilement en icelles maifons, & tantoft tout fe allumoyt, prenant
lefdictes maifons à beau renc. Là fe dreça ung merveilleux bruyt, car ledict
feu eftre apperceu, on commença à mareler les cloches de plufieurs eglifes, oùt
le peuple, à cefte caufe, tout efmeu, couroit celle part. Et voyant icelluy
peuple, entre aultres maifons, eftre en grand dangier le devot & religieux
couvent de l'Obfervance Saincte Claire, firent faire ouverture de leur reduict.
Sy y entrarent beaucop de honnorables perfonnaiges de la ville, defirans de
bon cueur leur y fecourir. A quoy ils n'y efpargnarent leurs perfonnes,
combien que les vagues du feu, à caufe du vent, leur faifoient beaucop d'ennuy. Mais, ce nonobftant, ils deffendoient ce lieu par grandiffime & extreme
diligence. Sy faifoit-on bien, ès aultres maifons, le mieulx qu'on pouvoit.

Mais la conflagration & embrafement, caufant le vent comme j'ay dict, eftoit tant hatif & acouru que on n'avoit efpace, à grant peyne, de faulver aulcuns biens & beftail d'icelles maifons, & ce que on en pouvoit promptement gecter hors, hardes & bagaige, on le metoit parmy les rues où l'on pouvoit. Et là, fe trouvoit de maleureux garnemens & mefchante canaille que, faifant femblant leur y vouloir aider, defroboyent & enportoient, quant & eulx, les petis biens & meubles qu'on avoit faulvés, comme lynges, vayffelles, lards, bleds, outils de laboureur & aultre diverfe nature de meubles. On y apporta le precieux *Corpus Domini,* atout la clochette devant, de Sainct George, de Sainct Vofi (avec le *fainct Bras),* de Sainct Pierre la Tour, & le Pere confeffeur de Saincte Claire auffi fortit Noftre Seigneur au porche qui eft à l'entrée de leur eglife. *Item,* les dames Religieufes Auguftines de Val s'appercevans dudict feu, cuydans que fut ès Cordeliers, marelarent leur cloche. Sy que efmeurent les gens de Val, & elles-mefmes fuyvoient les maifons, leur difant : *Mes amys, prenez vos efchelles, & allez fecourir aux Cordeliers qui brulent, & leur donnez quelque fecours!* Dont lesdicts de Val vont vifte metre l'eaue au befal du Breulh pour avoir eau à force. Sy cogneurent, en defcendant, que le feu eftoit à la ville, ès parties de Pofarot, où ils vindrent à toute diligence. Et les Peres Cordeliers eftoient rengés au Breulh en proceffion, difans devotes oraifons, & lesdictes Dames de Val, en leur chœur, prioient Noftre Seigneur pour l'appaifement de ce tant terrible feu. De vous racompter le bruyt, les cris lamentables, pleurs & effroyables urlemens que faifoient iceulx poures habitans de Pofarot, hommes, femmes & enfans, il eft piteux à dire, car plufieurs demandoient la mort, n'ayant plus envie de vivre après telle infelicité. Icy peult eftre amené un dict de Hieremye le Prophete qui difoit, fe lamentant, voyant la defolation, ruyne & captivité de Jherufalem, ainfi qu'il eft efcript *(Trenorum* primo cappitulo): Audite, obfecro, univerfi populi, & videte dolorem meum.* Or, croiffoit le feu tousjours; fy qu'il embrafa & brula, entre aultres maifons, la maifon de la religion de Mazam ** (oùt pour lors on tenoit & affignée eftoit l'efcole mage de la ville), la maifon de la religion de Doa ***, la

---

* *Threni* ou *Lamentations* de Jérémie.
** Mazan *(Mansiada),* monastère (de l'ordre de Cîteaux) situé dans le diocèse de Viviers.
*** Doue abbaye de Prémontrés, près le Puy.

maifon du feigneur de la Conche, le couvert & planchiers de la tour Pa-gefa de la ville du Puy, foubs le portal de Vienna, & aultres plufieurs juf-ques au nombre de quarante quatre maifons. Mais, toutesfois, pour la divine Providence, le monaftere des devotes columbetes de Sainéte Claire demoura en fon entier. A Dieu en foient rendues graces, que nous garda & preferva ce precieux reliquiare!

Il eft à racompter que en l'une de ces maifons, ce foir, on faifoit unes fiançailles, & eftans à my-table, faifant grant chere à foper, ainfi qu'il eft requis, vecy le bruit du feu qui furvint, dont, avant une heure & demye, ladiéte maifon fut reduiéte en cendre. Pourquoy, leur joye fe tourna bientoft en dure trifteffe. On peult bien icy rememorer le diét de Job (**XXX**e chap-pitre) difant : *Verfa eft in luétum cithara mea & organum meum in vocem flentium.* Et n'eft merveille fi le Saige en fes *Proverbes* (**XXVII**e chappitre), diét : *Ne glorieris in craftinum, ignorans quid fuperventura pariet dies.* Bien eft à regracier Noftre Seigneur que nully n'y prift mort. Prions donc-ques icelluy bon Seigneur Jefus & la bonne Dame, fa glorieufe Mere, nous avoir tousjours en leur protéction, & vueillent donner conftante pafcience à ces bonnes gens que inconfolablement font cheus en incredible trifteffe !

Item, lediét an, le Roy noftre Sire eftre deuement adverty par fes trefo-riers generaulx & gens de finances que tant y avoit en fon royaume de faulx monnoyeurs & roigneurs desdiétes monnoyes & faifant cas finiftres en fes diétes finances, dont après ycelles demonftrations ainfi faiétes, lediét fei-gneur fur ce feiét ordonnances, lefquelles par tous les endroiéts de fon obeyf-fance il feiét publier & preconifer publicquement, tendant ès fins de la cor-réction & reformation d'icelles monnoyes. Dont en advint tel martire fur le peuple que ce fut faiét eftrange à tollerer. Car dès incontinent, quelque mon-noye que ce fut, combien que fut affez paffable, on la refufoit à plat, & mef-mement les douzains, & ne fe povoit vendre ou achepter denrée ou chofe tant fut grande ou de petite importance, qu'il n'y euft grande contrediétion & difficulté pour en faire le payement, voire demandant, avant la main, quel payement on leur feroit ; pour lequel trouble ceder, on feiét plufieurs & di-verfes cries, y cuydant metre quelque police. Mais tousjours de plus fort le cas empiroit, lequel trouble n'avoyt, à cefte caufe, jamais efté veu tel, ne fi infupportable, facheux & penible au poure peuple, & ne fçay qu'en fera la fin.

Item, ledict an, fur le XXI° decembre, en la ville du Puy, fe trouvarent quelques gens mecaniques mal fentans de la foy, tenans termes lutheriens, que furent apprehendés par juftice.

Item, ledict an, fe firent plufieurs voleries & deftrouffemens tant dehors que dedans la ville, dont le peuple en eftoit aulcunement en crainte.

* *

L'an M.D.LI., & le jeudy VII° du mois de may, qu'eftoit le jour de l'admirable Afcention de noftre benoict Saulveur Jefu Chrift, contre l'ordinaire du temps, il cheuft de neige par tout le pays plus d'ung grand demy pied d'aulteur, & perfevera depuis minuyt jufques à l'heure de midy dudict jour, & fi ne faifoit pas grant froict. Laquelle neige abbattit & coucha par terre par fa pefanteur les bleds & fabves, & plufieurs arbres esbrancha, dilacera & rompit. De ce le peuple fut moult contrifté & non fans caufe, confiderant & voyant que la terre avoit efté tappiffée, bien demonftrant face de toute exhuberante fertilité. Ce que efmouvoyt leurs cœurs à penfer & doubter les fins que, pour ce, pouvoient advenir. Sy dura ladicte neige, fans eftre entierement fondue, environ trois jours; dont après, de peu à peu, les bleds & fabves ainfi couchés par terre (la grace à Dieu!) fe tournarent dreffer & remetre en leur premier eftat, fans y congnoiftre aulcun mal : de quoy on s'en esjouyt moult & en rendit graces à Dieu. Mais, ce nonobftant, plufieurs gens de mefchant & pernicieux vouloir, variables & de petite foy, qu'on doibt affliger d'oprobres, veu leurs tiranniques complexions, lefquels, penfans les fruicts & biens eftans en la terre avoir pour ce prins quelque dangier, ferrarent les bleds qu'ils tenoient en vente; aultres ne les ferrarent pas, mais dès incontinent aulfarent le pris. Mais Dieu, le grand Empereur que nous tient tous en fa divine tutele, ayant compaffion de fon poure peuple, avant quinze jours, feict que le tout tourna en fon premier eftat. Or, pitié fut de plufieurs gens de pays que avoient beaucop de beftial, & que n'avoyent en icelle faifon nulles reftes de paftures, fein ne paille, pour le long yver, & ne fçavoient que donner à manger à leurs dictes beftes. Car tout partout eftoit couvert de neige; pourquoy, ne povoient paiftre aux champs. Sy que à d'aulcuns demoura leur dict beftial ung jour & demy ou environ fans manger, qu'eftoit groffe pitié.

Prions debonnairement Noftre Seigneur & fa glorieufe Mere nous donner grace de leur faire tel fervice que, après les calamités & miferes que luy plairra nous envoyer, puiffons à la fin parvenir & eftre receus en la compaignye des Bieneureux!

L'an de l'incarnée Divinité M.D.LI., & le IX⁰ de janvier, au chafteau de Sollempnhac, changea fa vie avec la mort feue de noble memoire, où repoufoit de bonté le fejour, Anna dicte de Beaufort, de laquelle venons de parler*, defcendue de la illuftre generation du marquis de Canilhac, comte d'Alez, par le moyen duquel fon decès monfeigneur François, autrement dict Armant, vicomte de Polignac, fon feigneur & mary, après grand dueilh demené, fut confeillé fe conftituer au degré de pafcience, & de remettre en oblivion la fruition d'amoreufe focieté que, par le temps de fon mariage, il avoit eu en fa compagnie.

Mais neceffaire eftoit de pourveoir de fon enterrement & des chofes concernans icelluy, car raifonnable eftoit & deu luy faire celebrer honnorables exequies. Ayant commemoration tant de la nobleffe & vertu d'icelle trefpaffée que de fes progeniteurs, & confiderant l'affaire eftre precipité, difpofa par fon dict confeil que ladicte fepulture feroit faicte les lundy, mardy & mecredy, XIV⁰, XV⁰ & XVI⁰ du mois de mars audict an. Et, ce pendant, fift enclourre le corps d'icelle noble damoifelle dans ung coffre de plumb & porter au dedans du chœur de l'eglife de Sainct Vincent audict Sollempnhac, couvert honnorablement, oùt demoura ledict corps neuf jours, durant lefquels furent journalement léans dictes pour fon ame offices mortuaires, meffes & devotes prieres, par les prebftres & clercs d'icelle eglife. Et lesdicts jours paffés, ledict feigneur fift tranfporter ledict corps en l'eglife perrochiale de Sainct Martin à Polignac, qui y arriva le jour fainct Sebaftien, & là demoura par l'efpace d'environ deux mois, là oùt, comme deffus, par les religieux, prebftres, clercs & habitués, pour fon ame, chacun jour, furent dictes meffes, fuffraiges & prieres.

* Voir pages 376 et 383.

Sy pourveut ledict feigneur, ce temps pendent, de faire grand appareil pour ledict enterrement, & fit mander & figniffier aux feigneurs tant de fon party que de ladicte deffuncte & à plufieurs autres perfonnaiges à moy d'obfcure cognoiffance, fe trouver aux jours fusdicts pour luy faire honneur à ladicte fepulture.

Or, eft-il, entre autres chofes, que, par le confeil de plufieurs gens de bien & de bon eftat de la ville, fut advifé qu'il feroit bon & utile que deux ou trois des feigneurs Confuls allaffent au chafteau à Sollempnhac, où eftoit ledict feigneur Vicomte, acompaignés d'aucuns bons perfonnaiges de la ville, prefenter audict feigneur Vicomte que, en faifant cefte fepulture, fe la ville luy povoit faire fervice, fut en commun ou bien particulierement, on le feroit de très-bon cœur. Laquelle chofe fut faicte & excequtée, fi que ledict feigneur leur en fceut grant gré & les mercya benignement.

Approuchant le temps fur ce ordonné, manda ledict feigneur, par une myffive fignée de fa main propre, ausdicts feigneurs Confuls, fon intencion & comment il eftoit tel jour deliberé faire ladicte fepulture, & qu'il leur pleuft en ce luy faire honneur, fe declairant par icelle eftre leur amy & voifin. Et en oultre, par autre letre, qu'il leur pleuft faire netier les inmundices & fanges, fe aucunes en y avoit, qui fuffent du pont de Troilhas jufques à la porte de Paneffac, paffant devers le jardin d'Almeras. A quoy, dès l'endemain, les feigneurs Confuls myrent police.

Et ce temps pendent, avoit-il achepté tous les draps que luy eftoient neceffaires & toilles noires & blanches pour faire le dueilh, & les donner à fes amys, familiers & domefticques, que auffi pour veftir cent poures filles, & fit preparer fon dict chafteau de Polignac, tappiffer & ordonner, & pourveoir léans de chofes y comodes & neceffaires.

Auffi, pareillement, fit ordonner & preparer l'eglife de Sainct Laurens, & triumphanment eftoffer le chœur d'icelle eglife de velours noir, draps & boguerans noirs *, & auffi pareillement la chappelle ardent au mylieu du chœur fur leur fepulchre, & l'avironer de velours, & le demourant de toute l'eglife & autels garnis de boguerans noirs à croix blanches, & les torchiers à pointes pour affigner grant nombre de chandeles de cire, pefant chacune une car-

---

* Bougran, toile gommée, fervant à foutenir les étoffes.

teira, & partout avoit force escuts ou armes argentées & paintes & myparties tant de la maison de la Vicomté que porte *de gueules, à trois fesses d'argent*, que de la maison de Canilhac que porte *d'azur, componé d'argent, & ung chien passant d'argent*, & le chief dudict escu, *d'argent, à ung demy chevron d'azur & six rozes de gueules* *. Lesquelles armes mises en ce chief ils tiennent d'un pape sorti de ladicte maison de Canilhac, qui fut appellé Clement VI*, que fut enterré à la Chase Dieu, & en portant là son corps, on le reposa une nuyct en l'eglise des Carmes du Puy.

Item, ledict seigneur Vicomte, pour mieux sollempniser ladicte sepulture & la parfaire en grant celebrité & triumphe, envoya querir chantres à Clermont & Brioude, & religieux de la Chase Dieu, qui y apportarent, quant & eulx, riches joyaulx ecclesiasticques & precieux vestemens.

Item, semblablement, manda venir, à qui plairroit par tout le diocese, tous prebstres pour y celebrer messes.

Item, les seigneurs & gentilshommes mandés firent faire torches, les ungs de pure cire, autres de baston, autres de cire à façon de sierges, avec leurs armes & escussons chacun en droict soy, si que le tout fut prest au jour assigné, & y en avoit d'unes ou d'aultres environ quatre cens.

Item, les seigneurs Consuls, approchant le temps qu'on debvoit celebrer ceste sepulture, mandarent venir & se assembler en leur Consulat plusieurs bons & notables personnaiges, pour consulter avec eulx comment ils se debvoient chevir en ceste association ; *item*, aussi en quel ordre ils y accederoient. Là oùt fut oppiné que ils ne povoient faillir à se trouver après les seigneurs de Justice en quelque part qu'ils fussent assis. Et là fut questionné sur les Officiers Lieuxtenans qui n'estoient en leur année, que disoient que, avec les Officiers en Chief, ils debvoient preceder les seigneurs Consuls. Mais la composition sur ce de long temps passée entre messeigneurs les Officiers & les seigneurs Consuls, concernant les honneurs, fut là leue bien au long & cogneue la nature

---

* La maison de Montboissier-Beaufort-Canillac portait : *d'or, semé de croisettes de sable, au lion de même brochant*, qui est de Montboissier ; *d'argent, à la bande d'azur, accompagnée de six roses de gueules*, qui est de Roger de Beaufort ; et *d'azur, au levrier rampant d'argent, armé & colleté de gueules, & à la bordure crénelée d'or*, qui est de Canillac. La disposition de ces armes variait d'après les partitions de l'écu. — J.-B. Bouillet, *Nobiliaire d'Auvergne*, 1851, t. V, page 228.

du different. Pourquoy, là fut refolu ladiête compofition eftre obfervée de point en point. *Item*, & que le feigneur Cappitaine Mage de la ville & le feigneur Accefleur des Confuls iroient inmediatement après lesdiêts feigneurs Confuls & precederoient toute autre fequele. Ce que fut obfervé, & tenu tel ordre audiêt acompaignement, comme on verra cy après. *Item*, fut appointé par lediêt Confeil la ville y faire porter deux douzaines de fierges de cire, du pois de deux livres piece, avec les armes de la ville.

Item, fut ordonné par lediêt feigneur Vicomte que le foir qu'on debvoit faire le lendemain ladiête fepulture, de faire fonner toutes les cloches des eglifes du Puy, de Polignac, de Sollempnhac & autres de fa terre, & ainfi faire durant lesdiêts trois jours.

Item, lediêt lundy XIV° de mars que ladiête fepulture feroit faiête, fut ordonné que, de bon matin, en proceffion, par les religieux & habitués de Polignac, le corps de ladiête damoifelle feroit porté de l'eglife de Polignac à l'eglife de Sainêt Marcel. Ce que fut faiêt; & là dedans, tout ce matin que lediêt corps y demoura, furent diêtes & celebrées grant nombre de meffes. Si fut bien à Sainêt Laurens, à Sainêt Pierre & autres lieux, car tous prebftres allans & venans, de quelque part qu'ils fuffent, eurent pour leur meffe quatre fols chacun, tous les trois jours, qu'on extimoit y eftre chacun jour environ quinze cens.

Item, chacun s'aprefta pour acceder à cefte fepulture, eglifes, croix, torches, feigneurs, gentilshommes, prebftres, filles veftues, le tout fi bien conduiêt que poffible n'eftoit mieulx.

Item, les feigneurs Confuls de la ville eurent faiêt fermer les portes des habitans où ladiête fepulture & proceffion debvoit paffer, & firent prompte-ment affembler dans la Maifon Confulaire plufieurs gens de bon eftat, & enfemble partirent d'illec & fe vindrent rendre à la font de la Bedoffe.

Item, le tout affemblé par le long du pont de Troilhas, que faifoit beau veoir, arriva monfeigneur l'Evefque de Troye, fuffragant, avec fon ponti-ficat, & plufieurs gens d'Eglife à ce ordonnés, dès incontinent, allarent querir le corps audiêt Saint Marcel. Et eftre arrivés à la Bedoffe, là oùt eftoit tout le *Magnificat*, les feigneurs & gens portans le dueilh furent dans la maifon qui regarde de front le long du pont, & meffeigneurs de Juftice & les feigneurs Confuls avec leurs robes rouges, & leur comitive, en l'autre maifon au devant la fontaine.

Item, ledict corps là estre arrivé de Sainct Marcel, fut reposé au milieu d'icelle place, & là, tant par les chantres de Clermont, de Brioude que du Puy, en choses faictes, furent dicts suffraiges mortuaires, que fit bon ouyr. Et ce estre chanté, marcha ladicte procession en tel ordre & maniere comme s'ensuit :

Premierement, fut le Bedel de l'eglise Cathedrale, atout sa masse d'argent, bonet de velours rouge, son manteau & chapperon violet.

Après, venoit ung des Clercs d'icelle eglise Cathedrale, portant l'eaue beneicte dans ung arsol & ysoppe d'argent, habitué d'ung cortibaud* de drap d'or.

Après, l'Aste de l'eglise Cathedrale, avec la Croix, portée par ung clerc d'icelle eglise avec dalmatique de drap d'or.

Après, l'Aste & Croix de Sainct Pierre le Monastier du Puy.

Après, venoit ung grand nombre de Prebstres estrangiers du diocese que avoient esté mandés, lesquels n'avoient nuls surpelis.

Après, venoient les Peres de Saincte Claire.

Après, venoient les Peres Carmes.

Après, venoient les Peres Sainct François.

Après, venoient les Peres Prescheurs.

Après ces couvents & religieux, venoit autre grant nombre de Prebstres estrangiers, revestus de leurs surpelis.

Après ces prebstres, venoit la luminaire, asçavoir les torches des Seigneurs & des Gentilshommes, & celles de messeigneurs de Justice & des seigneurs Consuls, & toutes, sans aucunes excepter, avoient les armes de leur maistre, fut seigneur ou gentilhomme, les aucunes pures de cire, autres à baston, & aucunes autres faictes à façon de sierges.

Après, venoient cent poures filles vestues de robbes blanches faictes toutes neufves, avec couvre-chief de toiles en leur chief, portant chacune d'icelles cent filles ung sierge pesant deux livres piece aux armes myparties.

Après, venoient les Prebstres de toute la ville, Collieges, Sainct Pierre, l'Hospital, & toutes eglises generalement.

Après, venoient les Chantres ensemble chantans devant le corps de ladicte damoiselle devotement les *Exaudis* par tout le long des rues.

---

* Cortibaud, dalmatique courte.

Après, venoit le corps porté par fix Religieux de Sainct Laurens, & le lenyer ou drap de velours noir à croix de fatin blanc qu'eftoit pardeffus avec les armes fusdictes, eftoit tenu par les mains de quatre Seigneurs, afçavoir : par monfieur de Rochebaron *, feigneur d'Aleth **, de Montagut ***, & feigneur d'Aly ****.

Après, venoit monfeigneur l'Evefque de Troye, faifant le pontificat, avec fa croffe devant luy portée par ung clerc de l'eglife Cathedrale, veftu d'une riche chappe, & fon drap de parement devant luy eftoit tenu par deux des habitués de ladicte eglife portans riches chappes. Et après, eftoient fix Chanoines luy affiftens, portant chappes tant de drap d'or que autres de grant pris.

Après, venoient fix Chanoines de ladicte eglife Cathedrale faifans le deulh, veftus de leurs chappes d'yver, defquels y eftoit pour l'ung monfieur le Doyen d'icelle eglife *****, frere de ladicte trefpaffée, mené par meffieurs Guillaume Foreftier & Raymond Faugeres, chanoynes.

Après tout ce deffus, venoient les Damoifelles de ladicte deffuncte, acompaignées de plufieurs bourgeoifes & marchandes de la ville.

Après, venoit le deulh des Domefticques de la maifon qui eftoient vingt en nombre, portans robbes noires, avec chapperon de deulh, abbatu, treftout neuf, à eulx donné par ledict feigneur.

Après ce deulh, venoient quelques Seigneurs & Gentilshommes de qualité.

Après, venoient meffeigneurs le Juge de Vellay, les Baile & Juge de la Court Commune que eftoient en leur année, & au devant d'eulx, alloyt ung

---

* Le vicomte de Polignac et le seigneur de Rochebaron tiraient leur origine de la maison de Chalencon. La vicomté de Polignac était échue, en 1421, à Pierre de Chalencon, marquis de Chalencon, par la substitution que fit en sa faveur son oncle, Armand-le-Grand, vicomte de Polignac, mort sans enfants, en 1385. Antoinette de Rochebaron, en épousant, vers 1440, Antoine de Chalencon, seigneur de Beaumont, lui apporta tous les biens de sa maison dont elle était l'unique héritière, et leur postérité adopta les nom et armes de Rochebaron, de même que Pierre de Chalencon et sa descendance avaient pris les nom et armes de Polignac.

** Marc de Montboissier-Beaufort, marquis de Canillac, comte d'Alais, frère de la défunte.

*** Raymond de Montagut, d'une maison originaire du Vivarais, établie en Velay où elle posséda plus tard la terre de Beaune, près Pradelles, et la baronnie de Bouzols.

**** Pierre de Rochefort, seigneur d'Ally, capitaine de cent hommes d'armes, et l'un des cent gentilshommes de la chambre du roi.

***** Gilbert de Montboissier-Beaufort, abbé de Saint-Seine, et doyen de la Cathédrale du Puy.

huyſſier ou ſergent portant en main ung baſton painct des armes du Pariage.

Après, venoient meſſeigneurs les ſix Conſuls, qui avoient en leur couſté de çà & de là ung miſſeur, tenans en main chacun d'eulx ung baſton noir.

Après, venoit monſieur le Cappitaine Mage de la ville, & à ſon couſté gauche, monſieur l'Acceſſeur de mes dicts ſeigneurs les Conſuls.

Après, venoient meſſieux les Nobles & Bourgeois de la ville.

Après, venoient meſſieux les Advocats, meſſieux Marchans, Notaires & autre nombre de gens de bon eſtat, meſlés les ungs parmy les autres, ſans tenir ordre.

Tout ce vint en tel moyen entrer par la porte de Paneſſac, & ſortirent par la porte des Farges, & ne fut permys à nully portant torche entrer en l'egliſe Sainct Laurens; mais bien les cent poures filles y entrarent chacun jour, leſquelles durant le ſervice eſtoient en la grant nef de l'egliſe, cinquante de chacune part, à deux genoulx, leur chandele ardente en main : qu'eſtoit aſſez recreatif. Et furent les portes, tant de ladicte egliſe Sainct Laurens que le chœur d'icelle, gardées que le peuple n'y entraſt facilement, car la noiſe & le tumulte de la tourbe populaire euſt deſtourné le ſervice.

Ne plus ne moins fut faict les deux jours ſuyvans, excepté que le corps n'y eſtoit pas, mais ſeulement le lenyer ou drap que portarent les ſeigneurs que deſſus, & les chantres comme deſſus diſoient & chantoient les *Exaudis* au devant, comme ſe le corps y euſt eſté.

Ladicte proceſſion eſtre arrivée dans l'egliſe Sainct Laurens, fut toute remplie de chandeles de cire ardente, pois de carteira chacune, ſus les torchiers, qui eſtoient remplis de chevilles pour metre celles chandeles, faiſant tout autour de ladicte egliſe du grant autel juſques partout, deſquelles en furent nombrées cinq cens & vingt. Et en la chappelle ardent au milieu du chœur ſur le ſepulchre, en y avoit environ trois cens; *item,* en chacun carré d'icelle chappelle ardent, avoit ung grant chandelier d'argent que avoit ung gros fierge de cire blanche.

Les Seigneurs du deulh prindrent place dans ledict chœur du couſté droict en y entrant, & les ſeigneurs Conſuls de l'aultre part, — la Juſtice & ſeigneurs Chanoines portans le deulh furent au fonds du chœur avec autres bons perſonnaiges.

La meſſe fut dicte par le ſuſdict monſeigneur l'Eveſque de Troye en grant chantrerie; l'offerte fut faicte de doubles ducats, nobles à la roſe & autres pieces d'or; après, fut dict le fermon, & parfaicte ladicte meffe & le fervice. Et ainfi fut continué & faict chacun jour.

Après, les feigneurs de Juftice, enfemble les feigneurs Confuls & leur compaignie, furent conviés & priés à venir dyner à Polignac, là oùt durant lesdicts trois jours ils y furent, & y menarent pour y diner avecques eulx plufieurs gens de bien de la ville, oùt ledict feigneur les y feftoya aultement. Et chacun jour après avoir dyné, le fermon & graces.

Item, ledict feigneur Vicomte fift donner une aulmoufne audict fon chafteau de Polignac, diftribuant à chacun poure fix deniers; ce que fift à tous allans & venans lesdicts trois jours.

Item, pour ce que les couvents du Puy, chacun en fon endroict, avoient faict plufieurs chanters & fervices en leurs eglifes pour l'ame de ladicte trefpaffée, donna à chacun desdicts couvents la fomme de vingt livres tournois.

Item, à la communité de Sainct Pierre le Monaftier, oùt la plufpart des meffes furent dictes, caufant que le lieu eft mieulx difpofé que nul autre du Puy & au meilleur parti, auquel lieu aux autels ils avoient mis boguerans, croix blanches & armes, leur donna la fomme de dix livres tournois.

Item, & auffi après, en chacune perroiffe foubs fa feigneurie, il a faict faire fervice de Morts pour ladicte trefpaffée.

Item, auffi le lendemain après les trois, qu'eftoit le jeudy XVII° de mars, ledict feigneur Vicomte envoya querir le fusdict Monfieur de Troye, fes affiftens & chantres & plufieurs autres perfonnaiges ecclefiaftiques, & en l'eglife perrochiale de Sainct Martin à Polignac, fit ce matin celebrer une devote meffe des Trefpaffés à grant chantrerie. Et après tous avoir dyné, remercia moult monfeigneur l'Evefque de Troye & tous autres, demonftrant à chacun fa grande liberalité & honneur, & contenta moult bien tous ceulx qui pour luy avoient prins peine, tant privés que eftrangiers, volant demonftrer ne vouloir avoir fterilité en excequtant lesdicts affaires. Pourquoy, pour les chofes ainfi fuccedens, a acquis ledict feigneur la perpetuité de noble gloire. *J'ay dict.*

De l'année M.D.LII.

Audict an comptant de la naiffance du Fils de la Vierge inmaculée M.D.LII., le bruyt courut que le Roy noftre Sire vouloit faire affigner en la ville du Puy une Chambre ou bien ung Siege Prefidial, ainfi que fon

plaifir avoit efté le faire & inftituer en plufieurs aultres bonnes villes de fon
obeiffance. A quoy les habitans de ladiĉte ville de ce faiĉt furent curieux d'en
fçavoir la verité & y faigement pourveoir, confiderans que ce pourroit reve-
nir au grand profit & utilité non pas tant feulement à ladiĉte ville, mais
auffi bien à tout le pays. Sy que, à cefte caufe, furent tenus grands confeils
& par deliberation d'iceulx & des Eftats du Diocefe, fut accordé que les
pourfuites que fe feroient à cefte caufe fe payeroient par la ville & pays par
equale pourtion. Pourquoy, fur ce furent deleguės certains bons perfonnaiges
pour aller à la Court folliciter lediĉt affaire, & partirent le jour fainĉt Laurens, & là fejournarent grant laps de temps, & fy n'y firent rien & defpen-
dirent beaucop. A faulte de bonne intelligence, les chofes demourarent con-
fufes.

Item, lediĉt an, & le matin après la nuyĉt du dimenche VIII° jour du
mois de janvier, fut trouvé le devot & fainĉt Crucifix, eftant fur le petit cimentiere du pré du Breulh, rompu en ung fien bras gauche, & avalé piece
ou partie d'icelluy, & pareillement de la jambe droiĉte. Sy que plufieurs,
lediĉt matin, après que les tenebres de la nuyĉt furent paffées, ce avoir veu,
en furent incrediblement contriftés, penfant ce mefchief avoir efté perpetré
par quelcun maleureux heretique indeterminé, cheu en maladie d'erreur &
fentant mal de la foy, comme par cydevant l'an M.D.XLIX, & le lundi
aouré XV° apvril, quelcun, mefchantement, avoit mys fes pollues mains
fur l'aultre Crucifix qui y eftoit par avant, ainfi qu'il eft mys cy deffus bien
au long en forme de cronicque*. Ce bruyĉt tantoft en vola & fut dilaté parmy
la ville & ailleurs. Sy que chacun, ce matin & tout ce jour, tira celle part
pour veoir ce douloureux fpeĉtacle, que ne fut (je vous promeĉts) fans que
plufieurs fideles catholicques ne getaffent foifon de larmes, & non fans caufe :
car c'eftoit chofe & ung faiĉt intolerable & odieux au peuple. Sur ce fut tenu
Confeil & regardé par grant attention y prendre quelque bon advis. Sy fut
accordé envoyer querir l'ouvrier que avoit faiĉt lediĉt Crucifix, après le defordre que avoit efté faiĉt à l'aultre. Lediĉt ouvrier, eftre arrivé, leur diĉt qu'il
l'avoit faiĉt, mais trop en hafte, leur affeurant fur fa foy que il s'eftoit rompu
& ainfi debrifé de luy-mefme fans violence. Et aultres plufieurs gens & per-

_____

** Pages 433 et suivantes.

fonnaiges de honnefte oppinion dirent femblablement que homme n'y avoit touché. Sy fut ordonné par ledict Confeil le remetre bien promptement en fon premier eftat. Ce que, dès incontinent, fut mys à exceqution, & fut fur ce confolé le peuple, ayant tousjours icelluy fainct Crucifix plus que jamais en finguliere devocion.

Item, ledict an, fur le commancement du mois de mars, les habitans de la rue du portal de Porte Eygueira porchaffarent de faire adreffer certain recode de muraille que eftoit de front au devant de ladicte pofterla ou portal, eftant partie de jardin de Anthoine Belloueil, hoftelier, que grandement occuppoit lesdicts habitans de ladicte rue de la veue du Breulh & de la maifon des Peres Cordeliers. Lequel recode ou partie dudict jardin par lesdicts habitans fut achepté la fomme de trente cinq livres tournois, & le rebaftir du mur plus avant dans ledict jardin leur coufta, oultre & davantaige, compris l'aplanicement de ladicte place & conduicte de l'arghail*, la fomme de environ quinze livres. Et de tout ce faire lesdicts habitans, avant que y befoigner, en eurent le confentement & congé des feigneurs Confuls de ladicte ville.

Item, ledict an & autres par cy devant, le peuple euft affez grande faeherie fur le faict de la monnoye, car il ne fçavoit faire payement, fut grand ou petit, qu'il ne fallut courir aux trebuchets, defquels chacun en eftoit affez pourveu. Car il failloit pefer tout jufques à la monnoye noire, fols & carolus, & aulcunes fois fe movoit differance fur la bonté des trebuchets. Et quelques gens ne defirans le reppos du poure peuple, mais icelluy effayant troubler, comme eftoient recepveurs & thefauriers, tacitement faifoient courir certains bruyts pour profiter à leurs payemens, difans : *Pieros font defcriés; auffi, aucune ligne de liards, & les doubles ou patarts noirs nouvellement forgés mys au neant.* Brief, à telles occafions, ledit poure peuple eftoit mal mené, trevaillé & martirifé. De ce jeu ay aultresfois efcript cy devant en ce prefent livre**.

Item, ledict an, occafion des guerres fufcitées tant par le voyage que le Roy noftre Sire feict ès pays de Germanie, Flandres, Lorraine, & auffi ayant oft & gendarmerie tant en Piedmont que Ytalie, & fe le mouvant

---

* Egout. - Voyez le *Gloffaire* de Ducange, au mot : *argalia.*
** Page 442.

faines confiderations, pour defendre luy & fon royaume tant par guerre terreftre que navale, doubtant eftre prevenu & furprins par l'effort de fon
emulateur contre luy vigilant, l'Empereur Charles d'Auftriche, cinquiefme de
ce nom, oùt, à cefte caufe, grands fubfides furent impofés fur le peuple tant
par tailles ordinaires que extraordinaires, decimes redoublées fur le clergé,
aultre impofition fur les clochiers, fur villes clofes creue avantagée de trois
fols pour livre, *item,* anticipation de termes & paiemens, gaiges d'officiers
royaulx, francs-fieds & nouveaux acquefts que furent anticipés d'environ
cinq ans, riere-bans mandés & marchés, & plufieurs aultres negoces &
affaires que le peuple euft à foubftenir pour fubvenir aux urgens affaires
dudiét feigneur. Toutesfois, print & foubftint lediét peuple moult debonnairement les fusdiéts fubfides & charges, efperant lediét feigneur en venir au
deffus de fes entreprinfes pour au temps advenir en povoir mieulx folaiger
fon diét peuple, & pour le garder de tumber à l'avantaige de fon ennemy.
Mais voyant les habitans de ladiéte ville du Puy & Confeil d'icelle tels
charges leur eftre infupportables & que on ne trouvoit perfonnaige qui voul-
fit entreprendre exhiger lesdiéts deniers, car trop grands eftoient, & que pour
fornir de recepveur, eftoient contrainéts les feigneurs Confuls prefter du leur
grandes fommes de deniers à celluy qui entreprenoit faire la recepte, ce que
demouroit beaucop de temps après à les povoir recouvrer, & lequel faiét
avoit ainfi duré par fuceffion de plufieurs années, fy fut advifé que confiderant l'eftandue & grandeur de la ville & le nombre des habitans en icelle, que
ung feul recepveur n'y povoit bonnement fatisfaire à lever tout feul lesdiéts
deniers, fy mirent en faiét & leur fembla que bon feroit que, attendu que
ladiéte vílle de long temps eft dividée en vingt deux parties que l'on appelle
Yles, & que de chacune desdiétes yles fut nommé par les feigneurs Confuls
ung des habitans en icelle yle, homme faulvable & de qualité requife, &
que, pour fon renc, levat la taille des habitans en fa diéte yle, & qu'il ne
print que vingt deniers pour livre pour fes leveures, car par avant ordinairement le recepveur en prenoit trois fols trois deniers pour livre ou environ.

Car le temps paffé, l'affiete d'icelle ville montoit communement fept cens livres, & la ville donnoit aux Confuls ou recepveur que faifoit la recepte, dix
livres pour cent, qu'eftoit foixante dix livres pour affiete. Mais en ce temps-là,
tout le domaine des habitans au Puy, en quelque lieu qu'ils fuffent affis, eftoient
contribuables en ladiéte ville. Ce que fut aboly par les grans Eftats Gene-

raulx de France, tenus en la ville de Tours, au temps & regnant feu de honnorable & noble memoyre Charles VIII⁰, roy de France, en l'an M.CCCC.LXXXIII. Auffi, les foires de Lion n'eftoient pas fi publiées, mais bien à Genefva & aultres loingtaines du Puy. Pourquoy, plufieurs marchans fe venoient affortir de plufieurs denrées & marchandifes en la ville du Puy. Auffi, facile eft à veoir, je ne fçay dont procede, que le pelerinage Noftre Dame eftoit plus frequenté, pour lequel plufieurs gens, tant en logeis que merceries, en vivoient plus opulentement, dont à cefte caufe, les maifons de plufieurs rues font defcendues en grande ruyne & les y habitans devenus poures. Auffi, qu'il a couru par cy devant beaucop de infertiles années & cherté de bleds, pourquoy le menu peuple s'eft forcé acquerir champs pour avoir du leur le pain pour eulx & leur poure mefnaige, & leur cabal* s'en eft moult rebaiffé. *Item,* les gens de la ville rentés, qui pour leurs chevances nobles eftoient contribuables au Confulat, s'en font fortis pour faire fervice au Roy, & la taille & affiete en eft amoindrie. Auffi, les tailles & fubfides n'eftoient fi grans le temps paffé, & auffi que je extime, le peuple eftoit, tant en eftats que en manghailles, plus fobre, moderé & attrempé, & mains plaideurs. Les effects le monftrent affez patenment, & fembleroit advis que la ville a efté en meilleur eftat & plus oppulente le temps jadis que n'eft de prefent. Combien que je ne differe qu'il n'y ait de bons marchans & habitans que font de beaulx faicts de marchandife, & que plufieurs bonnes maifons par cy devant aient acquis places, rentes, chevances & feigneuries, tant en juftice que aultrement, ce que en a porté partie du traficq de la ville. Mais le tout bien & fainement confideré, les habitants pour la plufpart font pour le jour d'huy neceffiteux & indigens, ainfi que cy devant en ce prefent livre j'en ay efcript les caufes & deduict les raifons.

Or, pour retourner à noftre propos, fut refolu par commun confentement & fembla eftre advis & utile que d'ores en avant lesdicts deniers fe leveroient par yles, penfant la ville eftre collocquée en meilleur eftat, car plus facile eft à un homme lever une yle que il peult fuyvre tous les jours, & cognoift les y habitans, que le tout lever enfemble. Et ceft advis ainfi de-

* Capital, fortune mobilière.

liberé, par Conſeil, envoyarent les ſeigneurs Conſuls homme exprès à Montpelier devers meſſeigneurs les Generaulx pour avoir permiſſion de ainſi le
faire que leur ſembloit utile ; ce que mes diĉts ſeigneurs les Generaulx s'y
aſſentirent & arbitrarent ceſte reigle leur eſtre utile, *ymo* profitable, & ſur
ce en pronunçarent leur arreſt le premier jour du mois de mars l'an M.D.LII.
Et en telle ſorte ont-ils commancé d'en uſer : je ignore qu'il en adviendra.

Ce ſont les noms de ceux des Yles que furent nommés & eſleus pour lever
la taille de leur yle les premiers.

Premierement,

Feuchier	Bartholomy Marcet, bochier.
Moravi	Jacques Jacquet, chandelier.
Pons Delpi	Sire Jacques Trioulenc, conful.
Chamars	Les ſeigneurs Confuls la firent lever.
Paulia	Jacques Eyraud, appothicaire.
Panaſſac	Maiſtre Jacques Alaſert, notaire.
Mouſac	Sire Jurien Boniol, marchand.
Bartholomy de Conches .	Sire Guillaume Falco, diĉt Gentilhomme, mar-chant.
Jehan Bru	Sire Mathieu Delmas, bonetier.
Philip de Conches . . .	Maiſtre Nicolas Bergonhon, conful.
Giraud Aſilhat . . .	Sire Vidal Meaillet, conful.
Jehan Bartholomy . .	Sire Vidal Meaillet, conful.
Pons de la Tour . . .	Sire Pierre Farnier, ſeigneur de Sainĉt Martin.
Chabran	Sire Bernard Lobeyrac, marchant.
Cuſſac	Sire Jacques Almeras, conful.
Conros	Sire Jehan Fialeira, marchant & coiratier.
Mirmande	Anthoine Lavaſtret, coiratier.
Chambo	Maiſtre Gabriel Pradier, conful.
Verdu	Jehan Giraud, bochier.
Doleſo	*(ſic).*
Poſarot	*(ſic).*
Vienna	Sire Jacques Trioulenc, conful.

.L'an M.D.LIII., au commancement du mois de may, venerable homme maiſtre Anthoine Jacquet, prebſtre habitué de l'egliſe du religieux & humble Hoſpital Noſtre Dame du Puy, eſmeu comme ſincere & vray chriſticole, monſtrant de ſa vertu claire experience, à l'honneur & recordation de l'acerbe & amere paſſion de noſtre benoiĉt Redempteur Jeſu Chriſt, à ſes ſeuls deſpends, fit eriger le devot oratoire que eſt en la Rocheta, ſoubs la maiſon epiſcopale, en montant en l'egliſe Cathedrale Noſtre Dame, le beneiſtre & faire eſtouffer.

Item, audiĉt an, & le mecredi XIVᵉ jour de juin, furent par la juſtice des ſeigneurs du Chappitre Noſtre Dame excequtés à la porte Gautheiro deux malfaiĉteurs lutheriens, archymyeurs* & induſtrieux larrons, qui, dans la ſacrée egliſe Noſtre Dame, avoient deſrobé ung calice, &, par faintes clefs dont trop bien ſe ſçavoient aider, avoient pourchaſſé faire pluſieurs larrecins en beaucop d'egliſes, à ce qu'ils ne peurent parvenir, car ainſi eſt que la bonne Dame ne peut ſouffrir telle meſchanceté eſtre faiĉte en ſon ſainĉt temple. — Pluſieurs aultres larcins furent faiĉts par quelques maleureux complices, en diverſes egliſes de l'Eveſché du Puy, environ ce temps, des cuſtodes, croix, calices & aultres joyaulx, dont pluſieurs en ont eſté excequtés par griefve juſtice, & aultres en ſont eſté fuytifs, & eulx & leurs poures parents cheus en deſolation.

Item, lediĉt an, les ſeigneurs Conſuls, aſçavoir maiſtre Gabriel Pradier & ſes conpaignons, pour l'advis, conſeil & deliberation de toute la commune de la ville du Puy, voyans que le temps jadis, par leurs predeceſſeurs de honnorable memoire, le jour aſſigné pour la eleĉtion ou creation des Conſuls nouveaux avoit eſté decreté eſtre le jour de la feſte de la Purification Noſtre Dame, ſecond jour du mois de febvrier, & que, en ce temps, eſtoit quaſi eſcheu le premier quartier des deniers du Roy noſtre Sire, pourquoy, les ſeigneurs Conſuls nouveaux, eſtre entrés en leur adminiſtration, eſtoient jà debiteurs dudiĉt premier quartier, pour lequel aulcunes fois ils eſtoient moleſtés par le Recepveur General du Dioceſe, & le plus ſouvent leur eſtoit neceſſaire fournir

* Alchimiſtes.

argent de leur bourſe. Sur ce fut conſeillé changer ceſt eſtille. Sy que pour ce faire & pour collocquer la ville en meilleur ordre, ſe retirarent à la Chance-larie du Roy noſtre Sire, leur donnant entendre ce faiƈt. Si que facilement ils en obtindrent lettres royaulx de pouvoir eſlire & créer leurs diƈts Conſuls le jour de là vierge ſainƈte Katherine, XXVᵉ jour du mois de novembre, affin d'avoir loiſir & eſpace de compoſer & ordonner le livre de leur aſſiete & pourveoir de leur recepveur. Tout ce bien interiné, firent l'eleƈtion de leurs Auditeurs de Comptes, le lendemain de la feſte d'Ames de Touſſainƈts*, & à iceulx Auditeurs preſentarent leur livre de comptes pour y beſoigner, le jour de ſainƈt Martin, XIᵉ jour dudiƈt mois de novembre.

Du procès à cauſe du poyſſon, lediƈt an M.D.LIII.

Au temps jadis que les ſeigneurs Eveſques du Puy ſe tenoient reſidenment en leur Eveſché & Maiſon epiſcopale, & que auſſi en l'egliſe Noſtre Dame & Cloiſtre ſe tenoient plus volentiers que ne font pour le jour d'huy pluſieurs eccleſiaſtiques prebandés & notables perſonnaiges, ſi faiſoient bien riere lediƈt Cloiſtre. Se tenoient bien auſſi, en leurs nobles & antiques maiſons, pluſieurs ſeigneurs temporels, comme le ſeigneur Vicomte de Polignac, ſeigneur de Montlor, barons de Chalancon & Sollempnhac, ſeigneur de Roche en Reigner, ſeigneurs d'Alegre, du Charroil, Sainƈt Marcel, Recolas** & autres. Et, en ce temps-là, le poyſſon, qui en avoit à vendre, le povoit vendre dans ladiƈte ville du Puy, où bon luy ſembloit, & le plus ſouvent en la baſſe ville où habitent grant nombre de honneſtes gens, tant bourgeois, marchans que autre popu-laire, qui acheptoient lediƈt poyſſon; ſi que ces ſeigneurs n'en pouvoient pas bien finer à leur aiſe. Et ce conſiderans iceulx ſeigneurs, d'un commun advis & conſentement, vont adviſer de faire contraindre, comme ſuperieurs, les peſcheurs & les gens du pays, leurs ſubjeƈts, que en ladiƈte ville du Puy viennent vendre poyſſon frais, de le venir vendre en la rue des Tables & place aujourd'huy appellée le Forn du Poyſſon; ce qu'ils firent à celle fin que plus facilement & auprès d'eulx leſdiƈts ſeigneurs euſſent les premiers ren-

---

* Jour des Morts.

** Raucoules, aujourd'hui chef-lieu de commune, canton de Montfaucon, arrondissement d'Yssingeaux.

contres & chois dudiƈt poiſſon. Mais conſideré que les choſes ne ſont eſtables, puis naguieres aucuns portans poiſſon frais pour le vendre en ladiƈte ville, le venoient porter à vendre parmy la ville. Si que ceulx des Tables ayant eſgard à leur privileige obſervé de longue main, que le poiſſon frais ſe debvoit vendre en leur rue & ſusdiƈte place, ne peurent ce ſouffrir, ains moleſtarent ſur ce pluſieurs peſcheurs du pais. Pour lequel faiƈt, à l'apetit du peuple de la ville qui aucunement ſoubſtenoit la querelle des peſcheurs, ce que cauſa que pluſieurs debats & queſtions s'en enſuyvirent par tel moyen que le ſindic des ſeigneurs Conſuls, par deliberation de commun Conſeil, print thuytion de la cauſe contre ceulx des Tables, dont après pluſieurs ordonnances données en la Court Commune du Puy, le procès euſt traiƈt par appellation en Parlement à Tholouſe. Et là, après pluſieurs pourſuites & eſtre très-mal defendu par le ſindic des ſeigneurs Conſuls, fut ſur ce prolaté arreſt au profit de ceulx des Tables, & par icelluy diƈt que tout poiſſon pourté pour vendre en ladiƈte ville ſeroit vendu en la rue des Tables & place appellée le Forn du Poiſſon. Combien que ce n'eſtoit pas l'intention des habitans des Tables qu'il fut entendu du poiſſon ſalé, mais pour autant que l'arreſt diſoit *tout poiſſon* en general, diſoient lesdiƈts des Tables que on y viendroit vendre, en ladiƈte place, le poiſſon ſalé, ainſi que le poiſſon frais : que eſtoit à eulx ſiniſtrement interpreté. A l'exeqution duquel arreſt, gros tintemarre de diverſes oppinions ſe dreſſe entre les habitans d'ung quartier & d'aultre. Et bien leur fut demonſtré comment jamais, *in eternum,* le poiſſon ſalé n'y fut vendu, & que pour achepter ung arenc, fauldroit venir aux Tables des plus longues extremités de la ville, que ſeroit, tant à iceulx habitans, que eſtrangiers ung aƈte fort odieux & intollerable. Et pluſieurs grandes demonſtrations que ſur ce leur furent faiƈtes, entendant le ſindic des Conſuls, & diſant de le faire mieulx cognoiſtre par la venerable Court de Parlement. Pourquoy, pour ceder ceſte mutinerie, honnorable homme monſieur maiſtre Guillaume Bertrandi, licentié & juge pour le Roy de la Court Commune du Puy, commiſſaire deputé en l'exeqution dudiƈt arreſt, & qui deſiroit la tranſquilité & paix du peuple, doubtant d'eſtre allumée ſedition entre les habitans, & ce cauſant, le mecredi XIVᵉ du mois de febvrier, en l'an ſusdiƈt M.D.LIII., retira en ſa maiſon toutes les parties, Conſuls & autres contendens, tant d'une partie que d'aultre, & tant ſur leur different les preſcha & admoneſta qu'ils ſe contentarent de ce que, fur ce, luy pleuft arbitrer & appointer, que fut de la qualité comme s'enfuit :

C'eft afçavoir que tout poiffon frais, ainfi que par cy devant avoit efté ordonné & paffé par plufieurs ordonnances, demoureroit en fon eftat. Et quant eft du poiffon falé, chacun habitant en ladiête ville aura faculté & luy fera loifible le povoir vendre en fa maifon & porte de fa maifon. Mais bien quant ils le vouldroient aller vendre en place commune, ne leur fera permys, ou ce feroit en la fusdiête place du Forn du Poiffon. Et que tous marchans eftrangiers venans vendre poiffon falé en ladiête ville, ne leur fera loifible ne permis les vendre en aucune place commune de la ville, fynon en ladiête place du Forn du Poiffon, mais bien auront faculté iceulx marchans eftrangiers faire crier & publier, ou eulx-mefmes le crier : *Qui vouldra achepter poiffon falé, tel qu'il fera, en tel logeis trouvera marchand que les y vend,* & audiêt fon logeis les pourra vendre fans contradiêtion. Et de tout ce fut paffé inftrument lediêt jour.

* * *

L'an M.D.LIV., & le lundi XII* jour du mois de juin, environ neuf heures de matin, vint au Puy pelerine à Noftre Dame, honnorée dame madame Philiberte de Clermont*, nouvellement conjoinête par mariage avec monfeigneur François, diêt Armant, vicomte de Polignac, acompaignée dudiêt feigneur fon mary, des feigneurs Abbés de Moneftier ** & de Pebrac***, & de plufieurs aultres feigneurs & gentilshommes de qualité. Au devant de laquelle, elle venant de Polignac, allarent les feigneurs Confuls, avec honnorable comitive de bourgeois & marchans, feigneurs auffi de l'eglife Cathedrale & gens de Juftice, & tous en bon ordre la rencontrarent environ une portée d'arch, fur le premier oratoire entre les vignes ; & pour laquelle fa benevole

* Elle était fille d'Antoine de Clermont de Tallard (en Dauphiné), bailli de Viennois, et de Jeanne de Poitiers, sœur de la célèbre Diane de Poitiers, duchesse de Valentinois, et avait été mariée en premières noces à Jean d'Ancezune, seigneur du Thor.

** Charles de Saint-Nectaire ou Senecterre, abbé d'Aurillac et du Monastier-Saint-Chaffre.

*** Jacques de Rostaing, aumônier de la reine Catherine de Médicis, prévôt de la Cathédrale du Puy et abbé de Bonnefont et de Pébrac.

reception, elle approchant la ville, les fufdicts feigneurs Confuls la feirent faluer par coups de canons reyterés, qu'ils avoient faict eftablir & ordonner à cefte caufe aux tours des Farges, Gaillarde & tour de Paneffac par où elle debvoit entrer en ville. Si alla loger à la maifon du Doyenné. Et là lefdicts feigneurs Confuls, au nom de toute la commune, comme à leur prochaine, principale & noble voyfine, pour fa joyeufe venue, luy feirent prefent d'une chaine d'or que fut acheptée quatre vingts efcuts.

* *
*

L'an M.D.LIV., & le dimenche XVII* du mois de feptembre, heure nocturne, quelques gens bannys de honnefte converfation, qu'on doibt vituperer comme gens fceleratiffimes ou bien eftre jugés fentans mal de la foy, prindrent, en la porte de l'eglife des Freres Prefcheurs du couvent de Sainct Laurens, ung ymaige de fainct Martin y affis, lequel ymaige ils plongharent dans l'eaue du befal qui derive au devant de ladicte eglife, que par plufieurs gens fut là trouvé le lendemain matin. Et lequel ymaige on retourna reaffeoir en fon lieu, avec groffe murmure contre ceulx qui ce mefchant faict avoient perpetré. Comme le commun bruict de la ville eftoyt, ce feroit ung Pinguet, beau-fils de monfieur du Monteilh*, ou je ne fçay fi ce pourroit eftre ceux-là ou aulcuns aultres, leurs complices, indeterminés & alienés de leur fens, qui peu devant, par leur paffetemps, auffi heure de la profunde nuyct, allarent defbatir & desjoingdre grant nombre de pierres faifant margele au pont de Troillas, les faifant tresbucher en bas foubs ledict pont. Ce que je arbitre eftre ung faict finiftre, barbare & maleureux, & dis que tels gens qui ce ont faict ne fentent le mal que, à cefte caufe, leur pourra advenir pour s'esjouir de la ruyne publicque.

De l'année M.D.LV.

Icy après, puifqu'il vient à la tradition de ma frefche memoire & que treuve avoir lieu de narration, fuyvant l'eftille par moy introduict, dicts que,

---

* Gaspard Davignon, seigneur du Monteil (près le Puy).

ainſi que j'ay conje¢turé, l'an preſent comptant après la naiſſance du Fils de la Vierge immaculée Marie M.D.LV., avoir eſté ledi¢t an mal diſpoſé. Car du commancement, ſur les jours de la ſepmaine ſain¢te, au mois d'apvril, il gela moult fort; ſy que gaſta partie des vignes & aultres frui¢ts. Auſſi, environ la my-juin, il gela de rechief. *Item*, ſur la my-jullet, fiſt auſſi temps deſpiteuſement froi¢t, ſi que il gela, & negha ès montaignes de Rocheforchada & aultres lieux, qu'eſt contre le naturel d'un tel temps, car alors le ſoleil eſt ſoubs le ſigne du lyon & en ſa fureur & force; ce que cauſa les moiſſons eſtre moult tardives. Et après ce, pour lever icelles, tant rayols * que aultres trevailleurs & femmes eſtoient venus de divers partis pour excercer l'eſtat de leur vie laborieuſe & ruſticque, & pour recepvoir le tribut que la terre nous apporte de ſon precieux frui¢t. Pourquoy leſdi¢ts trevailleurs, ſuyvant leur acouſtumée mode, qu'eſtoient en nombre de trois à quatre cens, environ quinze jours, dès le commancement de jullet, eulx eſtre arrivés au pays, le temps fut tant pluvieux & intemperé que ne leur fut poſſible ſe metre en beſoigne pour pra¢ticquer leurs journées & deſpenſe, & la plus grande partie n'avoient porté argent. Si ſe trouvarent durant ces jours conſtitués en grande diſette & neceſſité de leur vivre, & regretoient de vendre, pour eulx alimenter, leurs fauciles, baſtons ferrés & aultres leurs hardes & bagaige. Si furent contrain¢ts ces bonnes gens, de jour en jour attendans le point du beau temps, de mendier d'huys en huys, nerrant la deſconvenue du temps que, vous promets, contriſtoit moult les habitans. Mais pluſieurs charitables perſonnaiges, durant ces jours, leur preſtarent grant ayde, en leur diſtribuant pour Dieu de leur bien pour ſubvenir à leur indigence. Dieu le leur vueille rendre! Tantoſt après, le mecredi XXIV• dudi¢t mois de jullet, veille de ſain¢t Jacques, feiſt une terrible & ſevere tempeſte que, en pluſieurs lieux autour du Puy, feiſt grans dommaiges. *Item*, le ſoir du mardi XVII• ſeptembre, gela ſi fort que l'eaue eſtoit priſe, en tant que les reſtes des raiſins qui eſtoient demourés ès vignes, furent tous brulés. Dieu doint paſcience à ceulx qui receurent telle fortune!

Item, audi¢t an, au mois d'apvril, par les Bailes de la confrarie *de Corpore Chriſti*, cellebrée en l'egliſe conventuale de Sain¢t Pierre le Monaſtier

---

* C'eſt ſous ce nom qu'on déſigne, au Puy, les payſans du Gévaudan et du Haut-Vivarais.

du Puy, fut reffaict le couvert du campanier de ladicte eglife que en avoit grand befoing, caufant fa ruyne, & par iceulx Bailes, en la pointe & fummité dudict couvert, fut mife une croix & une beaulfe pour avoir afpect & congnoiffance de la courfe des vents, car par avant n'y en avoit point. Et pour tout ce, fut employé la fomme de dix fept livres tournois, que fe print de l'argent trouvé en l'armaire de la cuftode & tablier des Ames de Purgatoire.

Item, audict an, & le vendredi XIIe de jullet, environ quatre heures après midi, certains maleureux, les plus pernicieux & fceleratiffimes hereticques qu'on fçauroit dire, foubftenans excecrables erreurs que ne viennent à eftre efcriptes, dont l'un eftoit de Bort*, appellé Pierre Barbat, l'aultre de Beffas**, appellé Jehan Fieure, aultrement dict Eglife-neufve, fi furent par leurs demerites ainfi excequtés : c'eft afçavoir que, au fortir de la Court Commune où ils eftoient detenus, on leur couppa la langue, & après, fur une claye, furent conduicts en la place du Martoret du Puy. Au devant defquels ung maiftre des aultes œuvres pourtoit certain nombre de livres hereticques imprimés en la maleureufe & interdicte efcole de Genefve, & là, avec leurs livres remplis de peftifferes doctrines, furent bruflés tous vifs. En l'exceqution de cefte juftice furent à cheval meffeigneurs les Officiers des Courts Reale & Commune du Puy, meffieux les Confuls atout leurs chapperons rouges, & plufieurs aultres honnorables perfonnaiges. Et pour ce que ce jour eft la foire de la Dedicace, fut extimé qu'il avoit pour veoir ceft efpectacle plus de douze mille perfonnes.

Item, audict an, le dimenche tiers jour de novembre, eftant conftitué en griefve infirmité ung bon homme appellé Pierre Borieu, habitant de la rue des Farges, lequel, en fa fusdicte egretitude, eftant records de fon falut, poftula envers fes domeftiques luy faire tant d'humanité que le precieux Corps de noftre Redempteur luy fut apporté, qu'il vouloit recepvoir comme le vray viatique de fa peregrination. Ce que fut tantoft excequté. Si luy fut promptement apporté bien & honnorablement icelluy fainct facrement par le curé de Sainct George dont il eftoit perrochien, & fuyvant la très-noble

* Bort, chef-lieu de canton, arrondissement d'Ussel (Corrèze).

** Besse, chef-lieu de canton, arrondissement d'Issoire (Puy-de-Dôme). Dans ce canton est une commune du nom d'Egliseneuve.

couſtume des nobles bourgeoiſes & femmes de la ville, en paſſant parmy les rues, pluſieurs d'icelles devotes femmes font aſſociation à Noſtre Seigneur juſques à la porte où eſt le malade. Et lors, le curé ayant faiɔ̃t ſon acouſtumé dire à la porte dudiɔ̃t malade, exhortant la noble comitive vouloir prier Dieu pour le malade tant pour ſon ſalut ſpirituel que corporel, lediɔ̃t curé, atout *Corpus Domini,* entra en icelle maiſon qu'eſtoit, ſelon ſa paoure faculté aſſez bien appointée, & grant nombre desdiɔ̃tes femmes, meſmement de ſes voiſines, enſemble pluſieurs enfans, y montarent. Si que ladiɔ̃te chambre en eſtoit quaſi toute replete. Le curé luy adminiſtra le ſacrement de penitence, &, ce faiɔ̃t, luy donna le precieux Corps de Noſtre Seigneur qu'il receut devotement; plaiſe luy que ſoit à ſon ſalut! Cella faiɔ̃t, chacun voulſit prendre voye, & faiſant ceſte tourbe & noiſe de s'en retourner, volant chacune prendre les degreds, le planchier, à preſumer eſt que vieulx eſtoit & caducq, ſe va enfronder & ruer en bas, ſi que l'ung cheuſt parmy l'aultre, entremeſlés avec les fuſtayes, faiſans cris effroiables, & le poure malade ſemblablement : qu'eſtoit groſſe pitié. L'ung ſe rompit là les jambes, l'aultre les bras, l'ung caſſé d'une ſorte, l'aultre d'ung aultre, & n'y euſt celluy ou celle qui n'y fut martiriſé & aɔ̃tainɔ̃t en quelque endroiɔ̃t de ſa perſonne. C'eſtoit un ſpeɔ̃tacle aſſez eſtrange. Chacun tantoſt fut porté ou conduiɔ̃t en ſon logeis pour là eſtre panſé. Le curé meſme y fut bien aɔ̃tainɔ̃t, & la cuſtode du ſainɔ̃t Sacrement rompue & dilacerée. Le paoure malade auſſi, atout ſon liɔ̃t, fut renverſé, mais il fut retiré le plus doulcement qu'on peuſt & porté ſoubs[*] la table de ſon ouvroir & après à l'hoſpital. Et finalement, la mercy à Dieu! tout vint en convaleſcence après un petit laps de temps. — C'eſt grand faiɔ̃t que ne pouvons, tant faiſant effeɔ̃ts de vertu que aultrement, avoir triefves de Dieu pour obvier aux penalités & cas fortuits de ce monde. Pourquoy, conſiderant la varieté des faiɔ̃ts humains & la paoureté de noſtre vie laborieuſe, debvons prier noſtre très-miſericordieux Sire, que ainſi diſpoſe les choſes, que nous tienne en ſa garde & vueille conſtituer au degré de conſtante paſcience ces bonnes gens & les ſoulager en la conturbation de ceſte leur dure adverſité! Diſons *Amen.*

[*] *Liſeɀ :* ſur.

L'an M.D.LV., au moys de may, trefpaffa noble homme maiftre Gabriel de Sainct Marcel, efcuyer, docteur en tout droict, habitant du Puy. Lequel, en fon teftament, après avoir difpofé de fon ame & biens temporels, entre aultres chofes, laiffa, chacun an perpetuelement, le dimenche fuyvant par octave, après que la Confrarie de Noftre Dame d'aouft aura efté faicte en l'eglife Cathedrale, deux ymages de Noftre Dame ou bagues d'or, jufques à la value toutes deux de la fomme de cinq livres dix fols, & declaira vouloir que celluy qui fe trouvera ledict jour avoir mieulx compofé en l'art de chan-trerie, au rapport de maiftres entendus en la mufique, aura une d'icelles bagues eftant de valeur de deux livres dix fols, & l'aultre bague, que fera de valeur de trois livres, aura auffi, ledict jour, celluy qui fe trouvera le mieulx avoir compofé, fans rien empronpter, en la fcience gaye de rimerie, par metres elegans & heroiques, au jugement de factiftes & gens entendus en l'art de metrificature & rhectorique françoife, entendant icelluy de Sainct Marcel que toutes icelles compofitions, foit en mufique ou rimerie, eftre faictes, dictes & compofées tous les ans à perpetuité, en bons & honno-rables termes, à l'exaltation, honneur, triumphe, gloire & louenge de la très-facrée Mere de Dieu, la benoicte Vierge inmaculée Marie, fans fe extrava-guer en nuls autres faicts.

Or, plufieurs gens de bon efperit, de ce legat bien advertis, defirans fe trouver au jour à ce deftiné, mirent la main à la plume pour compofer à l'honneur d'icelle noble Dame chants royaulx, douzains, dizains, lays, vire-lays, rondeaulx, ballades & autres epigrames & coupplés rimés en diverfes tailles, & qui mieulx mieulx felon fon fçavoir.

Le jour premier de cefte introduction par le commiffaire fur ce depputé fut affigné eftre faict dans le Chappitre Noftre Dame, après midy fonné, le di-menche XXIIIᵉ d'aouft, l'an M.D.LVI., là où fe trouvarent tant des compo-fans, gens d'eglife, de juftice, bourgeois, marchans & aultres perfonnaiges de bon eftat, plus de trois cens, & là furent leus & recités leurs dicts, compo-fitions & factures collaudans la noble Vierge Marie, qu'il feift bon veoir & ouyr. Si fe trouva ce jour le mieulx avoir compofé en mufique maiftre Jehan Chillac, clerc habitué de ladicte eglife Noftre Dame, & le mieulx avoir faict en rhetoricque françoife de rimes noble Jehan du Lon, dudict Puy, aufquels furent diftribuées lefdictes bagues pour ladicte premiere année.

Le jugement des hommes eft merveilleux. En attribua le los & pris audict du Lon de la rethoricque françoife. Toutesfois, fans deprifer fa facture, j'euffe arbitré, quant à moy, la compofition eftre plus grave, prefentée & leue en ladicte affemblée par monfieur maiftre Gabriel Ayraud, du Puy, juge des Confervateurs, de laquelle comme mieulx fatisfaifant à mon plaifir, j'en ay retiré & mis cy le double, lequel trouvay eftre couché en tel eftille :

Ce chant royal rend le tribut de pris,
D'honneur & lods à la Vierge honnorée,
Celle qui fut de Dieu tant defirée
Pour regenter au celefte pourpris.

Le Supernel, la aulte preference,
Paire puiffant, parfaicte Providence,
Seul plafmateur regnant en Trinité,
Verbe divin, trefor de fapience,
Et le benoict Sainct Efperit, par inmenfe
Dilection d'ardente charité,
Au cabinet, chambre d'eternité,
Par union & arreft autentique,
Fut ordonné, caufant l'excès inique
D'Adam, jadis grief prevaricateur,
Que Jefu Chrift, le Fils de Dieu unique,
Seroit conceu en la Vierge pudique,
Mere facrée de noftre Redempteur.

La terre lors n'eftoit en eminence,
Ne le foleil en claire refulgence,
Ne les beaulx cieulx d'aute fublimité ;
Ains qu'elemens en leur circunference
Feuffent creés, arbre, fruict, ne fubftance,
N'abifmes noirs en leur proffundité,
Ce très-ault faict eftoit jà decreté,
Ce chief d'œuvre de divine fabrique,

Vaiſſeau eſleu pour clourre tel relique,
Dont tant & plus d'elle fut amateur,
Que, fille eſtant de ſon Fils deiffique,
Feuſt & ſera, ſans aulcune replicque,
Mere ſacrée de noſtre Redempteur.

Ce fut ung faict d'admirable excellence,
Car de ce n'euſt nature cognoiſſance :
Du Souverain fut la grande bonté.
Dire peult-on que d'elle print naiſſance
Le Fils de Dieu ſans virile ſemence,
Et tousjours fut, en ſon integrité,
Porte du ciel, palme de purité,
Tour de David, propugnacle celique,
Cedre exalté, fontaine mirifique,
Jardin bien clos, maiſon du Createur.
De l'honnorer rien n'eſt ſi juridicque,
La reclamant, par tiltre canonique,
Mere ſacrée de noſtre Redempteur.

Reyne du Ciel ayant toute regence,
De là ſus ault Emperiere en puiſſance,
Illuſtre fleur, lys de virginité,
Je n'ay pouvoir, ſçavoir, ne l'eloquence,
N'aultre que moy, plus parfaict en ſcience,
Il n'en eſt nul, ne jamais n'a eſté
Que, par eſcripts, ait dict ou limité
Ce qu'apertient à vous tant heroique.
Mais j'enſuyvray le ſalut angelique
Que premier fut vous ſaluer aucteur,
Diſant *Ave*, comme vray catholique,
Et à jamais, ſoit en vers ou cantique,
Mere ſacrée de noſtre Redempteur.

Brief, vous eſtes des humains l'aſſeurance,
Port de ſalut, toute noſtre eſperance,
Du doulx Jeſus, vouſtre Fils, la cité,
Treſoriere de la riche finance,

Qui des enfers nous mist à delivrance,
Jamais n'en fut de telle auctorité.
Rose vernant de grand suavité,
Miroir très-cler, en beaulté splendiffique,
Source d'honneur de l'estoc davitique,
Nous preservant du serpent seducteur,
Plus ault renom ne sçay, par ma praticque,
Que vous nommer, en secret & publicque,
Mere sacrée de nostre Redempteur.

Prince sans per, qu'en ce lieu terrifficque,
Se vint vestir de l'humaine tunique,
De grant amour se monstra largiteur,
En voustre endroict auguste, magnifique,
Dont, pour la fin, ce nom je vous applicque,
Mere sacrée de nostre Redempteur.

Dixain branlant à ladicte Dame.

Riche tresor de pris inextimable,
Plus que tresor point n'est de tal valeur;
Arbre fleuri portant fruict admirable,
Au genre humain savoureux, delectable,
Contre peché qui le mist en maleur,
En purité lys de blanche couleur,
Virginité vous feist appeller mere.
Mere de qui? Certes, à très-bon eur,
D'ung si beau fils, qui ne vous feist doleur
Pour l'enfanter, le Fils de Dieu le Pere.

RONDEAU.

(La cité du Puy parle.)

En ferme foy, fidele & ardente,
Journalement, o des Cieulx presidente,
Dedans mon clos on vient vous faire hommaige
Au Puy d'Anis, veoir voftre sainct ymaige
Miraculeux, d'œuvre très-excellante.

Mes citoïens tiennent la droicte fente,
Chaffant l'erreur d'herefie puante,
Pour vous fervir, Dame de hault paraige,
    En ferme foy.

Beau faict ouyr le fervice qu'on chante
En voftre autel ; qui le veoit s'en contente.
Donc, vous prions, qu'en ce mortel paffaige,
Nous prefervez d'enfer le creux voraige,
Et nous donnez la vie pertinente,
    En ferme foy.

'inferieur de tous les aultres compofans fut l'acteur de ce livre que, à
nneur de la bonne Dame, fur l'oraifon *Inviolata*, proceda, difant :

Inviolata, intacta & cafta es, Maria.
Mere de Dieu, plaine de benignité,
Dieu tout-puiffant en toy fe maria,
Prenant l'habit de noftre humanité.
Ta aulte vertu & grande dignité
Feift condefcendre la Divinité
A t'envoyer Gabriel qui te apporta
Salut, eftant remply d'amenité,
Qu'en toy viendroit le Fils en Trinité,
Que es effecta fulgida celi porta.

O Mater alma Chrifti cariffima!
Malade fuis de Dieu en la difcorde.
Par mon peché, mais toft gari fi m'a
Ton efpoir, dont j'attends mifericorde.
O Dame, deflie-nous de la corde
De nos pechés que ton Fils ne recorde,
Si grands qu'entendement prefqu'on n'y a,
Par lefquels fommes hors de fa concorde ;

Affin donc que fa grace à nous s'accorde,
Sufcipe pia laudum preconia.

Noftra ut pectora pura fint & corpora,
Par vous, Dame, dont grant bonté afpire,
Nous ferons tant que notre corps pourra
Pour parvenir au ciel empire;
Mais chair, monde, tout nous enpire;
On ne peult eftre aujord'uy pire,
Veu les vices que chacun or a,·
Dont fauldra qu'à jamais on foufpire;
Mais affin que ta doulceur nous infpire,
Te nunc flagitant devota corda & ora.

Tua per precata dulciora,
Traicteras la paix des poures humains.
Pourquoy, tout poure pecheur fi aura
De toy fecours & foirs & mains;
De benefices avons eus mains
Par ton moyen; ce neantmoins,
Peché que tant de Dieu nous recula
Nous faict tous pires que inhumains;
Pour ce, te prions à joingtes mains :
Nobis concedas veniam per fecula.

O benigna, o regina, o Maria!
Oy noftre cry tant lamentable;
Ton fainct vouloir oncq ne varia.
Qui te invoque de cœur eftable,
O Vierge fur toutes redoubtable,
Dieu fera envers nous charitable;
Mais que tu foies de noftre parti,
Car tu es à Dieu tant acceptable,
Que feule, comme fa plus delectable,
Poft partum, inviolata permanfifti.

Dame exaltée fus les grans cieulx,
Soyez propice à ce bon docteur
Dict de Sainct Marcel, vray fundateur
De ce legat cy tant gracieulx !

.

L'an M.D.LVI., le   (*fic*) jour du mois de jullet, tant pour la partie du Roy noftre Sire que de monfeigneur meffire François de Sarcus, evefque du Puy, pour l'ayfance & avantagement de la maifon de la Court Commune du Puy, fut acheptée la maifon joignante à icelle de monfeigneur maiftre André Coilhabaud, licencié, que leur coufta la fomme de cent cinq livres tournois.

.

L'an M.D.LVI., fur la fin, en extremes parties du mois de mars, fe apparut, aulcuns foirs, devers Aquilo, une comete affez grande & longue, felon noftre humain afpect, demonftrant à la queue fes clairs rayons. De fon influence ou prefaige, je le delaiffe à Dieu.

Si fucceda après qu'il feift, ès mois d'apvril & may & plus oultre, telle fechareffe que d'environ unze fepmaines ne pleuft, combien que affectueufe- ment chacun defiroit veoir cheoir du ciel la felice pluye. Bien advint après qu'il pleuft, mais bien rarement. Mais à toutes fois qu'il plouvoit, on eftoit affeuré ladicte pluye ne cheoir fans eftre entremelée en quelque part de grefle & tempefte, ce que feift par plufieurs & reyterées fois ; & par le moyen de ces chofes, la terre que n'avoit receu dès le commancement fon humeur neceffaire, ne rendit comodement fon naturel tribut, ainfi qu'il eftoit requis. Pourquoy, fut peu paille & fein : que porta grant dommage au peuple, tant pour eulx que pour leur beftial. Et davantage fut tant de mefchante vermyne qu'à demy gaftarent plufieurs fabveiras & pofeyras*, &, ce nonobftant, eftoit le temporel chargé de grans tailles & le clergé de decimes pour fubvenir aux urgens affaires du Roy noftre Sire. Les voytures eftoient fort cheres, fi que

* Champs femés en fèves et en pois.

on acheptoit en aulcuns partis le fein à trois deniers la livre, & n'y avoit pays circunjacent que peult fecourir l'ung à l'aultre, car chacun fe plaignoit en fon endroiĉt, & tomba ce temps en cherté. Et couroit tant de paoures, mefmement d'aventuriers que difoient venir de Picardie, Corfegue *, Piedmont & aultres paoures d'Aulvergne & d'ailleurs, & que avoient efté exterminés par la guerre, tant mal en ordre, que c'eftoit pitié les voyr. Cefte tribulation & cherté dura jufques à la cueillete de l'année fubfequente.

.

Par faulte d'efcripture, plufieurs chofes, dignes de celebrable memoire, gifent en l'eternelle nuyĉt de oblivion. Pourquoy, eft à rememorer, dont feras adverti, humain leĉteur, que l'an de l'incarnée Divinité **M.D.LVII.**, le me-credi qu'eftoit la **XV**e des kalendes de feptembre, environ les fept heures du foir, le feu fe print en la ville du Puy, en une maifon fçife en la rue ou ruete de Bonhomme, vers le parti des Taneurs ou Cordiliaires. Si fe aluma par tel effort que ladiĉte maifon, enfemble aultres quatre, icelle joignans, par incredible conflagration & ardeur, en furent entierement brulées, embrafées & redduiĉtes en cendre. Et aultres maifons là prochaines furent, en plu-fieurs leurs endroiĉts, exterminées, ruynées, leurs couverts abbatus, & aul-tres leurs membres dilacerés & defmolis. Il s'y brularent plufieurs biens, & aultres biens y furent refcoux ** & faulvés, mais non pas fans grande peyne & dangier. Et n'eft cy de obmetre que aulcuns mefchans gens, faignans y fe-courir, defroboient iceulx biens : qu'eft un faiĉt finiftre, digne de oppro-brieufe reprehenfion, donner affliĉtion à l'affligé. L'exclamation tant pour le mareler des cloches que pour le cry de la tourbe populaire, eftoit fi grant & effroiable qu'on en eftoit efpoventé, & pour le doubte que lediĉt feu, pour ung torner de vent, ne fe print en ung nombre de gerbiers pour lors eftans en la place du Martoret. Toutesfois (mercy à Dieu !) il faifoit calle ***; & d'aul-tre part, grant fecours y fut donné par plufieurs gens d'eglife, tant religieux que feculiers, par maçons, charpentiers, bochiers & aultres que n'y efpar-

.* Ile de Corse, *Corsica.*
** Recouvrés.
*** Calme.

gnarent leurs perfonnes, y fervans en diverfes qualités, dont meritoirement ils en font à louer. Dieu leur en retribue falaire! Aufli les feigneurs Confuls s'y trouvarent qui y mirent à leur endroict la meilleure police que leur fut poflible. On y apporta *Corpus Domini* de l'eglife Sainct Hilaire. Ledict feu fut tant vehement & actif que, dans deux heures & demye, tout fut def-peché. Prions Dieu, le grant Empereur, & la Vierge Marie, noftre patrone, que vueillent prefter confort & conftituer au degré de vraye pafcience tous ceulx qui ont receu telle infelice & dure fortune, & nous en preferver pour l'advenir! Difons *Amen*.

Ledict an, fur le cœur de l'efté, ne fçay fi c'eftoit par permiffion divine ou par influence des corps celeftes, par tous endroicts eftoit en cours une ma-ladie de mal de tefte & de reins avec petite chaleur de fiebvre, que rendoit les gens fafchés, que leur duroit dix, douze ou quinze jours, qu'on appelloit par jenglerie en aulcuns lieux : *Laiffe-luy faire*, aultres *croquet*, aultres *la croqueluche*, & n'y eûft guiere perfonne que n'en fentit quelque venue. En une maifon aulcunes fois en avoit plufieurs malades; mais (la grace à Noftre Seigneur!) nul n'en morut au Puy; d'ailleurs, je le ignore.

* * *

L'an M.D.LVII., au mois d'aouft, les petis tendres enfans morurent en grand nombre, aulcuns par la verole, aultres ainfi qu'on veoit morir audict mois les enfans, mais non point fi treftant : dont le peuple s'en efmerveilloit grandement.

Ledict an, la veille de la fefte Exaltation Saincte Croix, jeudi XIII° jour de feptembre, pour les foigneufes porfuites des feigneurs Confuls & Com-mune de la ville du Puy, arreft fut pruruncé en la venerable Court de Par-lement à Thoulofe que extime generale du Diocefe du Puy foit faicte à com-muns defpends, nonobftant les grandes & fubtiles contreverfes, fubterfuges, pourchas & moyens plaidés au contraire, fuyans à rayfon, par ceulx *de là les Boys*[*] & aulcuns grans feigneurs du pays & aultres leurs adherans. Et avoit duré ce procès puis l'an M.D.XLVII., qu'il avoit dernierement efté

---

[*] Voyez, pour cette locution, la note 2 de la page 397.

introduict, que font environ dix ans. Ce que la ville feule, fans nulle ayde, a pourfuyvi pour le bien du Diocefe generalement, à grans frais, mifes & defpends.

Ledict an, fur le commancement des couvertes, le temps fut pluvieux & intemperé à merveilles, ung peu deftournant la couverte, que caufa au peuple quelque doubte de fucceder infertilité; mais tantoft après, fur la couverte des fromens, le temps fe changea & vint en louable tranfquilité. Si que le peuple s'en resjouyt moult.

Ledict an, au mois de octobre, par mandement du Roy noftre Sire, fut enjoingt à la ville du Puy de luy pourveoir & faire conduire à Lyon le nombre de foixante cinq quintaulx falpetre, ce que fut faict & excequté par ladicte ville, marché faict avec le falpetrier qui la fift & fornit à treize livres dix fols le quintal.

Ledict an & audict mois de octobre, par aultre mandement du Roy, fallut fornir, pourveoir & faire conduyre, au prefent diocefe du Puy, en la ville de Aygues Mortes, le nombre de fept cens foixante charges de froment pour le fervice dudict feigneur; coufta fix livres onze fols la charge.

Ledict an & le dimenche XXIV⁰ dudict mois de octobre, fut introduict de chanter aux meffes perrochiales, incontinent après la fin de l'oraifon dominicale, cefte antienne avec l'oraifon fuyvante: *Da pacem, Domine, in diebus noftris, quia non eft alius qui pugnet pro nobis, nifi tu, Deus nofter.* Versus. *Fiat pax in virtute tua.* Responsum. *Et habundantia in turribus tuis.* Oratio. *Deus a quo fancta defideria, recta confilia, jufta funt opera, da fervis tuis illam, quam mundus dare non poteft, pacem, ut & corda noftra mandatis tuis, hoftium fublata formidine, tempora fint tua protectione tranfquilla. Per Dominum, etc.* Ce fut ordonné & decreté par eftatut finodal au fene des curés du prefent Diocefe du Puy que fe celebre chacun an par la fainct Luc pour impetrer la paix envers Dieu, caufant les grandes guerres fufcitées en divers partis entre l'empereur Charles d'Auftriche cinquiefme, le roy d'Angleterre & noftre fire Henry fecond de ce nom, roy de France; & dont par le moyen desdictes guerres s'en enfuivirent grands fubfides tant fur le clergé par impofitions de decimes redoublées, que fur la temporalité par groffes tailles, &, oultre, par emprompts fur les bien aifés, & riere-bans mandés.

Ledict an, & le foir & nuyct entiere du lundy VIII⁰ de novembre, le

vent Eurus (vent occidental, *vulgo* la Traverfa) fut fi très-efmeu qu'il feiſt
de chofes finiſtres & quafi incredibles, tumba, renverfa & defracina plufieurs bois, & rompit, dilacera & esbrancha aultres arbres. Il tumba maifons & palliſſes, abbatit tieules des couverts & verrines des maifons, rua par
terre les clayes de plufieurs parcs de brebis, & le beſtial eſtoit là tout efpou-
venté, que, après, fe tranfporta çà & là fur l'obfcure nuyſt, que de les reaf-
fembler fut merveilleufe aux paſteurs & garde d'iceulx trevail & peyne.
Que vous en diray-je plus? Des chofes que ce foir pour ce vent furent
faiſtes, j'en laiſſe la meilleure & plus ample narration à ceulx qui, mieulx
& plus au long, en ont efcript.

Il eſt bien licite, ce me femble, devant que nous oſtions noſtre plume de
deſſus ce livre, que noſtre labeur & eſtille narratif foit continué mefmement
de ung faiſt memorable advenu ung mardy matin, environ huiſt heures,
qu'eſtoit la XVIᵉ des kalendes de feptembre, l'an M.D.LVII., de une femme
que ce matin entra en ung eſtable où avoit ung puits duquel plufieurs gens
fe fervoient. Or, comment qu'il foit, j'en ignore les moyens, ceſte femme
tomba dedans ce puits où avoit grant eau, & ne peult mon entendement con-
cepvoir comment léans allarent les affaires. En l'inſtant, Dieu permetant,
furvint quelcun pour tirer ung feau d'eau. Ledit feau eſtre defcendu, la
paoure femme fe faifit dudit feau & de la corde. L'homme illec furvenu
vollut tirer fon eau & ne povoit, car ladite femme tenoit la corde, qui luy
cria: *Mon amy, fortez-moy d'icy!* Ce que feiſt grant fraieur & effroy au
paoure homme, lequel coruſt à la rue, criant que dedans le puits avoit quelque perfonne. Là corurent plufieurs gens crians fur la margele du puits que
moult eſtoit profond: *Qui eſt léans? qui eſt léans?* Alors, ladite femme leur
cria de la fortir de là. Alors, on appella ung charpentier, gaillard homme,
qui là prochain eſtoit en befoigne, qui, viſte ufant de celerité, voyant les chofes
eſtre aſtives & precipitées, adreça fes cordages, & toſt fe laiſſa coller en bas.
Si fe garrota avec elle, & les gens qui eſtoient autour du puits en grant
nombre, les tirarent hors, & portarent icelle femme en fon logeis. Touts ceulx
qui eſtoient en ceſt efpeſtacle s'en merveillarent moult; & fault eſtimer que

ladiɛte bonne femme avoit faiɛt à Dieu & à la Vierge Marie & aux bons Sainɛts quelque agreable fervice, par le moyen duquel on peult conjeɛturer luy avoir fecoru & faiɛt eviter ung fi dangereux peril.

Ledit an, & le jeudi au foir qu'eftoit la Xe des ydes de decembre, fut commis au Puy ung fratricide par ung marchant qui, dans fa maifon, ayant une oftinée hayne de longtemps conceue contre fon propre frere germain, l'occit par ung cop d'efpée qu'il luy affigna fur fon pis, comme fol & aliené de fens, poftpofant le maleur que fur ce luy povoit advenir, & en ce imitant le mauldiɛt, envieux & maleureux Cayn. Ce faiɛt ainfi efcandaleufement exploiɛté, le meilleur luy fut de foy exempter du pais. Toutesfois, fon procès faiɛt par fon ordinaire, fut condamné à eftre pendu & eftranglé, avec aultres chiefs.

Ledit an M.D.LVII., environ dix ou douze braffes de muraille de la clofture de la ville, prochaines de la porte Sainɛt Agreve, joignans à Cornille, qu'eft riere le diftroiɛt des feigneurs du venerable Chappitre Noftre Dame du Puy, par proceffion de temps, ruarent jus, le tout ruyné & exterminé, & tellement qu'il eftoit grand dangier, fe ennemys euffent couru, de faire entrée en la ville par cefte breche. Si que à ces fins, les feigneurs Confuls, ce voyans, fommarent lesdits feigneurs de Chappitre d'y metre la main avec acceleration pour la feurté & contregarde du Roy noftre Sire, d'eulx-mefmes & de la ville, aultrement d'en avoir recqurs & reparation où il appartiendra. Ce que voyans, lesdits feigneurs de Chappitre y mirent bien promptement la main, & feirent dreffer icelle breche ainfi ruynée, laquelle n'eft encores parfaiɛtement à fon debvoir parachevée.

Ledit an, fus le XVe de mars, par mandement du Roy noftre Sire, fut enjoingt aux rentés de Vellay & du Puy fe trouver à Nifmes audit jour, & y apporter les declarations, denombremens & nommées de leur bien noble, oùt le Roy entendoit iceulx rentés luy faire fervice perfonnel à la guerre, tel que la nature & qualité de leur fied porte, ou recufant faire icelluy fervice perfonnel, eftre cotifés en deniers. Ce que fut faiɛt à raifon de deux fols pour livre de revenu & fix deniers pour l'aquiɛt. Et de ceft argent desdits recufans, ledit feigneur entendoit pourveoir aultres perfonnaiges duiɛts à la guerre. Ce fut faiɛt audiɛt Nifmes, & après chacun fut congedié, & lesdits deniers levés par commiffaire.

Combien que l'an M.D.LII., ainfi qu'il appart en ce fecond livre DE PODIO*, fut changé l'eftille de eflire les feigneurs Confuls le jour fainéte Katherine, que par avant fe faifoit le jour de la Purification Noftre Dame, fecond de febvrier, pour les caufes & raifons qui y font apparantes, fut auffi de nouveau changé eftille de lever la taille de la ville par yles à vingt deniers pour livre, fuyvant renc & ordre des habitans ès dites yles efleus par les feigneurs Confuls, commançans aux plus folvables & ydoines de chacune yle, & ce continuant d'an en an; ce que fut par aulcun temps approuvé, &, après, repprouvé. Car, par comperes & comeres, fupports & faveurs, la eleétion dudit ylier, recepveur particulier de chacune yle, qu'on debvoit pourveoir de bon perfonnaige, ydoine, cappable & folvable, on bailloit le rotle à quelcun infoffifant, aulcunesfois à tel ne fapchant lire ne efcrire, & les fouffifans exemptés & excufés. Ce que ne feift trouver cefte procedure raifonnable, car, ainfi faifant, c'eftoit une police baftarde & illegitime, & fallut neceffairement retourner lever la taille de la ville, l'an M.D.LVIII., par ung recepveur feul & particulier.

*
* *

L'an M.D.LVIII., le jeudi XXVII⁰ apvril, eftant par cy devant la ville de Tholofe perfecutée & trevaillée de pefte, fe voarent à Dieu & à la benoiéte Vierge Marie, fa très-doulce Mere venerée au Puy, confiderans y trouver auxiliation. Lefquels de Tholofe, par delegués, y envoyarent par offre ung moult beau cierge de cire aux armes de Tholofe bien eftouffées, pefant ledit cierge ung quintal. Lefquels delegués feirent fur l'autel, devant l'ymage miraculeux de ladite bonne Dame, dire meffe follempne en grande pompe & chantrerie celebre.

Ledit an, fus le lundi II⁰ jour de may, furent celebrées les exequies, ès Peres Cordeliers du Puy, le corps abfent, de feu le feigneur de Sainét Vidal**,

_____

* Pages 457 et 458.
** Antoine de la Tour, baron et seigneur de Saint-Vidal, Blanzac, Goudet, Barges, Beaufort, Montusclat, Montvert, Eynac et le Villard, marié, en 1533, à Françoise d'Albon. Il avait fait son testament dès le 12 juillet 1552. C'est le père d'Antoine de la Tour-Saint-Vidal, le fameux

qui, peu par avant au fervice du Roy noftre Sire, eftoit decedé après la prinfe faicte par les François de la ville & port de Calais, de long temps occuppés par l'Anglès.

Ledit an, le jeudi **XXIII**ᵉ juin, fut, en eftat pontifical de evefque, enterré en l'eglife conventuale des Peres Cordeliers du Puy, au fepulchre de fes anceftres, le corps de monfeigneur meffire Chriftofle de Alzon, evefque tiltré de Troye & chanoine de l'eglife Cathedrale du Puy, fuffragand & official de meffire François de Sarcus, evefque du Puy.

Ledit an, monfieur maiftre Pierre Liques, chanoine de l'eglife Cathedrale du Puy, ayant par le moyen de fes feus predeceffeurs de bonne memoire, certaines vicaries & legats fundés en l'eglife conventuale & perrochiale de Sainct Pierre le Monaftier du Puy, pratiqua tant envers le feigneur Prieur dudit Sainct Pierre, fes douze Religieux & le Sindic des Prebftres feculiers de la communité de léans, que, de tous fes legats & vicaries, avec aultre bonne fomme de deniers y adjouftée qu'il y employa, funda en fa chappelle appellée de la Transfiguration Noftre Seigneur, chacun jour perpetuelement, une meffe payable à quinze deniers pour meffe, de laquelle chappelle ou vicarie fera dict eftre patron & collateur, & fon vicaire, là par luy inftitué & recept, jouyffant du fol, furpelis & aultres droicts & debvoirs que ladite communité de léans jouyt, & fe doibt dire cefte meffe, incontinent eftre dictes & celebrées les meffes matineufe & des Ames, fonné ladite meffe par ung toc à branle de la cloche forde, après les aultres : ce que fut commancé le dimenche premier de octobre.

Ledit an, fut renvoyé de Tholofe au Puy ung prifonnier natif de Sainct Badel*, lutherien, mandant aux Officiers de la Court, par ledit renvoy & leur arreft, eftre faicte proceffion generale, où ledit prifonnier fut nud après le clergé, la hart au col, torche ardent en fa main, fagot fur fon dos, &, la proceffion avoir faict fon cerne, eftre mys fus ung petit chaffault à genoulx, au confpect du peuple, durant ung fermon qui là feroit dict, & illec publiquement eftre brulés certains livres hereticques qu'il portoit, & luy après demander pardon à Dieu, au Roy & à juftice, difant que iniquement il

gouverneur du Velay. — Cl. Henrys, *Œuvres*, 6ᵉ édition, *in-folio*, 1772, t. III, pages 477 et suivantes, et 564 et suivantes.

* Sembadel, chef-lieu de commune, canton de la Chaise-Dieu, arrondissement de Brioude.

les portoit, & l'endemain, fuyvant ledict arreft, par le maiftre des aultes œuvres eftre fuftigé par le long de la ville, & après ce, conduict en galere au fervice du Roy pour cinq ans. Tout ce que fut exequté l'an fusdit M.D.LVIII., le dimenche & lundi II° & III° de octobre. Il me defplaict beaucop de contaminer ce livre de tels faicts que deppendent de ces maleureux infenfés heretiques.

Ledit an, le fabmedi VIII° de octobre, advint que, en tenant la Court Commune du Puy, ès prefences & par devant les Baile, Juge & affiftance d'icelle Court, au foubftenement de quelque querelle contre maiftre Anthoine Mouton, enquefteur, fortift debat entre maiftre Guillaume Lobeirac & Vidal Bernard, notaires, par tel colere que ledit Lobeirac affigna ung grant foufflet fur la joue dudit Bernard; par le moyen de quoy s'y addreçoit grant tinthemarre. La Court en fut moult troublée & rompue & en grant confufion departie. Au vray dire fur ce, les Prefidents y mirent paoure police, car tous deux debvoient léans eftre arreftés, & agir contre eulx de l'oultraige, vitupere & defreglance là commife contre l'honneur de Dieu, du Roy & de juftice.

Ledit an, fur le fabmedi matin XXII° octobre, par ung Anthoine Vero, fontanier du Puy, fut occis ung gendre de Jacme Sahuc, autre fontanier, laboreur, fon voifin, en la rue Sainct Jacme.

Ledit an, le dimenche matin V° de febvrier, furent trouvés en divers endroicts, carrés & rancontres de la ville du Puy, voire par les rues & devant plufieurs maifons, ung grand nombre de placats en impreffion, fentans libels diffamatoires, couchés en rime affez de bonne taille, de coupplets en vers huictains ayans reffrain branlant, difant ainfi : *Dieu punit ceulx en qui peché domine,* contenant en ce une exortation faicte à ung nommé maiftre Maurice Dafquemye, narrative des faicts & geftes de luy, affez approchans à la verité, ainfi qu'on difoit. Toutesfois, du nom de l'auctheur je m'en trouve ignare.

Ledict an, caufant les grandes & continuables guerres d'entre Charles V°, roy des Efpaignes, empereur, & Philippes, fon fils, roy d'Angleterre, & aultres leurs adherans & alliés, contre noftre fire Henry II°, roy de France, par quoy fut neceffaire audit feigneur, pour deffendre fon pays & pour refifter à leurs proterves entreprinfes que l'affailloient à grant arnois, impofer fur les pays de fon obeyffance grans deniers par tailles, creues, prendre decimes redoublées fur le clergé, faire emprunts tels que fur la feule ville du

Puy, des plus aifés, fut levé la fomme de fept mille livres tournois, leur donnant ledit feigneur d'apport pour livre dudit emprunt le douziefme denier que font vingt deniers. Partie des mulets du Diocefe furent conduicts en Picardie pour le fervice dudit feigneur.

Ledit an, eftoit grant inimiftié entre deux gentilshommes prochains du Puy & voifins, Villaret & Solleilhac, fi que fe porchaffarent par juftice; mais l'un d'eulx ne fe peult trouver ne apprehender. Si fut virilement pourfuivy par l'aultre, caufant, ainfi qu'il difoit, qu'il luy avoit faict quelque oultrageux grief. Mais tant bien fut pourfuivy que finablement, par l'arreft de juftice, le jour fainct Claude VII° de juin, en ephigie, on luy trencha la tefte au Martoret du Puy. Et tantoft après, ung mardy matin V° de jullet ledit an, ung baftard, frere de la damoyfele femme dudit Villaret, on ne fçait par qui, fut maleureufement occis & meurtri auprès du chafteau de Cuffac*. Ledit feigneur de Villaret, je ne fçay les fins, fut longuement habitant au Puy. C'eftoit entre ces deux maifons ung faict moult odieux.

Ledit an, par la Court Prefidial de Nifmes, en fon reffort, fut pronuncé arreft que, aux enqueftes que deformais feront faictes par parties plaidentes, en chacun fueillet, après la deppofition & dire des tefmoings produicts & deppofans, feront fignés iceulx deppofans ou commis pour eulx, enfemble l'efcripvain ou enquefteur, pour eviter à beaucop de malices de gens que, à faulte defdits fignets y eftre mys·& applicqués, par fuppofition d'aultres fueillets, s'eftoient après trouvés beaucop de frauldes & dolofités notoirement commifes au grant prejudice & dommage de parties.

Ledit an, fe meuft queftion entre les habitans des rues de la Saunerie du Puy, caufant qu'ils avoient priviliege ès dites rues vendre le fel 1) & non en aultre part audit Puy, ne autour de la ville environ deux lieues, & que de ces privilieges, de longtemps, ils en eftoient pourveus & faifis de bons enfeignemens & vallables tiltres; ce que leur fut permys & ordonné le temps jadis

* Cuffac, commune de Polignac, canton nord-ouest du Puy.
1) Phelippes premier nommé de Valoys, roy de France, fut celluy qui premier mift gabelle fur le fel & que nully ne achetat fel fynon ès greniers du Roy.
Ce fut le Roy fufdict qui eftoit comte de Valois que comme prochain lignagier fucceda à la coronne après Charles le Bel, qui morut jeune, lequel fut coronné l'an M.CCC.XXVII., & nommé Phelippes V° du nom. — *Médicis.*

pour aucunement les defintereffer de la grant perte qu'ils avoient foubftenue par une merveilleufe & efcandaleufe conflagration de feu advenu ès dictes rues par les feftes de Roifons*, que les avoit deftruicts & toutalement ruynés. Sur quoy ils avoient impetré & obtenu du Roy icelluy priviliege avec le confentement du Confulat, Commune & habitans de ladicte ville du Puy, enfemble auffi le confentement du feigneur Evefque & du feigneur Vicomte de Polignac que ont grans villes, villages, bourgs & chafteaulx au prefent pays, & ce, foubs certaines penfions de fel que lesdicts deux feigneurs ont couftume prendre chacun an fur lesdictes rues. Si difoient grande partie des habitans en icelles rues de ladicte Saunerie que, pour aultant que toutes lesdictes rues eftoient fubjectes communement à fraier les mifes & defpenfes que procedoient pour l'entier entretenement & confervation de leurs dicts privilieges par equale portion, & que il y avoit certaines maifons, à l'entrée d'icelles rues, que faifoient par leur bon entretenement & accueil loger & defcharger en leurs maifons les muletiers & cotaulx portans fel, comme lieux plus comodes, & que, par le moyen de leur dict priviliege, ils prenoient d'eulx certaine portion de fel pour leur fol & mefurage dudict fel; ce que les autres habitans ne avoient pas, pour ne eftre fi bien affis, & qu'il eftoit bon, *ymo* neceffaire, que chacun euft du profit; & pour ce meuft cefte queftion & querelle. Et à ces fins, les habitans remots desdictes rues, fur ce fe plaignans, fe retirarent devers la Chancelarie du Roy noftre Sire pour obtenir lettres que les cotaulx & mulatiers portans fel au Puy & fusdictes rues, deformais fuffent contraincts fe retirer & aller defcharger leur fel dans une loge commune, fçife en leurs dictes rues, par eulx tous adcenfée ou acquife, ayant là confierge ou contreroleur qui en tiendroit le compte, & recepvroit le profit provenant pour la vente ou mefurage, à la mode acouftumée. Lequel profit de ce fel, avoir payé le droict des feigneurs, la loge, les gaiges de luy & aultres frais de confuetude & pour ce deppendens, en rendroit bon compte & prefteroit le reliqua, lequel profit, affin que chacun demouraft contend, fut parti** fur les habitans. Cecy fut paffé après plufieurs differents, plaideries, allées & venues & exequté jouxte le dire & fuyvant le pourchas des querelans fusdicts.

* Cet incendie eut lieu en 1239. Voyez plus haut page 210.
** Partagé, réparti.

Geographie du feu de joye.

'AN après la naiffançe du Fils de la Vierge immaculée
Marie M.D.LIX., les habitans de la felice & inclite cité du
Puy, eftans deuement advertis de la bonne, fincere & eureufe paix, tant defirée eftre traiftée entre noftre Sire le Roy
très-chreftien Henry, & Philippe, roy des Efpaignes &
auffi très-aulx, magnificques & puiffans prince & princeffe François & Marie
roy & royne d'Efcoffe, daulphin & daulphine de France, & puiffante princeffe Helifabet, royne d'Angleterre, le prince de Piedmont, leurs fubjeéts &
adherans, moyennant les mariages traiftés de très-excellante princeffe madame Helifabet, fille aifnée du Roy que doibt efpoufer le fusdiét Roy catholicque des Efpaignes, & de aulte & magnificque princeffe ma honorée dame
madame Marguerite, feur du Roy, que doibt efpoufer le devant diét prince
de Piedmont, dont les conditions gardées entre lesdiéts mariages font l'efpoir
radical d'amitié indiffoluble entre les princes, & pour mercier Dieu de fi
aultain benefice, qu'on ne doibt metre foubs le voyle de filence, que de avoir
poffeffion de paix pour laquelle on eft relevé des grandes & innenarrables oppreffions, incurfions, dangiers, dommages, miferes & calamités que naiffent
de la guerre, & que paix remet le peuple en tranfquilité & paifible repos,
que tant eftoit trevaillé & martirifé de divers fubfides, a fait confiderer les
feigneurs de l'eglife Cathedrale, meffeigneurs de Juftice, enfemble les feigneurs Confuls, d'en rendre à Dieu & à la Vierge Marie aétion de graces. Et
pour fur ce proceder, fut decreté, le fabmedi penultieme de apvril, faire preconifer au peuple leur benevole intention : c'eftoit de faire le lendemain dimenche, dernier jour dudiét mois d'apvril, une devote & folempne proceffion,
& faire feux de joye. Si que lediét jour de fabmedi, les feigneurs Confuls, atout
leurs robbes rouges, acompaignés des feigneurs de Juftice, de leur Cappitaine & aultre nombre de bons perfonnages, fe partirent du Confulat tous à
cheval, ayans au devant d'eulx trois trompetes aux efcuts de France. Si
allarent preconifer au peuple, aux lieux & carres* à ce ordonnés, les faiéts
concernans cefte noble paix, de faire proceffion & les feux de joye. Et ladiéte

---

* Carrefours.

preconifation faiĉte, les cloches fonnarent, & alors lesdiĉts feigneurs de Juftice, Confuls & aultres leurs affociés, remontarent là ault vers l'eglife Cathedrale, comme il avoit efté entreprins, & devers la porte Sainĉt Jehan entrarent en ladiĉte eglife, là où ils trouvarent, au choeur d'icelle, tout le clergé
que en grande celebrité defploiarent leur mufique à chanter *Te Deum laudamus* & *Salve Regina* à la bonne Dame, & aultres devotes oraifons en fons
armonieux bien citharifés. Ce faiĉt, fortirent de ladiĉte eglife par la porte du
Theatre lesdiĉts feigneurs d'Eglife, feigneurs de Juftice, auffi les feigneurs
Confuls, & là trouvarent dreffés certains chaffaulx bien enrichis & tappiffés
pour faire affeoir la conpagnie, leur prefentant tant d'humanité que leur fut
poffible, leur donnant de bonne grace la collation & dragée. Et en oultre,
en lieu de bufcher, pour y aller metre le feu, eftoit faiĉt & compofé par fingulier artifice ung grant & ault pillier eftoufé & enrichi de peintures, en la
fummité duquel eftoit l'eftatue ou ephigie d'une femme nommée *Difcorde,*
reprefentant que par difcorde les Princes avoient eu tant de tribulations ; car
où maleureufe difcorde fe trouve, il n'y a que defordre & mal encontre, &
laquelle on debvoit exterminer & l'erradiquer de la terre. Si avoient les maiftres canoniers que ce avoient fabriqué, faiĉt certaines hideufes Gorgonnes par
où debvoit eftre mis le feu pour le tout promptement ruyner. Si fut baillé en
main à chacun desdiĉts feigneurs de Juftice, Confuls & Perfonnats de l'Eglife,
une torche allumée, fe prefentant, par douce & facile equabilité, honneur l'un
à l'aultre d'y premier metre le feu, ce que chacun doulcement refufa. Mais
l'oppinion demoura que tous à la fois y metroient le feu par les Gorgonnes &
leurs gorges que à ces fins eftoient faiĉtes. Et le feu y eftre mys, à l'heure, fortirent & corurent par l'air plufieurs brandons de fufées, & furent tirés plufieurs gros canons, & lediĉt pillier fur lequel eftoit *Difcorde* print tantoft le
feu que par tous endroiĉts fortoit de fon ephigie, faifant trous efpovantables.
Pourquoy, icelle ftatue de ladiĉte *Difcorde* & le tout fubitement fut renverfé
avec fumée fulphurine qu'eftoit effroyable. Si print chacun, après ce, gracieufement fon congé pour cefte nuyt.

Le lendemain matin, remontarent les feigneurs de Juftice, Confuls, Cappitaine & aultres Perfonats avec grande affemblée de populaire, hommes &
femmes, pour acceder à cefte devote proceffion que debvoit eftre faiĉte ce
jour en l'eglife Cathedrale, & toutes les aultres eglifes, leurs inferieures, fe
trouvarent avec leurs croix & reveftus de chappes, & partout grant fonnerie

de cloches eftoit ouye. Lors, chacun fe eftre collocqué en fon ordre, ladicte proceffion fortit, les meffeigneurs de ladicte eglife reveftus des plus precieux veftemens de là dedans, dont ils en font moult bien adornés & decourés, & fut porté en icelle proceffion le fainct corps de la vierge faincte Conforte & aultre nombre de devotes reliques & reliquiaires que n'ay merité fçavoir les noms. Là, furent en bon ordre les jeunes enfans males & filles vierges, criant à Dieu : *Mifericorde!* & à la bonne Dame : *Saincte Marie, ora pro nobis!* Là, furent les bailes des Meftiers, artifans & aultres portans allumées toutes les torches & cierges qu'ils ont & maintiennent pour le fervice de Dieu & de leurs patrons en leurs devotes confraries & eglifes, lefquels feirent bien devotement & honorablement le cerne acouftumé, &, paffant hors les murs, furent falués par grans tonnerres & coups tirés de l'artillerie & gros canons de la ville, & eftre remontés & retournés en leur eglife, là fut dict ung moult bon fermon traictant de la collaudation de paix. Cella faict, & la meffe dicte en grande & cellebre chantrerie, chacun prit parti pour aller diner.

Après diner, le feigneur Cappitaine Mage fut diligent d'affembler fes trompetes & taborins d'Alement, lefquels allarent par ville battant lefdicts taborins, follicitant les compaignons de le venir affocier pour aller metre le feu au bufcher preparé & ordoné à la place du Martoret, chacun embaftonné de quelque arnois de deffence. A quoy faire les compaignons promptement fe eftre mys en bon equipage, fe vindrent rendre à Sainct Laurens où ils avoient efté affignés par le taborin, & de là partirent ledict Cappitaine, atout fon enfeigne & fes fergens de bende, tant à pied que à cheval, où il fe demonftra moult bien, & les feigneurs Confuls fuyvant après lefdites bendes. Là fe trouvarent grand nombre de halebardiers, picquiers, aquebofiers, & auffi aultres portans arnois de diverfes façons & natures, que moult bien fe faifoient ouyr & veoir paffant par les rues. Si que tantoft le tout fut rendu à la place du Martoret, là oùt eftoit preparé, au devant la maifon du Pois du Roy, ung chaffault bien eftouffé où furent aulcuns des feigneurs de Chappitre, de Juftice & lefdicts feigneurs Confuls, & fut joué par certains jeunes enfans une briefve hiftoire moralifée touchant la paix, que fut affez recreative. Et après avoir receu la collation & dragée, le temps fut opportun d'aller metre le feu au bufcher que eftoit là appointé en cefte maniere :

Les maiftres là commis pour ce negoce avoient faict une piramide bien aulte, fubtilement labourée, jafpée & porphirée, avec foubsbaffe de mefmes à groffes Gorgonnes preftes à recevoir le feu par la fubtile pouldre de canon qui eftoit là dedans, & au plus hault de piramide, eftoit, fur une forme efperique, l'eftatue ou fimulacre du dieu Mars tout armé, tenant l'efpée au poing, fe foubftenant fur ung pied, que faifoit beau veoir, reprefentant que le dieu Mars, dieu des batailles, felon la fiction des poetes, eftoit celluy qui avoit tousjours efté entreteneur des guerres & batailles, & que il n'eftoit plus temps de guerre ne de martiales entreprinfes, mais bien temps de paix & d'amour, & que ce dieu Mars, terrible, furieux & malin, debvoit eftre extirpé, mys à fac & fouldroyé avec les infernaulx diables, fi que de luy foit evacué le povoir & fa memoire extaincte. Si avoient faict lesdicts maiftres icelle ephigie foubs baffe, & le tout garny de fufées, garrots & tels inftrumens pour ces faicts neceffaires, que n'atendoient que fentir le feu.

Item, & en oultre, lesdicts maiftres canoniers avoient faict ung gabion affis fur une pieffe de bois, faict à Gorgonnes garnies de garrots & fuféès. Là où ils avoient mys au dedans ledict gabion deux chats pour en faire le facrifice audit dieu Mars, avant que l'exterminer. Après toutes lefquelles chofes ainfi applicquées, les feigneurs, comme j'ay dict deffus des feigneurs de Chapitre, fe monirent * les ungs les aultres de aller premier metre le feu audict piramide, ce que chacun refufoit; finalement s'en accordarent. A l'heure le feu fut mys, & alors les garrots & fufées couroient par l'ayr, que fubitement vindrent affaillir ledict gabion, enfemble le dieu Mars; dont à l'heure, vous n'euffiez pas ouy Dieu tonner à caufe des grans canons & artillerie qu'on feift tirer, & en ung inftant, tout fut redduit en fumiere fulphurine, & le tout dilaceré & mys en cendre.

Alors, chacun print fon parti, & allarent enfemble toute la bende parfaire le cerne par la ville, là oùt en plufieurs lieux fut donnée collation à la compaignie. Mefmement les feigneurs de l'eglife Cathedrale, en paffant par Sainct Jehan, eulx-mefmes de bonne grace donnoient à boire & la dragée aux compaignons. Et cependant les chantres ne ceffoient là de dire & chanter motets, que faifoit bon ouyr. Et après tout ce faict, le Cappitaine affigna la bende le venir affocier la nuyct à force torches, ce que fut faict : qu'eft la fin de la prefent cronique de ce feu de joye.

---

* S'avertirent, *monuerunt.*

Incidence.

Mais fe la ville du Puy, en ce temps, fe esjouiffoit pour ladite paix & fusdits mariages à bon droict, à la Court oùt tant de nobleffe eftoit affemblée, plus grant celebrité & triumphe y debvoit eftre faict. Si que pour magniffier cefte joye, fut mandé par heraulx exprès à tous feigneurs & chevaliers de proueffe & renom à qui plairoit s'y trouver, qu'ils s'eftoient efleus quatre chevaliers deliberés tenir contre tous à ung joyeux tournoy que fur ce s'eftoit jà preparé. Le nom defquels eftoit Henry de Valois, roy de France, qui grandeffe de cœur avoit entre les hommes, le duc de Nemours, le feigneur de Guife & le prince de Ferrare, tous bien excercités aux armes. Lefquels, eftre venu le jour affigné & chevaliers arrivés de divers partis, fe trouvarent fur les rencs en tel equipage & ordre que mieux n'eftoit poffible, là oùt feirent voler par efclats plufieurs lances, que faifoit bon veoir, enfemble le lieu des lices, les chaffaulx diaprés où eftoient affis princes, princeffes, dames & damoifeles, ouyr trompetes & aultre fonnerie de joieux inftruments. Mais, de par Noftre Seigneur, après cefte infelice joye, le Roy noftre Sire à qui l'esbatement eftoit agreable, fe addreça à l'encontre d'un chevalier nommé Lorges*, & roidement fe entre-affaillerent, dont ledict Lorges affena le Roy fur fon armet qu'à demy luy brifa le chief, fi que, par ce maleureux cop, l'en fallut porter de la place. Ce que caufa grande contriftation & defconfort à toute l'affemblée, confideré la grandeffe & fublimité d'un tel perfonnaige. Si corurent celle part medicins & cirurgiens, de leur art bien endoctrinés, que luy applicarent falubres & convenables medicamens pour le cuider reftaurer. Ce que ne luy proffita rien, car dans fix ou fept jours après, par ce maleureux & rude cop, fallut qu'il changeaft fa vie avec la mort, que fut ung merveilleux dommage de ce bon & chevaleureux prince digne de eternelle memoire, vray amateur de la religion chreftienne. Sur ceft fpectacle, povons conjecturer qu'en grande profperité eft à craindre mutation, tant font les chofes de ce monde fortuites, inconftantes & muables.

A ce propos, je puis amener que environ l'an **M.CCC.XLIII.**, Philippes,

---

* Gabriel de Lorges, comte de Montgommery (en Normandie), capitaine de la garde écossaise fous Henri II.

fils du Roy de France, print en mariage madame Blanche, fille de Philippe le Long, jadis roy de France. Pour ſes nobces, furent faiĉtes jouſtes ès quelles monſeigneur Raoul, comte d'Eu & conneſtable de France, morut par un cop de lance.

Memoire du feu de la rue de Raphael.

Quand bien je ſpecule les penuries de ce monde & la varieté des aĉtes humains, je les treuve merveilleux & inſtables, & ne ſe fault trop fier ès tenebreuſes concupiſcences & mondaines proſperités, car bien peu d'hommes ſont que puiſſent dire avoir veſcu en paiſible tranſquilité, ſans avoir eſté martiriſés ſoit par tempeſtes, gelées, inundations d'eaux, fechareſſes, famine, maladies, ſoit par peſte ou aultres, guerre, procès, larrecins, chargement de ſubſides, & pluſieurs aultres diverſes calamités ès quelles noſtre paoure nature eſt ſubjeĉte, comme par inconvenient de feu. Duquel feu, pour le preſent, occaſionalement en ceſte dolente chronique, comme le but de mon intention, j'entends d'en eſcrire comme choſe digne d'eſtre rapportée au temps futur, ce que incrediblement me contriſte, mais me ſemble n'eſtre à moy taiſable, que je n'adreſſe ma vacilante plume d'en faire narratif, car, par l'eſcripture & hiſtoire, l'eternité de nos aĉtes eſt gardée, & par longueur de temps eſt ſurmontée la recordation de noſtre memoire.

Pourquoy, je dis que l'an M.D.LIX., la veille du glorieux martir eſpaignol monſeigneur ſainĉt Laurens, qu'on feſtive le V⁰ yde d'aouſt, du monde l'an ſix mil ſept cens cinquante huiĉt, approuchans les huiĉt heures du ſoir, par quelque inconveniant duquel j'en ignore les moyens, le feu ſe print en ceſte felice & inclite cité du Puy & rue de Raphael par incredible conflagration & ardeur, qui y brula entierement treize maiſons, & aultres maiſons prochaines qui furent à demy ruynées. Ces maiſons eſtoient en bon lieu, bien aſſiſes, bien ediffiées & habitées de bons marchans & aultres citadins artiſans de ladiĉte ville du Puy. Dont pour ce feu & eſcandaleux embraſement, lesdiĉts habitans y ont receu groſſe perte tant par leurs diĉts domiciles que divers meubles, denrées & marchandiſes, que eulx & leurs devanciers par leur vigilance avoient acquis de longue main, qui y furent brulés ou bien deſrobés par meſchantes gens meritans amere punition, leſquels donnoient affliĉtion aux affligés, dont leur deſolation n'eſt pas petite, ne enſemble de leurs parens, amys & voifins, qu'en eftoient oppreffés de vehemente doleur.

Humain lecteur, j'eftime non eftre ymaginable le bruit & cris de la tourbe populaire qu'eftoit effroiable & efpouventable, encore plus desdicts habitans brulés, difans n'avoir plus envie de vivre après telle infelicité, fe voyans par ce mefchief batus de paoureté & ne s'en povoir refordre. On y apporta le precieux *Corpus Domini* de plufieurs eglifes. Les cloches on ne ceffoit de mareler pour efmovoir les gens à y prefter leurs fecours pour le lieu que eftoit loing de fervice d'eau ou pour les tenebres de la nuyct. Dont, à ces caufes, le fecours y fut ung peu debilité pour l'aftivité du feu qui, en ung inftant, fe print par tous endroicts; fi que, environ trois heures après, le tout fut brulé & exterminé. Dieu, noftre mifericordieux Sire, & la Vierge Marie, noftre patronne, fa très-digne Mere, vueillent reftaurer leurs pertes & les conftituer au degré de vraye & conftante pafcience! Difons : *Amen.*

Qu'eft à efcrire de la riviere de Loyre.

JE ne fçay fe Dieu le grant Empereur, feul regent & gouverneur pacifique, & auquel toutes chofes font prefentes, feroit-il point irrité contre nous qui fommes la facture de fes mains? Ce qui fembleroit que non, confideré la fragilité de notre paoure nature que n'eft que terre & corruption de fang, que prefuppofe quelque excufe. Mais difons, au contraire, que ce feroit pluftoft par nos evidentes faultes & propre malice que nous n'avons la crainte de Dieu, & par ce moyen, irritons fa fublime, très-aulte & divine magefté, & meritons tumber en fes mains pour nous punir comme juge jufte & droicturier. Pourquoy entendons : fe nous fouffrons, ce n'eft que par nos pechés & pour n'avoir obey à fes faincts & divins commandemens que nous enfreignons de jour en jour, & pour reparation, fommes tenus à cefte caufe fouffrir & endurer miferes & eftranges penalités, & ne nous armer du dire d'aulcun nombre d'aftrologiens prenofticateurs, lefquels, fans bien mefurer, ne fe gardent de predire les faicts futurs, non approuvés par les fainctes doctrines de l'Eglife. Si difent, ce qu'on ne doibt paffer fous filence, que l'influence des aftres & corps celeftes caufe nos ruynes ou nos biens, pour la domination qu'ils ont fur nous & fur les caufes elementaires de cefte baffe & infyme region terreftre. Ouy, amy lecteur, mais Dieu omnipotent n'eft pas subjeﬅ aux aﬅres qu'il ne nous envoie, ainﬁ que bon luy ſemble, aulcun bien ou au contraire dures adverſités ou inquietudes tranſcendens & ſurmontans l'eſcole & diſcipline desdiﬅs aﬅrologiens, que ne conﬁderent ſeulement que les ſecondes cauſes, & diſent par la cognoïﬀance d'icelles : *Tel faiﬅ adviendra*, & n'en ſera rien, que ne ſont que promeﬀes de debile credance. Ils parlent auﬁ des maladies, de la fertilité de la terre & produﬅion de fruiﬅs d'icelle, qu'ils aﬁgnent en diverſes qualités, & n'advient pas ainſi. Ils debvroient prenoﬅic quer que pour les meurtres que ſe commeﬅent journalement, blaſphemes, hereſies, ſymonyes, puante luxure que aujourd'huy ſans honte tient le primat des vices en tous eﬅats, uſures & aultres faiﬅs ﬁniﬅres , & que par iceulx, advient ſur le peuple ces augmentés fortunes & tribulations; alors ce ſeroit vraye prenoﬅication. Ils ne diſent rien du feu, & nous en avons eu au Puy tant de terribles & eſcandaleux aﬀaulx puis peu de temps, meſme la preſent année. Mais croyez, c'eﬅ tout par nos pechés , & par ce moyen, rien n'y faiﬅ l'aﬅrologie, ainſi que les ſainﬅes Leﬅres nous enſeignent.

Mais, regardons, plus oultre, de l'eaue, pour redduire icy par memoire ſempiternelle comment l'an preſent M.D.LIX., ſur la nuiﬅ entiere du ſabmedi V des ydes de ſeptembre, les efforts & indicibles , voire inexcogitables & irreparables dommages, que la riviere de Loyre, aﬀez prochaine du Puy, a faiﬅ le long de ſon eﬅendue. Si que le cas eﬅ paﬀant la apprehenſion humaine & moult difficille à relater, car ſur celle nuyﬅ, environ le temps de trois ou quatre heures, qu'eﬅ un faiﬅ memorable & ung ſecret clos ès archanes de Dieu, que ès parties ſur la naiﬀance de la fontaine ou ſource dont deſcend & derive Loyre, il ait ﬁ treﬅant pleu meﬂé de groﬀe greﬂe, eſclercs rubiconds contre leur naturel, avec continuels & eſpoventables tonnerres, qu'on ne povoit cognoiﬅre ſur la terre ſynon deſmeſurée habundance d'eau. Regardons que ſur ce eﬅ diﬅ en *Eﬅher* (chappitre X) : *Fons parvus crevit in fluvium maximum & in aquas plurimas redundavit*, & comment en avallant par ﬂots eſtranges, excedant ſes rives & bornes acoﬅumés de bien grande eﬅendue, elle ne laiﬀa devant elle à demolir , rompre , abbattre & ruyner ponts, planchis, murailles, botiers, heriﬀons, levades, ribages, toute nature & maniere d'arbres jeunes & vieulx, deſquels ladiﬅe riviere eﬅoit felicement decourée pour leur nature verdiﬀante & fruﬅueuſe, que ont eﬅé depopulés, renverſés, eradiqués & exterminés, & la terre des labours & champs evacuée deça en pluſieurs partis, reﬅante la place en roches & pierres, ſans eſpoir de jamais y povoir cultiver ne labourer. Les prés, il les a fendus & remys en gravier, y faifant merveilleufes traces, nouveaulx paffaiges, profundes concavaffions, moult difficiles à les reftaurer & remetre en leur eftat priftin. Les jardins, maifons, cafes, logetes, fonts, granges, patils & eftables, & tout ce que ladiête riviere povoit attaindre, elle a mys à doleureufe fin, fans y povoir aucun fecours ne recours. Et pour ce que ladiête eftrange inundation, avec fes fluêtuations & undes turbulantes, furprint grand nombre d'hommes, femmes & enfans en leurs maifons, heure de la profunde nuyt, auffitoft par devant que par derriere, que ne fceurent trouver moyen, par la fuperhabundance & aêtiveté de l'eau, de trouver efchappatoire ne de fuyr; fi que ils furent là affiegés & contrainêts en graviffime trifteffe endurer le torment & angoiffeux martire de la mort, là oùt ne fe peult donner ne accorder nulle triefve, dont j'ay doleur de l'efcrire, voyant fi terrible limite faite à leur vie par telle fin & periode non naturel, & ainfi neyés & fubmergés; qu'eft un cas d'amer defefpoir, enfemble de leurs animaulx, beufs, vaches, juments, polins, porceaulx & brebis, defquels le nombre eft grant à bien l'extimer, felon le rapport de gens à ce fubjeêts. Et après, les paoures creatures humaines, auffi lediêt beftial, on a trouvé ainfi morts & neyés, les ungs loing, les aultres prochains, les ungs çà, aultres là en divers lieux. Ce neantmoins, en a porté ladiête eau les petits meubles de leurs maifons, que eftrange chofe eft d'en ouyr leurs doleureufes plaintes, les laiffant tous nuds, oppreffés de vehemente doleur, defolation & defconfort. Qui alors fe povoit faulver, c'eftoit bien à grande peine & non pas fans dangier.

O mon Dieu! je pourroie cy amener le diêt du bon Prophete Abacuth, lequel en fon tiers chappitre diêt ainfi : *Numquid in fluminibus iratus es, Domine, aut in fluminibus furor tuus?* Nous ne pourrions extimer à fouffifance ces affliêtions que ne font pas chofes vacilantes ne incertaines, mais contenant pleine verité. Il pourroit eftre cy rememoré du grant & univerfel deluge advenu au temps de noftre bon pere le fainêt patriarche Noé, caufant le peché du peuple, qui fut l'an du monde mil fix cens quarante deux, duquel deluge n'y a raifon d'en efcrire. Il me recorde auffi avoir leu que l'an du monde trois mil fix cens cinquante neuf, avant l'advenement de Jefu Chrift mil cinq cens quarante, en Theffaille, region de Grece, au regne de Deucalion, feift un deluge que, ainfi que Orofe, très-fouffifant aêteur, le tefmoigne, difant que les Theffaloniens furent contrainêts monter ès montaignes pour eulx faulver.

Auffi, ay trouvé & eft efcript au premier livre DE PODIO, comment la riviere
Dolefon creuft moult grandement l'an M.CCC.LXXVIII., le jour VI° yde
de octobre, & des grans dommages qu'elle feift *. Auffi là dedans eft contenu
d'une aultre femblable inundation que ladicte riviere feift, voire plus domma-
geufe, que advint l'an M.D.VIII., le jour faincte Anna, ainfi que là le
pourrez lire. Mais ce n'eft rien & n'aproche de ce qu'a faict cefte riviere de
Loyre cefte fusdicte année M.D.LIX., qu'un bien grant & efpacieux livre ne
pourroit fuffire à narrer par le menu les dommages que a porté ladicte riviere de Loyre que j'ay ci deffus traicté & efcript, felon ma nebuleufe ignorance & mefure de mon rude fçavoir, toutesfois foubs correction des mieulx
entendus. Mais, qu'eft ce, benevole lecteur, que fur ce deffus narré je te pourroye plus amplement efcrire note, arrenger plus grant monceau de paroles,
fynon que fe recommander à Dieu noftre mifericordieux Sire, fe metant
foubs fa tutelle & de fa glorieufe Mere, notre patronne, & leur prier par leur
debonnaire grace, donner paradis aux trefpaffés, & aux vivans que tant y
ont perdu & fouffert, les vueille conftituer au plus ault degré de la vraye
vertu de pafcience, pour foulaiger en cefte dure adverfité leur humaine per-
turbation. Difons : *Amen.*

Il fembleroit advis à quelcun qu'en cefte dolente efcripture je debvroye
avoir meflé comment ce merveilleux faict aquatif eftoit conduict & mené par
Neptune, que Varro apelle dieu de la mer & des eaux, & auffi par Vulcan,
dieu des tonnerres, fouldres & tempeftes, & que lesdicts Neptune & Vulcan
ont fabricqué en cefte nuict ces doleureux mifteres comme emulateurs de la
felicité, fe faifant ouyr tant en l'air que fur la terre & l'eau, rendens efclers
rouges efpoventables non acouftumés, menant quant & eulx, comme ayans
terreftre domination & maritime, grant portion de l'eau de la mer comme à
eulx obeiffante, qu'ils faifoient roidement avaller par le canal de la fusdicte
riviere de Loyre, occifant plufieurs fuppots de nature, faifans cris & bruits
effroiables, & ainfi nageans, faifoient naiftre mains turbillons comme fortis de
leur alchademye, interpretée lieu de tribulacion & trifteffe que nous ont cy
laiffé. Mais c'eft mitologie ou bien ung dire & racompter poetique & fabu-
leux, que ne peult par nul moyen aplaifanter la fusdicte doleureufe cronique.

* Voyez plus haut, pages 273 et 274.

L'an M.D.LIX., fur la fefte du glorieux martire fainct Chaffroy qu'on celebre le XIVe des ides de novembre *, feift ung grant nyvier, & tant tomba neige qu'il y en avoit l'aulteur de demy-aulne de Lion. Plufieurs defchargerent leurs maifons, craignans que leurs tois ne tombaffent pour le fais. En ce temps, avoit au Puy ès faulxbourgs de Troillas, certaine bende de ces paoures difcurrans Boemes, Agariens ou Sarrafins, que, pour leur plaifir, de ladicte neige firent une maifon devant l'hofpital Sainct Laurens, où avoit porte & feneftre : ce que pour curieufité plufieurs allarent veoir.

.

L'an M.D.LX., fur la nuyct du dimenche, tiers jours du mois de novembre, fut perpetré au Puy le villain & deteftable homicide de honorable homme maiftre Jehan Olivi, licencié ès droicts, lequel quelques maleureux perfonnages, ce foir, luy eftant couché en fon lict & là bien endormy de fon naturel fomme, après l'avoir eftranglé, felon l'intention des firurgiens, luy copparent la gorge ; ce que cognu fut au peuple ung efcandaleux efpectacle, que fur ce après en donnarent divers jugemens, confiderans la beaulté de fa femme.

.

Item, audict an M.D.LX., le peuple du Puy vefquit en grande difete & cherté de victuailles & principalement de vin, car le plus petit pris dudict vin eftoit de feize deniers le pot ; il y en avoit de dix-huict deniers, de vingt deniers, de deux fols, de deux fols fix deniers, voire aulcuns de troys fols. Le bled, le carton froment douze fols, le carton feigle huict fols. Le demourant des aultres vivres eftoit à ault pris. Grandes tailles, grans loiers de maifons, grande cherté de bois. La chair fut moult chere, caufant la grande & eftrange mortalité de beftial menu comme moutons & brebis que morurent en tel nombre qu'eft chofe memorable ; ce qu'eft prefaige de cherté fubfequente en quelques qualités, fe Dieu de fa grace n'y pourvoit.

---

* Voyez, pour la date de cette fête, la note de la page 56.

De la Chambre Prefidial, ou bien après de la Senefchaulcée advenue & accordée au Puy.

PRUDENT Leƈteur, te plairra croire que l'an M.D.LII., le bruit eſtoit courant tel que le Roy noſtre Sire vouloit dreſſer en ſa ville du Puy ung Siege Preſidial. A quoy entendre, les habitans, tant de ladiƈte ville du Puy que du plat pays circumjacent, furent aſſez curieux d'en ſçavoir la verité. Si y euſt ſur ce grant aſſemblée de conſeils, voire meſmes des Eſtats particuliers du Diocefe, que s'en aſſemblarent, là oùt en icelle aſſemblée, après pluſieurs raiſons desduiƈtes & proffundement diſputées, fut conclud & arreſté que ce leur pourroit venir à comodité & que la ville & pays s'en colloqueroit en meilleur eſtat, ordonnant que les frais pour ce deppendans ſeroient faiƈts à communs deſpends tant de la ville que du pais. Si envoyarent delegués à la Court, que y ſejournarent longtemps ſans y rien proffiter.

Vray que, les choſes après ſuccedans par proceſſion de temps, le peuple eſtoit ſouventesfois deviſant de ceſte Chambre, eſperant touſjours y parvenir, juſques à l'an M.D.LVIII., que par maiſtre François Chaudeonis, doƈteur & advocat du Puy, lequel, ung jour, en tenant la Court Commune, feiſt grant argument qu'on debvoit entendre à pourchaſſer d'avoir ceſte Chambre Preſidial, que ſuccederoit au bien, profit & honneur tant de la ville que du pais.

Ung aultre jour bientoſt après, en une aultre aſſemblée tenant au Conſulat ung conſeil de police, y feiſt lediƈt Chaudeonis aultre ſemblable harangue, remonſtrant ce meſmes faiƈt. Ce que entra au cœur des habitans, meſmement du petit populaire que en eſperoit avoir auxiliation & profit à l'advenir. Et les ſeigneurs Conſuls, moderateurs en la republicque, cognoiſſans l'affection, & affin que chacun oppinat ſur ce faiƈt tant ardu & doubteux, n'eſtant de petite importance, & affin qu'il y euſt meilleur audience, aſſignarent ſur ce ung grant Conſeil general eſtre tenu à la maiſon des Peres Carmes, là oùt le peuple pourroit bien là dedans eſtre le jour aſſigné & les citadins & peuple là convenu, qu'eſtoit le ſabmedi anté-penultieme de jullet l'an ſusdiƈt, & là les faiƈts du Conſeil eſtre bien amplement demonſtrés & debatus, fut decreté envoyer à la Court quatre bons perfonages*. Ce que fut excequté. Lefquels, après là eftre arrivés, y befoignarent par tel endroiêt qu'ils obtindrent du Roy noftre Sire le don bien ample, en leêtres patentes & aultentiques, d'avoir au Puy ladiête Chambre Prefidial, avec toutes les qualités deuement y requifes. Lefquelles leêtres & don royal porté au Puy furent, en la maifon fusdiête des Peres Carmes, devant tout le Confeil de la ville à ces fins illec affigné, veues, leues & releues, & par lesdiêts delegués leur fut là declairé les conventions & moyens comment ils avoient procedé & befoigné en ceft affaire & de la finance qu'ils en avoient payé au Roy, ce qu'ils avoient prins à grands interefts & apports tant ès banques de Paris que après de Lion, dont desdiêtes leêtres la teneur eft telle :

Henry, par la grace de Dieu, roy de France. Sçavoir faifons que, après avoir entendu par les gens de noftre Confeil les remonftrances à nous faiêtes par les manans & habitans de la ville du Puy, & ouys fur ce en leurs offres les Deputés de ladiête ville du Puy, & auffi les Prefident & Conful des Officiers & habitans de la ville de Nifmes, enfemble le Commis & Deputé du pais de Languedoc, les Seigneur de Tournon, Comte de Cruffol, Vicomte de Polignac, & aultres oppofans & empefchans l'ereêtion & eftabliffement du Siege de Senefchal & Prefidial en ladiête ville du Puy, nous, par l'advis & deliberation des gens de noftre Confeil, & par les mefmes caufes & confiderations qui nous ont meu eriger & eftablir les Sieges Prefidiaulx de noftre royaume, avons, en acceptant la fomme de vingt cinq mille livres offerte par lesdiêts Deputés de ladiête ville, qu'ils ont fornye comptant ès mains du Treforier de noftre Efpargne, &c., & requerant auffi & confentant l'Evefque dudiêt lieu, par ce prefent ediêt perpetuel & irrevocable, diêt & declairé, volu, eftatué & ordonné, & de noftre certaine fcience, &c., ung Siege de Senefchal Prefidial & juridiêtion des Conventions, avecques les Officiers que s'enfuyvent, c'eft afçavoir : ung Senefchal de robe courte, ung Prefident, ung Lieutenant General Civil & ung aultre Criminel, ung Particulier, neuf Confeillers dont ung fera Garde des Seaulx, ung Advocat & Procureur pour nous, deux Greffiers, l'un pour l'ordinaire & l'aultre d'appeaulx, ung Clerc commis à l'audience, deux Huyffiers

* François Chaudéon, bachelier ès-droits, Benoit Valentin, greffier au bailliage de Velay, Jacques Guitard, marchand, et Louis Vianes, notaire. L'original des instructions données à ces délégués par leurs concitoyens du Puy, existe aux archives de la Préfecture, série B, B. I. — Aymard, *Inventaire des Archives départementales de la Haute-Loire*, page 1.

audienciers, ung Confierge, ung Recepveur payeur des gaiges desdicts Officiers, ung Juge & Greffier des Conventions, ung Séelleur ordinaire dudict Senefchal & Conventions, à l'inftar & aulx mefmes facultés, povoirs, auctorités, privileiges, franchifes, libertés, gaiges, droicts, proffits, revenus & efmolumens qu'ont nos Officiers dudict Siege de Senefchal Prefidial & Juge desdictes Conventions dudict Nifmes, & font attribués par nos edicts, declairations & reiglemens, recours à iceux de laquelle Senefchaulcée, Siege Prefidial & jurisdiction desdictes Conventions dudict Nifmes, & avons, par ceftuy noftre edict, extraict & ecclipcé & defmembré, extraions, ecclipfons & defmembrons ladicte ville du Puy, le Baillaige de Vellay, Baronnies de Boufols & de Fay & aultres terres exemptées dudict Baillaige, le Ault Viveroys dict le fiege de Bocieu, le Baillaige & Court Commune du Ault Gevaudan, terres & places de Rochebaron & aultres exemptées dudict Baillaige, pour dorefenavant reffortir, &c. ; avons permis & permetons aux manans & habitans de ladicte ville & reffort de ladicte Senefchaulcée & Siege Prefidial du Puy de metre & impofer fur eulx la fomme de deux mille neuf cens livres tournois, à laquelle montent & reviennent lesdictes charges, & icelle lever fur le fel vendu en noftre grenier à fel du Saint-Efperit * ou par aultre fubfide qu'ils verront & pourront plus commodement lever fur eulx, accordant, oultre, ausdicts habitans de noftre dicte ville du Puy, & octroiant, pour cefte premiere fois feulement, la nomination de chafcun desdicts Officiers de perfonnages de qualité & fouffifance requife. Si donnons en mandement à nos amés & feaulx les gens de noftre dicte Court de Parlement de Tholofe, General de nos Finances à Montpellier & à tous aultres, &c., en mandant, en oultre, à nos amés & feaulx Prefidens de noftre dicte Court de Tholofe, Maiftres des Requeftes ordinaires de noftre Hoftel, Confeillers de noftre grant Confeil & de noftre dicte Court de Tholofe, fur ce requis, qu'à l'exceqution de ces dictes prefentes ils procedent, &c. Car tel eft noftre plaifir, nonobftant les arrefts, &c. Donné à Paris au mois de octobre, l'an de grace M.D.LVIII., & de noftre regne le douziefme. Signé fur le ply : *Par le Roy en fon Confeil. —* HURAULT.

Nonobftant les chofes fusdictes avoir efté par le Roy & fon Confeil ainfi concedées, plufieurs eftoient, mefmes de ladicte ville du Puy, auffi de leurs voifins dehors, que pas ne demandoient avoir audict Puy cefte Chambre Prefidial, mais la plus grande partie du peuple y afpiroit ; & à ces affections, fe difoient beaucop de paroles contre aulcuns du Puy & feigneurs circunjacens,

---

* Le Pont-Saint-Esprit sur le Rhône, arrondissement d'Uzès (Gard).

que pour favoriſer les Nemauſiens, en ce leurs competiteurs, metoient tous
leurs eſtudes à mettre deſtourbier à ce don royal faict au Puy. Dont les delegués en eſtoient à la Court en grande peyne, avec le ſeigneur Eveſque du Puy
monſeigneur meſſire Martin de Beaune, que pour la ville y travailloit à ſon
povoir. Et ainſi après ont ſuccedé les affaires juſques à l'an preſent M.D.LX.,
cauſant le trouble de ces inſenſés Lutheriſtes que, en pluſieurs endroicts,
troubloient le Roy & ſon royaume, & auſſi le decès & mort advenue de nos
Princes de felice recordation. Or, eſt-on encore en expectative d'avoir icelle
Chambre Preſidial au Puy, ou bien eſtre rembourſés du Roy tant du principal que des frais.

Depuys en çà, pour les porſuites de ceulx de Niſmes, eſtans conduicts par
ung leur Preſident, appellé Calviere, homme de bon ſçavoir, & aulcuns dudict Niſmes à luy adherans, Conſeillers, Conſuls, Advocats & Magiſtrats,
voyans le don que le Roy noſtre Sire avoit faict à ſon inclite cité & ville du
Puy, de ce Siege Preſidial, ce qu'eſtoit à leur deſavantage, & leſquels, après
avoir eſté fornis d'aulcune grant ſomme de deniers, furent en deliberation
d'aller à la Court, eſperans trouver moyen de faire ſupprimer ce don faict au
Puy, & de faict, y allarent enſemble. Et, là, eſtre arrivés, empruntarent de
grans perſonnages pour remonſtrer au Roy & à ſon Conſeil leurs dires toutesfois non equitables, entre leſquels furent ung nombre de Cardinaulx de
grande auctorité, le ſeigneur Anne de Montmorancy, conneſtable de France
& gouverneur pour le Roy en ſon pais de Languedoc, le Sindic dudict pais,
les ſeigneurs de Tournon & Cruſſol, le Vicomte de Polignac & aultres ſeigneurs que tous aſpiroient à favoriſer ceulx de Niſmes contre le Puy, & par
tous leſquels fut tant bien porſuyvy, preſché & remonſtré au Roy, que ladicte
Chambre desjà concedée au Puy, fut ſupprimée, briſée & eſtaincte.

Lors voyans les delegués citadins du Puy ceſte Chambre avoir eſté ſupprimée, ils en furent en grand peyne, car deſiroient, comme originaires d'icelle
ville, leur bien & avancement, ne ceſſant de courir comme lievres, ſuyvant
la Court à la fois à pied, à cheval, voire aulcunes fois en poſte, cognoiſſans
les affairès aller je ne ſçay comment, journalement preſentant requeſtes au
Conſeil du Roy, par leſquelles donnoient entendre comment le vouloir dudict ſeigneur avoit eſté que ladicte ville du Puy auroit ceſte Chambre Preſidial, conſiderées les vallables raiſons que deduiſoient ceulx dudict Puy &
comment, pour icelle, le Puy en avoit payé comptant au Roy grande ſomme

de deniers, & grands fubfides, interefts, apports & infructueufes defpenfes s'en eftoient enfuyvis, mais tousjours nonobftant icelles requeftes, lesdicts delegués avec monfeigneur Martin de Beaune, noftre evefque, ne ceffoient de leur quartier d'emprunter pour le Puy beaucop d'aultres honnorables perfonnages, tant feigneurs Cardinaulx que aultres feigneurs de grande auctorité, qu'eftoient fouffifanment imbeus du different de cefte nature, voire jufques à très-aulte, honorée & fereniffime princeffe & dame madame Katherine de Medicis, royne mere, de laquelle eftoit penfionaire le fusdict feigneur Evefque*. Et leurs requeftes tant de fois furent reyterées, veues, leues, releues & ouyes au Confeil dudict feigneur, lequel, bien entendu le demené & les grandes raifons recepvables que eftoient desduictes par la ville du Puy, auffi le dire des Nemaufiens, le tout bien au long entendu, fut ordonné & decreté par ledict Confeil que, dès incontinent, ladicte ville du Puy auroit ung Senefchal avec rembourfement de dix mille livres, eues qualités & modiffications requifes.

Lesdictes lectres de ce don de Senefchal après eftre parvenues à la ville du Puy, ce que ne fut fans extreme diligence, fut incontinent par leur Confeil defpeché homme pour aller inthimer à la Court de Nifmes que leur dicte Senefchaulcée, en tant que concerne le Baillaige de Vellay, Baronnies de Boufol & de Fay, eftoit pour le plaifir & Confeil du Roy defmembrée de leur eftat, & pervenu à la ville du Puy, affin deformais ceulx de Nifmes ne s'en plus aider, ne fur ce pretendre caufe d'ignorance.

Et ledict homme retourné dudict Nifmes, après avoir entierement faict fon exploict, fut, après, au Puy, le XXVe du mois de janvier audict an, à fon de trompe ès place publicque, preconifé que aulcun homme habitant au Baillaige de Vellay & Baronnies de Boufol & Fay, ne fut fi hardi de fe deformais entremetre de plus impetrer nulles letres de Senefchal de Nifmes, ne y porfuivre aulcun procès dès maintenant ou par avant y avoir efté introduict, ains, par auctorité royale, eftre le tout defvolu à la Court du Senefchal du Puy.

Ce faict, fut arrefté par le Confeil de la ville envoyer à la venerable Court de Parlement de Tholofe homme entendant le demené de ceft affaire pour conduire ìcy ung Prefident, Confeiller, Magiftrat ou tel qu'il plairra à la

* Martin de Beaune, évêque nommé du Puy, était chancelier de la reine Catherine de Médicis.

Court fur ce ordonner, pour exequter au Puy ce don de Senefchal & l'affieger, les metant en faifine de ladicte Senefchaulcée. Ce que fut par icelle venerable Court pourveu à ladicte ville du Puy de la perfonne de monfeigneur maiftre Michel du Fau, fecond prefident, homme reputé de non mediocre fçavoir. Et lequel Prefident arriva au Puy le XIII° janvier, & pour lequel recepvoir, la ville fe mift à fon debvoir de luy aller à fon devant avec honorable trouppe de gens à cheval, que fift bon voir, & auquel la ville luy voloit faire fonner des canons, ce qu'il refufa. Et en exequtant fa charge, y demoura quatre jours, après laiffant ledict feigneur Prefident & Commiffaire monfeigneur maiftre Girard de Changet, docteur, pour Juge Mage à parfaire la refte.

Des Officiers nommés & receus en ladicte Senefchaulcée du Puy & de leurs entrées & gaitges.

Premierement, monfeigneur le Senefchal, noble homme monfeigneur Yves, baron & chaftelain d'Alegre.

> Entrées : trois mille livres.
> A eftat du Roy : trois cens livres.

Monfeigneur le Juge Mage, monfieur maiftre Gerard de Changet, de Rion, docteur ès droicts.

> Entrées : deux mille livres.
> A eftat du Roy :   (fic).

Monfeigneur le Lieutenant General, monfieur maiftre François Foreftier, de Crappona, docteur.

> Entrées : mille neuf cents livres.
> A eftat du Roy :   (fic).

Monfeigneur le premier Confeiller, maiftre Jehan Beraudi, de Montfalcon, docteur.

> Entrées : *neuf cens livres* °.
> A eftat du Roy :   (fic).

° Cette fomme et les fuivantes font en blanc dans le manuscrit de Médicis ; nous les rétabliffons d'après un extrait authentique du notaire Barry, fecrétaire de la maison consulaire, qu'Antoine Jacmon a copié dans le manuscrit de ses mémoires (feuillet 2).

Monſeigneur le ſecond Conſeiller, maiſtre Jehan Bertrandi, du Puy, docteur.

> Entrées : *neuf cens livres.*
>
> A eſtat du Roy :   *(ſic).*

Monſeigneur le tiers Conſeiller, maiſtre Guillaume du Port, de Bas,
doĉteur.

> Entrées : *neuf cens livres.*
>
> A eſtat du Roy :   *(ſic).*

Monſeigneur le quart Conſeiller, maiſtre Gabriel des Arcis, du Puy.

> Entrées : *neuf cens livres.*
>
> A eſtat du Roy :   *(ſic).*

Monſeigneur l'Advocat du Roy, maiſtre Julian Boniol, du Puy, doĉteur
en tout droiĉt.

> Entrées : *huiĉt cens livres.*
>
> A eſtat du Roy :   *(ſic).*

Le Procureur General du Roy, maiſtre Jean du Lon, du Puy.

> Entrées : *huiĉt cens livres.*
>
> A eſtat du Roy :   *(ſic).*

Monſieur maiſtre Gabriel Orvy, du Puy, pour les Greffes du Seneſchal,
du Commiſſional, du Conventional.

> Entrées : *ſept mille cinq cens livres.*

Maiſtre Jacques Guitard, du Puy, pour eſtre Garde du Séel.

> Entrées : deux mille livres.

Maiſtre Pons Yrail, du Puy, Theſaurier & Garde de la finance des
Eſmendes.

> Entrées : *neuf cens livres.*
>
> A eſtat du Roy :   *(ſic).*

Anthoine Mouton, du Puy, pour Huyſſier en ladiĉte Court.

> Entrées : trois cens cinquante livres.

Du boys à chaufer.

L'an M.D.XXX., arriva au Puy ung homme de la ville de Thouloſe,
lequel cognoiſſant la grant indigence qu'eſtoit au Puy de boys à chaufer,

& d'aultre part, aiant paffé le boys appellé de Boufo *, prochain de ladiête
ville du Puy, & affis bien à propos fur la riviere de Loyre pour la conduire au Puy, ainfi qu'il en avoit aultres fois veu par experience en ufer
à Thoulofe par la riviere de Garona, fi fe retira devers les feigneurs Confuls, qu'eftoit pour lors noble Jacques de Coubladour & fes compaignons,
leur remontrant leur indigence de boys & de ce s'en pourroient facilement
aider, & qu'il affeuroit la ville par fon moyen y metre tel provifion que la
ville fe contenteroit de fon entreprinfe, obfervées & gardées les qualités
& affaires raifonnables pour ce deppendans, comme fur ce en faire dire
droiêt par arreft de la fouveraine Court de Parlement de Thoulofe, prometant dans brief terme en faire ung vallable effay; ce que les fusdiêts
feigneurs Confuls au nom du commun, pour ceft effay ou experiment, luy
promirent donner cent fols tournois. Et lequel de Thoulofe bientoft après
s'en alla ès parties du boys de Boufo, où il affuta & garrota à belles & groffes
redortes deux banquades de radeaux, où en chacune avoit cinq arbres de
competante longueur & largeur, penfant que s'il les povoit conduire jufque
Brive, que plus facilement y viendroient les petites bufches. Ce que il meift
bien promptement en exceqution, & par l'eaue de ladiête riviere de Loyre,
les conduifit jufques au pont de Brive. Après lequel faiêt, manda ès diêts
feigneurs Confuls les y venir recepvoir. Si que lesdiêts Confuls, à ces fins, y
envoyarent ung leur compaignon Conful avec ung miffeur ou ferviteur de la
ville. Et ce leur eftre relaté par lediêt Conful, luy furent payés lesdiêts cent
fols, ainfi qu'il appart de ce au livre de la reddition de leur compte.

Alors, la ville cognoiffant ceft affaire eftre pour eulx urgent, *immo* très-
neceffaire, & après plufieurs confeils fur ce tenus, fut arrefté, pour avoir de
ce provifion, en bailler requefte au Parlement fur la conduite de ce bois, ce
que lesdiêts feigneurs de Parlement avoir receu, la voyant civile, jufte & raifonnable, fe offrirent leur en faire brief jugement, attendu que c'eftoit pour
l'utilité publicque.

Mais la ville tousjours ayant beaucop de negoces & charges politiques,

---

* La forêt de Bauzon, l'une des plus vastes des Cévennes, s'étend sur les cantons de Coucou-
ron et de Montpezat, arrondissement de Largentière (Ardèche); sa lisière septentrionale est bor-
dée par la Loire, notamment à Rieutord, près du Cros-de-Giorand.

fut le moyen que l'affaire de ce bois fejourna par long temps jufques à l'an M.D.LX. & LXI., que la ville confiderant l'utilité que ledict bois leur porteroit, pourchaffarent diligenment en faire dire droict par la fouveraine Court de Parlement de Thoulofe. Et voyant ladicte Court la matiere de quoy s'agiffoit & que leur demande eftoit jufte & civile, en prononçarent leur arreft, faulf toutesfois à cefte caufe le droict des intereffés leur eftre fatisfaict raifonnablement, que fur cefte riviere ont molins, paffieres, levades, botiers, heriffons, que pour le paffaige de ce bois pourroit porter incommodité à aulcuns particuliers.

En ce temps, vint ung homme appellé François Dalbo, marchant de Thoulofe, lequel fe ralia avec certains marchans du Puy, lefquels enfemble, foubs quelques conditions & qualités, promirent à la ville & Chappitre Noftre Dame y proceder & bien faire leur debvoir de rendre ledict bois au Puy. Si acheptarent grant nombre d'arbres en Boufo qu'ils feirent metre en bufches, & après, icelles conduire par ladicte riviere jufques à Brive, avoir faict certains rafteaux pour arrefter ledict bois, que furent de grand coftange. Les feigneur de Thurene & vicomte de Polignac * de ce paffage ne fonnarent mot en leurs jurisdictions. Si firent bien aulcuns petis gentilshommeaux, comme furent Gendriac & Giourant ** qui y cuydarent metre empefchement; ce que ne leur proffita guiere, & n'y feirent rien que vaille à leur honneur & profit. Les commys, avec grans defpends, au moys de may l'an prefent, le firent deriver à Brive. Ce que plufieurs gens l'allarent veoir defcendre par curiofité.

Le bois eftant arrivé à Brive, les chofes fe fejornarent jufques environ la my-aouft audict an M.D.LXI., caufant certains differends que fur ce avoient efté debatus d'entre ces commis & la ville, allegans quelques faicts que furent accordés par ordonnance, que fut telle que qui vouldroit y achepter bois l'iroit achepter audit Brive, à fix fols fix deniers la pagele 1), & là, fi bon fem-

---

* Les vicomtes de Turenne et de Polignac étaient riverains de la Loire par leurs baronnies de Bouzols et de Solignac.

** Jendriac, fief fis commune de Coubon, fur la rive gauche de la Loire, un peu en amont de Brives-Charenfac. — Giorand, fief fitué près le Cros-de-Giorand, canton de Montpezat (Ardèche), non loin des fources de la Loire.

1) «... Que fut illec vendu par Mathieu Mege, à ce commis par autorité de meffieurs Confuls & Senechal de la prefent ville. »

Cette note n'eft pas de l'écriture de Médicis, mais de celle de Mathieu Mège, fon neveu.

bloit audict achepteur, la feroit conduire & porter au Puy à fes defpends.

Icy je obmets des requeftes, commiffions, inthimations, procès, exequtions, allées & venues, & aultres plufieurs vaynes & infructueufes defpenfes que fur ce la ville en a fouffert, que je taife pour ne gafter langage.

Des Heretiques de ce temps.

Je ne me treuve affez facile de relater ung faict eftrange, voire pernicieux, que je voy eftre entre les chreftiens que aujourd'huy fe forvoient, fans aulcune vallable oppinion, de la foy & reigles catholiques que tenons de Dieu, fuyvant l'exquife doctrine de fon fainct & facré Evangile, que nous eft fouffifanment prefché par noftre mere l'Eglife. Mais, caufant le dire d'un fçifmatic apoftat Alemant, appelé Martin Luther, homme toutesfois de grant literature, lequel avec aultres fes fequaces & confors, feminateurs de peftifferes doctrines contre noftre faincte foy, puis le temps d'environ M.D.XXI., qu'ils commençarent dogmatifer & furgir livres plains d'erreurs, faulcetés & calumpnies pour perturber l'Eglife de Dieu, & tant bien s'y font employés qu'ils ont eftaché à leur cordele, faifant aliener de la vraye foy, plufieurs villes d'Alemaigne & aultres groffes maifons dudict pais, que en ce leur preftoit fubfide. Et peu à peu s'eft allumée, après, cefte poifon lutherienne, confideré que leurs prefchemens contenoient liberté pour la plufpart, qu'eft la chofe que le peuple defire. Par le moyen de quoy, bientoft ils ont gaigné beaucop de gens, pais, regions & contrées fçis en noftre chreftienté, eftabliffans la ville de Geneva pour là eftre leur principal refuge & conventicule de leur fecte. Et de cefte mauldicte tanyere ou bien efcole dampnable, a volé par toute chreftienté cefte maleureufe punaifie, fçifme turbulent & efcandaleux, que, quafi au temps que j'ay cecy noté, de quatre parties les trois du peuple font affichés à ce defaroy, que la plufpart d'eulx, comme fols indeterminés, n'entendent pas ce qu'ils font. Les juftices prefidiales & ordinaires, au commancement, en firent bruler & mourir par divers fupplices beaucop, cuydant efpoventer leurs confors heretiques & tenir en crainte les bons & fideles. Mais, ce nonobftant, cefte maladie d'erreurs augmenta de plus fort. Sy eft à noter que, après les guerres finies d'entre l'Empereur Charles V°, roy des Efpaignes, & le Roy de France, François de Valois le premier, demourarent de reliques de leurs fouldarts, fans avoy* de nul prince, lefquels fe meflarent avec ces Lutheriftes, robant & pillant eglifes & perroiffes de leurs calices, croix, encenfiers, cloches & veftemens facerdotaulx, faifant durtés, cas finif- tres & irreparables, en tant que partout on les craignoit, voire les groffes villes que par iceulx eftoient aulcunes fois affaillies. Ce que moult contriftoit les bons & catholiques Princes de France, ayans en leur cœur ung amertume innenarable, n'y pouvant mettre reparation. Car n'eftoit facile à eux conjec- turer en tel trifte temps le grand perfonnaige ou le petit, qui eftoit bon ou maulvais.

Ce confiderant le venerable Chappitre du Puy leur eglife eftre de bonne reputacion & en laquelle font ferrés & foigneufement gardés beaucop de bons trefors tant d'or que d'argent, & qu'en icelle eglife arrivent plufieurs & divers nombre de gens eftrangiers incogneus ou peult eftre privés, & ayans peur d'une furprinfe de tels interdicts expoliateurs, voyant coller le decours de telles maleureufes entreprinfes, l'an prefent M.D.LX., & le mardi XVII° jour du mois de feptembre, fut defgarny leur autel & chappelle du riche taber- nacle d'argent, au dedans duquel repofoit & eftoit enclos le precieux & fin- gulier ymaige de la bonne Dame, pefant cent marchs, que leur avoit léans donné feu de felice memoire Lois de Valoys XI°, roy de France; item, deux chandeliers auffi d'argent, pefans aultres cent marchs, léans donnés puis na- guieres par feu de noble recordation François de Valois premier, auffi roy de France; item, y avoit aultres deux chandeliers d'argent que tenoient deux anges, pefans huict marchs piece, au deffoubs defquels avoit deux baffins d'argent, là affignés avec peu eaue dedans pour eftaindre les chandeles qu'on offroit journalement à Dieu & à la bonne Dame; auffi y eftoient les canetes** & plufieurs baffins d'argent & de bon pois, pendus à cheynes d'argent, auf- quels on tenoit chandeles continuelement ardentes, pour illuminer Dieu & l'ymage de la bonne Dame, jadis bien fundés & dotés par plufieurs feigneurs & riches maifons tant de Bourbon, Pelagrue, Legat d'Avignon, que de la ville & Confulat du Puy & aultres defquels je ignore les noms. Oftarent auffi plufieurs croix d'or & d'argent munies de perles & pierres precieufes, le tout bien riche, & tout cela fut ofté dudict autel & des avirons & par eulx caché

---

* Aveu.
** Canetes, burettes. — Voyez Ducange aux mots : *canna, canneta.*

quelque part, doubtans ces maleureux infenfés heretiques. Et après cella ainfi defapointé, furent mys certains chandeliers de fer fur l'autel de petite value. Ce que fut ung dur efpeétacle au peuple. Or, je ne fçay comment pourray donner fin à ma prefent & dolente cronique, ne y dire davantaige, fynon que les faiéts font tumbés en tel defordre que, fe Dieu n'y eftend fa grace, l'Eglife & le temporel, tout va indubitablement en extreme defolation, car les mefchans que en ce rien n'entendent, voire aulcunes femmes, fe laiffent coller en diverfes erreurs, ne fuyvant la voye de vraye foy comme baftards & fequeftrés de la probité de leurs predeceffeurs, lefquels heretiques aujourd'huy furmontent les gens fçavans, bons, vertueux & fideles catholiques. Dieu y pourvoie! Difons : *Amen.*

.*.

Cy devant, en ce prefent livre DE PODIO, au chappitre que a tel ou femblable tiltre : *Des Hereticques de ce temps,* parquoy, fuivant le prefuppots dudiét chappitre, on peult icy admener une refolution fainéte, fidele & catholique, donnée à Paris par le fainét colliege de Sorbonne, auquel font ung bien grand nombre de graviffimes doéteurs en theologie que, contre ces modernes heretiques, en vingt-fix articles, en ont baillé fouffifante fentence & diffinition :

Article I. — Certa & firma fide credendum eft baptifma omnibus, etiam parvulis, ad falutem neceffarium effe, ac per ipfum dari gratiam Sanéti Spiritus.

Art. II. — Eadem fidei conftantia eft tenendum homini ineffe liberum arbitrium, quo poteft bene vel male agere, & per quod, fi etiam in peccato mortali fuerit, Deo adjuvante, ad gratiam refurgere valet.

Art. III. — Nec minus certum eft adultis & ratione utentibus, poft peccatum mortale admiffum, neceffariam effe penitentiam que in contritione & confeffione facramentali vocaliter facerdoti facienda, fimiliter & fatisfaétione confiftit.

Art. IV. — Ad hec, peccatorem non fola fide, fed & bonis operibus juftifficari que adeo neceffaria funt, ut fine illis nemo adultus vitam confequatur eternam.

Art. V. — Quilibet chriftianus tenetur firmiter credere, in confecratione Euchariftie, panem & vinum converti in verum Chrifti corpus & fanguinem, remanentibus tantum panis & vini fpeciebus, fub quibus realiter verum Chrifti corpus continetur, quod ex Virgine natum eft & in cruce paffum.

Art. VI. — Sacrificium miſſe eſt ex Chriſti inſtitutione, valens pro vivis & deffunĉtis.

Art. VII. — Non eſt laicis ad ſalutem neceſſaria communio ſub utraque ſpe. cie, reĉteque certis ac juſtis de cauſis olim ab Eccleſia ſancitum eſt, ut illis ſub una tantum panis ſpecie communicetur.

Art. VIII. — Porro ſolis ſacerdotibus, ſecundum Eccleſie ritum ordinatis, data eſt a Chriſto poteſtas conſecrandi verum Chriſti corpus & in foro penitentie peccata abſolvendi.

Art. IX. — Quod certum eſt, etiamſi mali & in peccato mortali fuerint, con. ſecrant verum Chriſti corpus, ſiquidem illud conſecrare intendant.

Art. X. — Ceterum confirmatio & unĉtio extrema ſunt duo ſacramenta a Chriſto inſtituta, per que datur gratia Spiritus Sanĉti.

Art. XI. — Nec dubitandum eſt Sanĉtos & in hac mortali vita atque in Para. diſo agentes, miracula operari.

Art. XII. — Sanĉtum eſt & Deo maxime gratum orare beatam Dei genitricem Mariam & Sanĉtos qui in celo ſunt, ut ſint pro nobis advocati & interceſſores apud Deum.

Art. XIII. — Illi itaque Sanĉti beatam in Chriſto vitam degentes, non ſolum ſunt imitandi, ſed & orandi.

Art. XIV. — Ob idque religioſe faciunt, qui loca eis dicata ex devotione viſi-tant.

Art. XV. — Si quis in templo aut extra templum, prius ſua oratione ad bea-tam Virginèm aut Sanĉtorum aliquem recurrat, quam ad Deum, non peccat.

Art. XVI. — Nec ullo modo dubitandum eſt quin genu fleĉtere coram yma-gine Crucifixi & beate Marie & Sanĉtorum, ad rogandum Chriſtum & Sanĉtos, opus ſit bonum & pium.

Art. XVII. — Ad hec firmiter credendum eſt & nullatenus dubitandum Purgatorium eſſe, in quo anime detente, oratione, jejunio, eleemoſina, aliiſque bonis operibus juvantur, & citius liberantur a penis.

Art. XVIII. — Tenetur & quilibet chriſtianus firmiter credere unam eſſe in terris univerſalem Eccleſiam, viſibilem in fide & moribus errare non valentem, cui omnes fideles, in hiis que ſunt fidei & morum, obedire aſtringuntur.

Art. XIX. — Quod ſi quid in ſcripturis ſacris controverſie aut dubii oriatur, ad prefatam Eccleſiam definire ſpeĉtat & determinare.

Art. XX. — Eſt & certum multa eſſe credenda que non ſunt expreſſe ac ſpe-ciatim tradita in ſcripturis ſacris, que tamen per traditionem Eccleſie ſunt neceſ-ſario recipienda.

Art. XXI. — Eodem veritatis firmamento recipiendum poteſtatem excommunicandi effe de jure divino, immediate a Chrifto Ecclefie conceffam, & ob id magnopere timendas effe cenfuras ecclefiafticas.

Art. XXII. — Certum eft concilium generale legitime congregatum, univerfalem reprefentans Ecclefiam, in fidei & morum determinacionibus errare non poffe.

Art. XXIII. — Nec minus certum unum effe jure divino fummum in Ecclefia Chrifti militante Pontificem, cui omnes chriftiani parere tenentur, qui quidem poteftatem habet & indulgentias conferendi.

Art. XXIV. — Conftitutiones ecclefiaftice, ut de jejunio, delectu ciborum & abftinentia a carnibus, aliifque multis, vere obligant in foro confcientie, etiam feclufo omni fcandalo.

Art. XXV. — In eodem confcientie foro vota obligant, etiamfi monaftica fint, perpetue fcilicet continentie, paupertatis & obedientie.

Art. XXVI. — Inhibet autem Theologorum Facultas iis qui de grege fuo funt, magiftris, bachalaureis ac ceteris gradum theologicum nunc & in pofterum profiteri volentibus, ne, quoquo pacto, fupradictis propofitionibus contraria aut in concionibus predicent aut in lectionibus vel alibi doceant; quin potius quando fe materia & occafio offerrent, eas populo fincere adnuncient & aperte declarent. Porro etiam decrevit ut prefatas propofitiones finguli magiftri & bachalaurei, chirographi fui appofitione confirment, & cum in fuo grege lupos immorigenos contentiofofque alere tutum non fit, qui huic decreto parere noluerint & contrarias prefatas propofitiones docuerint aut in pofterum predicaverint, e fuo confortio eximendos in perpetuum privare decrevit. Ceterum, quia contradicendi ftudio & a majorum inftitutis difcedendi, plerique novarum rerum & doctrinarum ftudiofi, laudabilem illam confuetudinem qua, per interceffionem beatiffime Virginis, Spiritus Sancti gratia imploratur, negligunt, monemus ne tantopere a Salutatione illa Angelica, quod nobis Evangelium prefcripfit, abhorreant, neve, ut plerique folent, quoties Domini Salvatoris noftri Jefu Chrifti mentio occurrit, falutiferum illud Jefu nomen preponere dedignentur, contenti dicere *le Chrift,* prefertim cum, tefte Petro, non fit aliud nomen fub celo in quo nos falvari oporteat. Similiter, cum divorum Apoftolorum, Evangeliftarum aut fanctorum Doctorum mentio inciderit, ne, uti confueverunt, fine illa honoris prefatione nominent *Paul, Jacques, Mathieu, Pierre, Hieroifme, Auguftin, etc.,* neque fit eis grave addere vocabulum fic & nominare *faind Pierre, faind Pol, etc.,* & poftremo ne deffunctorum animas populi precibus commendare negligant.

Anno Domini M.D.XLII., die decima menfis martii, Facultas Theologie congregata per juramentum in collegio Sorbone fuper articulis precedentibus, probavit hos articulos fub forma fcripti. *Sic fignatum.* De mandato domini Decani & Facultatis, FORNIER *cum parapho.*

***

L'an M.D.LXI., le jeudi premier jour de janvier, environ une heure après midi, le feu brufla entierement une maifon en la rue des Orts des Mourgues (dont proceda ce feu, j'en ignore les moyens), laquelle eftoit de François Bordel & en laquelle avoit prou biens. Le bruit fut grant, & eftoit fur ce en doubte & efpoventement que n'en fortit quelque merveilleufe inflamation fur la ville, caufant le vent & que en ce quartier ne font que eftablages remplis de fein, paille, bois, arcelages * & meubles de maifon. Le fecours y fut grant, pour ce qu'eftoit jorn de fefte, & que, en ce parti, a plufieurs puyts. Et (la mercy à Dieu!) n'y euft aultre grant mal, finon que fur les couverts des maifons illec prochaines.

Le Puy eft fouvent trevaillé par le feu. Dieu y regarde!

***

Audiĉt an M.D.LXI., le mardi III* de febvrier, fe trouva eftre né lès le Puy, au diocefe dudiĉt Puy & perroiffe de Molet, en ung village nommé Chardon**, ung faiĉt non taifable, c'eft d'un enfant monftrueux de feixe feminin, lequel enfant avoit deux teftes, quatre bras, quatre jambes, deux fexes de femme; n'avoit qu'un cœur & ung foye; de fes deux bras de deffus tenoit embraffé l'aultre enfant, & les aultres deux bras tenoit fur le pis ***. Ceft enfant fut baptifé & vefquit quelque peu après, eftant de louable grandeur, ayans pere & mere affez paoures gens, nommés Jehan Hugo & Catherine Paihiagona.

Les chofes fuccedans, après l'avoir fait enterrer, vola le bruit de ce cas advenu. Si que vint à la notice d'un cirurgien ou barbier de la ville du Puy,

* Harcellea, osier. Voyez Ducange au mot : *harcia.*
** Médicis avait d'abord écrit *Baribas*, qu'il a remplacé par *Chardon.* — Chardon et Barribas sont deux villages de la commune de Monlet, canton d'Allègre, arrondissement du Puy.
*** Poitrine.

appellé maiftre Jehan Lionet, lequel confidera que, s'il povoit trouver moyen
d'avoir ceft enfant & le porter & en faire oftentacion par les pays fur certain
prefme, il y pourroit proffiter une piece d'argent. Si fe effaya d'en trouver le
moyen, & de faiét, l'enporta au Puy en fa maifon, & là luy avoir ofté les
fuperfluités & corruptions que portent corps humains & l'avoir embafmé,
metant à chacune tefte desdiéts enfans une coiffe de taffetas rouge, faiét ung
bien mignon eftuit pour metre ceft enfant, & le tout eftre mys en bon ordre,
fe partit du Puy lediét barbier pour porfuivre fon entreprinfe le jeudi anté-
penultieme de febvrier.

Lediét an M.D.LXI., le foir du mardi X° de mars, quelcun efloigné de
fon falut, ennemy de la religion chreftienne, trop audacieux en fa temerité,
ne craignant Dieu, la Vierge Marie, ne fes Sainéts, rompit le chief & ung
bras au devot ymage de la glorieufe Marie Magdelaine, eftant affis au pied
de l'oratoire qu'eft à la my-voye entre le Puy & Brive, lequel oratoire le
fouldre avoit dilaceré & rompu l'an M.D.XXII., & par le commun du
Puy avoit efté reffaiét l'an M.D.XXVI *.

*Chronique expreffement contenant, entre aultres chofes, le fiege & affaulx
donnés à la ville du Puy par les Lutheriftes ou Huguenaux au pourchas de Jacques Guitard & aultres fes complices, mefchans habitans en
icelle ville.*

ONSIDERÉ ma rufticité que fuis homme tant abjeét, im-
pourveu de fçavoir, incapax de me vouloir hafarder de
metre au vent & de relater ung faiét finiftre, voire & pernicieux, que je voy eftre entre les chreftiens que aujourd'huy
fe fourvoient, fans aulcune vallable oppinion, de la foy &
reigles catholicques, que tenons de Dieu, fuyvant l'exquife doétrine de fon
fainét & facré Evangile que nous eft fouffifanment prefché par noftre mere

* Voyez ci-deffus, page 2g3.

l'Eglife, mais caufant le dire & prefcher d'un fçifmaticq appoftat Germain, appellé Martin Luther, homme toutesfois de grant leétre, lequel avec aultres fes fequaces & après luy fes confors, feminateurs de iniques, peftiferes & veneficques doétrines contre noftre fainéte foy, puis le temps d'environ M.D.XX., qu'ils commençarent dogmatifer & furgir livres plains d'erreurs, faulcetés & calumpnies pour perturber l'Eglife de Dieu, & tant bien s'y font employés qu'ils ont attaché à leur cordelle, faifant aliener de la vraie foy, plufieurs villes d'Alemaigne & aultres groffes & plantureufes cités, grandes & fplendides maifons dudiét pais, que en ce leur preftoit fubvention. Et peu à peu s'eft allumée cefte poyfon diéte lutherienne, confideré que leur pref- chement, pour la plufpart, contenoit faiéts de liberté, qu'eft la chofe que le peuple plus demande & defire. Par le moyen de quoy, en brief temps, ils ont gaigné beaucop de gens, pais, regions, feigneuries & contrées fçis en noftre chreftienté, eftabliffant la ville de Geneva pour là eftre leur principale reffuge & conventicule de leur faétion & feéte. Et de cefte mauldite taniere ou bien efcole dampnable, le bruit en a volé & vole encore par toute chref- tienté, qu'eft ung fçifme turbulent & efcandaleux que, quafi au temps que j'ay cecy noté, de quatre parties les trois du peuple font affichés à ce defarroy, que la plufpart de tels fols indeterminés n'entendent point le fondement de leur dire.

La venerable Court de Parlement & aultres Prefidiales & ordinaires, du commancement, en firent brufler & mourir plufieurs par divers fupplices, cuydant intimider leurs confors heretiques & tenir en crainte les bons & fideles. Mais, ce nonobftant, cefte maladie d'herreur a de plus fort aug- menté & acreu.

Cy eft à noter que, après les guerres terminées d'entre l'Empereur Charles d'Auftriche cinquieme, roy des Efpaignes, & le Roy très-chreftien François de Valois premier de ce nom, regnant en France, reftarent de reliques de leurs gens de guerre, tant de gens de cheval que de pied, fe trouvant fans avoy d'aucun prince, lefquels fe meflarent avec ces Lutheriftes, defrobant & pillant eglifes & perroiffes, volé * leurs croix, calices, encenfiers, cloches, vefte- mens facerdotaulx & aultres meubles precieux, & faifant de grandes durtés, cas finiftres & irreparables, en tant que partout on en eftoit en doubte, voire

* Lifeʒ : volant.

les groffes villes & cités fameufes, que par iceulx eftoient aulcunes fois affaillies. Ce que moult contriftoit les bons & catholicques Princes de France, fur ce aians en leur cœur ung amertume innenarrable, n'y pouvant metre reparation. Car, courant fi trifte temps, n'eftoit facile conjecturer le grant perfonnaige ou le petit, qui eftoit bon ou maulvais.

Ce confiderant le venerable Chappitre du Puy leur eglife eftre de bonne reputacion, & en laquelle font ferrés & foigneufement gardés beaucop de bons trefors tant d'or que d'argent, & que en icelle eglife arrivent nombre de gens eftrangiers & incogneus ou peult-eftre privés, & ayant peur d'une furprinfe de tels interdicts expoliateurs, voyant coler le decours de telles maleureufes entreprinfes, l'an prefent M.D.LX., le mardi XVII° jour du moys de feptembre*, fut defgarny leur autel & chappelle du riche tabernacle d'argent doré, au dedans duquel repofoit & eftoit enclos le precieux & fingulier ymage de la bonne Dame, pefant cent marchs, que leur avoit léans donné feu de felice memoire Loys de Valoys XI° de ce nom, roy de France ; *item,* deux chandeliers auffi d'argent, pefans aultres cent marchs, léans donnés puis naguieres par feu de noble recordation François de Valois, premier du nom, auffi roy de France. *Item,* y avoit aultres deux chandeliers d'argent que tenoient deux anges, pefans huict marchs pieffe, au deffoubs defquels avoit deux baffins d'argent, là affignés, avec ung peu eaue dedans pour eftaindre les chandelles qu'on offroit journalement à Dieu & à la bonne Dame. Auffi, y eftoient les calices & canetes d'argent & plufieurs grans baffins & de bon poix, pendus au devant de l'autel à chaines d'argent, aufquels on tenoit chandelles de cire continuablement ardents, pour illuminer jour & nuyt Dieu & l'ymage de la bonne Dame, autel & reliques, jadis bien fundés & dotés par plufieurs feigneurs & riches maifons tant de Bourbon, Chalancon, Pelagrue, Legat d'Avignon, de la ville & Confulat du Puy **, & aultres defquels je ignore les noms. Oftarent auffi plufieurs croix d'or & d'argent munys de perles & pierres precieufes, le tout bien riche. Et tout cella fut ofté dudict

---

* Dans le manuscrit, la date M.D.LX a été convertie en M.D.LXII, et le mot *julhet* substitué à *feptembre.* Ces changements erronés, croyons-nous, paraissent être de l'écriture de Guillaume Mège.

** Voyez, pour ces offrandes, l'inventaire du tréfor de la Cathédrale du Puy, de 1444, notamment aux pages 103, 109, 111, 114 & 127.

autel & des avirons & par eulx caché quelque part, doubtant ces maleureux infenfés heretiques*. Et après cella ainfi defapointé, furent mys fur l'autel certains chandeliers de fer, de bien petite value. Ce que fut ung dur efpeélacle au peuple.

Or, je ne fçay comment pourray donner fin à ma prefent & dolente chronique, ne y dire davantaige, fynon que les faiéts font tombés en tel defordre que, fe Dieu n'y eftend fa grace, l'Eglife & le temporel, tout va indubitablement en extreme defolation. Car les mefchans que en ce rien n'entendent, voire plufieurs femmes, fe laiffent coller en diverfes erreurs, ne fuyvans la voye de vraye foy comme baftards & fequeftrés de la probité de leurs predeceffeurs, lefquels heretiques aujourd'huy furmontent les gens fçavans, bons, vertueux & fideles catholicques. Dieu y pourvoye! Difons : *Amen.*

Defpuis en ça, il y a jà longtemps, aulcuns habitans en la ville du Puy, maculés & abrevés de cefte poyfon, contre lefquels je diéts qu'il feroit bon, *ymo* neceffaire, d'en faire, fans prejudice de la religion & culture de la vraye foy catholicque, ung bien grant & exquis livre, à leur confufion & depopulation de leur honneur, auffi de leurs enfans qu'en feront notés jufques à la tierce & quarte generation, comme defcendus de parens heretiques.

Par quoy, premierement, nous prendrons ceux-là que aétuellement, l'an M.D.XLIX., XV* d'apvril, fe font forcés fans nulle vallable occafion, ou ce feroit peult-eftre d'ignorance, yvroignerie, propre malice ou par fuggeftion du diable, auroit routé** pierres, rompu bras & jambes au devot Crucifix affis au petit cimentiere du Broueil & ès aultres oratoires circunjacens au cerne de la ville.

Oultre defpuis, temerairement, comme gens inconfiderés, auroient une nuyt dreffé efchelles pour metre à bas, rompre & dilacerer le fainét & devot Crucifix de la place du Martoret, n'euft efté aulcuns furvenans.

Regardez auffi comment ces maleureux mefchans, l'an M.D.LIV., XVII*

* Les objets les plus précieux du trésor de la Cathédrale, cachés en 1560, n'ont plus reparu. S'il faut en croire une tradition que les Chanoines du Chapitre se sont transmise fidèlement jusqu'à ce jour, l'endroit où ces richesses furent enfouies n'aurait pas été retrouvé. Aussi, est-il de règle que, lorsque des réparations s'exécutent dans l'intérieur de la Cathédrale, deux de MM. les Chanoines sont toujours présents. — Nous devons ce curieux renseignement à M. l'abbé Sauzet, chanoine, notre respectable collègue à la Société académique.

** Brisé, cassé, de *rumpere.*

feptembre, à l'heure de la profonde nuyt, allarent prendre l'ymage du glorieux fainct Martin affis à la porte de l'eglife conventuale de Sainct Laurens,
& le gectarent dans le befal 1).

Et quelques citoyens, ou aultres telles quelles notables perfonnes, l'an
M.D.LXI., X⁰ mars, mirent & plongharent leurs pollues mains contre
l'ymage de la glorieufe Marie Magdaleyne affez mefchantement, laquelle
eftoit affife au pied de l'oratoire de la my-voye d'entre le Puy & maifon
de Brive.

Oferay-je cy amener comment ès affemblées de ces mauldits, infenfés, villains & deturpés excommuniés, facrileges & appoftats Huguenaux heretiques
du Puy, fe font trouvés plufieurs que ont detraicté de ce très-fainct & miraculeux ymage Noftre Dame, l'appelant & nommant *ydole, tronçon de boys,
maffiarada**, & fes ymages faicts en papier appellés *torche-culs*, & dire faire
porter le chappellet de la bonne Dame à leurs chiens, & aultres divers & villains oultrages, opprobres & atroces injures qu'ils ont proferé contre ce fainct
ymage, voire encore faire dire par leurs domeftiques à plufieurs qu'il feroit
bon la faire trayner parmy les Farges ès inmundices de la ville! J'ay douleur
& horreur de l'efcripre! Regarde, paoure miferable heretique, que Dieu, par
fa digne grace & mifericorde, faict & a faict & demonftre en elle tant de
fignes & evidens miracles qu'il foit vray, le faict en eft patent! Il ne fe lict
que de tel bois qu'a efté compofé ce fainct ymage, ait efté faict, finon l'arche
de l'Ancien Teftament, & ledict precieux, fainct, devot & prophetique ymage,
lequel fift le bon prophete Hieremye fix cens vingt ans avant la naiffance en
ce monde de la benoicte Vierge Marie, que fut la figure & veritable prophetie
que cefte noble Dame, ainfi prophetifée, feroit celle que viendroit & porteroit
le Reparateur de l'humain lignage. Penfe à cecy, paoure heretique, & en ce
que Dieu t'a diftribué & faict tel bien & telle grace que d'eftre habitant &
citadin d'une telle & infigne cité, que merite eftre dicte de tous vrays chrifticoles ce que le pfalmographe royal David dict: *Gloriofa dicta funt de te,*

---

1) « Le commun bruict eftoit Pinguet, filliat de monfieur de Montels. »
Cette note eft de l'écriture de Mathieu Mège.

* *Macharée*, noircie, barbouillée. La statue de Notre-Dame du Puy était célèbre, parmi les
fidèles, sous le nom de *Vierge noire*, et c'est cette dénomination que les Huguenots tournaient
en dérision.

civitas Dei (Pſalm. LXVIII). Repends-toy & te eſmende, car c'eſt le vray, ſingulier & miraculeux ymage & le premier faiﬅ de la bonne Dame, la mere de Dièu, qu'eﬅ repoſant & aſſis en ce ſainﬅ lieu, à noﬅre honneur & grande utilité, que ne crainﬅ ne doubte les aſſaulx ne infeﬅacions de nuls mauldiﬅs heretiques!

Que diray-je encore comment ceulx-meſmes Huguenaux du Puy, cauſant leur grande infidelité, ſe ſont pluſieurs fois aſſemblés, commetant monopole en prés, champs, jardins, & ſe preſchant & dogmatiſant reigles & eſcriptures de la ſainﬅe foy qu'ils ne ſçavent ne entendent, & là font-ils leurs prieres (Dieu ſçet quelles!) par l'enhort de leurs preſcheurs predicans ou miniﬅres qu'ils font de bonetiers, cotelliers ou aultres tels venerables doﬅeurs, ſerrés aulcunes fois en la tainture* d'un nommé Bonjour, bonetier, chez le logeis d'Aubeny, & en certains molins, & en aultres tels celebrables lieux tant dehors que dedans la ville, leſquels s'en revenoient le plus ſouvent en confuſion, hurlemens & moquerie des gens & du monde.

Et par une proterve entreprinſe, ont pourchaſſé iceulx interdiﬅs maleureux Huguenaux du Puy faire & inﬅituer treſoriers & recepveurs des deniers par eulx-meſmes tauxés & promis de fornir, chacun ſelon ſon degré & endroit, pour pourſuyvre les affaires de leur dampnable faﬅion, de laquelle font profeſſion, avec conjuration entre eulx prinſe que, par le temps de Royſons ou environ, ſe trouveroient quatre cens de leur ligne, leurs conſors bien armés, mandés par leur commis, leſquels auroient leur mot & donrroient de nuyt ung aſſault aux egliſes & aux bons citoiens de la ville endormys. Ce que les guaits, en ce temps commancés de faire en la ville, les empeſcha moult à pourſuyvre leur maleureuſe entreprinſe. Mais, bien après, porchaſſarent à toute inﬅance & par tous moiens à eux poſſibles de faire venir cy ung miniﬅre predicant ou pluſieurs où ils les ſçavoient, pour leur enſeigner & preſcher à leur guiſe & mode qu'ils abuſent, comme ſi les bons & notables citoiens & vrays orthodos du Puy n'avoient qui leur enſeignat l'exquiſe doctrine du ſainﬅ & ſacré Evangile & la voye indeviable de ſalut! Et aulcuns deſdiﬅs appoﬅats deſvoiés de leur entendement, hommes & femmes de ladiﬅe ville, yvres du vin d'ignorance, s'en allarent en divers partis, merveil-

---

* Teinturerie.

leufement abufés, pour illec faire leur cene & manger leur pafque. Regardez quelle paoureté & inbecilité de peuple !

Et combien qu'il leur fut interdit & commandé tant par l'Eglife, le Roy noftre Sire, que par fon Parlement & Senefchal, que par les Magiftrats jufticiers leurs ordinaires, que auffi par les feigneurs Confuls que font moderateurs en la republicque, & ce par plufieurs reiterées proclamations, ne fe plus joingdre à cefte huguenerie, ne s'entremetre dorefenavant de plus chanter certains pfeaulmes compofés par un quidam appoftat facriliege Clement Marot, ce que fainéte Eglife ne peult ne veult foubftenir, fouffrir ou tollerer, ce nonobftant, eulx plus obftinés que jamais, de plus fort par tous endroiéts, ne craignant Dieu, pape, roy, foy, loy, ne juftice, les chantoient, crians par defpit comme crieurs d'oblies, mefmes faifant le guet ordonné eftre faiét chacun foir par la ville, caufant le defordre par eulx maleureufement pourchaffé, & plufieurs aultres les chantoient publicquement, fans aulcune erubefcence, en leurs botiques, ouvroirs & officines.

Il eft ainfi que ces heretiques ont en hayne les gens ecclefiaftiques, les blafonant, vilipendant & denigrant publicquement leur eftat. Seroit bien meilleur qu'on priaft Dieu pour leur reformation & la noftre de tous, & non point ainfi perturber la paix de l'Eglife !

Et les mefchans defvoyés, encore eft-il que eulx, fans tenir ordre ne raifon en leur dire, ce font eulx que le plus fouvent fe treuvent contraires & vacillans en leurs faiéts & oppinions, comme gens de petite foy, inconftans, non ftables & menteurs, difans à la fois ce qu'ils mefmes font n'eftre pas bien faiét !

Quoy plus ? Comme du tout confufibles, difent eftre chofe fruftre la celebration de la fainéte meffe, en laquelle font compris & enclos & diffufement notés tous les fecrets vieulx & nouveaulx de la fainéte foy chreftienne catholicque, & dont deppendent les fainéts facremens emanés de l'amere paffion de noftre benoiét Redempteur : ce que je treuve moult eftrange & infupportable.

Item, metent au neant les facrées heures canoniques, le fonner des cloches, & les aultres divins fervices que l'Eglife faiét chacun jour pour les feigneurs Trefpaffés, devotes & louables fuffrages, & aultres excellens mifteres que, à l'honneur de Dieu & de fa glorieufe Mere, la benoiéte Vierge Marie & des heureux Sainéts & Sainétes de Paradis, font prefchés, diéts & chantés en l'Eglife de Dieu, compofés par plus de ung million de facrés & venerables docteurs qui y ont tant bien labouré & travaillé, y emploiant tous leurs eftudes jufques à leur fin, lefquels infames heretiques Huguenaux n'ont nulle honte les defmentir.

Ces infames deshonneftes gens barbares ayment tant leur volupté que, comme porceaux, contre l'ordonnance & commandement de faincte Eglife, ne fe veulent confeffer, ne jeuner, mais manger chair fans excepter nul temps. Oultre difent que chacun peult baptifer, & aultres fans honneur ne devocion veulent efpofer & ont efpofé leurs femmes, ne regardant ordre ne prefter l'honneur & reverence que appartient à la faincte Eglife de Dieu.

Par ces moyens & plufieurs aultres femblables faicts & perpetrés & commis au Puy par ung nombre de tels gens incoles de ladicte cité, comme defvoyés de la vraye efcole chreftienne, & venans directement contre la fayne & fidele oppinion d'un merveilleux peuple & gens y habitans de bon eftat que cy devant y ont vefcu en toute entiere fidelité, & ainfi y veulent, fans changer propos, perfeverer, vivre & morir, fuyvant leurs progeniteurs de noble memoire, que ont demonftré leurs actes eftre vertueux, voire à jamais dignes de grande celebracion. Lefquels plaife à Dieu, & leurs fucceffeurs à l'advenir prefter cœur eftable, & les vouloir maintenir & leurs familles en la bonne, vertueufe & fincere foy! Ce que, efpere, Dieu fera, moyennant l'interceffion que la bonne Dame, la facrée inmaculée Vierge Marie, fa digne Mere, noftre patronne & maiftreffe, fera pour noùs de nous donner tel advifement que, jamais en nul endroict, ne puiffions nous ne les noftres adherer aux deffaultes de ceux qui tiennent le parti de ces mauldicts fçifmatiques & villains Huguenaux heretiques du jour d'huy.

Confequemment, fuyvant le ftille & dire par moy introduict, icelluy continuant pour venir à l'intendit de ma chronique, la ville du Puy eftant recentement pourveue du feigneur Evefque après monfeigneur Martin de Beaune, c'eft afçavoir de la perfonne de reverend pere en Dieu monfeigneur meffire Anthoine de Senectere, homme de grave reputacion*, lequel avec les fei-

---

* Antoine de Senectère (Saint-Nectaire, en Auvergne), fils de Nectaire, seigneur de Senectère et de Marguerite d'Etampes, échangea en juin 1561 l'abbaye d'Aurillac contre l'évêché du Puy; il fut sacré évêque en décembre 1563 par le cardinal d'Armagnac, archevêque d'Avignon

gneurs Confuls du Puy, afçavoir eft : fire Jacques Bourgonhon, dict Pafcal, aromateur, fires Jacques Liques, Mathieu Maltrait, dict Rocheta, Jehan Raymond, dict Daille, marchans, maiftre Jehan Saby, notaire royal, & fire Jehan Vigoroux, dict Colonghas, chandaleur, lefquels enfemble avec leur Confeil, eftre deuement advertis de plufieurs feigneurs & cappitaines acompaignés d'un grant nombre de Huguenaux tant gens à cheval que à pied, vivans heretiquement, affaillans comme j'ay dict deffus, & deftruifant villes, bourgs, villages & perroiffes, & comme facrilieges facagant & bruf-lant leurs reliques & ymages & depopulant aultres biens des eglifes, faifans de deftructions, voleries & violences que n'eft à moy le fçavoir relater, & toufjours d'un lieu en aultre, ufant de femblables mefchancetés pour metre à neant noftre faincte foy, par le moyen de quoy ledict feigneur Evefque & feigneurs Confuls furent en doubte d'eftre affaillis & tormentés de tel ca-naille.

Ce temps pendant, grant murmure fe dreffe au Puy, difant qu'il y avoit entre eulx ung grand nombre de Huguenaux qu'ils craignoient & doubtoient comme gens alienés de vraye foy, & que, par le moyen d'eulx, la ville ne fut

et légat, et mourut le 3 novembre 1592, dans le couvent du Monastier-Saint-Chaffre dont il était abbé.

Nous connaissons de cet évêque du Puy les deux jetons suivants, dont le premier seul a été décrit (Arnaud, *Histoire du Velay*, t. II, p. 382; — F. Mandet, *Histoire du Velay*, t. V, p. 458), mais non dessiné; le second est entièrement nouveau :

1° A(nthoine). DE.SENECTERE. E(vefque). DV. PVY. — Ecu à ses armes *(d'azur, à 5 fuseaux d'argent accolés en fasce)*, surmonté d'une couronne comtale (l'Evêque du Puy était comte de Velay) et timbré d'une mitre; derrière l'écu, d'une crosse épiscopale.

℞. PATET. FALLATIA. TANDEM. — Archimède verse, de la main gauche, dans un bassin, l'eau d'une aiguière, et de la main droite tenant au-dessus une couronne suspendue par deux

furprinfe, ravye, facagée, deftruiƈte, & les bons citoyens d'icelle maffacrés & occis. Parquoy, pour obvier à ce doubte, fut confeillé que les Huguenaux qu'on fçavoit dans la ville feroient par les foudards du feigneur Evefque apprehendés & conduiƈts aux prifons dudiƈt feigneur, ce que fut excequté. Et iHec detenus demorarent environ neufs jours; puis furent eflargis, par quel moyen, caufes ou raifon, je le ignore, combien que je les extime de nous pourchaffer tel mefchief & à leur ville propre, eftre les plus mauldits, mefchans, maleureux & vituperables heretiques qu'on fçauroit dire, bannis de toute converfation honnefte, comme non recognoiffans leur maleur & infelicité, que refte plus? finon que leur eftat collera en infamye, non point tant feulement d'eulx, mais auffi de leurs enfans & famille, voire de toute leur pofterité.

A cefte caufe, fur la my-juin M.D.LXII., commença-l'en au Puy faire bon gait de jour & de nuyt, & de garder foigneufement la ville. Si firent les feigneurs Chanoines de l'eglife Cathedrale devotes & fingulieres proceffions generales. Et après, iceulx Chanoines, comme feigneurs de Chappitre, garnirent & eftablirent leur diƈte eglife & aultres leurs lieux neceffaires de muni-

liens, tente la fameufe épreuve de la couronne d'Hiéron, roi de Syracufe; au-devant on lit: ΑΡΧΙΜΗΔΗΣ; à l'exergue, 1580.

Cuivre jaune. — Cabinet de M. Aymard.

2ᵉ Même type.

℞. JVSTITIA. IN. SESE. VIRTVTES. CONTINET. OMNES. — La Juftice, figurée par une femme richement vêtue, debout et tournée à droite, au milieu de faifceaux d'armes et de drapeaux, tient de la main droite une épée entrelacée de rameaux d'olivier et furmontée d'une couronne, et de la main gauche une corne d'abondance.

Flan de deux cuivres; la rondelle intérieure, qui forme le champ, eft en cuivre rouge, tandis que la bordure circulaire, contenant la légende, eft en cuivre jaune. — Cabinet de M. Vinay, Maire du Puy.

Nos hiftoriens ont cru voir dans ces pièces de véritables monnaies d'un Evêque du Puy. C'eft une erreur. Depuis les premières années du XIVᵉ fiècle, les prédéceffeurs d'Antoine de Senectère avaient ceffé d'exercer le droit de monnayage accordé à l'Eglife du Puy, en 924, par le roi Raoul. Ce font fimplement des *jetons* dus à une fantaifie individuelle.

Ces deux jetons, d'une compofition fi ingénieufe et d'un ftyle fi élégant, ne font pas l'œuvre d'artiftes du Puy; ils ont été frappés à Paris. Ce qui le prouve, c'eft que le premier de ces jetons et celui des Etats de Bourgogne de 1580 offrent le même revers forti du même coin; et l'on fait que les jetons de la province de Bourgogne étaient, fauf de très-rares exceptions, fabriqués à l'hôtel des monnaies de Paris. — Roffignol, *Des libertés de la Bourgogne, d'après les jetons de fes Etats*, in-8ᵉ, Paris, 1851, p. 69 et 70.

cion, tant de groffe artillerie, faulconeaux, canons à crochet, & d'autres moyens, pouldre & bolets, & comirent gens pour leur garde, demonftrant le grant vouloir qu'ils avoient de faire force & refiftence pour obvier aux entreprinfes de ces interdicts Samaritains, combien que par avant ils avoient retiré quelque part partie de leurs bagues & joyaulx, ainfi que j'ay touché cy deffus.

Item, plufieurs de la ville, à cefte occafion, gens d'eglife, clercs, bourgeois, marchans, mecaniques, paoures & riches, acheptarent force arnois, haquebouts, piftoles, piftollets & halebardes de certains marchans ferratiers de Saint-Etienne, par fortune trouvés en la ville avec leurs ferrailles & marchandifes. Aulcuns aultres fe forniffoient au Puy de cuyraffes, corfelets, alecrés *, brigantines, anguines fecretes **, falades, morrillons, efpées, dagues, boucliers, rondeles, theulachoux; aultres, de voulges, javelines, pertufaines & haches; aultres, de aultre genre & efpeffe ou nature d'armes, fi befoing eftoit. Car chacun à fon povoir contre ces Huguenaux defiroit y employer fon corps, fa force & vertu, & n'y efpargner leurs biens, vueillans comme vrais fideles foubftenir la faincte foy catholique, leur ville & leurs bons amys & freres citoiens.

Item, fentant approucher la ville du Puy cefte mefchante vermine, le feigneur Evefque & feigneurs Confuls eurent advis de faire plufieurs chofes fervans à l'utilité publicque pour fortiffier la ville, c'eft afçavoir rabiller les murailles, muretes, tours & degreds d'icelles qu'à demy eftoient ruynées, rabiller les portaulx, leurs fereures & clefs, faire auffi copper plufieurs arbres & plantades là oùt pourroient nuyre, rompre & defmolir aucunes maifons, murailles de prés, champs & jardins, commander faire mouldre bled davantage. *Item*, que durant le temps que fi ces maleureux fe trouvoient icy devant la ville tenant fiege, que chacun ou bien l'ung, de fix en fix maifons, euft à tenir lanterne, lampe ou chandelle allumée en fa feneftre, affin que la nuyct plus à l'aife peuft marcher le gait, aller & venir, monter & defcendre par ville & aux murailles, rompre auffi & faire tomber & abbattre les appen-

* Halecrets, corselets légers faits de mailles. — Voyez Ducange, au mot : *halsberga.*

** Engins secrets; par cette expression, Médicis désigne sans doute des armes que l'on pouvait cacher sur soi, comme des poignards.

tis de deſſus les portes des habitans, garnir, chacun en ſon endroiĉt, ſes feneſtres de pierres & cailloux, rabiller les chaynes de la ville où doibvent eſtre aſſiſes, & faire par pionniers pluſieurs trenchées aux lieux & paſſages ſubjeĉts, & rompre les murailles des poſſeſſoires desdiĉts paſſages pour empirer les chemins & voyes, & fermer à chaulx & ſable les portaulx, & faire aulcuns feux en my des rues pour prendre feu aux cordes des aqueboſiers, & faire au Martoret ung corps de garde pour les ſouldarts, & autres cabinets pour les garde-portes.

Et combien que la ville fut tumbée en telle neceſſité qu'il leur fallut metre la main aux armes, ſur peyne d'eſtre trouvés cheus par ces fols Huguenaux tant privés que eſtrangiers, en quelque merveilleux eſclandre & deſordre, & metre cœur & force contre eulx, nonobſtant le faĉt de Sainĉt Juſt, ne auſſi les fuitifs eſpoventés qui ont habandonné la ville pour leur laſche cœur, ne pareillement pour les meſchans heretiques habitans d'icelle ville du Puy, ne pour cella il eſt diĉt que il ſe fault deffendre : *A cœur vaillant, rien impoſſible,* fut ordonné faire ſix Cappitaynes particuliers ſur toute la ville, c'eſt aſçavoir : noble Gabriel Orvy, ſeigneur d'Agren, noble Anthoine Pome, ſeigneur de Jallaſſet, maiſtre André Coillabaud, lieutenant, ſire Pons Yrail, bourgeois, ſire Pierre Farnier, diĉt Sainĉt Martin, bourgeois, maiſtre Benoyt Va'entin, greffier de Vellay, chacun d'eulx, en leur eſtendue, ayans leur caps d'eſcoade ou *corporaulx* aultant que leur en ſera neceſſaire, tant pour faire aſſembler les yliers, ſouldarts & aultres au corps de garde, auſſi les mander au gait de jour & de nuyt, tant à la porte que aux murailles ou aultre part, & pour aſſeoir la nuyt les centinelles tousjours eſtre tous trouvés en bon equipage.

Sur le faĉt de l'artillerie, le ſeigneur Jehan Jourdain, bourgeois, a accepté la charge & office qu'eſt requis au faĉt de l'artillerie, c'eſt de pouldre, bolets, cordaiges, ſouffre, plumb, ſalpetre, & d'y pourvoir diligenment & ſaigement.

Les ſergens de bende : maiſtre Jehan Doleſo, Anthoine Gaet. Ces ſergens de bende eſtoient chargés du corps de garde, des taborins & fiffres, & à obeyr à faire conduire l'enfanterie, mener & ramener où leur ſera commandé par leurs Cappitaines.

Cappitaines en chief : Monſeigneur du Puy, — monſeigneur de la Tour de

Malbourg *, qui ne degenere de fervir à la ville du Puy, ainfi que fift l'an M.CCCC.XIX. feu monfeigneur Loys de la Tour de Malbourg, ung fien predeceffeur, qu'en ce temps les Bourginhons tenant affiegé le Puy, s'y monftra chevaleureux, & tant bien s'y porta que, après les affaulx donnés audiĉt Puy & mys lesdiĉts Bourginhons en honteufe fuite, il y fut faiĉt & paffé chevalier **.

Sera leur plaifir de affeoir, en l'ordre & lieu qu'il leur plairra d'affigner, monfeigneur de Jonchieres, monfeigneur la Trioliera, & les deux Pofols ***.

Les feigneurs Confuls. — Lesdiĉts feigneurs Confuls, de leur part, conduiront & pourvoiront fur plufieurs & divers negoces & affaires que furviendront.

La paoure ville ne peult eftre fans grant foulcy, peyne & tourment, confideré eulx avoir leurs ennemys affez prochains, quafi à leur porte, & que auffi (qu'eftoit plus efcandaleux), dans la ville, y eftoient manans & habitans abrevés de heretique poifon, grant nombre tenans termes d'Uguenaux, lefquels, par mandemens reiterés, follicitoient les cappitaines eftrangiers, degenerés & deffeĉtueux qu'eftoient, eftre affemblés environ dix mille & davantage, leur requerant venir donner ung affault au Puy, difant : *Venez-y hardiment, & n'y faillez, car au Puy ne font gens pour vous y faire refiftance, & là vous pourrez faire tous riches.* Et eftoit cefte menée conduiĉte principalement par Jacques Guitard, lieutenant du cappitaine Blacon, & au dire & porchas duquel fe confentirent venir au Puy les compaignies dudiĉt Blacon principal ****, Roine, Montjou *****, Chalian, La Motte ******, Lapra,

* Probablement Jean de Fay, baron de la Tour-Maubourg et de Chabrespine; il était fils de Christophe de Fay, seigneur de l'Herm et de Saint-Quentin, qui épousa, en 1527, Marie-Marguerite Malet, dame de la Tour-Maubourg, et en 1558 Marguerite du Peloux. — D'Aubais, *Pièces fugitives pour fervir à l'Hiftoire de France*, Notice du Haut-Vivarais, page 38.

** Voyez plus haut, page 239.

*** L'un des deux se nommait Laurent de Pouzols.

**** Jacques de Forest, seigneur de Blacons, reçu chevalier de Malte le 7 mai 1526, avait servi en Italie sous Montluc, et se distingua à la fameuse défense de Sienne en 1555. Il se fit protestant. A la bataille de Montcontour, il commandait un régiment d'infanterie. Il mourut en Saintonge quelque temps après. — D'Aubais, *Pièces fugit.*, t. I, Hift. des guerres du Comtat-Venaissin, p. 284. — Alph. de Ruble, *Commentaires de Blaife de Montluc*, publiés par la Société de l'Histoire de France, t. II, p. 24.

***** Montjou était le beau-frère de Blacons.

Du Buiſſon * & Sainct Juſt **. Lequel Sainct Juſt avoit prins à ſa charge
garder la ville & pais d'eſtre en aulcune maniere follés par lesdicts Huguenaux, fut de leur foy, de leurs perſonnes & biens quelſconques, auquel,
par ſa gratuite preſentacion & offre, luy fut liberalement octroyé & payé
comptant trois mil cinq cens eſcuts ſol, lequel, avoir receu ladicte finance,
fiſt tout le contraire, n'ayant eſgard de ainſi blecer ſon honneur, foy & pro-
meſſe, ſe degenerant & forlignant de ſes nobles & genereux parens & maiſon
d'Alegre.

Mais ſe la ville fut tormentée en ceſt endroict, ſi fut-elle en ung aultre, car
elle-meſme ſe expolia d'un grand nombre d'habitans, leſquels ſentans eſtre
prochains de leur arriver ces indiſciplinés Huguenaux que tant fayſoient de
meſchiefs où ils abourdoient, ils ployarent leurs bagues bien ſecretement, &
allarent ſe tenir aux champs où il leur ſembloit bon, laiſſant & habandonnant
leur propre ville, parens & amys, ne regardant le ſeigneur Eveſque & aultres
bonnes gens d'Egliſe, les ſeigneurs Gentilshommes, ſeigneurs Conſuls avec
aultre multitude de tant honneſtes gens que y reſtarent, que pour mourir
n'euſſent habandonné leur ville, mais en ſe deffendant, les ungs euſſent prins
cœur avec les aultres. Bien ont monſtré qu'ils ſont gens de faible vouloir &
que ſe extiment plus que les aultres. Parquoy, de leur trop grande crainte ne
leur en viendra profit ne honneur, car la ville de trois parties, les deux que
ſont les Huguenaux & fuitifs du Puy, que nuyſent & en rien ne aident, &
ne reſte la paoure ville pour eſtre ſecorue & deffendue que pour l'aultre tiers
qui eſt Dieu & la bonne Dame & une poignée de bonnes gens que tant bien
ſe ſont deffendus contre ces infames publicans, ainſi qu'on verra, Dieu aidant, qu'ils ont faict actes de grande vertu, & les aultres deux parties, Huguenaux & fuitifs du Puy, actes de tout maleur & improspere.

****** — *De la page précéd.* Peut-être le même qui fut tué au siége d'Issoire, en 1577. —
J.-B. Bouillet, *Annales de la ville d'Issoire*, in-8°, 1848, p. 145, note de Dulaure.

* François du Buisson, connu sous le nom de Sarras, qui commanda pour les protestants la
ville d'Annonay. — D'Aubais, *Pièces fugitives pour servir à l'Histoire de France*, t. Iᵉʳ,
2ᵉ partie, 1759, in-4°, Mémoires sur les guerres civiles du Haut-Vivarais, p. 3.

** Antoine d'Allègre, baron de Meilhaud et seigneur de Saint-Just (près Chomelix), fils puîné
de Gabriel d'Allègre et de Marie d'Estouteville. M. du Molin est le premier qui ait recherché et
établi l'identité de l'auteur de cette trahison mémorable et sans exemple dans l'histoire de nos
guerres civiles. — *Les d'Allègre au XVIᵉ siècle*, Annales de la Société académique du Puy,
t. XXVII, 1867, pages 302 et 303.

Ledict feigneur Evefque, avec les feigneurs Confuls & commun, jour ne nuyt, n'eftoient en reppos, mais allans & venans, tormentant leurs perfonnes en extreme peyne, tousjours confiderant comment pourroient trouver moyen de bien garder la ville & obvier à l'effort & comminations, deftructions & villannies que nous promectoient faire & fouffrir ces excommuniés heretiques avec leur cappitaine Blacon, que fembloit advenir au Puy ung très-eminent peril. Si s'approucharent peu à peu, tant qu'ils vindrent le IVᵉ jour du mois d'aouft coucher dans la ville de Sainct Paulian *.

Affaulx.

Le mecredi matin Vᵉ jour dudict mois d'aouft, prindrent leur chemin vers le Puy, & venus jufques à la veue dudict Puy, là, leur cavalerie fe paladinoit, & leur enfanterie cependant tout beau prenoit la decife. Ce que les gens de la ville regardoient foigneufement, defirans fe joindre à eulx. Polignac alors leur debvoit prefenter quelque vollée de canon, que moult les euft empefchés, je vous promects, & n'en firent femblant. Si prindrent ces defvoyés leur voye vers Efpali devers Sainct Marcel, & paffarent Borna, cuydant entrer par la· porte du pont que trouvarent fermée, & vindrent à l'aultre porte de la fontaine que fut auffi fermée, à laquelle mirent le feu. Alors ceulx du Puy, on ne les povoit tenir qu'ils ne les allaffent affortir, & fe trouvarent environ fus la Condamine, & là fe commancerent à canoner, ce que dura trois heures, fe reculant quelque peu ceulx du Puy, que, puis, s'efvertuarent & prindrent grant cœur & hardieffe, & là fe trouvarent aulcuns des feigneurs Chanoines & Clercs de l'eglife Cathedrale & aultres Prebftres feculiers, Religieux & moynes de Sainct Pierre, Jacobins, Cordeliers & Peres Carmes, chacun d'eulx ayant fes armes en main comme les aultres gens du feigneur Evefque & de la ville. En ceft eftour ** y euft de morts d'une part &

* Blacons s'était emparé de la Chaise-Dieu le 1ᵉʳ août 1562; il confia la garde de cette place à Montjou, et de là se dirigea sur le Puy. — J.-A. de Thou, *Hiftoriarum fui temporis*, t. II, Genève, 1626, in-folio, p. 138 et 139. — *Gallia chrift.*, t. II, Eccl. Claromont., col. 349.

** Escarmouche, combat.

d'aultre, & fe retirarent, pour ce jour, le Puy en fa ville, les Huguenaux à Efpali, Sainct Marcel, au couvent & faulxbourg Sainct Laurens.

Le lendemain jeudi VIᵉ d'aouft, jour de la Transfiguration Noftre Seigneur, les portes de la ville furent fermées. Les villains, ce matin, fe vindrent rendre au gibet de Ronzo, là où tant pour nous que pour eulx furent tirés & vollés plufieurs canons. Et toft après defcendirent vers le Broueil, là où par un cop d'aquebouts de la muraille fut occis ung cheval entre les jambes de fon maiftre. Et après cernarent la ville, & vinrent au roch Sainct Michiel qu'ils trouvarent mal gardé, & y firent plufieurs maleurtés, mefmes getarent & firent tresbucher l'ymage dudict Sainct Michiel aval le roch, & en plufieurs aultres eglifes firent tant de barbares cruaultés que n'eft befoing l'efcrire, pour ce qu'on en voit l'experience.

Le lendemain vendredi VIIᵉ jour d'aouft, les portes de la ville furent fermées comme deffus. Ce jour, bon matin, ces infames, de toute villannye deturpés, firent par contraincte venir les hommes d'Efpali & Sainct Marcel ouyr & prefcher leur miniftre audict Sainct Marcel. Et terminée leur predication, fe mirent à genoulx, faifant leurs prieres à leur mode fi aultement qu'on les entendoit de loing. Et ce faict, ils firent à cefte eglife de Sainct Marcel tant de maulx que ne fçay que vous en efcripre. Et de ce lieu ces fots Huguenaux fe rendirent foubs le gibet de Ronzo & canonarent contre le Puy, & le Puy (que pas ne dormoit) contre eulx, & là furent ouys plufieurs tonnairres d'artillerie. Et après ce, voyant que en ce rien ne proffitoient, leur rufe fut fe aller cacher derriere les parois & murailles des jardins fçis hors la porte de Panaffac, lefquels de ceft endroict canonoient bien fort ceulx du Puy en la muraille, par le moyen de quoy, bientoft après, les maifons & murailles des lieux fusdicts furent abbatues & defmolies, que fut à plufieurs ung faict odieux.

Le lendemain fabmedi VIIIᵉ dudict mois d'aouft, le bruit fut grant qu'ils voloient entrer en la ville, devers Sainct Robert, par gré ou par force. Parquoy, on fift conduire la groffe pieffe. Ce jour pleut moult fort. On efperoit nous venir fecours au Puy, ce que ne fut rien. En ce parti, foubs Sainct Robert, furent bruflées aulcunes maifons. Puis, ce jour, defcendirent nos gens de la ville vers la porte Sainct Jehan où les Huguenaux avoient dreffé ung fort baftillon. Et à cefte caufe, la fusdicte groffe pieffe y fut conduicte avec ung aultre gros cortault; parquoy, tantoſt tout fut rué par terre, & pluſieurs d'eulx occis, aultres prindrent la fuite parmy les champs.

Le lendemain dimenche IX⁰ d'aouſt, ſe trouvarent bon matin en ordre ces Huguenaux vers le gibet de Ronzo, & ce jour quelcuns de nos traiſtres infames habitans de la ville, deſirans la perdition d'icelle, de leurs maiſons canonoient contre les noſtres, meſmes par derriere, eſtans à la muraille, que moult vertueuſement ſe deffendoient contre leurs ennemys. Regardez quel malice & très-apparente trahiſon! Et de ce quelques gens s'apperceurent & furent chercher bien viſte qui ce faiſoit. Et à ceſte cauſe, s'en eſmeut ung grant bruit & murmure entre le peuple, & ſi ſe fuſſent trouvés, ce euſt eſté mal pour eulx.

Après diner, ſortit la ville pour aller au faulxbourg Sainct Geri pour metre à bas ung baſtillon qu'ils y avoient faict. Les Huguenaux ne les attendirent pas, mais ſe mirent en fuyte, ſe retirans vers la boria de Guitard, aux Carmes, Sainct Bartholomy, Sainct Jehan, Sainct Sebaſtien & faulxbourg. Et en ce jour furent occis beaucop de leurs gens. Ce jour meſmes, les bochiers du Puy prindrent ſur iceulx Huguenaux ung nombre de moutons qu'ils avoient ravy quelque part & les mirent en ville, & aultres pluſieurs du Puy enportarent beaucop de deſpoilles & biens que ces larrons Huguenaux avoient caché & retiré aux Carmes, à Sainct Bartholomy, & ailleurs; & ſi furent prins priſonniers pluſieurs de leurs gens & amenés en ville.

Le lendemain lundi X⁰ d'aouſt, jour de ſainct Laurens, vindrent d'Eſpali ces villains Tartares où ils avoient couché, & remontarent vers Ronzo à leur ordinaire ſoubs le gibet, & ne s'y arreſtarent que bien peu, combien que puis après & bientoſt ils y retournarent avec quelques pieſſes. Si furent huchés de nos gens des murailles, & ne ſçay s'ils eurent peur : toutesfois, ils s'enfuyoient & couroient moult fort à travers les champs, tendans & prenans deciſe vers les Cordeliers. Je ne ſçay s'ils le faiſoient pour ſainte. Notez que ces deux ou trois jours faiſoit ung vent merveilleux & deſpiteuſement froit. De rechief, ils y retournarent tantoſt, & de plus fort & plus roide que jamais, tirarent contre la ville certains bolets, non pas plus gros que ung œuf d'oye, leſquels furent trouvés en pluſieurs lieux dedans la ville. Ce jour, pour eſmovoir le peuple, on marela le tocoſin à Noſtre Dame & Sainct Pierre. Ce jour, fut arſe la maiſon de Terraſſe, & aultres au faulxbourg Sainct Gery, eſtant au Puy obey cappitaine le ſeigneur de la Tour de Malbourg, que moult bien s'y portoit. Lequel, cefte nuyt, luy eftant fur les murailles, commenda que là on luy fift venir les aulxbois & meneftriers de la ville, lefquels eftre venus leur commanda qu'ils fonnaffent de leurs inftrumens bien & aultement, affin qu'ils fuffent entendus des ennemys : ce que fut faict. Et par le rapport d'ung homme de bien d'Efpali, ce oyant, fut dict par ung qui prochain eftoit du cappitaine femblables parolles : *Regardez comment ces gens du Puy fe moquent de nous!*

Obmis de metre comment furent mifes & affignées fur les propugnacles, tours & fortalices de la ville, les enfeignes du feigneur Evefque & enfemble celles des Artifans : ce que moult intimidoit & rendoit remys ces miferables Huguenaux, doubtans la force de la ville.

Parquoy, le lendemain mardi XI° dudict mois d'aouft, grant matin, ces interdicts envenimés Huguenaux, tous chargés de larrecins, defpoilles, pilleries & brigandages qu'ils avoient mefchantement & maleureufement conquis & acquis par deftrouffes & violences aux avirons de la prefent ville du Puy ou peult eftre en aultres lieux dans le diocefe (combien qu'ils fe difent fideles, — o quelle fidelité !), lefquels evacués de leur force, s'enfuyrent comme larrons, & retournarent honteufement leur dos *. Ce que je arbitre eftre faict à la grande confufion, deshonneur, vitupere & infamye de Jacques Guitard, & fes maleureux confors, complices & adherens habitans du Puy & fauteurs de telle vituperable entreprinfe que de fe trouver eftre dicts tant lafches que de pourchaffer tel inconveniant à toute la ville, de laquelle font trouvés & aprovés eftre dicts & publicquement appellés traiftres citoiens tant en general que particulierement, à leurs femmes, enfans, peres, meres, freres, feurs, parens, voifins & affins, & par le contraire eftre faict & par la ville & bons habitans d'icelle deffendu, comme très-chreftiens & vrays catholiques, à la gloire, honneur, triumphe, exaltation & magnificence de Dieu, de la Vierge immaculée Marie, fa très-digne Mere, noftre patronne & maiftreffe, des benoicts Saincts & Sainctes de Paradis, par le moyen de tous lefquels l'enfanterie de cefte très-heureufe ville du Puy s'eft demonftrée fi difpofte qu'on les a virilement chaffés.

---

* Suivant de Thou, Blacons échoua devant le Puy, faute d'artillerie *(cùm tormenta non haberet)*. Voyez plus haut, *loc. cit.*

Ce jour fusdict, furent abbatues certaines maifons au faulxbourg Sainct Laurens.

Le lendemain mecredi XII· d'aouft, ce jour, pour rendre à Dieu & à la bonne Dame actions de graces de tel tant fingulier & exquis benefice de l'iffue heureufe de nos ennemys privés & eftrangiers, fut au Puy faicte excellante, devote & magnificque proceffion, & faicte injunction à fe preparer le dimenche prochain à dignement recepvoir fon Createur, comme bons, vrais & fideles chreftiens, chacun en fon endroict; ce que fut au peuple moult agreable. En cefte proceffion euft tant d'enfans, fils & filles, hommes & femmes, que bon le faifoit veoir, & en ce jour, furent dictes & racomptées de l'ung à l'aultre plufieurs chofes des affaires furvenus & des maleurtés perpetrées par ces mauldits Huguenaux & de leurs incurfions & pilleries & mefmement des facrées eglifes.

N'eftimons, nous du Puy ne autres, avoir obtenu cefte victoire contre nos adverfaires ces excommuniés Huguenaux, mais en foit donnée la toutale louenge & honneur à Dieu, noftre Createur, & à la Vierge Marie, fa digne Mere, de ce qu'il leur a.pleu preferver & garder la ville contre l'effort de ces larrons mefchans & contre tous ceulx de leur faction & fecte, comme eftoient mefme partie des habitans d'icelle noftre ville du Puy que s'efforçoient nous nuyre à leur povoir, attendans l'heure & le temps que la paoure ville tumberoit par cruel & roide affault en miferable ruyne, qu'eftoit l'efpoir de leurs mauldits & iniques voloirs! Mais, oultre, confiderons, dirons & pourrons cy efcripre que, combien que dans icelle ville euft grand nombre de leurs habitans heretiques leurs emulateurs, toutesfois, maulgré eux, les gens d'eglife, en cefte tribulation, pour ne voloir difcontinuer le divin fervice, mais icelluy vueillant tousjours pourfuyvre & maintenir, lefquels en ce faifant, craignans quelque foubdaine furprinfe, ils le faifoient en partie avec leurs armes : chofe effroyable à veoir ! D'aultre part, plufieurs bonnes gens de ladicte ville montoient en l'eglife pieds nus, & demonftrans faire & tenir aultres termes aufteres tant en jeunes que continuables devocions & oraifons, & lefquels journalement y faifoient monter leurs enfans, fils & filles, les fils defchaulx, les filles auffi & leurs cheveulx abbatus avec aulcunes de leurs chambrieres; & là eftre arrivés, y eftoient gettés grans foufpirs, lamentacions & pleurs. Ce que caufoit grant trifteffe & griefve doleur au cœur des bonnes gens. Et les prebftres, en celebrant leurs meffes, ouyans les ca- .

nons de l'affault, plouroient chauldement à groffes larmes. Beaucop de bons bourgeois, marchans & mecaniques, ayans leurs jeunes enfans en leurs repas, à la fin de leur *Benedicite,* & après les graces, leur apprindrent y dire & adjoufter davantaige cefte antienne : *In omni tribulatione & angufia fuccurrat nobis Virgo Maria!*

De la punicion divine & humayne que pourroit ou doibt tomber fur ceulx qui ont pourchaffé & foubftenu, pourchaffent & foubftiennent ce mer-veilleux, dommageable & efcandaleux defordre, je mets le tout en fequeftre à la main de Dieu * !

Aultres fequelles.

Très-humain Leôteur, affin que ne intervienne oblivion, me convient cy metre que le vendredi, fecond de apvril M.D.LXII., aux baptifailles de deux enfans nés d'une mere, qu'on porta pour les baptifer aux fonts ordinaires de Sainôt Jehan, aufquels les comperes leur volurent impofer & les faire nommer de noms de Patriarches de l'Ancien Teftament, ce que le vicaire baptifant ne voluft fouffrir, leur demonftrant comment en l'Eglife de Dieu a plufieurs glo-rieux Sainôts, Appoftres, Evangeliftes & Difciples de Jefu Chrift, & que ce leur feroit faiôte injure de laiffer noftre Eglife catholicque chreftienne, & que fon prelat luy avoit commandé ne le permetre, pour ne proceder en ce temps à ufer de eftille nouveau. Refpondu en colere par les comperes que fi feroit, & ung fils d'un desdiôts comperes fut bien fi ofé, vueillant tranfgreder les or-donnances de fainôte Eglife, & alla audacement dire : *Je les baptiferay bien moy-mefme!* que n'eftoit pas fon eftat. Là, fus ce mot, fe furgit ung efcandaleux

---

* Voici comment un de nos historiens les plus confciencieux, le regretté M. Louis de Vi-nols, a apprécié l'échec des religionnaires devant le Puy :

« Cet événement ne refta pas fans influence fur le plan général formé par les proteftants pour la conquête du royaume. La victoire des gens du Puy maintint une puiffante barrière entre les églifes du Languedoc et celles du centre de la France. Ces églifes ne purent pas fe donner la main à travers les Cévennes, et faire de ces régions élevées et difficiles la base de leurs opéra-tions futures dans la vallée de la Loire et celle de l'Allier. A ce titre, l'échec éprouvé par Bla-cons fut peut-être une des caufes qui fauvèrent en France le catholicisme, fi profondément ébranlé depuis quelques mois par les rapides fuccès des religionnaires. » — *Hiftoire des guerres de religion dans le Velay,* le Puy, 1862, page 32.

defordre, tellement qu'il falut y venir le feigneur Evefque du Puy & le feigneur Abbé de Pebrac* eftans en ville, & plufieurs des feigneurs Chanoines
de l'eglife Cathedrale, & hommes & femmes de bon eftat eftans en la comitive, que à grant peyne y peurent impofer filence. A la fin, aultres noms
furent donnés ausdicts enfans. De ce faict tantoft grant bruit en fut dreffé
parmy la ville.

Il peut eftre mys icy aulcuns aultres actes faicts au Puy, attendant la venue
de ces larrons, maleureux, infames, malfortunés Lutheriens ou bien aujour-
d'huy dicts *Huguenaux.*

Et premierement, comment faifans certaines proceffions tant du jour du
Sainct Sacrement, que fut le jeudi **XXIII**ᵉ may **M.D.LXII.**, que le feigneur
Evefque y affiftoit, acompaigné parmy la proceffion d'un grant nombre d'arquebofiers : chofe monftrueufe & pitoiable à voir, où je n'affigne grant
louenge.

Item, comment ledict feigneur Evefque avec le feigneur baron de Sainct
Vidal, tous deux avec leurs bendes, faifoient plufieurs allées, venues &
voiages infructueux, tant à Sainct Agreve, Montfaulcon, à Feurs, à la Chafe-
Dieu, au camp de Lion & en aultres lieux, ayans enfeignes & bendes, ce
que je n'arbitre point & ne fçay fur ce qu'en efcripre ne rapporter.

Item, la ville du Puy, pour beaucop d'affaires neceffaires en cefte faifon
& que portoient grands defpends, fut confideré par les feigneurs Confuls &
Confeil de la ville faire ung empront fur les aifés de la fomme de   *(fic)*
livres tournois, lequel promirent rendre aux empronnés, ou bien le leur faire
tenir en compte au temps que furviendra faire quelque nouvelle impofition
fur le commun d'aulcuns deniers, foient royaulx ou communs.

Sur le commancement du mois de jullet, la femme de ce villain appoftat
Jacques Guitard fift ung enfant, duquel fut compere le feigneur Evefque du
Puy, aux baptifailles duquel y euft grant pompe de meneftriers, harquebofiers & taborins d'Alemant; & bientoft après, la femme de Hugues Davinon,
hoftelier, fift ung aultre enfant, duquel fut compere ung cappitaine appellé
Laforefts, oùt fut faicte femblable pompe que deffus ; & allant & retournant,
y affifta ledict feigneur Evefque avec les dames.

* Jacques de Roftaing (voyez, page 460, la note 3).

Ung grand bruit, confideré par grande attencion, fortit en la ville fur le foir du tiers jour du mois d'aouft, que moult eftonna ladiĉte ville & fans caufe. On fentoit aprocher du Puy ces bourreaux mal moriginés Huguenaux, pour lefquels on eftoit en grant doubte. Cependant, ce foir, ung nommé Jehan Faure, diĉt Malefcot, bolengier, après avoir batu le bled d'un fien champ fçis au terroir de Coloing, fus lequel champ fit bruler la paille deffus pour amortir & bruler les grains des maulvaifes herbes, ce que font plufiĕurs, & pour ce que foyfon y avoit paille, le feu fut grant quĕ efclaira partout l'air & mefme fur la ville. Parquoy, à cefte caufe, fe alluma groffe peur en la ville, voyant cefte reverberation en l'air. Si leur fembloit proprement que c'eftoit feu mys en quelque endroiĉt de la ville pour du tout le exterminer. Ung difoit : *Il eft en telle part en la ville ;* autres difoient : *Mais en telle.* Brief, cefte peur dura quelque inftant, jufques à ce que fut cogneu dont procedoit cefte clarté, & alors chacun fut repaifé.

Item, les mefchans provincialx des heretiques du Puy tenans termes d'Uguenaux, comme gens remplis d'infamye, bien cogneus & experimentés, efcripts & notés entre tels, furent, à trois briefs jours, reiterés adjourner les jeudi XIIIᵉ & vendredi XVIIIᵉ aouft, & les fabmedi Vᵉ & vendredi XVIIIᵉ feptembre.

Après ce que ces infames eurent paffé le pays, encore les habitans du Puy doubtant leur retourner, firent faire de cris & proclamations, commandemens & ordonnances, que chacun en fon endroiĉt euft à faire moldre de bled pour fix moys ; *item,* que lefdiĉts habitans euffent à obeyr aux cappitaines ordonnés pour la garde de la ville, tant de jour que de nuyĉt.

Item, le XIIIᵉ aouft, furent defmolies certaines maifons vers le faulx-bourg Sainĉt Laurens, & après, le XVIIIᵉ dudiĉt mois, furent auffi abbatues & defmolies aultres maifons hors la porte de Panaffac. *Item,* le XVIIIᵉ auffi dudiĉt mois, on fift aplanicer Ronzo & tomber le gibet qu'on ne fift là ung baftillon contre la ville. Commandé auffi aux habitans ne vendre aulcuns arnois à nuls eftrangiers, ne les laiffer fortir de la ville, ains que chacun habitant s'en euft à pourveoir.

En ce temps, par mandement du Roy noftre Sire, fut enjoingt à toutes bonnes villes de fon obeiffance que, fur les Huguenaux que feront trouvés habitans en chacune d'icelles villes, luy euffent à fornir par enfemble, pour fubvenir à fes urgens affaires, la fomme de deux mille livres tournois, lef-

67

quelles furent bien promptement fornies par les mefchans heretiques Huguenaux du Puy.

En ce temps, fut delegué par la ville du Puy, pour aller à la Court devers le Roy noftre Sire, maiftre François Foreftier, docteur & lieutenant general de monfeigneur Yves d'Alegre, fenefchal dudiét Puy, pour effaier de obtenir du Roy noftrediét Sire le confifc des Huguenaux que feront trouvés dans la ville du Puy, & ce pour le ramparement d'icelle ville, & pour leur aider & fupporter de la grant folle & defpence qu'ils avoient fouffert, en foubftenant vertueufement les affaulx que leur avoient donné dernierement ces Huguenaux, & auffi davantage, veoir fi on pourroit dudiét feigneur, en ladiéte Senefchaulcée du Puy, y eftre adjoufté les aulx de Viverois & Gevauldan *.

Icy eft à noter que, après ce qu'il fut le plaifir de Dieu de evacuer le pais de la tourbe de ces contaminés Huguenaux, le feigneur Evefque, avec les feigneurs Confuls, affez vigilans fur cefte tribulation, appellés avecques eulx grant nombre de gens ecclefiafticques & aultres gens de bon eftat populaires, lefquels enfemble intimidés, pour qu'iceulx Huguenaux & aultres eftans de leur feéte ne retournaffent icy derechief pour au pays faire & pourchaffer aultres durtés plus grandes, quelcun de la compagnie va dire que, pour l'affeurance & fortification des eglifes & de la ville, que feroit bon, *imo* utile & neceffaire, d'avoir pieffes d'artillerie que chaffaffent les ennemys de plus loing, que font pieffes diétes de *campaigne,* mais c'eft chofe fruftre, diét-il, quant on n'a les eftofes que trop feroient cheres, confideré la paoureté du peuple. Si fut là demené que, fi les eglifes de leur part vouloient fornir partie de leurs cloches pour ce faire, feroit bien faiét, car ce feroit pour l'affeurance de l'Eglife que la premiere par ces mefchans eftoit expugnée. Plufieurs diéts & contrediéts furent fur ce ventilés en ladiéte affemblée, mais tous defcendans à une refolution, fut conclud que l'oppinion n'eftoit pas mal deduiéte.

De ce offrit l'eglife Cathedrale fornir à fa part quatre de leurs cloches **; — l'Hofpital, deux; — Sainét George, deux; — Sainét Agreve, une; — Sainét Vofi, une; — Sainét Pierre la Tour, deux; — Sainét Pierre le Monaftier,

---

* Le Haut-Vivarais et le Haut-Gévaudan.

** Burel, continuateur de Médicis, a corrigé ainsi ce passage : *De l'eglife Cathédrale fut prins quatre de leurs cloches & le gros pied de l'aigle du cueur.*

une & l'aigle du chœur faifant lectrier ; — Sainct Laurens, deux ; — Sainct
François, les piliers de leton eftans devant le grant autel ; — les Peres
Carmes, une ; — Sainct Bartholomy, une (1. Toutes lefquelles cloches ainfi li-
brement par les fusdictes parties accordées, on fe pourveut bien promptement d'avoir les ouvriers & maiftres, lefquels arrivés, convenu du pris pour
quintal, on mift la main à l'œuvre, leur baillant lieu pour befoigner le cimentiere du grant Claufel, dont après les moles faicts, furent getées les deux
groffes pieffes le fabmedi tiers jour de feptembre, les aultres après en leur
temps, lefquelles font d'unes ou d'aultres, groffes ou moyennes, le nombre de
douze.

Furent, oultre ce, en ce mefme temps, achaptées par la ville du Puy à
Sainct Eftienne cent harquebouts à crochet de la grant forte, à fept livres
pieffe, que montent fept cens livres.

Item, le VIIIᵉ d'octobre, Sainct Pierre le Monaftier bailla oultre la cloche
de leur orloge, & pour la reconpenfe d'icelle cloche, leur en fut baillée une
ung peu plus forte, que fut prinfe de celles baillées par l'eglife Cathedrale : ce
que fut ainfi ordonné du vouloir & du confentement de tous.

En ce temps, plufieurs citoiens du Puy par trop intimidés, fentans & eftre
commun bruit que les Huguenaux, que en plufieurs partis faifoient tant de
deftructions, pourroient venir fur le Puy pour y prefenter divers affaulx & y
faire tormens execerables, & que attendoient ce maleur leur advenir de jour
en jour, tous lefquels fusdicts du Puy trop timides, fecretement habandon-
narent la ville, fe retirans ès champs où bon leur fembloit, y penfant eftre plus
affeurés. Si que par ce moyen affeubliffoient la ville de fa vertu, force, port
& confeil, voire leurs propres parens & amys & aultres grans perfonnages,
comme eftoit le feigneur Evefque du Puy qui y eftoit en perfonne & fes confors d'Eglife, feigneurs Confuls, gentilshommes, bourgeois, marchans &
mecaniques, lefquels treftous en leurs degreds & qualités eftoient delliberés
de foy bien defendre & la republicque ; ce qu'ils firent, Dieu leur aidant &
la Vierge Marie. Mais confideré après le lafche cœur & la grant faulte que
ces gens trop timides avoient faicts de fallir au meilleur à leur ville qui eft
le propre lieu naturel & originaire, ont efté trouvés eftre dignes de amender

1) Sainct Michel, deux. — *Note de Burel.*

ce qu'ils font, car par meure defliberation d'un grant confeil furent condamnés à payer diverfes fommes fuyvant leurs eftats & qualités & en furent très-bien excequtés. Les aulcuns d'iceulx s'en volurent defendre & en avoir remede de Thoulofe, par lefquels de Thoulofe fut dict eftre bien procedé pour ceulx du Puy, voire & prudemment, & ont jugé *fortiatur* *.

En ce temps, fur le XXVe de feptembre, fut impofé & mys fus par les Eftats trois mille cinq cens livres tournois pour l'entretenement de la compagnie du feigneur de Sainct Vidal, que fe difoit en ce pais avoir auctorité par commiffion du Roy noftre Sire, afin qu'il gardat & defendit la ville du Puy & le pays contre l'effort des Huguenaux, mais le monde aujourd'hui eft violé, pollu & foillé des cupidités d'avarice.

En ce temps, par devant ou après, plufieurs & diverfes condamnations ont efté faictes par monfieur maiftre Gerard de Changet, homme de cellebre vertu, juge-mage de monfeigneur le Senefchal du Puy, contre les envenimés crapaulx Huguenaux du Puy & autres eftrangiers que au Martoret, place de ladicte ville, tant en effigie que aultrement, furent actuellement excequtés. *Item*, en ce mefme temps, furent plufieurs de ladicte ville inthimés fortir & vuider d'icelle en tant que incapables y habiter entre les fideles, extimés baftards de probité & prodhomye de leurs parens.

Item, mefme en ce temps, fur le vendredi XXVIIe novembre, changea fa vie avec la mort, monfeigneur François, aultrement dict Armant, en fon chafteau, vicomte de Polignac **.

Item, en ce mefme temps, jour de la vierge egiptienne saincte Katherine, mecredi XXVe de novembre, comme il eft de honorable couftume en la ville

---

* C'est-à-dire : *que la fentence du Sénéchal du Puy fortirait fon effet.*

** François-Armand, vicomte de Polignac, poursuivait à Paris le procès commencé par son père, au sujet des prétentions de la maison de Polignac sur le duché de Saint-Fargeau et le comté de Dammartin, quand les troubles de la religion éclatèrent en 1562. A la nouvelle du siége du Puy par Blacons, et de la révolte de son propre fils aîné Claude-Armand, qui, s'étant fait huguenot et mis à la tête d'un parti de religionnaires, ravageait les baronnies de Randon et de Randonnat en Gévaudan, il accourut en Velay, rassembla ses vassaux, et, avec le secours que lui amena Louis de Lastic, grand-prieur d'Auvergne, battit les rebelles; mais il ne put survivre à cette guerre impie et mourut de chagrin.

Le surnom de *Grand Juſticier* lui avait été donné par ses contemporains, soit à cause du

du Puy, furent faicts & de nouveau créés & efleus Confuls pour adminiftrer les affaires de la police de cefte inclite cité du Puy, c'eft afçavoir monfieur maiftre Guillaume Luquet, licencié ès-loix, fires Jacques Felicis, Michel Bru, marchans; Bertrand Peireira, dict Charlot, bonetier; maiftre Guillaume Rafier, notaire royal, & fire Jehan Rocheta, coiratier. Le mefme jour, ce pendant qu'on befoignoit à faire l'election desdits confuls, en fermant les portes de la ville, aux gardes d'icelles, vindrent nouvelles que à Pradelas avoit ung nombre de gens de guerre, & ne´fçavoient où ils alloient & qu'on s'en donnaft garde. Parquoy, le guet ce foir fut renforcé tant fur les murs que par la ville, & commandé à chacun ce foir tenir lampe ou lanterne allumée fur fa porte comme par avant avoit efté faict par les foires de Sainct Michiel & Touffaincts. Mais tout ceft advis de Pradelas ne fut aultre chofe, car ce n'eftoient que quelques ambaffadeurs.

Item, ces Confuls nouveaux, confiderans la grant peyne que les habitans avoient d'eftre fubjects chacune fepmaine eftre à la porte & veiller à la muraille, changharent ceft eftille eftre converti de quinze en quinze jours; firent fur ce douze cappitaines particuliers & fut efleu pour eftre Cappitaine Mage & le general du Puy fire Jehan Jordain, marchant, homme acomodé de bonnes vertus. .

En ce temps, croiffant l'inportunité de ces Huguenaux, fut preconifé par reiterées publications deppendentes par edicts royaulx, affiftans & prefens en icelles les officiers du feigneur Senefchal du Puy, ordinaires & feigneurs Confuls, que gens trouvés notoirement tenans cefte fecte & faction lutherienne affemblés & fe deffendans par armes & mefmement contre le Roy noftre Sire, on les euft fans nulle difficulté exterminés & mis en pieffes fans

---

soin avec lequel il faisait rendre la justice à ses sujets, soit surtout parce qu'il fut, en 1544, le principal promoteur de la condamnation par le parlement de Toulouse, d'Imbert Coreau, dit *le Nez d'argent,* lieutenant du prévôt des maréchaux, et des officiers de justice du Puy, comme concussionnaires. (Voir plus haut, pages 391 à 394.)

Voyez l'*Hiftoire de la Maifon de Polignac* (livre xi, chap. 2), par Gaspard Chabron, dont la bibliothèque de la Société académique du Puy possède depuis peu une copie, grâce au patriotisme éclairé et à la délicate courtoisie de M. le duc de Polignac, qui a bien voulu, sur la demande de M. Albert de Brive, mettre à la disposition de la Société le seul manuscrit connu de ce précieux ouvrage.

mirent à l'encontre de fon paffage, luy difant : *Monfeigneur, vous ne fortirez point que ne foit poyée une paoure femme de laquelle ung de vos gens a prins trois perdrix fans poyer.* Refpondu par ledict Sainct Vidal : *Ce n'eft pas moi. Prenez-vous à celluy que les a prinfes, & me laiffez aller.* Ce à quoy lesdicts gardes s'aquiefcerent. Si fortit avec aulcun de fes gens ; les aultres qui eftoient tenant toute la rue Sainct Geri murmuroient moult. Si faifoient ceulx de la ville. Si que furent contraincts ceulx dudict Sainct Vidal tourner bride dans la ville, oyans les cloches Sainct Hilaire tocher le tocofein. Vecy Sainct Vidal qui eftoit hors la porte que dict : *Meffeigneurs, laiffez fortir mes gens.* Refpondu par les gardes : *Il fault payer ces perdrix.* Si que ledict Sainct Vidal les paya, mais fi ne peult-il, portant, recouvrer fes gens de ce foir, mais cocharent en ville pour ce qu'il y avoit aulcuns emulateurs des gens du Puy, ainfi qu'on difoit. Ce foir, le peuple eftoit efmeu & s'affembloient avec leurs armes, penfant y furvenir quelque defordre. Ledict Sainct Vidal, ce foir, alla coucher à Brive. Je ignore le furplus, car, après, le lendemain, chacun, fans aultre bruit, print fon parti.

Item, audict an, en febvrier & mars, les feigneurs du venerable Chappitre Noftre Dame, pour mieulx fortiffier leur cloiftre & la ville, firent fus la porte & eglife de Sainct Robert une plate-forme pour plus à propos fe defendre & canonner les ennemys, ce que fut bien approuvé par gens qui avoient la cognoiffance des faicts de guerre & deffence d'une ville.

Item, au mefme temps, furent bien ault murés & baftis les creneaulx de la ville du Puy, à chaulx & fable, y laiffant trou pour canonner, reftants en leur eftre, ainfi qu'ils font, les mantelets & barbecannes, le tout bien perferi, ce que fut de grant couftange, & toutesfois fut-il dict ce eftre faict pour la grant defence & fortification de ladicte ville, car plus feurement on chemine faifant la ronde fus les murs qu'eftoit, par avant, plus en dangier d'eftre canonnés des ennemys, ce que fut ung acte bien confideré & approuvé.

Item, en ce mefme temps, la ville fift faire le portal du bolevart Sainct Geri tout à neuf & rabiller toute la refte, que le tout eftoit vieulx & caducq, & y faire les percemens & batteries neceffaires & requifes.

* *

Maintenant noftre plume eft invitée en aultre propos & n'eft de obmetre en cefte fequele comment l'an M.D.LXIII., ainfi qu'il eft contenu au livre DE PODIO, par la ville du Puy fut introduiçt le procès de faire l'extime gene-rale du diocefe, combien que autresfois de longtemps avoit-il efté interiné, le Puy confiderant la grande & infupportable fubfide de taille qu'ils avoient par cy-devant & fi longuement fupportée; dont ad ce faire furent contraires & repugnans certains mandemens *de là les Bois* * & aulcuns aultres du plat pais que n'eftoient comme point chargés, lefquels avec l'aide d'aulcuns fei-gneurs à eulx adherans que pas ne cherchoient l'utilité publicque, ne mefmes de leurs hommes particulierement, que de tout leur povoir fe font effayés y nuyre & metre deftorbier & empefchement. Mais la ville pour ce negoce tant ardu, *ymò* neceffaire, ne craignans leurs feigneuries, ayans fiance à leur jufte querelle, n'ont efpargné la peine & labeur de leurs citoiens, ne l'effufion de leur pecune, fans d'aulcun avoir aide, fecours ne recours, toutesfois fi en obtindrent-ils fur ce arreft en la Court des feigneurs Generaulx de Montpelier où la caufe fut premierement affignée. Lequel arreft fut excequté par la ville; & après par iceulx mefmes *de là les Bois* & leurs diçts adherans, ad ce plus fort fe portant contraires, pour entrerompre lediçt arreft, fe aidarent d'une fri-vole tranfaçtion jadis faiçte entre les parties non approuvée, ne auçtorifée, par le moyen de laquelle firent tant que la caufe, nonobftant lediçt arreft, fut renvoyée à Thoulofe, & audiçt Thoulofe fut virilement pourfuyvi par les feigneurs Confuls, fi que le XIIIᵉ de feptembre M.D.LVII. ils en eurent auffi arreft à leur profit, que ladiçte extime generale du diocefe feroit faiçte à communs defpends. En oultre, lefdiçts *de là les Bois*, avec leurs feigneuries & aultres leurs aides fuyans au droiçt par les moiens & divers fubterfuges, trouvarent caufes de faire defcendre lediçt procès au grant Confeil du Roy. A quoy la ville du Puy, fuyvant les termes de juftice, n'ayant le cœur remys, mais de plus fort pourfuyvant leur diçt droit que trop leur touchoit avec grans frais, mifes & defpences, allées & venues, firent tant par leurs foi-

* Voyez, pour le fens de cette locution, la note 2 de la page 397.

gneuſes porſuites & diligences que audiƈt grant Conſeil du Roy, au profit de ladiƈte ville du Puy fut pronuncé arreſt le mardi XXI⁰ de mars M.D.LVII. que comme deſſus l'extime ſeroit faiƈte avec condamnations de deſpends & eſmendes.

Laiſſant ladiƈte Court audiƈt arreſt queue que les exceis & crimes commis & perpetrés pour ceulx *de là les Bois* & leurs conſors durant le procès contre la ville du Puy & leurs ſuppots, ſoit par oultraiges, battemens, impoſitions & exaƈtions de deniers cueillis par eulx, ſans auƈtorité ne tiltre vallable, & aultres abuts faiƈts & commis par eulx au deſavantage d'icelle ville du Puy, & en aultres partis du plat pais, ainſi que le tout à la ſequelle du procès avoit eſté veu, plaidé & deſduiƈt, leur en ſeroit faiƈte reparation à l'arbitrage & jugement de la venerable Court de parlement de Thouloſe.

Et bientoſt après, en excequtant ce dernier arreſt, ceulx *de là les Bois,* ou bien leur ſindic, ſans eſtre grevés tousjours cherchant dilais, ſe rendirent appellans du Comiſſaire. Se que fallut derechief retourner à Thouloſe pour purger ceſt incident d'appel, là oùt le procès a eu cours, dont après ce, pour les porſuites & diligences des ſeigneurs Conſuls, le ſabmedi XIII⁰ de juin l'an M.D.LXI., lesdiƈts *de là les Bois,* ou bien leur ſindic, ont été deſmis & debotés, & par arreſt mys au neant leur frivol appel, & eulx condempnés à rendre deux mil livres qu'ils avoient levé ſans tiltre ſur certains mandemens, qu'ils debvoient metre en mains ſolvables pour en faire les premiers faiƈts faiſant l'extime & davantage, oultre condempnés aux deſpends de l'inſtance dudiƈt appel, ordonnans derechief ladiƈte extime eſtre faiƈte & excequtée par le meſme maiſtre Loys de Lauſolergue, doƈteur, conſeiller du Roy en ſon Parlement de Thouloſe, par qui premierement ladiƈte commiſſion avoit eſté occuppée.

Et les ſeigneurs Conſuls ayant envoié querir lediƈt ſeigneur Commiſſaire par honorable perſonnage ſur ce par eulx depputé, lequel trouva ſon homme à Thouloſe, tout preſt, que fut par luy conduiƈt au Puy où il y fut receu d'une honorable compaignie, le lundi XX⁰ de oƈtobre l'an deſſus, & y fut logé au logis du *Faulcon.*

Si furent alors adjournés lesdiƈts *de là les Bois,* ou bien leur ſindic venir à l'exceqution dudiƈt arreſt, oùt furent par eulx recuſés pluſieurs lieux, finalement eſleurent la ville de Pradelas, pour là eſtre procedé en la toutale exceqution duquel ceſt arreſt diffinitif & general pour le preſent n'a eſté faiƈt ne y

touché, que caufe grant intereſt à ladiĉte ville du Puy, mais ſa eſté & eſt encore en ſurceance, cauſant le grant, eſcandaleux & maleureux deſordre que
aujourd'huy a cours par ces heretiques & vituperables Huguenaux, ennemys
de Dieu & du monde, que j'appelle Gots & Magots, ſerviteurs (&) ſouldarts
de l'Anthe-Chriſt, ſortis des tribus où ils furent enclos en la terre d'Ama-
ſone, & par ce moien ſont attendans les habitans du Puy temps congru &
opportun que plairra à Dieu leur envoier pour proceder faire ladiĉte extime
comme de raiſon.

Aultre ſequelle encore ſur le Jeu ou faiĉt de l'Harqueboſe.

Item, l'an comptant M.D.LXIII., après que ces reprochables Huguenaux
par huiĉt jours eurent tenus le ſiege au devant la ville du Puy, & confuſible-
ment s'en eſtre retournés, lòrs eſtant eſleu pour Cappitaine Mage de là ville
du Puy honnorable homme Jehan Jordain, diĉt Bonnaſſon, marchant, lequel ayant receu la charge que concerne ung tel office, & par luy conſideré la
grande utilité comment les Harqueboſiers de ladiĉte ville firent très-grant ſervice en ceſt endroiĉt contre ces vituperables Huguenaux, ce que fit lediĉt
Cappitaine plus eſmovoir les compaignons à continuer lediĉt jeu, & les miſt
en cervelle de tirer ung oiſeau pour les y faire gaigner quelque bon pris. Ce à
quoy faire lesdiĉts Haqueboſiers facilement acquieſcerent à ſon entreprinſe.
Parquoy lediĉt Cappitaine avoir entendu leur cœur, ſe deſlibera de communiquer ceſt affaire au ſeigneur Eveſque du Puy meſſire Anthoine de Senectere, lequel ſeigneur Eveſque, ce avoir bien entendu, diĉt que c'eſtoit à luy
bien penſé, affin qu'ils ne ſe divertiſſent en autre jeu, & que ce ſeroit à la
ville monſtrer meilleur force, & diĉt audiĉt Cappitaine que qui que ce fut
qui tumberoit & abbattroit lediĉt oiſeau auroit de luy dix livres tournois. Et
ſemblable communication ſur ceſte entreprinſe fiſt lediĉt Cappitaine Mage
aux ſeigneurs Conſuls du Puy & à leur Conſeil, eſtant Conſuls maiſtre Guillaume Luquet & ſes compaignons, que cecy trouvarent moult bon & utile,
prometant donner à celluy que pour ſon bien jouer abbattroit l'oiſeau &
pour ceſte cauſe ſe porteroit & ſeroit diĉt Roy des Harqueboſiers, auroit de
l'argent du commun quinſe livres tournois. Et après pluſieurs paroles diĉtes
& ſuccedans, fut aſſigné aller poſer lediĉt oiſeau bien ault ſus la tournelle ou

donghon de la porte des Farges, & à ce proceder le dimenche fecond jour de may. Oùt fe trouvarent là le fusdict feigneur Evefque, le Cappitaine Mage & grande partie des Harquebofiers, au champ de Vera, hors la porte desdictes Farges, auquel lieu eftoit preparé ung petit tigurion pour repofer ce pendant ledict feigneur Evefque. Et en ce lieu fut ordonné de la condicion dudict jeu, c'eft afçavoir que chacun ayant intention de y tirer feroit tenu bailler incontinent avant que en rien commancer ung doufain, ce que fut baillé entre les mains dudict feigneur Evefque. Pacte : qui abbatroit l'une des efles auroit le quatriefme denier de l'argent promis tant par le feigneur Evefque, Confuls & auffi des dofains, & qui abbatroit le tout auroit le tout. Et pour eviter faveur & fupfon furent mys & efcripts par billettes de papier les noms & furnoms desdicts Harquebofiers & mys dans ung chappeau, meflés ung parmy l'aultre, tournés & remués. Et fut baillé le chappeau audict feigneur Evefque que print la peyne d'appeller les compaignons, ainfi que le fort venoit ès dictes billettes, fans y regarder, fut paoure ou riche, que s'y trouvarent d'efcripts environ cent cinquante. Et ainfi qu'ils eftoient appellés à tirer, de quelque eftat qu'il fut, tiroit à fon renc. Mais le fusdict feigneur Evefque & Cappitaine Mage furent preferés & fans eftre efcripts, tirarent les premiers leur cop. Et après de renc ainfi qu'ils eftoient prins à l'adventure dans le chappeau, & en tirarent au moins cinquante. Si vint la billette que cheuft le nom d'un artifant que fut appellé par ledict feigneur Evefque, difant ainfi : *Où eft icy Vincent Arnaud, fabbatier? C'est icy fon renc de tirer.* Refpond ledict Vincent qui fut là tout preft : *Monfeigneur, véez-moy icy.* — *Or, tirez, mon amy*, fit ledict feigneur. Lequel Arnaud fe mift en befoigne & fi très-bien affigna fon coup & fi à droict frappa au pitre dudict oifeau, que le tout fut rué & renverfé par terre. Alors le bruyt fut là grant, pour ce qu'il eftoit bien petit compaignon auprès de plufieurs aultres, dont chacun en fut joyeux. Lors, le Cappitaine Mage le print pour la main & le prefenta au feigneur Evefque, que luy dict : *Bon eftat vous foit : vous eftes gentil galland.* Lequel Vincent luy mercia fon honnefteté. Si fut tantoft defploiée leur enfeigne, & le Cappitaine & le Roy des Harquebofiers fe mirent les premiers, & avec trois taborins d'Alemant, allarent tornoier parmy la ville, enfemble toute la compaignie, fans nul excepter finon le feigneur Evefque. Et en ce faifant, ledict Roy leur fift donner collation en deux lieux de la ville. Par la compaignie furent tirés plufieurs canons, & par toute la bande fut rendu le Roy des Harquebofiers en fa maifon qu'eft en la place du Martoret.

* *

En ce temps, après eftre yffus de l'année M.D.LXII, durant laquelle (que eft chofe bien rare) ne fe peult dire que, par indifpofition de temps on aye veu efclairer, tempefter, fonner cloches, figner le temps & l'air avec la fainte croix, mais en ceft endroict ledit an eftre tout doulx & temperé, chofe moult contraire eftoit, car le peuple endura plufieurs durtés & miferes notées en mes efcripts cy precedens.

Après, pour fuyvre la chaine de mon intelligence, eftre entrés en l'année fubfequente M.D.LXIII., n'eft d'obmetre la fequelle comment ès mois de apvril & may, le feigneur Evefque & le feigneur baron de Sainct Vidal, avec aultres gentilshommes, entre trois fois, fe trouvarent au pré du Broueilh, montés & abillés de divers acoultremens de taffetas & mafqués, là joyeufement affemblés pour courir à l'anelle, dont, en ceft fpectacle y vint grant peuple de la ville, d'entre lefquels furent les honneftes damoifelles & bourgeoifes d'icelle ville du Puy, eftans adverties de tel esbatement. Lef-quelles firent diftribution du pris au mieulx faifant. Il n'eft à moy de bien favoir colorer ceft *item,* ne en juger pour contenter l'efprit des hommes, mais je le laiffe pour tel.

Aultre fequelle.

Les affaires fusdicts que concernent le maleureux eftat de ces Huguenaux dont & defquels avons tant parlé, me donnent occafion encore les porfuivre & continuer en mes efcripts, car il eft à noter que, par le moyen de plufieurs faulx & legiers rapports, on a volu donner entendre à la ville du Puy que ces mefchans miferables heretiques Huguenaulx ou aultres de leur dampna-ble faction, eftoient de plus fort efmeus contre la ville du Puy pour la ex-terminer, facager & metre en ruyne. Lefquels ne povoient trouver meilleur adreffe, pour parvenir à leur depravée intencion & excequter leur pervers voloir & forcenerie, que par le moyen de la foire de Roifons en laquelle fe affemblent divers populaires. Parquoy, ceft affaire affez premedité par les feigneurs Confuls, leur Cappitaine Mage & aultres leur Confeil, entre eulx eftre refolu que, puifqu'ils avoient, avec l'aide de Dieu & de la bonne Dame, fa doulce Mere, la Vierge Marie, chaffé vituperablement l'an paffé ces infames heretiques, fans tant bien eftre pourveus de force & defence comme ils font prefentement, que eft un vrai moyen de en rien ne s'en efpoventer pour eulx obftant ladicte foire de Roifons, & que maintenant ils eftoient pourveus en la ville de groffe & moyenne artillerie, & auffi d'un Cappitaine Mage, leur citoien Jehan Jordain, marchant, homme de bonne reputacion, aymant honneur & craignant honte, & lequel vertueufement contre l'effort de ces Huguenaux avoit par cy devant bien fervy la ville comme bon citoien, foit en forniture d'argent, plomb, fouffre, falpetre, bolets, pouldre & aultres biens de fa maifon.

Si fut dit & determiné en ce confeil par la plus familiere oppinion que nul ne fe aideroit de aulcunes armes pour la defence de la ville, finon de groffe artillerie & aultres communes & moiens canons, harquebouts, piftoles & piftolets, efpées, dagues, peu de fervir d'aultres armes.

Item, que le fusdict Cappitaine Mage auroit pour luy tout feul le nombre de trente fouldarts harquebofiers, ou bien cinquante ou cent, s'il eftoit requis, ainfi que l'affaire portera, pour aller, venir & fe bien donner garde, de tout ce que fut commandé à chacun de luy obeyr.

Item, que le beftial feroit vendu & achepté hors la ville, tenant par le long des foffés depuis l'eglife Sainct Laurens jufques à l'eglife de Sainct Bartholomy, & l'obvencion du*pied rond**, que prend la ville, feroit levée en la place de Jacohi, hors la porte de Sainct Gery, & auffi hors la porte de Paneffac, auprès le jardin de noble Durand Orvy.

Item, ne feront ouvertes en la ville que deux portes, afçavoir eft : la porte de Panaffac & la porte Sainct Gery, & en chacune desdictes portes aura pour la garder cinquante fouldarts harquebofiers, que refuferont y metre & entrer gens dedans, portans armes, mefmement baftons, mais les feront laiffer en feure garde entre les mains du garde-porte.

---

* Droit de place perçu sur chaque animal à *pied rond* (par oppofition à *pied fourchu*) qu'on expofait en vente.

Item, que feront eftablies, chacune desdictes portes, de cinq à fix pieffes de canons, montés & prefts à tirer, affignés ès canonieres & bateries, ayant chacune pieffe fouldart exprès commis pour les garder de ne eftre d'aulcun par malice enclavées.

Item, toutes les nuicts, durant la foire, les habitans feront tenus tenir à leur feneftre, lanterne, lampe ou chandelle allumées, affin que le guet puiffe aller, venir, paffer & repaffer, monter & defcendre ès lieux neceffaires.

Item, fut ordonné le jeudi XVIᵉ may, faire affembler à Sainct Laurens le Cappitaine Mage & fouldarts habitans de la ville, & là venir avec leurs armes pour veoir de quoy on fe pourroit aider & defendre, fe befoing eftoit, & faire reveue generale, mais ledict jour pleut, & fut remys au lendemain.

Item, ledict jour, à Sainct Laurens, prefents les feigneurs Confuls & Cappitaine Mage & les fuppofts de la ville, fut refolu & ordonné pour croiftre & avantager le nombre de leurs fouldarts harquebofiers, en prendre fur les aifés de la ville cent ou fix vingts, les uns chargés en faire trois, aultres deux, aultres ung, les nourrir & les pourvoir d'armes, ou bien les payer en argent chacun durant cinq jours, à huict fols pour jour.

Item, ledict jour, audict Sainct Laurens fut auffi refolu eftre mis les harquebofiers foubs quatre corporaulx, ayant chacun foubs luy cinquante harquebofiers.

Item, le corps de garde eftabli à la place du Martoret fera forny de cinquante harquebofiers, avec affignation de groffes pieffes de canon, regardans les rues de la Chauffade & de la Correiria, le tout gardé en toutes qualités comme celles des portaulx.

Item, les guets & fentenelles feront eftablies en divers lieux, comme fera cogneu eftre utile & neceffaire par le Cappitaine Mage & des corporaulx.

Item, les feigneurs du Chappitre baillarent à la ville, payés & fouldoyés, le nombre de vingt cinq fouldarts que furent meflés avec ceulx de la ville, que gardoient le tout enfemble Chappitre, & ville, foubs la conduite dudict feigneur Cappitaine Mage.

Item, fut ordonné la ville & chafteau d'Efpaly, tant par le feigneur Evefque, que des feigneurs de Chappitre Noftre Dame pour le garder à noble Laurens de Pofols, acompaigné de vingt cinq fouldarts.

. *Item*, la fortereffe Sainct Michel fut eftablie par les mefmes feigneurs du

Chappitre, eulx eſtans chiefs en ceſt endroiſt, enſemble leur baile de leur Hoſpital, Jacques Roche, & aulcuns aultres.

Item, la Cornille fut eſtablie & gardée de pluſieurs gens du Chappitre, chanoines, clercs & aultres qui bien s'y firent ouyr.

Item, la place, maiſon ou chaſteau de Sainſt Jehan de Jheruſalem, fut baillée en cuſtode aux meſmes Freres Hoſpitaliers, commandeurs & religieux de léans.

Item, fut faiſte la reveue & monſtre generale de la ville du Puy, par le ſeigneur Cappitaine Mage, après eſtre eſtabli, ordonné & appointé tout le narré deſſus, le dimenche de Roiſons XVIe de may, où lediſt ſeigneur Cappitaine Mage ſe trouva eſtre acompaigné d'environ quatre cens harqueboſiers, marchans de renc de cinq en cinq, où avoit taborins d'Alemant, fiffres, trompete, & au milieu, enſeigne deſployée de fin taffetas eſcartellé. Au devant du porteur d'enſeigne, en bon eſpace, alloit tout ſeul le Roy des Harqueboſiers, tenant bonne geſte, & après tout ce, marchoit à cheval lediſt ſeigneur Cappitaine Mage, acompaigné d'une honorable trouppe de bourgeois & marchans moult bien en ordre, que faiſoit bon veoir.

Aultre ſequelle.

Devant & après la foire de Roiſons, pluſieurs Huguenaux du Puy, tant par commandement de la juſtice que de la police, avoient laiſſé la ville, demy-fugitifs & eſpoventés, craignans eſtre trouvés entre gens de bonne foy, & ſe eſtre retirés en lieux, ſentans le feu, où ils ont demeuré par notable eſpace de temps, ſervans de souldarts & aultrement y vivans en maleur & poureté. Leſquels, après, recognoiſſans leur notoire abutz, en grandiſſime honte, ſe ſont eſſayés par tous les moyens qu'ils ont peu ſe tourner repatrier en leur ville du Puy, les ungs en habits diſſimulés, aultres par faveur & port de leurs douloureux peres & meres, voyant leurs paoures enfans ainſi malheureuſement deſvoyés de la voye de vraye vertu; aultres entrés par parens, voiſins et affins; aultres par ſubtils moiens de jour & de nuiſt, & peu à peu ſe montrans eſtre entrés devant les fideles citoiens, ne ſapchant couvrir leur patente erubeſcence, en ce bien meritant leur eſtre diſt ung grant monceau d'injures pour n'avoir eue la conduiſte de raiſon naturelle, & de ne conſiderer comment, fans raifon recepvable desduicte, fault que confeffent que comme heretiques & traiftres à leurs ville & commune, voire & eglifes du Puy, font d'icy en avant forclos de plus eftre appellés en tefmoignage, &, par ce mefme faict, incapables d'eftre convoqués aux privés confeils de la republicque de la ville, & de y pouvoir tenir lieu ne degré d'honneur civile ou politique, car vraye raifon les en deftitue, comme le tout fe verra affez clerement par fequelle de temps. Que diray-je encore? *Tousjours le mortier fent les aulx.* On a fceu d'eulx par aulcuns veritables rapports qu'ils efperent par une hoftinée hayne, s'il povoit par eulx, la ville eftre ruynée, & le defirent pour auctorifer leur mefchanceté, & ne leur chault quoi qu'il advienne, foit bien ou mal. Mais tel efpoir finalement tombera fur eulx, à leur grande deshonneur, infamye & vitupere, defquels les aulcuns d'iceulx fe tiennent cachés, & aultres fe monftrent publiquement : ce que donne occafion à plufieurs habitans de murmure, confideré la defolation où eft tombée la paoure ville & eglifes à leur porchas, & c'eft ce que à caufe que ung nombre de bons artifans fe font eflevés de leur auctorité, batant le taborin, difant : *Qui vouldra fe affembler au Martoret, pour aller courir fur ces mefchans Huguenaux du Puy que y font retournés, auffi fur ces defloyaux traiftres que en ce leur ont prefté aide, fecours & confeil, comme ennemys de la republicque et d'eulx-mefmes?* Lequel cry, que femble eftre efcandaleux, infupportable & dangereux, tantoft eft venu à la notice du feigneur Evefque que leur a commandé de pofer les armes & fe defifter, fur grandes peynes, avec paroles rigoreufes fentans menaffes, de plus fonner ne battre ce taborin par la ville à telles fins. A quoy ils ont refpondu que ces Huguenaux, par plufieurs fois, les ont agredés & affortis tant dedans la ville que en aultre part dehors, & que puifqu'il eft ainfi qu'ils y font retirés, voire & que en ce les conduifent & favorifent les principaulx, ils ont dict que, quoi qu'il en puiffe venir, eulx ne leurs confors ne laifferont leurs armes, ains fe defendront contre eulx, & foubftiendront en ce leurs bons & fideles habitans de leur ville, puifque aultre ordre ne s'y peult metre. Le feigneur Evefque, alors, leur a interdit de plus faire telles perilleufes affemblées et mutinacions, ne plus par tel occafion batre le taborin, mais bien porter armes *va de par Dieu* *. Il eft bon à veoir

* Poignards, dits *miféricorde.*

que ces mefchans, infames, irreguliers appoftats, ainfi repatriés, pourroient bien caufer de fufciter chofe pour mal en advenir, ne foit qu'à eulx-mefmes.

L'an M.D.LXII., le jour Sainct Laurens, mardi X^e aouft, ainfi que j'ay touché cy deffus aux affaulx donnés au Puy, fut le jour que les Huguenaux à leur grant honte et deshonneur fe defpartirent du fiege qu'ils avoient planté et tenu devant la ville du Puy. Parquoy, l'an après comptant M.D.LXIII, à femblable jour, le venerable Chappitre Noftre Dame, recordant en ce temps avoir receu de Dieu & fa benoicte Mere ce benefice que d'avoir efté expoliés de tel nombre de maleureufes gens, que tant nous prometoient faire de maulx, firent ce jour follempne & triomphante proceffion, portant en icelle le corps de faincte Conforce, & plufieurs aultres devotes reliques & reliquiaires & leurs plus precieux veftemens; dict ung beau fermon au theatre, & à cefte caufe, ainfi qu'on dict, lesdicts feigneurs dudict venerable Chappitre, & non fans caufe, ont faict profection que, en recordant ce fusdict benefice, tous les ans perpetuellement, à femblable jour, en feroit faict autant. Ce que je prie au doulx Jefus & à fa Mere leur en donner la grace, & à nous & aux noftres de le voir & y fervir Dieu!

Faict memorable advenu au Puy fur le foir du dimenche XXIVe du mois de feptembre l'an M.D.LXIV.

IL n'eft pas cy à obmectre, mais bien à enregiftrer comment ung Jacques Guitard, marchant du Puy, & ung Claude Arnaud, coiratier, par aulcun temps par avant le temps fusdict, ainfi qu'on difoit, avoient eu enfemble quelques haynes & rancunes affez rudes, dont les moiens je ignore. Si advint que, le jour fusdict, environ le foir, ledict Arnaud, pour fatisfaire à aulcuns fes negoces, & paffant & repaffant la rue de la Chanebaterie, va rencontrer ledict Guitard, lequel Guitard audacement lui dict ainfi : *Pourquoi paffoit-il là fi fouvent?* Ledict Arnaud lui refpondit : *C'eft pour toi, & le te montreray bien.* Si defgaina promptement fon glayve pour le fraper, & ledict Guitard, que fe tenoit fur fa garde, ung cotellas. Si que après avoit faict plufieurs experimens de leurs forces, fe volant grever de grant cœur l'un l'autre, ledict Guitard, par femmes ou aultres furvenans à luy favorables, fut retiré dedans fa maifon. Lors après, ung fien prochain voifin, appellé Anthoine Raymond, orfebvre, foubftenant la querelle dudiĉt Jacques Guitard, fe print contre lediĉt Arnaud par paroles affez rudes, fentans menaffes. Mais lediĉt Arnaud, homme vertueux & de grant cœur, le repoulfa fe à point que lediĉt Raymond fut contrainĉt bien vifte fe retirer en fa maifon fçife au devant de celle dudiĉt Guitard, lequel Raymond promptement monta en fa feneftre avec fa femme, & contre lediĉt Arnaud, que eftoit furmonté de grande colere devant la porte dudiĉt Guitard, & là, fe contendant avec aulcuns, attendant que ces gens fortiffent l'un ou l'aultre, lui furent getées deffus grans coups de pierre, tant par les feneftres dudiĉt Guitard que de Anthoine Raymond, fus tous ceulx qui eftoient deffoubs en la rue, fans nul efpargne, defquelles pierres plufieurs en furent lourdement blecés, & pour ce que eft au meilleur endroiĉt de la ville, ce lieu par ce defordre fut bien rempli promptement de jeunes gens qui demandent curieufement voir. & fe trouver en tel maleureux fpeĉtacle. Lors fur ce furvint ung coup d'une pierre, rué par Anthoine Raymond, que cheuft droiĉt fur le chief dudiĉt Claude Arnaud que le rua par terre, que fut par aulcuns, au mieulx qu'on put, retiré, prins & emporté, difant qu'il eftoit mort. Parquoy, le cry & clameur en fut plus grant, exceffif & tumultueux qu'on y avoit occis Claude Arnaud. Et combien que lediĉt bruyt fut merveilleux & efcandaleux, fi croiffoit-il de plus fort, & difoient : *Voilà ce maleureux larron huguenard Jacques Guitard, qui eft caufe de la mort d'un tel fi vaillant & adroiĉt homme!* Si demandoient faire contre luy quelque faiĉt de mal rencontre, voire irreparable. Alors, quelcun, pour plus fort infefter & alterer le peuple, alla mareler les cloches pour faire meurtrir lediĉt Guitard, s'ils euffent pu entrer en fa maifon, & ung autre print le gros taborin qu'il corut fonner parmy la ville, pour efmovoir le peuple; &, cependant, furent tirés quelques vollées de canon des maifons dudiĉt Guitard & Anthoine Raymond, cas efcandaleux & inaudit, ce que plus aigriffoit les gens à plus forte fedition. Et alors plufieurs gens de diverfes conditions & eftats fe pourveurent d'armes, & couroient celle part, là oùt fe trouva bientoft affemblé grant nombre de peuple, faifans clameurs & cris effroiables, eftant deliberés & fe contrebendés de avoir lediĉt Guitard vif ou mort, difans : *Il eft mal faiĉt fe on ne abat fa maifon! C'eft celluy facrilege heretique que nous a pourchaffé & tous les jours pourchaffe faire au paoure peuple tant de durtés!* Parquoy, furmontés de colere, à demy enragés, ne craignans tranfgreder les limites de raifon, furent en delliberation ne fe bouger du lieu, s'ils y debvoient mourir, s'ils n'entroient en la maifon, pour le prendre & meurtrir. Si eurent apches, gros marteaulx, & en y emploiant leurs humains efforts par une incredible fureur, faifans grant bruiĉt & efcandaleufe tintemarre, brifarent la porte & entrarent dedans pour rencontrer leur homme, qu'ils ne trouvarent point, car fe fut caché quelque part. Il eft cy à penfer que, ce jour, fe follempnifoient & celebroient les nobces de deux enfants du feigneur Cappitaine Mage de la ville, honorable homme fire Pons Irailh, que, au foupper eftre affemblés & bien affis à table, là où eftoient grande partie de gens d'honneur de la ville, tant d'eglife, juftice, feigneurs Confuls, hommes & femmes de bon eftat. Et là ouyans mareler les cloches & * . . . .

. . . .

. . . .

fiege de juftice pour luy decentement préparé en l'audience de la Court Royalle de Vellay. Et là après eftre faiĉt finguliere oraifon de fon honneur & louables tiltres & tenue audience de deux caufes que furent appointées par le juge-mage, fe leva lediĉt feigneur & alla donner honorable diner en fa maifon à toute la compaignie, & aulcuns jours après, lediĉt feigneur vifita les prifons & ordonna y eftre forny ce qui y eftoit neceffaire, comme fers, manetes, cercles, chaynes, confidera auffi les portes, clefs & fçerrailles, affin que le tout fut en bon eftat, & fift les commandemens requis aux carceliers, efperant par luy eftre faiĉte & adminiftrée à chacun telle juftice que de rai-fon **.

*
* *

Prudent leĉteur, c'eft l'endroiĉt de ce livre que j'ay arrefté pour y coucher, ainfi qu'il vient à la tradition de ma memoire, ung *item* concernant plu-fieurs chiefs ou bien eftranges negoces. Si dirons premierement que, puis peu de temps, ont eu cours & ont encore advenus circunjacens le Puy & auffiau dedans ne foit-il que des maleureufes (noifes) que advindrent puis na-

---

* La fuite manque; le feuillet 332 du manufcrit a été enlevé.
** Ce paffage eft relatif à l'inftallation de Jacques Maurin, feigneur du Béage, nommé fé-néchal du Puy, après Yves d'Alègre.

guieres aux deux gentilshommes Villaret & Chandaraſſe diȼt Solleillat. * —
Regardez auſſi pareillement, deſpuis que cauſant le decès de noble Claude
de Polignac **, baron de Chalancon, que ſe diſoit vicomte, les deſpends &
noiſes que ſe font enſuyvis contre noble dame Philiberte de Clermont,
veufve, vicomteſſe de Polignac, de honorable reputation & renom, & des
actes vertueux qu'elle a faiȼt, deffandant d'un grant cœur & à grans deſ-
pens le droiȼt de ſes enfans contre le coȉmte de Roſſillon! — Regardez du
deſpit, meurtre & acerbe genre de mort (j'ai doleur de le dire!) de noble
Laurens de Poſols ***, pourchaſſé par proterve entreprinſe & plus que bar-

*Lettre de rémiſſion accordée par le Roi Charles IX à pluſieurs gentilshommes
du Velay.*

CHARLES etc... ſçavoir faiſons etc... nous avoir receu l'humble ſupplication de Henry de
la Tour (Sainȼt Vidal); Anthoine de Verbolye (Vertolaye) diȼt de la Mare, ſeigneur d'Eyde
(Ebde); Guyon de Belvergnerry (Belvezer), ſeigneur de Jonchieres; Georges de Soleilhac,
homme d'armes de la compaignie de noſtre très-cher & amé couſin le duc de Montmorancy,
pair & conneſtable de France; François Beraud, ſeigneur de Serviſſac; Jehan de Touchet, ſeigneur de Chambeilhiac; Anthoine de Maire le jeune Sainȼt Agreve; Sebaſtien Gueiſſier, ſeigneur
de Beſſetes; Anthoine de Clavieres le jeune de Sainȼt Agreve; Jacques de Sainȼt Vidal, ſeigneur
d'Orazeilles (Orcerolles), bailly de Riche (Roche en Renier); Jacques de Sainȼt Vidal, bailly
d'Alzon (Arzon); Pierre de Coudres, ſeigneur de Joncheretes; François de Sainȼt Prieſt, ſeigneur
dudit lieu; Anthoine du Bois‧ le jeune; Lois de Sainȼt Ciergue; François de Belvezer; La-
croix, paige du ſeigneur de Sainȼt Vidal; Lois &   *(sic)* de Vergeſſac freres; Gaſpart &
Loys de Rocqueamer (Roquemaure) diȼtz de Villeneufve freres; Loys Lonhac; Jehan d'Apchier;
François de la Rouche Sainȼt Poulian &   *(sic)* Beſſemourel, tous gentilshommes; Nicolas Falien, hoſte de Naſſelet, Jacques & Eſtienne Moreaulx freres, Jacques de Vil-
lette, Jacques Marin, Jehan Belhiard, Jehan Reynard, Jehan le François & Jehan le Melle,
ſoldats; contenant que le XXII* jour de decembre M.D.LXIIII, le ſeigneur de Sainȼt Vidal leur
feit entendre que ſes officiers avoient informé de pluſieurs meurtres & autres grands & exe-
crables crimes commis par Laurens de Pouſeaulx (Pouzols), & contre luy decerné prinſe de

bare cruaulté nerone par le baron de Godet, feigneur de Sainct Vidal, le XXVIIᵉ decembre! — Regardez du fiege & affaulx donnés au Puy par ung grant nombre de Huguenars & la defpence & trouble que la ville en a fouffert! — Regardez pour receptions de plufieurs honorables perfon-

corps, lequel alloit ordinairement acompaigné de XXV ou XXX hommes portans armes, de forte qu'il eftoit impoffible à fes officiers executer ledit decret ne prandre ledit de Pouzoulx, priant les fupplians dont aucuns font fes vaffaulx & les autres voifins & amys luy faire compaignie & l'aller trouver avec leurs armes pour donner main-forte à juftice pour mettre à execution ledit decret de prinfe de corps contre ledit de Poufoulx; les fupplians feroient avec leurs armes comme hacquebuttes, piftolles & piftolletz, allez trouver ledit feigneur de Sainct Vidal en fa maifon dudit Sainct Vidal, & y eftans arrivez, ledit feigneur de Sainct Vidal les pria de voulloir acompaigner Pierre Cofte, fergent, pour executer ledit decret qu'il avoit contre ledit de Poufoulx & luy bailler main-forte; ce qu'ils lui accorderent, & partirent ledit feigneur de Sainct Vidal & fupplians avec ledit Cofte, fergent, fur les IIII heures du foir, & allarent au lieu de Sainct Front, où eftoit pour lors ledit Poufeaulx, & y arrivarent le lendemain matin à l'aulbe du jour & trouverent les portes de la maifon où eftoit ledit de Poufoulx fermées. Au moyen de quoy ledit Cofte, fergent, fomma ledit Poufolz luy faire ouverture de ladite maifon & fe rendre prifonnier à nous & à juftice; à quoi il n'auroit voullu obeir. A cefte caufe, ils meirent le feu à deux portes de ladite maifon & feirent ung trou à la muraille d'icelle pour y entrer & la defcouvrirent. Et voyant ledit de Poufolz qu'il ne pouvoit plus refifter dans ladite maifon, il fe feroit prefenté au trou de ladite muraille, & y recongnoiffant quelques-uns de ladite trouppe, pria dire audit feigneur de Sainct Vidal qu'il feift ceffer fes gens & il fe rendroit prifonnier; ce qu'ils feirent. Lors ledit Poufols fortit de ladite maifon par ledit trou & fe rendit prifonnier, & fans autre force ne violance, ledit feigneur de Sainct Vidal l'auroit faict mener prifonnier en fon chafteau audit lieu de Sainct Vidal; & eftant ledit fieur de Sainct Vidal & fa trouppe en chemin pour s'en retourner, plufieurs des fupplians prindrent congié dudit feigneur de Sainct Vidal & fe retirerent en leurs maifons; & les autres feirent compaignie audit feigneur de Sainct Vidal jufques en fadite maifon parce qu'il falloit neceffairement qu'ils paffaffent par là pour s'en retourner en leurs maifons. Et trois ou quatre jours après que les fupplians furent tous retournez en leurs dites maifons, ils auroient entendu qu'on auroit trouvé ledit Poufols mort dans le foffé dudit chafteau. Pour raifon de quoy, à la requefte d'Anthoine Poufolz, frere dudit feu Laurens de Poufolz, le fieur de Pafcault, prevoft de noz amez & feaulx les Conneftable & Marefchaulx de France en la province de Languedoc, auroit, en vertu de certaine commiffion, informé de ce deffus & procceddé contre les fupplians par defaulx & contumaces, les auroit condamnez & plufieurs autres qui avoient affifté à ladite capture, à fouffrir mort. Ce qui auroit efté executé par effigie & declairez leurs biens confifquez & en plufieurs amendes. A cefte caufe, lesdits fupplians qui n'ont faict autre chofe que porter les armes fufdites pour la force de juftice fans que pour ce ledit Poufolz ne autres en aient jamais efté offencez, & pour avoir mis le feu ausdites portes, ils nous ont très-humblement faict fupplier & requerir que noftre bon plaifir feuft leur impartir noz grace, mifericorde, remiffion & pardon. Pour ce eft-il que nous, etc. Donné à Moulins au mois de fevrier l'an de grace M.D.LXVI. — *Tréfor des Chartes*, JJ., regiftre 264, nᵒ 189, page 101, verfo.

nages y furent que la ville a recets en honneur, comme le reverendissime cardinal d'Armagnac [*], & aussi que y vint pelerine à la bonne Dame du Puy, bien associée de noble seigneurie, autre & excellente dame & si-dée chrestienne, ne tenant rien de huganarderie ne autre de son sens, madame la duchesse de Valantinés [**], auquel jour fut faicte au Puy in-lempre, devote & generale procession, & y furent portés reliques pre-cieux! Ce fut le lendemain de la feste de la Nativité Nostre Dame, IXe de septembre, & en laquelle procession assista le seigneur Evesque & ladite princesse; y fut porté par l'eglise le noble reliquière dans lequel est enclos, ainsi que piemment on le croist, portion du très-digne laict de la bonne Dame la glorieuse Vierge Marie. Y fut porté aussi le chief de saincte Corforne & les très-dignes sainctes croix, ès quelles a portion bien approuvée du sainct fust, que sont les divines enseignes aujourd'huy plus que jamais ne-cessaires d'estre en exaltacion, que sont la crainte des chiens Turchs enne-mys de la foy, combien que par les forvoyés Huguenars eussent esté mal-eureusement abbatus. Or bien, estoient auparavant venus pelerins à Nostre Dame ma honorée dame de Andeville [***] & le seigneur comte de Roffil-lon [****], & noble Jacques Maurin qui y fist son entrée premiere comme se-neschal du Puy. — Regardez le feu que y a faict de grans & extremes dommages! — Regardez du grant desordre descendu & survenu pour le faict de Jacques Guitard, que a trop duré, de par Nostre Seigneur! & pour lequel faict tant de prisonniers detenus à Tholose de divers estats, que tous les jours par eulx s'en ensuivent grandes despences pour allées, ve-nue & sejours, tant d'adjournemens à trois briefs jours que aultres compa-roissances, presentacions, objections contre tesmoins, acarations, confronta-tions & tant de meslée de procedures que ont duré longtemps, que n'est

[*] Georges d'Armagnac, archevêque de Toulouse, puis d'Avignon, prêtre-cardinal de Saint-Jean et Saint-Paul, co-légat d'Avignon.

[**] La célèbre maîtresse d'Henri II, Diane de Poitiers, duchesse de Valentinois, qui était tante de Philiberte de Clermont-Tallard, vicomtesse de Polignac; elle mourut le 26 avril 1566.

[***] Antoinette de la Marck, femme d'Henri de Montmorency, seigneur de Damville, nommé gouverneur de Languedoc, le 12 mai 1563, à la place du connétable Anne de Montmorency, son père.

[****] Just II de Tournon, seigneur de Tournon, comte de Roussillon, sénéchal d'Auvergne, lieutenant du roi en Languedoc.

à moy le fçavoir entendre, & de tout on efpere & defire en voir la vui-
dange! Regardez comment la ville & pays ont efté trevaillés pour certaine garnifon de Ytaliens eftablie au Puy! — Regardez que, ce nonobftant, a fallu & fault que neceffairement foit pourveu aux commis que
vacquent à faire l'extime generale du diocefe! — Regardez comment eft
plus tormenté que jamais fus les paiemens! — Regardez encore un trouble
inteftin entre les habitans fus l'impofition des deniers communs & de plufieurs aultres grans debtes & demandes! — Regardez du loyer des maifons moult furaulcé! — Regardez les gens du jour d'huy porter eftat
plus grant qu'à eulx n'affiert ne foit-il, les hommes en leurs chauffes difformes, boffées, ydropiques, farcies d'eftopes! — Regardez auffi les femmes
que portent feigneurieufes verdigales furpaffant leur eftat, que font comme
les nobles dames qui habitent riere leurs places & chafteaulx, ce que je n'ap-
preuve ne arbitre, car peult-eftre tombera à leur moquerie! — Regarde,
amy & catholicque lecteur, aujourd'huy la temeraire perfeverance des for-
voiés heretiques Lutheriftes huguenars, tranfgreffeurs des limites de vraye
foy chreftienne, desherités de la bonté de leurs anceftres par leur faulce,
vayne & fimulée religion tant mal baftie & pauvrement fundée, que fans
tarder tornera à grant mefpris & decherra & declinera à la honte, confufion & grant efcandale de ceulx qui la foubftiennent, qu'eft l'oppinion
faine, ferme & eftable de tout vertueux peuple, que, fans changer, demou-
rent conftanment enracinés, fuyvant les faiges anciens bien edifiés en l'eftat
de vertu & que ont tousjours vefcu en leur acouftumée, bonne, fainête,
fidele, fincere & catholicque foy!

Or bien, en mon penfer a aultre but, car maintenant il me meuft de
addreffer ma plume à aultres propos : c'eft que j'ay veu faicts finiftres de
plufieurs gens d'Eglife, lefquels là dedans ladicte Eglife avoir efté colloqués
moyennant le foigneux porchas de leurs bons parens, peres, meres & aultres
leurs amys & prochains, que fe font employés par grande follicitude & extreme peine & diligence, faifant pour ce faict à plufieurs entretenemens,
dons, fervices, gratuités, reverences, collations & fingulieres acareffes &
porchaffer, voire ou par procès peult-eftre faire obtenir benefice ou lieu honorable ès dictes eglifes ou benefices à leurs prochains pour y refider & fervir Dieu & la bonne Dame & Saincts & Sainctes de Paradis.

Et là iceulx intruts & receus à grande joye & celebrité, peult-eftre après

la comerce vituperable de Symon le maudict & maleureux, de quoy me
taife, y bien fundés, rentés & dotés pour y povoir vivre oppulemment, lefquels
après, par aulcun brief laps de temps, fe defcoigneffans, & fans recepvable
raifon, comme gens deffectueux 'à prefumer eft', fachés & recrens de fervir
Dieu que de fa grace les y avoit appellés & pourveus, ont leur eftat & habit
ecclefiaftique tant honorable, à leur grande honte & deshonneur, renoncé,
revoqué, delaiffé & contempné, pour deformais vivre après le negoce & char-
roy temporel, auquel ne habonde que foing, inquietude, calamité & mifere
infupportable, fe degenerant à leur prime profeffion & ne font pas morts
ceulx-là que à telles gens de brief leur verront advenir de bien facheufes re-
pentailles, mais attendre fault le poinct de temps.

Chanoines que ay notés de l'eglife Cathedrale que ont renoncé à leur
habit :

> Maiftre Lois de Lobeirac,
> Maiftre Claude Aymar,
> Maiftre Anthoine de Cobladour, dict Pome,
> Maiftre Guichard de Cobladour, dict Pome,
> Maiftre Hugo Guitard,
> Maiftre Durand Guitard,
> Maiftre Nicolas Efpert,
> Maiftre François Barghon ; joingt que aulcuns d'iceulx avoient

oultre aultre prebende collegiale, prioré, cure ou vicariat de chappelle, &
leur droict de leur maifon.

Clercs choriers de ladicte eglife Cathedrale que pareillement y ont renoncé
l'abit :

> Maiftre André Bardille,
> Maiftre Pierre Vallat,
> Maiftre Anthoine de Lobeyrac, dict Vernier,
> Maiftre Marcelin Perier,
> Maiftre Anne de Toco.

Notés de l'eglife conventuale de Sainct Pierre le Monaftier que, comme
deffus, ont renoncé à l'abit de fainct Benoict :

> Frere Pierre Columb,
> Frere Jehan Terraffe,
> Frere Jacques Aftrug, facriftain,

Frere Claude Pellicier,
Frere Hugo Ranquet,
· Frere Jehan Bergonhio, hoftiaire,
Frere André Faure, dict Malefcot (1.

De Sainct Vofy :
Maiftre Pierre Pafcal.

De Sainct Laurens :
Frere   (fic) Peyreira, dict Charlot.
Frere   (fic) dict Felina.

Des Cordeliers :
Frere Michel, dict des Efcats.

Des Carmes :
Frere Vidal Foliofe.

Ce dernier efcript demonftre affez comment la ville du Puy eft affligée en merveilleux endroicts. Mais encore en y a ung, le principal, que moult la tormente & trevaille, que a duré par aulcuns ans par cy devant, c'eft la grande & exceffive cherté de vivres que on ne la vift jamais telle, foit en pain, vin, chair, œux, fromage, fel, huylle, beurre, graiffe, chandelles, & le bois nompareillement, avoine, fein, fruicts & ortalices, que le tout furmonte la moitié de la value de leur jufte & raifonnable pris, & aultres chofes faciles à confiderer que ruynent la ville, dont je me taife, car proceder me convient en aultres matieres, affin que mon eftille narratif foit continué.

⁂

L'an M.D.LXV., le XXVIIIe d'apvril, fut au Puy, à fon de trompe, declairé que le Roy noftre Sire voloit eftre mys & impofé par tout fon royaume fur chacune rame de papier vendue en gros la fomme de deux fols tournois, pour cefte fomme luy fervir à quelcuns fiens urgens affaires.

Audict an M.D.LXV., le XIIe jour de may, la ville & cité de Lion eftant grandement affligée & tormentée par la venimeufe & contagieufe pefte d'epidimye, & confiderans que plufieurs comme eulx. femblablement en eftre

_____

1) Après reprint l'abit & moruft religieux. — 'Note de Burel.

70

affaillis que s'eftoient voués venir pelerins à Noftre Dame du Puy, auquel lieu, Dieu permetant & la bonne Dame la glorieufe Vierge Marie, y avoient trouvé grant fecours & auxiliation, & lesdicts de Lion fideles, en les imi-tant, contre l'oppinion de la partie des aultres de Lion, leurs concitoiens, que font en moult grant nombre forment maculés de la poifon lutherane, huguenarde & barbare, y envoiarent leurs offrandes par certains leurs clercs & prefcheurs, fçavans & graviffimes docteurs, fideles & vrays catholiques, bien affociés, que y apportarent pour monftrer efficacement la pitié & defo-lation qu'eftoit en leur ville de Lion, en ung tablier ou portraict faict & or-donné en plate peinture, auquel eftoit cogneu ce que eft facile à conjecturer de leurs tribulations, de voir tant de malades enterrer, porter, rapporter les trefpaflés, & plufieurs aultres pitiés & negoces que en tel temps calamiteux s'enfuyvent. Lesdicts meffagiers firent en l'autel de la bonne Dame, en grande chantrerie, celebrer la meffe, & y offrirent leurs dons & le tablier en memoyre & recordation du faict, par le moien de quoy efpere en Dieu & la bonne Dame qu'ils fe trouveront moult confolés.

.·.

Audict an M.D.LXV., Noftre Sainct Pere le Pape, Pius quatriefme, vray curateur de la chreftienne religion, celebre de plufieurs vertus & bonnes meurs & bien erudit en liberales difciplines, fentant menaffée, expugnée & affaillie par le Grant Turch, heritier emulateur de la faincte Eglife & be-neifte foy catholicque & generalement de tous les vrais orthodos d'icelle, & voyant ne pouvoir refifter contre luy & fon inexpugnable force, fe penfa que ne trouvoit meilleur moyen que de ouvrir le trefor de l'Eglife à luy laiffé par Jefu Chrift, comme fon vicaire fuccedant après fainct Pierre, de main en main, & pour incliner tous fideles chreftiens à pourfuyvre & faire deffence contre ce mauldict chien Turch, lequel à ces fins fift publier ung pardon ge-neral, portant planiere remiffion de tous pechés à qui vouldroit, contre l'ef-fort dudict Turch, employer fa force corporelle & y employer de fes biens & aultrement y eftre fubfidiable par devotes aulmofnes, jeunes, abftinences, faire proceffions generales & particulieres, difant oraifons & prieres durant trois jours, en invocant l'aide de Dieu, & au dernier jour, après avoir faicte digne penitence & entiere confeffion, receu fon Createur, ledict Sainct Pere voloit, ce faifant, eflargir & leur donner pure & entiere abfolution de tous leurs pechés, caufant la deffence de toute chreftienté. Lequel pardon fut publié & declairé au Puy le dimenche XXIVᵉ jour de juin l'an deffus M.D.LXV., & après deuement & devotement excequté; ce que j'efpere, Dieu y regardera de l'oueil de fa mifericorde. Sur ce, defpuis, ont coru nouvelles, par letres inprimées, que les preux & nobles Chevaliers de Sainct Jehan de Jherufalem, aujourd'huy affis, puis l'an M.D.XXIII., au fort de l'ile de Malte & lieu prochain appellé Sainct Helme, lefquels nous ne fçaurions extimer à fouffifance de combien de louenges font dignes, ont rebbatu la force & effort dudict Turch & faicte grande occifion & bocherie fanglante de cefte turcaille. Efperons que Dieu & la Vierge Marie pugneront pour la fidele chreftienté, conduicts en cefte faincte expedition foubs l'eftandart, guide & figne victorieux de la très-digne & venerable faincte Croix, que les ennemys de la foy & les diables infernaulx craignent & doubtent, & fera à tous fideles & bons chreftiens comme fut faict ainfi qu'appert en la chronique & geftes du Empereur Conftantin le Grant que, allant debeller fon adverfaire Maxence, les Anges furent ouys en l'air, demonftrant le figne de la faincte Croix, crians en voix intelligible : *Conftantine, in hoc figno † vinces!*

⁂

Audict an M.D.LXV., le mardi XXVIᵉ de juin, de bon matin, fut trouvé, au chanton ou ruete de Charcronpada, en ung fenier, ung enfant mafle tout recentement né, envelopé de pauvres drappelés, là maleureufement expofé & geté par quelques maldites creatures. Advint que là en paffant quelcun s'en efmerveillant, que corut bien haftivement à la Saunerie & *circum circà* noncer fa rencontre, que de toutes parts vindrent hommes & femmes voir ceft enfant, que leur fut eftrange efpectacle. Lequel enfant trouvarent beau, joly & bien organifé, que l'une desdictes femmes le porta chaufer, enveloper & metre en bon eftat, penfant ce leur eftre prefage de bonne adventure. Defliberé entre elles le faire baptifer, & combien que plufieurs hommes fe trouvaffent en ce lieu, fut advifé de donner à maiftre Jehan de la Farge, bachelier ès droicts, que là fe trouva, & pour marrine honnefte femme Matheve Crotas, de la compagnie, mariée à Jehan Giraud, cordier; promirent d'amaſſer pour Dieu portant lediƈt enfant quant & elles, le faire nourrir & apprendre meſtier à leurs deſpends. Je arbitre que quelqun maleureux homme fut conduƈteur de tel miſtere, car, pour la conduiƈte d'une femme, l'enfant euſt eſté meurtri & occis, ainſi qu'on a veu de pluſieurs aultres enfans ainſi trouvés expoſés. J'extime ce faiƈt, ſoit homme ou femme, meriter acerbe & ſevere punicion.

.*.

Lediƈt an M.D.LXV., le mardi XIᵉ de jullet qu'eſt obſervé au Puy de faire la celebre proceſſion generale, cauſant la feſte de la Dedicace de la très-digne, venerable & ſainƈte egliſe Noſtre Dame du Puy, en laquelle faiſant aſſiſta reverend pere en Dieu & monſeigneur meſſire Anthoine de Chabanes * eveſque, lequel conſiderant pluſieurs habitans en ſa ville du Puy que, pour abſolue infidelité, les jours ordonnés que en grande pompe & ſolempne on y porte en proceſſion le très-digne, venerable & ſainƈt Sacrement, partie d'iceulx mal adviſés, eſtant cheus en telle reſverie de leur entendement que, au paſſage de ladiƈte proceſſion, ne daignoient parer, eſtoffer & decourer les portes de leurs maiſons comme les aultres habitans, leurs voiſins & citoiens, parvipendant, ainſi le fault dire, le ſuſdiƈt ſainƈt Sacrement, ce voyant & cognoiſſant lediƈt ſeigneur Eveſque que autant en feroient en ceſte proceſſion, ſi commanda à ſes domeſticques, ſerviteurs, gentilshommes & aultres de ſe pourveoir d'ung grant nombre de bons clous, marteaulx & tenailles, & de prendre la tapiſſerie de ſa maiſon, & les portes desdiƈts habitans que par leur maleur & malice n'auroient nul parement, voloit que en deux coups on y eſtachat ſes tapiſſeries, & la proceſſion paſſée, promptement les oſter & ſe adreſſer & courir en une aultre rue, faiſant le ſemblable, juſques ladiƈte proceſſion ſeroit reduiƈte en ſon egliſe. Dont pluſieurs de ces ſeƈtards Luthers en proteſtoient, diſans couvertement, ſentant ſottes menaſſes, cuydans reſiſter à ces approuvées & honorables conſuetudes. Et de ce faiƈt lediƈt ſeigneur Eveſque en acquiƈt non mediocre louenge.

* Liſez : de Senecterre.

De l'an M.D.LXVI *.

Il me famble eftre utille & profitable de rediger & efcripre, en fuyvant le train & ftille de feu monfieur mon oncle fire Eftienne Medicis (que Dieu abfeulhe!), non toutesfoys que je fois digne de me equiparer à luy ne à fa frafe ny maniere de rediger, les chofes dignes de memoire que fe font faiétes en la ville du Puy, de fon temps, comme appert en fes deux livres par luy intitulés DE PODIO, toutesfois le mieux que pourray & que mon fens fe pourra eftandre, m'employeray à le fuyvre pour l'utillité & recreation de ceulx que, après nous, tiendront le tiltre d'eftre citoyens de ladiéte ville du Puy, priant fur ce le leéteur que luy plaife prendre en gré ce que par moy en mon ignorant et rude ftille fera icy efcript; par quoy m'a famblé eftre digne de memoire ce que advint au Puy l'an de l'heureufe nativité Noftre Seigneur M.D.LXVI, & le tiers dimenche de carefme, XVII* jour du moys de mars, entre huiét & neuf heures de matin, que le fermon fe difoit en l'eglife Sainét Pierre le Monaftier par venerable & egrege doéteur en theologie maiftre Pierre Gallifardi, de l'ordre de Sainét Dominico; de mefmes à ladiéte heure, s'eftoient affemblés les Huguenaulx ou Lutheriens de ladiéte ville, que pour lors y eftoyent en grand nombre, en la maifon de Catherine Blanche, autrement Larconfa, fçize en la rue de la Chanebaterie & falle refpondant au chanton des Phaliberts, pour illec faire leurs prieres à leur mode fuperftitieufe, depravée & heretique, fans efgard à tant de reyterés commandemens que par Meffieurs de Juftice & feigneurs Confuls leur avoient efté faiéts fuyvant les ediéts du Roy, toutesfoys continuant leur maleur, advynt, par la permiffion divine, qu'eftant tous à deux genoux, criant comme afnes les pfaulmes de Marot, & nonobftant que ladite maifon fuft baftie toute à neuf, toutesfoys s'enfrondra l'iftaige où ils eftiont affemblés & ruarent un en my l'autre avec les meubles eftans dans ladiéte falle, parquoy en y euft plufieurs bleffés & naffrés. Mais eulx ayant honte du populaire fe cacharent tant qu'ils peurent, fi bien que à grand peyne peult-on fçavoir la vérité des maulx par eulx léans receus. Toutesfoys veyt-on bien emporter quelques-ungs en leurs maifons avec balles, eftant quafy demy-morts, & ceulx qui pouvoyent cheminer s'en allarent ayant grand honte.

* Les deux paragraphes relatifs aux années 1566 et 1567 paraissent être de Mathieu Mège, neveu de notre chroniqueur.

De l'an M. D. LXVII.

L'an M.D.LXVII, au cene* après Pafques fuſt arreſté que en toutes les proceſſions que ſe feront d'ores en avant dans l'Eveſché du Puy, ne ſe porteront aulcuns ymages de Sainct ne Saincte, & ce fut faict pour ce que pluſieurs gens idiots & ruſticques pouvoyent en ce abuſer, et auſſi que en faiſant lesdictes proceſſions, on voyt devant lesdicts ymages, taborins & autre meneſtrerie, que ſanbloit plus ſuperſtition que devotion, & par pluſieurs aultres rayſons que furent demonſtrées par le ſeigneur Eveſque monſieur meſſire Anthoine de Senetaire & aultres, que leur ſambla ce deſſus eſtre bon pour les cauſes & rayſons ſuſdictes; aultres en furent eſcandalizés, leur ſamblant ce eſtre ung terme des heretiques du jour d'huy appellés Huguenaulx.

L'an ſusdict M.D.LVII, à la Nativité & le XXVIII° jour du moys de decembre, auquel jour on cellebre la feſte des glorieux martirs les Innocens, parquoy les habitans de la ville du Puy & aultres vont ledict jour en l'egliſe collegiale de Sainct Vozi, où gizent en ſainctes reliquies certains corps desdicts Saincts Innocens, pour illec prier Dieu & les Innocens, ainſi que doibt faire tout bon catholicque, eſt à noter que au clochier de ladicte eſglize eſtoient montés quelques enfans pour mareler les cloches, ainſi qu'eſt de couſtume faire toutes les aultres feſtes de l'année; advint que ſe joant, lesdicts enfans, ou je en ſçay comment, tumbarent une pierre dudict clochier dans le cœur de ladicte eſgliſe Sainct Vozi, de ſorte que va tumber ſur la teſte d'ung paouvre homme, vulgairement appellé Jehan de Lezer, armurier de ceſte ville du Puy, qui tumba à terre, & promptement fuſt emporté en quelque maiſon pour y eſtre pancé de ſa playe, mais on ne ſçeut ſi bien faire que deux ou troys jours après ne randiſt ſon ame à Dieu, que fuſt dommaige, pour ce qu'eſtoit homme chargé de femme & enfans, & que plus eſt, homme de bien. Je prie Dieu que aye trouvé ſon ame en eſtat de grace. Diſons *Amen!*

* Synode, assemblée des ecclésiastiques du diocèse.

TABLE SOMMAIRE

DES MATIÈRES

ANTIQUITÉS ET CHRONIQUES DE L'ÉGLISE DU PUY.

CHRONIQUES DE LA VILLE DU PUY.

CPSIA information can be obtained
at www.ICGtesting.com
Printed in the USA
BVHW04*0926040918
526463BV00003B/16/P

9 780331 737097